KB058830

★ ★ ★ ★ ★ ★ **이 책에 쏟아진 찬사!** ★ ★ ★ ★ ★ ★

'전략'이라는 개념으로 인류 문명사를 조명하는 놀라운 책이다. 이 책은 전략이라는 개념이 세계 무대에 등장해서 사람들을 어떻게 사로잡았는지 저자만의 독특한 시각으로 해석하고 있다. 방대한 분량 때문에 충분한 시간과 끈기를 요하지만 읽는 사람들에게 새롭고 담대한 통찰력의 시간을 제공할 것이라 생각한다.

_문휘창, 서울대학교 국제대학원 교수

로렌스 프리드만의 《전략의 역사》는 참으로 경이로운 책이다. 저자는 찰스 다윈의 진화론, 성서, 고대 그리스 신화, 투키디데스, 중국의 손자, 마키아벨리, 클라우제비츠, 카를 마르크스, 프레더릭 테일러, 피터 드러커 등 아주 다양한 분야와 저자들을 '전략적 사고의 방대한 역사'라는 큰 틀 안에서 포괄적으로 그리고 적절히 논의하고 있다. 또한 각 시대를 풍미한 전략 이론이 어떠한 사회적, 시대적 맥락 속에서 나오게 되었는가를 설득력 있게 제시하고 있다. 뿐만 아니라 이 책은 군사 전략, 정치 전략, 경영 전략을 모두 다루므로 각 분야에 관심 있는 독자들은 더 넓고 깊은 그리고 균형 잡힌 전략적 사고를 배우게 된다. 이 시대가 우리에게 던지는 갖가지 난제를 전략적으로 헤쳐 나가고자 하는 현재와 미래의 모든 지도자들에게 필독을 권한다.

_유필화, 성균관대학교 SKK GSB 교수

고대에서부터 현재까지 시대를 꿰뚫고 전략적 사고의 의미와 그 안에 담긴 의도 그리고 그 결과들을 다양한 맥락 속에서 파헤친 놀라운 역작이다. 전략의 대가인 저자는 전략적 역설 및 복잡성의 여러 모습들을 파헤치고 드러내 이 분야에서 타의 추종을 불허하는 역량을 보여준다.

_로버트 저비스Robert Jervis, 컬럼비아 대학교 국제정치학 교수

로렌스 프리드먼이 어째서 전략에 관한 한 세계 최고의 석학인지 알 수 있게 해주는 책이다. 프리드먼은 전략을 어떤 상황에서도 보다 많은 것, 즉 권력의 균형이 의미하는 것보다 더 많은 것을 얻어내는 중심적인 기술이라고 정의한다. 명쾌하고 탁월하다.

_조지프 나이 2세Joseph S. Nye, Jr., 《권력의 미래》 저자

한 마디로 놀라운 책이다. 쉽게 이해할 수 있으면서도 전략의 본질을 아주 깊이 있게 요약했다. 이 책은 명료하면서도 감정에 치우치지 않는다. 때로는 아쉬워하고 또 풍자하지만 시종일관 공정함을 잃지 않으며 독자에게 이제껏 접해보지 못한 풍성한 정보를 제공한다.

_필립 보비트Philip Bobbit, 《아킬레스의 방패》 저자

탁월한 혜안과 날카로운 통찰력으로 전략의 지형도를 새롭게 그려냈다!

_《파이낸셜 타임스》

위엄과 권위가 넘친다. 폭넓은 박식함과 밀도 높은 주장이 돋보인다. 전략적 지혜의 정수가 담긴 책이다.

_《이코노미스트》

힘과 권력의 세계로 여행할 수 있게 하는 책!

_《퍼블리셔스 위클리》

강렬하다. '전략'이라는 주제로 인간의 기원부터 전쟁, 혁명, 선거, 경영 등 인류의 모든 부분을 진지하게 탐색한다. 매우 소중한 통찰을 안겨주는 책이다.

_《커커스 리뷰》

전략의 역사
1

3,000년 인류 역사 속에서 펼쳐진 국가·인간·군사·경영 전략의 모든 것

전략의 역사

로렌스 프리드먼 지음 | 이경식 옮김

1

비즈니스북스

옮긴이 **이경식**

서울대학교 경영학과와 경희대학교 대학원 국문학과를 졸업했다. 옮긴 책으로는 《신호와 소음》, 《승자의 뇌》, 《살아 있는 역사, 버냉키의 금융전쟁》, 《스노볼》, 《투자전쟁》, 《욕망하는 식물》, 《거짓 말하는 착한 사람들》, 《오바마 자서전: 내 아버지로부터의 꿈》, 《소셜애니멀》, 《팬덤의 경제학》, 《컨 닝, 교활함의 매혹》, 《유전자 인류학》, 《직장으로 간 사이코패스》 외 다수가 있다. 영화 《개 같은 날 의 오후》, 《나에게 오라》, TV 드라마 《선감도》, 연극 《동팔이의 꿈》, 《춤추는 시간여행》, 칸타타 《칸 타타 금강》 등의 대본을 썼고, 저서로 《청춘아 세상을 욕해라》, 《미쳐서 살고 정신 들어 죽다》, 《대 한민국 깡통경제학》, 《이건희 스토리》 등이 있다.
leeks8787@hanafos.com

전략의 역사 1

1판 1쇄 발행 2014년 12월 15일
1판 10쇄 발행 2024년 6월 17일

지은이 | 로렌스 프리드먼
옮긴이 | 이경식
발행인 | 홍영태
편집인 | 김미란
발행처 | (주)비즈니스북스
등 록 | 제2000-000225호(2000년 2월 28일)
주 소 | 03991 서울시 마포구 월드컵북로6길 3 이노베이스빌딩 7층
전 화 | (02)338-9449
팩 스 | (02)338-6543
대표메일 | bb@businessbooks.co.kr
홈페이지 | http://www.businessbooks.co.kr
블로그 | http://blog.naver.com/biz_books
페이스북 | thebizbooks
ISBN 978-89-97575-35-0 04320
        978-89-97575-34-3 04320(세트)

전략, 역사의 지층을 가로지르다

이 책은 '전략'이라는 개념을 둘러싼 여러 가지 내용을 담고 있다. '전략' 이라는 단어가 전투 현장에서 장군이 구사하던 기술 혹은 계략이라는 의 미에서 시작하여, 여러 도전적인 환경에서 어떻게 행동하면 가장 좋을지 관심을 가지는 모든 사람에게 필수적인 개념으로 변천해온 과정을 설명 한다. 비록 이 용어의 기원은 고대 그리스까지 거슬러 올라가지만, 이 용 어가 통상적으로 사용되기 시작한 것은 18세기 말부터다. 그리고 나폴 레옹이 전쟁을 벌이는 기간 동안 전략은 한층 더 큰 의미를 획득했다. 이 단어는 주변의 조건과 환경을 바꾸었고 또 다양한 방면으로 응용되어 전 쟁뿐 아니라 정치와 기업 측면에서도 많이 활용되었다.

　나는 이 책을 통해 제각기 다른 영역들 사이의 연결점들을 연구하면 서 전략의 여러 가지 한계와 가능성을 탐구하고자 했다. 그런데 독자들에게 한 가지 미리 일러두고 싶은 말이 있다. 전략을 계획, 즉 최종 상태에 도달하기 위해 미리 설정된 일련의 단계들과 동일한 것으로 바라보지 말라는 당부이다.

물론 어떤 상황을 완벽하게 통제하고 다양한 저항이나 반발을 압도할 수만 있다면 애초에 설정한 계획대로 목적을 달성할 수 있다. 그러나 많은 경우에 계획은 온갖 우연적이고 예상치 못한 변수들 때문에 틀어지고 만다. 이처럼 계획이 틀어지는 이유는 (내가 극복해야 하는) 적들뿐만 아니라 (나에게 도움을 주는) 핵심적인 행위자들이 내가 설정한 계획과 동떨어지게 행동하는 경우가 많기 때문이다. 그들은 내 계획이 아니라 각자 자신의 이해관계에 따라 판단하고 행동한다.

좋은 전략이라는 것은 이 모든 불확실한 변수들이나 돌발적인 상황에 맞춰 유연하게 적응할 수 있는 것이다. 해결해야 할 문제점들을 선명하게 인식하면서도, 각각의 연속적인 단계에서 기존의 가능성이 닫히고 새로운 가능성이 열릴 때마다 매번 상황을 새로이 평가할 수 있어야 한다는 말이다.

전략을 실행할 때 특히 염두에 두어야 할 것들을 꼽자면 (특히 무자비한 폭력만으로는 충분하지 않을 경우에) 시시각각으로 발전하는 상황을 유능하게 분석하는 것, 다른 핵심 참가자들에게 공감하는 것 그리고 연대를 강화하기 위해서 기꺼이 노력하는 것이다.

인간의 활동에는 전략적인 측면이 너무 많기 때문에 어떤 책이 전략적 실천의 총체성을 포착하려고 시도한다 하더라도 너무도 광대한 영역의 거대한 과제들 때문에 금방 압도당하고 만다. 그래서 이 책에서 나는 '전략적'이라고 명시적으로 말할 수 있는 여러 사고방식들을 역사적인 차원에서 다루려고 했다. 지난 세기 내내 전략과 관련된 발상은 미국과 가장 관계가 깊었다. 미국에서는 전략을 가장 낙관적으로 해석해서, 인과관계의 퍼즐을 맞추기만 하면 모든 의사결정을 개선할 수 있고 인간의 행동을 보다 잘 관리할 수 있을 것이라고 기대했다. 이 접근 방식은 자신의 힘(즉 영향력이나 권력)을 점점 더 신뢰하며 '뭐든 할 수 있다'는 마음가짐을 가지고 있던 미국이라는 나라로서는 어쩌면 자연스러운 것이었을지 모른다.

미국이 전 세계에 압도적인 영향력을 행사하던 시기에는 이러한 미국적 사상이 동맹국들에 영향을 미쳤다. 그러나 세계 속에서 미국이 수행하는 역할이 점점 줄어들고 새로운 힘의 중심지가 여기저기에서 나타나는 지금은 그런 발상들이 도전을 받고 있다. 이런 양상은 미국이 베트남에서 어마어마한 규모의 반란에 직면해야 했던 1960년대에 이미 시작되었다. 이후 일본 기업이 미국 기업을 위협하면서 경제 분야로도 이어졌고, 중국이 제2의 경제대국으로 부상하고 있는 지금 (머지 않아 중국은 미국을 제치고 세계 제1의 경제대국이 될 것이다) 한층 더 강화되고 있다. 결국에는 미국적인 발상들이 다른 것으로 대체될 거라 생각한다.

친구든 적이든 간에 다른 사람(다른 조직, 다른 기업, 다른 국가)의 전략적 사고를 연구하면 그 사람이 세상을 어떻게 바라보는지, 그 사람의 행동력은 얼마나 되는지, 그 사람은 힘을 어떤 관점에서 바라보는지 그리고 그 힘을 가장 효과적으로 행사하기 위해 어떻게 하는지 알 수 있다.

만일 21세기가 아시아의 세기라고 한다면, 아시아적인 전략 관점들이 전략 이론의 원천으로서 한층 더 중요하게 부각될 것이다. 아시아-태평양 지역은 다른 데서는 거의 다뤄지지 않았던 전략적 문제들의 생생한 사례들을 제시하고 있다. 중국이나 인도와 같은 거대한 국가들이 자국의 동일성을 강화하기 위해서 기울여온 노력은 중앙집권 그리고 자치권과 관련된 여러 문제들을 제기했다. 또 다른 한편으로 싱가포르와 같은 도시 국가들은 경쟁력 있는 주변 거인들의 틈바구니 속에서도 독립을 유지하면서 번성할 수 있는 길을 걸어왔다.

한반도 역시 특히 주의 깊게 봐야 하는 지역이다. 한반도에는 동일한 유산을 가지고 있으면서도 전혀 다른 정치 체제를 가진, 그리고 극과 극의 성공과 실패를 경험한 두 개의 국가가 있다. 하나는 경제적으로 성공하고 민주주의를 꽃피운 국가이고, 다른 하나는 가업을 이어받듯 통치권을 이어받은 지도자가 지배하는 절망적인 상태의 국가이다. 이 두 국가 모두 전략과 관련된 여러 문제들을 제시한다. 고립된 괴짜 국가인 북한은 자신의 허약함을 자산으로 활용해서 가까스로 생존을 이어가고 있고, 주변 국가들은 북한이 이런 상태를 계속 이어나가도록 암묵적으로 동의한다. 혹시라도 북한이 가지고 있는 핵 능력이 발휘되거나 북한이 붕괴하는 상황은 두려운 미래를 그리게 하기 때문이다.

한편 남한은 한국전쟁이라는 끔찍한 전쟁에서 살아남았고, 독재의 전통에서 벗어나 민주주의를 달성했다. 또 1997년의 금융위기를 극복하고 삼성, 현대, LG 등의 기업을 앞세워 세계에서 손꼽히는 경제대국 중하나가 되었다. 이런 점에서 한국은 정치 지도자의 선택이라는 이 책의 핵심적인 주제 가운데 하나를 입증한다.

우리는 경제적 역동성이 부각되는 세기를 살고 있다. 그러나 한편으로는 심각한 갈등의 잠재적인 가능성이 잠복된 세기를 살고 있기도 하다. 많은 국가와의 동맹 관계, 복잡한 지정학적 양상은 우리에게 새로운 전략과 행동을 요구할 것이다. 지금까지 만들어졌던 다양한 이론과 시나리오처럼 미래에는 또 다른 많은 이론들이 만들어질 것이다. 이 책이 한국의 독자들에게 개념과 이론의 바다에서 절대 고정적이지 않고 한없이 유동적인 전략을 다시금 고찰할 수 있는 계기가 되길 바란다.

로렌스 프리드먼

누구나 얼굴을 크게 한 대 강타당하기 전까지는
그래도 계획이란 걸 가지고 있게 마련이다.
_마이크 타이슨

전략은 누구에게나 필요하다. 아주 오래 전부터 군대의 지휘관이나 대기업과 정당의 지도자라면 당연히 전략을 가지고 있어야 한다고 여겨졌다. 그러나 지금은 어떤 조직이든 간에 진지한 목적이 있는 조직이라면 전략이 없다는 것을 상상할 수 없다. 인간사의 불확실성과 혼란을 돌파할 방안을 찾아내는 것이 여간 어렵지 않음에도 불구하고, 전략적인 접근이 (아무런 계획 없이 무작위로 대응하는 것과 비교해서는 더 말할 것도 없고) 단순한 전술적인 접근보다 한결 유리하다는 것은 다 아는 사실이다. 전략을 세운다는 것은 단기적이고 사소한 관점이 아닌 장기적이고 본질적인 내용을 바라보는 능력, 증상보다는 원인을 밝히는 능력, 다시 말해서 나무보다는 숲을 바라보는 능력을 지닌다는 뜻이다. 어떤 문제를 해결하거나 목적을 달성하려고 할 때는 어떤 것이든 간에 전략을 가지고 있지 않을 경우 소홀해질 수밖에 없다. 군사 작전이든 기업의 투자든 혹은 정당의 선거 운동이든 간에 전략이 없으면 적절한 지원을 원활하게 받지 못한다. 만일 어떤 결정이 전략적으로 유의미하다면 그것은 늘 하던 관행에 따라 나온 결정들보다 당연히 더 중요하다. 더 나아가 이런 결정을 내리는 사람들은 단지 조언을 하거나 명령을 실행하는 사람들보다 당연히 훨씬 더 중요하다.

　전략이라는 것은 국가나 대기업이 사활을 걸 정도로 중요한 결정을 내릴 때만 필요한 것이 아니라 보다 일상적인 문제들에도 적용된다. 주어진 목적지로 가는 길이 단일한 직선 경로가 아닐 때 혹은 필요한 여러 가지 자원이나 이 자원들의 효율적인 동원 및 배치 등에 관해서 어떤 판단이 필요할 때면 언제나 전략이 필요하다. 기업에서 최고 경영진은 전반적인 기업 전략에 책임을 진다. 그러나 자재 공급, 마케팅 관리, 인적자원 관리 등 기업 활동의 각 부문에는 제각기 다른 전략이 필요하다. 의사에게는 임상 전략이 있고, 변호사에게는 재판 전략이 있으며, 사회운동가에게는 활동 전략이 있다. 사람들은 각자 자신의 경력을 쌓는 데, 배우자와 사별한 아픔을 이겨내는 데, 소득 신고를 하는 데 혹은 아이에게 대소변 가리는 법을 가르치거나 심지어 자동차를 사는 데도 자기만의 전략을 가지고 접근한다. 사실 오늘날에는 인간이 하는 활동 가운데서 전략이 필요 없는 경우를 찾아내기가 어려울 정도다.

　보다 효율적인 전략을 원한다면 참고할 만한 책들이 많다. 대상 독자가 워낙 다양하기 때문에 이런 책들도 그만큼 다양하다. 재미있고 흥미진진하게 설명하는 책도 있고, 커다란 활자로 요점이 눈에 금방 들어오도록 꾸민 책도 있으며, 성공하거나 승리한 사람들의 감동적인 이야기에서 영감을 얻을 수 있는 책도 있다. 또 온갖 복잡한 사항들을 자세하게 분석하면서 수많은 도표를 동원하는 이론적이고 학술적인 두툼한 책도 있다. 이런 양극단의 중간쯤에, 저자가 제시하는 지침을 신중하게 따르면 적어도 원하는 결과를 얻을 가능성이 한결 높아지는 체크리스트의 성격을 가진 책도 있다. 그리고 대담한 발상과 단호한 결정 및 실천을 통해서 승리를 쟁취하라고 격려하는 책도 있다. 그런데 이런 책들은 적敵과 어떻게 대적하고 동맹자들을 어떻게 자기 주변에 규합할지 설명하지만 사실은 그저 상투적이고 진부한 표현과 문구를 잡탕으로 버무린 것일 수 있다. 심지어 일관성이 없어서 앞뒤가 맞지 않는 책도 있다. 또 갈등의 여러 가지 역설을 철학적으로 성찰하며, 멀리 있는 어떤 목적 하나만을 바라보고 좌우를 돌아보지 않으면 유연성을 잃고 결국 함정에 빠지고 마는 이치를 설명하는 책도 있다. 심지어 고대를 배경으로 한 전쟁에서 혹은 복잡한 온갖 규칙들이 정해져 있으며 기이한 무기들이 있는 상상 속의 미래 세상에서 지구를 지배하는 외계인과 맞서서 싸우는 전쟁에서 전략가가 되는 데 필요한 팁을 제공하는 책도 있다.

그런데 전략이라는 동일한 단어가 (모든 일상생활의 스트레스를 극복하는 수단으로는 말할 것도 없고) 전투 계획이나 선거 유세 그리고 기업 활동에 모두 적용될 때 의미의 변화가 생기지 않을 수 있을까? 그럴 경우 전략이라는 단어의 의미가 퇴색하는 상황을 피할 수 있을까? 칼럼리스트인 매튜 패리스Matthew Parris는 '전략'strategy이라는 단어가 지나치게 남발되는 데다 붙이고 싶은 데 아무데나 마구 붙여진다는 사실을 개탄했다. 패리스는 부채의 덫에 걸려 성장을 멈춘 경제 상황에 직면해서는 '성장 전략'이라는 것이 필요하지만 과연 가뭄에 대한 해법으로 '비 전략'rain strategy을 주장할 수 있을지 의문을 제기했다.

"(이런 식이라면) 죄를 짓는 사람들에게는 모두 어떤 도덕 전략이 필요하다. 또 굶주리는 모든 사람에게는 식량 전략이 필요하다. (……) 오늘날과 같은 상황에서는 어떤 문단에서 '전략'이라는 단어를 빼버리면 거의 대부분 논지가 오히려 명확해진다. 논리가 순환성의 오류에 빠져 있음을 보여주는 대목이다."[1]

그러나 '전략'은 여전히 우리의 목표와 자원을 가지고 무엇을 해야 할지 미리 생각해볼 때 사용할 수 있는 가장 적절한 단어다. '전략'은 비록 뒤죽박죽이 되다 못해 때로는 부적절하게 사용되어 그 의미가 희석됨에도 불구하고, 이것 말고는 달리 따로 선택할 수 있는 단어가 없는 어떤 과정을 포착한다. 이런 점에서는 '전략'이 '권력'이나 '정치' 등과 같은 단어와 크게 다르지 않다. 학자들이 이런 단어들의 정확한 의미를 학술적인 맥락에서 탐구하지만 여전히 정확한 합의점을 찾아내지 못하므로 일상의 대화에서 이런 단어들은 어쩐지 정확하지 못하고 느슨한 의미로 사용된다.

'전략'에 대해 합의된 정의는 없다. 이 단어가 아우르는 범위가 어디까지인지, 그 경계선을 어디에다 그어야 하는지 정확하게 규정되어 있지 않다는 말이다. 오늘날의 통상적인 정의로 규정하자면 전략은 목적과 방법 및 수단 사이에 일정한 균형을 유지하는 것, 객관적인 실체와 목표를 정확하게 파악하는 것, 그리고 이 목표를 달성하는 데 필요한 자원과 수단을 파악하는 것이다.[2] 이런 균형을 이루려면 우리가 바라는 목적을 달성하기 위한 방법을 찾아내야 할 뿐만 아니라 동원 가능한 수단들을 가지고 그 목적을 달성할 수 있는 현실적인 방안들을 마련할 수 있도록 목적을 조율할 수도 있어야 한다. 그런데 추구하는 과제가 정말 단순할 때가 있다. 목적을 쉽게 달성할 수 있을 때, 사람이 아니라 무생물을 다스릴 때 그리고 설정된 목적이 별로 중요한 게 아닐 때, 이런 과정에 전략이라는 개념을 붙일 수는 없다. 굳이 전략이랄 것도 없다는 말이다. 대체로 전략은 실질적이거나 잠재적인 갈등이 존재해서 서로의 이익이 충돌하고 어떤 형태로든 문제를 해결할 필요가 있을 때 적용되는 개념이다. 전략이 계획보다 훨씬 더 비중이 높은 이유도 바로 여기에 있다.

계획plan은 일련의 사건 배열로서, 사람은 계획을 바탕으로 확신을 가지고서 한 단계에서 다음 단계로 넘어간다. 그런데 전략은 다른 사람들이 (통상적으로 자기와 적대적인 이해관계를 가진 사람들이) 자기가 설정한 계획을 망가뜨리려고 할 때 필요하다. 이런 갈등이 동일한 조직에 속한 (즉 동일한 목적을 추구하지만 책임은 확연히 구분되는) 사람들 혹은 부서들 사이에서 나타날 때는 그다지 심각하지 않다. 그런데 앞서 인용한 마이크 타이슨Mike Tyson의 말처럼 아무리 꾀바른 계획이라 하더라도 제대로 겨냥한 상대방의 주먹 한 방에 허망하게 무너질 수 있다. 인간사에서는 우연한 일이 많이 일어날 뿐만 아니라 적대적인 사람들이 나름대로 자신들의 이익을 위해서 노력하고 또 우호적인 사람들이 실수하는 일이 예사로 벌어지기 때문에 기본적으로 예측이 불가능하다. 그렇기 때문에 전략은 결코 쉬운 게 아니다. 또 전략을 중심으로 해서 매우 극적인 드라마가 펼쳐지기도 한다. 흔히 사람들은 전략이 바람직한 최종 상태를 염두에 두고 시작된다고 생각하지만 실제 현실에서는 그렇지 않다. 미리 설정된 목적을 향해서 질서 정연하게 나아가는 경우는 거의 없다. 목적으로 나아가는 과정은 애초에 전혀 예상하지 못했던 일련의 상태들을 통해서 점진적으로 진화한다. 따라서 궁극적인 목적을 포함한 애초의 전략은 중간 평가를 통해서 수시로 재조정해야 한다. 이 책을 통해서 당연히 드러내야 할 전략이라는 것의 큰 그림은 유동적인 것이다. 또 그 그림은 종착점이 아니라 시작점의 지배를 받는다.

전략은 또한 흔히 서로 적대적인 두 사람(혹은 집단)이 벌이는 1 대 1 대결로 제시된다. 이런 사실은 전략이라는 용어가 애초에 군사적인 차원에서 탄생했으며 일반적으로 1 대 1의 레슬링 경기에 사용되었다는 점을 반영한다. 또 표준적인 2×2 행렬 게임 이론의 단순한 모델링의 결과일 수도 있다. 그러나 전략이 동반되는 상황에 이처럼 경우의 수가 네 가지밖에 없는 경우는 거의 없다. 링에서 타이슨과 맞붙은 선수가 가지고 있는 선택권은 몇 개 되지 않는다. 하지만 만일 이 선수가 기존의 규칙을 깰 수 있고 링 밖에 있던 다른 동료 선수를 링 위로 불러 2 대 1로 타이슨과 싸울 수 있다면, 이 선수가 구사할 수 있는 선택권은 상당히 많아진다. 뒤에서도 살펴보겠지만 다른 사람(조직)과의 연합은 가장 기민하고 빈틈없는 전략적 행보다. 적대적인 상대가 다른 사람(조직)과 손을 잡지 못하도록 하는 것 역시 중요한 행동이다. 또한 1 대 1 대결은 오로지 한 사람만이 승자가 된다는 것을 상정하기 때문에 전략의 좋은 비유가 되지 못한다. 공동의 이익을 추구하거나 제3의 협력자와 동맹을 맺음으로써 갈등을 해소할 수도 있기 때문이다. 이 두 가지 유형의 행보가 가능할 수 있으려면 복잡한 협상이 전제되어야 하므로, 반드시 받아들여야 할 양보가 그만한 가치가 있다거나 혹은 현명한 선택임을 당사자들에게 설득하는 일은 어려운 과제가 될 수밖에 없다. 그러므로 전략의 영역은 위협과 압박뿐만 아니라 협상과 설득, 물리적이거나 심리적인 영향력, 또한 행동뿐만 아니라 말까지 아우른다. 전략이 정치적 기술의 중심인 이유도 바로 여기에 있다. 전략은 주어진 상황에서 보다 많은 것을 얻어내는 과정을 다룬다. 그러므로 단지 힘의 균형에서 출발하는 것보다 훨씬 많은 의미가 담겨 있다. 전략은 힘(권력)을 창조하는 기술이다.

애초에 강력한 존재라면 전략이라고 해봐야 그다지 어려울 게 없다. 보다 우월한 자원을 현명하게 배치하면 승리는 어렵지 않다. 성경에 '빠른 자라고 해서 경주에 이기는 것이 아니고, 강한 자라고 해서 전투에서 이기는 것이 아니다'라는 유명한 구절이 있다.[3] 미국 작가 데이먼 러니언 Damon Runyon(《아가씨와 건달들》의 원작자—옮긴이)도 '그것이야말로 기대를 걸어볼 만한 방법'이라고 했다. 자기보다 우월한 힘을 가진 상대와 맞서 싸우면 명성과 영웅심은 높아지겠지만 분별력과 효용성은 떨어진다. 초기에 힘의 균형을 보면 패배가 예측되지만 언더독underdog('약자') 전략으로 창의성을 시험해볼 수 있는 것도 바로 이런 이유 때문이다. 언더독 전략은 흔히 자원이 우월한 쪽이 근육 즉 물리적인 힘에 모든 것을 거는 답답하고 지루한 접근법을 강점이라고 여길 때, 그것을 강점이 아니라 오히려 약점으로 삼아서 역이용하는 탁월한 지능을 통해서 승리를 얻어낼 수 있다고 보고 그런 가능성에 기대를 건다. 이런 접근법은 아킬레우스가 아니라 오디세우스, 클라우제비츠Clausewitz(프러시아의 군인이자 군사 이론가—옮긴이)와 조미니Jomini(19세기 프랑스의 장군·군사 평론가—옮긴이)가 아니라 손자孫子(《손자병법》의 저자, 중국 춘추전국시대의 전략가—옮긴이)와 리델 하트Liddell Hart(제2차 세계대전 당시 영국의 전략가—옮긴이)가 선택한 방법이다. 이들은 속임수, 계책, 허위 공격, 재빠른 기동력, 속도 그리고 보다 빠른 기지 등의 수단을 써서 적절한 대가만 치르면서 승리를 추구한다. 무자비한 폭력이 아니라 기지로써 승리를 거머쥘 경우에 얻는 만족이 얼마나 클지는 두말 할 필요가 없다. 그런데 문제는 상대가 자원을 보다 많이 가지고 있을 뿐만 아니라 긴장을 늦추지 않으며 용감하고 또 명석할 때이다.

'전략'의 계보는 고대 그리스로 거슬러 올라간다. 그러나 중세와 근대를 거치면서 전략이라는 용어가 '전쟁의 기술(전쟁술)'이라는 뜻으로 사용되는 경향이 나타났다. 나중에 전략이라는 표제 아래 확고하게 나타나게 된 쟁점들(즉 동맹의 가치, 전투의 역할, 무력과 간계奸計가 지닌 각각의 장점 등)이 분명하게 부각되었다. '전략'이라는 단어는 영국, 프랑스, 독일에서만 18세기 후반에 사용되기 시작했는데, 이런 현상은 전쟁은 (인간사의 다른 영역들과 마찬가지로) 이성에 호소할 때 더 많은 이득을 얻을 수 있다는 계몽주의적 낙관성을 반영하는 것이었다. 이것은 또한 대규모 군대 및 원거리 보급망을 특징으로 한 당대의 전쟁 관련 수요를 반영하는 것이기도 했다. 이제는 무력을 동원하는 데 세심한 준비와 이론적인 지침이 필요해졌다. 예전에는 목적과 수단이 모두 전투 지휘관의 머릿속에만 존재했고, 이 지휘관은 전략의 수립과 실행을 모두 책임졌다. 그런데 이런 기능들이 점점 세분화되고 전문화되기 시작한 것이다. 정부는 목표를 설정하고 장군들이 목표를 달성하는 것으로 기능과 역할이 나뉜 것이다. 장군들은 전문 참모들을 구성해서 전투 부대가 실행할 전투 계획을 세웠다.

인간의 다른 활동 영역을 설명할 때 군대에 비유하는 것이 용이하다는 사실을 고려하면, 정치계 및 경제계의 지도자들이 전략이라는 개념을 차용한 것은 놀라운 일이 아니다. 사실 1960년 이전에는 기업 전략이라는 언급이 거의 없었다. 1970년대에 비로소 이런 단어가 활발하게 사용되기 시작했고, 2000년이 되면 기업 전략이라는 용어는 군사 전략이라는 용어보다 더 많이 사용되었다.[4] 사실 전략이라는 단어가 널리 확산된 것은 경영과 관련된 문건을 통해서였다. 조직의 계획과 정책을 (적어도 중요하고 널리 읽힌 것들에) '전략적'이라는 단어로 묘사하면서 개인들도 최상의 선택을 어떻게 할 것인지 고민할 때 이 단어를 활발하게 사용하기 시작했다. 1960년대의 사회 운동과 철학 운동은 전략을 보다 근본적인 인간관계 안으로 침투시킴으로써 '개인'이 보다 '정치적'이 되도록 했다.

기업은 계획을 세울 참모들을 고용했고 이 참모들은 조직의 다른 구성원들이 따를 목표를 설정했다. 정치가들은 선거에서 이길 방법을 조언해줄 컨설턴트를 고용했다. 그리고 이런 분야의 여러 측면에서 경험을 쌓은 사람들이 전략의 원리에 대해서 글을 쓰고 강연을 하면서, 가능한 여러 가지 상황 속에서 성공을 가져다줄 처방전을 제시했다. 그러므로 전략이라는 개념은 조직의 관료화, 기능의 전문화 그리고 사회과학의 성장과 어깨를 나란히 하면서 발전해왔다. 이런 현상은 경제학, 사회학, 정치학 그리고 심리학적 연구 결과가 세상을 보다 쉽게 이해하고 따라서 보다 쉽게 예측할 수 있게 해줄 것이며, 결국 모든 선택과 행보는 보다 많은 정보를 바탕으로 더욱 합리적으로 이루어질 것이고, 또 현재 상황에 보다 효과적으로 대응할 수 있을 것이라는 기대를 반영하는 것이었다.

전략가들의 가치가 이렇게 높아지자 이에 대한 반응의 하나로 그들이 개인의 통제에 대해 설정하고 있는 여러 가지 가정들과 또 그들이 권장하는 중앙집권화된 권력 구조에 대한 의문이 제기되었다. 전략은 지금까지 속임수나 환상으로 제시되었다. 즉 지배 집단이 대중을 조작해서 움직일 수 있다고 보았고, 이런 대중 조작이 바로 전략으로 인식되었다는 것이 문제 제기의 핵심이었다. 그래서 비평가들은 소수가 내리는 정교한 의사결정이 아니라 수많은 개인이 내리는 수많은 선택과 행보를 가리키며 그쪽으로 나아가야 한다고 주장했다. 다수의 개인들은 큰 그림을 볼 수 없지만 자기가 놓인 환경 아래에서 각자 나름대로 최대한 대응했고, 아무도 의도하지 않았고 또 심지어 바라지도 않았던 결과가 나타나게 되었다. 요컨대 비평가들은 탈중심적 의사결정 및 개인으로의 권력 분산을 장려했는데, 그러자 이번에는 일상적인 삶 속의 부침浮沈에 대한 보다 개인적인 대응으로서의 전략이 강조되었다.

이 책은 철저한 중앙집권화와 수많은 개인이 내리는 의사결정의 총합을 각각 양극단으로 하는 두 유형의 접근법들이 어떻게 발전했는지 묘사한다. 또한 군사, 정치, 기업이라는 완전히 다른 여러 영역에서도 최고의 전략적 실천은 현재 진행 중인 상황을 바람직한 결과로 이어지도록 물꼬를 트는 매혹적인 방법을 추구하는 것으로 수렴하고 있음을 보여준다. 전략을 특수한 이야기(내러티브) 구조의 하나로 생각하는 발상은 1960년대에서 1970년대로 넘어가던 시기에 유행했으며, 대규모 사업 그리고 심지어 전쟁조차도 중앙의 계획으로 통제할 수 있다는 발상도 그런 유행 속에서 자리 잡았다. 인지 심리학(인간의 여러 가지 고차원적 정신 과정의 성질과 작용 방식의 해명을 목표로 하는 심리학의 한 분야—옮긴이)과 당대 철학의 발전이 일련의 사건들을 해석하는 구조가 중요하다고 강조하기에 이른 것이다.

역사서로서 이 책은 전략 이론 분야에서 가장 두드러졌던 여러 주제들이 (이 주제들은 전쟁과 정치와 기업에 커다란 영향을 미쳤다) 비평가 및 비판자들이 제기하는 문제의식 속에서 각각 어떻게 발전했는지 설명하는 것을 목적으로 하고 있다. 아마도 독자는 이 책에 나오는 몇몇 등장인물들을 접하고 깜짝 놀랄 것이다. 또 몇몇 장에서는 전략에 대한 이야기를 거의 하지 않는다는 사실에 놀랄 것이다. 이것은 전략을 규정하는 각각의 이론들이 중요하기 때문이다. 이런 이론들은 정치적이고 사회적인 행동의 형태들뿐만 아니라 전략가들이 대처해야 하는 문제들과 전략가들이 활동하는 환경을 규정짓는다. 그래서 이 책은 갈등에 대비하는 계획이나 실용적인 정보를 불확실성에 적용하는 것에 관한 책이라기보다는 이론과 실천 사이의 관계에 관한 책 혹은 실천의 형태를 띤 이론에 관한 책이라고 할 수 있다. 전략은 담론 전체의 거대한 범위 안으로 들어가는 길을 마련해준다. 즉 이성적인 행동이 지니는 의미에 대한 추상적인 정식화 그리고 지배와 저항에 대한 포스트모던한 심사숙고, 인간 뇌의 작동에 대한 인과관계 및 통찰에 대한 주장 그리고 전투에서 적을 가장 잘 제압하고 선거에서 경쟁자들을 가장 잘 누르며 또 신제품을 시장에 가장 멋지게 출시할 수 있는 방안에 대한 실용적인 조언 등을 전략이라는 개념을 통해서 알아낼 수 있다. 전략가들은 회유 및 협박의 다양한 형태, 스트레스 상태에서의 인간의 특성, 바쁘게 움직이는 대규모 인간 집단의 조직화, 협상 기법, 좋은 사회에 대한 전망 그리고 윤리적인 행동의 전범 등이 가지고 있는 효율성을 언급해왔다.

　　나는 이 책에서 사회과학의 어떤 특정한 학파의 방법론을 따르지 않았다. 사실 특정한 학파의 융성에 대해 학술적 차원에서 논의된 전략을 바탕으로 해서 설명해보려고 애를 썼다. 후반부로 가면 전략에 대한 사고방식의 하나로서 전략적 대본strategic scripts이라는 개념을 미래 시제로 구술되는 하나의 이야기로 파악하는 데까지 나아간다. 나는 이것이 내가 이 책의 원고를 쓰는 과정에서 개발한 분석 방식에서 비롯되었다고 믿는다. 그런데 이런 분석을 받아들이지 않을 독자도 있을 것이다. 하지만 설령 그렇다 하더라도 역사 그 자체를 충분히 즐기기 바란다. 전략에 대해서 내가 특히 매료된 사실은 전략은 선택의 문제라는 점이다.

　　또한 이런 선택들은 중요할 수 있으므로 이런 선택들 뒤에 놓여 있는 추론은 주의 깊게 살펴볼 가치가 있다. 전략을 세우는 사람들에게 중요한 것은 결정에 관한 사항이다. 그것은 개인의 발전과 집단의 생존뿐만 아니라 사람들이 마음 깊은 곳에 간직하고 있는 견해와 가치관에 관한 것이고, 많은 사람들의 삶에 영향을 주는 사업에 관한 것이며, 또한 한 국가가 밟아갈 미래의 틀을 형성할 기회에 관한 것이다. 이런 방식으로 전략을 연구하는 것은 무작위적이고 무질서한 것, 변칙적이고 역설적인 것 그리고 예외적이고 괴이한 것을 서투른 거짓말쟁이로 규정하고 통제해야만 하는 사회과학의 여러 측면에서 보자면 못마땅하거나 더 나아가 파괴적일 수도 있다. 그러나 전략과 관련해서는 이런 경우들에 모두 특별한 관심을 기울여야 한다. 왜냐하면 (그런 예외적인 주장을 한) '서투른 거짓말쟁이' 배우들은 주류의 흐름에 반기를 듦으로써 기존의 기대에 도전장을 던졌기 때문이다. 물론 이것은 대단한 추론적 이론이 되지 못할 수도 있다. 그러나 적어도 학생들로 하여금 수학적인 증명을 해야 한다는 부담감 없이 의사결정의 가장 도전적인 몇몇 형태에 대해서 짜릿한 전율과 극적인 전환을 제대로 맛볼 수 있게 해줄 것임을 확신한다.

　논제가 전체 틀에서 벗어나지 않도록 하기 위해서 나는 주로 서구의 전략 사상에 초점을 맞췄다. 그것도 최근 시기에 한정했는데, 특히 미국의 여러 접근법들에 집중했다. 이 책에서 다루는 주된 주제들을 보다 폭넓은 정치·사회 이론의 발전과 연결시키고자 했기 때문에 만약 지금보다 탐구 범위를 지리적으로 더 넓혔다면 아마 탐구 자체가 불가능했을 것이다. 문화에 따라서 통찰도 제각기 달라진다는 사실은 나도 충분히 잘 안다. 그러나 미국은 가장 강력한 국가였을 뿐만 아니라 최근의 역사에서 보자면 지적으로도 가장 혁신적인 국가였다. 고대에는 아테네가 그랬고, 19세기 말에는 독일이 그랬다. 서구 문화로 범위를 한정할 때 누릴 수 있는 이점은 오랜 시간에 걸쳐서, 그리고 명백하게 다른 활동 영역에 걸쳐서 형성되어 있는 공통된 주제들과 영향력을 끄집어낼 수 있다는 점이다. 이 작업에서는 선택 또한 필수적이었다. 나는 오늘날에도 자주 인용되는 고전들을 다루었으며, 또한 지금은 잊혀졌지만 (물론 여기에는 충분히 그럴 만한 이유가 있다) 당대에는 일정한 영향력을 행사했던 작품이나 사람도 언급했다. 또한 전략적인 사고의 경향과 추세를 문맥에 담아내려고 노력했다. 나는 논의가 근거도 없이 허황하게 가지를 치고 나가지 않도록 하려고, 전략적인 생각은 '사건들 그 자체가 제기하는 여러 문제들에서가 아니라 각각의 세기世紀에서, 즉 각각의 역사적 순간에 자신의 영감을 추출한다'[5]고 했던 레이먼드 아론Raymond Aaron의 말을 염두에 두었다. 핵심적인 이론가들을 이해하고 비평의 날을 날카롭게 가다듬으려면 이런 사상가들이 반응하고 대응했던 각각의 사건들을 온전하게 이해하는 게 중요하다. 하지만 전략에 관한 어떤 책을 읽고서 '역사적인 변화를 추적해서 개별 이론가들로 나아가는 데는 불만족스러운 측면이 있다. 왜냐하면 어떤 이론이든 그 이론의 물질적인 조건이 형성되지 않는 한 뿌리를 내릴 수 없기 때문이다'[6]라고 했던 조지 오웰George Orwell까지 거슬러 올라갈 필요는 없다. 사상의 역사가 매혹적인 까닭은 여러 가지가 있겠지만 하나의 맥락 속에서 형성된 사상이 계속 살아남으면서 다른 맥락에서는 새로운 의미를 띤다는 점 때문에 특히 더 그렇다.

전략에 대해서 생각하고 소통하는 수단으로서 이야기의 의미가 점점 더 중요해짐에 따라서 가장 중요한 전략적 이야기들이 어디에서 비롯되는지, 형식적인 구조물 뒤에 숨어 있는 의도가 무엇인지 그리고 그 이야기들의 의미가 시간이 지나면서 어떻게 변화하는지를 밝히려고 노력했다. 이 이야기 구조를 유지하면서 핵심적인 쟁점들 및 전략적인 행동을 조명하기 위해서 성경, 호메로스, 밀턴, 톨스토이 등의 문학 작품에서 많은 사례들을 가져왔다.

이 책은 전략의 전사前史를 다루는 데서 시작하는데, 서구 문화 전통의 두 가지 기본 원천(구약성경과 고대 그리스의 위대한 고전들)과 지금까지도 여전히 거대한 영향력을 행사해온 인물들(투키디데스, 손자, 마키아벨리)을 그 전사의 탐구 대상으로 삼았다. 이것이 제1부의 내용이다. 이어서 제2부에서는 군사 전략을 살핀다. 제3부에서는 정치 전략 특히 약자를 위한 노력을 다룬다. 그리고 제4부에서는 대규모 조직, 특히 기업의 경영자들에게서 전략이 어떻게 발전해왔는지 살핀다. 이 부분은 분량상 전체 가운데서 가장 짧은데, 이것은 주제 자체가 중요하지 않기 때문이 아니라 다른 분야의 전략의 역사는 200년이나 되지만 기업 전략의 역사는 50년도 채 되지 않기 때문이다. 그리고 마지막으로 제5부에서는 사회과학이 당대의 전략 논의에 어떤 기여를 했는지 살펴보고 주요 주제들을 하나로 묶는 시도를 한다.

이 책을 쓰면서 나는 낯선 영역으로 들어가야만 했다. 나로서는 학부생 시절에 잠깐 관심을 가졌다가 희미한 기억으로만 남았으며 많은 부분은 아예 망각 속에 사라지고 없는 주제들을 탐구할 수 있는 새로운 기회였다. 정치학 이론을 공부하려면 정치학의 해설서뿐만 아니라 원본을 읽어야 한다고 배웠고, 또 그렇게 하려고 노력했다. 이렇게만 말하면 다른 사람들의 통찰과 해석에 폭넓게 의지하지 않았다는 오해를 불러일으킬 수 있지만 사실은 그렇지 않다. 나는 폭넓은 전문가들의 통찰과 사상에서 중요한 것들을 익히고 또 필요한 것들을 뽑아다가 썼다(제대로 뽑아서 썼기만을 바랄 뿐이다). 이 책의 원고를 쓰면서 즐거웠던 일 가운데 하나는 사회과학 분야 특히 내 전공과는 멀리 떨어진 영역에서 이루어진 멋진 저작들을 접하는 경험이었다. 동료들이 나를 도우려고 최선의 노력을 기울였음에도 불구하고 많은 영역에서 내 욕심이 지나쳤다고 할 수밖에 없다. 그럼에도 불구하고 나는 이 과정을 통해서 학자들은 자기가 속한 영역 너머에도 충분히 많은 관심을 가져야 하는데 자기 영역 안에서 좋은 인상을 유지하려고 지나치게 많은 걱정을 하면서 안주한다는 믿음이 확신으로 바뀌는 걸 경험했다. 다른 학문 영역으로 넘어가는 것이 때로는 주제 넘을 수도 있지만 그런 행위가 결코 무례하다고는 생각하지 않으며 이런 풍토가 자리 잡았으면 좋겠다고 생각한다. 이런 쟁점들은 충분히 논의해볼 가치가 있다고 생각하는데, 내 생각이 잘못이라고 생각하는 분들의 반박 및 그런 분들과의 토론을 기대한다.

　나의 전공이나 전략이라는 주제만 놓고 보자면 이 책의 많은 부분이 전쟁과 관련되어 있을 것이라고 생각하겠지만 사실은 그렇지 않다. 나는 혁명 전략, 선거 전략, 기업 전략 등을 충분히 다루려고 했으며 또한 이들이 각각 서로 어떻게 영향을 미쳐왔는지 살피려고 했다. 비록 많은 전사戰士들을 만나긴 했지만 나는 전쟁을 직접 경험한 적이 없다. 학생 시절에는 정치적으로 매우 왕성하게 활동했고, 개혁과 혁명 그리고 폭력을 주제로 한 많은 논쟁에 열렬하게 참여했다. 그 뒤 킹스칼리지 런던에 재직할 때는 대략 30년 동안 여러 가지 직책의 관리자 역할을 했다. 그리고 지금 전략을 다룬 책을 쓰고 있다. 이런 점에서 보면 나는 전략에 대해서 생각하려고 노력했을 뿐만 아니라 전략적으로 생각하려고도 노력했던 것 같다.

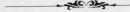

전략은 종착점이 아닌 출발점의 지배를 받는다.
그리고 전략의 모습은 적어도 이 책에서는 고정적이지 않고 유동적이다.

The picture of strategy that emerges in this book is one that is fluid and flexble,
governed by the starting point, not the end point.

| 차례 |

한국어판 서문 _ 전략, 역사의 지층을 가로지르다 · 9
서문 · 14

제1부

전략의 기원

제1장. 기원 1 – 진화 · 38
폭력의 전략 · 45

제2장. 기원 2 – 성경 · 52
10계명, 전략적 위압 · 57 | 위압적이라는 평판 · 67 | 다윗과 골리앗 ·
70

제3장. 기원 3 – 그리스 · 76
오디세우스 · 79 | 메티스의 방법 · 87 | 투키디데스 · 91 | 말과 속임수
· 103 | 플라톤의 전략적 쿠데타 · 108

제4장. 손자와 마키아벨리 · 114
손자와 《손자병법》 · 118 | 마키아벨리와 《군주론》 · 129

제5장. 사탄의 전략 · 138
천국에서 벌어지는 전투 · 145 | 판데모니움 · 150 | 교활한 속임수의
한계 · 159

제2부
군사 전략

제6장. 전략이라는 새로운 학문 · 166
전략과 전략가 · 172 | 나폴레옹의 전략 · 178 | 보로디노 전투 · 183

제7장. 클라우제비츠 · 190
앙리 조미니 · 193 | 클라우제비츠의 전략 · 198 | 승리의 원천 · 211

제8장. 가짜 과학 · 218
톨스토이와 역사 · 222 | 몰트케 · 232

제9장. 섬멸이냐 소모냐 · 242
미국의 남북 전쟁 · 245 | 공세 전략의 숭배자 · 249 | 머핸과 코베트 ·
256 | 지정학 · 266

제10장. 뇌와 근육 · 270
항공 전력 · 273 | 장갑전 · 283

제11장. 간접적인 접근법 · 290
처칠의 전략 · 300

제12장. 핵 게임 · 312
새로운 전략가들 · 315 | 게임 이론 · 323 | 죄수의 딜레마 · 329

제13장. 비합리성의 합리성 · 334
억지력 · 337 | 토머스 셸링 · 342 | 선제공격과 보복 공격 · 357 | 실
존적 억지 · 364

제14장. 게릴라전 · 378
아라비아의 로렌스 · 384 | 마오쩌둥과 보응우옌잡 · 389 | 대 게릴라
활동 · 396

제15장. 관찰과 지향 · 408
우다 고리 · 415 | 소모전과 기동전 · 419 | 작전술 · 424

제16장. 군사 혁신 · 448
비대칭전 · 459 | 제4세대 전쟁 · 469 | 정보 작전 · 473

제17장. 근거 없는 믿음, 전략의 대가 · 490

주석 · 505
찾아보기 · 545

2권

제3부
아래로부터의 전략

제18장. 마르크스, 노동자 계급을 위한 전략
직업적 혁명가들 | 1848년 혁명 | 폭동의 전략

제19장. 헤르첸과 바쿠닌
미하일 바쿠닌 | 제1인터내셔널과 파리코뮌 | 행동을 통한 선전

제20장. 수정주의자와 전위
수정주의 | 로자 룩셈부르크 | 레닌 | 볼셰비키와 멘셰비키 | 전쟁과 혁명

제21장. 관료주의자와 민주주의자 그리고 엘리트주의자
막스 베버 | 레오 톨스토이 | 제인 애덤스와 헐 하우스 복지관 | 존 듀이와
실용주의

제22장. 형식주의자와 신화 그리고 선전
군중과 공중 | 안토니오 그람시 | 제임스 버넘 | 전문가와 선전 활동

제23장. 비폭력의 힘
간디가 준 충격 | 비폭력의 잠재력 | 미국에서의 비폭력 노선

제24장. 실존적 전략
반역자 | 라이트 밀즈와 권력의 의미 | 포트휴런 선언문 | 영웅적인 조직가
| 세자르 차베스 | 불완전한 커뮤니티

제25장. 블랙파워와 백인의 분노
혁명 속의 혁명 | 폭력의 신기루 | 다시 시카고로 | 여성 해방과 동성애자
운동

제26장. 프레임, 패러다임, 담화 그리고 내러티브
전 세계가 지켜보고 있다 | 토머스 쿤 | 미셸 푸코 | '내러티브'라는 개념

제27장. 인종과 종교 그리고 선거
새로운 정치 | 신보수주의 다수파 | 로널드 레이건 | 리 앳워터 | 영속적인
선거 운동

제4부

위로부터의 전략

제28장. 경영자 계급의 성장
'경영자'의 의미 | 테일러주의 | 메리 파커 폴렛 | 인간관계 학파

제29장. 경영이 하는 일
존 록펠러 | 헨리 포드 | 알프레드 슬론

제30장. 경영 전략
전략 기획자

제31장. 경영은 전쟁이다

제32장. 경제학의 융성
경제학에서 경영학으로 | '경쟁'이라는 과제

제33장. 붉은 여왕과 푸른 바다
대리 이론 | 경영자, 위험한 직업 | 경영과정 재설계 | '블루오션'으로의 이동

제34장. 사회학적 과제
경영 혁명가들

제35장. 의도된 전략과 응급 전략
학습하는 조직 | 지배로서의 경영 | 경영 전략의 유행 | 다시 내러티브로 |
기본으로 돌아가다

제5부
전략 이론

제36장. 합리적 선택의 한계
로체스터 학파 | 연합 형성 | 협력의 발전

제37장. 합리적 선택을 넘어서
합리적 선택 모델에 대한 비판 | '정신화'의 의미 | 시스템 1과 시스템 2

제38장. 이야기와 대본
전략의 한계 | 시스템 1 전략과 시스템 2 전략 | 전략적 내러티브 | 대본 |
전략적 대본과 극적 대본

감사의 말
옮긴이의 말
주석
찾아보기

제1부

전략의 기원
Origins

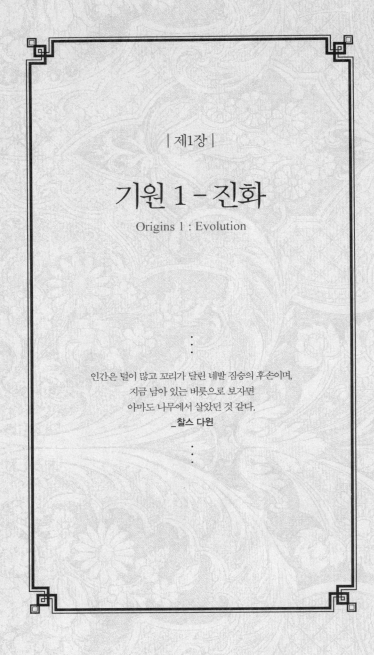

| 제1장 |

기원 1 – 진화

Origins 1 : Evolution

:

인간은 털이 많고 꼬리가 달린 네발 짐승의 후손이며,
지금 남아 있는 버릇으로 보자면
아마도 나무에서 살았던 것 같다.
_찰스 다윈

:

이 장에서 나는 인간의 전략에는 시간과 공간을 초월한 공통적인 기본 특징이 있다는 주장을 펴려고 한다. 이런 특징에는 속임수와 패거리 형성 그리고 폭력의 도구화도 포함된다. 이런 특징은 너무도 기본적이어서 침팬지 집단에서도 찾아볼 수 있다. 침팬지는 자의식을 가지고 있으며 서로 속고 속일 정도로 상대를 충분히 잘 안다. 그리고 다른 침팬지에게 도움을 받거나 거절당할 때는 고마움을 표시하거나 앙갚음을 한다. 이들은 여러 가지 의사소통 방식을 공유하고 있으며 어려운 문제가 닥치면 생각을 통해서 헤쳐나가고 또 미리 계획도 세운다.

오랜 세월 침팬지들을 정밀하게 관찰한 내용을 보면 (이런 관찰은 처음에는 야생 상태에서 이루어졌고 나중에는 동물원 내의 특별 구역에서 이루어졌다) 침팬지 사이에는 사회적인 유대가 제한적으로만 존재한다는 기존의 관념이 흔들린다. 동일한 구역에서 함께 살아가는 침팬지들은 정기적으로 한자리에 모여서 복잡한 상호 관계를 형성·발전시킨다는 사실은 이미 분명하게 드러났다. 이들은 협력해서 일을 할 뿐만 아니라 또 싸우기도 했다. 전략 연구자들이 특히 관심을 가질 만한 사실이 있는데, 그것은 바로 침팬지들의 행동이 정치적이었다는 것이다. 그들은 동맹 관계를 형성했는데, 협력자가 될 수도 있는 상대에게는 교육과 섹스와 음식을 제공했다. 이런 모든 행동은 집단 안에서 어떤 갈등이 생겼을 때 그것을 보다 유리한 상태에서 극복하기 위한 것이었다. 그러나 이들은 또한 갈등을 최소화하는 것이 얼마나 중요한지 잘 알고 있어서, 갈등이 빚어지더라도 나중에 서로 협력해서 살아갈 수 있도록 그 갈등을 위험한 수준으로까지 강하게 혹은 길게 끌고 가지 않았다. 격렬하게 싸운 뒤에도 키스를 하고 화해를 했으며, 자기가 쉽게 상처받을 수 있다는 사실을 드러냄으로써 신뢰를 구축했다.[1]

1970년대에 네덜란드 태생 동물행동학자 프란스 드 발Frans de Waal은 아른헴 동물원Arnhem Zoo에서 침팬지 집단을 관찰하며 이들 사이에서 놀랍고도 다양한 드라마가 펼쳐진다는 사실을 포착했다. 그는 1982년의 저서 《침팬지 폴리틱스》Chimpanzee Politics에서 침팬지 사회의 복잡성에 대한 놀라운 결론을 내렸다. 침팬지들 사이에서 일어나는 동맹 형성 및 권력 투쟁의 증거만 보더라도 충분히 '정치적'이라는 수식어를 붙일 수 있다는 게 그의 판단이었다.[2]

침팬지가 가지고 있는 원천적인 힘이 그들을 이렇게 만들었다. 지배적인 수컷이 힘을 과시할 때면 이들의 털은 뻣뻣하게 곤두선다. 그래서 실제보다 더 크고 무섭게 보인다. 이 수컷이 계급이 낮은 침팬지들이 몰려 있는 곳으로 돌진하면 다들 혼비백산해서 뿔뿔이 흩어져 달아난다. 다른 침팬지들은 이 수컷들에게 굴종적인 인사나 세심한 털 고르기 등의 행위를 통해 존경심을 표한다. 하지만 드 발은 그런 위계 질서의 변동 속에서 권력을 잡는 침팬지는 반드시 집단 내에서 가장 힘이 센 침팬지가 아니라는 사실을 깨달았다. 물리적인 힘보다는 사회적인 책략이 훨씬 더 중요했다. 침팬지들은 이 패거리 혹은 저 패거리에 붙으며 동맹 관계를 바꾸는데, 여기에 따라서 권력의 균형이 달라지기 때문이다. 이런 위계의 변화는 무작위적이거나 갑작스럽지 않고 질서 정연했다.

드 발이 포착한 첫 번째 변화는 이것이었다. 기존의 우두머리 수컷인 이에론은 처음에는 대부분의 암컷이 보내는 지지를 즐겼는데, 또 다른 수컷인 루이트가 도전하자 이 의미심장한 도전에 어떻게 대응해야 할지 몰라 당황하는 눈치였다. 그런데 루이트가 이에론 앞에서 노골적으로 어떤 암컷과 짝짓기를 했다. 그리고 루이트는 또 다른 수컷인 니키를 자기편으로 만들어서 힘의 균형이 자기에게 유리하도록 만들었다. 이 권력 투쟁 과정에서 침팬지들은 자기들이 가지고 있는 힘을 과시하면서 싸울테면 어디 한 번 싸워 보자는 단호한 태도를 보일 뿐만 아니라 다른 한편으로는 암컷들이 자기편으로 돌아서도록 털을 골라주거나 새끼들과 놀아주는 유화적인 태도를 보이는 다양한 전술을 동시에 구사했다. 이에론은 울컥해서 화를 냈지만 별 소용이 없었다. 이런 화가 잦아질수록 예전의 위엄은 점점 더 줄어들었다. 예전 같으면 다른 침팬지들이 무서워서 꼼짝도 못 하고 벌벌 떨었을 텐데 그런 모습을 보이지 않게 된 것이다. 결국 이에론이 포기했다. 마침내 루이트가 우두머리가 되자 이에론은 니키와 손을 잡고 과거에 누리던 여러 특권들 가운데 몇 가지라도 회복하려는 시도를 했다. 물론 예전처럼 다시 집단의 우두머리가 될 수는 없었지만, 그래도 그렇게 하는 것이 이에론으로서는 최선이었다.

이 과정에서 물리적인 싸움이 차지하는 비중은 아주 조금밖에 되지 않았다. 매우 위험한 공격 행위인 깨물기는 거의 사용되지 않았다. 드 발은 이들 사이의 싸움이 사회적인 관계를 바꾸는 것이라기보다는 이미 일어난 변화를 반영하는 것이었다고 결론지었다. 침팬지들은 외부의 적이 침입할 때 함께 뭉쳐야 하기 때문에 자기 집단 내에서는 폭력을 사용하지 말아야 한다는 사실을 잘 알고 있는 것 같았다. 이들은 또한 반성과 화해가 필요하다는 사실도 잘 알고 있는 듯했다. 일단 어떤 목적이 달성되고 나면 행동의 여러 패턴들이 바뀌었다. 예를 들면 승자나 패자 모두 덜 공격적으로 변했다.

드 발에 따르면, 이 전략적 행동의 핵심적인 요소를 한 마디로 요약하면 서로를 개별적인 존재로 인식하고 이해하며 (자기를 제외한 다른 침팬지들이 누구와 어떻게 동맹 관계를 형성할 것이며 또 이 관계가 어떻게 깨어질 것인가 하는 것 등을 포함하는) 사회적인 관계를 지각하는 능력이었다. 침팬지들은 자기 앞에 주어진 여러 선택권 가운데서 하나를 선택하기 위해서 자기 행동이 초래할 잠재적인 결과를 파악할 필요가 있었고, 또 자기가 달성하고자 하는 목적으로 나아가기 위한 계획을 세울 능력을 어느 정도는 가질 필요가 있었다. 침팬지들이 이런 모든 특성을 보이자 드 발은 '정치의 뿌리는 인간 이전에 이미 형성되어 있었다'는 결론을 내렸다. 처음에 이런 관찰을 토대로 해서 드 발이 2008년에 쓴 논문은 영장류도 관용과 이타심과 자제력을 발휘할 수 있다는 내용이었는데, 영장류 역시 감정 이입의 능력을 가지고 있다는 말이었다. 감정 이입을 할 수 있다는 것은 최소한 다른 존재에 대해 감정적으로 민감하게 반응한다는 뜻이고 넓게 보자면 다른 존재의 관점을 이해할 줄 안다는 뜻이다. 드 발은 다음과 같이 주장했다.

"그것은 사회적인 상호작용의 규제, 통합, 조정 과정을 거친 활동 그리고 공동의 목적을 위한 협력 등을 위해서는 필수적인 요소이다."[3]

속임수 또한 지극히 중요한 전략적 요소라는 게 밝혀졌다. 속임수에는 상대방의 행동 패턴(양상)을 바꿀 목적으로 거짓 신호를 교묘하게 보내는 것이 포함된다. 침팬지는 집단의 다른 구성원들 몰래 음식을 빼돌리거나 우두머리 수컷이 보지 않을 때 몰래 암컷과 슬쩍 사라져서 사랑을 나눈다. 이렇게 하려면 다른 침팬지들과 감정 이입을 할 수 있는 능력이 어느 정도 요구된다. 오해로 인한 잘못된 행동을 피하기 위해서라도 다른 존재들의 통상적인 행동을 이해할 필요가 있다.

우리가 일반적으로 말하는 '전략 지능'strategic intelligence은 침팬지에게서든 인간에게서든, 거친 자연 환경에서 살아남기 위해서뿐만 아니라 복잡한 사회 환경 속의 상호작용을 통해서도 진화했다. 인간의 뇌를 예로 들어서 살펴보자. 뇌가 소비하는 에너지는 전체 신체가 소비하는 에너지의 20퍼센트를 차지한다. 뇌는 무게로 따지면 성인 신체의 2퍼센트밖에 되지 않지만 다른 어떤 기관보다 많은 에너지를 소비한다는 뜻이다. 뇌가 이처럼 많은 에너지를 소비한다는 것은 그만큼 결정적으로 중요한 역할을 한다는 뜻이기도 하다.

리처드 번Richard Byrne과 나디아 코프Nadia Corp는 영장류에 속하는 열여덟 개 중요 종들을 분석한 끝에 특정한 종의 신피질(포유동물에서만 찾아볼 수 있는 것으로 대뇌 피질 가운데서 가장 최근에 진화된 부위—옮긴이)의 크기가 그 종이 속임수를 구사하는 비율과 상관성을 보인다는 사실을 확인했다. 이들은 뇌의 크기와 (협동 능력과 갈등 관리 능력 그리고 아울러 속임수 능력을 포함하는) 일반적인 사회 지능 사이의 상관성을 확인했다.[4] 진화론적인 용어로 말하자면, 이런 기술이 자기보다 힘은 셀지 몰라도 지능은 낮은 다른 종들의 도전에 직면할 때 얼마나 큰 가치를 발휘할지는 쉽게 상상할 수 있다. 만일 특정 동물의 신피질 크기가 이 동물 종이 가지고 있는 정신 세계의 한계를 결정한다면, 이 동물 종이 다른 동료들과 상호 관계를 맺을 수 있는 능력, 더 나아가 갈등의 시기에 결합할 수 있는 동맹자의 수를 결정한다고도 말할 수 있다. 즉 뇌가 크면 클수록 튼튼한 사회적 관계망을 유지하는 능력도 그만큼 크다고 말할 수 있다. 번이 제기했던 이른바 '마키아벨리 지능'Machiavellian Intelligence이라는 개념은 전략과 진화 사이의 상관성을 확립했다. 니콜로 마키아벨리Niccolo Machiavelli가 밝혀낸 기본적인 생존 기술들이 가장 원시적인 사회 집단들 속에서 생존에 필요한 기술들과 비슷하다는 사실은 이미 입증되었다.[5]

이런 개념은 영장류와 인간을 세밀하게 관찰한 뇌의 물리적 발달 및 생태적·사회적 요인들의 영향에 대한 연구의 한 부분으로 확립되었다. 우리 조상들이 직면했던 초기의 지적인 도전들 가운데는 아마도 높은 나무에 떨어지지 않고 올라가는 방법이나 안전하게 잠을 잘 수 있는 장소를 마련하는 방법 혹은 영양가가 높지만 가시나 두꺼운 가죽 때문에 포획하기 어려운 먹잇감을 손에 넣거나 그걸 먹는 데 필요한 일련의 행동들을 알아내는 것 등이 포함되었을 것이다. 물리적인 과업을 수행하는 데는 일련의 행동이 필요했다. 그러므로 미리 계획하는 게 중요했다. 뇌의 크기가 커질 수밖에 없었던 생태적인 필요성이나 신체적인 필요성이 무엇이었든 간에, 어떤 시점에선가 규모가 상당히 크고 통일성이 유지되는 사회적 집단을 유지하는 것이 생존에 절대적으로 유리해졌을 것이다. 그리고 이때 집단에 속한 구성원들이 효율적으로 움직이려면 집단 내의 구성원은 다른 구성원들 각각이 지닌 특성이 무엇인지, 집단 내에서 각자 차지하고 있는 위계 서열이 어떤지, 각각은 누구와 친한지 그리고 이 모든 것들은 특정한 상황에서 어떤 의미를 가지는지 이해해야만 했다.

† 폭력의 전략

한 가지 중요하면서도 복잡한 문제는 사회적인 유대가 전혀 없던 다른 집단들과 어쩔 수 없이 함께 해야 하는 데서 비롯되었다. 찰스 다윈Charles Darwin은 이것을 '생존을 위한 투쟁'이라고 불렀다. 협력이 얼마든지 가능하며 갈등을 자제해야 한다는 인식이 집단 '안에서' 사회적 관계를 형성할 수도 있지만 '외부' 집단과 대결을 해야 하는 상황에서는 전혀 다른 차원의 불가피한 책임이 작동한다. 개별적인 공격 행위는 동물 세계에서 흔히 있는 일이다. 그러나 집단 대 집단이 벌이는 전쟁은 흔한 일이 아니다. 개미는 전쟁을 가장 즐기는 종이다. 한 학자는 개미의 외교 정책을 다음과 같이 정리했다.

"기회가 주어질 때마다 쉬지 않고 공격 행위를 하고 영토를 정복하고 또 이웃한 집단을 전멸시킨다. 만일 개미가 핵무기를 가지고 있다면 아마도 지구는 1주일 내로 종말을 맞을 것이다."[6]

개미가 벌이는 전쟁은 종족 보존의 의무와 능력을 가지고 있지 않은 특별한 종류의 전사들이 수행하므로 전투에서 패배를 한다고 하더라도 개체군의 크기를 유지하는 데는 아무런 문제가 없다. 개미가 벌이는 전쟁에는 명확한 목적이 있다. 식량 확보와 영토 확장이다. 어떤 식민지가 다른 식민지를 이기면 승자가 패자의 식량을 모두 탈취해가고 패자는 전멸당하거나 쫓겨난다. 개미가 벌이는 전쟁에는 전략이라는 개념이 들어설 여지가 없다. 처음부터 끝까지 그저 무자비한 무력을 통한 소모전이 이어진다. 개미들은 한데 뭉쳐서 군세를 확대한 다음 쉬지 않고 계속 적 진영을 향해 돌진한다. 협상의 여지는 전혀 없다.

하지만 침팬지의 경우는 다르다. 침팬지에 대한 연구 저작물들은 이들이 벌이는 전쟁에는 전략 지능이 작동한다는 사실을 확인시켜준다. 다른 종들의 수컷은 암컷과의 짝짓기 기회를 획득하기 위해서 1 대 1로 싸운다. 그런데 침팬지 사회에서는 그렇지 않다. 한 집단이 이웃 집단을 공격하거나 이런 갈등 속에서 침팬지들이 죽어나가는 경우가 가끔씩만 있을 뿐이다. 이런 공격적인 행동은 침팬지의 삶에서 일상적으로 일어나지 않고 특정한 상황에서만 일어난다. 이는 이런 공격 행위가 단순한 공격 본능의 드러남이라기보다는 전략적인 행동의 결과임을 암시한다.

제인 구달Jane Goodall은 침팬지의 사회적 삶을 연구한 개척자이다. 그녀는 침팬지가 벌이는 전쟁을 대상으로 여러 가지 뛰어난 관찰을 했다. 구달은 1960년에 탄자니아의 곰비 국립공원에서 침팬지 관찰을 시작했으며, 이웃 지역에 사는 수컷들의 침입으로 침팬지들이 살해당하는 경우를 여러 차례 목격했다. 수컷 침팬지 두 마리가 우두머리 자리를 놓고 싸워서 승패가 결정 나 공동체가 쪼개지고 나면 놀라운 갈등이 전개되었다. 특히 카사켈라(북쪽 침팬지)와 카하마(남쪽 침팬지)라는 두 공동체 사이의 적대 관계는 오래 지속되었다. 이 갈등은 1973년부터 1974년까지 이어졌고 결국 카하마 공동체가 소멸되었다. 카사켈라의 수컷들은 카하마의 영토와 암컷들을 차지했다.[7]

구달은 한 공동체의 침팬지들이 방어적으로 행동하면서도 서로에게 싸움에 나서라고 호출하며 신속하게 자기들이 있어야 할 자리로 이동한다는 사실을 확인했다. 분쟁의 소지가 높은 영토를 중심으로 순찰 활동도 이루어졌다. 이런 순찰 활동은 수적으로 우세한 상대 집단에게 발각될 수 있으므로 매우 조심스럽게 이루어졌다. 불필요한 소리를 내지 않으려고 조심했으며 또 적대적인 집단의 구성원이 주변에 있지 않은지 수시로 경계하며 확인했다. 이런 순찰 활동에서 가장 두드러졌던 것은 적대적인 집단의 영토 안으로 깊숙이 들어가서 벌인 약탈 행동이었다. 이들은 오랜 시간 숨 죽여 기다리다가 마침내 희생자를 공격할 기회가 찾아오면 순식간에 기습 공격을 한 다음 죽거나 죽어가는 적을 남겨두고 유유히 자리를 떴다.

그런데 이 연구 결과를 일반화시키는 것은 바람직하지 않다는 주장이 줄곧 제기되고 있다. 왜냐하면 이 두 침팬지 집단이 살아갈 서식지가 줄어들었고 또 구달이 식량 공급을 매개로 해서 이 침팬지들에게 영향력을 행사했다는, 즉 인위적으로 조작된 환경에 침팬지들이 노출되어 있었기 때문이라는 것이다. 구달은 이 유인원들을 숲에서 끌어내기 위해 식량 공급 구역을 마련하고 그것을 이용했는데, 이것이 두 집단 사이의 경쟁을 자극했다는 것이다. 구달의 이런 경우와 달리 드 발은 서로 다른 집단 사이에 조성되어 있는 갈등의 수준을 낮추기 위해서 식량 배급을 인위적으로 조작하면서 침팬지들을 관찰했다. 구달은 자신의 개입이 보다 공격적인 행동을 유발했다고 인정하며 후회했다. 그러나 그렇다고 하더라도 침팬지들이 특정한 조건 아래에서는 특정한 행동을 한다는 새로운 발견의 유효성이 빛을 잃을 일은 없다고 했다. 게다가 그녀가 발견한 사실은 전혀 엉뚱한 것도 아니었다. 다른 지역에서 침팬지 집단들을 관찰했을 때도 침팬지 집단 사이의 전쟁은 비록 자주 있는 일은 아니지만 그래도 분명히 일어났었기 때문이다.

침팬지들은 왜 싸울까? 리처드 랭엄Richard Wrangham(미국의 동물학자이자 진화 인류학자—옮긴이)은 이런 갈등은 '식량, 수컷 혹은 안전 등과 같은 자원들에 대한 보다 유리한 접근성' 때문에 생긴다고 규명했다. 이웃한 집단들 사이의 힘 관계가 가장 중요하게 작용하는 것은 이들에게 잘 익은 과일이 필요했기 때문이다. 그리고 잘 익은 과일은 침팬지의 소화기 계통이 낳은 결과이기도 했다. 과일이 드물 때 침팬지들은 혼자서 혹은 몇몇이 무리를 지어 보다 많은 과일을 찾아서 여행을 한다. 과일은 지리적으로 고르게 분포되어 있지 않으므로 어떤 공동체의 영토에는 과일이 많고 다른 공동체의 영토에는 과일이 드물 수 있다. 바로 이것이 갈등의 원인이었다. 힘이 센 공동체가 힘이 약한 공동체를 약탈하는 이유를 이것으로 설명할 수 있다. 랭엄은 성인 수컷 침팬지들은 '폭력의 비용 편익 분석을 하고 (……) 편익이 비용보다 높다는 판단이 나오면 공격을 감행한다'고 주장했다. 그리고 한 차례의 살해 행위를 저지른 집단의 상대적인 위치는 상당히 높아졌다(침팬지 집단의 개체 수는 많지 않으므로 구성원 한 개체의 손실이라 하더라도 해당 집단으로서는 상당히 큰 피해를 입는 셈이 된다). 랭엄은 이것을 '권력 불균형 가설'이라고 불렀다.

"무리를 지어서 행하는 살해 행위는 두 가지 요인 때문에 일어난다. 하나는 두 집단 사이의 적대성이고, 또 하나는 경쟁 집단 사이에 존재하는 권력의 불균형이다."[8]

이 가설은 살해 행위가 발생하는 이유를 설명했지만 내재적인 갈등 즉 희소하고 필수적인 자원을 향한 투쟁의 기원은 설명하지 못했다.

극단적인 폭력보다 더 두드러진 것은 갈등을 대하는 계산적인 태도였다. 구달은 침팬지들을 지켜보면서 관찰한 내용을 이렇게 정리했다.

"소규모 정찰대는 자기들보다 규모가 큰 집단 혹은 수컷이 많은 집단을 만날 경우 달아난다. 심지어 자기 영토 안에서조차 그렇다. 반면에 덩치가 큰 집단은 자기 영역을 벗어난 구역에서라도 소규모 정찰대를 만나면 추격하거나 공격한다."[9]

그러므로 중요한 사실은 유인원은 힘의 균형을 계산하는 데 매우 기민하다는 점이다. 자기들이 약할 때는 재빨리 달아나며 싸움을 피하려

하지만 자기들이 수적으로 우월할 때는 곧장 싸움을 건다. 그러므로 먼저 공격을 감행한 쪽에서 사망자가 나오는 경우를 보여주는 학술적 보고가 없다는 사실은 결코 놀라운 일이 아니다. 중요한 것은 전투에서 발휘되는 힘이 아니라 '두 집단이 맞닥뜨렸을 때 두 집단의 상대적인 크기 및 수컷의 구성 비율'이었다.[10] 폭력에 대한 이런 실용적인 태도가 침팬지들의 행동을 좌우했다.

그러므로 진화론자들은 희소하고 필수적인 자원 및 생존 투쟁의 자연적인 결과가 전략이라고 보았다. 그러나 그것은 원초적인 힘과 본능적인 공격성 차원의 최적자 생존의 문제만은 아니다. 생존자는 도태된 적들보다 생각을 더 빠르고 많이 했을 것이고 사회적인 관계를 보다 잘 이해하고 또 이런 관계들을 이용했을 것이다. 처음부터 힘이 세야 성공할 수 있었던 것이 아니라 머리가 똑똑한 것도 그만큼 성공 가능성을 높였던 것이다. 그리고 적들을 압도하는 과정에서 다른 구성원들을 동원하는 것이야말로 특별히 지능적인 행동이었다.

이와 비슷한 패턴들은 이른바 문명기 이전 단계의 인류의 전쟁에서도 확인된다. 비록 전략이라고 할 수 있는 것이라고 해야 '관례적이고 암묵적'이었으며 지금은 오로지 '전쟁 행동과 그것의 결과'로만 추론할 수밖에 없긴 하지만[11] 당시의 전략들은 주로 소모전이었던 것 같다. 전면전과 기습 공격으로 상대 진영을 수적으로 조금씩 무너뜨리는 것이었다. 보통은 사망자가 지극히 적었지만 때로는 전 부족을 몰살하는 행위도 나타났다. 승자는 모든 것을 다 가졌다. 재산과 음식을 약탈하고 집과 들판을 파괴했으며 여자와 아이는 죽이거나 포로로 삼았다. 보급 능력이 떨어져서 식량이나 무기가 일찍 바닥을 드러냈으므로 장기전을 펼칠 수는 없었다. 그러므로 기습 공격에는 많은 이점이 있었다. 밤이라 눈에 잘 띄지 않았을 뿐만 아니라 경계를 서는 병력은 대개 소수였기 때문이다. 게다가 상황이 불리해지면 곧바로 후퇴하면 그만이었다. 이스라엘의 군사 전략 전문가인 아자르 가트_Azar Gat_에 따르면 공개적인 전투를 피할 이유는 한두 가지가 아니다. 공격을 할 때 공격자로서는 상대방이 '무기력하고, 상대적으로 방어력이 저하되어 있으며, 무엇보다도 공격자를 효과적으로 해칠 능력이 거의 없는 상태'가 최상이다. 이런 요인들로 해서 '원시 시대의 수렵 채취 사회 및 농경 사회를 연구한 저작물에 등장하는 모든 사회에서', '놀랍도록 획일적인' 전쟁 양상이 일관되게 펼쳐진다.[12]

이런 원시 사회 및 침팬지 집단을 대상으로 한 연구 저작물들에서 우리는 전략적 행동의 본질적인 속성 몇 가지를 파악할 수 있다.[13] 이런 속성들은 갈등을 부르는 사회 구조에서 비롯된다. 이런 속성들 때문에 장차 적이 될 수도 있고 동맹자가 될 수도 있는 개별 개체들이 가지고 있는 독특한 성격을 파악하려고 하고, 또 이런 개별 개체들의 행동에 영향력을 행사할 수 있도록 이들이 처한 상황에 감정을 이입하려고 한다. 가장 효과적인 전략들은 오로지 폭력에만 의존하지 않고 동맹을 강화하는 능력에서 비롯되는 편익에도 의존한다. 비록 폭력이 우월성을 보여줌으로써 상당히 중요한 역할을 수행하긴 하지만 말이다. 이 책의 나머지 부분에서도 이 목록은 거의 확장되지 않을 것이다. 전략적 행동의 요소들은 지금까지도 변하지 않았기 때문이다. 다만 이런 요소들을 적용할 상황이 보다 복잡해지기만 했을 뿐이다.

| 제2장 |

기원 2 - 성경

Origins 2 : The Bible

내가 손을 뻗어서 역병으로 너와 네 백성을
세상에서 흔적도 없이 지워버릴 수도 있었다.
그러나 내가 너를 일으켜 세운 것은
나의 힘을 너에게 보이고
또 내 이름이 온 세상에 전파되게 하려 하였음이니라.
_《출애굽기》 9장 15~16절

전략의 기원에 대한 (사실 이것은 모든 것의 기원에 대한 것이기도 하다) 또 다른 설명은 구약성경에 나온다. 전략이 어떤 의미에서든 비자연적이라는 암시는 성경 어디에도 나와 있지 않다. 성경 속에 담긴 많은 이야기들은 갈등 속에서 전개된다. 때로 치명적인 결과를 낳기도 하고 또 흔히 이스라엘의 적들과 얽혀서 펼쳐지는 이들 갈등 속에서는 교활한 계략과 속임수가 빠지지 않고 등장한다. 어떤 이야기들은 (다윗과 골리앗의 이야기가 가장 좋은 사례인데) 지금도 여전히 전략에 대한 발상에 영향을 미친다. 그러나 성경에 나오는 최고의 전략적 조언은 언제나 신을 믿고 그가 정한 법 앞에 복종하라는 것이다. 신은 다른 인간 존재가 사건을 일으키게는 하지만 언제나 가장 크고 위대한 존재로 그 사건에 개입한다. 신이 도움의 손길을 거두어들일 때는 언제나 무지막지한 재앙이 뒤따른다. 그리고 신이 자기 백성의 편에 설 때는 언제나 해피엔딩으로 내용이 끝난다.

성경과, 성경이 자유 의지와 인과관계에 관해서 제기

하는 쟁점들이 과연 사실에 충실할까 하는 의문들은 지금까지 오랜 세월 동안 이론적인 논쟁의 핵심이었다. 만일 모든 것을 신의 의도로 돌릴 수 있다면 사람들이 저마다 다른 바람을 가지고 있는 것은 도대체 무엇이란 말인가? 인간의 의도는 신의 의도에 따른 결과일까? 아니면 인간의 의도는 신의 의도와 상관없이 독립적으로 발전할 수 있을까? 전략을 연구하는 사람들에게 성경은 참으로 까다롭고 어려운 교재이다. 성경에 나오는 이야기들은 인간의 허약함과 인생의 덧없음을 펼쳐보이는 한편, 속임수야말로 필수 불가결한 전략적 방편임을 말해준다.

어떤 개인이 곤경에 빠지고 그 곤경에서 벗어날 수 있는 기발한 방법이 있을 때, 보통은 그 방법을 택한다. 예를 들어보자. 쌍둥이 형제의 동생으로 장자의 권한을 누릴 수 없던 야곱은 자기를 편애하는 어머니가 못 본 체하는 가운데 눈 먼 아버지 이삭으로부터 형인 에사우가 받아야 할 장자의 축복을 가로챈다. 그런데 야곱은 장차 장인이 될 사람에게 속아서 아내를 둘 거느리게 된다. 그리고 나중에 야곱은 자기 아들들에게 속아서 자기가 총애하던 아들 요셉이 노예로 팔려간 게 아니라 살해되었다고 믿는다. 성경은 도덕적 모호함이 음모에 개재되어 있다는 사실과 속임을 당한 사람의 분노를 인정하지만 동시에 힘이 세긴 하지만 권력을 가질 자격이 없는 사람에게는 속임수를 써도 된다고 인정한다. 흠집 많은 인간들이 사는 세상에서 속임수는 자연스러운 것이자 흔한 것이다.

신이 왜 인간의 행동에 관용을 베푸는지를 설명하는 방법에는 두 가지가 있다. 첫 번째는 모든 행동은 보다 높은 차원의 조작에 따른 것이므로 궁극적으로 이 모든 것에서 배울 것은 아무 것도 없다는 것이다. 그리고 두 번째는 인간은 자기 나름대로 계산을 할 수 있지만 결국에 가서는 오로지 단 하나의 전략적 판단 즉 신에 복종할 것인가 혹은 복종하지 않

을 것인가 하는 판단에 달렸다는 것이다. 스티븐 브람스_{Steven Brams}(미국의
게임 이론가이자 정치 과학자—옮긴이)는 게임 이론을 사용해서 성서의 이
야기들을 개작한 뒤에 신은 '최고의 전략가'라고 결론을 내린다.[1] 신이 애
초에 가지고 있는 이점을 전제로 할 때 최상의 수준에 미치지 못하는 것
은 모두 실망스러울 수밖에 없다. 그러나 브람스는 신이 전능_{全能}함이 아
니라 전지_{全知}함을 즐긴다고 말한다. 신은 단순히 꼭두각시 인형의 조종
자가 아니라 다른 참가자들의 선택에 영향을 받는다는 것이다. 신이 가
지고 있던 목적과 신이 나중에 구사한 전략을 설명하기 위해서 브람스는
철학자인 레세크 콜라코브스키_{Leszek Kolakowski}를 인용했다.

신은 '자기 자신의 영광'을 위해서 세상을 창조했지만 이런 사실을
제대로 평가받지 않는 한 아무 소용이 없다. '그는 자신이 위대해질 수 있
는 설정이 필요했다.' 그러나 이것은 세상이 창조된 뒤에나 가능했다. '왜
냐하면 그래야 신은 자기를 찬양할 그리고 또 자기와 비교할 누군가를
둘 수 있기 때문이다.'[2]

이 구절을 곧이곧대로 읽자면, 신은 선택을 허용함으로써 전략을 창
조한 것이다. 왜냐하면 신은 사람들이 태생적으로 복종하게끔 프로그램
되어 있어서 복종하는 것이 아니라 자유 의지에 따른 행동을 통해서 복
종해주기를 바랐기 때문이다. 설령 각각의 개인이 천지창조의 순간에 설
정된 어떤 성스러운 계획의 한 부분이라고 하더라도 그 개인들은 선택의
자유와 계산과 계획 능력을 부여받았다. 성경은 신이 자신의 위대함이
명확하게 드러날 상황을 만들어낼 목적으로 정기적으로 조작하는 인간
의 선택을 소재로 삼은 이야기이다.

이 쟁점은 신이 창조한 새로운 세상의 통제권을 남자와 여자가 장악
하는 순간 곧바로 대두된다. 신은 아담과 이브를 에덴 동산에 놓은 뒤에

곧바로 한 가지 시험을 거치게 한다. 신은 '동산에 있는 과일은 뭐든 다 먹어도 된다'고 두 사람에게 설명했다. 하지만 딱 하나 예외가 있었다. 선악의 지식을 알 수 있는 나무 열매 즉 선악과는 먹지 말라고 했다.

"이 열매를 먹으면 너희들은 죽음을 맞이할 운명의 굴레를 뒤집어쓸 것이다."

에덴 동산은 이런 시험을 염두에 두고 창조되었다고 볼 수 있다. 만일 신이 아담과 이브가 죄악을 범하는 걸 진정으로 바라지 않았다면 애초에 에덴 동산에 선악과를 만들지 않았을 것이다. 그리고 결국 그 시험은 실패로 돌아갔다. 이브가 그 금단의 과일을 먹고 아담에게도 먹어보라고 권했고, 아담도 그 과일을 먹었다. 신이 분노하자 아담은 자신의 무지를 자책했으며 이어서 '당신이 나에게 내려준 여자'인 이브도 비난했고 더 나아가 비난의 화살을 신에게도 돌렸다.

아담과 이브가 에덴 동산에서 쫓겨나게 된 근원은 신의 명령에 복종하지 않아도 된다고 이브를 설득한 뱀이었다. 이 뱀의 전략을 설명하는 번역어 표현은 '미묘한'subtle에서부터 '정교한'crafty 그리고 '교활한'cunning 등으로 다양하다. 뱀은 이브를 설득하면서 잃을 것은 아무 것도 없고 얻을 것은 많다고 했다. 그 과일이 금단의 과일이 된 이유는 삶과 죽음이 걸려 있기 때문이 아니라 권력이 걸려 있기 때문이라고 했다.

"신은 네가 그 사과를 먹은 것을 알겠지만 네 눈이 활짝 열려 선악을 구별하게 되므로 너는 신과 같이 될 것이다."

그러면서 뱀은 신이 속임수를 쓴다고 비난했다. 어쩌면 핵심을 찌르는 지적인지도 모른다. 아담과 이브가 과일을 먹고 나자 신은 아담과 이브가 이제는 선과 악을 구분할 수 있게 되었으므로 '우리와 같은 존재'가 되었다고 생각했다. 만일 두 사람이 생명의 나무에 열린 열매를 먹는다면 죽음도 피할 수 있을 터였다. 신이 두 사람을 에덴 동산에서 쫓은 것은 정확하게 바로 그 이유 때문이었다. 만일 두 사람이 생명의 나무에 달린 열매를 먹었다면 신의 위협은 아무런 효과가 없었을 테고 두 사람은 영생을 누렸을 것이다.[3] 그러나 아담과 이브는 선악과를 먹음으로써 필멸의 존재가 되었고 결국에는 죽음을 맞이할 운명을 짊어졌다(그러나 아담은 930살까지 살았다). 에덴 동산에서 쫓겨난 아담은 신의 저주를 받아 흙을 파서 생활해야 했고 이브는 출산의 고통을 감내해야 했다. 그리고 뱀도 땅에 배를 깔고 다니며 흙먼지를 먹어야 한다는 저주를 받았다.[4]

† 10계명, 전략적 위압

신이 자신의 위대함을 자기가 선택한 백성에게 천명한 시점은 자기 백성들이 노예로 살아가는 이집트에서 탈출하도록 안배한 때였다. 《출애굽기》에 나오는 한 이야기를 보면 그것은 이스라엘 백성을 노예 신분에서 해방하라는 내용이라기보다는 신이 사람들에게 큰 은혜를 베풂으로써 자신의 위대함을 천명하며 그 사람들이 (또 그 외의 다른 사람도 함께) 자신의 힘에 경외심을 갖도록 만드는 내용이다. 이런 해석을 전제로 한다면 《출애굽기》의 이야기는 거대한 조작이다. 이스라엘 사람들은 전혀 서둘러서 떠날 이유가 없는 나라를 떠나라고 독촉받았다. 그렇게 이집트를 떠난 사람들이 사막에 갇혔을 때 그들은 후회하며 한탄했는데, 그것은 너무도 당연한 일이었다. 하지만 신은 역병을 이용해서 사람들에게 자신이 이집트의 여러 신들보다 우월하다는 메시지를 전했다.

다이애너 립턴Diana Lipton(히브리 성경과 유대 문화 연구학자—옮긴이)은 이집트 대탈출은 이스라엘 백성이 이집트의 압제에 시달리는 것을 염려해서 나온 것이 아니라 그들이 이집트식 생활방식의 유혹에 무너져 이집트에 동화되고 있음을 걱정한 데서 나온 것이라고 주장했다.[5] 이스라엘 백성이 이집트에 들어간 것은 야곱의 아들 요셉 때문이었는데, 요셉은 이집트 사회에서 높은 신분으로 올라갔다. 이 이스라엘 백성을 이집트 밖으로 데리고 나온 사람은 모세다. 모세는 원래 이스라엘 사람이었지만 이집트 사람의 가정에서 성장하다가 신의 계시를 받고 이스라엘 백성의 정체성을 되찾았다. 모세는 이집트 왕 파라오를 대할 때는 언제나 자기가 신의 대리인인 것처럼 행동했다.

통상적으로 사람들이 선호하는 전략은 위압적인 전략, 즉 위협을 가해서 상대를 (이 경우에는 파라오였다) 굴복시키는 전략이다. 문제는 표적 대상인 상대방의 비용 편익 분석의 계산에 영향력을 행사하는 것이다. 즉 파라오가 모세의 말을 듣는 것이 듣지 않을 때보다 잃을 게 적다는 계산을 하도록 해야 했고, 이것이 해결 과제였다. 하지만 이스라엘 노예들은 이집트에 중요한 존재였다. 그러므로 그 위협은 반드시 무시할 수 없는 것이어야 했다. 위압적인 협박은 반드시 상대에게 실제로 그렇게 될 수 있다는 믿음을 주어야만 한다. 그러나 모세의 위협은 이집트인이 전혀 믿지 않는 신의 권능에 대한 것이었다. 그러므로 파라오나 이집트 사람들로서는 모세의 말을 진지하게 받아들일 이유가 전혀 없었던 것이다. 그래서 모세가 해결해야 할 첫 번째 과제는 그런 인식을 바꾸는 것이었다. 과연 어떤 방식으로 바꿀 수 있을까? 상대가 고통스러워 할 지점을 노리며 점진적으로 압박의 강도를 높여가는 위압 유형의 표준적인 형태인 이 전략은 파라오가 전략에 말려들 수밖에 없도록 유도했다. 그러나 파라오는 번번이 그 약속을 뒤집곤 했다.

모세는 처음에 파라오에게 상대적으로 부드러운 어투로 이스라엘 노예들이 광야에서 기도를 하고 신에게 제물을 바칠 수 있도록 사흘 동안의 여행을 허락해달라고, 즉 '내 백성을 데리고 가게 해 달라'고 요청했다. 만일 이 요청을 들어주지 않는다면 '우리의 신께서 우리에게 유행병이나 칼로써 징벌을 내리실 것'이라고 말했다. 그러므로 이 이야기에서 맨 처음 협박을 당하는 쪽은 이스라엘 사람들 자신이었다. 모세는 자신들이 파라오의 힘과 파라오보다 훨씬 더 강력한 신의 힘 사이에 놓여 있는 존재라고 규정한 것이다. 파라오의 반응은 당연히 시큰둥했다. 파라오는 모세가 말하는 신에게 존경심을 표하기는커녕 그 신을 알려고도 하지 않았다. 그리고 더 나아가 이스라엘 사람들에게 앞으로는 짚을 내주지 않을 테니 알아서 짚을 구해 벽돌을 예전처럼 만들어서 바치라고 명령했다. 그 바람에 이스라엘 사람들의 처지는 한층 더 힘들어졌다. 받지 않아도 될 고통을 뜬금없이 받게 되자 이스라엘 사람들은 모세에게 불만을 터트렸고, 모세는 곧바로 그만큼 신망을 잃었다.

파라오는 처음에 신의 징벌을 받지 않았다. 오히려 그는 모세에게 당신의 신이 그렇게 전지전능하다면 그 힘을 한 번 보여 달라고 했다. 그러자 모세의 형제 아론이 자기 지팡이를 파라오 앞에 던졌고 지팡이는 뱀으로 변했다. 그러자 파라오의 마법사들도 똑같이 지팡이로 뱀을 만들었다. 그런데 아론의 뱀이 마법사들의 뱀을 모두 집어삼켜버렸다. 하지만 그래도 파라오는 꿈쩍도 하지 않았다. 지팡이로 뱀을 만드는 마술은 이집트에서 흔히 보는 것이었기 때문이다. 모세는 비非징벌적인 방식으로 접근했지만 실패했다. 파라오는 여전히 신의 힘을 믿지 않았다.

그 뒤에 열 가지 재앙이 이집트를 휩쓸었다. 처음에 강이 핏빛으로 변했다. 하지만 이것도 파라오에게 그다지 큰 인상을 주지 못했다. 파라오의 마법사들도 강을 핏빛으로 바꿀 수 있다고 했던 것이다. 이번에는 강에서 엄청나게 많은 개구리들이 튀어나왔다. 파라오는 망설이다가 결국 이스라엘 노예들더러 가도 좋다고 했다. 하지만 개구리 떼가 사라지자 다시 마음을 바꾸었다. 모기 떼가 휩쓸고 지나가자 파라오의 마법사들이 쩔쩔맸다. 자기들로서는 도저히 흉내도 낼 수 없는 일이 벌어졌기 때문이다. 그들은 신의 권능을 인정했다. 그러나 파라오는 여전히 요지부동이었다. 파리 떼가 극성을 부리자 마침내 파라오의 마음이 약해졌다. 그러나 재앙이 사라지자 파라오는 다시 약속을 어겼다. 그 다음에는 이집트 사람 소유의 가축이 죽어나갔고, 이어 하늘에서 불벼락이 떨어졌다. 그리고 모세는 신으로부터, 파라오 앞에 가서 다음과 같은 자신의 말을 전하라는 계시를 받았다.

> 내 백성을 내보내어 나를 예배하게 하여라. 이번에는 내가 온 갖 재앙을 너 자신과 너의 신하들과 백성들에게 내려, 온 세상에 나와 같은 신이 없음을 네가 알게 하겠다. 진작 나는 손을 내뻗어 너와 너의 백성을 흑사병으로 쳐서 네가 이 세상에서 사라지게 해버릴 수도 있었다. 그렇지만 나는 까닭이 있어 너를 살려두었다. 너에게 내 능력을 보이고, 온 세상에 내 이름을 떨치게 하려는 것이다. 그런데 너는 계속 내 백성을 거만하게 대하면서 그들을 내보내려 하지 않는다.[6]
>
> (이하 성경 인용은 '한국천주교주교회의'의 《성경》에서 그대로 옮김—옮긴이)

그리고 이제까지 본 적이 없는 엄청난 우박을 내리겠다는 위협과 함께, 우박이 내리기 전에 사람이든 가축이든 안전한 곳으로 피신하지 않으면 모두 죽음을 맞이할 것이라고도 했다. 그러자 이집트 사람들은 불안해서 쩔쩔맸다. 안전한 곳으로 피신한 사람들도 있고 그렇게 하지 않은 사람들도 있었다. 그리고는 엄청나게 쏟아진 우박으로, 용케 피신한 사람과 가축을 빼고는 모두 죽게 되었다.

그러자 파라오는 불안해져서 자기가 사악했음을 인정하고 이스라엘 사람들이 떠날 수 있도록 하겠다고 말했다. 그러자 천둥과 번개가 멈추었다. 하지만 이번에도 파라오는 다시 약속을 어겼다. 이렇게 약속을 어김으로써 파라오는 스스로 죄를 지은 자가 되었다. 모세는 하루의 기한을 주면서 메뚜기 떼가 습격해서 온 땅을 덮어 들에서 자라는 모든 것을 먹어치우게 하기 전에 약속을 지키라고 했다. 그러자 신하들이 파라오에게 말했다.

"저 자가 우리를 언제까지 옭아매도록 내버려두시려 합니까? 그들을 가게 하십시오. 가서 자기들의 신을 섬기도록 하십시오. 이집트가 지금 무너지고 망해간다는 사실을 아직도 모르시겠습니까?"

그러자 파라오도 마음을 돌려 모세와 아론을 불러서 협상을 시작했다. 파라오가 누가 이집트를 떠날 것이냐고 묻자 모세는 모든 사람과 그들의 가축 모두를 데려가겠다고 대답했다. 그러나 파라오는 남자와 아이들만 보내주겠다고 했다. 여자들은 예배와 기도 행사에 참가하지 않는다는 사실을 알고 있었던 것이다. 그런데 여자는 물론이고 가축까지 모두 데리고 가겠다는 것은 다시는 돌아오지 않겠다는 뜻이었다. 이렇게 모세의 요구는 점점 더 많아지고 복잡해졌다. 애초의 요구는 이스라엘 사람들이 기도를 할 수 있게 며칠만 여행을 하게 해달라는 것이었지만 이제는 그보다 훨씬 커진 대규모 이주로 바뀌었다.

여덟 번째 재앙이 시작되었다. 메뚜기 떼가 덮쳐서 그나마 우박에 살아남았던 과일과 식물까지 모두 먹어치웠다. 그러자 다시 협상이 시작되었다. 파라오는 후회의 눈물을 흘리며 뉘우쳤다. 그러나 메뚜기 떼가 사라지자 다시 돌변했다. 그리고 아홉 번째 재앙이 찾아왔다. 사흘 동안 완전한 암흑이 계속되었다. 태양을 숭배하던 왕국 이집트로서는 이보다 더 무서운 일이 없었다. 세 번째 재앙이나 여섯 번째 재앙과 마찬가지로 이것은 협상 결렬이 임박했음을 알리는 경고였다. 그러자 파라오가 모세를 불러 다시 조건을 제시했다. 어린이를 포함해서 모두 데려가되, 다만 양 떼와 소 떼만은 두고 가라는 것이었다. 그러자 모세는 모든 사람과 가축을 다 데려가야 한다며 물러서지 않았다. 이제 모세의 의도는 명확하게 드러났다. 기도나 제물을 바치는 예배를 하려는 게 아니라 이집트를 영원히 떠나는 게 애초의 의도였음이 분명해진 것이다. 화가 난 파라오는 협상 결렬을 선언했다.

"나에게서 썩 물러가라. 다시는 내 얼굴을 보지 않도록 조심해라. 만일 그랬다가는 죽음을 면치 못할 것이다!"

그러자 모세도 다시는 파라오 앞에 나타나지 않을 것이라고 했다.

신이 말하기를 한 차례의 재앙이 더 있을 것이며 그것으로 모든 일이 해결될 것이라고 했다. 여태까지 있었던 모든 재앙을 피한 이스라엘 사람들은 이번에도 다가올 재앙을 피할 준비를 했다. 양이나 염소의 피를 집의 문설주에 바르는 것이었다. 신이 이집트의 모든 장자에게 죽음을 내릴 때 신이 이스라엘 사람을 알아볼 수 있도록 하기 위함이었다. 그리고 그 달 14일 밤 자정에 이집트 사람들의 장자가 모두 죽었다. 이 엄청난 재앙에 이집트 사람들은 기겁했다. 파라오는 모세와 아론을 다시 불렀고, 이스라엘 백성을 데리고 이집트를 떠나도 좋다고 허락했다. 이집트 사람들은 이스라엘 사람들에게 제발 좀 떠나달라고 했고 결국 이스라엘 사람들은 가축을 데리고 또 이집트 사람들에게 요구했던 모든 보석과 의복을 챙겨서 이집트를 떠났다.

노예를 잃는다는 것은 파라오에게는 커다란 손실이었다. 그래서 그는 마지막 순간에 마음을 바꾸고 이스라엘 사람들을 추격해서 잡아오라고 명령했다. 전차 부대와 기병 부대 그리고 보병 부대가 출동했다. 또다시 파라오는 기억해야 할 것을 잊었다. 신의 힘 앞에 번번이 무릎을 꿇었음에도 불구하고 그는 자신과 백성들에게 신의 힘이 실질적으로 가해질 때만 그 힘의 위대함을 믿고 그렇지 않을 때는 까맣게 잊어버렸던 것이다. 이스라엘 백성은 파라오 군대의 추격을 뿌리치지 못하고 사로잡힐 것 같았다. 그들은 홍해에 다다랐다. 앞은 바다고 뒤는 이집트 군대였다. 이제는 꼼짝없이 거친 땅에서 죽음을 맞을 것만 같았다. 파라오를 위협하면서 또 다른 협상을 할 시간적인 여유조차도 없었다. 그러자 이번에는 신의 개입이 보다 직접적인 방식으로 이루어졌다. 바다가 갈라져 길이 열린 것이다. 그 틈에 이스라엘 백성은 바다를 무사히 건넜다. 파라오의 군대가 이들을 뒤쫓았지만 열렸던 길이 닫히면서 군대는 바다에서 몰살했다.

이 경우에 채택된 방법들은 매우 특이했다. 그러나 이것들이 담고 있는 전략적인 논리는 충격의 강도가 점진적으로 높아지는 것이었다. 성경 주석가들은 심지어 충격이 순차적으로 강화되는 패턴까지 포착했다. 처음 네 번째까지의 재앙은 그저 성가시고 귀찮은 수준이었고, 그 다음에 이어진 네 개의 재앙은 실질적인 고통을 주었으며, 마지막 두 개의 재앙은 이집트 사람들을 공포의 도가니로 몰아넣었다는 것이다. 또 어떤 주석자들은 이런 강화 과정이 두 개의 재앙이 하나씩 짝을 이루어서 진행되었다고 지적한다. 첫 번째 짝은 나일 강과 연관이 있었고, 두 번째 짝은 곤충과 관련이 있었으며, 세 번째 짝은 살아 있는 것을 공격했고, 네 번째는 2단계 공격으로 농작물을 파괴했으며, 마지막의 두 재앙은 신의 힘을 온전하게 모두 보여주었다는 것이다. 그런데 또 세 번째와 여섯 번째 그리고 아홉 번째 재앙 때, 즉 전체적으로 보면 세 번에 한 번씩은 신이 사전에 경고를 하지 않았다는 사실을 지적한 사람들도 있다. 어쨌든 간에 신은 새로운 압박을 가할 때마다 미묘한 변화를 조금씩 추가해서 파라오와 그의 신하들을 심리적으로 압박했다는 사실을, 그리고 이런 양상이 매우 중요하다는 사실을 기억해야 한다.

하지만 이 대탈출 이야기에서 무엇보다도 두드러진 특징은 신이 그렇게나 분명하고 강력한 힘과 신빙성으로 위협을 함에도 불구하고 파라오가 좀처럼 굴복하지 않는다는 점이다. 도대체 왜 그는 이스라엘 사람들을 그토록 오랫동안 포기하지 않았을까? 위협은 상대방이 믿어주지 않을 때나 허풍이라는 의심을 받을 때 실패로 돌아갈 수 있다. 파라오는 처음 모세와 아론이 던진 지팡이가 뱀으로 변하는 것을 보고는 단순히 마술이라고만 생각했다. 하지만 전환점이 찾아온다. 이집트의 마법사들이 도저히 감당할 수 없다고 깨닫는 순간이 바로 그 전환점이다. 그런데 이 시점은 전체적인 점진적 강화 과정에서 상당히 일찍 등장했다. 모세는 자기가 허풍을 치는 게 아님을 언제든 증명할 수 있었다.

또 한 가지는 파라오에게 했던 모세의 요구가 점점 더 커졌다는 점을 들 수 있다. 처음에는 기도를 할 수 있도록 허락해달라고만 했다. 하지만 이것이 탈출의 기회로 바뀌었다. 이집트 사람들이 어쩔 수 없이 요구를 들어주려고 하자 이번에는 요구 수준을 더 높여서 여행에 필요한 물품 및 동물들까지 충분히 달라고 했다. 소소한 요구에 대한 동의를 이끌어내기에 충분했던 위협은 요구사항이 점점 커지면서 위력을 잃었다.

피상적인 독해로 보자면 (특히 대탈출 이야기의 경우는 확실히 그렇다) 파라오는 완고한 고집불통의 지도자이다. 이런 점이 이야기를 보다 간명하게 이해할 수 있는 설명이 된다. 즉 그는 누구보다도 고약한 인물이었다. 번번이 속임수를 쓰고 약속을 어기는 그의 모습은 모세의 정중함이나 고상함과는 확연하게 대비가 된다. 파라오는 자기의 힘을 너무도 확고하게 믿은 나머지 이런 재앙적인 시험에 맞서려고 했다. 하지만 보다 흥미로운 설명이 있다. 파라오의 신념이 강건했다는 설명이다. 재앙이 시작되기 전에 신은 모세에게 다음과 같이 말했다.

> 나는 파라오의 마음을 완고하게 하고, 이집트 땅에서 표징과 기적을 많이 일으키겠다. 그러나 파라오는 너의 말을 들으려 하지 않을 것이므로, 나는 이집트에 내 손을 뻗쳐 큰 심판을 내려서 나의 군대 곧 나의 백성 이스라엘의 자손을 이집트 땅에서 이끌어내겠다.[7]

아닌 게 아니라 재앙이 덮치고 파라오가 망설일 때마다 성경은 신이 파라오의 마음을 강건하게 했다고 전한다. 우박의 재앙을 내린 뒤에 파라오가 신의 힘을 처음으로 인정했다가 곧 다시 약속을 어길 때, 신은 이런 사실을 모세에게 설명한다.

> 그의 마음과 그 신하들의 마음을 완강하게 만든 것은 나다. 그것은 그들 한가운데에 나의 이 표징들을 일으키려는 것이고, 내가 이집트인들을 어떻게 다루었는지 그리고 내가 그들에게 어떤 표징들을 이루었는지 네가 너의 아들과 너의 손자에게 들려줄 수 있도록

하려는 것이며, 내가 주님임을 너희가 알게 하려는 것이다.[8]

　신은 완고한 파라오를 필요로 했다. 왜냐하면 이런 파라오가 있어야
만 자신의 힘을 온전하게 증명할 수 있기 때문이다. 또한 지상의 그 어떤
힘보다 자신의 힘이 더 우월함을 분명하게 드러낼 수 있기 때문이다. 만
일 파라오가 첫 번째 재앙에서 쉽게 무릎을 꿇어버렸다면 미래 세대에
대대로 전해질 놀라운 기적들은 일어나지도 않았을 것이다. 그렇게 되면
신은 자신의 어마어마한 힘을 제대로 평가받지 못했을 것이다.

　이런 점은 탈무드 학자 및 후대의 기독교 이론가들에게 어려운 문제
로 남았다. 자유 의지와 관련된 여러 가지 근본적인 의문을 제기했기 때
문이다. 잘못된 도덕적 선택을 했다는 이유로 징벌이 내려진다면 자기
가 수행하는 방식이 어리석다는 것을 알고 있음에도 불구하고 계속 부도
덕으로 일관하는 대리인을 어떻게 생각해야 할까? 신은 이집트를 파괴
할 구실을 원했던 게 아니다. 이런 사실은 이집트 군대가 궤멸될 때 기뻐
하는 이스라엘 사람들을 나무라는 장면에서도 알 수 있다. 평범한 이집
트 사람과 이스라엘 사람 사이의 관계는 나쁘지 않았던 것 같다. 그러나
마지막 열 번째 재앙에서 무고한 이집트 사람들이 죽어간 것은 (심지어 신
분이 낮은 하녀들의 장자까지도 목숨을 잃었다) 파라오가 완고하게 고집을 부
렸기 때문에 자기 백성들이 이런 고통을 당했다는 논리 속에서만 도덕적
인 정당성을 가진다. 도덕뿐만 아니라 전략도 선택에 의존했다. 그리고
만일 이 이야기에 등장하는 사람들이 어떤 일탈도 허용하지 않는 예정된
대본에 따라서 자기에게 주어진 역할을 단순히 따르기만 했다면 여기에
서 유일한 전략가는 신밖에 없는 셈이 된다.

† 위압적이라는 평판

어떤 위압적 행동이 성공을 거두면 그 이후에 이루어질 행동들이 용이해진다. 신의 위협은 이제 충분한 신뢰를 얻었다. 그의 비범한 능력이 명성을 얻은 덕분에 (신이 유대인에게 약속한) 이스라엘 땅에 사는 사람들을 위협하기가 한층 쉬워졌다. 모세는 이스라엘 땅에 들어가기 직전에 사망했고, 모세의 뒤를 이어서 여호수아가 이스라엘의 지도자가 되었다. 그 새로운 땅을 차지하는 걸 가로막는 첫 번째 장애물은 예리코라는 오래된 성벽 도시였다. 예리코는 비옥한 땅 한가운데 있었으며 수원水源을 통제했다.[9] 여호수아는 첩자 두 명을 보내서 정탐하게 했는데, 이들은 라합의 집에 머물렀다. 라합은 일반적으로 매춘부로 묘사되지만 여인숙 주인이었을 수도 있다(사실 여인숙이야말로 이런저런 소문을 주워듣기에 최상의 장소이다). 예리코의 왕이 라합에게 첩자를 내놓으라고 했을 때 라합은 오히려 두 사람을 숨겨주었다. 이집트에서 어떤 일이 일어났는지 들어서 알고 있던 그녀는 '예리코의 모든 사람들이 당신들 때문에 불안에 떨고 있다'고 두 사람에게 말했다. 모두 낙담을 하고 넋이 빠진 상태라고 했다. 그러면서 한 가지 제안을 했다. 자기가 두 사람을 숨겨주고 또 그들이 잠입한 이유를 발설하지 않는 대가로, 예리코에 어떤 일이 일어나든 간에 자기와 자기 가족만은 살려달라고 한 것이다. 두 사람은 이 제안을 받아들였다. 하지만 이 거래는 이스라엘 신의 도덕적 가치를 바탕으로 이루어진 게 아니었다. 오로지 그 신이 가지고 있다고 소문이 난 엄청난 힘 때문이었다. 이스라엘 사람들이 예리코를 공격하고 나섰고 전쟁은 오래 걸리지 않았다. 이스라엘 사람들은 하루에 한 번씩 엿새 동안 아무 것도 하지 않고 나팔만 불면서 성벽 주위를 돌았다. 그러자 성을 지키는 병사들은 경계심을 풀었다. 그리고 다음날 신이 성벽을 무너뜨리자 (그 성벽은 최근에 있었던 지진으로 약해진 상태였다) 이스라엘 백성들이 성으로 쳐들어 갔다.

선두에 선 돌격대는 공포의 대상이었다. 이들이 공포의 대상이 될 수 있는 이유는 충분했다. 신이 이스라엘 사람들에게 약속한 땅을 점령하고 있는 사람들에게는 자비를 베풀지 않았기 때문이다. 그러나 먼 곳에 사 는 사람들에게는 자비가 베풀어졌다. 이런 사실을 알고 있던 기브온 사 람들은 여호수아에게 찾아가서 자기들은 인근 도시에 사는 사람들이 아 니라 먼 곳에 사는 사람들이며 신의 명성을 듣고 먼 곳에서 일부러 찾아 왔다고 했다. 여호수아는 의심했지만 이들은 이미 철저한 속임수를 준비 해두고 있었다. 마치 오랜 기간 여행한 것처럼 낡아빠진 옷을 입었고 마 르고 부스러진 빵을 양식으로 가지고 있었으며 해진 자루와 낡고 갈라져 서 꿰맨 포도주 부대를 가지고 있었던 것이다. 그래서 여호수아는 이들 의 말을 믿고 이들을 해치지 않겠다고 약속했다. 하지만 곧 이스라엘 사 람들은 자신들이 속았음을 깨달았다. 여호수아는 불같이 화를 냈다. 하 지만 신의 이름으로 했던 맹세를 깰 수는 없었다. 설령 그 맹세가 속임수 를 통해서 이루어졌다고 하더라도 마찬가지였다. 대신 여호수아는 기브 온 사람들에게 영원히 노예로 살게 될 것이라는 저주를 내렸다. 그는 기 브온 사람들에게 물었다.

"당신들은 왜 나를 속였소?"

돌아온 대답은 정직했다.

"이 땅을 모두 여러분에게 주고 이 땅의 모든 주민을 여러분 앞에서 멸망시키라고 신이 당신의 종 모세에게 명령하셨다는 것을 저희가 분명 히 들었습니다. 그래서 목숨을 잃을까 몹시 두려워 그런 거짓말을 했습니다."

여호수아로서는 달리 할 말이 없었다. 속임수에 넘어간 것은 자기 자신이었기 때문이다. 기브온 사람들의 외양을 보고 확신한 나머지 신에게 물어보지 않은 게 잘못이었다. 어떤 말이 거짓말일지 아닐지 일일이 확인하는 데 익숙치 못하다면 전지(全知)의 신에게 접근한다는 것의 의미는 과연 무엇일까?[10]

《사사기》는 이스라엘 사람들이 신에게 등을 돌리는 행위를 일상적으로 저지르자, 신이 이스라엘에 적대적인 부족이던 미디안 사람들을 이용해서 징벌하는 내용을 싣고 있다. 미디안 사람들이 이스라엘의 땅으로 들어가서 이스라엘 사람들의 터전을 황폐하게 만들었고, 이스라엘 사람들은 이들을 피해 숨어 살아야 했다. 이스라엘 사람들은 우상 숭배에 따른 징벌의 고통을 톡톡히 받아야 했고 마침내 신에게 살려달라고 간청했다. 이런 상황에서 신은 기드온을 선택해서 이스라엘 사람들을 해방시켜주라고 했다. 기드온은 대략 3만 명이나 되는 장정을 모아 거대한 군대를 만들었다. 그러자 신은 군대가 너무 대규모라고 생각했다. 만일 그 막강한 군대로 미디안 사람들과 싸워서 승리를 거둔다면 이스라엘 사람들이 신을 제쳐두고 인간인 저들만의 힘으로 승리를 이루어냈다고 자부할까봐 염려했던 것이다. 그래서 군사의 수를 줄여야 했다. 우선 '두렵고 떨리는 자'를 돌려보냈다. 그러자 약 3분의 2가 떠났다. 그 다음에는 흥미로운 시험이 이어졌는데 물가에서 물을 마시는 자세를 보고 떠나보낼 사람을 결정했다. 무릎을 꿇고 물을 마시는 사람은 집으로 돌아가게 했고 손으로 물을 떠서 마시는 사람은 남게 했다. 평소에도 사주경계를 철저히 하는 사람을 우선적으로 선발한 것이었다. 이렇게 해서 남은 사람은 처음 3만 명 가운데서 1퍼센트밖에 되지 않는 300명이었다. 이들이 대항해야 할 적은 '메뚜기 떼처럼 많은 수가 계곡을 따라 늘어서 있었고, 이들이 데리고 있는 낙타의 수는 바닷가의 모래알처럼 많고도 많았다.' 기드온은 300명의 군사를 세 부대로 나누었으며 각각의 병사들에게는 나팔을 하나씩 나누어주었다. 그리고는 자기가 적 진영 앞에 나설 때 자기가 하는 모습을 잘 보고 그대로 따라하라고 일렀다.

"내가 나팔을 불면 나와 함께 있는 군사들이 모두 나팔을 불 것이니 여러분도 모두 일제히 나팔을 불면서 '신과 기드온의 칼을 위하여!'라고 외치시오."

사람들은 모두 그가 시키는 대로 했고 적은 '혼비백산해서 비명을 지르며 달아났다.'[11] 이 이야기는 앞서 소개한 모든 이야기에 담긴 교훈을 분명하게 보여준다. 최고의 (그리고 유일한) 전략은 신에 복종하고 신이 하라는 대로 하는 것이다.

✝ 다윗과 골리앗

성경에 나오는 이야기 가운데 가장 대표적인 것이 다윗과 골리앗의 이야기가 아닐까 싶다. 약자는 언제나 자신의 투쟁도 이 이야기처럼 되길 기원한다. 그러나 다윗이 약자라는 것은 착각이다. 신이 다윗의 편을 들고 있기 때문이다. 다윗 이야기는 널리 알려져 있다. 필리스티아 군대와 이스라엘 군대가 엘라 계곡을 사이에 두고 진을 치고 있었다. 그런데 필리스티아 진영에서 갓 출신의 거인인 골리앗이 앞으로 나섰다. 그는 머리에 청동 투구를 쓰고 비늘 갑옷을 입었으며 청동으로 만든 거대한 창을 들고 있었다. 골리앗은 이스라엘 진영을 향해서 자기와 맞서 싸울 용사한 명을 내보내라고 고함을 질렀다. 만일 누군가 나서서 자기를 죽이면 필리스티아 사람들이 이스라엘의 종이 되겠지만, 만일 자기가 이기면 이스라엘 사람들이 필리스티아의 종이 되라고 소리쳤다. 이런 모욕적인 도발은 장장 40일 동안 계속되었지만 이스라엘 진영에서는 아무런 대꾸를 하지 못했다. 이스라엘 사람들은 모두 겁에 질려 있었다. 이스라엘의 왕 사울도 예외가 아니었다. 그들은 '너무도 무서워서 어쩔 줄 몰랐다.' 그런데 딱 한 사람 겁을 먹지 않은 사람이 있었다. 어린 양치기 다윗이었다. 다윗은 아버지의 심부름으로 전장에 나가 있는 형들에게 빵과 치즈를 전해주려고 갔다가 골리앗이 하는 말을 들었다. 그리고 누구든 골리앗을 죽이는 사람은 많은 재산을 상으로 받을 것이라는 사실도 알았다. 그래서 다윗은 사울 앞으로 나갔다. 사울은 다윗을 보더니 고개를 저었다.

"저 사람은 어릴 때부터 전장을 누빈 역전의 용사지만 너는 아직 어린 아이가 아니냐?"

그러자 다윗은 사자나 곰이 양 무리에서 새끼를 물고 달아나면 끝까지 쫓아가서 사자도 죽이고 곰도 죽여서 양을 빼앗아 온 적이 있다면서 꼭 나가서 싸우게 해달라고 했다.

그러자 사울은 자신이 입고 있던 군복과 청동 투구와 갑옷을 다윗에게 입히고 자신의 칼을 채워주었다. 하지만 다윗은 모든 것을 거절했다. 그렇게 무장을 해본 적이 없어서 오히려 불편하다는 것이었다. 대신 그는 개울가에서 매끄러운 돌 다섯 개를 고르고 무릿매끈만 가지고서 골리앗 앞으로 나섰다. 그러자 골리앗은 이스라엘이 자기를 모욕한다고 생각했다.

"막대기 하나만 달랑 들고 내 앞에 나서다니, 내가 개란 말이냐?"

두 사람의 대치는 길지 않았다. 골리앗은 다윗의 몸을 하늘의 새와

들짐승에게 던져주겠다고 큰소리쳤고, 다윗은 자기는 신의 이름으로 나섰다고 말한 뒤 필리스티아 진영을 향해 달려갔다. 다윗은 자리를 잡자마자 곧바로 돌멩이 하나를 꺼내서 '무릿매질을 하여 필리스티아 사람의 이마를 맞혔고 돌멩이는 이마에 박혔다. 그러자 그 남자는 땅바닥에 얼굴을 박고 쓰러졌다.' 그러자 다윗은 지체하지 않고 거인의 칼을 집어들고 그를 찔러 죽인 뒤에 그의 목을 잘랐다. 필리스티아 사람들은 자신들의 용사가 죽자 모두 달아났다.[12]

다윗의 승리는 기습과 정확성 덕분이었다. 그는 거인의 방식으로는 절대로 거인을 이길 수 없음을 알았다. 사울의 갑옷과 칼을 사양한 것도 바로 그 때문이었다. 그는 몸이 가벼웠기에 빠르게 움직일 수 있었고, 거인이 미처 대응을 하기도 전에 비장의 무기를 날렸다. 그에게는 딱 한 차례의 무릿매질 기회만 있었다. 만일 그 한 차례의 기회가 실패로 돌아갔다면, 즉 돌멩이가 이마에 정통으로 맞지 않았더라면 두 번의 기회는 없었을 것이다. 그리고 그 다음에 이어진 행동도 첫 번째 공격만큼이나 중요했다. 상대방이 정신을 차릴 기회를 주지 않아야 했던 것이다. 다윗은 무릿매질로 골리앗을 쓰러뜨렸을 뿐만 아니라 신속하게 칼로 찔러 죽임으로써 영원히 일어나지 못하게 만들었다. 그는 또한 필리스티아 사람들이 결과를 받아들일 것이라는 데 모든 것을 걸었다. 그들이 골리앗이 했던 약속을 저버리고 전면적인 전투로 나서지 않을 것이라는 데 자기 목숨을 걸었던 것이다. 그러나 그들이 만일 전면전을 했다면 다윗의 훌륭한 솜씨도 아무런 소용이 없었을 것이다. 사실 다윗으로서는 그 방법이 오로지 딱 한 번밖에 쓸 수 없는 속임수였다. 이 속임수에는 속임수가 실패했을 때를 대비하는 예비 계획이 따로 없었다. 만일 애초에 세웠던 계획이 실패로 돌아간다면 무방비 상태로 죽임을 당했을 것이다.

이 이야기에는 별도의 상황 설명이 거의 없다. 이스라엘 사람들과 필리스티아 사람들 사이에 벌어졌던 여러 가지 일들 가운데 하나였을 뿐이다. 필리스티아는 요르단 강의 서쪽 영토를 지배했다. 초창기에 있었던 여러 차례의 충돌에서 이스라엘 군대는 심각한 패배를 하고 무려 4,000명이나 되는 사람을 잃었다. 하지만 이들은 교훈을 깨닫고 신의 법으로 되돌아옴으로써 다시 신의 보호를 받았고, 어느 순간에는 커다란 고함소리 하나만으로도 필리스티아 사람들이 공포에 질려 혼비백산 달아나도록 할 수 있었다. 필리스티아 사람들은 추적을 당해서 살해되었다. 그리고 이스라엘은 잃었던 영토를 되찾았다. 이 모든 일은 선지자 사무엘이 심판자로서 여전히 이스라엘을 이끌 때 일어났다.

사울은 사무엘의 지명을 받아서 이스라엘의 첫 번째 왕이 되었다. 이 제도적 혁신은 자신들도 다른 나라처럼 왕이 다스리는 나라에 살면 좋겠다는 이스라엘 사람들의 바람을 들어주기 위해 마련된 것이었다. 이스라엘의 왕은 잘생기고 키가 훤칠할 것, 그리고 용맹한 솜씨를 갖출 것이라는 조건에 맞는 사람으로 선출되었다. 사울은 이런 조건을 충족했기에 왕으로 선출되었지만 언제나 신에 복종하지는 않았다. 사울의 아들 요나단이 감행한 도발적인 기습 공격으로 필리스티아 고관의 아들이 죽자, 필리스티아와 이스라엘 사이의 긴장감은 다시 팽팽하게 고조되었다. 필리스티아가 군대를 재정비했고, 이스라엘 사람들은 다시 한 번 공포에 질렸다. 사울은 중요한 전투가 벌어지기 전날에 사람들에게 음식을 먹지 말라고 지시하는 등 자질이 부족한 장수라는 게 이미 판명된 상태였다. 게다가 골리앗이 그렇게 무례한 말로 이스라엘을 모욕할 때 선뜻 나서지 않았던 일도 좋지 않은 평판을 형성하는 데 일조했다. 신이 최선의 방어 전략이라고 한다면, 자신감 다시 말해서 믿음의 결핍은 그 자체로 신에 대한 불복종 행동이었다. 비록 다윗의 무릿매질이 골리앗을 쓰러뜨리긴 했지만 골리앗의 운명을 결정지은 것은 다윗의 믿음이었다.

성경 전체를 통해서 우리는 이스라엘의 역사를 결정하는 요인들을 볼 수 있다. 그러나 이 이야기들이 말하는 주제에서 실제로 무엇이 진행되고 있는지 알아내는 일은 결코 쉽지 않았을 것이다. 신이 의도한 목적은 충분할 정도로 분명했다. 그러나 신이 구사한 방법들은 언제나 속임수였다. 이 속임수에 빠진 사람들은 모두 자기 운명은 스스로 개척할 수 있다는 잘못된 믿음에 사로잡혀 있었다. 그 결과 속임수는 성경에서 이야기하는 하나의 강력한 주제가 되었다. 교활함이라는 덕목은 강자를 이기려면 (완력 혹은 무력으로는 되지 않기에) 기지를 발휘해야만 하는 약자에게는 늘 자연스러운 수단으로 용인되었다. 속임수를 쓰는 사람들은 늘 도전적으로 비치는데, 이들은 '기지, 계략 그리고 속임수를 채택해서 승리를 거둔다 하더라도 그것이 깔끔한 마지막 승리는 될 수 없다고 생각한다.' 그러나 신의 도움을 받지 않은 채 이렇게 했다가는 종종 반격을 당하며, 또 그 어떤 승리라도 '불안정하다.'[13] 다윗의 승리는 생각지도 못했던 속임수와 무엇보다도 확실한 믿음을 결합함으로써 가능했다.

이집트 대탈출 이야기와 다윗 이야기는 약자에게 희망을 주기 위해서 자주 활용된다. 실제로 약자의 전략을 언급할 때 빠지지 않고 등장하는 것이 다윗 이야기이다. 그러나 최초의 공격만이 아니라 두 번째 공격(예를 들면 골리앗이 다시 일어나지 못하도록 칼로 찔러 죽이는 행위 그리고 필리스티아 사람들이 곧바로 결과에 승복하는 것)에 의해서도 승리가 좌우된다는 사실은 거의 언급되지 않는다. 이 두 이야기에서 승리의 열쇠는 상대방의 대응에 달려 있었다. 파라오와 골리앗 모두 자기들이 멋모르고 걸어들어가는 덫이 얼마나 치명적인지 제대로 헤아리지 못했다. 그래도 파라오에게는 자기가 누구와 맞서고 있는지 그리고 여기에 따라서 어떻게 전략을 수정해야 하는지 생각해볼 기회가 주어졌다. 그러나 신이 그의 심정을 강건하게 함에 따라서, 자기가 이집트를 불행의 구덩이로 점점 깊이 끌고 들어간다는 사실을 순간적으로 포착하긴 했지만 금방 잊고 말았다. 이런 점에서 보자면 파라오 역시 모세와 마찬가지로 신이 내린 명령을 따랐던 셈이다. 결국 이 드라마는 (그리고 아울러 진정한 전략의 증거는) 인위적인 것, 다시 말해서 하나의 거대한 조작이었다.

성경의 핵심 메시지는 지침과 영감을 추구하며 성경을 읽는 사람들에게는 헷갈릴 것이라고는 하나도 없이 자명했다. 신의 백성은 자신의 믿음과 복종을 표준적인 전쟁 대비책으로 내세웠다. 심지어 신의 백성들끼리 서로 싸울 때조차도 그랬다. 그들은 아마도 이것이 승리를 위한 필요조건이라고 확신했을 것이다. 그러나 그것이 충분조건임을 안 사람은 거의 없었다.

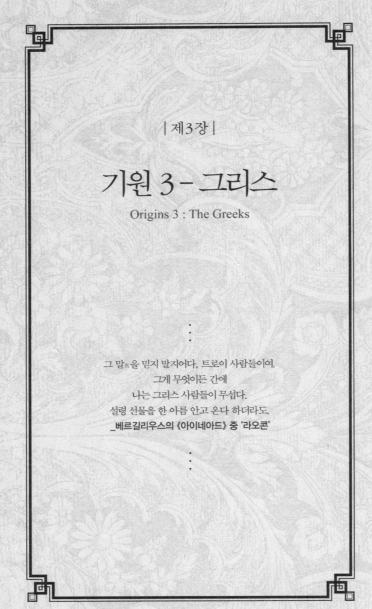

| 제3장 |

기원 3 - 그리스

Origins 3 : The Greeks

:

그 말[馬]을 믿지 말지어다, 트로이 사람들이여.
그게 무엇이든 간에
나는 그리스 사람들이 무섭다.
설령 선물을 한 아름 안고 온다 하더라도.
_베르길리우스의 《아이네아드》 중 '라오콘'

:

전략의 기원에 대한 세 번째 원천은 고대 그리스이다. 후대에 미친 영향으로 보자면 고대 그리스가 가장 중요하다. 얼핏 보면 권력과 전쟁을 다루는 그리스의 이야기들은 신의 의지가 개입한다는 점에서 성경과 다르지 않다. 신의 개입은, 최상의 전략적 조언은 신의 오른편에 자리를 잡는 것임을 의미하기 때문이다. 그러나 기원전 5세기에는 지적인 열린 사고와 열정적인 토론이 결합한 그리스 계몽주의가 꽃을 피웠다. 이 계몽주의는 유례없이 풍성한 철학적 · 역사적 저작물을 낳았고, 이 저작물들은 지금까지도 변함없이 영향력을 행사한다. 호메로스Homeros의 영웅들은 한결같이 말과 행동 모든 면에서 달통했다. 비록 아킬레우스와 오디세우스 사이에 존재하는 어떤 긴장을 보여주긴 했지만 말이다. 행동이 우선인 사람은 용기를 높이 사는 칭송을 받을 수도 있었지만 오로지 힘에만 의지한다는 이유로 바보 취급을 당할 수도 있었다. 반면 말에 의존하는 사람은 지성을 높이 사는 칭송을 받을 수도 있었지만 말에 속임수를

담을 수 있으므로 경계의 대상이 될 수도 있었다.

이런 저작물에 대한 여러 가지 흥미로운 점 가운데 하나는 (단지 군사적인 의미에서뿐만 아니라 보다 포괄적인 의미에서) 전략적 행동과 전략적 사고에 대한 가장 흥미로운 성찰들 가운데 몇몇은 나중에 중요하지 않은 것으로 취급받으면서 영향력을 잃어버렸다는 사실이다. 그 이유를 우리는 플라톤Platon의 개입 탓으로 돌릴 수 있다. 그는 철학이라면 (본인이 궤변과 동일한 것이라고 여겼던) 일상적이고 경향적인 것들과 단호하게 결별해야 마땅하다고 확고하게 믿었다. 그는 궤변이야말로 공평무사한 진실을 추구하다가 어느 순간 영혼 없는 설득의 수단으로 전락한다고 보았기 때문이다. 그런데 과장과 풍자를 사용해서 궤변을 다루는 플라톤의 방법론이 상당히 전략적이라는 사실에 아이러니가 있다. 후대인들이 그의 철학을 다룰 때 매우 조심스럽게 접근했다는 점을 고려한다면 플라톤의 성공은 결코 과소평가되어서는 안 된다.

아킬레우스와 오디세우스로 대변되는 힘strength과 교활함cunning은 호메로스가 고안한 발상이다. 힘과 교활함은 나중에 (예를 들어 마키아벨리에서) 세력force과 간계奸計. guile로 드러났다. 이 양극성은 전략을 다룬 저작물에서 계속해서 새로운 표현으로 재생되었다. 기지奇智로써 상대방의 의표를 찌르는 것은 공개적으로 갈등을 드러내는 것보다 고통의 위험이 덜하다. 비록 교활함과 속임수로 이기는 것이 때로는 명예롭지 못하다는 이유로 야유나 개탄의 대상이 되기도 하지만 말이다. 그런데 보다 현실적인 문제가 있다. 상대방이 자신이 당면한 상황을 제대로 파악한 경우에는 속임수를 통해 얻어낼 수 있는 것이 점점 줄어든다는 점이다. 앞서 제1장과 제2장에서 드러났듯이 상대방을 속이거나 기습적으로 공격함으로써 보다 강력한 상대보다 우위에 서고자 함은 자연스러운 것이지 결코 놀라운 게 아니다. 그러나 우월한 힘을 가진 상대방을 이길 수 있는 또 다른 방법은 제3의 여러 참가자들과 동맹을 결성하는 것 혹은 상대방이 이런 동맹을 형성하지 못하도록 방해하는 것 등이 있다.

세력과 간계를 선호한다는 것은 기질적 성향을 반영한 것일 수도 있다. 그러나 이것은 그 자체로 하나의 전략이 될 수도 있다. 복잡하고 연속적인 일들을 자기에게 유리한 방향으로 돌려놓을 수 있어야 하고, 이 전략을 수행할 제3자를 설득시킬 수도 있어야 한다. 투키디데스Thukydides에 따르면 자신의 전략을 가장 매력적인 형태로 제시했던 이 분야의 거장은 아테네의 정치인 페리클레스Pericles였다. 자국민뿐만 아니라 동맹국들 및 적들까지 설득할 수 있는 능력은 성공하는 전략가가 갖추어야 할 필수적인 덕목이었다. 이렇게 보자면 말과 행동 나아가 이 둘을 모두 능숙하게 조종하고 때로는 조작할 수 있는 능력이 한데 결합해야 훌륭한 전략이 나올 수 있다는 결론이 나온다.

† 오디세우스

메티스Mētis는 그리스 신화에 등장하는 신의 이름인 동시에 영어로는 적절하게 표현할 수 없는 어떤 전략적인 발상을 뜻하는 단어다. 그리스어로 메티스는 'mētiaô'(고려하다, 명상하다, 계획하다) 및 'metióomai'(궁리하다)와 연관이 있는데, 앞서서 생각하고 세밀한 것에 집중하며 다른 사람들이 생각하고 행동하는 것을 짐작하고 또 전체적으로 여러 가지 것들을 많이 알며 그런 것들을 동원할 수 있는 능력을 뜻한다. 그러나 이 단어의 뜻에는 또한 사기와 속임수의 의미, 즉 전략가의 기술에서 필수적인 요소라고 할 수 있는 도덕적 양면성이 내포되어 있기도 하다. 신화에 따르면 메티스는 제우스의 첫 번째 아내로 선택되었다. 그런데 제우스는 걱정이 이만저만이 아니었다. 자기의 힘과 메티스의 지능을 겸비한 아들이 태어날 경우 너무도 강력한 존재가 될 터였기 때문이다. 그래서 제우스는 메티스의 속임수 수법을 동원해서 메티스를 삼켜버렸다. 메티스의 모든 지혜의 원천을 자기가 통제하고자 했던 것이다. 하지만 제우스가 몰랐던 사실이 있었다. 메티스는 이미 임신한 상태였던 것이다. 그 아이는 아테나였고, 아테나는 성인의 모습으로 제우스의 머리에서 태어났다(메티스를 삼킨 제우스는 나중에 머리가 터질 듯 아팠고, 결국 헤파이스토스에게 자기 머리를 도끼로 찍어달라고 했다. 그러자 아테나가 태어났다—옮긴이). 지혜의 신이자 전쟁의 신인 아테나는 다른 신들보다 특히 메티스와 가깝게 지냈다. 그리고 또 메티스가 인간의 모습을 띠고 태어났다고 할 수 있는 (그리고 호메로스의 《오디세이아》의 주인공인) 오디세우스와 친밀한 관계를 발전시켰다. 아테나는 오디세우스를 '생각과 말 모두에서 필멸의 인간 가운데서 최고'라고 묘사했으며 '나는 나의 지혜와 교활한 술책들에 관한 한 모든 신들 가운데서도 명성이 높다'고 말했다.[1]

오디세우스는 기민하고도 편의주의적인 지능을 드러냈다. 그는 주어진 상황의 본질을 빠르게 파악할 수 있었고 앞서서 생각할 수 있었으며 모호하고 불확실한 상황에서도 궁극적인 목표에 예리하게 집중할 수 있었다. 영광보다는 성공에 더 많은 관심을 가졌던 그는 상대방을 혼란에 빠트리고 어리둥절하게 만들기 위해서 간접적이고 심리적인 방법을 취했다. 그러나 그는 속임수를 잘 쓴다고 소문이 났으므로 그에 따른 어려움도 겪어야 했다. 나중에 이른바 '거짓말쟁이의 역설'의 희생자가 된 것이다. 아무리 진실을 말해도 사람들이 그의 말을 믿어주지 않았다. 오디세우스가 거둔 가장 커다란 승리는 트로이의 목마였다. 그는 나무로 만든 이 말을 트로이의 성문 밖에 놓아두었고, 트로이 사람들은 이 목마를 성 안으로 가지고 들어갔다. 이윽고 트로이는 파괴의 살육 현장이 되었고 마침내 10년에 걸쳤던 전쟁은 끝이 났다. 오디세우스를 호메로스보다 덜 관대하게 평가했던 로마의 시인 베르길리우스Vergilius는 그리스 사람들이 거짓으로 트로이 함락을 포기하는 과정을 묘사했다. 그들은 나무로 커다란 말을 만들고 그 안에 병사 50명을 숨긴 뒤에 성문 앞에 놓아두었다. 목마에는 다음과 같은 글이 적혀 있었다.

"그리스 사람들이 고향으로 돌아가면서 아테나 여신에게 감사하는 마음으로 바치는 선물."[2]

트로이 사람들은 10년 동안 계속되었던 포위가 이제 풀리겠다는 기대를 가지고서 이 수상한 말을 조사했다. 프리암 왕과 원로들은 이 말을 어떻게 처리해야 할지 고심했다. 그리고 내려진 결론은 간단했다. 매우 수상하고 위험하므로 태워버리거나 쪼개서 안에 무엇이 있는지 확인하거나 성 안으로 끌고 들어가서 아테나의 영광을 노래하는 기념물로 삼자는 것이었다. 그런데 아테나는 그리스 사람들을 좋아했으며 속임수에 능하다고 알려져 있었다. 그렇다면 이런 상황에서 과연 아테나나 그리스 사람들을 믿어도 될까? 오디세우스는 어떤 식으로든 트로이 사람들을 설득해야 할 것임을 이미 알고 있었다. 그리고 그 역할은 거짓말의 달인이던 시논에게 맡겨졌다. 시논은 트로이 사람들 앞에서 자기가 그리스 부대에서 도망친 탈주병이라고 밝혔다. 오디세우스와 사이가 나빠져서 그리스 군대에서 도망쳤다고 한 것이다. 그는 그리스 군대가 무사히 고향으로 돌아가도록 순풍이 불게 여러 신들에게 기원하는 종교 행사에 자기가 제물로 바쳐져서 죽음을 맞이하게 되었는데, 그렇게 죽는 게 억울

해서 도망쳤다고 말했다. 이 거짓말에 트로이 사람들은 이미 반쯤 속아 넘어갔다. 계속해서 프리암이 추궁했다.

"그 거대한 괴물 말이 종교적인 목적으로 만들어진 것이냐, 아니면 전쟁을 위한 어떤 도구로 만들어졌느냐?"

그러자 시논은, 그리스 사람들은 자기들이 화나게 만든 아테나의 노여움을 풀 목적으로 그 말을 만들었다고 설명했다. 그리고는 이 목마가 애초부터 트로이 사람들에게 주려고 만들었던 것은 아니라는 말도 덧붙였다. 그런데 그 목마가 너무 커서 만일 트로이 사람들이 이 목마를 성 안으로 들이면 트로이는 난공불락이 될지도 모른다고 그리스 사람들이 걱정을 했다는 말도 했다.

그런데 트로이의 제사장 라오콘은 이 목마가 명백한 속임수이며 '전쟁 계략'이라고 경고했다. 라오콘이 목마에 창을 하나 던졌을 때 안에 숨어 있던 병사들이 놀라서 신음소리를 냈었다. 만일 아테나만 개입하지 않았더라면 이 신음소리 때문에 모든 사실이 밝혀질 수 있었겠지만, 아테나가 바다뱀 여러 마리를 풀어서 라오콘과 그의 두 아들을 죽였다. 이 것은 라오콘이 신성모독의 죄를 범해서 징벌을 받았음을 의미했고, 사람들이 그의 말을 따르지 않아야 할 좋은 구실이 되었다. 목마가 속임수라고 경고한 사람은 라오콘 말고도 또 있었다. 프리암의 딸인 카산드라였다. 그녀 역시 트로이 사람들은 모두 바보라면서 '불길한 운명'을 맞이할 것이라고 경고했다. 사실 카산드라는 아폴로 신으로부터 예언의 재능을 부여받았었다(그런데 그때 그녀는 자기가 바라는 사랑을 차지하지 못할 것이라는 저주도 함께 받았었다). 거짓말을 하고 이 거짓말을 믿게 만들 수 있었던 시논과 달리 카산드라는 진실을 예언할 수 있었지만 그 누구도 자기 말을 믿게 만들 수는 없었다. 그리고 마침내 그 수상한 목마를 어떻게 처리할지 결정이 내려졌다. 목마를 성 안으로 들이기로 한 것이다. 이렇게 해서 목마가 성 안으로 들어갔고, 한밤중에 목마에 숨어 있던 그리스 병사들이 밖으로 나왔다. 그리스 군대는 시논이 보낸 신호를 받고 진격했고 성문은 활짝 열렸다. 이렇게 해서 도시는 점령되고 대량 살육이 벌어졌다.

호메로스는 《오디세이아》에서 오디세우스가 평범한 다른 동료들과 다르다는 점을 강조하기 위해서 목마 이야기는 간단하게만 언급하고 지나갔다. 오디세우스는 다른 사람들이었다면 숙명 앞에 무릎을 꿇거나 가망 없는 허세를 부리는 것 외에 다른 방법이 없을 어려운 상황에서도 곧잘 위기를 모면하고 빠져나오는 재주가 있었다. 호메로스는 오디세우스의 이런 일탈적인 행동들을 관대하게 보았지만 베르길리우스는 그렇지 않았다. 그는 오디세우스의 그런 행동들이 개탄스러울 뿐이며 불행하게도 도무지 신뢰할 수 없는 그리스 사람의 전형이라고 생각했다. 수백 년이 지난 뒤에 시논은 오디세우스와 함께 단테가 《신곡》La Divina Commedia에서 묘사한 제8지옥, 즉 사기와 위조의 죄를 저지른 사람들을 수용하는 지옥에 수용된다.

호메로스는 자신의 서사시에서 '메티스'Mêtis를 '비에'biê 즉 잔인한 폭력과 대조시켰다. 비에는 아킬레우스라는 인물을 통해서 드러났는데 그는 엄청난 힘, 용맹, 민첩함, 탁월한 창술 그리고 또 엄청난 분노로도 유명했다. 그러므로 《오디세이아》가 메티스에 관한 것이라면 《일리아드》는 비에에 관한 것이다. 아킬레우스는 힘으로 얻을 수 있는 것의 한계를 증명했을 뿐만 아니라 이 힘이 끔찍한 죽음과 살육으로 이어지는 특정한 피의 굶주림과 연관되어 있음도 증명했다. 그러나 힘과 폭력 없이 어떤 일을 도모하기는 어렵다. 아킬레우스가 아가멤논 왕으로부터 멸시당한 뒤에 트로이를 상대로 한 전쟁을 포기했을 때, 그를 달래기 위해서 파견된 사람은 다름 아닌 오디세우스였다. 하지만 이때 아킬레우스가 보인 반응은 오디세우스와 그의 방식을 폄하하는 것이었다.

"나는 하데스의 문[주] 같은 것을 정말 싫어한다(하데스의 문은 밤낮으로 열려 있지만 돌아나올 수는 없다—옮긴이). 하데스는 말로는 무슨 얘기를 하지만 속으로는 다른 것을 감추고 있거든."

그러면서 아킬레우스는 그리스 사람들이 '사람을 죽이는' 헥토르에 의해서 바다로까지 밀려나는 것을 메티스(지혜)가 저지하지 못한 것을 지적했다.

헥토르 역시 지혜를 가진 존재였다. 트로이 사람들은 제우스와 같은 덕목을 지닌 유일한 트로이 사람 헥토르에게 모든 희망을 걸었다. 그런데 결정적인 몇몇 순간에 메티스와 관련이 있는 그의 전략적 차원의 호의는 그를 저버렸다. 아테나 때문이었다. 가여운 트로이 사람들은 아테나가 여전히 자기들의 도시를 지켜주고 있다고 믿었지만 바로 그 순간에도 아테나는 아무 것도 하지 않았다. 트로이 사람들의 회의 석상에서 헥토르는 미래에 대해 냉철하게 이해하기보다는 그리스 인들에 대한 증오와 전쟁을 향한 열정에 휘둘려 협상을 통한 평화의 기회를 날려버렸다. 헥토르는 유화적인 방법보다는 공세적인 방법을 주장했다. 그리스의 공격이 시작되자 그는 이리저리 미친 듯이 날뛰면서 그리스 군대를 물리쳤다. 이 전투에서 헥토르는 아킬레우스의 친구인 파트로클로스를 죽였다. 친구가 죽자 아킬레우스는 아가멤논을 향한 분노를 헥토르에게로 돌렸다. 다시 전투에 참가한 아킬레우스는 수많은 트로이 병사들을 칼로 베면서 오로지 헥토르만을 찾았다. 그리고 헥토르는 또 다시 아테나의 속임수에 걸려들어 아킬레우스와 마주하게 되었다. 피하고 싶었던 현실 앞에 마주 서고 만 것이다.[3] 그리고 헥토르의 목은 아킬레우스가 휘두른 칼에 떨어졌다. 아킬레우스는 그의 시체를 전차에 매달아서 전투 현장으로 질질 끌고 다녔다.

이것이 《일리아드》의 끝부분에 해당되므로 우리는 아킬레우스가 거둔 승리가 트로이의 운명을 영원히 결정했다고 생각할 수 있다. 그러나 그리스 사람들은 그렇게 얻은 승리의 기쁨을 제대로 누리지 못했다. 아킬레우스는 얼마 뒤에 파리스가 쏜 화살에 맞아 죽었다. 트로이의 왕자 파리스는 스파르타의 왕 메넬라오스의 부인인 헬레네와 눈이 맞아서 그녀를 데리고 갔는데, 이 사건으로 인해서 트로이 전쟁이 시작되었다. 파리스는 먼 곳에서 화살을 쏘아 아킬레우스를 명중시켰다. 호메로스가 아닌 다른 사람의 설명에 따르면, 화살은 정확하게 그의 급소인 발뒤꿈치에 명중했다. 전설에 따르면 아킬레우스의 어머니는 갓 태어난 아기를 스틱스 강(그리스 신화에서 지상과 저승의 경계를 이루는 강이다—옮긴이)의 강물에 담갔다. 그렇게 해서 아킬레우스는 어떤 공격에도 끄떡하지 않는 불괴不壞의 육체를 가지게 되었지만 발뒤꿈치만은 그렇지 않았다. 어머니가 발뒤꿈치를 잡고 아기를 강물에 담갔기 때문에 이 부분만큼은 강물에 적셔지지 않았기 때문이다. 이렇게 해서 아킬레스의 발뒤꿈치는 아무리 강한 사람이라고 하더라도 단번에 무너질 수 있는 치명적인 약점(아킬레스건—옮긴이)이라는 비유로 사용되게 되었다. 헥토르가 파트로클로스를 죽였고 아킬레우스가 헥토르를 죽였다는 사실은 지능이 동반되지 않는 무력은 위험하다는 유익한 경고가 될 수도 있다. 무조건적인 폭력만으로는 충분하지 않다. 제니 스트라우스 클레이Jenny Strauss Clay도 《아테나의 분노》The Wrath of Athena라는 책에서 이렇게 적었다.

"최종 분석의 결과, 지능과 인내를 바탕으로 하는 오디세우스의 인간적인 영웅주의가 아킬레우스의 팔팔한 영광보다 우위에 놓인다."[4]

그리스 사람들은 목마의 책략으로 전쟁을 끝낸 뒤에 배를 타고 고향으로 향했다. 그런데 항해는 전쟁만큼이나 치열하고 위험했다. 무시무시한 파도가 덮쳐서 배가 침몰하기도 하고 좌초되기도 했다. 오디세우스는 항로를 벗어나 다른 곳을 헤매다가 10년이나 더 지난 뒤에야 고향 땅을 밟았다. 그가 겪은 이런 모험 덕분에 그는 메티스(지혜)를 적용할 기회를 엄청나게 많이 누렸다. 한 번은 키클롭스 섬의 외눈박이 거인 폴리페무스가 오디세우스의 부하 여럿을 집어삼켰다. 오디세우스와 살아남은 부하들은 오로지 폴리페무스만 움직일 수 있는 거대한 바위로 입구가 막힌 곳에 갇혔다. 탈출을 하기 위해서 오디세우스가 세운 첫 번째 계획은 폴리페무스에게 자기 주량보다 더 많은 술을 마시게 하는 것이었다. 여기까지 성공한 오디세우스는 술에 취한 폴리페무스에게 자기 이름을 '아무도 아니다'라는 뜻의 그리스어 '오티스'Outis라고 말했다.[5] 이렇게 함으로써 오디세우스는 자기 정체를 숨기고 다음 차례의 속임수를 전개했다. 그리고 송곳으로 폴리페무스의 눈을 찔러 장님으로 만들었다. 폴리페무스가 분노와 고통으로 비명을 지르자 다른 동료 괴물들이 물었다.

"어떤 녀석이 네가 잡아놓은 먹이를 훔쳐가려고 하나? 어떤 녀석이 교활함 혹은 너보다 우월한 힘으로 너를 죽이려고 했어?"

그러자 폴리페무스가 대답했다.

"아무도 아니다. 교활함으로 나를 죽이려 했던 건 아무도 아니다."

그러자 다른 괴물들은 그의 말을 곧이곧대로 믿고 그 일이 저절로 일어난 것이라고 생각하며 돌아갔다.[6] 폴리페무스는 입구를 막았던 거대한 바위를 치우고 자기 양들을 밖으로 나가게 했다. 그러면서 양의 등을 더듬었다. 도망을 친다면 양을 타고 있을 것이라고 생각했던 것이다. 그러나 오디세우스와 그의 부하들은 양의 배에 자기 몸을 단단히 묶어놓고 있었다. 그렇게 무사히 탈출을 한 오디세우스는 현명하지 못하게도 갑자기 자랑을 하고 싶어졌다. 그래서 자기 이름은 '아무도 아니다'가 아니라 '교활함으로 유명한' 오디세우스라고 폴리페무스에게 밝혔다. 폴리페무스의 아버지는 바다의 신 포세이돈이었는데, 폴리페무스가 당한 일을 듣고는 오디세우스를 가만두지 않겠다고 결심했고 그 바람에 오디세우스는 길고도 험난한 바닷길 여행을 해야만 했던 것이다.

† 메티스의 방법

오디세우스의 경우에는 수단이 목적을 정당화했다. 이 속임수쟁이는 언제나 결과에 따라 평가를 받을 준비가 되어 있었다. 이런 접근법으로 인한 도덕적인 불편함은 소포클레스Sophocless의 희곡 《필록테테스》Philoctetes에 잘 드러난다. 필록테테스는 트로이 전쟁에 참가한 그리스 군대의 영웅이었는데, 친구이던 헤라클레스에게서 선물로 받은 활이 그에게는 최고의 무기이자 강점이었다. 그리고 그의 약점은 독사에게 물린 지독한 상처였다. 이 상처에서는 고약한 냄새가 났다. 그래서 트로이로 가던 도중에 동료들로부터 무인도에 버려졌다. 오디세우스는 그 지독한 냄새와 비명으로 필록테테스를 찾아냈지만 결국 다시 그를 섬에 버려두고 떠났다. 그리고 10년이 지난 뒤에 오디세우스는 트로이와 맞서 싸우려면 헤라클레스의 화살이 있어야만 한다는 사실을 깨닫고 아킬레우스의 아들인 네오프톨레모스와 함께 그 활을 구하러 간다. 오디세우스는 과거에 자기가 필록테테스에게 했던 일을 생각한다면 아무리 폭력을 쓰고 설득을 해도 그가 활을 내놓지 않을 것임을 알고, 네오프톨레모스에게 필록테테스를 속이자고 한다. 그러나 이 청년은 속임수를 싫어하던 자기 아버지의 기질을 그대로 물려받았던 터라 속임수로 이기기보다는 '영광스럽게 죽기'를 바랐다. 오디세우스는 거짓말이 비열하고 야비하다는 것을 몰랐을까? 아니다. 하지만 양심의 가책을 공동선보다 우위에 둔다면 전쟁에서 이길 수 없음을 오디세우스는 알고 있었다.

소포클레스의 희곡에서 이 문제는 이른바 '데우스 엑스 마키나'(연극이나 소설에서 가망 없어 보이는 상황을 해결하기 위해 동원되는 힘이나 사건. 주로 갑자기 신이 등장한다—옮긴이)의 장치로 해결되었다. 갑자기 죽었던 헤라클레스가 나타나서 필록테테스에게 전투에 참가하라고 말해준 것이다. 그에 대한 필록테테스의 반응은 즉각적이었다.

"오랜 세월 동안 갈망하고 꿈꾸었던 목소리, 그 목소리의 주인이 누구인지 압니다! 내가 어찌 당신의 말을 거역할 수 있겠습니까?"[7]

이렇게 해서 교활함으로도 해결하지 못했던 문제는 금방 해결되었다. 그리고 모든 것은 행복하게 결말이 났다. 오디세우스는 자신에게 주어진 임무를 완수했고, 네오프톨레모스는 소중히 여기던 명예를 계속 유지했으며, 필록테테스는 상처를 치료받았고 영광을 누렸다. 이 연극은 속임수에 의존하는 것 그리고 상대방으로부터 신뢰를 얻어내는 것이 얼마나 어려운지 강조한다. 오디세우스가 어떤 인물인지 익히 알고 있던 사람들은 그가 진실을 말할 때조차도 그의 말을 거의 믿지 않았다.[8] 아무리 멋진 이야기라 하더라도 이야기를 전하는 사람이 믿을 만하지 못하다면 효력은 당연히 떨어질 수밖에 없다.

오디세우스는 '실천 지능practical intelligence의 특정한 발상'을 구현하는 것으로 묘사되어왔다. 제프리 바누Jeffrey Barnouw(미국의 비교문학자—옮긴이)에 따르면 그는 '의도한 행동을 자기가 기대하는 결과라는 관점에서' 생각할 줄 알았다. 그는 자기의 최종 목적을 마음속에 새기고 '그 목적을 달성하기 위해서 그로부터 거꾸로 여러 가지 수단(그리고 아울러 장애물)의 복잡한 그물망을 통해서' 생각했다. 그러므로 대조가 되는 것은 단지 무자비한 폭력이 아니라 위험의 징후에 민감하지 못한 사람들 그리고 자기 행동이 빚어낼 잠재적인 결과를 예측하지 못하는 사람들의 부주의함이다. 오디세우스가 단기적인 복수 충동에 넘어가지 않았던 것은 아내 페넬로페가 있는 고향 이타카로 안전하게 돌아가야 한다는 장기적인 목적을 자신이 얼마나 간절하게 바라고 있는지 기억했기 때문이다. 실천 지능은 서로 대척점에 서 있는 이유와 열정을 조망하는 것이 아니라 수많은 이유와 강력한 열정들이 연관되어 있는 양극단 그리고 서로 경합하는 이 둘 사이의 적절한 관계를 찾아내는 데 관심을 둔다. 오디세우스는 다른 사람들이 세상을 어떻게 바라보는지 이해했다. 그러므로 자신이 어떤 징후를 내보일 때 상대방이 그것을 어떻게 읽을지 예측했기에 상대의 사고 과정을 조정하고 조작할 수 있었다. 그는 다른 사람들이 자신에게 속을 때 받는 불쾌함을 즐기고 싶어서 그 사람들을 속인 게 아니었다. 속임수에 관한 정교한 솜씨와 능력은 그가 궁극적으로 생각했던 목표에 절묘하게 맞물려 들어갔다. 그러므로 메티스(지혜)는 미래를 바라보는 것, 다시 말해서 속임수와 책략뿐만 아니라 기대와 계획이라는 요소가 포함된 것이었다. 바누는 이 지능이 '갖가지 대안에 대한 냉정한 분석과 평가'라기보다는 '본능적'인 것이며, 가장 필요한 충동과 목적들의 우선순위를 정하는 것이라고 봤다. 또한 그것은 '이성의 작용으로서의 열정의 힘과 깊이'를 반영하는 것이라고 보았다.[9]

벨기에의 역사학자인 마르셀 드티엔Marcel Detienne과 프랑스의 역사학자 장 피에르 베르낭Jean-Pierre Vernant도 오디세우스가 구현한 메티스는 실천 지능의 뚜렷한 하나의 형태라고 주장했다. 그것은 단지 예리하고 정교하다는 차원을 넘어서서 미래를 바라보며 현재의 행동들을 장기적인 계획의 한 부분으로 설정하고 다른 사람들이 실수를 저지르도록 조정·조작할 수 있도록 갖가지 상황의 잠재적인 가능성을 포착하는 것이다. 이것은 하나의 기질이며 또한 어떤 행동 계획, 약자가 자기보다 명백하게 강한 상대를 이길 수 있는 한 방법이다. 메티스(지혜)와 '신의를 깨는 속임수, 배신의 거짓말, 변절' 사이에 어떤 연관성이 있음에도 불구하고 이것은 '절대적인 무기, 주어진 환경이나 주어진 갈등의 조건이 어떻든 간에 궁극적인 승리와 지배적인 지위를 보장하는 힘을 가지고 있는 유일한 무기가 될 수 있다.' 힘은 보다 우월한 힘에 꺾일 수 있지만 메티스는 모든 힘을 꺾을 수 있다.

메티스는 상황이 유동적이며 빠르게 바뀌고 낯설며 불확실할 때 가장 유용한 '서로 상반되는 속성들과 힘들'을 하나로 묶는다. 이것은 공식적이거나 예측 가능한 행동이 전혀 없을 때 적절한 것이며, 현재에 대한 '보다 커다란 이해'와 미래에 대한 '보다 선명한 의식' 그리고 '과거로부터 축적된 보다 풍부한 경험' 그리고 변화하는 사건들에 끊임없이 적응하는 능력, 아울러 예측하지 못한 것들을 수용할 수 있는 보다 충분한 유연성 등이라는 장점을 지닌다. 이 실천 지능은 갈등이라는 환경 속에서 작동하며 속임수나 계책의 능력뿐만 아니라 예지력, 명민함, 순발력, 예리한 이해력 등과 같은 속성들에도 반영된다. 이런 사람은 좀처럼 실체를 파악하기 어렵다. '손가락 사이로 빠져나가는 물과 같으며' 모호함과 전도轉倒 그리고 역전逆轉을 이용한다.[10] 이 모든 것이 전략 지능, 즉 복잡하고 모호한 상황들을 헤치고 길을 찾아낼 수 있으며 마침내 상대를 이기고 정상에 설 수 있는 전략 지능을 묘사하는 내용이다. 그런데 전략 지능은 대체로 직관적이거나 아니면 적어도 암묵적이다. 그리고 갑작스럽게 위험이나 위기가 닥치는 순간에는 오로지 이것 하나에만 의존해야 할 수도 있다. 그러나 보다 깊은 사색과 계산을 해야 할 경우에 바로 그 동일한 속성들이 개재해서 작동하지 못할 이유는 없다.

✝ 투키디데스

에리스의 딸이자 분쟁의 여신인 아테Atè는 신들과 인간들 사이에 선악善惡과 해익害益을 구분하지 못하게 하여, 즉 어리석음을 장려하면서 무분별한 행동을 저지르게 했다. 제우스는 이런 아테를 올림포스 산에서 인간 세상으로 추방했다. 미국의 역사학자 바바라 터크만Babara Tuchman은 그녀를 심취, 장난, 미혹 그리고 어리석음의 여신이라고 묘사했다. 아테는 신이나 인간이 도덕이나 편의를 생각하지 못하도록 했고 '이성적인 선택을 하지 못하도록' 만들었다. 터크만은 바로 이런 신들이 인간으로 하여금 어리석은 짓을 하도록 했다고 탄식했다. 호메로스는 신 가운데 최고인 제우스의 입을 빌려서, 만일 인간이 '자기에게 운명적으로 지워진 것보다 더 많이' 고통을 당했다면 그것은 그 신들 때문이 아니라 '자기 마음속의 장님' 때문이라고 했다. 재앙으로 인도하는 것은 운명이 아니라 잘못된 전략 때문이라는 말이었다.[11] 그러나 신을 향한 항의는 아테네에서 정기적으로 제기되었다. 온갖 징조들과 계시들을 탐구하는 일은 멈추지 않았다.

그런데 기원전 5세기 아테네 계몽주의 시기에 인간을 바탕으로 한 사건들의 설명을 배척하고 인간의 행동과 의사결정 그 자체에 초점을 맞추는 또 다른 접근법이 개발되었다. 아울러 전쟁은 너무도 복잡해져서 개별적인 전사들의 영웅적인 행동들로 모든 것을 설명할 수 없게 되었다. 그렇기에 보다 많은 조정과 계획이 필요해졌다. 아테네의 전쟁위원회strategos는 열 명의 '전략가들'strategoi로 구성되었는데, 이들은 전선에서 부대를 이끌고 최상의 전투를 수행하며 완전한 헌신을 보여줄 수 있는 인물이어야 했다. 이런 점에서 보자면 전략의 기원은 장군으로서의 기량 즉 효과적인 리더십을 발휘할 수 있는 덕목들과 나란히 놓인다.[12] 기원전 약 460년부터 395년까지 살았던 투키디데스는 바로 이 전쟁위원회에 속한 전략가였다. 그는 암피폴리스의 스파르타 점령을 막지 못해 20년 동안 추방되었는데, 이 기간에 아테네 사람들뿐만 아니라 스파르타 사람들을 깊이 이해할 수 있게 되었다. 나중에 투키디데스는 이 시기에 '여유가 있다 보니 특정한 어떤 것들을 관찰할 수 있었다'[13]고 회상했다. 이런 여유 속에서 그는 아테네와 스파르타 사이의 전쟁 즉 펠로폰네소스 전쟁의 결정적인 역사라고 생각하는 내용을 집필했다. 스파르타가 이끄는 펠로폰네소스 동맹과 아테네가 이끈 델로스 동맹 사이에서 벌어진 이 전쟁은 기원전 431년부터 404년까지 이어졌고, 이 전쟁에서 스파르타는 누가 뭐래도 확실한 승자였다. 전쟁 이전에 아테네는 그리스의 여러 도시 국가들 가운데서 가장 강력했다. 그러나 전쟁이 끝난 뒤에 아테네는 한껏 쪼그라들었다.

역사가로서 투키디데스는 계몽 정신을 구현하면서 감정이 개입되지 않은 냉정한 시각으로 갈등을 묘사하고, 권력과 목적이라는 어려운 문제들을 제기했으며, 전쟁 과정에서 이루어진 선택들이 어떤 결과로 나타났는지 관찰했다. 그는 변덕스러운 운명과 장난기 가득한 신들에 의존해서 인간사를 설명하던 방식을 버리고 정치 지도자들과 이들이 구사한 전략에 집중했다. 그는 지칠 줄 모르고 완강한 경험론을 주장했으며, 필요하고 또 가능한 경우에는 부지런하게 연구 조사를 해서 여러 가지 사건들에 대한 정확한 설명을 찾으려고 애썼다. 그가 구사한 서술 구조(내러티브)는 모든 전략의 중심적인 몇 가지 주제들을 조명하는 것이었다. 예를 들면 시간이라는 환경에 따른 제약, 세력의 원천으로서의 동맹이 가지는 중요성뿐만 아니라 이런 동맹의 불안정성, 내부의 적들과 외부의 압력을 동시에 처리해야 하는 과제, 빠르고 결정적인 공격이 필요한 상황에서 수세적이고 느긋한 전략들이 떠안는 곤란함, 예상치 못한 사건들이 가져다주는 충격 그리고 (어쩌면 가장 중요한 사항일지도 모르는데) 전략 도구로서의 언어가 수행하는 역할 등이다. 투키디데스 저술의 표제들은 흔히 권력이 거부할 수 없는 매력을 가지고 있으며 강자는 약자의 불편과 도덕성에 둔감함을 묘사하는 것으로 제시된다. 이런 점 때문에 그는 지금까지 현실주의의 창시자 가운데 한 사람이라는 평가를 받고 있다. 사실 현실주의적 태도는 전략가들이 기본적으로 가질 수 있는 기질이다. 전략가는 오로지 세력(군대, 힘)에 초점을 맞추고 또 이기심이야말로 모든 행동을 가장 잘 설명해준다는 가설을 가지고 있기 때문이다. 보다 이론적인 현실주의에 따르면, 모든 외교 문제를 총괄하는 최고의 권위가 부족하거나 없을 때 국가는 언제나 불안했다. 만일 이런 국가가 다른 국가의 선의를 신뢰하지 않는다면 독자적으로 스스로를 방어할 준비를 해야 한다. 비록 이런 준비를 하는 것 자체가 다른 국가들을 불안하게 만들긴 하지만 말이다.[14] 이런 관점에서 투키디데스가 가지는 중요성은 현실주의가 영원하다는 사실을 입증했다는 데 있다.

교조적이지 않다는 점으로 미루어보자면 투키디데스는 사실 현실주의자였다. 실제로 벌어졌던 인간사를 자기가 바라는 대로가 아니라 자기가 본 대로 묘사했다. 하지만 사람은 협소한 이기심을 바탕으로 행동하게 되어 있다거나 혹은 자기 이익을 최대한 관철하게 마련이라고는 주장하지 않았다. 그가 제시한 그림은 그보다 훨씬 복잡하고 유동적이었다. 이 그림을 보면 일순간의 어떤 힘이 내재적인 허약함을 숨기는 것도 볼 수 있고, 정치 지도자들이 새로운 방식의 세력 결합이 새로운 이익이나 손해를 발생시킬 수 있음을 알고서 국내외적으로 다양한 역할을 수행하는 사람들을 동원하는 것도 볼 수 있다.

그러나 그는 핵심적인 등장인물들의 입을 빌려서 유예가 허용되지 않는 권력의 절박성, 즉 권력의 피할 수 없는 절박성을 추구할 수밖에 없다고 주장했다. 예를 들어서 아테네 사람들은 어떤 시점에서 자기들은 자기 제국을 고집하지 않는다고 설명했는데, 이런 태도는 '인류의 공통적인 관행에 어긋나는 것'이지만 '공포와 명예 그리고 이익이라는 가장 강력한 세 가지의 동기에서 비롯된 압박 아래에서는' 당연하다는 것이었다. 아테네 사람들로서는 굳이 따로 사례를 들 필요가 없었다. 이와 관련해서 투키디데스는 다음과 같이 서술할 뿐이다.

"약자가 강자에 복속되는 것은 언제나 변함없는 법칙이었다." [15]

이 주장은 아테네 사람들이 '강자는 자기가 할 수 있는 것을 하는 반면에 약자는 자기가 마땅히 당해야 하는 고통을 당해야 한다'[16]고 지적할 때 밀로스 사람들이 나누는 대화에서 가장 극명하게 드러난다. 아테네 사람들로서는 밀로스를 억누르는 것 외에 달리 선택의 여지가 없었다. 지배력의 범위를 넓히기 위해서는 그렇게 해야 할 뿐만 아니라 기회가 있음에도 불구하고 그렇게 하지 않으면 밖으로 허약하게 비치고 명성에 흠이 생기기 때문이었다. 법과 도덕은 깨지기 쉬운 구속이다. 강자는 언제든 자기에게 유리하게 법과 도덕을 고칠 수 있기 때문이다. 그러나 투키디데스가 잔인한 권력 행사를 옹호하는 발언을 인용했다고 해서 그가 그것을 지지했다는 뜻은 아니다. 그는 허약하게 보이는 것을 늘 걱정하다가 결국에는 불행한 결과를 맞는 (즉, 보다 신중한 태도였을 수도 있지만 허약하게 보이는 게 재앙을 부르는 도박으로 이어지기도 하는) 사례뿐만 아니라 다른 (한층 이상적인) 대안들 역시 등장인물들의 입을 통해서 제시했다.

현실주의적인 철학의 가장 중요하고도 직접적인 단언은 그의 책에서 가장 유명한 부분인 펠로폰네소스 전쟁의 기원을 살피는 데서 나온다. '이 전쟁이 일어날 수밖에 없었던 이유는 아테네 세력의 성장과 이 성장이 스파르타에 불러일으킨 공포 때문이었다.' 그는 '불평의 원인들'에 바탕을 둔 다른 여러 설명들도 인정했지만 그런 설명들을 체계, 즉 힘의 균형과 관련된 분석으로 대체하고자 했던 것 같다.[17] 투키디데스의 관점을 해석할 때 생기는 한 가지 문제는 번역에 있다. 보다 섬세한 번역을 보면 두 세력 집단 사이에서 끊임없이 변하는 힘의 균형을 (예전에는 거의 무시되었던 이런 측면을) 투키디데스가 매우 중요하게 여겼으며, 펠로폰네소스 전쟁의 기원은 해당 시점의 분쟁과 관련된 당사자들 사이의 세력 균형에 있었음을 분명히 확인할 수 있다.[18] 그렇다 하더라도 투키디데스가 했던 체계 관련 분석이 과연 탁월한 가치를 지니고 있을까 하는 점은 여전히 의문으로 남는다. 투키디데스가 아테네를 기원전 460년부터 30년 동안 다스렸던 자신의 영웅 페리클레스의 명성을 드높이기 위해서 의도적으로 그런 점을 강조했을 수도 있기 때문이다.

그리스가 페르시아를 물리치는 과정에서 리더십을 발휘함에 따라서, 비록 그리스가 전쟁 이전보다 이후에 특별히 더 성장한 것은 아니지만 아테네의 세력과 특권은 한층 커졌다. 전쟁을 거치면서 상대적으로 느슨하게 연결되어 있던 도시국가들이 보다 강고한 동맹으로 발전했다. 하지만 다른 한편으로는 그 과정에서 아테네의 주도권이 점점 약해지면서 동맹이 취약해지기 시작했다. 아닌 게 아니라 기원전 461년에 아테네의 정치인으로서 자기 권위를 공고하게 세웠던 페리클레스는 동맹의 범위를 더는 확장하지 않고 현재의 제국을 유지하는 것만도 충분히 만만치 않은 과제라는 결론을 내렸다. 스파르타도 사정은 다르지 않았다. 그래서 기원전 460년부터 445년까지 계속되었던 전쟁 이후에 양측은 30년 동안 휴전하기로 합의했다. 이 협정을 체결한 이후로 페리클레스는 스파르타를 자극하지 않으려고 노력했다. 이것은 스파르타도 확인하고 인정한 사실이었다. 그래서 스파르타는 공격적인 태도를 취하지도 않았으며 또 따로 전쟁을 준비하지도 않았다.

그런데 이랬던 양측의 관계가 다시 틀어진 이유는 각자 맺고 있던 동맹의 복잡한 특성 때문이었다. 휴전은 세력이 약한 쪽에게는 확실히 이득이었다. 그 기간 동안에 힘을 키울 수 있기 때문이다. 이미 강력한 힘을 가지고 있는 쪽으로서는 적은 것을 베풀고 보다 많은 것을 얻어내는 한편, 동맹에 참가한 구성국들 사이에 기대를 높이고 의무를 강제할 수 있었다. 그런데 동맹 구성국들로서는 공동의 적이라는 문제에 대해서는 동의할 수 있지만 나머지 부분에 대해서는 동의할 게 거의 없었다. 게다가 델로스 동맹(기원전 478년에 아네테를 중심으로 한 그리스의 도시국가들이 페르시아의 공격에 대비해서 결성한 동맹—옮긴이)에서 아테네가 재정과 해군이라는 측면에서 많은 이득을 얻을 수 있도록 조치를 취했고, 그 바람에 아테네는 다른 도시국가들의 원한을 샀다. 그래서 페르시아로부터의 위협이 잦아들자 이 원한은 점점 커졌는데 아테네는 이에 아랑곳하지 않고 동맹의 구성원들이 보다 더 아테네적으로 바뀔 것을 강력하게 강요하고 나섰다. 이에 비해서 스파르타는 동맹의 구성원들과 관련된 내적인 일에 대해서는 거의 관심을 보이지 않았다. 정세의 동향이 이러했기에 아테네의 페리클레스가 유지하고자 했던 위상은 불확실하고 불안정했다. 동맹으로 구성된 제국은 아테네에게는 매우 큰 의미가 있었지만 다른 도시국가들에게는 결코 편안하지만은 않았던 것이다.

다른 여러 가지 이유로 해서 펠로폰네소스 동맹(스파르타를 맹주로 하는 펠로폰네소스 반도 도시국가들의 공수동맹―옮긴이)도 역시 불편하고 불안했다. 스파르타는 가장 강력한 동맹 구성국 가운데 하나이던 코린트로부터 아테네에게 보다 강력하게 나서야 한다는 압박을 받았다. 코린트는 메가라를 비롯한 여러 동맹국들로부터 지지를 받았는데 특히 메가라는 아테네가 자기에게 내린 일종의 경제적 금수 조치이던 메가라 법령으로 아테네 및 아테네 동맹의 항구를 이용할 수 없었고 또 아테네 영토로 출입할 수도 없었던 터라 상당한 불만을 품고 있었다. 메가라가 아테네에 대한 강경 노선을 요구한 데는 또 다른 이유도 있었다. 코르큐라가 메가라의 세력 확장에 걸림돌이 되어 서로 사이가 좋지 않았는데, 코르큐라는 아테네와의 동맹을 통해서 해군력을 지원 받아 메가라의 위협에 대비하고자 했던 것이다. 만일 아테네가 코르큐라의 이 요청을 거부하면 전쟁이 일어나지 않을 수도 있었다. 그러나 어설프고 온전하지 못한 타협안이 나왔다. 동맹을 결성하되 공격은 하지 않고 수비만 한다는 동맹이었다. 미국의 역사학자 도널드 케이건_{Donald Kagan}은 투키디데스가 동료 아테네 사람들에게 이 문제를 제시한 방식에 호기심을 보였다. 아마도 투키디데스는 이 논쟁에 참가했던 것 같은데, 그럼에도 불구하고 저술의 다른 부분에서와 달리 이 논쟁과 관련된 각각의 논지들을 상세하게 밝히지 않았다.[19] 케이건은 투키디데스가 그렇게 소극적으로 설명한 이유는 다른 데 있다고 본다. 만일 투키디데스가 보다 더 정교하게 그 문제를 설

명했더라면 전쟁과 관련된 여러 결정들이 불가피했던 게 아니었고 페리
클레스가 강력하게 설득하고 나선 결과임이 명백하게 드러날 것이기 때
문이라는 말이었다.[20] 전쟁에 대해서 논란의 여지가 있는 결정을 내린 사
람들은 자기가 내린 결정들을 불가피한 것이라고 묘사하며 신중한 태도
를 폄하하는 경향을 보인다.

아무튼 스파르타에 대표단을 보내서 아테네의 정책을 설명하기로
결정이 났다. 투키디데스는 당시 아테네를 대표해서 스파르타에 갔던 사
람들에 대해서는 누가 대표로 파견되었는지 또 그들이 가지고 갔던 훈령
이 무엇인지 설명하지 않았다. 그런데 스파르타의 논의는 보다 충실하게
설명하면서 아테네의 방해를 받고 있던 코린트가 스파르타에 지원을 요
구한 것으로 묘사했다. 이 요구는 위협을 동반했다. 만일 스파르타가 이
요구를 적극적으로 받아들이지 않을 경우 동맹국들은 위험에 맞닥뜨리
게 될 것이고 따라서 '또 다른 동맹을 필사적으로 추구할 것'이기 때문이
었다.[21] 바야흐로 판이 커지게 되었다. 스파르타는 허약하다는 평판을 받
고 싶지 않았다. 만일 그렇게 된다면 중요한 동맹국들이 떨어져나가서
실제로 허약해질 수도 있었다. 스파르타로서는 위기였다. 확실히 코린트
측에서는 아테네가 무한한 주도권에 대한 야망을 가지고 있다고 설명했
다. 그러나 스파르타가 코린트의 주장에 귀를 기울인 것은 그런 사실을
코린트와 마찬가지로 두려워했기 때문이라기보다는 코린트라는 핵심적
인 동맹국이 동맹에서 탈퇴할 것을 염려했기 때문이었다. 아닌 게 아니
라 스파르타의 주전파主戰派는 아테네의 힘을 무시하는 경향이 있었다. 그
래서 아르키다무스Archidamus 왕은 평화가 깨질까봐 누구보다 걱정을 많이
하며 신중해야 한다고 말했지만, 그의 의견은 무시되었고 마침내 기원전
432년에 스파르타는 전쟁을 의결했다.

그러나 스파르타는 전쟁을 의결한 뒤에도 여러 차례 아테네로 외교 사절을 보냈고 양자는 합의점을 찾기 직전까지 갔다. 그러다가 결국 메가라 법령 문제로까지 나아갔다. 스파르타의 대표는 코린트의 이해관계를 온전하게 밀어붙이지 않았지만 메가라 법령이 30년 휴전 협정을 위반한 것임을 분명히 했다. 투키디데스는 많은 발언자들이 제각기 다른 의견을 내놓았는데 어떤 이들은 전쟁을 하자고 했고 어떤 이들은 평화를 위해서 그 법령을 폐지하자고 했다고 기록했다.[22] 그런데 이번에는 어쩐 일인지 페리클레스가 결정적으로 개입한 내용을 상세하게 기술했는데, 그 내용은 스파르타가 중재안을 거부한 것에 초점을 맞춘 것이었다. 페리클레스는 그것이 토론보다는 강압에 의한 것이라며 비판했다. 그런 요구는 아테네를 동등하게 대하는 것이 아니라는 것이었다. 이때 페리클레스는 상대방의 요구가 겉으로는 점잖고 합리적이지만 그 뒤에 보다 큰 어떤 야망을 숨기고 있는 경우에 지금도 종종 들을 수 있는 주장을 했다.

"이것은 사소한 문제가 아니다. 만일 이 문제에 우리가 굴복한다면 머지 않아서 지금보다 훨씬 더 큰 문제를 양보해야 할 것이다. 왜냐하면 처음 양보할 때 공포에 질려서 그런 결정을 내리기 때문이다."[23]

심지어 그때도 그의 전략에는 신중함이 깃들어 있었다. 그의 전략은 중재안을 거부하고 전쟁의 책임을 스파르타에게 돌리는 것이었다.

아무리 극단적인 경우를 상정한다 하더라도 전쟁의 불가피성에 대한 투키디데스의 진술은 도무지 유효하지 않다. 다른 대안들은 얼마든지 많았고, 역사가 다르게 펼쳐질 수 있는 가능성은 얼마든지 있었다. 리처드 네드 리보Richard Ned Lebow(미국의 정치 철학자—옮긴이)가 주장했듯이 전쟁은 전혀 불가피하지 않았다. 그 전쟁은 '관련된 여러 도시국가들의 지도자들이 내렸던 일련의 말도 안 되는 잘못된 판단의 결과'였다.[24] 이런 잘못된 판단은 상대적으로 세력이 약하던 국가들과의 관계 속에서 시작되었다. 스파르타와 아테네 각 동맹 내부에 있던 경쟁 및 얽히고설킨 분쟁에서 비롯되었던 것이다. 즉 아테네는 코르큐라의 동맹 제안을 거절할수 있었고 스파르타도 강경 노선을 주장하는 코린트의 요구를 뿌리칠 수있었지만 그렇게 하지 않았다. 또 아테네는 메가라 법령을 포기할 수 있었고 스파르타는 중재안을 받아들일 수 있었는데 둘 다 그렇게 하지 않았던 것이다.

    그러나 구조적인 요인들도 작동했다. 두 동맹 사이의 관계는 안정적이지 않았다. 자신의 개별적인 이익만 추구하고자 했던 상대적으로 약한국가들이 불신에 휩싸일 여지가 충분히 많았던 것이다. 아테네와 스파르타가 30년 동안의 평화를 약속하는 협정을 이끌어낸 데는 양측에 모두준비된 지도자가 있었기 때문이다. 평화를 위해서 군사적인 행동과 영토확장의 충동을 억제할 수 있는 지도자들이었다. 그러나 물론 양측에는또한 온건한 노선을 반대하고 어떻게든 전쟁을 일으키고자 하는 강경 매파들도 있었다. 코린트 사람들이 그리스 사람들은 태생적으로 공격적이라고 스파르타 사람들에게 말했던 것과 마찬가지로, 코르큐라 사람들 역시 아테네 사람들에게 자기들이 가세하면 한층 더 강력한 동맹이 될 수있다고, 그리고 만일 전쟁이 발발하면 자기들과 맺은 동맹이 필요하게될 것이라고 말했다. 왜냐하면 '스파르타와 동맹국들은 아테네를 무서워하므로 어떻게든 전쟁을 일으키려고 하고 (……) 코린트 사람들은 그들에게 엄청난 영향력을 행사하며 또한 이들은 아테네의 적이기 때문'이라고말했다.[25] 이런 식으로 동맹국들 사이에서 온갖 이야기들이 나오면서 의사결정은 이리저리 흔들렸다. 마침내 아테네는 코르큐라와 동맹을 맺느냐 아니면 코르큐라의 해군력이 펠로폰네소스 동맹으로 넘어가는 것을 지켜보느냐 하는 기로에 섰고, 스파르타는 코린트의 야심을 지지하느냐 아니면 동맹국이 탈퇴하는 손실과 위험을 무릅쓰느냐 하는 선택을 마주했다.

양 진영의 리더십은 과거의 평화를 유지해온 바로 그 리더십이라는 점에서 동일했다. 그러나 타협적이고 신중하게 자제하는 전략을 따르는 두 리더십의 능력은 이제 한계를 맞았다. 그래서 지도자들은 강경책을 최대한 제한함으로써 그 파장을 누그러뜨리려고 노력했다. 이런 맥락에서 페리클레스는 코르큐라와의 동맹을 받아들이면서도 어디까지나 수비 동맹이 되어야 한다고 주장했는데, 수비 동맹이라는 이 개념은 스파르타 측이 반발하고 도발할 구실을 최소화하고자 한 특이한 발상이었다. 이 새로운 동맹국과의 약속 때문에 군함을 파견할 때도 소규모 함대만 파견해야 했다. 이런 소규모의 함대라면 코르큐라 사람들이 용기를 얻어 공세적으로 나설 수도 없을 뿐만 아니라 코린트의 배를 공격하거나 나포하기에도 충분하지 않았다(그래서 나중에 아테네는 원래 의도했던 것보다 더 전향적인 결정을 내렸다). 스파르타도 마찬가지였다. 스파르타가 전쟁에 대한 외교적인 대안을 모색하면서 보인 태도 역시 강경책이긴 하되 효과는 가장 적은 것이었다. 사실 그 대안은 이미 원칙적으로 결정이 나 있었는데, 스파르타는 코린트의 주장을 전격적으로 대변해서 밀어붙이지 않고 사소한 문제 즉 메가라 법령에만 집중했던 것이다. 페리클레스도 마찬가지였다. 스파르타의 요구를 정면으로 거부하는 것은 위험하다고 보고 중재 결정을 받아들이겠다고 약속했다.

페리클레스가 스파르타와의 전쟁에 대비한 전략 역시 제한적인 요소를 담고 있었다. 스파르타에서 전쟁도 불사하는 강경파가 아무런 소득이 없는 행보를 했음이 드러날 때 온건파의 입지가 한층 튼튼해진다면 그 전략은 유효할 수도 있었다. 페리클레스의 전략은 또한 두 동맹 사이의 또 다른 균형을 반영하는 것이었다. 펠로폰네소스 동맹은 주로 대륙의 국가들을 중심으로 한 데 비해서 델로스 동맹은 (비록 아테네는 본토에 위치했지만) 주로 바다를 접한 국가들을 중심으로 한 것이었다. 스파르타의 강력한 육군 전력을 의식한 페리클레스는 육지 전투를 피하고 아테네가 유리한 해군 전력에 의존하고자 했다. 페리클레스는 스파르타에 결정타를 먹일 가능성은 아예 바라보지도 않고 전쟁을 교착 상태로 몰고 갈 생각을 했다. 전쟁을 여러 해에 걸친 장기전으로 전개할 경우 인원과 물자가 풍부한 아테네가 스파르타보다 유리할 것이라는 게 그의 계산이었다. 후대의 표현을 빌려 말하자면 섬멸전보다는 소모전을 선택한 것이다.

정치적으로 이 전략은 여러 가지 제한 속에서도 용감하게 발휘된 것이었다. 이것은 거대한 도박이었으며, 어쩌면 페리클레스와 같은 특출한 신망을 가진 사람만이 진행할 수 있는 것이었다. 그러나 이 도박은 결국 실패로 끝나고 말았다. 당시 스파르타는 해마다 아티카를 공격했다. 아테네에서 멀지 않은 농산물 생산지 아티카에 대한 공격에 아테네는 펠로폰네소스 반도로 기습 부대를 파견하는 것 외에 이렇다 할 대응을 하지 않았다. 그런데 아테네가 아티카에서 생산되는 농산물을 정기적으로 잃게 됨에 따라 해외에서 물품을 수입할 재원이 바닥 나기 시작했다. 그 바람에 아테네는 스파르타의 공격에 더욱 손을 놓고 있을 수밖에 없었다. 엎친 데 덮친 격으로 그때 또 다른 예기치 않은 재앙이 닥쳤다. 전염병이 발생한 것이다. 개전 1년 만인 기원전 430년에 발생한 전염병의 원인은 스파르타의 공격을 피해서 아테네로 몰려온 아티카 사람들로 인한 불결한 위생 환경이었다. 전염병 창궐로 아테네는 극심한 정신적 피해를 입었다. 신망을 잃은 페리클레스는 결국 자리에서 쫓겨났고, 그가 없는 아테네는 스파르타에 평화 협상을 제안했다. 스파르타는 제국을 포기하라는 가혹한 조건을 내걸었다. 아테네로서는 받아들일 수 없는 조건이었고, 협상은 결렬됐다. 그리고 다시 페리클레스가 지도자로 복귀했지만 기원전 429년에 전염병에 걸려 죽고 말았다(투키디데스도 이 전염병에 걸려서 사경을 헤매다 살아났다). 과도한 강경책과 유화책 사이에서 길을 찾으려는 노력 끝에 그는 단호함과 자제력이 결합된 방안을 얻었지만, 이 방안은 결국 아테네를 위협하던 위험을 누그러뜨리기는커녕 오히려 더 키운 셈이었다. 그 전략은 스파르타에 제한적으로만 강압적인 효과를 발휘했으며, 아테네 사람들에게 엄청나게 많은 비용을 물렸다. 또 주변의 여러 국가들이 등을 돌리고 반란을 일으키게 만들었다. 이 전략은 어느 정도의 성과를 거두기는 했다. 심지어 스파르타로부터 평화 조건을 얻어내기도 했다. 하지만 감당할 수 없을 정도로 지나친 부담에 결국 아테네는 스스로 무너지고 말았다.

† 말과 속임수

투키디데스는 페리클레스를 높이 평가했다. 그가 민주주의에서는 언제나 가능한, 그리고 페리클레스의 사후에 결국 아테네가 빠져들었던 선동과 대중의 비이성에 영합하지 않고 이성에 호소하는 웅변과 자신의 권위를 통해 아테네의 정치 제도를 탁월하게 관리했다는 점 때문이었다.[26]

아테네의 민주주의에서는 집중적이고 공개적인 논의 과정을 통해 모든 중요한 결정을 내렸다. 전략은 모호해서는 안 되고 반드시 분명하고 구체적이어야 했다. 이 민주주의가 지켜지려면 올바른 결정이 내려질 때 어떤 일들이 전개될지 예측하는 능력뿐 아니라 다른 사람들을 그 길로 설득하는 능력도 반드시 필요했다. 집회와 법정에서의 토론에는 강력한 주장을 전개하는 능력을 중시하는 반론도 포함되어 있었다. 그런데 이런 설득의 여러 가지 기술들의 발전과 응용에 대해 관심을 기울인 사람이 있었다.[27] 펠로폰네소스 전쟁 초기이던 기원전 427년에 아테네로 와서 오랫동안 거주한 고르기아스Gorgias는 여러 가지 수사적인 기교를 제시했다. 그는 허약한 논리가 정교한 수사적 구축을 통해 보다 더 탄탄해질 수 있음을 입증했으며, 누구든 배우고자 하는 사람들에게는 기꺼이 자기 기술을 가르쳤다. 그는 언어가 물리적인 완력만큼이나 영향력 있음을 알았다. 말은 고통을 줄 수도 있었고 기쁨을 줄 수도 있다.

"어떤 말은 공포를 불러일으키고, 어떤 말은 사람들을 용감하게 떨치고 일어나게 만들며, 어떤 말은 사악한 설득으로 사람을 홀리기도 하고 또 마비시키기도 한다."

그는 헬레네가 파리스와 눈이 맞아 달아남으로써 트로이 전쟁의 씨앗을 뿌리게 된 이유를 명쾌하게 입증했다. 또 한 명의 영향력 있는 인물이었던 프로타고라스Protagoras는 적절한 언어 사용에 대한 탐구로 명성을 얻었다. 그는 특이하게도 스스로를 소피스트('현명한 사람'을 뜻하는 'sophistes'에서 유래되었다)라고 불렀는데, 이 용어는 나중에 플라톤이 사상가를 통틀어서 모두 소피스트라고 칭함으로써 또 다른 의미로 확대되었다. 당시에는 대중 토론을 다루는 전문적인 교육 부문의 시장이 있었다. 소피스트들은 소송 당사자에게 법정에서 효과적으로 발언하는 법을 가르쳤으며, 공직 후보자에게는 자기가 가진 매력을 개발하도록 가르쳤고, 활동이 활발한 정치인들에게는 보다 강력한 설득력을 갖추는 법을 가르쳤다.[28](당시 소피스트는 현실에서 도움이 되는 변론술이나 백과사전적 지

식을 사람들에게 전하는 일을 생업으로 삼았다 —옮긴이)

페리클레스는 지성을 갖춘 사람들과 어울리기를 좋아했다. 그 가운데는 프로타고라스도 포함되어 있었다. 그는 '우리는 남자다운 용기를 희생하지 않고서도 지혜를 사랑할 수 있다'면서 행동으로 나서는 사람과 말로 나서는 사람 사이의 차이를 분명히 해야 한다는 발상을 버렸다. 설득에는 매력적인 말이 전제되는데, 지식을 가지고 있지만 '지식을 분명하게 표현할 힘'을 가지고 있지 않은 사람은 그 어떤 생각도 가지고 있지 않은 것과 마찬가지라고 했다. 그는 아테네 사람들에게 스스로를 가리켜 이렇게 말했다.

"나는 아테네의 그 누구보다도 앞으로 해야 할 일을 잘 알 수 있으며, 어떤 사람이 바라보는 것이든 간에 그 모든 내용을 설명할 수 있다."

설득의 기술이 가지는 이런 중요성은 투키디데스가 하는 해설에서 연설과 대화가 그토록 중요할 수밖에 없는 이유를 설명해준다. 페리클레스가 사람들 앞에서 자신의 전략을 설명하는 장면을 기술할 때 투키디데스가 실제보다 더 일관성 있는 모습으로 페리클레스를 묘사한 이유도 바로 여기에 있다.

페리클레스의 성공은 세심함과 선견지명으로 개발한 자신의 전략을 사람들에게 설득할 수 있었던 권위와 능력 덕분이었다. 그는 자기 지성을 응용하고 표현함으로써 제반의 사건들을 통제하고자 했다. 언어학자 애덤 패리Adam Parry가 표현했듯이, 그의 연설이 창의적이었던 것은 자신의 제안을 따르기만 하면 이런 미래가 올 것이라고 제시한 그의 묘사력에 있었다. 미래라는 개념은 현존하는 실체에서 추론된 것이지만 또한 동시에 그것을 넘어서는 어떤 것이다. 미래에 대한 그럴 듯한 가능성은 그것의 실현 가능성뿐만 아니라 '외부 세상에 있는 가장 강력하고 또 가장 지속적인 여러 세력들에 대한 안목'에서 비롯된다. 당시 페리클레스는 제반의 사건들이 자신의 전망과 일치한다는 것을 사람들에게 확신시킬 필요가 있었다. 그러려면 설득력 있는 웅변가 이상의 존재가 되어야만 했다. 그의 연설은 전략적 차원의 대본이었다. 그는 현존하는 여러 세력들에 비추어 아테네가 무엇을 이룰 수 있을지 자신이 파악한 대로 설명했고 그것은 만족할 만한 전진의 발걸음이었다. 게다가 그는 아테네 사람들이 충분히 따를 수 있는 행동 방침들을 정함으로써 현실을 자신의 전망과 나란히 연결시킬 수 있었다. 그러나 모든 것은 언제나 경쟁자들의 대응과 여러 가지 요인에 따라서 좌우된다. 즉 어떤 전략의 전체 내용 혹은 이 전략의 대본이 가지는 통합성은 새로운 사건이 일어날 때마다 변형될 수 있다. 이렇게 해서 투키디데스가 하는 설명의 보다 깊은 의미는 비극적으로 귀착될 수밖에 없었다. 실제 현실에서는 미리 설정했던 전략적 대본과 다르게 사건들이 펼쳐지면서 전략적 추론의 한계가 드러났기 때문이다.

그러나 궁극적으로 실제 현실은 제어할 수 없음이 입증된다. 현실은 계획 속으로 파고들어 계획을 수정하고 최종적으로는 파괴해버린다. 심지어 그 계획이 건전하고 합리적이라 할지라도, 또 실제 현실에 대한 통찰과 창의력을 바탕으로 한다 하더라도, 운에 따라서 좌우되는 실제 현실은 페리클레스의 말처럼 비합리적인 방식으로 전개되면서 최고의 우아함과 지성으로 마련된 계획을 전복시킨다.

페리클레스에게 실제 현실은 전혀 예상치도 않게 창궐한 전염병이었고, 이것은 '현실의 파괴적이고 계산할 수 없는 힘'을 상징했다. 전염병이라는 현실은 그의 전망을 흩트리고 역사적 과정을 통제하려던 그의 계획을 무산시켰다. 그리고 페리클레스가 아테네 사람들을 설득할 수 없게 되자 그는 끝이 나버렸다. 페리클레스를 자신의 영웅으로 설정했던 투키디데스에게 비극은 대안적인 접근을 수용할 수 없다는 사실이었다. 행동으로서의 말은 실제 현실을 분석하고 또 이것이 어떻게 다시 형성될 수 있는지 보여주면서 실제 현실을 통제할 유일한 희망이었다. 그러나 계획이나 말이 현실과 어깨를 나란히 하려고 애를 쓸 때, 이 계획은 거의 아무런 의미를 띠지 않게 된다. 진정한 의미가 결여된 어떤 구호로 바뀌어버린다.[29]

투키디데스가 내세운 또 다른 등장인물 디오도투스Diodotus는 다음과 같은 비평을 했다. 미틸레네 섬의 가두 집정관들이 아테네에 반기를 들고 봉기했다가 실패하자 아테네의 거물 정치인 클레온Cleon은 그들에게 가혹한 징벌을 내려야 한다고 주장했다. 그러나 디오도투스는 그러지 말아야 한다고 시민들을 설득했다. 이렇게 함으로써 디오도투스는 민주주의 사회에서 연설이 할 수 있는 역할을 보여주었다. 그는 품위를 아는 어엿한 시민이라면 진솔한 이성의 주장을 바탕으로 해야 한다고 주장한 것이다. 그러나 집회에서 표출된 적대적인 분위기는 속임수를 한층 높이 쳤다.

아무리 좋은 조언을 솔직하게 한다고 하더라도 나쁜 조언을 할 때와 마찬가지로 의심을 받게 되었다. 그러므로 올바른 충고를 하려는 사람은 잘못된 충고를 하는 사람이 속임수로 사람들을 사로잡을 때와 마찬가지로, 다른 사람들이 자기 말을 믿게 하기 위해서 거짓말을 해야 한다.[30]

이렇게 쓴 다음 투키디데스는 정의보다는 아테네 사람들의 이익을 바탕으로 해서 관용에 찬성하는 것으로써, 그리고 가혹한 징벌이 초래할 제한적인 억지抑止 효과에 사람들의 관심을 돌리는 것으로써 자신의 논지를 펼쳤다.[31]

언어의 타락을 염려했던 투키디데스의 모습을 보여주는 한층 더 분명한 사례가 있다. 코르큐라에서 일어난 봉기 즉 민주주의자와 과두 집정관 사이의 유혈 내전으로 이어졌던 봉기를 묘사하는 대목에서이다. 그는 사회 질서의 붕괴를 묘사하면서 말의 타락에 대해서도 썼다. 부주의한 사람은 용기 있는 사람이 되고, 어떤 문제의 다방면을 조망할 줄 아는 사람은 행동으로 나서지 못하는 사람이 되며, 폭력적인 사람이 남자다운 사람이 되고, 음모를 꾸며서 스스로를 지키는 사람이 되었다. 극단적인 조치에 찬성하는 사람들은 신뢰를 받고 그렇지 않은 사람은 의심을 받았다.[32] 말보다는 행동이 앞서게 되었다. 구속하고 제약하는 관행이 무너짐에 따라서 조리에 맞는 연설이 나올 가능성 역시 곤두박질쳤다.

† 플라톤의 전략적 쿠데타

기원전 5세기 말 무렵 아테네는 이미 많이 위축되었고 정치적인 격변기를 맞았는데, 이 시기에 아테네를 운영한 사람은 스파르타에 동조하는 사람들이었다. 한때 활발하게 정치적인 발언을 했던 지식인들은 의심의 눈초리를 받으면서 정치에서 발을 뺀 채 멀찌감치 떨어져 있었다. 그런데 이런 흐름 속에서 한 인물이 철학을 위해 목숨을 바치고 순교자가 되었다. 소크라테스Socrates였다. 그는 스파르타에 대해서 긍정적으로 말하면서 민주주의에 대해서는 부정적으로 말했고, 끊임없이 비판적인 태도를 유지했다. 그러다 보니 보지 말아야 할 것을 보려 하고 하지 말아야 할 것을 하려 하는 이상한 사람 취급을 받았다. 그러다가 결국 청년들에게 해악을 끼친다는 이유로 기원전 399년에 사형 선고를 받고 죽었다. 소크라테스는 단 한 권의 저작도 남기지 않았지만 제자를 가르치는 일에는 엄청난 노력을 기울였다. 소크라테스가 죽을 당시에 대략 스물다섯 살이었던 플라톤이 그 제자들 가운데 한 사람이었다. 플라톤은 자기 스승의 이상적인 모습을 완성했는데 그는 소크라테스가 나누었다고 하는 대화를 풍성하게 재구성하는 방식으로 자신의 독자적인 철학을 개발했다. 플라톤은 수많은 쟁점들을 주제로 한 방대한 대화록을 남겼지만 자기 견해를 체계적이고 분명하게 밝힌 저술은 남기지 않았다. 그럼에도 불구하고 특정한 주제들은 뚜렷하게 부각되었다. 이 가운데 특히 우리가 다루고자 하는 주제와 가장 부합하는 것은 철학의 정치적인 역할이었는데, 지성을 전략으로 만들었던 바로 그 덕목들이라는 이유로 지나간 과거의 철학을 비난하는 것도 그의 저술 내용에 포함되었다. 과거의 그 철학에 소피스트 철학sophism(궤변)이라는 딱지를 붙인 것도 바로 바로 플라톤이었는데 이 철학에 대해서 그는 엄청나게 방대한 연구를 했다.

플라톤에 따르면 소피스트(궤변론자)는 자신이 수행하는 철학적 과업을 진지하게 여기지 않았다. 이들은 진리 탐구는 일찌감치 포기한 채 수사적 게임에만 몰두해서 아무리 가치 없는 대의든 혹은 잘못된 논리든 상관하지 않고 오로지 보수를 주고 의뢰하는 사람을 대변하는 일에 자기가 가진 설득력을 이용했다. 플라톤은 주로 자기가 목격한 사실들을 토대로 소피스트들을 개인의 이익만을 대변하는 사람들, 수사적 전략가, 또 진실에는 관심이 없는 도덕적 상대주의자로 평가절하하면서 이 모든 문제는 권력 때문에 일어난 것이라고 했다. 이 소피스트들은 선악에 대한 어떤 견해도 갖지 않은 채 가장 높은 가격을 부르는 고용인에게 자기 기술을 파는 사람들이었다. 이들은 정당하지 않은 주장으로 정당한 주장을 깔아뭉개는 매력적인 능력을 가지고 있었으며, 영리함을 무기로 평범한 사람들을 혼란에 빠트렸다. 팔려고 시장에 내놓은 말의 기술은 본연의 가치를 잃었다. 소피스트들은 다양한 유형의 고용주들을 위해 일했으므로 도덕적 핵심이 부족했고 그저 경쟁적인 선동의 형식만 추구했다. 양심에 대한 호소와 의무, 공통된 가치 전통에 대한 존중 등에 대한 총체적인 의식은 소피스트들의 냉정한 회의주의, 신에 대한 경멸 그리고 이기심 앞에서 위기를 맞았다. 어리석고 무지한 사람이 말을 동원한 속임수로 현명하고 박식한 사람이 되었다. 플라톤은 우주적이고 초시간적인 덕목을 중요시했으며 그것들은 오로지 철학을 통해서만 묘사하고 정의할 수 있다고 보았다.

이런 사실들이 이제는 내팽개쳐졌다. 소피스트들은 통일성 있는 집단이 아니었다. 이들의 견해는 복잡하고 제각각이었다. 소피스트라는 것도 자기들이 스스로 선택한 통일성 있는 총체적 개념이 아니었고 플라톤이 경멸을 담아서 붙였던 호칭일 뿐이었다. 소피스트들 가운데 많은 사람들은 설득 자체에 아예 관심도 없었고 그저 지적인 장난이나 오락의 형태를 실험하고 제시하는 데만 몰두하기도 했다.[33] 이런 사실들은 비록 소크라테스가 소피스트의 특성을 적지 않게 가지고 있었음에도 불구하고 특히 모든 형태의 의문을 제기하는 회의적인 접근 방식을 가지고 있었음에도 불구하고, 스승을 그런 경멸스런 사기꾼 집단에 속하는 또 한 명의 소피스트로 낙인 찍히지 않도록 하고자 했던 플라톤의 정교한 시도를 통해서 입증되었다. 제26장에서 살펴볼 현대적인 용어로 설명하자면,

플라톤은 '패러다임의 이동'을 수행했다고 할 수 있다. 자기가 동의하지 않았던 사람들을 모두 낡은 패러다임(진실 탐구에 관심이 없는 패러다임)으로 묶어서 새로운 패러다임(분명하고 특화된 규율 및 전문적인 철학을 중심으로 해서 발전한 패러다임)과 대립시킨 것이다. 또 다른 현대적인 용어를 동원해서 설명하자면 플라톤은 자기가 말하고자 하는 주제에 진리를 추구하는 윤리적 탐색을 한편으로 하고, 설득력을 갖춘 주장들을 거래의 한 형태로 편의적으로 조직하는 것을 한편으로 하는 둘 사이의 선택이라는 '프레임'을 씌웠다. 페리클레스는 아테네 사람들이 지적인 교양을 열망한다고 보았고, 플라톤은 철학이 순수한 목적을 가진 배타적인 생업이라고 보았다.[34]

또한 플라톤은 진정한 철학자는 전문가일 수밖에 없으므로 당연히 정치 지도자(지배자)가 되어야 한다고 믿었다. 하지만 이것은 철학자가 어떤 주장을 할 때 능숙한 솜씨로 사람들을 설득할 수 있기 때문이 아니었다. 플라톤이 민주주의를 신봉하지 않았기 때문이다. 이유는 다른 데 있었다. 플라톤은 전문가가 최고의 지식을 얻고 선함의 본질을 가장 명확하고 확실하게 파악한 후에 이런 것들을 시민을 감시하고 돌보는 데 쓸 수 있다고 보았다. 그는 활발한 참여가 이루어지는 정치 제도의 특성이라고 할 수 있는 지적인 다원주의나 사상과 행동의 복잡한 상호작용을 열정적으로 추구한 사람이 아니었다. 지배자는 최고의 권력을 가지고 무엇이 현명하며 무엇이 정당한지 결정해야 한다는 게 플라톤의 생각이었다. 그의 이런 전망은 그 뒤로 철학자가 되고자 하는 여러 왕들을 사로잡았고 또 전체주의의 원천으로 인식되어왔다.[35]

진리를 최고의 목적으로 설정하는 그의 이런 태도가 겉으로 보기에는 사람들을 '자기에게 주어진 역할에 만족하도록' 만드는 '고상한 거짓말'인 건국 신화에 대한 그의 옹호와 모순되는 것 같다. 이런 건국 신화를 옹호한 사람이 바로 소크라테스였던 것이다.

"우리는 단 하나의 거짓말, 모든 사람이 믿을 위대한 거짓말을 원한다. 그러나 실제 현실에서는 그 모든 사람에 지배자가 전형적으로 포함되지만 나머지 시민들이 모두 포함되지는 않는다." [36]

그 어떤 쟁점도 철학자의 역할과 지배자의 역할을 그들 각각이 진리와 시민 질서에 대해서 밝히는 약속과 결합할 때 필연적으로 발생하는 긴장보다 더 많은 긴장을 발생시키지는 않을 것이다. 플라톤은 단순히 경험적이지만은 않고 도덕적이기도 한 어떤 생각, 즉 보다 높은 덕목들에 대한 통찰인 진리에 대한 관념으로서 이 둘을 조화롭게 화해시켰던 것 같다. 이런 통찰은 누구나 가질 수 있는 게 아니었다. 이 통찰은 세상을 바라보는 눈이 언제나 한정되고 진리를 제대로 바라보지 못하는 낮은 계급에 속한 사람들, 즉 정신적인 수준이 낮은 사람들을 다루는 일과 관련해서는 의무를 발생시켰다. 그것은 지배자가 감당해야 할 의무였다. 그러므로 우아한 거짓말은 선한 목적을 가진 것이었으며, 소크라테스는 이것을 이상적인 도시로 안내해줄 헌장이자 신화로 제시했다. 조화와 복지를 가져다주는 것은 바로 이 거짓말이라고 그는 확신했다. 이 거짓말은 예컨대 호메로스의 거짓말과는 달랐다. 호메로스의 이야기는 온갖 살육과 분쟁의 이야기이기 때문이다. 어린아이가 부모의 선한 거짓말을 믿고 먹기 싫은 약을 먹거나 병사들이 지도자의 선한 거짓말을 믿고 용감하게 적진으로 돌진하듯이 사회 공동체 역시 사회적인 조화에 대한 믿음과 기존 질서가 자연스러운 것이라는 신념을 가지도록 교육해야 한다는 것이었다. 그러므로 계급 구조는 여러 신들이 각각의 개인의 영혼에 부여했던 제각기 다른 금속의 결과라고 했다. 즉 신이 지배자에게는 황금을, 지배자를 돕는 보조자에게는 은을, 농부에게는 철을 그리고 기술공에게는 구리를 태어날 때 주었다고 했다.

플라톤이 후대에 남긴 주된 업적은 지배자의 특성을 규명한 것이 아니라 철학을 전문적인 생업으로 확립했다는 점이다. 뒤에서 우리는 현대의 포스트계몽주의 사회과학에서도 이와 비슷한 일이 발생했음을 살펴볼 것이다. 지식 및 지식의 실용적인 응용을 둘러싼 일련의 수수께끼들로 출발했던 것이 논쟁의 소지가 많은 사회적 · 정치적인 광범위한 여러 질문들과 직접적으로 얽히면서 결국 전문가의 전문성을 단언하고 또 보다 높은 '과학적' 진리를 주장하는 것으로 귀결되었다. 갈등(도시국가들 안에서 혹은 이들 사이에서 벌어지는 갈등뿐만 아니라 말로 하는 주장과 행동으로 보여주는 실체 사이의 갈등, 정직성과 편의적인 속임수 사이의 갈등)을 다루는 것이 되어야 할 전략은 늘 플라톤적인 이상과는 거리가 멀었다. 플라톤의 유산 가운데 하나는, 세상을 바라보는 여러 가지 견해들과 세상의 온갖 복잡한 것들을 극복하는 경험 사이의 끊임없는 상호작용을 강조했던 전통에서 탈피해서 이론적인 지식과 실용적인 지식을 예리하게 구분했다는 점이다.

제4장

손자와 마키아벨리

Sun Tzu and Machiavelli

:

모든 전쟁은 속임수를 바탕으로 한다.
_손자

:

모든 전략적 발상에서 가장 강력한 이분법은 호메로스가
처음 나눈 비에와 메티스의 구분이다. 물리적 승리를 추구
하느냐 정신적 승리를 추구하느냐의 구분이자, 힘으로 이
기느냐 지혜로 이기느냐의 구분이며, 용기와 상상력의 구
분이고, 적을 직접적으로 맞닥뜨려 상대하느냐 우회적으로
접근하느냐의 구분이다. 또 명예롭게 죽을 준비가 되어 있
느냐 속임수를 써서 살아남느냐의 구분이기도 하다. 로마
사람들의 경우에는 이 구분의 무게 중심이 메티스에게서
는 먼 곳으로 즉 비에 쪽으로 기울었다. 호메로스의 오디세
우스는 베르길리우스의 율리시즈로 이어져서 속임수와 배
신에 능한 그리스 사람을 다루는 이야기의 한 부분을 구성
했다. 심지어 아테네 사람들도 스파르타 사람들과 벌인 전
쟁에서 자기들이 잘못 생각했음을 깨닫고 트로이 사람들에
대해서 어느 정도의 공감을 가지기 시작했으며 오디세우스
의 잔인한 속임수를 새로운 눈으로 바라보았다. 즉 보다 솔
직하게 말하고 전투에서 용감할 뿐만 아니라 명예를 중시

하는 사람, 교활함이나 술책을 덜 쓰는 영웅을 추종하게 된 것이다.

그래서 로마의 역사가 리비우스Livius는 전통적인 발상을 가진 원로원 의원들이 '지나치게 교활한 지혜' 쪽을 혐오했던 사실을 기술하면서 지나치게 교활한 지혜는 '카르타고 사람들의 속임수와 그리스 사람들의 술책, 다시 말해서 무력으로 정복하는 것보다 속임수로 속이는 것을 더 영광스럽게 여겼던 경향'과 비슷한 것이라고 했다. 로마 사람들은 '매복해서 기습하거나 야간 전투를 하지 않고 적을 유인하기 위해서 거짓으로 도망치지도 않으며 부주의한 적의 허점을 노리지도 않는다'고 했다. 이따금씩은 '용기보다 속임수에 더 많은 이득'이 있을 수도 있지만 적의 사기를 꺾는 데는 '정교한 술책이나 우연한 사건'보다는 '정정당당한 백병전'이 더 효과적이라고 했다.[1]

이렇게 거리를 두었음에도 불구하고 속임수의 매력은 여전히 강력했다. 티베리우스 시대로부터 멀지 않은 시기에 발레리우스 막시무스 Valerius Maximus는 군략stratagems(군사적인 계략 혹은 술책)을 긍정적으로 묘사하면서 이에 대한 최초의 정의를 내렸다.

"교활함의 그런 측면은 진정으로 탁월하며 모든 비난으로부터 비껴서 있다. 전략의 행위는 그리스어로 '스트라테제마타'strategemata로 불리는데, 단일한 (라틴어) 단어로는 적절한 표현을 찾기 어렵기 때문이다."

그가 제시한 사례들은 사기를 높이기 위한 '건강한 정신'이었다. 구체적으로 말하자면 자기 편의 누군가에게 아군이 효과적으로 잘 싸우고 있다고 (비록 그게 사실이 아니라 하더라도) 얘기하는 것, 트로이에서 시논이 그랬던 것처럼 가짜로 항복해서 적을 내부에서부터 붕괴시키는 것, 포위 공격을 하는 적의 사기를 떨어뜨리기 위해서 벌이는 심리적인 음모, 눈앞의 적에게 힘이 약한 척하고 속여서 적절한 시기에 두 배나 강력한 힘으로 공격하는 것, 적을 혼란에 빠트린 다음에 기습 공격을 감행하는 것 그리고 적이 아군을 공격하려고 할 때 후방에 있는 적의 도시를 공격하는 것 등이었다. 이 모든 행동은 속임수의 심리적인 측면을 포착해서 적을 흔들어놓거나 적어도 아군에게 확신을 심어주었다. 전략적 술책은 무력보다 더 많은 성과를 낼 수 있었다.[2]

로마의 원로원 의원이었던 프론티누스Frontinus가 84년과 88년 사이에 썼던 《군략》軍略, Strategematon에는 로마의 교전 전통이 남아 있었다. 이 책은 널리 배포되었을 뿐만 아니라 오랜 기간에 걸쳐서 (예를 들어 마키아벨리를 포함해서) 많은 사람들에게 영향을 미쳤다. 프론티누스는 서문에서 전략과 군략을 명확히 구분했는데 그것은 프론티누스 자신의 독창적인 발상이었던 것 같다.

"만일 이 책에 관심을 가지는 사람이 있다면, '전략'strategy과 '군략' stratagems을 분명히 구분해야 할 것이다. 하지만 이 둘은 속성이 매우 비슷하기에 그 구분은 쉽지 않다. (……) 전략strategy or strategika은 미래에 대한 통찰, 아군의 유리한 점, 계획, 결단 등과 관련해서 사령관이 성취하는 모든 것을 가리키는 것인 데 비해서 (이 책의 중심 주제인) 군략은 기술과 재치로 판가름이 난다. (……) 적을 쳐부술 때뿐만 아니라 적의 공격을 회피할 때도 역시 군략stratagems or strategemata은 효과적이다."[3]

프론티누스의 《군략》에는 계책과 속임수가 확실하게 포함되어 있다. 뿐만 아니라 여기에는 군대의 사기를 유지하는 데 필요한 보다 실용적이고 실천적인 방안 및 이를 위한 노력도 포함되어 있다. 그러니까 군략은 전략의 하위 개념 즉 부분집합이었다. 프론티누스는 군대와 관련된 문제에 대해서 일반적인 논문을 쓴 셈이지만, 불행하게도 이 저작은 현재 남아 있지 않다.

로마 외의 다른 여러 문화권에서 군략과 교활함은 훨씬 더 매력적인 것으로 받아들여졌다. 특히 곤경에서 빠져나오는 경우에는 더욱 그랬다. 그뿐만이 아니었다. 그것들은 전략을 효과적으로 수행하기 위한 본질적인 요소로 떠받들어졌다. 미국의 비교문학가 리자 라팔스Lisa Raphals는 메티스를 놓고 벌어진 마르셀 드티엔Marcel Detienne(벨기에의 역사학자—옮긴이)과 장 피에르 베르낭Jean-Pierre Vernant(프랑스의 역사학자—옮긴이) 간의 논의를 중국어 표현인 '지'智와 비교했다. '지'라는 표현은 기술, 정교한 장치, 똑똑함 혹은 교활함 그리고 명석함 등과 같은 것을 구현할 수 있는 지혜, 지식, 지능 등 너무도 광범위한 의미를 담고 있다. '지'를 현실에서 입증하는 개인은 전쟁터의 훌륭한 장군으로, 즉 지장智將으로 비쳤다. 지장이 속임수를 통달할 경우 비록 적의 물리적인 군사력이 아군보다 우세하다 하더라도 얼마든지 이길 수 있었다.[4] 허약한 상대에게 승리를 거두기 위해서는 특별한 것이 필요하지 않다. 진정한 기술은 패배를 허용하지 않으며 적을 상대로 승리를 거둘 수 있도록 아군을 정렬하는 것이다. 즉 정연한 질서와 군율이 있음에도 혼란스러운 것처럼 보이고, 용기가 넘침에도 겁을 먹은 것처럼 보이며, 강력하면서도 무기력한 것처럼 보이는 속임수가 결정적이었다.

† 손자와 《손자병법》

손자는 《손자병법》이라는 짧은 전략서 한 권으로 영원한 명장이자 병법가의 반열에 올라서 있다. 이 책의 저자에 대해서는 알려진 게 거의 없다. 심지어 저자가 손자 단 한 사람뿐이었는지도 분명하지 않다. 전하는 내용에 따르면 그는 춘추전국시대가 끝나가던 무렵인 기원전 약 500년 경에 오나라의 장군으로 활약하면서 초나라를 격파하는 전쟁에서 중요한 공을 세웠다고 한다. 그러나 동시대인들이 그에 대해 언급한 글은 거의 남아 있지 않다. 《손자병법》은 춘추전국시대에 쓰여졌던 것으로 보이고, 적어도 이 시기에 장기간에 걸쳐서 완성되었던 건 분명하다. 중국에서 중앙집권적인 권력이 붕괴된 뒤에 전체 중국을 압도할 만큼 강력하지 못한 고만고만한 여러 국가들이 중국을 통일하려고 다투던 시기가 바로 춘추전국시대였다. 시간이 지나면서 이 책은 중요한 주석이 곁들어지면서 의미가 한층 더 풍부해졌다. 이 시기 중국에는 다른 고전 병법서들도 많이 나왔지만 《손자병법》이 최고의 책으로 남아 있다.

손자의 영향은 전략에 대한 내재적인 접근에 놓여 있다. 공자의 유교 철학에 영향을 받은 《손자병법》은 전쟁뿐만 아니라 정치도 다룬다. 모든 고대의 문서가 다 그렇듯이 이 책의 언어는 기묘하고 참조사항은 모호하지만 주제는 충분히 명확하다. 전쟁에서 으뜸은 '백전백승'에 있지 않고 '싸우지 않고 이기는 것'이 백전백승보다 더 낫다고 했다. 최고의 전략가는 군대를 가장 효과적으로 사용하는 속임수에 통달해야 하며 '강한 적을 피하고 약한 적을 치라'고 했다.[5] 적의 전략을 깨는 것이야말로 '최고의 기량'이고, 그 다음은 '적이 다른 세력과 연합하는 것을 막는 것', 그 다음이 '야전에서 적의 부대와 싸우는 것'이며, 최악은 '성 안에서 문을 걸어잠근 적을 공격하는 것'이라고 했다.

손자가 제시한 공식에 따르자면 속임수의 핵심은 적이 예상하는 것과 반대로 행동하는 것이다. 힘이 넘치면서 힘이 없는 것처럼 보이고, 활발하게 움직이면서 소극적으로 대응하는 것처럼 보이며, 멀리 있으면서 가까이 있는 것처럼 보이고, 또 가까이 있으면서 멀리 있는 것처럼 보이는 것이라고 했다. 이렇게 하려면 군율이 잘 지켜져야 한다. 예를 들어 겁을 내고 도망가는 척하려면 용기가 필요하다. 또한 적을 충분히 잘 알고 있어야 한다. 만일 적의 장수가 '화를 잘 낸다면' 화를 돋궈 이성적인 판단을 하지 못하게 만들 수도 있고, 적의 장수가 '완고하면서 화를 잘 낸다면' 모욕을 주어서 충동적으로 만들 수도 있으며, 적의 장수가 거만하다면 헛된 우월감을 심어줘서 방심하게 만들 수도 있다. 또 손자는 부주의하고 겁이 많으며 성격이 급하고 명성에 집착하며 지나치게 열정적인 장수가 위험한 장수라고 했다.

그는 성공과 실패를 가르는 차이는 '선견지명'先見之明에서 나온다고 했다. 선견지명은 '기분에서 나오는 것도 아니고 신령에서 나오는 것도 아니며 과거에 있었던 비슷한 사건에서 나오는 것도 아니고 계산을 통해서 나오는 것도 아니다. (……) 적의 상황을 꿰뚫어서 잘 아는 사람에게서만 나온다.' 다시 말해서 적의 작전 계획, 적 군대의 특징, 부대를 지휘하는 장수들의 성격 등에 관한 정보를 꿰뚫고 있을 때 비로소 선견지명이 나올 수 있다는 것이다. 적이 맺고 있는 정치적인 관계 역시 타격 목표로 삼을 수 있다.

"때로는 적의 군주와 신하들 사이를 이간질시켜라. 또 때로는 적의 군주를 동맹자들과 분리시켜라. 서로 의심하다 갈라져서 싸우도록 만들어라. 그런 다음에야 비로소 적을 깰 수 있다."

손자는 확실히 동아시아의 장수들이 표준으로 삼는 롤모델이었다. 중국 공산당 지도자였던 마오쩌둥도 손자의 영향을 받았다. 나폴레옹도 프랑스의 제수이트(예수회) 수사들이 번역한 《손자병법》을 읽었다고 한다. 비록 이 책이 영어로 번역된 것은 20세기 초였지만, 그 뒤로 이 책은 군사학의 중요한 교재로 활용되었으며 심지어 1980년대에는 경영 부문에서도 중요하게 다뤄졌다. 이 책의 접근법은 동맹 관계와 적대 관계가 수시로 바뀌고 모든 것이 모호하고 불확실하며 싸움이 복잡하게 전개되는 분야에서 특히 유용하다.

《손자병법》은 승리에 대한 단 하나의 고정된 경로를 제시하지 않으며 전투는 될 수 있으면 피하는 것이 상책이라고 했다. 손자는 상대적으로 단순한 갈등들을 묘사했는데, 이런 갈등 속에서 전개되는 대담한 행보는 적을 무기력하게 만들고 무질서 속에서 붕괴하게 만든다고 했다. '목적을 어떻게 달성할 것인가를 설명하는 대신 무엇을 추구할 것인지를 뚜렷하게 제시한다면' 취약함은 얼마든지 극복될 수 있다. 현재 시점에서 이런 설명들은 난해하기도 하고 군사적 방법론에 대한 거대한 온갖 변화들을 염두에 둔다면 쓸모없는 말처럼 들릴 수도 있다. 그런데 만일 손자가 전술에 관한 세부적인 조언을 했더라면 이 책은 아마 지금 그다지 큰 의미를 담고 있지 않을 것이다. 하지만 손자를 연구하는 사람들에게는 '무엇을 곰곰이 생각해야 할 것인가' 하는 문제가 주어졌을 뿐이고, '해결책 혹은 밟아나가야 할 경로는 본인 스스로 알아서 찾아내야 한다.'[6]

손자의 접근법은 전쟁 당사자들 가운데 어느 한쪽에만 도움을 주는 것이었다. 만일 전쟁을 벌이는 두 나라의 전략가가 모두 이 책을 읽는다면 이들의 작전 계획 및 술책은 서로 잘 먹히지 않거나 혹은 양쪽 모두 전혀 예상치 못했던 충돌과 맞닥뜨릴 수 있었다. 상대편 지휘자가 속임수가 능하다고 소문이 나 있을 경우 상대의 진짜 의도를 파악하기 위해 두 번 혹은 세 번씩 접어서 생각하게 된다. 예컨대 어느 한쪽이 전투를 피하는 것이 허약함을 위장하는 것일 수도 있고, 또 그 위장을 위장할 수도 있다는 말이다. 강력하고도 명석한 적을 만날 경우에는 두세 수 앞서서 생각할 수밖에 없다. 만일 양쪽이 모두 어떻게 해서든 전면전을 피하려고 한다면 여러 가지 상황에 떠밀려서 불리한 조건 아래에서 싸워야만 하거나 아니면 항복할 수밖에 없는 시점이 다가오는데, 상대가 이렇게 몰릴 때까지 참을 수 있는 쪽이 승자가 된다. 하지만 어쨌든 간에 지도자가 자기 진영의 혼란은 최소화하면서 적을 최대한 혼란스럽게 만들 수 있는 치밀함 혹은 수수께끼의 총량은 많지 않다. 그러니까 결국 손자의 핵심 요지는 모든 상황에서 이길 수 있는 공식을 제시했다는 점이 아니라, 무력보다는 속임수(지혜)를 바탕으로 해서 상대를 이길 수 있는 이상적인 전략의 한 유형을 제시했다는 점이다.

서구의 중국 연구의 대가인 프랑수아 줄리앙Francois Jullien은 《우회와 접근: 중국과 그리스에서의 의미의 전략》Le Detour et l'access: Strategie du sens en Chine, en Grece에서 손자로 대변되는 중국식 전쟁 접근법과 중국식 언어 사용 사이의 유사성을 입증함으로써 흥미로운 논지를 제시했다. 줄리앙은 고위험의 (따라서 잠재적으로 파괴적인) 전면적 대치 상황을 기피하면 간접적이고 암시적인 대결인 수사修辭를 둘러싼 두 집단 사이의 갈등이 그 뒤를 잇는다고 주장했다. 완곡하고 미묘한 표현 방식들은 암시적이고 뜻을 파악하기 어려운지라 전투로 치자면 약탈과 도주의 게릴라전과 비슷하다. 꼼짝 못하는 상황으로 몰리지 않거나 혹은 충분히 반박할 수 있는 명쾌한 표현으로 주장하지 않음으로써 싸움의 주도권을 계속 잡고 나아갈 수 있다. 비록 이 경우에는 무한하게 이어질 수도 있는 '조작(조종)의 게임'으로 나아갈 수도 있기는 하다.[7] 의견 교환이라는 간접적인 접근을 채택할 때도 직접적인 전투를 할 때와 마찬가지의 문제들이 제기되는데, 즉 양쪽이 동일한 책략을 구사할 때 대결은 막연한 교착 상태에 빠져서 좀처럼 결론이 내려지지 않는다.

그런데 줄리앙은 아테네 사람들은 중국 사람들과 다르다고 말했다.

아테네 사람들은 전쟁이든 날 선 논쟁이든 간에 단호한 행동으로 빠르게 끝장을 내야 장기전의 비용과 좌절을 피할 수 있다고 보았다. 전쟁은 직접적인 수단이었고, 전투를 바탕으로 했으며, 전쟁 당사자들은 적에게 최대의 충격을 주기 위해 부대를 조직해서 진형을 짰다. 그리고 이렇게 해서 보다 더 강하고 용기 있는 쪽이 승리를 거머쥐었다. 장군들은 속임수를 구사할 줄 알았고 기습의 이점을 이해했다. 그러나 이들은 치고 빠지고 숨는 방식으로 시간을 낭비하려고 하지 않았다. 아테네 사람들은 논쟁에서도 마찬가지로 직설적이고 직접적이었다. 극장에서든 법정에서든 혹은 집회에서든 간에 발언자는 자기 주장을 직접적이고 투명하게 밝혀서 명백한 논지에 대해서 명백한 반론이 제한된 시간 안에 제기되도록 했다. 그래서 아테네에서는 전투에서처럼 논쟁에서도 결론이 빨리 나올 수 있었다. 투키디데스의 표현을 빌리자면 서로의 주장들이 '사납게 물고 물리는' 설득의 전투에서 최종적인 승패는 배심원이나 유권자와 같은 제3자에 의해서 판가름 났다.

줄리앙의 이런 비교는 주목할 만했다. 설득의 전투에 임하는 각각의 접근법에는 대결 양상을 대하는 태도에 영향을 미치는 문화적인 차원의 지속적이고 광범위한 선호選好가 반영되어 있었다. 하지만 그리스 사람들이 '단호하고 결정적인' 전투를 강력하게 좋아한다는 줄리앙의 이 주장은, 변치 않고 이어져온 서구인의 전쟁 태도는 이미 고전 시대에 확고하게 뿌리를 내렸다는 미국의 역사학자 빅터 데이비드 핸슨Victor David Hanson의 논쟁적인 주장에서 나온 것이다.[8] 하지만 숱한 비평가들은 그리스의 전쟁 및 그 뒤의 역사를 분석한 후 이 이론에 대한 비판을 제기해왔다.[9] 미국의 역사학자이자 정치학자인 비어트리스 호이저Beatrice Heuser는 적어도 나폴레옹 전쟁에 이르기까지 서구의 군대에서는 정정당당하게 맞서는 총력전을 회피하는 경향이 분명했음을 단호하게 입증했다.

"전투가 불가피하다거나 무조건적으로 좋다고 믿었던 사람은 거의 없다."[10]

자기 이름을 지구전fabian strategy이라는 용어에 영원히 남긴 로마의 정치가이자 장군이었던 퀸투스 파비우스 막시무스Quintus Fabius Maximus는 한니발의 카르타고 군대에 맞서서 겁쟁이처럼 비치는 전략으로 싸우면서 '지연 전술을 쓰는 사람'이라는 별칭을 얻었다. 그러다가 기원전 216년에 파비우스의 반대파들이 그를 비겁자라고 욕하면서 무모한 방식으로 전쟁을 이끌었다. 그러나 이들이 칸네에서 대패를 당한 뒤에(칸네는 이탈리아 동남부의 고대 도시인데 여기에서 벌어진 전투에서 로마군은 8만 6,000명의 군사 가운데 1만 4,000명만 살아남았다. 반면 카르타고군의 전사자는 6,000명이었다—옮긴이) 그의 접근법은 유용하다고 인정받았다. 그리고 그 뒤 약 13년 동안 로마군은 전면전을 회피하며 한니발의 보급선을 집요하게 공격했고, 마침내 한니발은 로마 정복을 포기하고 이탈리아를 떠났다.

가장 중요하고 핵심적인 교훈은 모두 고전 시대의 저작물에 담겨 있다는 믿음이 철저했던 중세 시대 내내, 전쟁에 대해서 가장 많이 알려진 로마인의 연구 저작은 베게티우스Vegetius의 《군사학 논고》De Re Militari였다. 중세 때는 고전 시대와 비슷하게 자원, 수송, 지형 등과 관련된 제약을 받았으므로 전쟁과 관련된 핵심 쟁점은 보급 문제였고, 공격적인 군대가 징벌이나 약탈을 할 수 없을 때 곤란한 상태에 놓이곤 했다. 《군사학 논고》의 해당 부분은, 전투는 '마지막으로 선택해야 하는 극단적인 조치'이며 다른 모든 계획과 방편을 고려하고 시도한 다음에 최종적으로 선택해야 한다고 적었다. 또 악전고투가 예상될 때는 전투를 지양해야 한다고 했다. 전투보다는 계략과 술책을 동원해서 될 수 있으면 세부적인 측면에서 적을 파괴하고 그런 다음에는 위협해야 한다고 했다. 베게티우스는 손자가 했던 말과 비슷하게 적과 싸워서 무릎을 꿇리는 것보다 적을 굶겨서 제 발로 손 들게 하는 방법이 바람직하다는 뜻으로 '굶주림이 칼보다 더 무섭다'고 했으며, '평원에서 치르는 전투를 통해서보다 결핍, 기습, (술책을 통해서 일으킨) 곤란한 문제들에 따른 고통 등을 통해서 적을 이기는 것'이 얼마나 좋은지 강조했다.[11] 중세의 전쟁이 과연 정말 그렇게 전투를 회피하는 양상을 보였을까 하는 문제를 두고는 지금까지도 논쟁이 이어지고 있다. 미국의 역사학자인 클리퍼드 로저스Clifford Rogers도 군대의 지휘관이라면 (적어도 공세를 취해야 할 시기라면) 마땅히 전투 기회를 찾을 준비를 하는 게 옳다고 했지만, 그렇다고 하더라도 직접적이고 전면적인 전투가 전쟁의 지배적인 방식이 되어야 한다는 주장은 하지 않았다.[12]

비잔틴 제국의 황제였던 마우리스Maurice의 《병법》Strategikon(스트라테기콘)도 7세기 초에 비슷한 태도를 취했다.

"속임수나 기습 혹은 굶주림으로 적에게 타격을 주는 것이 좋다. 그러니 절대로 전면전으로 나서지 마라. 전면전은 용기의 과시가 아니라 행운의 과시이다."

호이저는 이와는 다른 또 다른 견해가 있음을 밝히기 위해서 로앙의 공작 앙리Henri de Rohan가 30년 전쟁 당시에 '전쟁에서 일어나는 모든 행동 가운데서 가장 영광스럽고 가장 중요한 것은 전투를 하는 것'이라면서, 아울러 당시의 전쟁은 '사자의 방식보다는 여우의 방식으로 진행되었으며 (……) 전면전보다는 공성전攻城戰에 더 많이 의존했다'는 게 유감이라고 했던 말을 인용했다. 그러나 호이저는 당시에 어떤 전투도 벌어지지 않았으며 또 전쟁을 경험한 적이 있는 사람들은 훨씬 더 조심스럽게 접근했다고 적었다. 18세기에 프랑스군을 이끌었던 모리스 드 삭스Maurice de

Saxe 역시 전면적인 전투는 피하는 게 가장 좋다고 보았다.

이것만큼 적을 맥 빠지게 하는 데 좋은 게 없다. 이것보다 상황을 호전시키는 것은 없다. 소규모 교전을 자주 벌이면 적은 흩어지게 마련이고 결국 어쩔 도리 없이 스스로 몸을 숨길 것이다.[13]

간헐적으로 기습하고 적의 경제력을 타격하고 적을 위협하면서 사기를 떨어뜨리는 작전은 전투에서 적을 위압하는 대안이 된다. 가장 중요한 것은 (예를 들어 백년전쟁의 승패를 놓고 이야기하자면) '정치적인 요소들이 언제나 군사적인 요소들보다 더 중요했다.' 심지어 재능 있는 전략가들이 지휘할 때조차도 그랬고 들판에서 전면전을 벌여서 승리를 거두고 난 뒤에도 그랬다.[14] 영국은 프랑스에 있는 자신의 동맹자들을 최대한 활용했고, 프랑스 역시 마찬가지로 스코틀랜드를 부추겨서 영국을 흔들어놓으려고 했다.

전쟁이 끝나고 난 뒤에야 붙여진 이름인 '백년전쟁'이 암시하듯이 어떤 전쟁에서든 갈등은 뚜렷하게 구분되는 여러 단계를 거칠 수 있지만 전쟁을 끝낼 수 있는 결정력은 부족할 수 있다. 내재적인 다툼들이 여전히 해결되지 않은 채로 남는다면 전쟁은 끝나지 않는다. 이런 점에서 보자면 당시 전투의 역할은 오늘날과 완전히 달랐다. 백년전쟁의 가장 유명한 전투 가운데 하나가 아쟁쿠르 전투였다. 헨리 5세의 영국군이 1415년에 북프랑스의 작은 마을 아쟁쿠르에서 프랑스군을 대파했던(프랑스군의 전사자와 포로가 약 7,000명인 데 비하여 영국군은 1,600명이었다—옮긴이) 이 전투의 전략적 고려사항들을 논평하면서 얀 윌렘 호니그 Jan Willem Honig(영국의 전쟁역사학자—옮긴이)는 전투를 당시의 복잡한 관습 차원에서 바라보아야 한다고 주장했다. 이런 맥락 속에서 살필 때 공성攻城, 인질, 정치적인 요구 그리고 심지어 대량학살까지도 온전하게 이해할 수 있다는 것이다. 영국군과 프랑스군 양측은 조심스럽게 전투에 나섰다. 양측 모두 전투를 벌이고자 하긴 했으나 또한 전투를 두려워했다. 이런 상태에서 각자 정교한 작전대로 진을 펼쳤고, 두 군대는 마침내 결정적인 순간에 맞닥뜨렸다. 그런데 호니그는 이 모든 것 뒤에 '형이상학적인 어떤 교의敎義'가 그 전투를 둘러싸고 있었고 그럼으로써 그 전투를 규정했다고 주장했다. 왜냐하면 당시에는 사람들이 전쟁을 심판자인 신에게 소송하는 것으로 보고 전투를 신의 심판이라고 보았기 때문이다. 신의 심판은 다른 모든 분쟁이 처리되고 난 다음에야 이루어졌다.

그 결과 위험 속에서의 경연競演이 펼쳐지게 되었다. 전투 당사자인 양측 모두 신이 내릴 궁극적인 심판이 두려웠지만 어쩔 수 없이 받아들여야만 하는 경연이었다. 이 두려움 때문에 그리고 중세의 기독교인이라면 누구나 가지고 있었던 의심, 즉 자기의 명분이 정의를 제대로 실천하는 것일까 혹은 자신의 신앙심이 과연 얼마나 강할까 하는 의심 때문에 양측 모두 무장 병력의 충돌을 일정한 범위 안에서 자제하고자 하는 일련의 관례적인 행동 규범이 만들어졌고, 사람들은 그 규범을 충실하게 따랐다.

이것은 전쟁이 상대적으로 예측 가능한 경로를 따라서 진행될 수 있었다는 뜻이며, 따라서 서로 전투를 피하면서 서로의 체면을 세울 수 있는 길이 얼마든지 가능했다는 뜻이다. 하지만 상대가 이런 관례적인 규칙을 따를 것인지 아니면 자기 잇속을 차리겠다고 덤빌지 알 수 없는 불확실성은 여전히 존재했다. 하지만 그럼에도 불구하고 서로가 공유하는 규준은 갈등 및 전략에 영향을 주었다.[15] 전투는 비록 기본적으로 위험하긴 해도 행운에 맡긴 결과에 따라서 분쟁을 해소하는 수단으로서의 특별한 역할을 이따금씩은 수행했다. 그것은 계약의 한 형태였다. 누가 승자이고 승리가 무엇을 뜻하는지에 관한 하나의 합의 방식이었다. 평화적인 방법으로는 해결할 수 없으니 결국 전투가 최선의 해결 방법임을 양측이 모두 받아들이는 것을 전제로 했다. 전투는 '무력의 승산'chance of arms이었다. 즉 승자를 가려내기 위한 수단이며 합의에 의한 폭력의 한 형태였다. 전투는 시간과 공간 측면에서 제한되었다. 정해진 개활지에서 하루 동안만 싸우는 것이었다(그래서 새벽이면 긴장이 최고조로 올라가고 저녁에는 다들 녹초가 되었다). 이런 제한 속에서 피를 흘리는 맹렬한 전투가 치러졌는데, 적어도 그 전투가 끝나고 나면 나라 전체가 위태로워지는 일 없이 어떤 결론이 도출될 수 있었다. 승자가 되기에 필요한 최소한의 조건은 하루가 끝나갈 무렵에 전투가 벌어지던 그 장소를 (상대방을 물리치고 혹은 상대방이 달아난 뒤에) 차지하고 있어야 한다는 점이었다. 어떤 전투든 간에, 누가 승자인지 그리고 승리의 실질적인 가치가 무엇인지 양측이 합의만 한다면 결정적인 최후의 전투가 될 수 있었다. 이것은 귀족의 기사도 규약이나 제한적인 전략 개념에서 비롯된 자제력이 아니라 하나의 규칙이었다. 전투를 부득이하게 해야만 하는 하나의 도박으로 바라보았던 것이다. 정확하게 말하면 전투는 엄청나게 큰 판돈이 걸려 있고 행운이 많은 부분을 차지하는 도박판이었으므로 서로 조심스럽게 접근할 수밖에 없었던 것이다.[16]

† 마키아벨리와 《군주론》

나는 인어가 그랬던 것보다 더 많은 선원을 바다에 빠트려 죽일 것
이고

나는 바실리스크(전설 속의 괴물뱀. 한번 노려보거나 입김만 쏘여도 사람
이 죽었다―옮긴이)보다 더 많은 사람을 죽일 것이며

나는 네스토르(트로이 전쟁 때의 그리스군 장수―옮긴이)보다 더 달콤
한 말로 적을 제압할 것이고

오디세우스보다 더 교활하게 사람을 속일 것이며

시논처럼 또 다른 트로이를 훔칠 것이다(시논은 거짓 투항으로 트로이
의 목마 작전을 성공시켰다―옮긴이).

나는 카멜레온처럼 내 몸의 색을 바꿀 수 있으며

프로테우스(그리스 신화의 늙은 해신으로, 모든 사물로 변신한다―옮긴
이)처럼 변신할 수 있고

흉악한 마키아벨리에게서 배울 수 있다.[17]

_세익스피어의 희곡《리처드 3세》에서 리처드 3세의 대사

용인할 수 있는 행동을 규정하는 규칙들이 언제나 엄격하게 지켜졌
을까 하는 문제와는 별도로, 이 규칙이 당시의 담론을 형성했을 것임은
확실하다. 이런 인식은 니콜로 마키아벨리 Niccolo Machiavelli가 이기심을 바
탕으로 한 지배자의 정치적인 행동을 예리하게 설명하면서 당대에 몰고
왔던 극적인 충격을 설명하는 데 도움이 된다. 마키아벨리는 국정의 핵
심적인 행동 원리로 전쟁에서 사용되는 속임수와 책략을 수용했다. 그래
서 그는 오디세우스에서 시작되었던 교활하고 신뢰할 수 없는 조작자의

반열에 올랐다. 그리고 얼마 지나지 않아서 '마키아벨리 같은 사람'(마키아벨리안)Machiavellian이라는 단어가 조작의 재능을 가지고 있으며 개인적인 이득을 위해서 속임수를 서슴없이 구사하고 또 권력이 보장하는 우아한 도덕성보다는 권력 그 자체에 매료된 인물을 가리키게 되었다. 마키아벨리의 이런 무도덕성은 교회로부터 공공연하게 비난받았다. 심지어 교회는 이 이론을 창시한 마키아벨리를 사탄의 도구로까지 몰아붙였다(게다가 '니콜로'라는 그의 이름도 기존에 존재하던 사탄의 별명 '올드 닉'old Nick과 딱 맞아떨어졌다). 셰익스피어는 글로스터 공작(나중에 리처드 3세가 된다)을 등장시킨 희곡에서 이 인물을 그런 사악한 등장인물이 가지고 있는 최악의 덕목들을 가진 전형적인 인물로 만든다(토머스 모어는 리처드 3세의 전기를 통해 그가 친형을 암살하고 수많은 정적을 숙청하며 또 적통의 왕위 계승자인 조카[에드워드 4세의 아들]를 살해함으로써 권좌를 찬탈한 잔학과 음모의 화신이며 파괴와 학살을 자행했던 폭군이라고 기술한다—옮긴이).

　　마키아벨리는 피렌체의 귀족 가문 출신이었으며 외교관이었고 정치 자문자였으며 실용주의 철학자였다. 그의 가장 유명한 저서인 《군주론》The Prince은 군주를 위한 안내 책자로 집필되었으며, 이탈리아 국정이 위험하게 요동치던 시기에 정치 자문자로서의 자기 능력을 주장하고 과시하기 위한 것이었다. 이 책에는 당시 정세의 급박함이 담겨 있었는데, 좁게는 피렌체 넓게는 이탈리아가 프랑스와 스페인이라는 강력한 국가의 도전에 직면해서 허약한 모습으로 일관할 경우 맞이하게 될 정치적인 결과에 대한 두려움도 담겨 있었다. 바로 이런 이유로 해서 마키아벨리는 군대와 관련해서 매우 지적이고 설득력 있는 논지로 주장을 펼쳤다. 그는 징병제를 바탕으로 한 보다 지속적인 군사력의 형태를 추구했다(마키아벨리는 '두 용병이 서로 칼을 두어 번 휘두르고 평원에서 쉰 뒤 보수로 함께 술을 먹었다. 가장 믿을 수 없는 것이 용병'이라고 비판했다—옮긴이). 이 체제가 마련될 경우에 국가 방위의 믿음직한 보루가 될 것이며, 나아가 국가의 힘을 확장하는 데도 유용할 것이라고 보았던 것이다. 그러나 불행하게도 그가 힘을 보태서 설립했던 피렌체 공화국의 국민군은 1512년에 이탈리아에 남아 있던 스페인 군대와 벌인 프라토 전투에서 패배하고 말았다. 그리고 그는 관직에서 쫓겨났다. 투키디데스가 그랬던 것처럼 마키아벨리는 정계에서 밀려난 뒤에 남아도는 시간을 활용해서 어떻게 하면 군주가 권력을 획득하고 또 유지할 것인지 탐구하는 《군주론》 집필에 몰두했다.

이 반성의 시간 동안 마키아벨리는 초연한 관점을 가질 수 있었고 진정으로 고귀한 사람들이 자신의 훌륭한 덕목에 대한 보상을 받는 이상적인 세상과 그런 보상의 기회가 거의 없는 실제 현실 사이의 차이를 절감했다. 그의 방법론은 경험적인 것이었는데 그가 정치학의 아버지로 일컬어지는 것도 바로 이런 까닭에서이다. 그는 자신이 새로운 도덕성을 제시한다고는 보지 않았고, 다만 당대의 실천적인 도덕을 곰곰이 되짚어본다고 생각했다. 정치적인 생존은 환상 속의 이상을 좇는 게 아니라 냉철한 현실주의에 따라 좌우된다고 보았다. 이것은 이해관계의 갈등 및 그 갈등의 잠재적인 해결에 (그것이 무력을 동원한 것이든 아니면 속임수를 동원한 것이든 간에) 보다 많은 관심을 기울여야 한다는 뜻이었다. 그러나 오로지 교활한 책략만으로 어떤 정치적인 유산을 창출할 수 있는 건 아니었다. 국가의 기초는 여전히 좋은 법률과 좋은 군대였기 때문이다.

정치 방법론에 대한 마키아벨리의 관심은 손자를 포함한 대부분의 전략가들을 자극했던 동일한 과제, 즉 어떻게 하면 아군보다 잠재적으로 더 강력한 적의 힘을 극복할 수 있을까 하는 과제를 반영했다. 그는 전략의 영역을 지나치게 넓게 바라보지 않았다. 항상 위험은 있게 마련이었다. 그러므로 안전한 경로를 파악하는 것이 언제나 가능하지는 않았다. 20세기의 게임 이론에서 구체적으로 정리되는 개념인 '최대의' 결과를 기대하면서 그는 다음과 같이 바라보았다.

"하나의 위험에서 탈출하고 나면 여지없이 또 다른 위험에 맞닥뜨리는 것이 세상의 이치이다. 그러나 서로 다른 위험들이 가지고 있는 속성을 인식하고 최악이 아닌 것을 받아들이는 것, 이것이 바로 신중함이다."[18]

심지어 통제권이 명백하게 관철되는 영역에서조차도 주어진 환경에 맞춰서 적응할 필요가 있다고 했다. 자유 의지는 확립된 어떤 개성에 어떤 사건들을 대응시킬 가능성을 암시했는데 마키아벨리는 개성은 바로 그 사건들에 의해 형성될 것이라고 주장했다(그는 운명의 여신이 인간의 삶을 관장하지만, 인간이 자유 의지를 가지고 미리 대비한다면 운명의 장난을 피해 갈 수 있다고 생각했다─옮긴이).

마키아벨리의 《전술론》Art of War은 그가 살아 있을 때 출판된 유일한 책이었다. 이런 제목이 붙은 것은 아마도 손자가 《손자병법》을 집필하면서 가졌던 것과 동일한 통찰에서 비롯되었을 것이다(《손자병법》의 영어 제목 역시 'Art of War'이다─옮긴이). 아닌 게 아니라 이 주제를 다룬 거의 모든 저작들이 (17세기의 라이몬도 몬테쿠콜리Raimondo Montecuccoli에서부터 18세기의 모리스 드 삭스 및 19세기의 조미니 남작에 이르기까지 모두) '전술론'Art of War이라는 제목을 달고 나타났다. 그의 책은 포괄적인 제목으로 주로 기술적인 측면들을 아우른다. 마키아벨리는 이 분야에 큰 기여를 했고, 그의 책은 많은 언어로 번역되어 확산되었다. 그는 상비군의 잠재적인 가치를 높이 평가했으며 국가의 진정한 이해관계에 복무하기 위해서 상비군을 어떻게 적절하게 배치할 수 있을지 정리했다. 또한 당대의 실질적인 쟁점들(예를 들면 성을 쌓는 문제나 화약을 발명하는 문제)과도 씨름했다. 그런데 이 책은 어떤 핵심 쟁점을 놓고 두 사람이 대화를 나누는 형식을 취하는데, 두 사람 가운데 어느 한쪽이 언제나 마키아벨리의 생각을 대변한다고는 볼 수 없으므로 몇몇 쟁점들에 대해서는 그가 정확하게 어떤 입장을 가지고 있었는지는 지금까지도 모호하다. 그러나 그가 관심을 가졌던 폭넓은 취지는 명백했다. 유능하고 충성스러운 군대가 국가의 안보를 보장하고 어떤 기동 작전을 자유롭게 전개할 수 있는 외교상의 자유로운 조건을 창출한다는 점에 관한 한 특히 더 그랬다. 그는 전쟁과 정치의 관계를 알고 있었으며 또 적이 전투에 패해서 전쟁터를 떠난 뒤에도 적이 완전하게 궤멸되었음을 확인하는 것이 중요하다는 점도 알고 있었다. 그는 운명의 여신 포르투나가 전투에서 많은 역할을 수행한다는 사실을 알았고, 바로 그렇기 때문에 될 수 있으면 포르투나가 지나치게 많은 역할을 수행하지 않도록 해야 한다는 점도 알고 있었다. 즉 전투를 할 때는 제한적인 전투력만 동원해서는 안 되고 모든 전투력을 총동원할 필요가 있음을 알았다. 그러므로 그가 속임수나 첩자의 활용을 중요하게 여긴 사실은 놀라운 것도 아니다. 적보다 더 많은 정보를 가지고 있을 때 유리하다는 것을 알고 있었던 것이다. 그리고 될 수 있으면 전투를 하지 않고서 이기는 것이 좋다는 말도 했다.

하지만 마키아벨리의 저작에서 가장 흥미로운 것은 외부의 적에 대해서는 상대적으로 적게 다루고, 내부적으로 충성심과 단호함을 유지하는 것에 대해서는 상대적으로 많이 다루었다는 점이다. 이런 점은 돈으로 고용한 직업적인 군인(용병)보다는 지역의 의용군을 더 선호했다는 사실에도 반영되었다. 그는 애국심에 호소하는 것만으로는 부족하다고 보았고 강력한 규율을 주장했다. 예를 들면 군대에 몸담고 있다가 군대를 떠나는 사람은 자기 물건을 가지고 갈 수 없도록 하는 규칙 등이 그런 규율 중 하나였다.

"소규모의 사람들에게 어떤 사실을 설득하기란 매우 쉽다. 말로 통하지 않으면 권위나 무력을 쓰면 된다."

그러나 다중을 설득하는 일은 한층 어려우며, 어쨌거나 집단적으로 설득해야 했다.

"(그러므로) 탁월한 장교는 웅변가가 될 필요가 있다. (……) 군인에게 하는 연설은 두려움을 쫓고, 사기가 불타오르게 만들며, 완강함을 고취시키고, 속임수를 간파하며, 보상을 약속하고, 위험을 드러내 보여서 위험을 피할 길을 제시하며, 희망으로 가득 차게 만들고, 칭찬하기도 하고 질책하기도 하며, 인간의 열정에 불을 붙이거나 혹은 그 불을 끄는 데 필요한 모든 것을 행하는 것이어야 한다."[19]

사람들로 하여금 싸우고 싶도록 만드는 이런 식의 연설은 적을 향한 적개심과 분노를 고취하고 자신의 게으름과 비겁함을 부끄러워하도록 만든다.

《군주론》에서 마키아벨리는 권력을 획득하고 유지하기 위한 방법과 관련해서 악명 높은 이야기를 했다. 겉으로는 비난 받을 짓을 하지 않는 것처럼 행세하면서도 은밀하게는 어떤 짓이라도 망설이지 않고 할 준비를 갖추라는 것이었다. 언행일치의 고상한 덕목을 고집하다간 나중에 뒤통수 크게 한 대 맞는다는 뜻이었다. 살아남지 못하면 아무 것도 손에 넣을 수 없으니 생존을 무엇보다 우선적인 목표로 두라고 했다. 그러려면 군주는 시시각각으로 바뀌는 정세에 맞춰 자기 행동을 수시로 바꾸어야 한다. 필요할 경우에는 언제든 도덕적이지 않은 행동을 할 준비가 되어 있어야 함은 말할 것도 없다. 《군주론》의 가장 유명한 구절에서 마키아벨리는 한 가지 심각한 질문을 던졌다.

> 두려움의 대상이 되는 것보다 사랑을 받는 것이 더 좋을까, 아
> 니면 그 반대일까? 이 질문의 해답은 두려움의 대상이 되는 동시에
> 사랑도 받는 것이다. 그러나 이것은 대단히 어렵다. 어차피 둘 다를
> 가질 수 없다면 사랑을 받는 것보다는 두려움의 대상이 되는 것이
> 낫다. 이 이치를 백성에 대해서도 일반화할 수 있다. 백성은 감사할
> 줄 모르고 변덕스러우며 거짓말을 잘한다. 위험한 일이 있으면 피
> 하고 이익이 생기면 몰려든다. 하지만 이런 사람들을 잘 대해주기만
> 하면 군주의 충실한 사람이 된다. 군주를 위해서 기꺼이 피를 뿌리
> 겠다고 하며 자기 재산과 목숨과 아이들을 아까워하지 않는다. 하지
> 만 앞에서도 말했듯이 위험이 멀리 있을 때만 그렇다. 위험이 코앞
> 에 닥치면 이들은 군주에게서 등을 돌린다.[20]

인간의 성정에 대한 이 부정적인 관점이야말로 마키아벨리적 접근
법의 핵심이다. 마키아벨리는 사자와 여우에게서 얻는 두 교훈을 비교했
다. 사자는 힘을 대표하고 여우는 교활함을 대표한다.

"덫을 알아차리려면 여우가 될 필요가 있고, 늑대를 겁줘서 쫓으려면
사자가 될 필요가 있다. (……) 백성은 군주에게 한 약속을 지키지 않는
야비한 족속이므로 군주는 백성에게 한 약속을 지킬 필요가 없다."

그러나 나쁜 인상을 줘서는 득이 될 게 없으니, 바로 여기에서 여우
의 지혜가 유용하다고 했다.

"자기 행동에 색칠을 하고 위대한 거짓말쟁이가 되는 방법을 알아야
한다. 백성은 워낙 단순하고 환경의 지배를 받는 족속이므로, 속임수를

쓰는 사람은 언제든 누구를 속일 방도를 찾을 수 있다."

군주로서는 될 수 있으면 '자비롭고 약속을 잘 지키며 정직하고 신앙심이 깊은 것처럼' 보이는 게 가장 좋으며, 또 그렇게 하는 게 이득이 된다면 실제로 그렇게 해도 된다고 했다. 그리고 냉혹하게 보이는 것도 도움이 되는데 이런 측면이 질서를 유지하는 데 도움이 되기 때문이다. 그러나 따뜻한 구석이라고는 찾아볼 수 없을 정도로 머리부터 발끝까지 냉혹한 인물로 비춰져서는 안 된다고 했다.

"모든 사람은 군주의 겉모습을 바라볼 뿐 실제 모습을 경험하는 사람은 거의 없다. (……) 평범한 사람은 언제나 겉모습과 결과만 놓고 판단을 한다."[21]

속임수를 써서 백성을 이끄는 능력, 그것도 거대한 규모로 이끄는 능력은 군주가 갖춰야 할 필수적인 자질이다. 그런데 어떤 시점에 다다르면 따뜻한 덕목의 외양은 실제 현실과 완전히 분리될 수 없으므로 군주가 권력을 계속 유지하려면 거칠고 잔인한 방법에 의존하는 비중을 줄이고 보다 자비롭게 행동할 필요가 있음을 마키아벨리는 잘 알았다.

군주는 증오나 경멸의 대상이 되지 않도록 해야 한다고 마키아벨리는 경고했다. 그는 잔인한 처사 자체를 반대하지는 않았지만, 이런 잔인함은 반드시 꼭 필요할 때 '딱 한 번만' 실행해야 하는데 그래야 백성의 이익에도 부합될 수 있다고 했다. 그는 또 '처음에는 드물게 행사되다가 시간이 지날수록 줄어드는 게 아니라 오히려 점점 더 자주 행사되는 식의 잔인한 처사'를 강력하게 경고했다. 이것은 인간 심리에 대한 본인의 평가를 바탕으로 한 것이었다. 만일 군주가 거칠고 잔인한 행동을 처음부터 했다가 나중에 이런 행동을 줄이거나 중단할 때 '그는 백성의 마음을 편안하게 만들 수 있고 또 어떤 이득을 언급해서 백성의 마음을 사로잡을 수 있다'고 했다. 그런데 이렇게 하지 않을 경우에는 다르다고 했다.

"군주는 늘 손에 칼을 들고 있을 수밖에 없으며 결코 자기 백성에 의지할 수 없다. 왜냐하면 백성은 단 한시도 폭력의 고통에서 놓여날 수 없으므로 군주를 생각하면 늘 마음이 불편할 것이기 때문이다."

비록 폭력은 딱 한 번만 행사되어야 하지만 ('이럴 때 사람들은 폭력의 맛이 어떤 것인지 쉽게 잊어버리고 또 군주에게 적개심을 덜 가지므로') 은혜는 점진적으로 더 많이 베풀어야 한다고 했다. 그래야 백성이 은혜의 단맛을 보다 더 잘 느낄 것이기 때문이다.[22] 마키아벨리는 설령 폭력과 속임수로 권력을 획득하고 잔인함으로 이 권력을 강화했다고 하더라도, 권력이 안정적으로 유지되려면 백성의 동의가 있어야 함을 잘 알았다. 그래서 최고의 권력은 가장 적게 행사되는 권력이라고 했다.

비록 '마키아벨리 같은 사람'Machiavellian이라는 말이 속임수와 조작을 바탕으로 한 전략가와 동의어가 되었지만, 마키아벨리의 접근법은 실제로 훨씬 더 균형 잡힌 것이었다. 어떤 군주가 교활한 방법에 의존한다는 사실이 많이 알려지면 알려질수록 이 군주가 성공할 가능성은 줄어든다는 사실을 그는 알고 있었다. 현명한 전략가라면 잘못된 인상과 모진 징벌을 넘어서서 실질적인 업적과 조직이나 사회 전체의 존경에 의존하는 방식으로 권력 행사를 위한 토대를 마련하고자 할 것이었다.

| 제 5 장 |

사탄의 전략

Satan's Strategy

의지는 사람과 짐을 태우고 나르는 동물이다.
만일 신이 이 동물에 올라타면
이 동물은 신이 바라는 대로 나아갈 것이다.
그러나 만일 사탄이 이 동물에 올라타면
사탄이 바라는 대로 나아갈 것이다.
이 동물은 누구를 자기 등에 태울 것인지 결정하지 못한다.
(……) 이 동물에 올라타고자 하는 존재들은
서로 그 자리를 차지하려고 싸운다.
_마틴 루터

마키아벨리가 후대의 정치 사상에 끼친 영향은 심대했다. 권력의 실체에 대한 그의 솔직한 평가는 그가 애초에 주장했던 것처럼 유연하고 융통성 있는 모습을 준비하려는 사람들에게 유용한 지침이 되었다. 그러나 한편으로는 사악하고 반도덕적인 악당 마키아벨리라는 극단적인 방식으로 인격화되기도 했다. 하지만 어쨌거나 그가 정치와 관련된 논의에 여러 가지 새로운 방법을 제공했음은 분명한 사실이다. 정치적 행동에 관한 논의에 끼친 뚜렷한 영향 한 가지는 존 밀턴John Milton의 여러 저작물에서 찾아볼 수 있다. 밀턴은 1667년에 발표된 기념비적인 서사시 《실락원》Paradise Lost에서 사탄을 마키아벨리주의의 화신으로 구체화했다. 이런 맥락에서 사탄의 전략을 분석하고 평가하면 마키아벨리와 관련된 속성들의 한계와 가능성을 살펴볼 수 있을 뿐만 아니라 아울러 신이라는 존재가 전략적 자유에 짐 지운 제약, 즉 지속적인 영향력을 행사하는 제약도 살펴볼 수 있다.

밀턴이 핵심적인 과제로 설정했던 것은 (아담과 이브 이야기를 들어서 앞에서 소개했던) 자유 의지와 관련된 가장 당혹스러운 신학적 쟁점을 다루는 작업이었다. 만일 모든 사람과 모든 존재가 신의 의지대로 운명이 결정되어 있다면, 아담과 이브는 굳이 어떤 선택을 선택할 필요도 없었다. 이들이 저지른 원죄는 본인 잘못이 아니었다. 만일 그게 본인 잘못이라면 그런 일이 일어나도록 했던 어떤 이유가 신에게 있었던 게 된다. 만일 그 선택이 선과 악 가운데 하나를 선택하는 것이었다면 논리적으로 볼 때 신은 악을 창조했던 게 분명하다. 만일 인간이 이런 방식으로 유혹받을 수 있다면 인간은 불완전한 존재로 창조되었던 게 분명하다는 말이다. 그런데 이처럼 두 사람이 저지른 죄가 애초의 설계에 따른 결과라면 과연 두 사람이 벌을 받아야 할 이유가 있을까? 애초에 아무런 흠결도 없었다면 어떻게 두 사람이 죄를 저지를 수 있었을까? 그 두 사람은 도대체 어디에서 죄를 짓는다는 발상을 맨 처음 했을까? 그리고 실제로 뱀의 유혹을 받은 것은 이브 혼자이고, 그런 다음에 이브가 아담을 설득하러 나섰는데 어떻게 아담까지 낙원에서 쫓겨나야 했을까? 뱀이 가지고 있었던 동기는 무엇이었을까?

《실락원》에서 밀턴은 이 모든 것에 대한 합당한 이유를 설명하려고 했다. 어떤 차원에서 보자면 그의 이야기는 어떤 왕국 안에서 반란이 일어나고 반란을 일으킨 자들이 패퇴한 후 이들이 패배를 뒤집으려고 시도한 결과로 어떤 일들이 일어나는지를 내용으로 담고 있다. 그런데 다른 차원에서 보자면 밀턴 본인도 서문에서 밝혔듯이 이 이야기는 '신이 인간에게 한 여러 가지 방식들을 정당화하는' 내용, 특히 신의 전능함을 인간의 자유 의지와 조화롭게 양립할 수 있도록 하는 방식에 관한 내용이다. 그런데 또 다른 차원에서 보자면 왕과 백성 사이의 세속적인 관계에 관한 내용이기도 한다. 밀턴은 열렬한 공화주의자로 시민 전쟁에 참가했는데, 이 전쟁이 끝난 뒤에 이어진 왕정 복고 시대에 이 작품을 집필했다. 그때는 영국 국교에 반대하는 사람들에 대한 탄압이 극심했었고, 밀턴 본인도 반역죄의 혐의를 쓰고 처형당하기 직전까지 갔다가 풀려났다.

자유 의지라는 개념은 인간사에서 신의 역할에 대해 의문을 제기한다. 만일 신이 개입하지 않는다면 기도와 회개가 도대체 어떤 의미가 있단 말인가? 반대로 만일 신이 개입한다면 어째서 선한 사람들에게 나쁜 일들이 일어날 수 있단 말인가? 오늘날의 신학자들은 이런 질문에 대한 답을 가지고 있겠지만 밀턴이 집필에 몰두하던 17세기에 이런 질문들은 정치적으로나 종교적으로 매우 뜨거운 주제였다.

17세기는 그 어떤 것도 신의 뜻을 거스를 수 없을 만큼 신의 힘은 강력하다고 설교하던 칼뱅주의의 강력한 영향력 아래에서 시작되었다. 칼뱅주의에 따르면 신의 은총은 미리 안배되어 있었다. 모든 것은 애초에 신이 세웠던 거대한 계획에 따라서 작동되었다. 히포의 아우구스티누스 Augustine of Hippo ('성 아우구스틴'으로도 불린다—옮긴이)는 '신은 모든 것에 대해서 명령을 내리고 결정한다'고 했다. 신은 '사람들의 의지가 신의 의지대로 따르도록 사람들의 마음속에서 작동했다.' 신은 '모든 것을 자유롭게 그리고 결코 변할 수 없도록 미리 운명 지었다.' 이런 것들이 칼뱅주의자들이 소리 높여 외치던 주장이었다. 신의 의지 말고 다른 의지를 대변하는 어떤 일도 일어날 수 없다고 했다. 인간은 신이 천지를 창조할 때 마련했던 대본에 따라서 자기에게 주어진 어떤 역할을 수행할 뿐이다. 자신의 의지에 따른 즉흥적인 연기는 있을 수 없다. 이런 내용은 인간이 이해할 수 있는 영역이 아니었다. 이런 견해는 심지어 신의 전능함이라는 차원을 넘어섰는데, 신이 만일 인간사에 개입할 경우 혹은 그렇게 하고자 할 때는 얼마든지 그게 가능하며 역사는 이미 정해진 경로에서 결코 바뀌지 않는다고 설정했다. 그런데 만일 모든 일들 그리고 모든 역사가 사전에 미리 결정되어 있다면, 그리고 인간이 어떤 선택을 한다는 것이 단지 환상에 지나지 않는다면 여기에 대한 인간의 대응은 숙명주의밖에 없다. 역사의 과정을 바꾸려는 어떤 시도도 허망하게 실패로 돌아갈 수밖에 없다. 신이 그렇게 되도록 미리 설계한 게 아니라면 말이다.

이런 칼뱅주의자들에 대항해서 네덜란드의 개혁파 신학자 야코뷔스 아르미니우스Jacobus Arminius는 인간은 자유 의지를 행사해서 자신의 역사를 얼마든지 써나갈 수 있으며 신의 힘은 인간의 복종에는 사랑이라는 행동으로, 그리고 죄악에는 회개라는 행동으로 구현된다고 주장했다. 칼뱅주의자들의 신은 임의적이고 모든 설명을 초월하는 존재였다. 이에 비해서 아르미니우스의 신은 자신의 은총에서 임의적인 배척을 허용하지 않았고, 신에 대한 인간의 복종을 입증하기 위해서 인간에게는 선과 악을 구분하는 능력이 있다고 주장했다.

《실락원》은 초기 칼뱅주의가 끝난 시점에 나왔는데 이 시기에 밀턴은 아르미니우스의 입장에 서 있었다. '인간은 행동의 자유를 가지고 있으므로 신은 인간에게 준 권력에 어떠한 절대적인 명령도 내리지 않았다'는 게 그의 견해였다. 그는 이와 다른 의견을 가진다는 것은 터무니없을 뿐만 아니라 공정하지도 않다고 생각했다.

"만일 신이 인간이 자기가 원하는 대로 도덕적인 선악을 선택하도록 하고 선에 대해서는 보상을 주고 악에 대해서는 징벌을 내린다면 신의 정의는 모든 측면에서 반발을 부를 것이다."[1]

창세기가 제기한 수수께끼에 대한 가장 훌륭한 대답은 악 없이는 인간의 믿음을 시험할 어떤 방법도 존재하지 않으며 인간이 선을 행할 수 있음을 깨달을 방법도 없다는 것이었다. 밀턴은 신이 인간을 만들 때 '인간이 비록 자유롭게 타락할 수 있긴 하지만, 충분히 공정하고 올바르도록 만들었다'고 설명했다.[2]

악에 대해서 생각할 수 있는 한 가지는 인간의 허약함, 악의 유혹에 끊임없이 노출되는 것 그리고 신의 말에 대한 불복종이었다. 그런데 밀턴 시대에 일반적이었던 또 하나의 사고방식은 신을 무너뜨리고 인간을 유혹하려고 온갖 정교한 시도를 하는 악을 살아 있는 어떤 세력으로 보는 것이었다. 악은 사탄이라는 인격체를 가지고 있는데, 창세기에 나오는 뱀은 그러므로 악이 변장을 한 모습이다. 비록 《창세기》에는 이런 발상을 뒷받침할 아무런 근거가 없긴 하지만 말이다. 수많은 고대 문명에서 뱀은 악을 상징했다. 그러나 동시에 비옥함을 상징하기도 했다. 사탄은 나중에 성경에서 비로소 나왔으며, 그것도 처음에는 신에 대항하는 존재가 아니라 충성을 다하는 천사로 등장했다. 사탄은 반대자의 역할을 가지고 있었으며 천국의 신 앞에서 토론할 때는 어딘지 껄끄럽고 거슬리는 노선을 취했지만, 결국에 가서는 언제나 충성을 다하는 존재였다. 이와 관련해서 가장 많이 알려진 사례는 《욥기》에 나오는데, 사탄은 '땅을 여기저기 두루 돌아다니다가 왔다'고 신에게 설명한다.[3] 사탄이 맡은 역할은 죄의 시험에 든 사람들 가운데 한 명이었다. 욥을 시험에 들게 하라고 신에게 말하는 것은 사탄이었고, 신이 여기에 동의했으며 사탄은 욥의 삶을 엉망진창으로 만들려고 파견되었다. 하지만 사탄은 어디까지나 신성한 천국의 구성원 자격으로 이 일을 했지 반란의 음모를 품고 있지는 않았다.

가혹한 천사로서뿐만 아니라 죄를 저지르고 마는 천사로서도 행동하는 사탄은 나중에 모든 형태의 분열과 불행에 대해서도 책임을 추궁당하고 비난을 받는다. 초기 교회는 마니교의 영향력에 도전하는 시도를 했었지만 (3세기경에 창시된 페르시아의 종교인 마니교는 선한 세력과 악한 세력 사이의 대조를 통해서 사물을 설명하려고 했다) 악은 살아 있는 존재가 아니라는 주장은 먹혀들지 않았다. 악마의 세력이 끊임없이 인류를 유혹하면서 인류를 신에 대한 복종에서 떼어놓으려고 한다는 발상이 사람들의 마음을 장악했다. 마니교도들이 동의할 수 없는 주된 차이점은 결국에 가서 이 싸움은 신이 사탄의 우위에 서는 불평등한 싸움이 되어야 한다는 점이었다. 지옥은 사탄이 최고의 권위를 가지고 다스리는 또 하나의 거룩한 장소가 될 수 없었다. 신은 언제 어디에서나 최고의 권위를 가졌다. 그러므로 악이 세상을 위험하게 할 수는 있어도 신은 악을 충분히 제압해서 다스릴 수 있었다.[4] 성경의 마지막은 《요한묵시록》인데, 여기에서 사탄은 악의 세력을 대표한다. 그리고 놀라운 장면이 묘사되는데 미카엘과 그의 천사들이 '용'과 싸우는데 양측 모두 자기들의 천사 무리를 이끌고 있었다.

"그리하여 그 큰 용, 그 옛날의 뱀, 악마라고도 하고 사탄이라고도 했던 자, 온 세상을 속이던 그 자가 땅에 떨어졌고 그의 천사들도 모두 그와 함께 땅에 떨어졌다."[5]

성서학자들은 이것을 세상이 끝나는 날에 있을 어마어마한 휴거의 한 장면을 언급하는 것이라고 여긴다. 그러나 밀턴은 이것이 시간의 시작을 언급하는 것이라고 받아들였고, 이런 인식을 가진 사람은 밀턴뿐만이 아니었다. 그래서 사탄이 지상으로 추방되어 말썽꾼이 된 것은 그가 신에게 반역을 했기 때문이며, 사탄은 뱀이 이브를 유혹해서 선악과를 먹도록 함으로써 땅에 떨어진 이후 최초의 승리를 거두었다는 해석이 비롯된 것이다.

✝ 천국에서 벌어지는 전투

밀턴이 풀어낸 이야기 구조는 지지층을 확보하며 세력을 형성했다. 그가 언어를 탁월하게 구사하고 구성 감각이 특출했기 때문이 아니라 자유 의지에 대한 신념이 확고하고 강렬했기 때문이다. 그는 자신의 신념을 굳건히 하기 위해 자유 의지의 진정한 실천은 결국 신에게 아무런 조건 없이 완벽하게 복종하겠다는 결정으로 나아가는 것임을 입증하려고 했다. 그래서 신이 자유 의지를 허용한다 하더라도 각 개인이 어떻게 결정할 것인지 신도 잘 알고 있다는 논리가 형성되었다. 밀턴은 또한 속세의 왕이 가진 권위에 대한 도전과 천국의 왕이 가진 권위에 대한 도전을 확실하게 구분했다. 물론 전자는 좋은 것이고 후자는 나쁜 것이라고 했다. 아닌 게 아니라 속세의 왕이 가진 권위는 도전 받을 필요가 있었다. 왜냐하면 그 권위는 신의 권위에 도전하는 것이나 다름없었기 때문이다. 그런데 어떤 맥락에서는 불복종을 정당화하는 데 사용될 수 있는 주장이 다른 맥락에서도 반드시 통하지는 않았다. 이는 수사적으로 잘 먹히지 않았는데 두 유형의 왕에 반대하는 주장들이 매우 비슷하게 들렸기 때문이다. 많은 사람들이 주석을 달았듯이, 사탄이 신에 대한 맹목적인 복종을 반대할 때 밀턴은 이 사탄에게 최고의 대사 lines 를 부여했다.

영국의 시인 겸 화가였던 윌리엄 블레이크 William Blake 는 밀턴은 '본인은 알지 못했지만 사실은 악마의 편'이라고 했다.[6] 밀턴이 사탄을 지도자로 묘사했을 때 그 모습은 마키아벨리가 이상으로 삼았던 군주와 비슷했다. 사탄은 적절한 캐릭터를 가지고 있었다. 용기와 교활함을 동시에 가지고 있었기 때문이다. 그리고 이 존재는 변화하는 환경에 적응할 줄 알고 기꺼이 위험을 무릅쓸 만큼 자신에 차 있었으며 무력과 속임수 각각의 장점을 잘 알았다('우리의 보다 나은 부분은, 무력으로는 행할 수 없는 바로 그것, 사기와 속임수로 작동하게 되어 있다').[7]

《실락원》의 이런 이야기 구조는 주요 등장 인물들에게 인간성을 부여하며, 그래서 신을 낮추고 사탄을 높이는 효과가 생긴다. 밀턴은 신의 아우라를 훼손하고 신을 방어적이고 현학적인 존재로 보이게 만들었다. 앞서 《창세기》 이야기에서 보았듯이 신은 여러 가지 방식으로 속임수를 쓰고 조작을 할 수 있었다. 하지만 《실락원》에서 신이 보인 접근법은 훨씬 덜 난해했다. 신이 이렇게 명확한 모습을 보이는 데 비해서 사탄은 훨씬 더 입체적이고 복잡한 (그래서 난해한) 인물로 등장한다. 게다가 사탄은 또 흥미롭기까지 하다.[8] 사탄은 비록 이따금씩 추락한 자기 지위를 바라보며 후회하는 것처럼 보이기도 하지만, 그럼에도 불구하고 여전히 자기가 선택한 길을 뚜벅뚜벅 걸어갔다. 사탄의 이중적이고 모호한 특성과 주장들은 사탄이 결코 쉽게 물리칠 수 있는 만만한 상대가 아님을 의미한다.

밀턴에게 사탄은 마키아벨리였다. 현란한 거짓말과 무력을 써서 천국에서 떨어진 타락 천사들을 조종하는 한편, 바로 이런 타락한 경향들을 신의 탓으로 돌리려고 했다.[9] 사탄은 자기의 지배를 묘사하면서 자유의지에 따른 선택, 장점, 동의 등과 같은 공화주의적인 여러 주장을 채용하는 한편, 신은 위압과 사기에 의존한다고 주장했다.

《실락원》에는 여러 가지 주제와 사상이 녹아들어 있고 또 이들 각각은 논리적인 발전을 해나가는데, 이 가운데서 가장 중요한 것은 시간의 시작점 그리고 예수의 십자가 시련과 부활 사이의 연관성이다. 그런데 염두에 둘 사항이 있다. 내가 여기에서 주목하는 내용의 초점은 순전히 신과 사탄 사이의 갈등에 맞춰지고, 또 이 갈등이 신과 사탄 양쪽이 각각 설정하는 전략적 계산에 대해서 우리에게 말해줄 수 있는 어떤 사실에 맞춰져 있다는 점이다. 이 이야기에는 핵심적인 일화 두 가지가 있다. 《실락원》에서 이 일화들은 연대기적으로 진행되지 않지만, 여기에서는 연대기적으로 진행하기로 한다. 첫 번째 일화는 천국에서 일어난 위대한 전투 이야기인데, 이것은 신의 충직한 천사들 가운데 하나인 라파엘이 사탄의 본성과 사탄이 가지고 있는 잠재적인 악함을 경고하기 위해서 아담에게 들려주는 이야기이다. 그런데 불행하게도 아담이 이 이야기를 들었을 때는 이미 뱀의 유혹을 받은 뒤였다. 또 하나의 일화는 이 책의 도입 부분으로 사탄의 추종자들이 첫 번째 전투에서 패한 뒤에 어떻게 대응할 것인지 논의하며 방법을 모색하는 장면이다.

밀턴에 따르면 사탄은 애초에 천국에서도 대천사들 가운데 하나였고, 이름도 루시퍼('빛의 아들'이라는 뜻이다—옮긴이)였다. 그런데 신이 자기 아들이 자기와 동등하다고 선언하면서 모든 게 틀어지기 시작했다. 사탄은 엄청난 굴욕감을 느꼈다. 일이 이렇게 진행되는 것을 그는 그동안 전혀 모르고 있었을 뿐만 아니라 천국에서의 자기 지위가 상당한 수준으로 위협을 받는다고 느꼈다. 사탄은 다른 천사들을 부추겨서 반란의 대열에 합류시켰다.

"너희들은 기꺼이 목을 내놓고 무릎을 꿇기를 택하겠느냐?"

그런 다음에 사탄은 자기들이 신의 아들과 동등한 정치적인 권리를 가지고 있음을 강력하게 주장하며 천사들을 선동했다.

이성이나 권리에 있어 동등한 권리로 살아가는 자가 만일 힘과
뛰어남에 있어 조금 부족하다면, 동등한 자유를 가지고 있다고 해
서 어찌 그와 동등한 자들에게 지배권을 행사할 수 있단 말인가? 어

찌 우리에게, 섬기는 자가 아니라 다스리는 자의 운명을 지고 있음을 주장하는 황제적인 명령들 가운데서 경배를 구하고자 하는 우리에게, 법이 없다면 실수를 저지를 일이 없는 우리에게, 법과 명령을 들이댈 수 있단 말인가? 이런 자가 하물며 어떻게 우리의 주인이 될 수 있단 말인가?[10]

천사들 가운데 3분의 1이 사탄의 편에 섰다. 그리고 이들이 천국을 공격했다. 그러나 천국도 이미 준비를 하고 있었다. 흥미롭게도 천국은 평화로움과 아름다움과 평온함의 공간이 아니라 이미 전쟁 준비를 마친 상태로 전열을 갖추고 있었다. 밀턴은 올리버 크롬웰Oliver Cromwell(1599~1658년, 영국 왕당파에게 승리한 뒤 찰스 1세를 처형하고 영국 최초이자 마지막인 공화국을 세웠다─옮긴이)이 창설한 새로운 모델의 군대인 신모범군New Model Army의 열렬한 숭배자였다(크롬웰은 신모범군을 창설하면서 신앙심이 깊고 전투 경험이 풍부한 사람들을 장교로 임명했다. 그리고 병사를 훈련시킬 때는 신앙심으로 무장하는 것을 무엇보다 중요하게 여기며, 장차 치를 전쟁은 불의한 세력에 대한 곧 다가올 하나님의 심판임을 병사들에게 주입시켰다─옮긴이). 그랬기에 그는 신모범천국군New Model Heaven을 생각해냈던 것 같다.[11] 싸움은 단순한 육박전이 아니었다. 반란군 천사들은 첫날 열세로 몰렸다. 그러나 다음날 대포로 반격을 가했다. 반란군이 화약을 쓴 것은 특별한 의미가 있었다. 1605년에 있었던 가톨릭의 모반 음모가 바로 이 화약과 관련이 있었기 때문이다(1605년 영국에서는 가톨릭 탄압에 맞서 국회의사당을 폭파시키고 국왕 제임스 1세를 죽이려다 발각되는 사건이 일어났다. 이 사건의 주모자인 가이 포크스Guy Fawkes는 영화 《브이 포 벤데타》V for Vendetta의 소재가 되었다─옮긴이). 당시에 화약은 악마의 발명품으로 종종 묘사되었으며 전쟁에서 명예와 영광을 제거하기 위한 악마의 교활한 술수로 인식되었다.

신은 이 혼돈을 지켜보고 마침내 세 번째 날에 직접 개입했다. 그렇다면 왜 신은 그 혼돈이 계속되도록 이틀 동안이나 내버려두었을까? 이 질문에 대한 추론은 구약성경(히브리성경)의 기본 메시지를 해석하는 데 사용되었던 것과 일치한다. 신은 자신의 영광과 경이로움이 제대로 평가받을 수 있는 조건을 만들고 있었던 것이다. 그리고 이 경우에 그의 아들 예수가 결정적인 역할을 했다. 신은 아들에게 '이 모든 것은 전쟁을 끝내는 영광을 너에게 돌리고자 함이다. 오로지 너만이 이 전쟁을 끝낼 수 있으니까 말이다'라고 설명했다. 그리고 아들에게 천국의 모든 군대를 이끌고 반란을 일으킨 천사들을 지옥으로 떨어뜨리라고 명령했다. 아들은 그 명령을 기꺼이 받아들였는데, 이것은 사탄의 반란과 아들의 복종을 다시 한 번 더 선명하게 대비시키는 장치였다. 아들에게는 '복종이 온전한 행복'이었던 데 비해서 사탄의 군대는 '절망에서 다시 태어나기를 염원하면서' 전열을 재정비했다. 그리고 모두가 마지막 전투가 될 것임을 잘 알고 있던 바로 그 전투를 준비했다. 한편 아들은 자기 군대에게 옆으로 물러나 있으라고 했다. 이 전투는 자기 전투라는 게 이유였다.

"나에 대항하는 게 대유행이 되었도다!"[12]

천국에서 일어나는 시민전쟁이나 포병의 활용 혹은 지상에서는 밤에 전투를 중지하는 경향이 있다든가 하는 등의 특이한 발상 외에도 양측의 천사들이 불멸의 존재라는 사실에서 기인된 또 하나의 특이한 설정이 있었다. 천사들은 어떤 상처를 입더라도, 비록 그 상처로 인해 크나큰 고통을 느낀다 할지라도 목숨을 잃지는 않는다는 설정이다. 밀턴은 비록 군대의 여러 덕목들을 칭송하긴 했지만, 전투를 통해서는 몇몇 문제들이 결코 온전하게 해결되지 않음을 보여준 것이다. 어쩌면 그는 시민 전쟁에서 의회파가 승리를 거두었지만 그 뒤에 군주제가 왕정 복고를 통해서 거뜬하게 부활한 일을 생각한 것인지도 모른다. 이런 특이한 싸움 속에서조차 그 모든 걸 끝낸 것은 수적인 우세보다도 신의 아들이 가지고 있던 특별한 힘이었다.

† 판데모니움

적이 처음에 받았던 타격에서 회복하려 할 때 결정적인 가격을 해서 패퇴를 안기기란 쉽지 않다. 불멸의 전투원들은 이 고전적인 딜레마에 또하나의 왜곡을 가했다. 《실락원》에서 타락 천사들은 전열을 재정비하고 다음 단계의 행보를 논의하려고 새로운 거처에서 모임을 가졌다. 사탄은 비록 천국에서 쫓겨나긴 했지만 여전히 용감하고 건재했다. 그는 '천국의 독재'에 헌신적으로 저항하는 적으로 남았다. 그는 판데모니움 Pandemonium(악마가 우글거리는 장소라는 뜻으로 징벌을 받는 지옥이 아니다. '악마전' 혹은 '복마전'이라고 번역된다—옮긴이)에서 다음과 같이 천명했다. 그곳은 반란을 일으킨 천사들이 모여서 다음 단계를 논의하는 특별한 장소였다.

"마침내 우리는 자유로울 것이다. (……) 천국에서보다 지옥에서 세상을 더 잘 다스릴 것이다!"

그런데 타락 천사들의 지도자들 즉 몰록Moloch, 벨리알Belial, 맘몬Mammon, 벨제부브Beelzebub 그리고 사탄 사이에서 전략에 대한 논의가 벌어졌다. 신은 이 타락 천사들이 다시는 말썽을 일으키지 못하도록 할 수 있는 선택권을 가지고 있었음에도 불구하고 여전히 최종적인 결정을 본인들에게 맡겨두고 있었던 것이다. 사탄은 부하들이 패배감을 벗어던지고 일어나도록 독려해서 신이 하고자 하는 모든 것에 반대를 해야 한다는 확고한 신념을 밝혔다.

"뭐든 선한 일을 행하는 것은 앞으로 우리가 할 일이 결코 아니다. 악을 행하는 것만이 우리의 유일한 즐거움이다."

사탄은 브라스밴드를 동반한 퍼레이드를 동원해서 부하들의 사기를 높이며 자기들이 여전히 강력한 힘을 가진 세력임을, '트로이 전쟁에서 양측의 군대를 모두 합한 것보다 더 강한 군대, 아서 왕이나 샤를마뉴 대제(서로마제국 황제―옮긴이)가 휘둘렀던 세력보다 더 강력한 세력'임을 과시했다. 하지만 이것은 신에 대항하는 부하들의 사기를 높였을지는 몰라도 믿을 만한 전략의 토대가 될 수는 없었다.[13]

타락 천사들은 거대한 좌절에 대응하기 위해서 어떤 집단에서건 시도할 수 있는 일련의 선택권을 나열했다. 영국의 저술가 앤서니 제이 Anthony Jay는 타락 천사들의 이 모임에 대해 다음과 같이 적었다.

"모든 중요한 측면에서 볼 때 이 상황은 주된 경쟁자로부터 끔찍한 패배를 당하고 그때까지 줄곧 의존해왔던 시장에서 쫓겨난 뒤에 새로운 정책을 정식화하기 위해 협력을 하는 자리이다."[14]

하지만 그럼에도 불구하고 자기가 원하는 것이 무엇인지 잘 알고 있던 사탄은 바람직한 관례를 따라서 참석자들에게 좋은 제안이 있으면 하라고 청했다.

몰록이 먼저 앞으로 나서서 '공개적인 전면전'을 제안했다. 그의 이런 제안은 감정과 충동, 공격성과 숙명주의에 따른 것으로 교활한 계략의 동원을 경멸하는 것이었다.

"차라리 지옥의 불꽃과 분노를 선택합시다. 전면적으로 말이요. 전면적으로 천국의 높은 탑들을 덮어서 저항을 무력화시킵시다."

이렇게 해서는 승리를 장담할 수 없었다. 이런 점은 몰록 본인도 인정했지만 적어도 통쾌한 복수는 충분히 될 수 있었다.

그러자 이번에는 벨리알이 보다 현실적인 제안을 했다. '그냥 이대로 비열하고 게으르며 평화롭게 살자'는 것이었다. 그의 제안은 몰록의 단순한 공격성에 비해서 한결 현실적이긴 했지만 효과는 의심스러웠다. 그러면서 그는 자기들이 과연 복수를 할 수 있을지 의심스럽다고 했다.

"천국의 탑들은 무장한 경비 병력으로 가득 차 있어서 어떤 식으로 접근한다 한들 난공불락입니다."

아울러 그는 동료 악마들이 '무력과 속임수' 전략을 곧바로 무시할 것이라면서 이것이 불가능할 것이라는 본질적인 지적을 했다. 신은 '모든 것을 단 한 차례의 눈길로' 바라보았는데, 악마의 회의를 보고는 회의가 진지하게 진행되고 있음에도 불구하고 그저 콧방귀를 뀌었다고 한다. 벨리알이 제시하는 대안은 그러므로 신의 분노가 누그러질 때까지 기다리자는 것이었다.

"이것이 지금 우리의 운명입니다. 이 운명을 참고 견디기만 하면, 그리고 그렇게 해서 시간이 흐르고 나면 우리의 가장 큰 적도 화를 거두고 예전처럼 돌아갈 것입니다."

그러자 맘몬이 나서서 벨리알과 몰록의 제안을 비웃었다. 그는 전쟁에 대해서는 거의 관심이 없었고 또 신이 용서해줄 것이라는 기대도 거의 하지 않았다.

"우리가 어떻게 신의 앞에 설 것이며, 또 우리가 그의 왕관을 찬양하기 위한 무거운 법을 어떻게 받아들이겠습니까? 신을 찬양하는 노래들이 울려퍼지고 군대가 할렐루야를 외치는데, 신은 우리가 그토록 부러워하는 권좌에 당당하게 앉아 있는데 말입니다."

그의 발상은 지옥을 발전시키자는 것이었다.

"이 버려진 황무지는 자신의 욕망과 보석과 황금이 보이지 않게 숨어 있는 걸 원하지 않습니다. 우리 또한 장엄함을 이루어낼 수 있는 정교한 기술이나 솜씨가 버려지는 걸 원치 않습니다. 그러니 천국은 과연 우리보다 장엄하고 화려한 무엇을 더 보여줄 수 있을까요?"

그러면서 그는 '이 하계의 제국을 올바른 정책과 오랜 과정을 통해 천국과 대적할 수 있을 만큼 멋진 곳'으로 일으켜 세우자고 제안했다. 맘몬은 판데모니움을 짓는 데도 힘을 보탰으므로, 그의 제안은 제법 그럴 듯했다. 맘몬의 제안으로 좌중은 처음으로 희망의 불씨를 발견했다. 맘몬이 '말을 채 마치기도 전에 웅성거리는 소리가 좌중에 넘쳤다, 마치 속이 빈 바위들이 사납게 불어대는 바람을 머금었을 때처럼.'

그러나 사탄은 현명한 의장이 다 그렇듯이, 이 회의가 시작되기 전에 이미 자신이 원하는 방안을 이미 준비해두고 있었다. 모든 것은 그가 원하는 바람직한 결과를 유도하기 위한 절차이자 과정이었다. 서열 2위이던 벨제부브가 나서서 다른 악마들을 설득하기 시작했다. 우선 그는 지옥이 천국처럼 되도록 신이 허락하지 않을 것이라는 주장으로 맘몬의 제안을 비판했다. 그 다음에는 주도권을 장악하되 몰록이 제안한 것처럼 직접적인 전략을 취하면 안 된다고 주장했다. 그러자 사탄은 어떤 장소 이야기를 했다. '인간이라는 새로운 인종이 살고 있는 다른 세상, 행복한 세상'이었다. 이 새로운 인종은 천사들과 동등한 존재인 것 같다고 했으며 어쩌면 쫓겨난 반란자들이 있던 공간을 채우기 위해서 창조된 것일지도 모른다고 했다. 그리고 어쩌면 신을 직접 공격하는 따위의 쓸모없는 노력을 하지 않고서도 신에게 타격을 가할 수 있는 한 가지 방법을 인간에게서 찾을 수 있을지 모른다고 했다. 어쩌면 인간을 구슬려서 자기들 편에 서게 할 수도 있을 것이다. 전략가로서 사탄은 천국에서 벌였던 싸움에서 자기들이 패배한 이유를 알고 있었다. 이유는 단순했다. 수적인 열세 때문이었다. 신의 편에 선 천사는 반란을 일으킨 천사의 두 배였다. 직접적인 공격을 통해서 지난 패배의 결과를 뒤엎으려 하기보다는 (사실 이런 시도는 실패로 끝날 공산이 컸다) 인간을 반란군의 진영으로 끌어들이는 게 훨씬 쉽고 또 효과적일 것 같았다. 사탄이 벨제부브의 제안을 칭찬했고 그 뒤에 이 제안은 채택되었다. 사탄은 이 전략을 실행할 구체적인 과정에 들어갔다. 우선 정보가 필요했다.

"그쪽으로 우리의 모든 생각을 기울여서 어떤 생명체가 살고 있는지 알아야 한다. 이 생명체는 어떤 물질로 만들어졌고 어떤 능력을 가지고 있으며 이들이 발휘하는 힘은 무엇인지, 그리고 약점은 무엇인지, 무력이나 속임수 가운데 어느 쪽이 더 잘 먹힐지 알아야 한다."[15]

그는 낙원(파라다이스)을 지키는 천사들의 눈길을 피해서 지상을 일곱 번 다녀왔다. 그는 지품천사智品天使(게루빔, 제2계급에 속하는 천사로 지식을 담당한다—옮긴이)로 변장해서 지상을 지키는 보초를 통과해 에덴 동산으로 들어갔다. 하지만 에덴 동산에서 이브와 맞닥뜨린 뒤에 그녀의 미모에 사로잡혔고, 잠시 동안 자신의 본분을 잊었다. '어리석게도 적개심, 속임수, 증오, 질투, 복수 등을 해제하고 말았다.' 그러다가 곧 정신을 차리고 자기의 관심사는 '사랑이 아니라 증오'임을 다시 한 번 확인했다. 거기를 찾은 목적이 악의적인 꼬드김임을 깨닫고 아담과 이브를 한층 더 냉소적으로 바라보고자 마음을 다잡았다.

"나는 너와 손을 잡고 친해지고자 한다. 직접적이고도 가깝게, 그리하여 내가 너에게 빠지고 네가 나에게 빠지도록.”

　　사탄은 뱀의 형상을 하고 (밀턴은 이런 변신을 트로이의 목마에 비유했다) 이브 앞에 나타나서 지식의 나무에 열린 선악과를 따먹도록 유혹했다. 사탄은 짐승인 자기는 그 과일을 먹은 뒤에 웅변의 재능을 얻었으며 신도 자기를 죽이지 못했다고 주장했다. 이브는 나중에 아담에게, 만일 아담이었다면 ‘뱀이 말을 할 때 그 뱀 안에 있는 거짓말을 간파할 수 있을지도’ 모른다는 생각을 했었다고 설명했다. 그런데 뱀의 형상이 속임수일 가능성을 이브가 의식했다 하더라도 이브는 그런 사실을 의심할 수 있었을까? 여기에 대해서 이브는 이렇게 말했다.

　　“우리 사이에는 그 어떤 적의의 근거도 없는데, 그가 나에게 적의를 품거나 혹은 나를 해칠 이유가 있을까?”[16]

　　이브는 선악과를 먹은 뒤에 아담에게도 그 과일을 먹으라고 설득했다. 이것은 인간을 자기편으로 끌어들이는 연합이라는 전략을 놓고 벌어지는 잠재적인 경합을 설정한 것이었다. 만일 인간이 사탄에게 굴복한다면 힘의 균형은 사탄 쪽으로 기울 게 분명했다. 아담과 이브로서는 중대한 결정의 순간이었다. 이미 선악과를 먹은 터라 더는 결백하지도 않고 무지하지도 않은 두 사람은 이제 선택을 해야 했다. 그리고 두 사람이 선택을 했고, 이 선택으로 사탄의 대의는 패배했다. 두 사람이 후회를 하면서 신의 손을 잡았기 때문이다. 그리스도 예수가 다시 돌아오기 전까지는 ‘세상은 자기가 가진 고통의 무게 속에서 선한 사람에게는 악의가, 악한 사람에게는 자비가 돌아가도록 그렇게 계속 이어질 것’이라는 게 미카엘의 예언이었다. 나중에 아담이 깨닫고 이해하는 사실이지만 아무리 적은 숫자라서 불리하다 하더라도 부당함과 사악함에 맞서야 한다는 교훈이었다. 왜냐하면 ‘진실을 위해 받는 고통은 가장 높은 승리로 나아가기 위한 성채'이기 때문이었다. 신의 업적이라고 해도 언제나 누가 봐도 뻔한 경로로 이루어지는 것은 아니며 '허약한 듯 보이는 것들로써 다가오며 강력한 듯 보이는 것들을 뒤엎는다.'[17]

그 무렵 기가 꺾인 사탄은 자신의 본거지와 지지자들과 멀리 떨어진 상태에서 혼자서 '까다롭고 골치 아픈 생각들'을 하면서 신이 전능하다는 사실과 자기가 일으킨 반란이 실수였다는 사실을 인정했다. 아울러 자기 안의 사악함도 함께 인정했다. 하지만 그는 자존심 때문에 항복을 생각할 수 없었다. 문제는 밀턴이 사탄이 채택한 것으로 설정한 전략이 아니었다. 불멸의 모든 기쁨을 누리고 있었으므로 잔인한 폭력은 결코 모든 것을 끝내는 결정적인 무기가 될 수 없었다. 사탄이 가지고 있던 가장 큰 희망은 인간을 타락 천사들의 편으로 돌려놓는 것이었다. 이렇게 하는 과정에서 속임수는 필수적이었고, 처음에는 신의 동맹자이던 아담과 이브를 신에게서 떼어놓는 데 성공했다. 그러나 사탄은 끝내 그 둘을 온전하게 자기편으로 끌어들이지 못했다. 신은 궁극적인 무기를 자기 아들을 통해서 가지고 있었기 때문이다.

밀턴이 비록 자유에 대한 감상적인 편린들을 사탄의 발언에 집어넣긴 했지만 (사실 그는 속세의 자기 왕을 설정하고 이 말을 사용했을 것이다) 그렇다고 해서 밀턴을 악마의 편이라고 말할 수는 없다. 밀턴이 묘사한 천국이 비록 겉으로만 보자면 군국주의적인 모습을 띠고 있긴 하지만, 그렇다고 해서 전제주의적인 용어들로 묘사되지는 않았기 때문이다. 천사들이 신에게 복종한 것은 처벌이 두려워서가 아니라 신이 가지고 있는 내재적인 권위에 머리를 숙인 것이다. 그리고 천사들 각각도 신의 편에 설 때는 관용을 누렸다. 이들은 반란을 일으킨 천사들로부터 천국을 지키려고 자연스럽게, 그리고 즐거운 마음으로 함께 나섰다. 게다가 신의 권력을 찬탈한 다음 신의 대리인임을 자처하는 세속의 왕을 깎아내리려는 공화주의적인 수사를 사용하는 것과 신 그 자체의 권위를 깎아내리려는 수사를 사용하는 것은 분명히 구분되어야 했다. 1609년에 제임스 1세는 의회에서 다음과 같이 발언했다.

"왕은 신이라 불리어 마땅하다. 왜냐하면 왕은 성스러운 존재가 지상에서 권력을 행사하는 것과 마찬가지의 방식 혹은 비슷한 방식으로 권력을 행사하기 때문이다. (……) 왕은 지상의 세계에 관한 한 신의 대리인일 뿐만 아니라 신의 옥좌에 앉아 있다. 그러니 신조차도 왕을 신이라고 부른다."

밀턴이 가지고 있던 정치적인 계획은 애초부터 이런 설정 및 왕에게 복종하지 않는 것은 곧 신에게 복종하지 않는 것이라는 주장에 도전하는 것이었다. 그런 설정 자체가 우상 숭배라는 것이었다. 밀턴이 말한 지옥은 점점 발전하는 군주제, '왕에게 충성을 다하는 정치, 비뚤어진 언어, 사악한 수사修辭, 정치적인 조종과 조작 그리고 선동' 등으로 대표되는 군주제였다.[18] 비록 사탄이라는 말이 반란군 지도자에게 덧붙여지긴 했지만 사탄은 지옥에 떨어진 뒤에는 지상 최고의 왕처럼 행동했다. 그는 위대한 술탄의 모습으로 나타났으며 판데모니움에서는 '왕의 높은 옥좌에서' 연설을 했다. 그는 자기의 지배를 당연한 것으로 받아들였다. 그는 반란을 일으킨 천사들에게 공화주의적인 자치 정부를 제시하지 않고 이들을 자신의 노예로 삼았다. 이렇게 그는 새로운 왕이 되었던 것이다. 정치적인 권리를 주장한 것은 가식이었다. 이것이 가식임은 그가 이브를 유혹할 때 생생하게 묘사했던 뱀의 삶을 통해서도 (혹은 상상 속의 다른 속임수들을 통해서) 명백하게 드러났다.

그런데 진짜 수수께끼는 왜 사탄이 자기가 성공할 수 있을 것이라고 믿었을까 하는 점이다. 그 문제는 운명으로 예정되어 있던 게 아니었고 신의 전능全能함과 전지全知함에 속하는 것이었다. 신은 최고의 권력을 가지고 있었을 뿐만 아니라 누군가에게 속을 수도 없었다. 어떤 계획이 준비되어 있든 간에 그 계획이 다가오고 있음을 신은 알았다. 사탄은 사탄이기 이전에 대천사였던 만큼 그 역시 그 계획이 다가오고 있음을 알았어야 했다. 바로 이 점이, 밀턴의 사탄이 비록 마키아벨리의 이상적인 군주를 바탕으로 해서 창조된 캐릭터이긴 해도 핵심적인 여러 측면에서 모자랐던 이유다. 그는 신과 대결을 하면서 초보적인 실수들을 저질렀으며 마키아벨리가 보다 강력한 권력을 다룰 때 조심해야 한다고 경고했던 신중함이 부족했다. 마키아벨리의 군주는 '무엇보다도 실용주의자였다.' 마키아벨리는 '극복할 수 없는 가능성에 반대하는 사람 혹은 실패한 대의를 고집하는 사람들'을 존경하지 않았다. 《실락원》에서 사탄은 천국에 있을 때 신의 힘을 과소평가했으며, 지옥에 떨어진 다음에는 자기가 애초에 일으킨 반란의 논리를 살펴보려는 노력을 전혀 기울이지 않았던 자신의 실수를 인정했다. 그는 이미 실패로 끝난 전략을 고집했으며, 거의 성공할 뻔했다는 주장을 이런 고집을 뒷받침하는 논리 중 하나로 삼았다. 그는 신을 진정으로 허약하게 만들 수 있는 어떤 것도 배우지 않았다. 얼마든지 그렇게 할 수 있었다고 뻐기는 그의 모습을 리블링Riebling은 '전략적 지혜에 대한 비웃음'이라고 표현했다. 그는 폭력이나 속임수를 쓸 준비가 되어 있긴 했지만 이것은 어떤 진정한 이득을 얻고자 한 게 아니라 오로지 '영원한 전쟁'을 일으키기 위해서였다. 그러나 전능한 어떤 적에 대항할 때 이것은 실용적인 측면을 거의 드러내지 못했다.

"사탄이 자신의 미래를 대담하게 혁신하는 자유의 대리인일 수는 있다. (……) 그러나 그는 자기 본성의 노예이다."[19]

《실락원》에서 사탄이라는 등장인물에게 주어진 과제는 신이 자신의 생각을 밝힐 수 있는 기회를 만들어주는 것이었다. '사탄은 (……) 자명한 전지전능함을 갖춘 신과 함께 어떤 시詩(《실락원》을 의미한다—옮긴이) 속에 던져졌을' 뿐이었다. 존 캐리John Carey(영국의 문학 비평가—옮긴이)는 그 의미를 다음과 같이 정리했다.

"그것은 그가 실행하는 모든 적대적인 움직임은 자기 파괴적일 수밖에 없음을 의미한다. 그러나 그가 허구 속에서 수행하는 기능은 적대적인 행보를 하는 것이다. 그는 감금되어 있고, 적이다."[20]

만일 사탄이 구원의 가능성을 보았더라면 그 가능성을 붙잡았을 것이고, 그랬다면 이야기가 다른 방식으로 전개되었을 수도 있다. 하지만 그것 역시도 흠을 남길 수 있다. 밀턴은 신의 영광을 파괴하기에 충분할 정도로 본질적인 도전을 감행할 수 있고, 명석하며 진정으로 사악한, 그러나 한편으로는 신의 자비에 무릎을 꿇어야 마땅하다는 결론을 내릴 만큼 똑똑하지는 않은 적을 신 앞에 세운 것이다. 《실락원》은 무력, 속임수, 회유, 숙명주의 각각의 상대적인 장점을 탐구함으로써 전략적인 논점들을 조명했는데, 그러나 신이 관련된 모든 논쟁이 그렇듯이 결국에 가서는 그 모든 심사숙고가 전혀 도움이 되지 않았다. 이 다양한 드라마 속에 등장했던 인물들은 자기 목적에 충실하게 복무할 수는 있었지만 그것은 어디까지나 신이 안배한 계획에 준하는 범위 안에서만 통하는 것이었다.

† 교활한 속임수의 한계

성경의 속임수에 대한 언급이 언제나 다 비난의 대상은 아니지만, 인간을 원죄라는 나쁜 출발점에 서게 했던 뱀의 교활함은 결코 바람직한 선례가 아니었다. 밀턴은 더 나아가 그 뱀이 사탄이 변신한 모습임을 밝힘으로써 교활함과 사악함 사이의 연관성을 확인시켜주었다. 밀턴은 '속임수'guile라는 말 속에 사기, 교활함, 책략 등의 의미를 담았다. 전략적인 관점에서 보면 이런 개념들은 여전히 폭력보다는 (그리고 패배보다는 확실하게) 더 나은 것처럼 보인다. 그러나 이런 수단들은 어딘지 모르게 공정하지 못하고, 고상함이나 용감함 등의 덕목과는 확실히 거리가 멀었다. 이런 속임수로 승리를 얻어낸 사람들은 영원히 그런 평판을 달고 살아가야 한다.

오늘날에도 그렇다. 어떤 사람을 '속임수를 쓰지 않는 사람'이라고 평가할 때 이 평가는 분명 찬사이다. 이런 사람이 하는 말은 진지하게 그리고 곧이곧대로 받아들여진다. 이 사람이 하는 말에서 감춰진 어떤 의도나 의미를 애써 탐색할 필요가 없다는 말이다. 혹은 거짓으로 남을 속여서 유혹하는 인물이나 생각에 '기만을 당한'beguiled 희생자를 말할 때 우리는 이 희생자가 정상적인 평정심과 이성을 잃고 말았다고 한다. 이런 속임수의 과정에 적합한 단어가 바로 '간계'奸計. wiles이다. 이것을 철학자 홉스Hobbes는 '모든 사람을 다스리기 위한' 대안으로 채택했다.[21] 옥스퍼드 사전도 간계라는 단어를 '정교하거나 교활하거나 혹은 사람을 속이는 재주, 비열하거나 음험한 술책, 책략이나 계략. 예전에는 속임수의 수법, 사기, 기만 등 보다 폭넓은 의미로 사용되었다'라고 정의하면서 혐오감을 드러낸다.

프론티누스에 따르면 군사적인 책략 즉 군략軍略. strategemata에는 기만, 기습, 함정, 미혹 그리고 일반적인 속임수가 모두 포함된다. 군략은 지금도 여전히 '적의 의표를 찌르거나 적을 기습하기 위해 고안된 술책 혹은 속임수'로 정의된다. 셰익스피어의 작품에도 군략에 의존하는 것이 어딘지 모르게 건전해 보이지 않는 것으로 표현되는 사례들이 있다. 적을 기습해서 부당한 이득을 본다는 것이다. 미쳐버린 리어 왕이 '정교한 군략'을 동원해서 '펠트를 가지고서 말의 편자를 삼자'고 하지만 이 제안은 진지하게 받아들여지지 않았다. 속임수가 없는 행동을 선호하는 사례는 《헨리 5세》_{Henry V}에서 가장 분명하게 드러나는데, 이 작품에서 왕은 '군략을 동원하지 않고 (……) 평범한 충격 및 공정한 전투 행위를 통해서' 승리를 거둔 점을 자랑스러워한다.[22]

'음모'_{plot}라는 단어 역시 17세기에는 부정적인 의미를 담고 있었다. 위험한 해악 혹은 악의적인 흉계와 이 단어의 연관성은 1605년의 한 실패한 모반 사건에서 이미 확실하게 드러났다. 1605년 11월 5일에 제임스 1세가 하원을 방문할 때 그 시점에 맞추어서 하원을 폭파하고자 했던 (가이 포크스를 포함한) 가톨릭교도들의 이 모반 사건은 실패로 돌아갔는데, 이 사건은 이른바 '화약음모사건'_{Gunpowder Plot}으로 불렸다.

'음모'라는 단어는 그 뒤로 배신과 모반, 즉 기존 질서를 뒤엎을 목적에 따라서 소수의 인물이 세운 비밀스럽고 비정상적인 계획이라는 뜻을 담게 되었다. 그러나 '음모'_{plot}의 어원은 '계획'_{plan}의 어원과 공통점이 있다. 둘 다 처음에는 평평한 땅을 뜻했다. 그랬다가 어떤 구역의 땅이나 빌딩의 그림을 뜻하게 되었고, 그 다음에는 건물의 건축 도면을 뜻하게 되었으며, 마침내 어떤 것을 이루어내기 위해서 채택하는 일련의 조치들을 의미하게 되었다. 계획은 어떤 목적을 달성하기 위한 방법을 제시하는 상세한 제안을 뜻하게 되었다. 군대는 '공격 계획' 혹은 '작전 계획'을 가지게 되었으며, 이런 표현들은 애초의 단선적이고 직접적인 내용을 의미하는 것에서 벗어나 공세적인 시도에 대한 상징적인 맥락까지 포괄하게 되었다. 일이 순조롭게 잘 풀려나갈 때는 '계획대로'according to plan 되어 간다고 표현한다. 그리고 마침내 계획a plan이라는 표현은 어렵거나 복잡한 과제를 완수하는 데 필요한 방법을 고안해내는 것 이상의 의미를 지니게 되었다. 한편 '음모'는 이와 비슷하지만 어쩐지 덜 건전해 보이는 것으로 바뀌었다. 이 두 단어의 미세한 차이를 18세기 영국의 시인이자 평론가이던 새뮤얼 존슨Samuel Johnson의 1755년 사전에서 찾아볼 수 있다. 이 사전에서 계획은 '기획 · 설계'scheme인데, 음모는 '기획 · 설계'이지만 '모반 · 책략 · 계략'이기도 하다.[23]

교활함, 속임수, 사기, 책략 등과 관련해서는 기준이 언제나 이중적이었다. 자기 백성 혹은 자기 사람들을 대상으로 할 때 그것들은 일반적으로 비난 받았다(이 경우에는 속이고자 하는 사람이 대상을 보다 잘 알고 또 대상도 속이고자 하는 사람을 보다 많이 믿는 경향이 있기 때문에 속이는 일은 한결 쉽다). 그러나 적을 대상으로 할 때는 그 속임수가 훌륭할 경우에 용인될 수 있었을 뿐만 아니라 심지어 칭찬과 칭송을 받았다. 사회적인 유대감이 강할수록 속임수를 써서 이 유대감을 이용하려는 시도는 보다 더 강한 혐오의 대상이 되었고, 사회적인 유대감이 약할수록 속임수를 성공시키기는 더 어려웠다. 요컨대 교활함에 의존하는 전략의 성과는 이른바 '수확 체감의 법칙'에 따랐다. 어떤 사람이 속임수에 능하다고 소문나면 다른 사람들은 이 사람에게 속지 않으려고 보다 더 많이 경계한다. 그러므로 상대방이 정확하고 많은 정보를 가지고 있을 때 이런 속임수들은 성공하기 어렵다. 이런 여러 가지 이유로 해서 교활함이나 간교한 책략의 영향력은 꾸미는 일의 규모가 소규모이거나 개인적인 차원일 때 가장 확실하게 드러나는 경향이 있다. 물론 정부나 군대를 속이는 일이 가능할 수도 있었지만 이런 일은 늘 도박이고 통상적인 경우보다 더 많은 이득을 얻지 못할 수도 있다. 전쟁이 복잡한 조직을 갖춘 대규모 군대 차원에서 진행될 경우에 속임수를 통해서 어떤 것을 얻어내는 데는 한계가 있을 수밖에 없다. 이럴 경우에는 속임수보다는 무력에 강조점이 찍혔다.

제2부

군사 전략
Strategies of Force

제6장

전략이라는 새로운 학문

The New Science of Strategy

:

현대적인 포술에 어떤 발전이 있었는지 깨달았을 때
수녀원의 신참 수녀보다 전술에 대해서 더 많이 알게 되었을 때
그러니까 내가 초보적인 전략을 모두 한 차례 훑었을 때
당신은 말하겠지, 훌륭한 장군이라면 절대로 놀라지 않는다고.
왜냐하면 내가 가진 군사 지식이,
비록 내가 대담하고 모험을 좋아하지만,
나를 옛날 고릿적 시절로 데려다놓을 테니까 말이야.
_길버트와 설리번, 《펜잔스의 해적》

:

1879년에 초연된 오페라 《펜잔스의 해적》The Pirates of Penzance
의 유명한 패터송(오페라에서 빠른 속도로 짧은 시간에 가능한
한 말을 많이 하는 유머러스한 노래—옮긴이)에서 작가 윌리엄
길버트William Gilbert와 작곡가 아서 설리번Arthur Sullivan은 역사,
고전, 예술 그리고 과학 분야의 모든 지식을 줄줄이 꿰는
'현대적인 육군 소장'을 설정했다. 그런데 이 장군은 노래의
끝 부분에 가서야 비로소 자기가 가진 지식이 시대에 엄청
나게 뒤처졌음을 인정한다. 이 장군은 자기의 군사 지식이
19세기 초의 수준밖에 되지 않는다고 인정하면서 자기 지
식은 나폴레옹이 등장하기 이전의 지식이며 현대적인 목적
에는 전혀 맞지 않는다고 말한다.

군사 역사학자 마틴 반 크레벨드Martin van Creveld는 1800
년 이전에도 전략이 있었을까 하는 의문을 제기했다.[1] 물
론 이 책의 관점에서 보자면 원시인이 사회 집단을 형성할
때부터 전략은 존재했다. 크레벨드도 전쟁 행위 및 승리를
쟁취하는 방법에 관련된 어느 정도의 정보를 갖춘 생각들

은 언제나 존재했을 것이라고 인정한다. 지휘관들은 전투를 어떻게 접근해야 할지 생각해야 했고 또 거기에 맞춰서 군대를 조직해야 했다. 크레벨드가 그런 기본적인 의문을 제기할 때 가졌던 생각은 대략 1800년 무렵에 나타났던 커다란 변화 때문이었다. 1800년 이전에는 정보 수집과 통신 체계가 느리고 믿을 만하지 못했다. 이런 이유로 해서 장군들은 최일선까지 (혹은 적어도 최일선에서 멀리 떨어지지 않은 곳에) 직접 나가 있어야 했다. 그래야 시시각각으로 변하는 전투 상황에 즉각적으로 대응할 수 있었기 때문이다. 이 장군들은 감히 어떤 복잡한 계획을 세울 수 없었다. 다른 여러 방향에서 적을 공격하거나 승리를 확고하게 보장받기 위해서 병력을 분산하거나 예비 병력 및 물자를 확보하는 등의 조치를 취하다가는 자칫 지휘와 보급상에 거대한 차질이 빚어지고 악몽을 맞이할 수 있었기 때문이다. 도로 사정은 형편없었고, 따라서 병력과 물자의 이동 시간은 터무니없이 많이 걸렸다. 비록 국경에서 병사들이 자급자족 방식으로 살아갈 필요성이야 더는 없어졌지만 그래도 보급품 지원은 보급로를 통해서 지속적으로 이루어져야만 했다. 그런데 만일 적이 이 보급로를 차단할 경우에는 심각한 문제가 일어날 수 있었다. 적을 기습하는 데는 소규모 작전이나 야간 기동 정도가 최고의 대안이었다. 식량 보급이 제대로 되지 않는다거나 그 밖의 여러 조건들이 좋지 않을 때 병사들이 쉽게 탈영의 유혹에 빠지는 군대, 즉 열정과 헌신이 부족한 군대에서는 지속적인 작전 수행에 자신감을 가지라고 장병들을 독려할 필요성을 굳이 느끼지 않았다. 오로지 전투나 보급에 불리한 위치로 적을 몰아넣는 데만 모든 관심을 집중했다. 이 모든 상황 때문에 겉으로 보기에 안정적이던 유럽 국가들의 세력 균형에 충격을 주기에는 제약이 따를 수밖에 없었다. 그런데 수송 체계가 개선되고 도로가 적절하게 갖추어졌다.

이런 상황에서 스스로를 프랑스의 황제로 임명했던 보나파르트 나폴레옹_{Bonaparte Napoleon}이 나타났다. 나폴레옹은 새로운 전투 방식을 들고 나왔다. 그것은 개인의 천재성과 대규모의 대중적인 조직을 결합하는 것이었고, 목표 또한 이전의 전쟁에 비해서 훨씬 야심차고 거창했다.

1789년의 프랑스 혁명은 거대한 에너지와 혁신 그리고 파괴의 원천이었다. 프랑스 혁명으로 정치적인 세력과 사회적인 세력이 거대하게 형성되었는데, 이 세력들은 당시 사회로는 도저히 감당할 수 없는 것이었고, 이들의 반발은 그 뒤의 여러 세기 동안에 계속 이어졌다. 군사 분야에서는 프랑스 혁명이 장거리 수송 수단의 발달로 파괴력이 한층 커진 대중적인 대규모의 군대로 이어졌다. 전쟁도 개별적인 지배자 사이의 다툼과 관련된 제한적인 차원 그리고 보급상의 제약과 신뢰할 수 없는 군대라는 특성을 가지고 있던 차원에서 벗어나 국가 전체가 총동원되는 전면전으로 바뀌었다.[2] 나폴레옹에게 전쟁은 한 나라가 다른 나라의 생존을 위협하는 수단이었다. 이제 전쟁은 정교한 협상의 한 방식이나 형태가 아니었다. 전쟁에서 이길 경우에 보장받을 수 있는 엄청난 대가 때문에 협상의 동기는 사라졌고 피비린내 나는 최종 결판이 협상을 대신하게 되었다. 군사 작전은 이제 더는 의례적인 차원이나 방식으로 전개되지 않았고 (이 군사 작전이 적에게 안기는 충격은 산발적인 전투로 한층 강력해졌다) 이제 상대편 군대 전체를 효과적으로 제거하거나 국가를 정복해서 복속시킬 수 있는 거대한 대결의 서막이 열렸다.

제2부에서는 우선 전략의 현대적인 개념을 소개하는 것부터 시작해서 전략에 관한 한 핵심적인 전문가로 꼽히는 두 사람, 즉 나폴레옹 시대의 프랑스 장군이자 역사가였던 앙리 조미니 남작_{Baron Henri de Jomini}과 프러시아의 군인이자 군사 이론가였던 카를 폰 클라우제비츠_{Carl von Clausewitz}의

견해를 소개하고자 한다.

　조미니와 클라우제비츠는 거대한 정치적 격변기, 즉 개별적인 전투가 유럽의 지도를 새로 그리고, 대중적인 군대를 일으키고, 이 군대의 군인들에게 동기를 부여하고 이동시키며, 지시를 내릴 필요성에 따라서 새로운 도전들이 제기되었던 바로 그 시기에 각자 군사 부문에서의 사상을 발전시켰다. 두 사람의 관심은 전투와, 적을 정치적으로 무력할 정도로까지 패배시키는 데 있었다. 이 시기는 섬멸전이라는 발상이 군사적 사고방식에 이미 확고하게 이식되어 있던 때였다('섬멸' 혹은 '전멸'은 전투원 전원 사망이 아니라 부대의 군사적 역량이 완전히 바닥나는 것을 의미한다—옮긴이). 이 과정에서 전투를 '무력의 승산'chance of arms으로 보았던 견해, 즉 교전 당사자들이 분쟁 해결의 적절한 수단으로 줄곧 자리를 지켜왔던 발상이 실종되었다.

　이런 발상은 19세기에 들어서서까지 유효했지만 19세기 중반에는 완전히 소멸되었다는 주장이 일반적이다. 그러나 이런 발상은 늘 보잘것없이 미미했고 또 이런 발상이 지배했던 기간도 손으로 꼽을 정도였다. 이것은 전쟁의 명분과 결과가 (왕조의 계승권이나 특정 영토의 지배권 등과 같은) 지배자의 이해관계와 밀접하게 얽혀 있던 군주제의 결과물이었다. 그러므로 민족주의와 공화주의가 대두됨에 따라서 소멸될 수밖에 없는 운명이었다. 이것은 전쟁 그 자체의 본질적인 것과 관련이 없는 주변적인 차원의 해석에 언제나 얽매여 있던 규범적인 틀의 한 부분이었다. 즉 극단적으로 말하면 승리는 어떤 날의 전투 결과(구체적으로 말하면, 교전 당사자의 한쪽 병사들이 즐비한 적군의 시체를 뒤지며 전리품을 챙기는 모습)에 대해서 양측이 합의한 내용일 뿐이었다. 그러므로 이런 발상은 기본적으로 상대편이 결과를 수용한다는 합의를 전제했다. 어떤 승리는 다른 승리보다 더 정당화될 수 있었다. 예를 들면 속임수를 쓰지 않고 정정당당하게 싸워서 거둔 승리가 그랬다. 그러나 패배한 (관념적으로 패배한!) 지배자라고 하더라도, 현재로서는 아군의 퇴각이 필요하지만 적군에서 보다 많은 사상자가 나왔음을 인지함으로써, 혹은 다른 전투를 수행하기 위해서는 퇴각이 충분히 훌륭한 명령이 될 수 있다고 판단함으로써 자신이 처한 패배를 다르게 해석할 수 있었다. 한편 승리한 지배자는 적이 이제 협상에 나설 수밖에 없다고 인정할 정도로 충분한 타격이 가해졌는지 계산해야 했다. 이 계산의 결과는 부분적으로 전쟁에 달려 있는 보상에 따라서, 또는 적이 반격할 여력을 가지고 있거나 시골 지역을 휘젓고 다니면서 (아군으로서는 도무지 막을 방도가 없는) 약탈 행위를 할 것인지의 여부에 좌우되었다.

그러나 아무리 심각하게 타격을 입은 상대라고 하더라도 지속적으로 저항을 할 수도 있고 전열을 재정비해서 새로운 전투를 준비할 수도 있으며 또 강력한 제3자와 동맹 관계를 맺을 수도 있었다. 전쟁과 관련된 폭발적인 여러 가능성들 및 불확실성을 전제로 할 때 이것은 매우 폭력적인 외교 활동의 한 형태였다고도 볼 수 있지 않을까? 만일 전쟁이 결국 타협으로 끝나게 되어 있다면 피를 뿌리는 전투에 나서기 전에 외교적인 노력으로 문제를 해결할 수 있지 않았을까? 혹은 다른 방식의 위압적 대안을 찾아볼 수 있지 않았을까? (경제적인 차원의 위압도 한 가지 대안이 될 수 있었을 것이다.) 자신의 동맹을 강화하고 적의 동맹을 약화시키는 것이 (사실 이것은 명백하게 치국책治國策 차원의 문제이다) 전투 현장에서 화려한 지휘 역량을 뽐내는 것보다 전쟁의 결과와 관련해서는 훨씬 더 중요할 수 있었다.

그러나 19세기의 전략적 담론은 치국책에 대한 요구보다는 (치국책 차원에서는 전투가 예외가 될 수 있었다) 전쟁의 승패를 판가름하는 결정적인 어떤 전투(이 전투에서는 예외가 있을 수 있었다)에 대한 기대에서 시작되었다. 군부에서는 국제 관계 체계를 전투 현장의 확장으로, 즉 생존과 지배를 위한 끊임없는 투쟁의 현장으로 파악하려는 관점을 촉구하고 장려했다.

† 전략과 전략가

만일 우리가 전략을 실천적인 문제 해결 방식의 특정한 유형이라고 생각한다면 이런 전략은 시간이 처음 시작되었던 바로 그 시점부터 존재했다. 설령 전략이라는 말 자체가 사용되지는 않았다 하더라도 어떤 사람들이 장차 전략으로 불릴 활동들을 했는지 과거를 더듬어서 살펴볼 수 있다. 전략이라는 단어가 이런 활동을 정확하게 표현하게 되면서 전략의 실제 적용에 중요한 어떤 차이가 나타났을까? 전략이라는 단어가 사용되기 시작한 뒤에도 지금 우리가 '전략가'라고 부를 수 있는 사람들은 이 단어를 보편적으로 사용하지 않았다. 전략을 어떤 분야의 리더들이 활용할 수 있는 전체적인 지식 체계라고 할 때, 이런 발상은 사람들마다 어떻게 달랐을까? 전략가는 특수한 조언을 전문적으로 제공하는 전문가를 가리키는 용어로 자리 잡게 되었으며, 전략은 국가나 조직이 처한 상황의 복잡성을 반영하는 독특한 산물이 되었다.

우리는 앞서 5세기 아테네에서의 '스트라테고스'stratēgos의 역할을 살펴보았다(스트라테고스는 높은 지위의 장군이라는 뜻이었다—옮긴이). 미국의 군사학자 에드워드 루트와크Edward Luttwak에 따르면 고대 그리스와 비잔틴에서 '전략'strategy에 해당되는 단어는 '장군의 지식'stratēgike episteme 혹은 '장군의 지혜'stratēgōn sophia였다.[3] 이 지식은 프론티누스의 라틴어 저술《군략》에서의 용례처럼 군략stratagem의 편집물 형태를 취했다. 그리스 사람들은 전쟁과 관련된 행동에 대해서 알려진 것들을 '전술적 기술'taktike techne로 묘사했을 것이며, 여기에는 수사학과 외교술뿐만 아니라 우리가 전술이라고 부르는 것도 포함되어 있었다.

전략이라는 단어는 19세기 초부터 일반적으로 사용되기 시작했다. 단어의 기원은 나폴레옹 이전으로 거슬러 올라가며, 이 단어는 계몽주의가 경험적인 과학과 이성의 응용에 대해서 점점 더 자신감을 가지게 되었음을 반영했다. 인간 행동 가운데서 가장 제어하기 어려운 행동인 전쟁조차도 이런 분위기와 맥락 속에서 연구되고 수행되었다. 이 분야의 학문은 처음에 '전술학'tactics으로 알려졌는데, 이는 한동안 군대의 질서 정연한 조직 및 기동을 뜻하기도 했다. 호이저에 따르면 '군사적인 움직임의 학문'으로 정의되는 전술은 기원전 4세기까지 거슬러 올라간다. 6세기에 익명인의 저술에서 '전략은 지휘관이 자기 영토를 지키고 적을 물리칠 때 사용하는 수단이다'라고 하면서 전략을 '장군의 기술'과 직접 연결시키기 전까지는 전략에 대한 정의가 존재하지 않았다. 900년에 비잔틴 제국의 황제 레오Leo 6세가 스트라테고스(장군)의 전반적인 업무를 지칭하는 용어로 '스트라테지아'strategia를 언급했다. 몇 세기 뒤에 레오의 저작이 알려졌고, 1554년 케임브리지 대학교의 한 교수가 그 저작을 라틴어로 번역하는 과정에서 그에 해당하는 적절한 단어가 없어서 '장군의 기술' 혹은 '지휘관의 기술'로 번역했다.[4]

1770년에 프랑스의 장군이던 기베르Guibert 백작(자크 앙투안 이폴리트 Jacques Antoine Hippolyte)이 《전술학 개론》Essai general de tactique을 썼다. 기베르는 당

시 스물일곱 살이라는 많지 않은 나이에 이미 폭넓은 군사 경험을 가지고 있었으며 또 무척 엉뚱한 지식인이었다. 그는 계몽주의의 정신을 사로잡았던 군사학에 대한 체계적인 논문을 써서 막강한 영향력을 가지게 되었다. 당시에 벌어지고 있던 전쟁의 미적지근한 상태를 과연 극복할 수 있는가 하는 것이 쟁점이었는데, 그는 '전술'이 되는 '초보적인 전술'과 '전략'이 되는 '웅대한 전술'을 구분했다. 기베르는 통일된 이론을 원했으며, 전술을 '모든 시대와 모든 장소 그리고 모든 무기를 다루는 학문'으로 끌어올렸다. 그의 중요하고도 핵심적인 기여는 군대를 양성하고 훈련하는 것과 이 군대를 전쟁에서 사용하는 것을 구분했다는 점이다.[5] 그리고 1779년까지 그는 전략에 대해서 글을 썼다.[6]

그러다가 전략이라는 단어가 갑작스럽게 소개된 것은 1771년에 폴 제데옹 졸리 드 메즈루아 Paul Gedeon Joly de Maizroy가 레오의 책을 프랑스어로 번역한 덕분이라고 호이저는 지적했다. 졸리 드 메즈루아는 레오의 '장군의 과학'이 전술의 하부 영역과 별개의 것임을 알아차렸다. 그래서 주석에 다음과 같이 썼다.

"전술은 그러므로 장군이 자기 손 안에 확보하고 있는 모든 수단들을 적절하게 그리고 빈틈없이 채택하고 사용하며 자기에게 속한 모든 부대들을 이동시키고 또 이들을 적절하게 운용하는 지휘관의 기술이라고 해야 옳다."

1777년까지는 이 저작의 독일어 번역본도 전략 Strategie 이라는 용어를 썼다. 졸리 드 메즈루아는 전략을 '웅대한 것' sublime 으로 묘사하고 (이 단어는 기베르가 사용했던 것이기도 하다) 단순한 규칙들뿐만 아니라 이유도 함께 포함시켰다. 그러니 생각해야 할 게 너무도 많았다.

"여러 계획을 정식화하기 위해서 전략은 시간, 위치, 수단 그리고 서로 다른 이해관계 사이의 관계를 연구하며 모든 요소를 고려해야 할 사항으로 설정한다. (……) 이것은 변증법의 영역 즉 인간의 가장 높은 기능인 추론의 영역이다."[7]

이렇게 해서 전략이라는 용어는 폭넓게 사용되기에 이르렀고, 예전에는 존재하지도 않았던 영역에 정교하고도 계산적인 사고방식을 도입했다.

영국에서는 19세기 벽두에 'strategematic', 'strategematical', 'strategematist', 'strategemical' 등의 단어들이 대량으로 등장했다. 모두 전략과 군략에 바탕을 둔 생각들을 담기 위한 신조어들이었다. 그래서 'strategemitor'(전략을 다루는 사람)가 'stratagem'(군략)을 고안하는 것으로 또 'stratarchy'(전략적 위계)는 최고사령관을 정점으로 하는 규율 체계를 가리키게 되었다. 'stratarchy'라는 단어는 영국 수상 윌리엄 글래드스톤William Gladstone이 군대가 단순한 위계 질서를 넘어서서 상관에게 절대적으로 복종하는 규율이 필요하다면서 언급하기도 했다. 그리고 또 'stratarithmetry'도 있었는데, 이것은 주어진 기하학적 도형 안에 군대나 병사를 그려넣음으로써 얼마나 많은 군인을 배치할 수 있을지 예측하는 것이었다. 전략가strategist에 대한 대안은 'strategian'였는데, 이것은 '전술가'tactician와 거의 같은 뜻이었으나 단어로서의 수명은 오래 가지 못했다.

전략과 전술의 구분은 서로 다른 차원의 명령 그리고 적과의 접촉 규모의 차이를 구분하는 수단으로 이미 중요한 개념임을 인정받고 있었다. 즉 전략은 사령관이 '보다 대규모인 부대의 이동과 작전 수행을 계획하고 지시하는' 기술이었고, 이에 비해서 전술은 '전투를 벌이거나 적과의 대면이 임박한 시점에 부대를 운용하는 기술'이었다.[8] 그런데 그 뒤에 전략이라는 단어는 군사 영역뿐만 아니라 무역, 정치, 신학 등의 다양한 영역으로도 확대되었다.

　전략이라는 단어가 그토록 빠른 속도로 사람들의 언어 생활에 파고
들었다는 사실은 이 단어가 용어의 정의에 대한 전반적인 동의가 이루어
지지 않은 상태로 사용되었음을 뜻한다. 물론 전략은 최고 지휘관과 관
련된 어떤 것을 의미하며 군사적인 수단을 전쟁의 목적에 연결시키는 차
원의 개념이라는 전반적인 동의는 있었다. 보다 낮은 차원의 지휘 계통
에서 처리되는 직접적이고 소규모인 기동 작전을 넘어서서, 군사 영역에
서 진행되고 있는 모든 것들 사이의 연관성을 규정하는 것까지 전략 속
에 포함되었다. 그러나 전략이라는 이름 아래 진행되는 모든 활동들 역
시 강력하고 실천적인 것으로 이해되었다. 시대가 변함에 따라 군대의
규모가 한층 커지고 그 결과 이동 및 보급 차원에서 한층 어렵고 복잡한
요구들이 생겼으며 적에게 접근하는 방식을 제어하는 여러 가지 변수들
이 새롭게 나타난 데 따른 결과였다. 이런 활동들 가운데 많은 것들이 보
다 전향적인 생각을 가진 지휘관이라면 당연히 고려해야 할 점검 목록표
와 함께 실천적인 지식 그리고 체계적이고 지시적인 방식으로 묘사될 수
있는 여러 가지 원칙들의 규정을 받게 되었다. 그러므로 전략이 계획과
밀접한 연관을 가지게 된 것은 놀라운 일이 아니었다. 보급 및 수송과 관
련된 문제들은 달성해야 할 군사적인 목표의 범위를 제한했으며, 화력과
요새화에 대한 계산은 부대의 배치를 결정하는 데 영향을 미쳤다. 이렇
게 해서 전략은 사전에 미리 적절하게 결정되는 군사 작전의 모든 측면
을 포괄하게 된 것이다.

　지도의 발전은 이런 계획에 지대한 영향을 미쳤다. 지도 제작법이
발전함에 따라서 기지와 보급선 그리고 적의 위치 및 기동 작전의 기회
등을 표시한 종이 위에 작전 경로를 세밀하게 그려볼 수 있게 되었다. 전

쟁을 공간적인 차원에서 재개념화하는 작업을 처음 시작한 사람은 헨리 로이드Henry Lloyd였는데, 그는 1745년의 자코뱅당 반란에 가담했다가 영국을 떠난 뒤에 유럽 여러 국가의 군대에 병적을 두고 장교로 살았다. 그는 전문적인 군인들이 '군사 및 군대에 대해 거의 혹은 전혀 공부하지 않는다'는 사실을 깨닫고는, 전쟁과 관련된 불변의 원리들 그러나 상황에 따라서 적절하게 응용될 수 있는 원리들을 발견했다고 주장했다.[9] 로이드는 작전선作戰線, line of operations(군사적 목표 달성을 위해 현 작전 기지 또는 배치 지역으로부터 일련의 목표들을 연결하는 경로—옮긴이)을 처음 고안했는데, 이 개념과 용어는 지금도 여전히 군대에서 활용되고 있다. 로이드는 또한 후대의 군사 이론가들에게도 영향을 끼쳤다. 프러시아의 하인리히 디트리히 폰 뷜로브Heinrich Dietrich Von Bulow도 로이드의 영향을 받았는데, 그는 1790년에 프랑스에 갔다가 프랑스 혁명을 직접 경험했다. 뷜로브는 나폴레옹의 방법론을 연구한 뒤에 1805년의 《전략의 실천적인 지침》Practical Guide to Strategy을 비롯해서 군사 문제와 관련된 저술들을 집필했다. 그는 전투를 준비하는 부대의 지리적 위치에 따른 여러 가지 가능성을 파고들었는데, 수학적 원리에 의한 방법론을 파고들며 부대가 출발했던 처음 기지와 목표 대상인 적 부대가 위치한 지점 각각의 거리를 바탕으로 해서 작전을 펼치는 부대가 어떤 형태로 포진을 해야 하며 어떻게 전진해야 하는지 입증했다. 이 접근법은 '적 대포의 사정권 범위 혹은 시야 범위 밖의 모든 움직임들'이라는 그의 전략 정의에서 포착할 수 있는데, 이 정의에 따르면 전술은 그 범위 안에서 이루어지는 모든 움직임을 대상으로 삼는다.[10] 전술에 관한 그의 관찰 내용은 유용하다는 인정을 받았지만, 프러시아의 장군들은 그가 묘사한 '새로운 전쟁 체계'를 무시했다. 그가 분통을 터트렸음은 말할 것도 없다.

과학적인 방법이 전투 현장에 어떤 변화를 가져오든 간에, 전투 현장에서 내려지는 결정은 대개 장군 개인의 판단에 의한 것이다. 어쩌면 이 과정에서 전투를 지휘하는 장군의 개인적인 성격, 통찰, 직관이 정교한 계산이나 계획보다 더 많이 작용할 수 있다. 교전이 시작되면 온갖 변수들이 작용하기 때문에 이론만으로 할 수 있는 것은 거의 없다. 바로 이 지점에서 전쟁은 예술의 형식을 띠었다. 전략은 체계적이며 경험을 기초로 하고 논리적으로 개발되며 미리 계획할 수 있는 모든 것을 아우르며 계산에 철저하게 복속된다는 점에서 과학이라고 할 수 있다. 그러나 예술로서의 전략은 전혀 가망이 없는 상황에서 예외적인 결과를 이끌어낼 수 있는 장군의 대담한 행동을 다룬다.

† 나폴레옹의 전략

나폴레옹은 자신의 접근법 뒤에 놓여 있는 결정적인 요소들에 대해서 아무런 설명도 하지 않는 편이었다. 그는 전쟁의 기술은 단순하며 상식적이라고 주장했다. '전쟁의 모든 것은 실천적이며 (……) 이론적인 것은 아무 것도 없다'고 했다. 전쟁의 본질은 단순해서 '수적으로 열세에 있는 부대는 교전 시점에 보다 큰 세력을 가질 필요가 있다'고 했다. 그런데 어떻게 하면 이 기술을 가장 잘 습득할 수 있을지는 '책을 통해서 배울 수도, 연습을 통해서 익힐 수도 없다'고 했다. 이것은 군사 분야의 천재성과 관련된 문제이며 따라서 통찰력의 문제라고 했다. 나폴레옹이 전략에 기여한 내용은 이론적인 측면보다는 실천적인 측면에 훨씬 많았다. 대규모 군대로 대규모 전쟁을 이기는 방법을 나폴레옹보다 더 잘 아는 사람은 없었다.

　나폴레옹은 아무 것도 없는 백지 상태에서 새로운 형태의 전쟁을 창조한 게 아니다. 그는 당대에 가장 존경받는 군사 지휘관이었던 프리드리히Friedrich 대왕이 쌓은 업적을 디디고 서서 그 위에 자기의 성과를 쌓았다. 프리드리히는 1740년부터 1786년까지 프러시아의 왕이었으며, 전쟁에 대해서 많은 생각을 하고 또 저술 활동을 왕성하게 했던 저술가이기도 하다. 그가 성공을 거둔 것은 자기 군대를 명령에 즉각적으로 반응하는 도구로 만든 덕분이다. 물론 이것은 철저한 훈련과 엄격한 규율 덕분이었다. 처음에 그는 전쟁을 '짧고 격렬하게' 치르고자 했는데 그러려면 협상이 아니라 전투를 해야 했다. 전쟁을 길게 끌고 가면 병사뿐만 아니라 국가의 자원도 바닥났다. 게다가 프리드리히의 프러시아는 부유한 국가가 아니었다. 재임 초기이던 오스트리아 계승 전쟁(오스트리아의 여왕 마리아 테레지아의 왕위 계승을 둘러싼 전쟁—옮긴이) 때 실레지아를 강점하면서 그는 전술의 천재라는 명성을 얻었다. 제임스 휘트먼James Whitman(미국의 비교 법학자—옮긴이)은 이 작전을 양측이 전투로써 승패를 결정짓기로 한 상황일 때 전쟁에서 '승리의 법칙'이 어떻게 작동하는지 잘 보여주는 사례라고 꼽는다. 프리드리히는 전투가 '국가의 운명을 결정지으며 (……) 또한 결코 끝나지 않을 분쟁에 마침표를 찍을 수 있다'는 사실을 알았다. 왕은 그 어떤 권위나 법정의 판결보다도 우월하므로 오로지 전투만이 '왕의 권리를 결정하고 (……) 왕이 내세우는 이유의 정당성을 입증할 수 있었다.'[11]

　그러나 시간이 지나면서 프리드리히는 전투를 신중하게 대하는 쪽으로 태도를 바꾸었다. 전투가 워낙 운에 따르기 때문이었다. 단 한 차례의 결정적인 대결보다는 작은 전투의 작은 승리들을 여러 차례 축적하는 과정을 통해서 최종적인 승리를 결정지을 필요가 있었다. 프리드리히는 나폴레옹과 다르게 자국의 국경에서 너무 멀리 떨어진 곳에서 전투하기를 꺼렸고, 전투에서 적군을 파괴하겠다는 생각이 없었으며 또 정면 공격을 피했다. 그가 특징적으로 구사했던 전술은 이른바 '사선 전투대형'oblique order이었다. 그것은 적군의 가장 강력한 날개에 전력을 집중하고 아군의 허약한 날개에서는 교전을 피하는 방식으로, 복잡한 기동을 펼쳐야 했기에 잘 훈련된 부대가 필요했다. 만일 적이 굴복하지 않을 경우 질서 정연한 퇴각도 가능했다. 그러나 만일 아군의 공세에 적의 날개가 꺾이면 다음 단계는 다른 쪽 날개까지 공세로 전환시켜서 전선을 감아올렸다. 그런데 프리드리히와 나폴레옹의 공통점은 (그리고 후대에 이론가들이 두 사람을 높이 평가한 근거가 되었던 점은) 전투가 벌어지는 현장에서 (심지어 수적으로 열세인 상황에서조차도) 새로운 전력을 만들어내고 이것을 적의 취약점에 집중하는 능력이었다.

나폴레옹 역시 청년 장교 시절에 기베르의 책을 읽고 몇 가지 기본적인 전투 발상들을 배워서 자기의 것으로 체화했다. 특히 나폴레옹은 전력의 우위를 이미 확보하고 있는 핵심적인 지점들에 공격을 감행하고 신속하게 이동해서 이 지점들을 장악할 필요성을 강조했다. 비록 기베르는 '유럽 전체를 아우르는 주도권은 남성적인 품성을 가지며 국민군을 보유한 국가에게 돌아갈 것'이라고 보았지만, 징병 제도가 이 과정에 이르는 수단이 될 것이라고는 보지 않았다. 그는 시민의 의무와 군인의 의무는 서로 대척점에 선다고 생각했다. 공격이 아니라 방어의 목적이라면 상비군을 양성할 수는 있다는 게 기베르로서는 최대한 양보할 수 있는 선이었다. 그리고 실제로 대중 군대mass army(전투를 전문으로 하는 특수 계층을 기반으로 한 군대가 아니라 일반인을 징집하여 구성된 부대를 가리킨다—옮긴이)를 만들어낸 인물은 프랑스 혁명의 핵심 인물이었던 라자르 카르노 Lazar Carnot 였다. 그런데 카르노는 나폴레옹과 껄끄러운 관계였지만 1815 년까지 나폴레옹 아래에서 일했다. 전쟁부 장관으로 있으면서 징집령을 도입해서 잘 훈련되고 규율이 강한 대규모 군대를 만든 사람도 바로 카 르노였다. 그는 또 이 대중 군대를 여러 개의 독립 부대로 나누었다. 독 립 부대는 적보다 빠르게 이동해 적의 측면을 공격해서 적을 둘로 나누 어 통신 및 병참이 연결되지 못하도록 했다. 이렇게 해서 카르노는 대중 군대가 단순히 방어적인 수단뿐만 아니라 공격적인 수단도 될 수 있음을 입증했다.

나폴레옹은 대중 군대의 잠재력을 현실에서 실현할 방법을 알아냈 다. 이것이 그가 대중 군대의 발전에 기여한 점이다. 그는 계몽주의적인 군대의 지혜를 받아들이고 카르노가 만든 제도의 장점을 취해서 전쟁에 대한 전통적인 사고방식을 뒤엎었을 뿐만 아니라 유럽 전체의 힘의 균형 도 함께 무너뜨렸다. 나폴레옹의 천재성은 전략에 대한 그의 발상이 독 창적이라거나 색다르다는 데 있는 게 아니라 그런 것들을 상황에 맞게 적절하게 해석하여 응용하고 또 대담하게 실천했다는 데 있다. 그리고 전쟁의 승패를 결정할 결정적인 전투에 늘 초점을 맞췄다. 그는 전쟁에 필연적으로 동반되는 잔인한 폭력성을 받아들일 준비가 되어 있었으며, 적군을 분쇄하는 데 필요한 충분히 집중적인 폭력을 창출할 방법을 늘 모색했다. 이것은 정치적인 목적으로 나아가기 위한 과정이었다. 군대가 치명적으로 패배한 상태에서는 어떤 적이라 하더라도 나폴레옹이 제시 하는 정치적인 요구에 감히 저항할 수 없었다. 이런 환경을 조성하려면 적의 군대를 완벽하게 대파해야 했으므로 나폴레옹은 간접적인 경로를 추구하는 전략에는 관심이 없었다. 적의 전선에서 약점이 노출되는 지점이 포착되면 거기에다 추가 병력을 투입해서 돌파했다. 이렇게 적의 전선을 뚫은 다음에는 빠르게 기동해서 측면에서 혹은 후방에서 적을 공격했다. 이런 전략을 구사하려면 위험을 무릅써야 한다. 예를 들면 돌파 및 공격에 전력을 집중함에 따라 자신의 측면이나 후방이 적의 공격에 취약해질 수밖에 없다. 그러나 나폴레옹은 무모하지 않았다. 결정적인 기동을 할 최적의 순간이 오기를 기다렸다. 최대의 전력을 확보하는 데 무엇보다 우선순위를 두었던 터라서 그가 치른 대규모 전투들은 흔히 유명하지 않은 곳에서 치러졌다. 바로 그 곳에서 나폴레옹은 적의 취약점을 발견했기에 압도적인 우세함 속에서 무자비하게 공격을 감행할 수 있었던 것이다. 또한 나폴레옹은 정치적인 권위와 군사적인 권위를 한 몸에 지니고 있었으므로 다른 사람들로부터 폭넓은 의견을 수렴하지 않고서도 독자적인 판단과 결정만으로 대담한 작전을 감행할 수 있었다. 그의 낙관주의, 자신감 그리고 비범한 연승 행진으로 그는 군대의 무한한 충성을 받았고, 적들은 전전긍긍했다. 그랬기에 나폴레옹에 맞서거나 맞서게 될 적들은 이미 전의를 잃어버렸고 나폴레옹은 이런 심리적인 효과의 덕을 톡톡히 보았다.

나폴레옹은 전쟁에 대한 자신의 접근법을 단 한 번도 완벽하게 설명하지 않았다. 그는 전략에 대해서 글을 쓰지도 않았다. '전쟁의 보다 고차원적인 측면들'이라고만 언급했을 뿐이다. 전쟁에 대한 그의 견해는 숱하게 많은 격언으로 기록되어 있다. 이 격언들은 자기 시대의 표준적인 여러 군사적 문제에 대한 실천적인 성찰인 경우가 많았으므로 《손자병법》처럼 시대를 초월한 보편적인 전략의 원리를 드러내는 것은 드물었다. 하지만 그 격언들은 나폴레옹의 접근법이 가진 핵심을 담고 있다. 예를 들면 이렇다. 결정적인 순간에 집중할 우월한 전력을 유지할 것('신은 가장 강한 화력으로 무장한 대대의 편에 선다'), 적군을 궤멸시킴으로써 적에게 패배를 안길 것, 전략을 '시간과 공간을 이용하는 기술'로 파악할 것, 아군이 약할 때는 시간을 벌어서 전력을 보강할 것, 물리적인 열세를 보다 강한 정신력과 불굴의 용기, 인내심으로 보완할 것('병사의 사기와 물리적인 전력의 중요성은 3 대 1이다'). 또 적을 이해할 필요성이 있음을 강조하는 격언들이 많은데 예를 들면 다음과 같다. 적과 지나치게 많이 교전을 하면 '네가 가지고 있는 전쟁의 모든 기술을 적에게 가르쳐주는 셈이 된다', '적이 바란다는 단지 그 이유 하나만으로도' 적이 바라는 것은 절대로 하지 말 이유가 된다, 적이 실수하는 걸 절대로 방해하지 말 것, 언제나 자신감을 보일 것, 왜냐하면 너는 네 자신이 안고 있는 문제는 볼 수 있지만 적의 문제를 알아볼 수는 없기 때문이다.[12]

† 보로디노 전투

이제 모범적인 성공의 사례도 아니고 그렇다고 두드러진 실패의 사례도 아니지만 나폴레옹의 방법론에 처음으로 의문을 제기했다는 점에서 중요한 의미가 있는 한 전투로 눈을 돌려보자. 보로디노 전투이다. 보로디노는 모스크바 서쪽 약 90킬로미터 지점에 있는 도시이고, 여기에서 벌어진 전투는 결과적으로 전쟁의 운명을 결정할 정도로 치명적이었다. 1812년 11월 7일에 프랑스군과 러시아군 사이에 벌어진 이 전투에 참가한 양측의 인원은 약 25만 명이었고 이 가운데 약 7만 5,000명이 사망했거나 부상당했거나 포로로 잡혔다. 비록 프랑스군이 이기긴 했지만 러시아군도 자기들이 졌다고 생각하지 않았다. 보로디노에 이어 모스크바도 점령당했지만 러시아는 평화 협정을 거부했고, 나폴레옹은 전쟁을 더 계속할 여력이 없음을 깨닫고 결국 5주 뒤에 그 유명한 처참한 퇴각을 시작했다.

1812년 여름에 작전이 시작되었을 때 나폴레옹에게 전략이 부족했던 것은 아니다. 그는 적으로 하여금 계속 추정하게 만들고 압도적으로 우월한 전력을 치중할 지점을 찾고 이어서 그 지점을 공격하는 기존의 전투 관행을 그대로 이어갈 것이라고 생각하고 있었다. 러시아군을 격파하고 나면 러시아의 차르(황제) 알렉산드르와 평화 협정을 맺을 수 있을 것이라고 생각했던 것이다. 전쟁을 일찍 끝내버리고, 러시아 영토 깊숙한 곳으로 진입해야 하는 상황을 피하고 싶었기에 나폴레옹은 국경 근처에서 전투를 하려고 했다. 그리고 그는 프랑스군이 러시아군을 어렵지 않게 이길 것이라고 자신했다. 1805년에 아우스터리츠(슬로바키아와 접경에 있는 체코의 도시—옮긴이)에서 러시아와 오스트리아 연합군을 압도적으로 격파했었기 때문이다. 러시아의 지도력은 그동안 계속 추락을 거듭해온 터라 일단 러시아군을 격파하고 프랑스군의 우월함을 보여주기만 하면 러시아의 줏대 없는 귀족들이 알렉산드르를 압박해서 평화 협상의 테이블로 등을 떠밀 것이라고 나폴레옹은 철석같이 믿었다.

그러나 알렉산드르는 비록 정치적으로는 논란의 여지가 있지만 나폴레옹보다 더 좋은 전략을 가지고 있었다. 그것은 프랑스에 있는 러시아의 우수한 정보망을 통한 것이었다. 이 정보망을 통해서 알렉산드르는 프랑스와의 전쟁을 피할 수 없다는 사실을 이미 1810년부터 알고 있었다. 그래서 그는 대응 전략을 깊이 생각하고 준비했는데 러시아는 프랑스에 비해서 동맹국도 적다는 사실 등을 포함해서 러시아가 안고 있던 약점을 솔직하게 인정하는 것에서부터 시작했다. 러시아가 선택할 수 있는 한 가지 방안은 러시아군의 높은 사기와 기습 작전이 보장하는 이점에 기대서 프랑스군이 성스러운 러시아 영토로 들어오기 훨씬 이전에 싸우는 것이었다. 그러나 알렉산드르는 이 전략으로는 승산이 없다는 결론을 내렸다. 주력 부대를 그렇게 먼 곳까지 이동시켜서 싸우는 건 위험했다. 보급 물자가 충분하지 않았고, 게다가 프랑스군은 훌륭한 보급책과 잘 갖추어진 진영을 가지고 있었기 때문이다. 만일 그 전투에서 진다면 국가의 생존을 위협받을 수도 있었다. 그래서 그는 방어 전략을 선택했다. 이렇게 할 경우 동맹을 통해서 지지를 받을 수 있는 선택권을 포기해야 한다는 불리한 점이 있었지만 어쩔 수 없었다. 오스트리아와 프러시아는 후퇴를 계획하는 러시아와 반反프랑스 동맹을 맺기를 꺼렸다. 그러나 알렉산드르는 설령 러시아가 공격 전략을 선택한다 하더라도 과연 그 두 나라가 끝까지 러시아의 동맹국으로 남아줄 수 있을지 의심했다. 그리고 가장 중요한 것은, 나폴레옹이 전투를 원한다는 사실을 그가 잘 알고 있었다는 것이다. 만일 나폴레옹이 전투를 원한다면 전투를 피하는 것이 상책이었다.

그러므로 본능적으로 공격적이던 많은 장교들이 분통을 터트렸음에도 러시아의 계획은 물러서는 것이었다. 공간을 내어주는 대신 시간을 넒으로써 힘을 얻을 수 있다는 판단이었다. 프랑스군이 보급선을 뒤로 멀리 두고 진격해올 때 러시아군으로서는 보급선이 점점 더 짧아져서 오히려 유리했다. 나폴레옹의 전략은 대규모의 전투와 신속한 승리였으므로, 러시아군은 퇴각을 하는 한편 상대적으로 훨씬 우위에 있는 경기병을 동원해서 적의 병참선을 기습하면서 프랑스군을 지치게 할 수 있었다.

"우리는 최대한 후퇴를 하면서 대규모 전투를 피해야 한다." [13]

러시아군은 자기들이 무엇을 해야 할지 알았다. 후퇴였다. 그러나 이들에게는 후퇴를 위한 실제적인 계획이 없었다. 그 계획은 나폴레옹이 언제 그리고 어떻게 최초의 기동을 하느냐에 달려 있었다. 그리고 그때가 오면 러시아군은 대부분 즉흥적인 계획 아래 후퇴를 했다. 하지만 이 후퇴는 나폴레옹의 진격보다 더 잘 이루어졌다. 나폴레옹은 초전박살의 전투를 준비하고 있었을 뿐 혹독한 기후 조건 아래에서 용서를 허용하지 않는 땅 깊숙이 진격할 준비는 되어 있지 않았다. 나폴레옹은 전투를 하려고 러시아군을 추격하면서 자기 병사들을 지치게 만들었다. 이 과정에서 특히 말들이 많이 지쳤다. 그리고 모스크바 가까이 다가가서야 비로소 전투를 할 수 있겠다고 확신했다. 군대는 지치고 자원도 고갈된 상태였지만 나폴레옹은 애초의 계획대로 밀고 나갔다. 러시아가 모스크바를 포기하면서까지 전투를 회피할 것이라고는 생각하지 않았던 것이다.

러시아 군대를 이끈 장군은 미하일 쿠투조프_{Mikhail Kutuzov} 였다. 그는 사병과 러시아 국민의 태도를 잘 아는 기민한 지휘자였을 뿐만 아니라 상당한 전쟁 경험을 갖춘 노련한 장군이기도 했다. 하지만 당시 쿠투조프는 예순다섯 살로 육체적으로나 정신적으로 예전과 같지 않았고, 또 그의 주변에는 아첨꾼들이 포진하고 있었다. 전투가 시작되자 그의 진형 배치와 명령 체계는 주먹구구식이었다. 권한을 예하의 장군들에게 위임해서 상황에 맞게 알아서 판단하고 지휘하라고 했기 때문이다. 이런 수동적인 대응 때문에 그는 현재 전투 현장에서 어떤 일이 벌어지고 있으며 또 당장 다음에는 무엇을 해야 할지 전혀 모른다는 인상을 피할 수 없었다.

그러나 보로디노 전투를 통해서 나폴레옹이 얼마나 많이 지쳐 있는지 그리고 얼마나 상식에 어긋나게 군대를 지휘하는지 이미 드러났다. 러시아로의 진격은 예상했던 것 이상으로 힘들었고 인력이나 물자 면에서 엄청난 비용을 치러야만 했다. 그 전투 직전까지 프랑스의 대군대Grand Armée는 이미 45만 명이던 병력의 3분의 1을 이렇다 할 전투도 한 번 해 보지 못한 채 잃었다. 비록 프랑스군은 모스크바에서 퇴각할 때 러시아 겨울 추위의 끔찍한 충격으로 많은 손실을 입었지만, 최초의 결정적인 피해는 러시아의 여름으로 인한 것이었다. 러시아군은 보로디노 전투 당 시에 관념적으로는 수적인 우위를 누렸다. 그러나 무기나 훈련을 제대로 받지 못한 약 3만 1,000명의 러시아 국민병을 빼고 나면 사실상 러시아 군 12만 5,000명이 프랑스군 13만 명을 대적한 셈이었으니 그런 관념적 인 수적 우위는 아무런 의미가 없었다.[14] 나폴레옹 본인도 살이 많이 쪄 있었다. 지나치게 호화로운 생활을 한 때문이었다. 게다가 그는 예전의 활력을 잃어버렸다. 전투가 치러지던 바로 그날에도 그의 건강 상태는 좋지 않았다. 고열에 시달렸으며 소변을 제대로 볼 수 없어서 고통스러 워했다. 그야말로 간신히 지휘를 하는 것 같았다.

나폴레옹의 예하 장군들은 거의 각자 알아서 전투를 수행했다. 예전 에 나폴레옹이 주문했던, 혹은 각자 실천했던 응집력은 찾아볼 수 없었 다. 특정한 지점에 공격을 집중하지 못했고 되는 대로 여기저기 러시아 군을 공격하는 양상이 전개되었다. 비록 프랑스군의 우월한 화력이 러시 아군의 방어선을 뚫긴 했지만 러시아군은 끈질기게 저항하며 항복하지 않았다. 나폴레옹은 당황했다. 돌파가 가능한 순간에도 나폴레옹은 어쩔 줄 모르고 허둥댔다. 제국 수비대Imperial Guard가 대담한 기동 작전을 제안 했지만 현실적인 문제들이 앞을 가로막고 있었다. 결국 나폴레옹은 결정 적인 순간에 활용할 군대가 거의 남아 있지 않은 상황에서 다음에 있을 전투에 대비해서는 정말 아무 것도 없을 수도 있겠다는 걱정으로 제국 수비대를 만류했다.

과거의 여러 전투에서 그는 늘 말을 타고 진중을 돌아다니며 전선의 상황을 직접 살피고 부대를 지휘하면서 존재감을 과시했었다. 하지만 그날은 그러지 않았다. 러시아 전력에 대한 보고서들의 내용이 서로 일치하지 않는 상황에서 나폴레옹이 아무런 결정도 내리지 못하는 모습을 지켜본 프랑스의 한 장교는 다음과 같이 당시를 회상했다.

"나폴레옹의 얼굴은 고통과 낙담으로 일그러졌다. 우울하고 가라앉은 표정이었다. 전쟁의 끔찍한 소음 속에서 그가 내리는 지시는 힘이 없었다. 어쩐지 그는 그 상황에서 완전히 이방인 같았다."[15]

나폴레옹은 그날이 끝나갈 무렵에 마침내 프랑스군이 전투 현장에서 러시아군을 쫓아냈으며 러시아군이 입은 피해가 프랑스군이 입은 피해보다 크다는 사실에 평정심을 되찾았다. 그러나 러시아군은 전멸한 게 아니었다. 죽지 않거나 부상당한 러시아군은 대부분 도망쳤다. 나폴레옹은 포로를 많이 사로잡을 것이라고 기대했지만 실제 포로의 수는 얼마되지 않았다. 실질적으로 나폴레옹에게는 이제 다른 전투를 다시 벌여서 러시아와의 전쟁을 끝낼 여력이 남아 있지 않았다. 러시아는 많은 인구를 가진 대국이었기에 병력은 얼마든지 보충할 수 있었다.

쿠투조프의 러시아군은 야음을 틈타서 질서 정연하게 퇴각했다. 쿠투조프의 가장 중요하고도 결정적이었던 선택은, 나폴레옹이 자기를 뒤쫓아서 정말 전쟁의 승패를 판가름할 마지막 패퇴를 안겨주는 길을 택하지 않고 모스크바로 입성하도록 유도하는 것이었다. 사실 이것은 그의 독창적인 계획이 아니었다. 보로디노 전투가 벌어지기 전에 그는 러시아 제국을 구한다는 보다 큰 목적을 위해서는 모스크바라는 도시 하나는 기꺼이 희생할 수도 있다는 생각을 받아들이지 않았다. 하지만 이제 쿠투조프도 모스크바와 러시아군 둘 다 구할 길은 없다고 판단하고 모스크바를 포기하기로 한 것이었다. 그는 '나폴레옹은 우리로서는 감히 물길을 돌릴 수 없는 격렬한 급류와 같다'고 말했다. 모스크바가 그 급류를 빨아들이는 스펀지 역할을 해야 했다. 나폴레옹은 모스크바를 점령한 뒤에 도시에 불을 질렀고, 도시의 3분의 2가 파괴되었다. 나폴레옹은 알렉산드르가 평화를 애원하며 무릎을 꿇기를 기대했다. 하지만 러시아는 또 다른 전투를 벌일 생각도 없었고 그렇다고 해서 협상 테이블에 나올 생각은 더더욱 없었다. 마침내 나폴레옹은 자기가 덫에 걸려들었음을 깨달았다. 이제 프랑스군은 추위와 배고픔을 견뎌낼 여유조차 없었다. 프랑스로 돌아가는 것 말고는 달리 선택의 여지가 없었다. 고향으로 돌아가는 쓰라린 길에는 엄청난 피해가 동반되었다. 그리고 러시아군이 마침내 다시 결집했을 때 알렉산드르는 자기가 선택한 전략의 궁극적인 목적이 무엇인지 깨달았다. 그것은 바로 유럽에 반反나폴레옹 동맹을 되살리는 것이었다.

나폴레옹은 이 패배와 첫 번째 유배 뒤에 예전의 영광을 회복하려고 시도했지만 1815년 워털루에서 쓰라린 패배의 눈물을 흘려야 했다. 전쟁의 천재였던 나폴레옹은 이렇게 패배했고, 전쟁 교본을 쓰는 사람들은 나폴레옹이 거둔 독창적인 승리의 원천뿐만 아니라 궁극적인 패배의 원인도 함께 생각해야 했다. 그런데 나폴레옹의 러시아 원정 전쟁 동안에 비록 미미한 역할밖에 하지 않았지만 19세기의 위대한 전쟁 이론가로 꼽히는 두 사람이 거기에 있었다. 바로 카를 폰 클라우제비츠와 앙투안 앙리 드 조미니였다.

제7장

클라우제비츠

Clausewitz

:

전쟁은 기계 장치처럼 활성이 없는 물질을 향한 의지의 실천이 아니며,
미술에 쏟는 인간의 정신이나 감정의 경우처럼 활성이 있긴 하지만
수동적이며 원하는 대로 이루어지는 것을 향한 의지의 실천도 아니다.
전쟁에서 의지는 스스로 반응하는 활성적인 대상을 향한다.

_클라우제비츠, 《전쟁론》

:

1780년에 태어난 카를 폰 클라우제비츠는 프러시아가 나폴레옹의 대중 군대에 저항하고 또 실패할 무렵에 프러시아 군대에서 군대 및 군사에 대해서 배웠다. 하지만 프러시아가 겁을 먹고 프랑스에 무릎을 꿇자 여기에 실망하고 러시아 군대에 들어갔으며 (그래서 그는 보로디노 전투에도 참가했다) 그 뒤에는 프러시아군으로 다시 돌아가서 워털루 전투에 참가하고 나폴레옹의 최종적인 패배를 목격했다. 그는 유럽 대부분의 장교들과 마찬가지로 나폴레옹에 매료되었다. 또한 1812년에는 이 위대한 영웅도 틀릴 수 있음을 아주 가까운 거리에서 목격했다. 결정적인 순간에 잃어버리는 살인 본능, 그것은 바로 그의 천재성이 가지는 한계였다. 클라우제비츠는 비록 러시아어가 서툴러서 이 작전에서 중요한 역할을 하지는 못했지만 당시 상황을 매우 자세하게 글로 썼다. 그는 타우라게 협정Convention of Tauroggen(타우라게는 현재 리투아니아의 도시인데, 당시에는 프러시아 영토에 속했다—옮긴이)을 조직하는 일을 도왔는데, 여기에서 나폴

레옹과 나란히 걸어야만 했던 프러시아 대표단의 일원이었던 그가 나중에 투항해서 러시아군에 몸담게 된 것이다.

클라우제비츠는 보로디노에서 구사된 전략이 고전적인 전략이라고는 생각하지 않았다. 전체 전투에서 그는 '보다 나은 정보나 기술의 흔적은 단 하나도 찾아볼 수 없다'고 보았다. 그리고 그런 결과가 빚어진 것은 '조심스러운 판단 때문이 아니라 우유부단과 주변 환경에서 비롯된 것'이라고 보았다. 그가 내린 최초의 (그리고 결코 비합리적이라고 할 수 없는) 결론은 러시아의 '광대함' 때문에 러시아를 '전략적으로 포괄하고 점령할 수' 없다는 것이었다. 즉 '유럽의 거대한 문명국은 내부적인 알력이 동반되지 않는 한 결코 다른 나라에 정복되지 않는다'는 것이었다.[1] 나중에 그는 나폴레옹이 러시아군을 추격하지 않은 점이 나폴레옹이 저질렀던 전략적 판단의 실수라고 혹독하게 비판하면서 보로디노 전투는 '러시아를 결코 완벽한 패배의 구렁텅이로 몰아넣을 수 없었던' 전투라고 묘사했다.[2] 이 두 판단 모두 중요한 의미를 담고 있었다. 첫 번째는 외부에서 가해지는 위협에 대처할 때 국가를 지원하기 위해 나서는 일반 국민의 협력이 전쟁의 승패에 중요하게 영향을 미친다는 것이고, 두 번째는 적의 숨통을 끊어놓지 못하는 승리라면 그 승리의 가치는 제한적일 수밖에 없다는 것이었다.

클라우제비츠의 군사적인 명성은 프러시아에서는 미미했다. 1815년에 프로이센 왕으로부터 귀국을 허락받고 사관학교로 발령을 받은 것도 군사적인 지식이나 통찰보다는 행정 능력을 높이 평가받았기 때문이었다. 그는 사관학교에서 강의를 하지 않았으며, 그 놀라운 전쟁의 격변기에 대한 여러 생각들을 정리해서 《전쟁론》Vom Kriege을 집필했다.

젊은 클라우제비츠는 (완벽한 승리라는 의미의) 절대성을 지향하는 전쟁에 매료되었고 동시에 전율했다. 그는 성숙해가면서 전쟁의 실제 현장에서 절대성이 여전히 관철되지 못하는 여러 이유를 보다 많이 깨달았다. 그리고 그는 또 나폴레옹 이전의 시기처럼 나폴레옹 이후의 시기에도 국가의 생존이라는 커다란 목적이 아니라 소소한 이익을 위해서 전쟁이 일어날 수 있음도 깨달았다. 바로 이런 이유로 해서 그는 자기가 쓴 글 전체를 다시 한 번 더 꼼꼼하게 되짚어보기로 결심했다. 하지만 이 재검증 작업은 죽음이 갑작스럽게 찾아오는 바람에 일부를 제외하고는 미완성으로 남았다. 그가 진리를 깨달은 순간이 서서히 다가왔다고 해석하는 사람도 있다. 하지만 또 다른 견해에 따르자면 그에게 1827년은 굉장한 위기의 순간이었다. 자기의 전쟁 이론으로는 실제 현실에서 일어나는 다양한 형태의 전쟁을 온전하게 설명하지 못한다는 사실을 깨달았기 때문이다.[3] 그리고 1832년에 콜레라로 쓰러질 때까지도 그는 《전쟁론》을 다시 쓰는 작업에 몰두했다. 그가 죽은 뒤에 그의 아내가 이 원고를 출판하려고 했지만 뜻을 이루지 못했다. 비평자들로서는 만일 그가 더 오래 살아서 원고를 만족스럽게 고쳤다면 《전쟁론》의 새로운 판본이 과연 어떤 내용을 담았을지 추측할 수밖에 없게 되었다.

✟ 앙리 조미니

1812년에 클라우제비츠가 러시아군에 복무할 길을 찾고 있을 때 조미니는 프랑스군에 몸담고 있었다. 프랑스군이 모스크바에서 퇴각해서 고향으로 향할 때였는데, 조미니가 소속되어 있던 프랑스군의 낙오 부대가 어떤 강을 건너는 순간에 러시아군의 유격대가 기습했고, 그 바람에 조미니는 자기가 보관하고 있던 소중한 서류와 문건을 잃어버렸다. 비록 지금은 클라우제비츠가 조미니보다 더 유명하고 또 조미니의 글은 거의 읽히지 않지만, 19세기 거의 대부분의 기간 동안 나폴레옹의 방법론을 가장 잘 해석하는 이론가는 조미니라고 알려졌다. 나폴레옹도 조미니가 자신의 가장 은밀한 전략의 비밀들을 공개했다면서 역정을 냈다는 이야기가 있을 정도다. 조미니 본인도 전략에 관한 한 당대의 거장이자 천재인 나폴레옹을 관찰한 내용을 토대로 해서 전쟁의 기본적인 원리들을 파악했다고 분명히 천명했다. 그래서 조미니에게는 '현대 전략의 아버지라는 어쩐지 미덥지 않은 칭호'가 붙었다.[4]

조미니는 1779년에 스위스에서 태어났다. 비록 파리에서 은행원으로 출발했지만 1797년에 프랑스군에 입대해서, 당시 장군이었고 나중에 원수로까지 진급하는 미셸 네Michel Ney의 후원을 받았다. 조미니는 1803년에 프리드리히 대왕의 군사 작전을 주제로 한 논문을 썼다. 이 논문에는 그가 1869년에 90세의 나이로 사망할 때까지 견지했던 핵심적인 믿음들이 고스란히 담겨 있었다. 그는 네뿐만 아니라 나폴레옹의 휘하에서도 참모로 일했다. 그러나 조미니는 까다로운 이기주의자였고 툭하면 사직서를 내는 인물이었다. 결국 1813년에는 네 휘하에서 참모장까지 승진했지만 소장 진급에 실패한 뒤에 사직서를 내고 러시아에 가서 러시아군의 육군 대장이 되었다. 조미니의 핵심 사상은 그의 책《전쟁술》The Art of War에 담겨 있다(이 책의 제목은 너무도 대중적이다. 마키아벨리도 이 제목으로 책을 썼었다). 1830년에 출판되었으며 1838년에 개정판이 나온[5] 이 책은 '19세기의 가장 위대한 군사 교본'으로 일컬어진다.[6] 그는 전략의 영원한 원리들을 명쾌하게 해설함으로써 '설명을 보다 쉽게, 작전 운용 판단을 보다 건전하게 그리고 실수가 보다 적게 일어나도록' 하고자 했다. 이 책은 세계 각국에서 널리 출판되었는데, 이것은 교전 양국이 동일한 원리를 충실하게 따를 수도 있다는 뜻이었다. 이럴 경우에는 어느 한쪽이 조미니가 제시한 원칙을 깨면서 어떤 이점을 추구하지 않는 한, 조미니의 조언은 어느 쪽에도 실질적인 도움이 될 수 없었다.

조미니는 전략이 (누구와 싸울 것인지를 결정하는) 정치적인 부문과 (실제 전투가 이루어지는) 전술적인 부문 사이에 존재하는 것이라고 보았다. 그는 전략이란 지도 위에서 전쟁을 수행하는 기술이라고 말했다. 이것은 그가 지휘관이 현대적인 지도 제작법에 의해서 가능해진 공간 인식의 이점을 활용하여 전쟁의 전체 그림을 어떻게 파악하는지, 그리고 적에 대항하는 여러 부대의 움직임들이 어떻게 형성되는지에 관심을 두고 있었다는 뜻이다.

"전략은 어디에서 행동을 취할 것인지 결정하고, 병참은 부대를 특정 지점으로 이동시키며, 웅장한 전술은 실행의 방식과 부대의 배치를 결정한다."[7]

정치와 전술은 각자 상이한 원리의 지배를 받았고, 놀랍게도 조미니로서는 이 가운데 어느 것 하나에 대해서도 말할 게 거의 없었다. 존 샤이 John Shy(미국의 전쟁 역사학자—옮긴이)에 따르면 그가 진정으로 관심을 가졌던 전쟁의 유일한 측면은 '최고 지휘관 즉 프리드리히 대왕이나 나폴레옹처럼 위대한 피의 게임을 연출한 사람, 자기 휘하의 부하들을 순수한 지성과 의지로써 지배하며 또 적을 패퇴시키는 데 이 사람들을 활용했던 인물들'이었다. 조미니가 바라본 군대는 '두려움이 없는 한 무리의 집단, 신비로운 갖가지 방식으로 무장하고 양육된 집단'이었다. 이 집단의 지휘관들은 상대적으로 약한 적을 향해서 결정적인 시점에 무력을 결집함으로써 자기가 위대하다는 사실을 입증하곤 했다.[8] 프리드리히 대왕이나 나폴레옹 모두 이 핵심적인 원리를 지키는 것이 얼마나 중요한지 (비록 응용을 했다는 측면에서 보자면 결코 직접적이라고 할 수는 없지만) 생생하게 증명했다. 어느 하나에 집중하면서 다른 것들을 포기하려면, 즉 자신의 어떤 날개(진형의 어떤 한 부분)에 전력을 집중하기 위해서 다른 날개를 취약한 상태로 방치하려면 대담함은 말할 것도 없고 잠재적인 위험의 수준을 평가할 능력을 가지고 있어야 한다. 아울러 어떤 공격을 감행하기 위해서 군대를 결집하고 공격력을 집중할 주요 지점을 파악하는 방법을 알아내야만 한다.

조미니는 자기가 설정한 여러 개념으로는 설명할 수 없는 역사적인 사례들을 검정하는 데는 실패했다. 그는 또한 군사 단위의 적절한 규모는 무장, 훈련, 보급, 동기 부여 등이 적절하게 이루어질 수 있는 규모와 본질적으로 동일하다고 생각했다. 그러므로 최고사령관 및 이 지휘자가 내리는 판단의 질에 따라서 전쟁의 승패가 갈린다는 바로 그 이유로 해서 전략은 중요할 수밖에 없다고 보았다. 시간을 초월한 영원불멸의 원리를 따라야 한다고 생각한 것도 바로 이런 까닭에서였다. 그랬기에 그는 짧지 않은 생애 내내 철도의 도입과 같은 물질적인 차원의 변화들은 부차적인 세부 사항일 뿐이라고 주장했다. 만일 전략의 원리가 정말로 시간을 초월해서 영원불변이라면 어째서 나폴레옹에 이르러서야 그런 사실이 드러났을까 하는 의문이 제기된다. 이 의문에 대해서 조미니는, 군사 분야의 생각이 점점 성숙함에 따라서 그 원리들이 마침내 제대로 평가를 받았다고 대답했다.[9] 물론 이런 주장은 조미니 이후에 다른 사람들도 했다.

조미니는 20세기에는 구닥다리로 치부되었지만 그 이전에는 모든 촉망받는 전략가들이 반드시 한 번씩은 거치던 이론가였으며 또한 명료함과 명백함의 표본이었다. 조미니의 저작은 언제나 번득이는 재기가 넘치는 것이 아니었을 수도 있다. 그러나 클라우제비츠보다는 분명 훨씬 더 따르기 쉬웠다.

조미니와 클라우제비츠의 관계는 복잡했다. 한 살 어렸던 클라우제비츠가 조미니에게 많은 것은 배웠음은 분명하다. 《전쟁술》의 재판본도 클라우제비츠의 비평 내용을 참고로 했다.[10] 그런데 이 두 사람은 단 한 번도 만난 적이 없으며 또 서로를 좋게 말하지도 않았다. 조미니는 이론적인 현학성을 경계해야 한다고 했으며, 클라우제비츠는 작전 운용과 관련된 여러 기술이 가지는 중요성을 강조했다. 조미니의 기본 목적은 교육이었고, 이런 관점에서 볼 때 클라우제비츠의 이론은 정도가 지나쳤다. 클라우제비츠는 자기 사상을 점점 발전시켜나가는 과정에서 뷜로브의 수학적 접근법에서 벗어나 그것과의 차별화를 꾀했다. 물론 그는 조미니에게도 비판의 화살을 날렸다. '전쟁 행동에 원리, 규칙 혹은 심지어 시스템을 구축'하려는 노력은 '전쟁 행동과 관련된 끝없는 복잡성을 적절하게 고려'하지 않음으로 해서 실패로 돌아갔다고 보았던 것이다. 그는 다음과 같이 썼다.

"병사들은 불쌍하다. 그들은 이 복잡한 규칙의 부스러기들을 포복으로 헤쳐나가야 하기 때문이다. 하지만 천재에게는 이런 규칙들이 필요 없으므로 천재는 이것들을 무시하거나 비웃을 수 있다. 그렇다. 천재가 하는 것이야말로 바로 최고의 규칙이다. 그리고 이론은 기껏해야 이렇게 될 수밖에 없는 과정이나 이유를 드러낼 수 있을 뿐이다."[11]

클라우제비츠는 위대한 전쟁 이론가로 추앙받았지만 조미니는 군사 계획 담당자들에게 매달리며 호소를 해야 했다, 그것도 지속적으로. 조미니는 나폴레옹이 절정기에 있을 때 그의 곁에서 이론을 개발했기 때문에 그의 저작은 클라우제비츠의 저작에서 쉽게 찾아보기 어려운 낙관성을 보여준다. 영국의 군사학자인 휴 스트라찬Hew Strachan은 조미니가 자신의 전략 원리에 대해 가졌던 자신감, 그의 '합리적이고 관리 가능한' 그리고 '미래를 내다보며 목적 의식적인' 전쟁 이론, 또 자족적인 전투관은 여러 세대에 걸쳐 미국의 장군들 및 제독들에게 강력한 영향력을 미쳤다고 지적한다.[12]

† 클라우제비츠의 전략

《전쟁론》에서 클라우제비츠는 야심찬 시도를 했다. 이 책은 촉망 받는 장군을 위한 단순한 교과서라기보다는 전쟁을 다루는 총체적인 이론서였다. 그의 업적은 전쟁의 본질을 포착하는 개념 틀, 좀 더 구체적으로 말하면 후대의 여러 세대들이 자기 시대에 일어나는 갈등을 제대로 이해하고 싶을 때마다 언제나 참조할 수 있는 개념 틀을 개발했다는 점이다. 마르크스주의자와 나치주의자 그리고 자유주의자 등은 이 책이 기본적으로 포괄적이며 또 팽팽한 긴장을 담고 있어서 자기들의 이론과 전략을 가장 잘 뒷받침한다고 제각기 주장했다.[13] 심지어 이 책이 잘못된 것이며 시대에 뒤떨어졌다고 보았던 사람들조차도 클라우제비츠의 이론을 훼손하면 자기가 하는 주장의 신빙성이 확보되기라도 하는 것처럼 이 책을 둘러싼 경쟁에 직접 뛰어들었다.[14] 그런데 지금은 클라우제비츠의 저작 및 사상에 대한 연구에 기여를 하려면 원본 번역의 정확성 여부, 클라우제비츠 본인의 생애와 지적 발전의 상호작용, 보다 폭넓은 사고의 발전에 토대가 될 수 있는 표현의 탐색 그리고 핵심적인 개념들이 가지고 있

는 이중적인 의미 및 이런 개념들을 현실에 적용한 사례 등으로 보다 깊이 파고들어야만 한다.[15]

이런 사실을 염두에 둘 때 우리는 클라우제비츠의 전쟁 이론에서 나타나는 전략 이론을 제대로 살펴볼 수 있다. 클라우제비츠는 전쟁은 다른 여러 수단들에 의한 정책의 연속성이라고 단언했는데, 이 유명한 단언은 전략가들에게는 핵심적인 헌장이다. 마이클 하워드Michael Howard와 피터 파렛Peter Paret이 클라우제비츠의 책을 공동으로 번역하면서 '정책'policy라는 단어를 선택한 것은, 이 두 사람은 '정치'politics는 영국과 미국에서 부정적인 의미를 내포한다고 보고 일상적인 개념의 정치보다 상위의 개념이 필요하다고 보았음을 뜻한다. 그런데 크리스토퍼 배스퍼드Christopher Bassford는 정책은 지나치게 고정적이고 일방적이며 논리적(이성적)인 의미로 들리지만 정치는 경쟁자들을 이들이 겪는 갈등 속에 함께 묶어주는 상호성의 의미를 담고 있다는 주장을 한다.[16] 이 두 개의 의미 모두 가능할 수 있다. 그런데 어쨌거나 핵심적인 요지는 정치적인 목적을 주장하는 것은 전쟁을 분별없는 폭력에서 떼어놓는다는 내용이다. 그렇다고 해서 이런 단언이, 전쟁은 언제나 정책이 합리적으로 표현된 것이라거나 정치에서 전쟁으로의 이동은 정의된 어떤 상태에서 다른 상태로 넘어가는 과정이라고 주장하는 것은 아니다. 그렇게 될 수도 있고 아닐 수도 있는 차이는 상반된 두 의지가 격돌할 때의 첨예함과 폭력의 정도에 따라서 발생한다. 이런 정도의 차이가 정치적인 영역에 명백하게 존재하지만 군사 분야에서 한층 더 많은 의미를 띠면서 전쟁에서 일어나는 행동을 끊임없이 복잡하게 만드는 여러 가능성들 및 감정적인 요인들이 발생시키는 영향을 한층 증폭시킨다. 그래서 클라우제비츠는 효과적인 전략을 결코 배제하지 않았지만 (왜냐하면 그럴 경우《전쟁론》은 무의미한 것이 되어버린다) 전략의 한계, 다시 말해서 지나치게 똑똑해지려고 할 때 오히려 일을 그르치게 되는 제한 사항들이 분명히 존재함을 강조했다.

정치를 위한 (그러므로 전략을 위한) 과제는 국가의 목적을 끈질기게 추구하는 과정에서 논리성(합리성) 비슷한 것을 제기하는 것이다. 그런데 미국의 군사학자 안툴리오 에체바리아Antulio Echevarria는 비록 클라우제비츠가 했던 단언이 군사 분야에 대한 시민 분야의 우월적인 권위를 나타내는 맥락에서 자주 인용되고 있긴 하지만, 정치 및 국가 간의 갈등에 관한 그의 사상 가운데 많은 것들이 (특히 그의 저서 가운데서도 개정되지 않은 부분에서) 결정론적인 순환논법의 오류에 빠져 있다고 경고한다. 그러므로 클라우제비츠가 위대한 전쟁 이론가라고 할 수 있는 핵심적인 이유는 그 단언이 아니라 그의 성숙한 사고 속에 자리 잡고 있던 다음과 같은 관찰에서 찾아볼 수 있다는 것이다.

> 전쟁은 놀라운 삼위일체(삼중성)trinity에 의해서 형성된다. 이 가운데 첫 번째가 맹목적이고 자연적인 본능의 힘인 원초적인 폭력과 증오와 적개심이다. 두 번째는 창의적인 정신이 자유롭게 어슬렁거리는 (관념적인) 공간인 우연성이다. 세 번째는 전쟁을 오로지 논리성(합리성)에 종속하도록 만드는, 정책의 도구로서의 종속성이다.[17]

그의 이론은 이 세 가지 요인의 역동적인 상관성을 바탕으로 한다. 이 삼위일체 이론이 정치가 전략의 핵심이라는 기존의 이론을 대신했다. 정치는 핵심이 아니라 세 가지 요인 가운데 하나임을 분명히 했던 것이다. 위기의 국제 관계 속에서 한 국가의 생존과 관련해서 (이런 발상은 클라우제비츠가 전략을 이해하던 기본적인 틀이었다) 정치는 반드시 전쟁과 관련된 조건을 설정해야 하지만, 그렇다고 해서 정치가 성공의 가능성 즉 궁극적인 목적의 달성 가능성을 높이고자 '전쟁의 문법'에 도전할 수는 없다. 그렇다면 거꾸로 군사적인 행동이 커다란 정치적 결과를 초래할 수도 있다는 뜻이다. 이런 맥락 속에서, 군사가 정치에 복속되는 게 겉으로는 명백하게 보임에도 불구하고 삼위일체의 역동성은 왜 그 관계가 그다지 단순하지 않은지 설명하는 데 도움을 주었다.[18]

대립하는 두 의지의 충돌 즉 거대한 규모의 1 대 1 대응으로서의 전쟁은 이상적인 의미에서 보자면 폭력으로 비화할 수밖에 없다는 게 절대적이다. 이런 가능성을 제기하면서도 클라우제비츠는 삼위일체의 다른 두 부분을 가리키면서 그런 식의 절대적인 폭력이 현실에서는 실현될 가능성이 적은 이유를 설명했다. 정치는 제약의 한 가지 원천이지만 마찰 friction 역시 또 다른 원천이다. (미처 예상하지 못했던 돌발적인 상황에 따른 난처한 상태, 즉 계획과 현실이 부딪힌다는 의미의) 이 마찰 개념은 클라우제비츠가 군사 사상에 기여한 가장 의미 있는 내용 가운데 하나로 꼽을 수 있다. 전투 현장에서 실제로 이루어지는 작전은 머릿속에 생각하던 것과 다르게 마련이다. 마찰이라는 그의 이 발상이 응당 일어나야 할 (절대적이며 아무런 제약도 받지 않는) 전쟁과 실제 전쟁 사이의 차이를 설명하는 데 도움을 주었다. 그는 이 현상을 다음과 같이 설명했다. 이 문단은 추종자들로부터 특히 추앙 받는 것 가운데 하나이다.

전쟁에서 모든 것은 단순하다. 그러나 가장 단순한 것이 어렵다. 이런 어려움들이 축적되고, 그 과정 끝에 가서는 전쟁을 경험하지 않은 사람이라면 도저히 상상도 할 수 없는 어떤 종류의 마찰이 생성된다. (……) 수많은 소소한 사건들이 (이런 것들은 그 어떤 사람도 예측할 수 없는 사건들이다) 결합해서 전체적인 성과 수준을 낮추며, 그래서 어느 한쪽은 늘 의도했던 목표에 도달하지 못한다.

그 결과 '대개 운에 따라서 결정되기 때문에 사전에 미리 예측할 수 없었던 효과들'이 나타난다. 이렇게 해서 마찰은 유예猶豫와 혼란을 유발한다. 전쟁에서의 행동은 물 속에서 걸을 때와 마찬가지로 시야는 규칙적으로 모호해진다.

"모든 행동은 사실상 먼지와 비슷한 (혹은 더 나아가 안개나 달빛과 비슷한) 형태로 발생하는데, 이것은 사물을 실제보다 훨씬 크게 보이게 하거나 기괴하게 보이도록 만든다."[19]

군사 조직을 책임지는 장군들로서는 끊임없이 실망할 수밖에 없는 운명이다. 모든 것은 예상했던 시간보다 더 많은 시간을 잡아먹고, 시시각각으로 발생하는 일들을 따라잡는 데 필요한 유연성을 확보하기란 늘 힘들기 때문이다.

이 역설적인 삼위일체 가운데서 폭력과 우연성은 여전히 정치(정책)와 논리적인 합리성에 종속될 수 있다. 그런데 만일 전략가가 논리적인 합리성을 좇지 않는다면 전쟁은 점점 더 혼돈으로 치달아서 한 치 앞을 예측할 수 없는 상황으로 전개될 것이다. 지적인 전략가가 해결해야 할 과제는 적 그리고 마찰 및 우연성의 모든 요소들이 논리적인 합리성과 전혀 다른 양상으로 출몰해서 방해를 하는 상황이다. 여기에 대한 올바른 접근법은 혼돈과 예측 불가능성이 모든 계획을 조롱할 것이고 사전에 준비한 모든 노력을 압도해버릴 것이라면서 두 손을 들고 포기하는 게 아니라 이런 우발성에 미리 준비를 하는 것이다. 클라우제비츠는 최고사령관은 군사 천재가 되어야 한다고 썼다. 그러나 그가 말한 군사 천재는 나폴레옹처럼 한 시대에 한 명 나올까 말까 하는 불세출의 영웅이 아니었다. 그가 말한 천재는 전쟁이 요구하는 것과 적의 성격을 파악하는 것 그리고 언제나 냉정함을 유지하기만 하면 되는 사람이었다. 실제로 클라우제비츠는 지나치게 똑똑하게 행동하려는 장군을 경계했다. 이런 장군보다는 머릿속으로 생각하는 것을 늘 확인하며 전투의 냉혹한 현실을 직시하는 장군이 낫다고 생각했다.

그래서 클라우제비츠가 묘사하는 전쟁의 모습만을 보자면 유연성을 최대한 발휘하며 언제든 기회가 나타나면 포착할 수 있도록 준비를 갖추는 것이 현명한 길이었다. 하지만 그는 정반대의 결론을 내렸다. 서로 연결되어 있는 순차적인 일련의 단계들을 바탕으로 한 분명한 행동 계획을 주장한 것이다. 그는 흔들리지 않는 주의 깊은 계획을 선호하고 강조했다. 전략가라면 모름지기 '전쟁 계획을 세워야 한다'고 했으며, '목적이 그 목적을 달성하기 위해 취해지는 일련의 행동들을 결정하도록 해야 한다'고 했다.[20]

구체적인 행동 계획이 분명하고도 확고하게 마련되어 있지 않은 한 전쟁을 시작해서는 안 되며, 또 일단 어떤 계획이 설정되고 나면 피할 수 없는 상황에 맞닥뜨리지 않는 한 그 계획을 수정해서는 안 된다고 했다.[21] '전쟁의 목적을 달성하기 위한 교전交戰의 활용'이라는 전략에 대한 클라우제비츠의 정의는 정치적인 목적을 군사적인 목표로 변환시켰다. 그러므로 전략가는 '개별적인 작전을 수립하며, 이런 것들 속에서 개별적인 교전에 대한 판단을 내린다'고 했다.[22] 승리를 거머쥐기 위한 계획을 가지고 전쟁을 시작하는 것이 바람직하다고 여긴 것은 충분히 이해할 수 있다. 그러나 어떤 전쟁 계획이든 간에 애초 의도대로 수행될 수 있다는 자신감은 어디에서 비롯되었을까?

클라우제비츠는 세 가지 이유를 제시했다. 우선 모든 예측 불가능성에도 불구하고 모든 것이 다 수수께끼는 아니라는 게 첫 번째 이유였다. 특정한 행동이 특정한 효과를 발생시킨다는 사실은 이미 알려져 있다. 예를 들어 적을 후방에서 기습하거나 매복해 있다가 기습할 경우 적의 사기는 떨어진다. 또 가장 중요한 사실로는 적의 경험 그리고 적의 '사기 및 분위기'를 고려해서 적을 비교적 객관적으로 평가할 수 있다. 적이 세운 계획과 여러 상황에 대한 적의 대응을 정확하게 파악할 수 없긴 하지만 확률 법칙을 적용해서 정답에 가깝게 접근할 수는 있다. 까다롭고 계산에 능하다고 이미 알려진 적을 상대하기 위한 계획과 쉽게 흥분하며 환상을 좇는 적을 상대하기 위한 계획은 당연히 다를 수밖에 없다. 전쟁을 준비하는 계획에서 대담함은 조심스러움보다 낫고, 적극성은 수동성보다 그리고 명석함은 어리석음보다 더 낫다.

두 번째 이유는 정보의 불확실성이었다. 강건한 중심 계획이 없을 때 이따금씩 날아드는 보고서들 때문에 방향성의 일탈이라는 적절하지 못한 일이 일어날 수 있다고 클라우제비츠는 지적했다.

"전쟁 시에는 많은 정보 보고서가 서로 모순된다. 그리고 심지어 더 많은 보고서는 잘못된 정보를 담고 있다. 그리고 대부분의 보고서는 불확실하다."

게다가 정보는 비관적인 경향이 있다. 나쁜 소식이 과장될 때 지휘관은 낙담하고 우울해지며, 머릿속에서 위험한 상황을 자꾸만 떠올린다. 그러므로 '전쟁은 무시무시한 허깨비들을 앞세운 온갖 장치로 무대를 꾸미는 경향이 있다'고 했다. 생생하게 무서운 이런 인상들은 체계적인 사고를 압도하는데 그래서 '어떤 작전 계획을 세우고 그 작전의 실행을 지켜보는 사람조차도 실행 명령을 내리는 순간에는 자신감을 잃어버리곤

한다'고 했다. 이런 상황에서 그 지휘관은 '확률 법칙'을 믿고 또 '인간과 사물에 대한 지식 그리고 상식'을 바탕으로 한 자신의 판단을 믿음으로써 비관주의가 불러일으킨 잘못된 인상들을 떨쳐내야 한다.[23] 그러나 정보 수집 기술이 발전함에 따라서 그때그때 제공되는 정보를 무시하라는 클라우제비츠의 조언이 지금은 불필요한 공포를 피하기 위한 수단이 아니라 재앙을 부르는 원인이 될 수도 있다.

그리고 전쟁 계획에 대한 자신감의 이유로 클라우제비츠가 세 번째로 든 것은 (계획과 현실의 괴리에서 비롯되는) 마찰에 취약하기는 양측 모두 마찬가지라는 점이었다. 세심한 계획을 세워뒀다가 예상치 못한 일이 일어났을 때 평정심을 유지하면서 그 상황을 돌파함으로써 그런 마찰을 최대한 넘어서는 것이 바로 훌륭한 장군이 본질적으로 갖추어야 할 기량이며 그래야 승리를 거둘 수 있다고 했다.[24]

"훌륭한 장군은 마찰의 발생으로 애초에 설정했던 작전의 수행이 불가능해진 상황에서, 그 마찰을 극복하기 위해서라도 그리고 애초의 목표를 달성하길 기대하는 어리석은 짓을 하지 않기 위해서라도, 반드시 마찰을 알아야 한다."[25]

이 중요한 자격 요건은 과도한 전략적 야망에 휘둘리지 말라는 일종의 경고였다.

그렇기 때문에 전쟁에서 수적 우위가 중요했다. 어떤 군대든 간에 사실 '다들 너무나 비슷한 수준이므로 (……) 최고의 군대와 최하의 군대 사이의 차이는 거의 없다.' 그러므로 전술적인 측면에서나 전략적인 측면에서 모두 가장 믿고 의지할 수 있는 성공의 수단은 수적 우위였다. 이런 맥락에서 클라우제비츠는 '위대한 사령관의 기술은 병력의 수를 두 배로 만들 수 있다'고 했다. 클라우제비츠는 적을 혼란에 빠트리며 적의 사기를 꺾어놓는 교활하고 간접적인 전략들의 장점을 간파했다. 그래서 그는 '전략'이라는 단어도 '속임수'에서 비롯된 것이라고 강조했다. 하지만 속임수가 효과적일 수 있다는 역사적인 증거는 거의 찾지 못했으며, 적에게 의도적으로 잘못된 인상을 심어주려고 대규모 군대를 정작 있어야 할 곳이 아닌 다른 곳에 배치하는 행위는 이해득실을 따질 때 오히려 훨씬 더 위험하다고 생각했다. 전술적인 차원에서 기습은 중요하고 또 충분히 채택할 수 있는 방법이지만 전략적인 차원에서는 기습적으로 군대를 동원하고 이동시키다가는 승리를 넘겨주고 패배를 받아들이기 쉽다는 것이었다. 마찰 역시 적을 불시에 공격하는 데 필요한 부대 이동 등의 조치를 가로막는 주요 요인이었다. 그래서 무력이냐 속임수냐 하는 선택에서 클라우제비츠는 무력을 선택하는 경향을 보였다.

"전략가의 체스 말은 군략과 교활함에 필수적인 기동성을 가지고 움직이지 않는다. (……) 지휘관에게는 본질을 정확하게 꿰뚫는 통찰이 교활한 어떤 재능보다도 유용하고 본질적인 자산이다."

계획을 단순하게 하라는 게 그의 조언이었다. 특히 유능한 적을 상대할 때는 더욱더 그렇다고 했다. 단순한 계획을 위해서는 개별적인 각각의 교전을 탁월하게 수행해야 하는데, 바로 이런 이유로 전술적인 승리는 절대적으로 중요하다고 했다. 이 점에서 보자면 전략적인 계획도 연이은 교전을 승리로 장식할 때 비로소 가능하다는 것이었다.

이런 점에서 볼 때 언제 멈추어야 할지 아는 것이 한층 중요하다. 노력을 배가할 의지도 있고 또 그럴 능력도 있는 적을 상대로 최종적인 승리를 거두기란 쉽지 않다. 클라우제비츠의 개념 가운데 또 하나 중요한 것은 '승리의 작전 한계점'이다. 작전 한계점은 작전 부대가 전투력의 저하, 전투원의 피로, 물자의 결핍 등으로 인해 더 이상 작전을 지속하기 어려운 상태 혹은 그 시기인데, 이 한계점을 넘어서서 공격할 경우에는 승패가 역전될 수도 있다. '작전을 계획할 때 이 한계점을 정확하게 계산하는 것이 중요하다'고 그는 지적했다.[26] 이것은 작전이 전개될 때 전황이 아군에게 유리하도록 전개되는 방향의 균형을 개발하는 문제였다. 부상당한 적은 피로가 누적되어 스스로 붕괴할까, 아니면 오히려 분노해서 더 큰 용기를 낼까? 회피해야 할 방심 요소는 무엇일까? 이와 관련해서 주요 전진선에서 벗어나는 적을 추격할 것인가, 아니면 주요 전진선을 지킬 것인가? 전진선에서 벗어나 있는 '특정한 지리적 요충지'나 '무방비 상태의 지역'을 확보하고 싶은 유혹은 언제나 있게 마련이다. 이 유혹에서는 그곳이 불로소득의 횡재처럼 보일 수 있다. 하지만 자제할 필요가 있다. 전진선에서 이탈할 경우 주요 목표가 위험해질 수 있다. 집중적이고 일관성 있는 접근은 분열을 억제한다. 나폴레옹이 1812년에 패했던 이유도 바로 여기에 있었다.

러시아의 작전과 기습 및 복잡한 기동을 바탕으로 한 여러 전략에서의 자신감 부족으로 클라우제비츠는 방어에 나서는 게 유리하다는 결론에 도달했다. 적의 영토를 점령하는 데 필요한 추가적인 이동은 공격자의 힘과 자원을 소진시키고, 이에 비해서 수비자는 시간을 벌면서 공격자를 맞을 준비를 할 수 있다는 것이었다.

"사용하지 않은 채 흘려보내는 시간이 축적된다면 수비자로서는 유리해진다."

기습은 공격자뿐만 아니라 수비자에게도 상당히 유리하게 전개될 수 있다. 그것은 '작전 계획, 특히 병력의 배치와 관련된 작전 계획' 아래 적을 불시에 공격하는 것이다. 공격자는 '전체 방어선 가운데 어느 지점이든 모든 병력을 집중해서 공격할 수 있지만' 특정 지점에서 수비자가 예상보다 강력할 때는 오히려 역습을 당할 수 있다. 낯익은 환경에서 작전을 펼치는 수비자는 유리한 지점을 조심스럽게 선택하고 짧은 보급선과 지역 주민의 도움이라는 이점을 누릴 수 있다. 아닌 게 아니라 해당 지역의 주민은 정보원으로 활동할 수도 있고 또 필요할 경우에는 보충 병력의 원천이 될 수도 있다. 설령 공격자가 성공한다 하더라도 이 점령군은 게릴라전과 폭동에 끊임없이 시달린다. 아닌 게 아니라 나폴레옹이 스페인에서 그런 경우를 당했다. 게다가 수비를 하는 국가가 항복을 하지 않고 버틸 수 있을 때, 다른 국가들이 나서서 공격자에 대항해 동맹을 결성할 수도 있다.

게다가 또 '힘의 균형'이라는 널리 알려진 발상에 따르면, 어떤 국가가 다른 국가의 공격을 받고 위기에 몰릴 때 주변에 있는 다른 국가들은 공격자가 지나치게 강력해지는 것을 저지하기 위해서 개입하는 경향이 있다. 어떤 국가가 아무리 강력한 힘을 가지고 있다 하더라도 국제 질서의 평형을 유지하고자 하는 국가들이 조직한 연합군에 패배할 수 있다. 이런 진리 역시 나폴레옹은 비싼 대가를 치르고 발견했다. 그러나 클라우제비츠는 수비가 보다 강력한 공격의 한 방식이라고 묘사하는 한편, 수비의 목적이 결코 부정적인 것만이 아님을 강조했다. 수비는 제한적이고 수동적이며 오로지 살아남는 데만 모든 역량을 집중하는 행동이다. 그런데 전쟁의 목적은 오로지 공격을 통해서만 성취할 수 있다. 수비는 약자로서는 반드시 선호할 수밖에 없는 선택이지만, 일단 어느 정도 힘의 균형이 갖춰질 경우 수비로 일관하던 쪽이 공격으로 나설 충분한 동기가 형성된다.

"공격으로의 갑작스러운 전환, 다시 말해서 복수의 번쩍거리는 칼을 빼어드는 순간은 수비자에게 최고의 순간이다."[27]

공격에 관해서도 클라우제비츠의 또 하나 중요한 개념이 있다. 바로 '무게 중심'center of gravity이다. 마찰을 포함한 그의 다른 많은 개념들과 함께 이것 역시 당시의 물리학에서 차용한 것이다. '무게 중심'은 어떤 사물 안에서 중력이 수렴하는 지점, 다시 말하면 모든 방향에서 그 사물의 무게 균형을 이루는 지점이다. 이 무게 중심을 공격하거나 불안하게 만들 때 어떤 사물이든 균형을 잃는다. 형태가 단순하고 대칭인 사물에서 무게 중심을 찾기란 쉽다. 그런데 클라우제비츠는 단 한 번도 이 비유를 동원하지 않았다. 대신 이렇게 설명했다.

"무게 중심은 언제나 대중이 가장 많이 밀집해 있는 곳에서 발견된다. 무게 중심은 가장 효과적인 타격점이다. 무게 중심을 타격할 때 가장 강력한 타격이 된다."

무게 중심은 '적 병력의 중심점'이며, 따라서 '우리의 모든 에너지를 모아야 할 지점'이라고 했다. 이렇게 하려면 적이 가지고 있는 힘의 '궁극적인 실체'를 뿌리까지 추적한 다음 이 뿌리를 공격해야 한다. 그런데 이때 표적이 되는 지점은 물리적인 힘이 집중된 곳이 아닐 수도 있다. 오히려 그 지점은 적의 부대들이 연결되어 있고 또 각 부대들에 방향성을 설정하는 곳일 가능성이 높다. 이 지점을 무너뜨릴 때 직접적인 타격의 효과를 넘어서서 전체에 미치는 파괴의 효과를 극대화할 수 있다.

비록 클라우제비츠는 이 원리를 충실하게 따르지는 않았지만, 무게 중심의 그 결정적인 지점이 적대국 혹은 동맹국의 수도일 수 있음을 알았다. 나폴레옹 전쟁 때 수없이 많이 생겼다가 소멸된 동맹과 관련해서 클라우제비츠는 동맹의 개별 구성국은 언제나 자신의 이익을 가장 우선적으로 생각한다는 사실 그리고 어떤 동맹에 가입할 경우 위험이 동반된다는 사실을 잘 알고 있었다(후자에서 언급하는 위험의 사례로는 힘이 약한 국가를 도와야 할 때나 동맹국의 부대를 자기 영토 안에 불러들어야 할 때를 들 수 있다). 동맹이 번창하려면 동맹국들이 가진 정치적인 목적이 동일하거나 적어도 '동맹국 대부분의 이익과 부대가 동맹의 중심국의 이익과 지시에 부합하거나 복종해야 한다.' 바로 이런 조건 아래에서 적 동맹국들에게 동맹 탈퇴를 유도하면서 동맹을 파괴하기 위해 노릴 수 있는 무게 중심이 포착된다.[28] 평화시의 모든 동맹에서도 동맹국들이 모두 공동의 적을 향한 어떤 공동 사업에 참여하지는 않는데, 이것은 '상거래'와도 비슷해서 관련된 행동들이 '외교적인 단서 조항들로 꽁꽁 묶여서' 쉽게 이루어지지 않는다.[29]

이렇게 보면 무게 중심을 포착하는 일이 명확해 보이지 않는다. 이 개념은 적을 하나의 통일체로서 총체적으로 바라볼 수 있을 때, 그래서 그 지점에 대한 공격이 적의 균형을 무너뜨리거나 적의 붕괴를 유발할 수 있을 때만 오로지 의미가 있다. 그러나 적이 그런 분석이 가능하도록 자기를 드러내지 않는다면 단 하나의 명확하게 중심적인 지점이 존재하지 않을 수 있다. 이런 차원에서 보자면 느슨한 동맹이 (비록 이 동맹에서는 동일한 목적을 위한 싸움의 효율성이 떨어질 수 있을지라도) 강고한 동맹보다 무너뜨리기 더 힘들 수도 있다.[30] 만일 적이 전력을 다해서 전쟁에 임하는 경우가 아니라면 (예를 들어서 국지전을 벌일 경우가 그렇다) 적군을 노리는 타격의 효과는 애초에 기대했던 효과에 훨씬 못 미칠 수도 있다. 그러나 이 개념은 클라우제비츠의 다른 많은 개념들과 마찬가지로 서구의 군사 사상에서 여러 가지 형태로 구체화되어 나타났다. 비록 이 개념이 사물을 명확하게 볼 수 있는 도구가 되기보다는 자주 혼란의 원천으로 작용하기도 했지만 말이다.

✝ 승리의 원천

클라우제비츠가 전쟁의 속성을 묘사할 때, 전략은 의지의 지속적인 행동이고 전쟁의 불확실성을 극복하는 데 필요한 것이며 아울러 인간의 허약함과 행운의 변덕스러운 충격에서 비롯되는 것이라고 했다. 그런데 적도마찬가지의 문제들을 안고 있으므로, 적의 무게 중심에 대항할 보다 강력한 군대(세력, 전력)를 확보한다면 적을 이길 가능성은 여전히 있다. 당시에는 누구나 당연시했던 것처럼 클라우제비츠도 일단 적을 전투에서꺾고 나면 승리로 나아가는 길은 분명하게 드러난다고 생각했다. 그런데육군이 없는 국가는 어찌할 도리가 없었다. 지도에서 지워지거나 합병되거나 아니면 승자가 내미는 그 어떤 가혹한 조건이라도 모두 받아들여야했다. 그렇기 때문에 어떤 국가든 간에 패배를 피하려고 가능한 모든 것을 동원해서 싸움을 어떻게든 계속 이어나가려고 했다. 프랑스 혁명이일어났던 1789년 이후의 새로운 시대에 이것은 정부의 판단에서만큼이나 일반 민중의 열망에서도 강력하게 드러났다.

클라우제비츠는 정책이 정치인과 장군을 어떻게 연결시키는지 잘알았다. 즉 정책은 장군에게 그가 수행해야 할 목적과 이 목적을 달성하는 데 사용할 여러 가지 자원을 제시한다는 사실을 잘 알고 있었다. 그런데 그 목적에 대해서 스트라찬은 1815년의 어떤 강령을 언급한다.

"나에게 정치(혹은 정책)의 가장 중요한 원칙들은 다음과 같다. 절대로무기력하지 말 것, 어느 누구에게도 관대함을 기대하지 말 것, 목적 달성이 불가능해지기 전까지는 절대로 목적을 포기하지 말 것, 국가의 명예를 성스럽게 여길 것."[31]

즉 전략에 방향성을 제시한다는 점에서 정책은 본질적으로 어떤 국가가 다른 국가들과의 관계 속에서 자신의 이해관계를 표현하는 것이다. 클라우제비츠는 국가의 내부적인 정책이 전략에 미치는 충격을 특정한 형태의 마찰로서 실제로 깊이 탐구하지는 않았지만, 그래도 어쨌거나 그 충격을 일종의 마찰이라고 보았다. 전략과 정책의 관계를 평가하는 데 도움이 되도록 그리고 전략의 수행을 설명하기 위해서 최고사령관이 정부의 일원이어야 한다는 점은 중요했다. 강력하게 뭉쳐진 국민적 감정이 정부에 전쟁의 시작을 종용하며 처참한 최후의 순간까지 싸워야 한다고 단호하게 등을 떠밀어댄다는 사실을 클라우제비츠는 알았다. 하지만 전쟁을 통해서 얻어낼 수 있는 것에 한계가 있다는 생각이 점점 확대되었고, 바로 이런 생각을 바탕으로 해서 그는 18세기에 그랬던 것처럼 제한적인 목적을 위해서 수행되는 전쟁이 가능하지 않을까 하고 생각하기 시작했다.

비록 군대를 잃어버린 국가는 적의 관점에서 보자면 처참하게 패배했다고 할 수 있지만, '승리는 단지 전투가 벌어진 공간을 누가 최종적으로 점령하는가 하는 것뿐만 아니라 적의 물리적이고 심리적인 전투력을 얼마나 많이 파괴하는가 하는 것에도 달려 있다. 그런데 후자는 대개 어떤 전투가 어느 편의 승리로 끝난 뒤에 승자가 패자를 끝까지 추격해서 섬멸하기 전까지는 달성되지 않는다.'[32] 적의 무장 병력을 분쇄하고 나면 적에게서 얻고자 했던 것은 무엇이든 얻어낼 수 있으며, 적국 국민의 여론도 어렵지 않게 공포에 짓눌리게 할 수 있다. 하지만 보로디노 전투의 경우처럼 적군을 완벽하게 섬멸하는 것이 불가능할 수도 있다. 그리고 설령 그렇게 한다 하더라도 효과는 일시적일 수 있다. 즉 한 전투에서 패퇴한 적은 전열을 정비해서 다시 일어설 수 있다. 오히려 한층 더 강렬해진 복수심으로 반격할 수도 있다. 승리의 효과는 지속되지 않고 일시적인 현상으로 끝날 수 있으므로, 유리한 환경이 최적의 상태로 조성되었을 때 가장 유리한 조건으로 적과 협상하는 게 이득과 손실을 따질 때 현명한 선택이 될 수도 있다.

나폴레옹의 생애에서 우리는 오로지 군사적인 승리만을 유일한 수단으로 삼을 때 끝내 어떤 결과가 빚어지는지 교훈을 얻을 수 있다. 그는 유럽에서 완벽한 주도권을 잡고자 했다. 당시에는 그런 주도권이야말로 위대한 권력을 세우기 위해서는 전적으로 자연스러운 목적이라는 관념이 있었다(이것은 지금도 몇몇 국제 관계 이론가들 사이에서 여전히 유효한 발상이다). 그런데 실제 현실에서 보자면 완벽한 승리라는 것은 결코 가능하지 않다. 그 관념은 전쟁을 계속 이어가다가 끝내는 동맹군 하나 없이 외로운 처지로 패배하는 나폴레옹이 시종일관 견지했던 불행한 비책秘策이었다. 1805년에 나폴레옹이 오스트리아와 러시아에서 압도적인 승리를 거두었고 다음해에는 프러시아를 상대로 승리를 거두었지만, 그 승리는 영원하지 않았다. 패배를 맛본 국가들은 자기들이 당한 패배를 인정했지만 나중에 다시 전열을 정비해서 나폴레옹에 맞섰고, 이번에는 프랑스군의 전략과 전술에 대해서 보다 많은 것을 알고 있었다.

나폴레옹도 나중에 뼈저리게 깨달았지만 결정적인 단 한 차례의 전투를 추구하는 정규군에 효과적으로 대응하는 방법은 게릴라전 혹은 엄청나게 많은 국가들을 하나의 동맹으로 묶어서 수적 우위를 확보하는 것이었다. 나폴레옹은 자기가 설정한 목적들을 달성하기 위해서 전투에 의존했지만 그가 설정했던 목적들이 결과적으로는 유럽에 안정적이고 새로운 정치 질서를 부여할 것이라는 사실에 대해서는 명확하게 생각하지 않았다. 다른 누군가가 쉽게 베낄 수 있는 방법론으로 유럽 대륙을 지배하기는 어려웠다. 나폴레옹은 전투에서는 분명 천재였지만 정치적인 민감한 감각 면에서는 많은 점에서 부족했다. 그는 적대국에 대해서 징벌적인 협상만 제시했지 동맹을 강화하는 데는 서툴렀던 것이다.

만일 전쟁의 목적이 (징벌을 앞세운 위압의 평화가 아니라) 우호적인 평화라면 군사 작전도 이 목적을 달성하기 위한 수단으로 활용되어야 한다. '전쟁이 가지고 있는 본래의 순수한 개념대로 완벽하게 자유롭고 절대적인 폭력'인 전쟁은 '정책이 전쟁을 등장시키는 순간 곧바로 정책의 자리를 차지할 것이다.' 정책은 뒷전으로 밀려나고 전쟁이 자신의 법으로 세상을 지배할 것이다. '마치 미리 설정된 강도와 방향에 따라서만 폭발할 수 있는 광산의 갱도가 그렇듯이 꼭 그렇게.'[33] 전쟁이 제한적인 목적을 추구하는 방식으로도 수행될 수 있으며 또 전쟁의 수단이나 목적에 관한 한 반드시 절대적으로 무제한적이지만은 않다는 점을 인정한다 하더라도, 여전히 복잡하고 당혹스러운 문제들은 존재한다.

어떤 국가가 설정한 목적이 보다 장대하고 야심적일수록 이 국가가 전쟁을 일으킬 가능성은 그만큼 더 커지고 또 이 전쟁은 보다 더 폭력적이 된다. 그러나 그 전쟁을 통해서 애초에 의도했던 결과가 당연하게 빚어질 것이라는 보장은 없다. 제한적인 목적 아래 시작된 전쟁이라고 하더라도 전쟁의 수단은 제한되지 않을 수 있다. 전투에는 전쟁의 목적 즉 제한적인 목적이 주입되겠지만, 어쨌거나 전투를 치르는 주체는 양측의 군대이다. 그런데 이 대결이 처음에는 작고 덜 격렬하게 시작됐을지 모르지만, 양측이 서로가 서로에게 자극을 주고 받으면서 전투의 규모와 강도는 점점 커진다. 전투 바깥에서 전투를 제어하려는 시도가 아무리 이어진다 하더라도 전투의 내부적인 논리로서는 그렇게 될 수밖에 없다. 우리는 현재 이 과정을 '상호 상승'escalation이라고 부른다. 대중이 참가하게 되면서 상황은 얼마든지 악화될 수 있다. 그래서 클라우제비츠도 다음과 같이 말했다.

"두 민족 및 국가 사이에 이런 긴장 즉 대중적인 차원의 적대감이 존재할 수 있으며, 그 결과 아주 사소한 다툼 하나가 이 다툼과는 전혀 걸맞지 않는 거대한 폭발로 이어질 수 있다."[34]

바로 이 긴장 속에서 우리는 클라우제비츠가 후대의 군사 사상에 지속적으로 영향력을 행사하게 된 단서를 볼 수 있다. 그는 합리적인(이성적이고 논리적인) 정책이 전쟁을 일으킬 수 있지만 이것은 또 가능성이나 우연성뿐만 아니라 '폭력과 증오 그리고 적개심'이라는 맹목적이고도 자연적인 힘과도 언제나 경합한다는 사실을 잘 알고 있었다. 그는 정책과 우연성 그리고 적개심을 정부와 군대 그리고 국민 각각에 연결시켰다. 비록 이 연결성이 어쩌면 그 속성들에 전쟁을 제한하는 제도적인 형식을 부여했지만 말이다. 각각의 국가는 모두 내부적인 차원의 긴장 그리고 상대편 국가와의 긴장 속에서 나름대로의 삼위일체를 가지고 있었다.

"열정이 정책과 대립할 때 그리고 적대성이 합리성을 이길 때 전쟁 그 자체의 특성은 '삼위일체'의 특성을 압도하고 무릎 꿇린다."[35]

보다 폭넓은 이 정치적인 맥락이 전쟁의 기본적인 핵심을 뒷받침한다. 클라우제비츠는 군사적인 과제는 정치인이 설정해야 한다는 점을 인정했다. 일단 이런 설정이 이루어지고 나면 군대는 정치인이 군사적인 승리를 이용해서 최대의 이익을 끌어낼 것임을 기대한다. 군사적인 승리에 정치적인 승리가 자연스럽게 뒤따를 것이라는 게 당시의 통상적인 관념이었다. 하지만 만일 이 가정이 잘못되었다면 군사 행동에 전략의 초점을 맞추는 것만으로는 충분하지 않았다. 진정한 쟁점이 서로 대적하는 두 국가의 충돌일 때 그것은 적대적인 두 군대가 충돌하는 것에 관한 문제였다.

로마어 어원의 '승리'_{victory}라는 단어는 군사 영역에 확고한 자리를 차지하고 있었다. 조미니와 클라우제비츠는 전쟁의 목적이 군사 영역 바깥에서 비롯된다는 사실을 잘 알았다. 그러나 그들이 기본적으로 가지고 있었던 생각은 어떤 협상에서건 '적군이 전쟁터에서 퇴각할 것'을 전제로 해서 조건이 제시될 수 있다는 것이었다. 목적과 수단 사이에는 일종의 비율이 있었다. 그러나 군사적인 승리를 측정할 수는 있어도 정치적인 승리를 반드시 예측할 수는 없다는 문제는 남았다. 패전국 국민들이 드러내는 여러 저항과 불만은 머지 않아 승전국이 전투에서 거둔 명백한 성취들을 갉아먹는다. 만일 전쟁의 보다 광범한 정치적 결과들을 기대하기 어렵다면, 군사적인 측면은 보다 넓은 맥락이 아니라 구체적으로 손에 잡히는 목적을 탐구하는 수단으로 바라보는 게 낫다. 게다가 나폴레옹의 전쟁과 생애가 보여주듯이 일련의 전쟁에서 단순하게 동일한 군사 전략을 구사하는 접근법으로는 보다 높은 차원의 결과를 지속적으로 유지할 수 없다. 상대편에서 이 전략의 특정한 패턴을 알아차릴 것이고 결국 거기에 맞는 대안을 들고 나올 것이기 때문이다. 영국의 군사학자 브라이언 본드_{Brian Bond}는 이런 점이 어떻게 본질적인 문제를 제기하는지 지적했다.

"만일 전략의 여러 원리를 학습할 수 있다면, 전략이 이런 종류의 과학이라면, 모든 교전 당사국들이 이런 원리를 학습하지 말라는 법은 없다. 바로 이런 경우에 교착 상태의 지구전이 나타난다."[36]

| 제8장 |

가짜 과학
The False Science

:

독일 사람들이 당신에게
보나파르트와 싸우는 방법을 가르쳤던,
'전략'이라고 부르는 그 새로운 과학에 대해서
나에게 이야기해주시오.
_톨스토이, 《전쟁과 평화》

:

나폴레옹 전쟁과 관련된 참상은 국제적인 평화 운동의 단초가 되었다. 19세기의 백 년 동안에 걸쳐서 이 운동으로 숱한 '평화 협정'이 타결책을 찾았으며, 이런 분위기 속에서 인류애를 호소하는 총회도 많이 열렸다. 전쟁은 야만적이고 소모적이며 파괴적일 뿐만 아니라 기본적으로 반이성적이라며 비난받았다. 특히 전쟁은 경제에 대한 도발이고 공격이었다. 이런 비판은 존 스튜어트 밀John Stuart Mill이 1849년에 가장 분명한 어조로 공표했다.

"상업은 전쟁에 반대하는 자연적인 속성인 개인적인 이익을 강화하고 증식함으로써 전쟁을 낡은 것으로 만들고 있다. 그것도 매우 빠르게."

자유 무역의 열렬한 옹호자들은 전쟁에 의존하는 방식이 끔찍한 선택일 뿐만 아니라 너무도 어리석은 선택임을 쉽게 입증할 수 있는 국제 교류의 다양한 형태를 만들어낼 수 있음을 깨닫고 도덕 및 공리주의와 관련된 다양한 단체를 만들어냈다.[1]

영국의 자유 무역 옹호자들은 지속적인 힘의 균형을 토대로 한 평화를 내세우는 이 방식이 국제 분쟁을 관리하는 데는 민족주의나 전쟁에 의존하는 것보다 훨씬 더 효율적이라고 생각했던 것 같다. 지정학적 위치가 상대적으로 불리한 사람들의 눈에는 이런 주장이 자기 잇속만 차리려는 것으로 비쳤다. 프러시아의 경제학자 프리드리히 리스트Friedrich List 는 (지금도 많은 사람들이 흥미롭게 여기며 관심을 가지는 어떤 논쟁에서) 자유무역은 '발전이 덜 된 국가들이 제조업과 상업 및 해군력이 발달한 국가에 종속되는' 결과를 빚을 것이라는 부정적인 의견을 내놓았다.[2] 그런데 훨씬 더 큰 문제는 군사 분야에 몸담은 지 얼마 되지 않았던 클라우제비츠를 깜짝 놀라게 했던 요소, 즉 '모든 상상력을 무력하게 만들었던' 어떤 힘을 무시했다는 사실이었다.

프랑스 혁명은 일반 민중을 뜨거운 열정을 가진 존재로 역사의 전면에 등장시켰다. 나폴레옹은 이들을 자기 권력의 원천으로 삼았다. 이들을 이용해서 자신의 개성을 숭배하는 집단이 형성되도록 했고 개인의 복지와 국가의 성공 사이의 애국주의적인 고리, 도저히 풀 수 없을 정도로 단단하고 복잡하게 얽힌 그 연결성을 확신하며 대중적인 열광에 의존해서 높은 사기와 헌신의 결단으로 똘똘 뭉친 군대를 창설했던 것이다. 클라우제비츠는 이 새로운 요인이 가지고 있는 의미를 파악했다. 그랬기에 그는 이것을 삼위일체의 세 요소 가운데 하나로 인정했으며 그 덕분에 그의 이론은 오랜 세월 동안 살아남는 생명력을 가질 수 있었다. 그는 대중의 열정이 제한과 구속의 잠금 장치를 해제함으로써 전쟁 방식에 미칠 수 있는 영향을 알았고, 또 민족주의가 전쟁의 원천임을 인식했다. 프랑스가 구체적인 위협으로 보이기 시작하자 유럽 각지의 사람들은 저마다 자기 민족의 깃발 뒤로 결집했다. 사람들은 이제 국가와 민족의 깃발 아래에서 자기 정체성을 가지게 되었다. 그래서 클라우제비츠는 '두 민족 사이에 엄청난 규모의 긴장, 엄청난 양의 가연성 물질이 발생할 수 있다'고 했다.[3]

이런 경향은 국제 문제에서의 진보적인 시민성이라는 발상과 대척점에 섰으며, 민주주의의 확장 요구에 일종의 경계를 촉구하는 것이기도 했다. 또한 이로 인해 전쟁은 지배 계층의 음모라는 자유주의적 개혁가들의 주장이 설 자리를 잃었다. 호전적인 민족주의가 너무도 쉽고 또 빠르게 호출될 수 있다는 사실은 근본적인 반전주의자 및 자유 무역주의자들에게는 매우 거슬리는 것이었다. 19세기 중반을 넘어선 직후에 발발한 크림 전쟁은 전쟁을 원하는 대중적인 열광이 (심지어 영국에서조차) 얼마나 강력한 것인지 입증했다. 자유주의적 개혁가들은 마지막까지도 감정에 흔들리지 않는 공리주의와 열정적인 민주주의 사이에 사로잡힌 채 끼어 있었다는 사실을 깨닫지 못했다(크림 전쟁은 전통적인 남하 정책을 계속 추진하려는 러시아와 러시아의 남하를 저지하면서 근동 지방에 영향력을 확대하려는 영국과 프랑스가 투르크 문제를 둘러싸고 날카롭게 부딪친 전쟁이다—옮긴이). 이 장에서는 자유주의자가 아니었지만 전혀 다른 개성을 가졌던 두 사람이 전쟁과 정치의 이 쟁점을 어떻게 바라보았는지 살펴보겠다. 대중 군대mass army가 진정으로 이 군대의 우두머리인 장군의 통제를 받아야 할 것인지 이의를 제기했던 러시아 작가 레오 톨스토이Leo Tolstoy 백작과 명령의 가능성과 한계를 심층적으로 탐구한 독일 장군 헬무트 폰 몰트케Helmuth von Moltke가 바로 그 두 사람이다.

† 톨스토이와 역사

크림 전쟁은 장교 신분으로 세바스토폴(크림 반도 남서쪽에 있는 군항—옮긴이)에 파견되었던 귀족 가문의 청년 레오 톨스토이에게 엄청난 인상을 심어주었다. 톨스토이는 안락한 삶에 이끌렸지만 종교에 심취해 있었다. 그는 크림 전쟁의 전선에서 실제 일어나는 일들을 글로 써서 본국으로 보냈고, 이 글들 덕분에 작가로서의 명성을 얻기 시작했다. 그가 쓴 글들은 개인이 전쟁이라는 형태로 빚어지는 갈등의 독단에 어떻게 사로잡히는지를 예리하게 묘사했다. 그는 러시아 병사들이 적군의 화력에 어떻게 쓰러지며 또 러시아군이 후퇴할 때 이들의 시체가 어떻게 버려지는지 목격했다. 톨스토이는 러시아 지배 계층의 무감각과 무능에 점점 더 화가 나기 시작했으며, 이와 비례해서 어떻게 하면 귀족뿐만 아니라 평민의 경험을 문학에 담을 수 있을지 연구했다. 그리고 1863년에 장차 대작으로 남을 작품 《전쟁과 평화》War and Peace를 집필하기 시작했고, 그로부터 6년에 걸쳐 이 작업을 완성했다. 그는 관련 문건을 수집하고 생존자들을 만나 인터뷰하며 1812년에 전투가 벌어졌던 여러 현장을 몸소 답사하는 등 부지런한 연구자의 모습을 보였다. 톨스토이의 이런 접근법은 기존 소설 작법의 전통을 깨는 것이기도 했지만 또한 동시에 전문적인 역사학자들의 접근법과며 본질적으로 다른 것이었다. 이 책을 그는 '저자가 표현하고자 한 것 그리고 표현할 수 있는 것을 그것이 표현될 수 있는 형식으로 담은 것'이라고 설명했다. 그는 나중에 이 책을 개정하는 과정에서 기존의 역사관 그리고 더 나아가 클라우제비츠식의 전략관에 도전하는 짧은 글들도 실었다.

  클라우제비츠는 톨스토이의 대척점에 해당한다. 클라우제비츠는 심지어 《전쟁과 평화》에 잠시 등장하기도 한다. 안드레이 볼론스키 왕자는 (이 등장인물은 톨스토이의 관점을 대표하는 것으로 읽힌다) 두 독일인 볼초겐 부관과 클라우제비츠가 나누는 대화를 우연히 엿듣는다. 두 독일인 가운데 한 사람이 "전쟁은 더 넓게 확대되어야 해"라고 말하자 다른 사람이 동의하면서 "전쟁의 유일한 목적은 적을 약화시키는 것이며, 이 과정에서 사적인 개인들이 목숨을 잃는 일 따위는 당연히 고려할 필요가 없죠"라며 맞장구를 친다. 이 대화를 들은 뒤에 안드레이는 마음이 불편하다. 전쟁이 확대된다면 자기 아버지와 아들 그리고 누이가 살고 있는 곳까지 전쟁의 말발굽에 짓밟히게 된다는 뜻이기 때문이다. 그러므로 안드레이로서는 당연히 두 사람을 경멸하는 판단을 내린다.

"프러시아는 전 유럽을 나폴레옹에게 바쳤으면서 이제 와서 우리를 가르치려 하다니. 정말 훌륭하신 교사들이구려!"[4]

두 독일인의 이론은 '달걀 껍질만큼의 가치도 없다'는 게 안드레이의 판단이자 톨스토이의 판단이었다.

톨스토이는 역사를 잘 이해한다고 자부하는 역사가들뿐만 아니라 자기들이 모든 사건들을 통제한다는 허황한 생각을 가진 정치 지도자들의 자부심을 경멸하고 증오했다. 그에게 공감하는 독자들조차도 그의 견해가 무엇인지 파악하기 어려웠는데 (그의 견해는 러시아의 정치와 군사 및 지식 분야의 엘리트 계층 사이에서 그다지 큰 호응을 얻지 못했다) 그의 발상이 당대의 전략 실행에 아무런 영향도 미치지 않았음은 전혀 놀라운 일이 아니다. 그러나 톨스토이가 끼쳤던 정치적인 영향은 19세기의 나머지 기간 동안 널리 퍼져나갔으며 비폭력적인 전략의 개발을 자극했다. 그가 제시했던 총체적 차원의 비판은 다음 세기에 가서야 비로소 반향을 불러일으켰다.

톨스토이의 역사 철학을 이해하기란 결코 쉬운 일이 아니다. 실제로 이사야 벌린Isaiah Berlin이 박식함을 늘어놓으며 이런 시도를 했지만, 이런 작업조차도 톨스토이의 대작과 나란히 놓이면 초라하기 그지없다.[5] 톨스토이는 이른바 '역사에서의 위인 이론'great man theory of history을 탐구했다. 이 이론은 자기 지위 및 특별한 재능을 통해서 사건을 이끌어갈 수 있었던 사람들의 바람이나 결정을 참조하면 역사적인 사건들을 보다 잘 설명할 수 있다는 발상이다. 톨스토이는 이 이론에 반대했는데, 그의 반대는 보다 폭넓은 경제적·사회적·정치적 경향들이 가지는 중요성을 폄하하는 이런 부류의 이론에 대한 통상적인 불만 수준을 훌쩍 넘어섰다. 그는 인간사와 관련된 연구에 추상적인 범주를 설정하고 내적인 합리성을 가정함으로써 그것을 유사 과학적 기반 위에 올려놓으려고 한 모든 이론을 불신했던 것처럼 보인다. 카를 루트비히 폰 퓔Karl Ludwig von Pfuel 장군(프러시아와 러시아의 장군, 나폴레옹의 러시아 침공 때 초토화 정책을 주장했다—옮긴이)이었다면 성공은 '프리드리히 대왕의 역사에서 자기가 추론한 사선 형태의 진형 전개 이론' 덕분이라고 돌렸을 것이며, 실패는 불완전한 임무 수행 때문이라고 돌렸을 것이라고 보았기 때문이다.

톨스토이는 지위는 높지만 결국에 가서는 뭔가 착각해서 잘못 알고 있었음이 드러나는 인물들, 자기가 내리는 판단이 상당히 중요한 의미를 담고 있다는 허황된 믿음을 가지고 있는 인물들보다는 '개별적인 사람들이 개별적으로 각자 가지고 있는 의지의 합'을 강조했다. 그는 사람에게서 어떤 이중성을 보았다. 그 자체로 자유로운 개인의 개별적인 삶과 '무리로서의 삶'이 동시에 존재함을 파악한 것이다. 무리로서의 삶은 '자기 앞에 놓인 법에 필연적으로 복종하며 살아가는' 그리고 자기 자신을 의식하면서도 또한 동시에 '역사적이고 우주적인 인간의 목적을 달성하는 과정에서 무의식적인 도구'로서의 자신을 의식하는 삶이다. 톨스토이는, 인간은 전체적으로 볼 때 어떤 먼 경로를(이 경로가 신의 손이 만든 것이든 역사적인 어떤 힘이 만든 것이든 혹은 인간의 총체적인 감정이나 시장 논리가 만든 것이든 상관하지 않고) 따른다는 신념을 가지고서 독립적으로 행동하고 선택하는 각 개인들이 가지고 있는 능력을 조화롭게 조정하고자 하는 사람들의 진영에 합류했다. 그리고 이런 조정의 어떤 지점에서는 각 개인의 개별적인 가능성들은 전체적인 가능성에 압도될 것이라고 그는 생각했다. 이 철학이 설정한 과제의 대상은 사회계층적으로 낮은 사람들이 아니라 상층에 있는 사람들 즉, 자기들이 역사를 만들어나간다고 믿는 사람들이었다.

이 명제가 완벽한 참이 되지 못하는 한 가지 분명한 이유가 있다. 톨스토이가 그 이야기를 할 때조차도 정치 무대에서 주도적인 역할을 하는 배우들이 실질적인 영향력을 행사했다는 점, 다시 말해서 그들이 실질적인 결과를 이끌어냈다는 사실이다. 나폴레옹이 태어나지 않았다 하더라도 유럽의 역사가 바뀌지 않았을 것이라고 주장한다면 이상할 것이다. 역사가 유사 과학Pseudo-Science이 될 수 없음을 인정한다고 해서 반드시 체계적인 사상과 개념화의 가능성을 요구하지는 않는다. 나폴레옹이 보로디노 전투에서 보였던 모습과 성과를 가지고서 역사의 위인 이론을 깎아내리는 것 역시 이상할 수밖에 없다. 이 전투는 월터 브라이스 갤리Walter Bryce Gallie(스코틀랜드의 사회·정치 이론가—옮긴이)가 지적하듯이 '역사상 가장 이상하며 가장 전형적이지 않은 군사 작전 가운데 하나'였다. 그러나 톨스토이는 훨씬 덜 이상하고 덜 비정형적인 일들에 적용할 수 있는 보편적인 타당성을 정립하는 데 이 전투를 이용했다.[6] 톨스토이는 나폴레옹이 실제로는 자기 통제권의 범위를 완전히 벗어나 있는 사건들을 자기가 조종하고 주무르는 체한다는 식으로 나폴레옹을 묘사했다. 나폴레옹은 '세상과 세상 속의 삶을 인위적으로 조작할 수 있다는 환상'에 사로잡혀서 늘 떠들썩하고 분주한 상태에서 역사의 물줄기를 실질적으로 바꾸기 위해서 전투 현장에서 멀리 떨어지지 않은 곳에서 중대한 명령을 내렸다. 그러나 '그가 내린 명령은 단 하나도 집행되지 않았으며, 전투가 벌어지는 동안 그는 실제로 현장에서 어떤 일이 일어나고 있는지 전혀 알지 못했다.' 그가 수행했던 역할은 '권위의 대표자'였다. 톨스토이에 따르면 나폴레옹은 이 역할을 꽤 잘 수행했다.

"그는 전투에 진정으로 해가 되는 일은 하나도 하지 않았다. 가장 합리적인 의견을 따르는 듯 보였기 때문이다. 그리고 그는 그 어떤 혼란도 일으키지 않았고 자기가 말한 대로 행동했으며 전투 현장에서 겁을 먹거나 도망치지도 않았다. 그는 훌륭한 전술과 군사 경험을 가지고서 차분하고도 위엄 넘치는 모습으로 지휘하는 모습을 보여야 하는 자기 역할을 충실하게 수행했다."

그가 내린 명령이 명령을 받는 사람들에게 합당한 경우는 거의 없었고, 그가 받는 보고도 늘 한두 발씩 늦었다. 하지만 이것은 나폴레옹의 문제가 아니었다. 그는 그날 건강 상태가 좋지 않았고, 평소와는 다르게 어디에 주된 노력을 기울여야 할지 확신을 가지지 못했다. 적을 뿔뿔이 흩어놓을 기회가 생겼지만 작전을 수행할 예비 병력을 확보하지 못한 상태였다. 톨스토이는 나폴레옹을 다루면서 이 특별한 위인이 가지고 있던 권력에 걸맞게 묘사한 적이 거의 없었다. 아우터리츠 전투(1805년 12월, 나폴레옹이 오스트리아와 러시아의 동맹군을 격파한 전투, 근대의 가장 혁혁한 군사적 성과를 거둔 전투로 꼽는다―옮긴이)에서의 나폴레옹을 묘사할 때는 동시대 사람들이 이 황제를 마지못해 경외심과 존경심으로 대하게 만드는 어떤 속성들을 예리하게 포착하기도 했다.

이에 비해 쿠투조프에게는 우호적이었다. 비록 외면적으로는 멍청했지만 상황의 논리를 꿰뚫는다는 이유로 내면의 지혜를 가지고 있는 인물로 묘사했던 것이다. 군사학 지식에 관한 한 나폴레옹은 쿠투조프보다 앞섰지만, 쿠투조프는 보다 깊고 심오한 어떤 것을 이해했으며 또 상황이 어떤 식으로 전개될지 알았다. 쿠투조프는 안드레이 왕자에게 '시간과 인내심이 가장 강한 전사'라고 말했다. 그러자 안드레이는 쿠투조프가 '필연적으로 펼쳐질 사건들의 행진'을 이해하며 또 이 행진에 쓸데없는 참견을 하지 않고 피할 줄 아는 지혜를 가지고 있다고 결론을 내렸다. 이런 식으로 톨스토이는 그 전투에서 쿠투조프가 보인 수동성이 아둔함보다는 지혜를, 사령관의 명령보다는 군대 전체의 정신을 반영하는 것으로 묘사했다. 쿠투조프가 유일하게 명령을 내린 때는 패배하던 시점이었다. 그것은 반격을 준비하기 위한 것이었지만 반격은 그 상황에서 불가능했다. 이 명령은 그의 진짜 의도를 전달하기 위한 것이라기보다는 부하들에게 자신의 진심을 보여주는 것이었다. 톨스토이의 설명으로 보자면 프랑스의 공세는 실수 연발이었다. 프랑스군에는 러시아군을 압박할 도덕적인 힘이 없었기 때문이라고 했다. 그러나 러시아군은 저항할 도덕적 힘을 가지고 있었다.

전략이라는 '새로운 과학'에 대해서 톨스토이가 경멸을 드러낸 것은 '실제 현장에서 일어나는 어떤 사건에 앞서는 명령이 그 사건을 유발한다는 잘못된 발상'에 대한 경계이자 경고였다. 톨스토이는 비록 수천 개의 명령이 떨어진다 하더라도 역사가들은 오로지 실제 사건과 일치했던 몇 개의 명령에만 초점을 맞출 뿐이고 '실행될 수 없었기에 실행되지 않았던 나머지 수많은 명령'은 잊어버린다고 지적했다.[7] 이것은 여러 가지 계획을 세우고 실제 현장에서 벌어지는 일들을 전혀 알지도 못한 채 (실제로 작동하는 많은 요인들 가운데 극히 소수에만 영향을 미치는) 여러 명령을 내리는 전략적인 접근에 대한 도전이었다. 톨스토이는 1812년 7월, 진격해오는 나폴레옹의 공세를 어떻게 극복할지 러시아 지휘관들이 고민하는 모습을 통해서 심사숙고의 혼돈 상황을 상세하게 묘사했다. 드리사에 있던 주둔지를 포기할 것인가 말 것인가가 쟁점이었다. 어떤 장군은 그 주둔지 배후에 강이 있다는 것을 문제 삼았고, 어떤 장군은 주둔지의 가치를 고려했다. 안드레이는 온갖 목소리와 의견들이 만들어내는 불협화음, 그 모든 '추측, 계획, 반박 그리고 고함들'을 듣고는 다음과 같이 결론을 내렸다.

"전쟁에 과학이라는 것은 없으며 또 있을 수도 없다. 그러므로 군사적인 천재라는 것도 있을 수 없다."

이런 복잡한 문제들 속에 어떤 문제가 도사리고 있으며 어떤 환경이 설정되어 있는지 알려진 것도 없고 밝혀낼 수도 없다고 했다. 러시아군 혹은 프랑스군의 힘도 온전하게 파악되거나 이해되지 않았다고 했다. 모든 것은 '수많은 조건들 그리고 언제 닥칠지 아무도 모르는 어떤 특정한 순간에 결정되고 말, 그 조건들이 담고 있는 의미와 중요성'에 달려 있다고 했다. 천재의 속성을 군인에게서 찾는 것은 기껏해야 그 사람들에게 부여된 화려함과 권력 그리고 이 사람들에게 알랑거리는 아첨꾼들을 반영하는 것일 뿐이라고 했다. 훌륭한 사령관을 만들어주는 특별한 덕목이라는 것은 없으며 '인간이 가지고 있는 가장 고귀하고 훌륭한 속성들 즉 사랑, 시심詩心, 온화함 그리고 철학적 탐구심 등이 없을 때' 사령관으로서의 기량이 가장 효과적으로 발휘되는 것 같다고 했다. 군사 행동은 천재에 달려 있는 게 아니라 '"우리가 졌다!"라거나 "만세!"라고 외치는 대열 속에 있는 어떤 사람'에게 달려 있다는 말이었다.[8]

계속해서 톨스토이는 다음과 같이 정리했다. 전투는 기본적으로 혼란스러우며 원인으로서의 명령과 결과로서의 행동 사이에는 어떤 명확한 연관성이 존재하기 어렵다. 그러나 전투가 얻어낼 수 있는 것과 얻어낼 수 없는 것이 무엇인지 이해하는 것은 전략의 한 부분이다. 이런 점에서 러시아의 운명은 인간이 이해할 수 있는 범위를 넘어서는 어떤 힘만큼이나 전략에 의해서 결정된다고 할 수 있다. 도미닉 리번Dominic Lieven이 지적하듯이 톨스토이는 차르의 전략이 가지는 명료함을 신뢰하지 못했고, 차르가 바라는 대로 사건들이 얼마나 계획대로 전개될 것인지도 신뢰하지 못했다. 그럼에도 불구하고《전쟁과 평화》는 '그때까지 나온 모든 역사책' 이상으로 나폴레옹이 결국 패배하고 말았다는 보편적인 인식을 만들어냈다. 계속해서 리번의 설명이다.

"1812년에 인간이라는 등장인물들이 만들어낸 온갖 사건들이 이성적인 방향으로 나아가고 있음을 부정함으로써 그리고 군사적인 전문성이야말로 독일이 가지고 있던 질병임을 암시함으로써 톨스토이는 프랑스의 패배를 러시아의 혹독한 겨울이나 우연성의 탓으로 돌리는 서구의 해석을 당연한 것으로 받아들이고 또 자기 해석에 반영했다."[9]

군사 조직이라 하더라도 언제나 중심(사령관)의 요구에 반응하지는 않음을 인정하는 것은 별개의 문제이다. 명령은 잘못 해석될 수 있고, 정보는 불완전할 수 있으며, 애초의 작전 계획은 수정될 수 있고, 때로는 대체될 수도 있다. 물론 이것은 명령이 결코 유효하지 않으며 전투의 경로를 바꿀 수 있다고 주장하거나 혹은 리더십의 잠재력, 정보와 조언, 명령의 적절성, 그리고 전문적인 경험과 훈련, 능력의 영향력 등을 부정하는 것과는 전혀 다른 뜻이다. 어쩌면 톨스토이에게 자신의 무정부주의적인 철학을 개발하는 문제는 (이 문제는 특정한 '위인'이 다른 사람들에 비해서 어떤 사건들 및 그 결과들을 과연 더 잘 이끌어낼 수 있을 것인가 하는 문제에 비해서 덜 중요한 문제였는데) 그 '위인들'이 과연 그렇게 해야 마땅한지를 따지는 문제였다. 권력 행사라는 바로 그 발상 즉 다른 사람들의 목숨을 자기가 좌우할 수 있다고 주장하는 사람들의 거만함에 반대함으로써 톨스토이는 그런 발상의 영향력을 최소화하려고 했다.

톨스토이가 씨름하던 쟁점은 각각의 사건들에 원인이 부족한 게 아니라 오히려 너무 많다는 점이었다. 역사가들은 가장 두드러진 것만 골라서 기술하고 훨씬 많은 나머지 것들은 버려버린다. 이와 관련해서 벌린은 다음과 같이 썼다.

"어떤 이론도 인간 행동의 그 어마어마한 다양성, 동일한 시간에 발생하는 어마어마한 중복성, 역사가 기록한다고 주장하는 인간과 자연의 상호작용을 생성하는 도저히 밝힐 수 없는 인과관계들을 모두 담을 수는 없다."[10]

톨스토이에 공감하는 어떤 비평가는 자기가 살던 시대의 철학자들뿐만 아니라 자기 이론을 지지하는 단 하나의 증거나 요소를 구하면서 자기 이론과 맞지 않거나 모순되는 것들은 모두 무시함으로써 과거 역사를 이미 알고 있는 상태의 이점을 활용하려는 후대의 사회과학자들이 제시하는 주장들을 톨스토이가 어떻게 효과적으로 분쇄했는지 밝히려고 했다. 역사학자들 역시 결정적인 순간들에 초점을 맞추었지만 그런 순간들은 드물었다. 결과는 분리된 많은 순간들의 산물이고, 각각의 산물은 독자적인 우발적 가능성을 담고 있기 때문이다. 그런데 이 역사가들의 설명은 눈에 보이지 않는 의미 있는 측면들은 놓친 채 다른 측면들에는 과도한 의미를 부여한다. 역사적인 해석이 시시때때로 비판을 받고 수정되는 이유도 바로 여기에 있다. 이런 점을 바탕으로 해서 미국의 문학 비평가인 개리 모슨Gary Morson은 톨스토이가 가졌던 믿음과 관련해서, 진정한 이해는 오로지 현재에만 존재하며 사건들은 '당시의 현장에서 바로 그 순간에' 결정된다고 보았다. 전투 현장에서 전개되는 여러 가능성에 대한 즉각적인 주의력이 미리 계획을 세우는 것보다 더 가치가 있을 것이라면서 전투 이전에 밤에 잠을 잘 자라고 했던 쿠투조프의 조언이 그가 할 수 있었던 가장 훌륭한 조언이 된 것도 바로 이런 까닭에서이다.[11]

중심에서 이루어지는 통제, 즉 위인 이론의 한계에 대한 건전한 경고들은 별개로 봐야 하며, 이런 것들은 여전히 유효했다. 모든 것은 작고 사소한 결정들로 귀결된다는 주장은 (마치 어떤 것들은 다른 것들보다 더 중요하고, 과거에 있었던 결정들이 그 뒤에 일어나는 것과 전혀 상관이 없는 것처럼) 전혀 별개라는 말이다. 역사가들은 자기가 설명하고자 하는 여러 과정들의 총체성을 포착하려고 애를 쓰게 마련이지만 재해석의 가능성은 늘 존재한다. 역사가들은 과거를 바라보지만 전략가들은 미래를 생각한다. 하지만 특정한 요인들만이 영향력을 행사하는 예상치 않았던 이런저런 상황에서 (아무 것도 하지 않는 것은 또한 좋지 않은 결정이므로) 어떤 일들은 여전히 수행해야만 한다는 게 주어진 과제이다. 역사가들은 이미 일어난 일을 돌이켜본다는 이점을 발휘해서 과거의 그 모든 사건들이 다르게 전개되었다면 어떻게 되었을지 알 수 있다. 그러나 선택은 미지의 상태에서 미지의 대상을 놓고 현장에서 이루어져야 한다. 게다가 더욱 중요한 사실은, 이런 논지 속에는 본질적인 모순이 존재한다는 것이다. 장군들 및 그들의 이론은 잘못된 선택일지도 모른다는 무거운 부담 아래에서 엉뚱한 방향으로 향했다. 이들은 위험하기보다는 어리석게 보였다. 만일 그 선택들이 적절했다면 아마도 그들은 자신의 어리석음에 책임을 져야 했을 것이다.

† 몰트케

《전쟁과 평화》가 출간된 다음해에 전략이 한계를 가지기는 하지만 얼마나 필요한 것인지 보여주는 중요한 증거가 제시되었다. 어떤 전략가가 제시한 증거였다. 1870년에 보불 전쟁Franco-Prussian War이 발발했고, 이 전쟁에서 두드러진 모습을 보여준 사람은 헬무트 카를 베른하르트 폰 몰트케Helmuth Karl Bernhard von Moltke였다. 몰트케는 클라우제비츠의 추종자임을 스스로 밝혔으며 또 그를 가장 효과적으로 세상에 알린 사람이기도 했다. 그는 사실 클라우제비츠가 몸담았던 프러시아 전쟁대학(사관학교)의 학생이었다. 비록 당시에 두 사람이 의미 있는 만남을 가졌던 것 같지는 않지만 클라우제비츠는 몰트케의 보고서에 '모범적'이라는 점수를 매겼었다. 몰트케는 1832년에 제한된 집단 안에서 회람되던 《전쟁론》을 읽었다.[12] 그는 1800년에 태어났으며 1891년까지 살았다. 그리고 프러시아군에서 30년 동안 참모장으로 봉직했으며, 19세기의 가장 위대하며 성공적인 전략가들 가운데 한 사람으로 꼽힌다.

비록 그는 귀족 가문에서 태어났지만 가난했다. 그의 군 경력은 덴마크의 사관학교에 들어갔던 열한 살 때부터 시작되었다. 몰트케는 자유주의적인 인문주의자로 살았지만, 1848년의 여러 혁명들(이 해에 혁명은 이탈리아에서 시작되어 프랑스, 독일, 오스트리아 등으로 파급되었다―옮긴이) 이후에 갑작스럽게 우익으로 돌아서서 철저한 애국자이자 비타협적인 반공주의자가 되었다. 1857년에 참모장이 되었고, 장차 수백 년 동안 군사적인 전문성 분야에서 표준이 될 제도를 만들었다. 그는 조직, 무장, 훈련 그리고 병참 등 군사와 관련된 모든 분야의 모든 측면을 다루었다. 그가 두각을 드러낸 첫 번째 전쟁은 1864년 덴마크를 상대로 한 전쟁이었는데, 그의 명성을 드높인 것은 독일이 프러시아의 이름 아래 통일되고 프랑스가 유럽에서 가장 강력한 나라로 자리를 잡게 된 보불 전쟁의 한 작전이었다.

몰트케가 전략에 대해서 글로 쓴 것은 거의 없다. 군터 로덴베르크 Gunther Rothenberg(독일의 전쟁 역사학자—옮긴이)는 그를 두고 '추상적인 이론에는 거의 관여하지 않은 (……) 문법가'라고 했다.[13] 그가 쓴 가장 중요한 저술들은 가장 눈부신 성공을 거두었던 1870년의 보불 전쟁을 전후해서 나왔는데, 그 내용은 클라우제비츠의 영향력을 세상에 알리는 것이었다. 하지만 그는 결정적인 두 가지 점에서 클라우제비츠와 나폴레옹이라는 모델을 넘어섰다. 1860년대가 되자 19세기가 시작되던 무렵에 비해서 군대는 훨씬 많은 것을 할 수 있게 되었다. 도로망이 개선되었을 뿐만 아니라 철도가 부설된 덕분이었다. 몰트케는 이런 과학기술의 발달이 가지고 있는 병참 관련 가능성을 특히 민감하게 받아들여서, 대규모 부대를 별다른 어려움 없이 이동시킬 수 있을 때 어떤 일이 가능해질지 깊이 생각했다(그는 '군사 지도자가 해야 할 가장 중요한 일은 적시에 군대를 모으고 또 분산 배치하는 것이다'라고 말했다—옮긴이). 그리고 교전 당사국인 양측이 대규모의 예비군을 동원하고 또 어느 쪽도 상대를 압도해서 전쟁을 끝낼 수 없을 때 전쟁이 교착 상태에 빠질 수 있음도 인식했다.

몰트케의 접근법에 영향을 미친 두 번째 요소는 전쟁은 정치의 연속이라는 클라우제비츠의 주장을 자기 것으로 소화했다는 점이다. 그는 자신의 군주를 행복한 마음으로 섬겼으며, 오토 폰 비스마르크Otto von Bismarck 수상과는 행복하지 못한 마음으로 영향력을 나누어가졌다. 그 결과 정치적인 목적과 군사적인 수단 사이의 불확실한 접합을 인식했으며, 국지전의 가능성과 동맹의 가치에 대해서도 고민했다. 그는 클라우제비츠처럼 전쟁의 목적이 '무력으로 정부의 정책을 수행하는 것'이라고 믿었지만, 정치인들은 전쟁에서 현실적으로 얻을 수 있는 것보다 더 많은 것을 전쟁에 요구한다고 불평했다. 특히 비스마르크가 그랬다. 정치인이 목적을 정하고 나면 이것을 실현하는 것은 군대의 몫이었다.

"정치적인 고려는 군사적으로 부적절하거나 불가능한 요구가 아닌 한 받아들여야 한다."

그러나 만일 목적 가운데 어떤 것을 달성하지 못할 때 군사 부문과 정치 부문 사이의 날 선 대화를 피할 수 없다. 사실 이 두 부문은 서로 독립적으로는 제대로 기능할 수 없다. 하나는 목적을 설정하고 하나는 수단을 제공하기 때문이다. 이것은 '동원 가능한 수단을 가지고서 얻어낼 수 있는 가장 높은 목적'이라고 몰트케가 정리했던 승리의 정의에서도 분명하게 드러난다. 전투를 바라보는 그의 태도는 클라우제비츠와 비슷했지만 승리가 전쟁을 결정짓는 최상의 수단이라는 신념은 그가 훨씬 강했다.

무력에 의한 승리의 결정은 전쟁에서 가장 중요한 순간이다. 오로지 승리만이 적의 의지를 꺾을 수 있으며 적을 무릎 꿇릴 수 있다. 아무리 영토를 점령하거나 요새를 장악하더라도 적의 전투력을 파괴하지 않는 한 대개 전쟁은 끝나지 않는다. 그러므로 이것을 파괴하는 것이 작전의 기본적인 목적이 된다.

하지만 이것은 제한된 목적을 놓고 벌이는 전쟁 즉 국지전에서는 도움이 되지 않았다. 적의 전투력을 파괴하려면 제한된 목적에 비례하는 정도의 노력만으로는 부족하기 때문이다.

전략에 대한 몰트케의 접근에서 보다 혁신적인 점으로는 어떤 체계나 계획의 틀 안에 갇히길 거부했다는 점을 꼽을 수 있다. 그는 '어떤 계획도 적과의 교전 속에서 온전하게 살아남지 못한다'는 저 유명한 발언을 했다. 그는 자기 휘하의 지휘관들에게 전쟁은 '녹색 테이블에서 수행될' 수 없으며, 지휘관이라면 모름지기 상관이 기대하는 내용이 아니라 본인이 판단할 때 가장 적절하다고 생각하는 내용을 가지고 전쟁의 여러 상황에 대응할 수 있도록 해야 한다고 말했다. 그는 보편적인 일반성과 고정된 가르침을 혐오했다. 중요한 점은, '실천적인 차원의 응용'이 필요하다는 점을 인정하면서도 목적을 분명하게 머릿속에 담고 있어야 한다는 것이었다. 그는 일반적인 원리들을 설정하려는 시도 및 추상적인 개념화를 경계했다. 몰트케에게 전략은 '자유롭고 실천적이며 예술적인 활동'이었고 또 '즉각적인 임시 방편의 체계'였다.[14] 그러므로 전략을 선택할 때는 상식을 기반으로 해야 한다고 했다. 성격 검사도 극단적인 스트레스 상황에서 이런 것을 찾아내고자 하는 수단이었다.

프러시아의 도전적인 전략적 자세 때문에 일단 전쟁이 터지고 나면 여러 국가가 동맹을 결성할 위험은 언제나 존재했다. 그래서 속전속결의 승리가 필요했으며, 그러려면 될 수 있으면 공격적인 전략을 채택하는 것 말고는 달리 선택의 여지가 없었다. 동시에 몰트케는 야전의 조건을 개발하는 데 (특히 점점 치명적으로 강화되는 화력의 파괴력에) 관심을 기울였고, 따라서 전면전은 될 수 있으면 피하려고 애를 썼다. 비록 그는 전략이, 예측하지 못했던 갈등의 여러 측면과 그 결과로 창출되는 예상하지 못했던 기회들을 주무르는 것임을 알았지만 바로 이 지점에서 과제는 전술로 넘어가고 전략은 '입을 다문다.' 여기에서 그는 클라우제비츠와 다른 견해를 취했다. 클라우제비츠는 전투의 완수를 전략의 과제라고 바라보았기 때문이다. 몰트케는 전략적 과제는 적군의 병력을 될 수 있으면 많이 파괴하는 것이라고 개념적으로 단순하게 바라보았지만 실천적으로는 결코 쉬운 일이 아니었다. 그랬기 때문에 그의 전투 준비는 지나치다고 할 정도로 꼼꼼했다. 그리고 전투가 끝나고 나면 다시 전략을 생각하기 시작해서 전략이 작동하도록 했다.[15]

이른바 '전략적 포위'strategic envelopment로 묘사되는 몰트케의 접근법은 적에 비해서 우월한 병력을 적보다 빠르게 집중하는 것으로, 이것은 나중에 독일 전략의 특징으로 자리 잡는다. 자기보다 앞선 세대의 나폴레옹과 클라우제비츠처럼 몰트케는 수적 우위의 중요성을 조금도 의심하지 않았다. 그는 전쟁이 터지기 전에 연합이나 동맹의 형태로 규모를 크게 키울 수 있다고 생각했는데, 오스트리아를 상대로 했던 1866년 전쟁의 여러 결과들 가운데 하나는 독일의 보다 작은 여러 국가들 사이에서 동맹을 결성하는 것이었다(1871년에 독일제국이 성립하기 전까지는 여러 나라들이 난립하고 있었다. 당시의 독일제국은 4왕국, 18공국, 3자유시 등 스물다섯 개의 국가와 두 개의 제국령으로 구성된 연방국가였다―옮긴이). 그리고 전쟁이 진행되는 동안에는 특정한 시점까지는 보다 넓은 차원의 힘의 균형과 상관없이 우월한 병력을 유지할 수 있었다. 이런 목적을 달성하려면 반드시 신속하게 기동할 필요가 있었으며, 이것은 세심한 계획을 통해서만 가능한 일이었다. 몰트케 휘하에서 프러시아의 군비 전열 분야에 오랫동안 역할을 해왔던 전체 참모진은 규모가 확대되고 위상도 높아졌다. 그리고 이 참모진은 군사 계획의 원천이었을 뿐만 아니라 직접적인 관리자로서 이 계획의 설계와 집행을 책임졌다.

몰트케가 지휘관으로서 수행했던 가장 근본적인 혁신은 당시의 군사 교본에 어긋나는 것이었다. 그는 군대를 둘로 나누고 나누어진 각 부분이 전투를 위해서 결합하기 전까지는 따로 보급 받고 운용되도록 했다. 이른바 '행군은 따로 하되 공격할 때는 합친다'는 방식이었다. 물론 여기에는 위험이 따랐다. 각개격파당할 수 있다는 위험과 너무 일찍 합쳐졌을 때 병참선에 부하가 걸릴 수 있다는 위험이었다. 오스트리아를 상대로 한 1866년 전쟁에서 그는 철도를 이용해서 부대를 신속하게 목표 지점으로 이동시켰는데, 기동을 먼저 시작한 오스트리아군보다 먼저 도착했다. 당시 몰트케가 부대를 둘로 쪼개서 거의 160킬로미터나 떨어져 있도록 지시하는 것을 지켜본 사람들은 기겁했다. 만일 오스트리아의 지휘관들이 보다 기민했다면 몰트케가 재앙을 맞을 수도 있었다. 하지만 결국 오스트리아군은 두 방향에서 진격하는 프로이센군에 무릎을 꿇었다.

이 승리의 결과로 프랑스와의 전쟁이 시작되었고, 몰트케는 이미 이 전쟁에 대한 준비를 주의 깊게 해두었었다. 이번에는 부대를 세 개로 나눔으로써 최대한 유연성을 강화해서 프랑스군의 계획이 분명하게 드러날 때 빠르게 대응할 수 있도록 했다. 덕분에 그는 공격의 시기가 올 때까지 여러 개의 선택권을 가질 수 있었다.

만일 각각의 부대가 전투가 시작되는 당일에 각자 다른 곳에서 이동해올 수 있다면 훨씬 좋다. 즉 만일 마지막 순간에 다른 지점들에서 기동한 부대들이 적의 정면과 측면으로 치고 들어가도록 작전이 전개된다면 이 전략의 최대 역량이 발휘될 것이고 그에 따른 결과는 반드시 훌륭할 것이다.

하지만 계획대로 이렇게 될 전망이 확실하게 보장된 것은 아니었다. 공간과 시간이라는 두 변수를 계산할 수는 있어도 '그 이전에 있었던 사소한 전투들의 결과, 기상 상황, 잘못된 정보, 즉 인간사의 운이나 우연성이라고 부를 수 있는 모든 것'에 의존해서 의사결정을 내려야 하는 다른 분야의 변수들은 계산할 수 없었기 때문이다.[16] 나뉘어 있던 부대들이 너무 일찍 혹은 너무 늦게 합쳐질 경우에는 회복할 수 없는 피해를 입을 수도 있었다.

1870년에 있었던 프랑스와의 결정적인 전쟁에서 몰트케가 거둔 승리는 완벽했다. 적어도 전통적인 전쟁 개념에서는 분명히 그랬다. 그는 프랑스군을 8월 18일 메츠에서 격파하고 두 주 뒤에는 스당에서 격파했다. 그의 휘하에 있던 모든 사령관들이 그의 계획을 완벽하게 수행하지는 않았다. 하지만 그들이 저지른 실수는 프랑스군이 저지른 수많은 실수와 프랑스군의 낡은 방법들 덕분에 충분히 상쇄되고도 남았다. 비록 프랑스군은 불과 7주 만에 패배했지만 아직 전쟁은 끝나지 않았다. 스당 전투 패배로 나폴레옹 3세가 항복을 했지만, 파리에서 민중 봉기가 일어나서 제2제정을 무너뜨리고 임시 공화 정부를 세웠다. 그리고 정규군뿐만 아니라 비정규군도 국가를 방어하기 위해서 결집했다. 이것은 전투에서의 승리 뒤에는 언제나 정치적인 승리도 함께 따르지는 않는다는 생생한 사례였다.

독일군이 파리를 향해 진격할 때 몰트케는 병참선이 길게 확장될 경우 약점이 노출될 수 있음을 분명히 인식했다. 아울러 프랑스군에 보급을 해주는 프랑스 해군의 역량이 건재하다는 것도 알았다. 파리로 진격해서 파리를 점령할 것인가 말 것인가 하는 문제를 두고 비스마르크와 몰트케 사이에 논쟁이 벌어졌다. 몰트케는 파리 점령이 도리어 프랑스의 저항만 강고하게 해줄 것이라면서 포위 작전을 선호했다. 그러나 비스마르크는 공세의 고삐를 늦추면 영국과 오스트리아가 전쟁에 개입해서 프랑스의 편을 들지 모른다고 염려했다. 국왕 프리드리히 빌헬름Friedrich Wilhelm은 수상의 손을 들어주었고, 마침내 1871년 1월에 파리 포격으로 포위 작전이 시작되었다. 프랑스 정부는 싸움을 이어나갈 배짱이 없었고, 마침내 협상이 시작되었다. 하지만 아직도 전쟁이 끝난 것은 아니었다. 프랑스인이 파리 코뮌Paris Commune을 결성해서 치열하게 저항했기 때문이다. 그러나 즉흥적으로 조직된 비정규군은 대중의 열정으로 뜨겁긴 했지만 몰트케가 이끄는 군대의 규율을 당할 수는 없었다.[17] 게다가 몰트케는 전략 논쟁에서 비스마르크에게 졌다는 사실에 심사가 많이 뒤틀려 있었다. 비스마르크는 '부끄럽게도' 클라우제비츠의 저작을 단 한 차례도 읽은 적이 없다고 고백했었다. 그러나 전쟁이 일단 일어나고 난 뒤에 정치가 수행하는 지속적인 역할에 대해서는 명확한 의견을 가지고 있었다.

"전쟁으로 획득해야 할 목적을 새기고 또 제한하는 것, 그리고 그 목적과 관련해서 군주에게 조언을 하는 역할은 전쟁이 진행되는 동안에도 여전히 필요하다. 이것은 전쟁 이전의 어떤 정치적인 기능 그리고 이와 관련된 문제를 푸는 방식이 전쟁이라는 행위에 영향력을 미치지 않을 수 없는 것과 꼭 마찬가지이다."[18]

몰트케도 전쟁의 목적은 정책에 의해서 결정된다고 인정했다. 그러나 일단 전투가 시작되면 군대는 정책과 상관없이 자유롭게 운신할 수 있도록 해야 한다고 주장했다. '전략'은 반드시 '정책으로부터 온전하게 독립해야' 한다는 것이었다. 이 믿음은 1806년에 프러시아가 예나(독일 남부 도시—옮긴이)에서 나폴레옹의 프랑스군에 대패한 뒤에 군주의 무능함을 보완하기 위해서 프러시아에 작전 참모 직제가 처음 생겼을 때로 거슬러 올라갔다. 몰트케는 이런 역할이 그 어느 때보다도 중요하다고 판단했다. '(야전 사령관의 지휘를 직접 받지 않는) 독립적이며 반대 의견을 제시하는 자문관들'이 야전에서 지휘관을 둘러싸고 있으면 '아무 일도 이루어지지 않는다'고 보았던 것이다.

"이들은 모든 어려움을 다 제시할 것이고, 모든 결과를 다 예측할 것이다. 이들은 말로는 언제나 옳을 것이다. 그래서 아무리 긍정적인 발상과 제안을 내놓더라도 다 퇴짜를 놓을 것이다. 왜냐하면 그런 발상들 가운데 그 어떤 것도 자기들이 내놓지는 못할 것이기 때문이다. 이런 자문관들은 일을 망치는 사람들이다. 이들은 군대의 지휘자와 지휘 계통 자체를 부정한다."[19]

몰트케가 차지하고 있던 지위의 핵심에는 피할 수 없는 긴장이 도사리고 있었다. 이런 사실은 위기가 최고조에 다다랐을 때 국왕과 나누었다는 대화에 잘 드러났다. 몰트케는 파리를 점령하고 난 뒤에 '적의 숨통을 완전히 끊어놓기 위해서 프랑스 남쪽으로 밀고 들어갈 것'이라고 설명했다. 그런데 빌헬름이 이 과정에 프로이센의 전력이 소진되어 전투를 더는 승리로 이끌어내지 못하게 되면 어떻게 할 것이냐고 묻자, 그는 그럴 가능성은 없다고 대답했다.

"우리는 전투에서 늘 이겨야 합니다. 프랑스를 완전히 땅바닥에 내동댕이쳐야 합니다. (……) 그제야 비로소 우리는 우리가 원하는 평화를 강제할 수 있습니다."

"그런데 만일 그 과정에서 우리가 피를 흘리고 죽어야 한다면?"

"우리는 피를 흘리고 죽지 않을 겁니다. 설령 그렇다 하더라도 우리는 보상으로 평화를 얻을 겁니다."

그때 왕은 몰트케에게 현재의 정치 상황에 대해서 보고를 받았는지 물었다.

"현재의 정치 상황에 비추어보자면, 그런 식의 경로가 현명하지 않을 수 있는데……"

그러자 전쟁의 최고 책임자 몰트케는 단호하게 아니라고 했다.

"아닙니다. 저는 오로지 군사적인 문제만 생각해야 합니다."[20]

이런 팽팽한 논쟁의 결과로 나중에 군사 사상에서 결정적으로 중요한 의미를 가지게 될 개념 하나가 나타났다. 몰트케는 국왕에게서 넘겨받은 군사 명령 권한을 강조하면서 전쟁의 작전적 수준operational level이라는 개념을 제시했다. 이 수준 안에서는 최고사령관이 그 어떤 정치적인 고려나 간섭을 받지 않아야 한다고 했다. 파리 공격 방식을 놓고 벌어진 이 논쟁은 전략에서의 정치 배제라는 것이 환상일 수밖에 없음을 적나라하게 드러냈다고 볼 수 있다. 그러나 야전에 있는 지휘관들로서는 이런 개념이 신념이 되었다. 전략을 적절하게 구사해서 결국 승리를 이끌어내는 데는 필수적이었기 때문이다.

| 제9장 |

섬멸이냐 소모냐

Annihilation or Exhaustion

⋮

최대한 많은 병력으로 최대한 빠르게 기동하라.
_네이선 포레스트, 전략에 대한 (어쩌면 잘못된) 인용

⋮

Strategy : A history

20세기가 막 시작되던 무렵에 독일의 군사 역사가 한스 델브뤼크Hans Delbrück는 모든 군사 전략은 두 개의 기본 방향으로 나누어진다고 주장했다(델브뤼크는 프러시아 프리드리히 황제의 막내아들 발데마르 왕자의 개인교사를 거쳐 1896년부터 1921년까지 25년간 베를린 대학교 역사학 교수로 재임했다. 제1차 세계대전 후 독일 대표단 일원으로 파리 평화회의에 참가했다—옮긴이). 하나는 당시의 대부분 국가가 채택하고 있던 섬멸 전략strategy of annihilation이었다. 이 전략은 결정적인 전투를 통해서 적을 완전히 제거하는 것이었다. 다른 하나는 동원할 수 있는 군사 수단으로는 결정적인 전투를 수행할 수 없을 때 취할 수 있는 것이었다. 그것은 클라우제비츠의 1827년 저작에 기초한 것으로 델브뤼크는 이것을 소모 전략strategy of exhaustion이라고 불렀다.[1] 섬멸 전략의 경우 단 하나의 전투 현장만 있으면 되지만 소모 전략의 경우에는 전쟁의 정치적인 목적을 달성하기 위한 여러 가지 방법, 즉 영토 점령, 적국의 수확물 파괴, 적국의 물류 차단 등의 다양한 방식이 요구되었다. 과거에 이런 대안적인 접근법들은 보다 나은 선택권을 활용한다는 차원에서 종종 사용되었으며 또 효과를 보았다. 이때 중요한 것은 어떤 정책을 선택할 것인지 결정할 때 유연성을 가져야 하고, 현재의 정치적인 상황에 초점을 맞추어야 하며, 현실적으로 발휘할 수 있는 역량을 초과하지 않도록 하는 것이었다.

하지만 델브뤼크는 강한 쪽은 필연적으로 섬멸전을 선택하고 약한 쪽은 소모전을 통해서 자기들이 할 수 있는 것을 할 수밖에 없는 운명이라는 의미로 그런 구분을 하지 않았다. 소모전은 단 한 차례의 결정적인 전투가 아니라 장기간에 걸쳐서 적을 소진시키는 장기적인 작전이다. 하지만 그는 '피를 흘리지 않고서도 전쟁을 수행하는 순수한 기동 전략'이라는 발상을 조롱했다. 언제나 전투가 벌어질 가능성은 있다는 것이었다. 소모 전략에 대한 그의 견해는 그 뒤에 나타난 소모전attritional war 개념보다 더 작전적이었다. 이것은 국가의 경제적·산업적·인구 통계학적 요인들이 어떻게 전쟁을 떠받치는가 하는 점에 더 강조점을 두었다.

이런 분석을 하고 나선 바람에 델브뤼크는 독일의 작전 참모 역사를 연구하는 역사가들과 격렬한 논쟁을 벌여야만 했다. 특히 델브뤼크가 프리드리히 대왕이 결정적인 전투 즉 결전보다는 국지전을 했었다고 주장하면서 이 논쟁은 더욱 뜨거워졌다. 그리고 프리드리히가 전투에 조심스럽게 접근했고 또 야망을 펼치는 데 신중했다는 점에서 역사는 델브뤼크의 편에 섰다. 하지만 그럼에도 불구하고 복잡한 선택권이 존재하는 현상을 이분법적으로 제시하는 데는 여전히 문제가 있었다.[2] 다가올 전쟁에 대비해서 군대를 어떻게 운용할 것인가 하는 근본적인 선택은 미리 해둬야 한다는 것이 문제였다. 이 문제는 20세기 내내 전략 논쟁에서 중심적인 쟁점으로 남았다. 그러나 그 시점에 델브뤼크가 안고 있던 과제는 독일 장군들로 하여금 신속하게 공세로 나서서 결정적인 전투에서 적군을 섬멸하는 문제를 깊이 고민하게 하는 것이었다.

✝ 미국의 남북 전쟁

전략에서 이론과 실제의 복잡한 관계는 미국의 남북 전쟁(1861~1865년)에서 드러났다. 어떻게 보면 이 전쟁은 북부가 남부에 비해서 인구는 두 배나 많고 산업이 훨씬 더 발달해 있었다는 사실에서 비롯되었다. 전쟁의 대부분을 놓고 보자면 남부 연방에 창의적인 장군이 더 많았다고 할 수 있다. 남부는 전력이 약한 쪽이었으므로 방어적인 전술을 택하고 싶었을 수 있지만 오히려 자주 전쟁을 주도했다. 어쩌면 북부가 결정적인 전투의 결과를 진정으로 존중해주면 좋겠다는 바람에서 그랬을지도 모른다. 링컨 대통령은 북군의 전략은 공세를 필요로 한다는 사실을 명확하게 알았지만 실망스럽게도 그의 휘하 장군들은 전쟁 막바지까지도 링컨의 바람에 부응하지 못했기 때문이다.

클라우제비츠의 저작 및 전략 개념은 남북 전쟁의 여러 사건들에 이렇다 할 영향을 주지 않았다. 조미니의 경우도 마찬가지였다. 웨스트포인트(미국 육군사관학교)의 수석 교사이자 군사 이론가이던 데니스 머핸Dennis Mahan은 프랑스에서 나폴레옹 전쟁을 연구했으며 스스로 조미니의 추종자라고 말했다. 그가 가르친 학생들 가운데 '올드 브레인즈'Old Brains라는 별명의 헨리 할렉Henry Halleck이 있었는데, 나중에 링컨 대통령 아래에서 총사령관이 되는 그는 조미니의 《나폴레옹의 생애》Life of Napoleon를 영어로 번역하기도 했다. 머핸의 영향을 받은 결과였다. 머핸은 나폴레옹의 용병술을 높이 평가했다.

이 용병술 덕분에 단 한 차례의 결정타로 나폴레옹은 적을 분쇄하고 완전히 궤멸시켰다. 준비는 쓸데없지 않았고, 요충지를 탐색하는 감각은 불확실하지 않았으며, 결정적인 기동에는 망설임이 없었고, 전투가 진행되는 전체 모습을 독수리처럼 한눈에 바라보았으며, 백발백중의 본능으로 예측하지 못하는 게 없었고, 구름처럼 가벼운 군대는 적진을 빠르게 휘저으며 적을 혼비백산하게 만들었다. 대포의 가공할 화력은 그의 역량에 날개를 달아주었고, 줄지어 늘어선 보병 행렬은 맹렬한 기세로 적진을 향해 돌격했으며, 중기병은 저항할 수 없는 위압감으로 적을 압도하며 치달았고, 창기병과 경기병이 그 뒤를 따라서 대열이 흐트러진 채 우왕좌왕하는 적들을 섬멸했다. 이런 것들이 모두 이 위대한 군사 시대의 거의 모든 전투에서 실행되었던 전술적 교훈이다.[3]

할렉은 개전 초기에 고위 장성이었으며 얼마 지나지 않아서 총사령관이 되었다. 하지만 엔지니어로서 그가 보인 특출함은 요새 구축에 있었다. 그리고 이런 연유로 해서 그는 머핸이 그토록 강조했던 '전투 현장에서의 활력과 신속한 전개'와 전혀 맞지 않는, 공격이 아닌 수비 쪽으로 집중했다. 참호를 파거나 하는 등의 수비적인 분야에 전문성을 가지고 있음으로 해서 가차 없는 공격과 같은 공세적인 모습은 상대적으로 자제하게 되었던 것이다. 이런 조심성은 북군의 초대 총사령관이었던 조지 맥클렐런George McClellan에게서도 뚜렷하게 드러났다.

장군들 사이에서 조미니의 영향은 분명했다. 병참선에 초점을 맞춘다거나 해안 작전을 포함한 일련의 동시 다발적인 공격을 감행하자는 링컨의 제안에 반대한다든가 하는 모습에서 그런 영향을 확인할 수 있다. 이런 동시 다발적인 공격을 감행하려면 부대의 병력을 나누어야 하는데 이것은 전쟁의 기본 원리에 어긋난다고 북부의 장군들은 판단했던 것이다. 그래서 링컨의 제안을 정식 군사 교육을 받지 않은 민간인이나 할 수 있는 발상으로만 치부했다.[4] 이 전쟁이 매우 길게 그리고 힘들게 진행될 것임을 단 한 번도 의심하지 않았던 링컨은 자기 의견을 강하게 밀어붙이지 못하고 망설였다. 그러나 적에게 공세적으로 나설 장군들을 찾으면 좋겠다는 기대를 하면서 기존의 장군들을 대체할 준비는 언제든 되어 있었다. 장군들은 남군 측이 가지고 있는 수비의 잠재력을 경계하며 결정적인 전투를 해야 한다는 생각에 워낙 깊이 사로잡혀서 그 밖의 다른 전투에 전력을 낭비하는 것은 위험하다면서 꺼렸다. 이런 점을 조지 맥클렐런 장군은 다음과 같이 표현했다.

"나는 쓸데없는 전투에 내 인생을 낭비하고 싶지 않다. 적의 심장을 치고 싶을 뿐이다."

링컨은 장군들의 이런 태도에 점점 더 초조해졌다. 그러면서 그는 경멸적인 의미를 담아서 '전략'이라는 단어를 썼다. 1862년에 링컨은 다음과 같이 고함을 질렀던 것이다.

"바로 그 단어, 전략 말입니다! 맥클렐런 장군은 전략을 가지고서 반란군을 채찍질이라도 하려고 생각하나 봅니다."[5]

링컨이 보기에 전략은 군대를 가지고서 전투를 제외한 모든 것을 수행하는 전쟁의 한 방식이었다. 속임수와 기동 그리고 그 밖의 다른 기민한 움직임들로는 이따금씩 전투에서 이길 수는 있지만 궁극적으로 전쟁의 승패를 결정짓는 것은 무지막지한 무력이라는 것이었다. 마침내 북군이 남군 진영으로 침투해서 남군의 방어선이 가진 한계가 노출되자 비로소 링컨은 그 전략의 이점을 인정했다.

"자 여러분, 그건 진정한 전략이었습니다. 왜냐하면 적이 목적을 다른 데로 돌렸기 때문입니다."[6]

남군의 로버트 리Robert E. Lee 장군은 자기 나름대로 나폴레옹을 연구했고 적군을 섬멸하기 위한 공세의 필요성을 충분히 확신했다. 수세적인 방어 전략으로는 제대로 성공하지 못할 것임을 알고, 선제적으로 기동해서 가장 유리한 요충지를 차지한 다음에 전투를 해야만 승산이 있다고 판단했다. 그러나 그렇게 하면 사상자가 많이 나올 수밖에 없었다. 게다가 북군은 수비에 관한 한 많은 것을 잘 알고 있었다. 리는 승리를 위한 목표를 설정했다. 하지만 그는 이 목표를 달성하지 못했고, 결국 그 결과를 고통스럽게 받아들여야만 했다. 싸워야 할 상대편 군대는 '너무도 크고, 회복력이 왕성하며, 민주주의 정부의 의지로 철저하게 뒷받침되고 있기에 (……) 단 한 차례의 나폴레옹 전투로 파괴할 수 없다'고 인정할 수밖에 없었다.

북군의 율리시스 그랜트Ulysses Grant 장군은 리가 생각했던 이 논리를 냉혹할 정도로 선명하게 이해했다. 양측 군대가 끔찍하게 많은 사상자를 냈고 그렇게 해서 얻는 것은 거의 없었지만 북군은 남군보다 그 손실을 빠르게 회복할 수 있음을 알았다. 그랬기에 그는 리의 부대가 끊임없이 전투를 할 수밖에 없도록 몰아세워서 부대의 병력이 거의 남지 않도록 만드는 '세계 역사에 유례가 없을 정도로 필사적인 전투'를 해야겠다고 마음먹었다.[7] 한편 그랜트 장군은 윌리엄 셔먼William Sherman 장군을 보내서 남부의 부富와 생활에 막대한 타격을 가해 전쟁 의지를 꺾어서 남부 연방이 전쟁을 더는 수행하지 못하도록 압박하게 했다.

링컨이 전쟁에 기여한 부분은 1863년 1월에 남부 연방 지역의 노예를 해방한다는 노예 해방령을 내린 것이다. 이것은 '반란을 압박하기 위해 필요한 전쟁 조치'였다. 이 조치로 남부는 한층 더 불안정해졌을 뿐만 아니라 북군은 한층 더 강화되었다. 1865년까지 북군 병사 가운데서 과거 노예였던 사람의 비율이 10퍼센트로 높아졌던 것이다. 결국 전쟁은 소모전이었다. 남부 연방의 지도자 제퍼슨 피니스 데이비스Jefferson Finis Davis는 전쟁의 규모가 자기가 애초에 예상했던 것보다 훨씬 더 커졌다는 사실을 다음과 같이 통렬하게 인식했다.

"적은 내가 애초에 생각했던 것보다 더 많은 병력과 에너지와 자원을 쏟아내고 있다. 그들의 금고도 내가 생각했던 것보다 훨씬 더 많은 돈을 끊임없이 풀어내고 있다. (……) 내가 생각했던 전쟁을 아주 오래 계속 끌고 가기란 불가능하다. 싸울 수 있는 병력도 곧 소진되고 말 것이 분명하다."[8]

† 공세 전략의 숭배자

산업화가 진행됨에 따라서 전쟁으로 조직될 수 있는 사람이 점점 더 늘어나고 있었다. 한편 증기 기관과 전기 덕분에 병력을 동원하고 수송하는 일이 한층 쉬워졌다. 화력도 사정거리 면에서나 살상력 면에서 꾸준하게 개선되고 있었다. 이 모든 것이 사령관들에게는 해결해야 할 새로운 과제였다. 작전의 지리적인 범위나 이 작전에 동원되는 병력의 숫자는 점점 더 확대되고 커졌으며, 기상에 따른 제약도 점점 사라지는 추세였다. 병참이나 실제 전투가 내포하는 의미는 딱 꼬집어서 뭐라고 말할 수 없을 정도로 모호하고 불확실해졌다. 전쟁의 정치학 역시 바뀌고 있었다. 전쟁은 사회 전체 그리고 국민 감정 전체와 연관되어 있으므로 군대를 시민 영역에서 따로 떼어놓기가 점점 더 어려워졌다.

미국의 남북 전쟁에서 치러진 개별적인 전투들이 결정적인 전투가 아니었다는 사실 그리고 프랑스가 1870년에 스당에서 결정적인 전투에 패했음에도 불구하고 그 뒤에도 계속 프로이센 군대에 저항했다는 사실은 전쟁에서 승리를 쟁취하는 방법에 관한 기존의 견해가 수정될 필요가 있다는 신호였다. 그러나 결정적인 전투라는 발상이 워낙 깊이 새겨져 있었으므로, 전쟁의 초점은 만족스러운 결과를 강제할 수 있는 방법들을 찾는 데 여전히 맞춰졌다. 프랑스군이 1870~1871년에 대패를 당한 뒤에 프랑스 이론가들은 '공세'를 높이 평가하며, 자기 국민을 적의 화력에 대항하도록 설득하는 데 관건이 되는 도덕적인 힘을 찬양했다.[9] 물리적인 힘의 균형이 승리를 보장하지 못한다면 승패를 결정지을 결정적인 요인을 정신적인 어떤 것에서 찾아야 한다는 것이었다. 이 '정신적인 어떤 것'을 영국의 육군 원수 더글러스 헤이그_{Douglas Haig}는 '사기와 이기고 말겠다는 단호한 결심'이라고 불렀다. 이 이론의 핵심은 프랑스의 이론가 아르당 뒤 피크_{Ardant du Picq}에게서 나왔다. 제1차 세계대전 때 연합군의 최고 사령관이 되는 그는 전쟁에서 이기고 지는 것은 심리적인 차원에서 결정된다고 확신했다. 그래서 물리적인 충동은 아무 것도 아니고 '도덕적인 충동'이 전부라고 주장했다. 이것은 '상대가 얼마나 단호한 결심을 하고 있는지 인식하는 것'의 문제라면서, 적의 공격이 감행될 때 공격을 받는 측은 '당황하고 주저하고 걱정하고 망설이고 어쩔 줄 모를' 수 있다고 했다.[10] 이렇게 해서 공세주의는 프랑스의 공식적인 정책이 되었는데, 이것은 나중에 '숭배의 대상(컬트)'으로도 묘사된다.

독일의 전략 정책은 전혀 다른 기반에서 시작되었다. 몰트케는 만일 독일이 미래에 발발할 전쟁에서 빠르게 승리를 거두지 못하면 국제 사회에서 자신의 위상이 비참해질 것이라고 확신했다. 독일의 모든 전략가들이 인정한 핵심적인 전제는 만일 독일이 동쪽에서나 서쪽에서 공격을 받을 경우, 초전에 어느 쪽이든 제압을 하지 않으면 양쪽의 공격으로 샌드위치 신세가 될 것이라는 전망이었다. 1871년 이후에 몰트케는 독일이 과연 이런 능력을 갖출 수 있을 것인지에 대해 점점 더 비관적으로 생각하게 되었다. 프랑스와 러시아 두 나라를 동시에 상대할 전쟁을 준비하는 과정에서 그는 군사적인 요구는 한층 더 높을지라도 정치적인 기대를 한층 더 낮출 필요가 있음을 깨달았다. 이런 맥락에서 그는 정치적인 협상을 가장 유리하게 이끌 수 있는 지점에 독일군을 배치하고 싶었다. 그렇게 하려면 상대의 공세를 막아내기보다는 공세를 펼쳐서, 나중에 협상할 때 지렛대로 사용할 영토를 확보하는 전략이 필요했다.

이와 관련된 논의가 이론가들 사이에서 격렬하게 진행되었는데, 이런 사실은 몰트케의 후계자들이 소모전을 피하기 위해서 얼마나 단단한 결의를 했는지 반영한다. 그들로서는 필연적으로 맞게 될 교착 상태를 준비할 여유가 없었다. 그래서 위기의 상황에서 무력을 통해 새로운 정치 질서를 만들어낼 수 있고 또 그렇게 해야 한다는 신념에 고집스럽게 매달렸다. 19세기에서 20세기로 넘어가던 시점에 독일의 육군 참모총장이었던 알프레트 폰 슐리펜Alfred von Schlieffen은 이런 견해를 가진 대표적인 인물이었는데 1891년에 자기 견해를 다음과 같이 요약했다.

"전략 기술에서의 본질적인 요소는 (……) 수적 우위를 행동으로 실천하는 것이다. 이것은 전쟁 발발 시점부터 이미 우위에 있을 때는 상대적으로 구사하기 쉽고 그렇지 않을 때는 상대적으로 어렵다. 그리고 수적 불균형의 수준이 매우 높을 때는 아마도 불가능할 것이다."[11]

독일에 예견되는 가장 가능성 높은 시나리오는 서쪽으로는 프랑스와 싸우고 동쪽으로는 러시아와 싸워야 하는 것이었다. 이 경우에는 다른 적과 교전에 들어가기 전에 먼저 한쪽을 파괴해야만 했다. 전면적인 공격을 할 경우 사상자가 너무 많이 발생해서 앞으로 치러야 할 여러 전투에 필요한 병력을 충분히 확보하기 어렵다. 그러므로 적의 후방이나 측면을 선제공격해서 허를 찔러 적을 파괴할 필요가 있다고 했다. 슐리펜은 주의 깊고 정교한 계획을 세워서 적의 대응 전략을 미리 간파하고 대비하려고 했다. 작전의 전체 범위는 부대의 기동에서부터 승리까지 아울렀다. 적은 독자적으로 작전을 세우지 못한 채 독일이 미리 짜둔 각본대로 움직일 수밖에 없도록 했다. 그런데 이 계획은 몰트케가 설정했던 여러 개념들과 다르게 개별적인 선제공격의 여지를 거의 허용하지 않았다. 많은 것이 잘못될 여지를 최소한으로 줄인 것이다. 이런 계획을 전제로 할 때 슐리펜은 실수의 여지가 거의 없다고 생각했다. 그렇게 그는 정치적인 모험을 감행할 준비를 갖추고 있었다. 특히 중립국인 벨기에와 룩셈부르크를 침공해서 군사적 위험을 줄이겠다는 계획을 세웠다는 점에서 더욱 그랬다.

그런데 몰트케의 조카(그는 '소小 몰트케'라 불렸다)가 1906년에 슐리펜의 뒤를 이어서 육군 참모총장이 되기 직전에 준비했다는 이른바 '슐리펜 계획'Schlieffen Plan의 존재 여부를 두고 군사 역사가들 사이에서 많은 논란이 있었는데, 지금도 이 논란은 계속되고 있다(슐리펜은 제1차 세계대전이 시작하기 한 해 전인 1913년에 사망한다—옮긴이). 독일의 기록은 불완전하며 후대로 전해진 것들이라고 하더라도 틀림없이 주변 사정이 바뀜에 따라 그에 맞춰 수정되었을 것이다.[12] 때로 소 몰트케는 서쪽이 아니라 동쪽을 경계했으며 거기에 맞춰서 군사력 수준을 조정했다. 그러나 1914년 제1차 세계대전 발발 당시에 독일군은 마음속에 깊이 새겨진 전략적 개념을 따라서, 우선 하나의 적을 가장 적은 수의 병력 손실로 가장 빠르게 제거하려고 나섰다. 이 전략은 소 몰트케가 1911년 12월에 윤곽을 잡은 것이었다. 당시에 그는 어떤 상황이 전개되든 간에 독일은 가능한 모든 자원을 프랑스로 향하게 해서 선제공격을 해야 한다고 제안했다.

> 프랑스와의 전투에서 이번 전쟁의 승패가 달려 있다. 공화국(프랑스)은 우리의 가장 위험한 적이다. 그러나 우리는 여기에서 빠른 결판을 기대할 수 있다. 만일 우리가 첫 번째 전투에서 프랑스에게 패배를 안긴다면 프랑스는 따로 예비군을 마련해두지 않았으므로 장기전으로 돌입할 여력이 없을 것이다. 이에 비해서 러시아는 측정할 수도 없이 광대한 영토로 자기 병력을 얼마든지 빠르게 이동할 수 있고 또 전쟁을 언제 끝날지도 모를 장기전으로 몰고 갈 수도 있다. 그러므로 독일은 전쟁을 끝내는 데 초점을 맞추고 노력해야 한다. 적어도 한쪽 전선만이라도 단 한 차례의 거대한 타격으로 속전속결해야 한다.[13]

1914년 8월에 감행된 독일군의 공격은 나폴레옹 시대에서 물려받은 교훈을 최근에 빠르게 발전한 통신 및 병참 관련 기술과 지식에 맞춰서 경신한 것이었다. 말하자면 그 공격은 한 세기 동안 발전해왔던 군사 분야의 사상 및 실천의 최고 수준이었다. 이 공격은 선제공격이 보다 강력한 교전 형태라고 (별 다른 증거도 없이) 설정함으로써 클라우제비츠의 모델에서 탈피했다. 스트라찬이 지적하듯이, 1914년에 유럽의 모든 국가가 채택한 계획은 '단일한 전투를 위한 작전 계획은 특정한 원리에 따른 기동을 통해서 결정적인 승리를 얻기 위해서 설계된 것'이라는 조미니의 개념을 따른 것이었다.[14] 이럴 때 적의 방어선은 무력해지고 적은 허둥대고 비틀거릴 수밖에 없을 것이라고 보았다. 이 작전은 고도의 단호함, 기술, 열정 그리고 의지를 전제로 했다. 그리고 적은 감히 저항할 생각도 못할 것이라고 예측했다.

이것은 상당히 오래 전에 결정되고 준비되었던 전략이었고, 이 전략에 맞춰서 모든 세부적인 계획들이 수립되었다. 이 계획이 실제 현장에서 제대로 실현되려면 모든 부대는 상급 지휘관의 명령을 충실하고도 정확하게 따라야 했다. 수많은 개인들이 각자 어떤 선택을 하고 그 선택을 통한 개별적인 결과가 전쟁을 좌우한다는 톨스토이 식의 개념이 아니라, 부대와 각각의 전투원은 규율과 훈련을 통해서 최고사령관의 의지를 실천하는 도구가 되어야 한다는 개념이었다. 예측하지 않았던 상황이 전개될 때 국지적으로 재량권이 허용되어야 하겠지만, 이 경우에도 역시 최고사령관의 의도가 분명하게 반영되어야 했다. 직접적인 통신을 통해서뿐만 아니라 독일군이 공유하던 제도적 문화 및 합의된 강령을 통해서 간접적으로라도 최고사령관의 의도가 관철되어야 했다. 육군 참모총장 소 몰트케는 육군 최고의 두뇌를 골라서 쓸 수 있었다. 그리고 포괄적인 계획의 기준들을 마련하고 또 각각의 전투원들이 어려운 조건 아래에서도 상급 명령을 충실하게 따를 수 있도록 준비시켰다.

하지만 이런 노력들 가운데 그 어떤 것도 승리를 보장할 수는 없었다. 승리를 보장하려면 군사적인 차원의 급박함이 그 어떤 외교적인 고려보다 우선되도록 해야 했다. 그리고 이렇게 하려면 무엇보다 중립을 선언한 벨기에를 침공해야 했다. 그런데 이렇게 할 경우 영국이 참전해서 실질적이거나 잠재적인 시민적 저항이 분쇄될 가능성이 높았다. 하지만 설령 그렇다고 하더라도 승리의 가망은 군대의 우위(정확하게 말하면, 우위로 보이는 상태)에 달려 있었고, 이 군대의 단호한 의지는 보다 열위의 계획에 전술적 이해와 규율, 훈련이 부족한 군대를 가진 약한 국가를 무릎 꿇릴 터였다. 게다가 중립국을 침공하는 것 말고는 확실하게 이기다 하고 내놓을 대안도 따로 없었다. 장기적인 소모전으로 이끌고 가야 할 욕구도 없었고 또 그럴 만한 자원도 없었다. 소모전을 수행할 길은 전혀 없었다. 군부가 가장 두려워 한 상황은 점진적인 비무장화 혹은 무장 상태의 축소였다. 이렇게 해서 긴박한 정세가 유화적으로 바뀔 경우, 독일이 내놓을 대안은 사라지고 말 터였다. 독일로서는 전쟁 위협으로 보다 유리한 외교적 조정 결과를 얻어내는 것이 유일한 대안이었다. 너무도 많은 것이 효과적인 선제공격에 달려 있었으므로 상대국이 일단 군사 동원령을 내리고 나면 정치적인 상황은 곧 독일로서는 통제 불능 상태로 바뀔 터였다.

여러 국가들을 서로 대립하는 진영으로 갈라놓는 커다란 쟁점들은 무력을 통해서 얼마든지 해결될 수 있다는 나폴레옹의 논리는 그가 몰락한 뒤에 함께 몰락했다. 그 가정은 검증을 거친 몇몇 경우에 한해서만 당연하게 받아들여졌다. 비록 이런 경우들이 그 가정을 한층 강화했지만 그와 동시에 주의해야 할 여러 가지 이유들이 있다며 경고했다. 예를 들면 이런 것들이었다. 우선 수송 분야의 발전, 특히 철도의 눈부신 발전을 들 수 있는데, 이런 발전 덕분에 적을 포위하고 기습하기 위한 복잡한 기동 및 예비 병력의 신속한 전선 투입 등이 한층 쉬워졌다. 또한 산업화 덕분에 대포 및 개인 무기의 무게, 사정 거리, 정확성 등이 개선됨에 따라서 방어선을 뚫기도 쉬워졌고, 반대로 방어선을 지키는 측에서는 돌격해오는 적군을 대량으로 살상하기도 쉬워졌다. 나폴레옹 전쟁에서 얻었던 기본적인 교훈, 즉 어떤 나라의 군대 규모가 크기만 하다면 작전의 우수성과 상관없이 훨씬 강력한 동맹을 상대로 싸워서도 얼마든지 이길 수 있다는 교훈은 여전히 힘을 잃지 않고 남아 있었다. 전쟁이 한 나라에 끼치는 스트레스는 민중의 분노와 혁명의 격동으로 이어질 수 있다는 1871년의 교훈도 그랬다. 전쟁은 과격한 수단이었다. 전쟁은 국제 질서를 뒤집어엎을 수 있고, 국내적으로는 과격한 정치적 세력을 낳을 수도 있었다. 그러나 적을 단 한 차례의 공격으로 쓰러뜨릴 신속한 군사 행동을 위한 어떤 전략을 가진다는 것은 별개의 문제였다. 그러나 그 결정적인 한 방에도 불구하고 적이 무릎을 꿇지 않을 경우, 그 다음 상황에 대처할 매력적인 전략은 그 어디에도 없었다.

✝ 머핸과 코베트

선제공격과 결정적인 승리를 둘러싼 이런 논쟁들이 대륙의 열강들 사이에서 진행되는 동안 영국은 해군력에 의존하는 것으로 만족했다. 다른 국가들은 해군 전략에 대해서 별다른 관심을 기울이지 않았다. 오로지 영국만이 전 세계에 흩어져 있는 식민지 제국 및 국제 무역을 유지하기 위한 기본 전략으로 예전과 다름없이 해군에 깊은 관심을 가지고 있었다. 해군 전략에서 주된 개념은 제해권制海權이었는데, 이 개념은 투키디데스까지 거슬러 올라간다. 제해권은 인력과 물자를 자기가 원하는 지점으로 언제든 방해받지 않고 해상으로 이동시키는 능력과 다른 국가들이 이런 시도를 하지 못하도록 제압하는 능력을 말한다. 19세기에 영국은 제해권을 장악했다. 영국은 해군력에 관한 한 그 어떤 국가도 대적할 수 없는 힘을 과시하면서 자기보다 해군력이 약한 국가들에게는 군함을 파견해서 자국의 이익을 상기시켰고, 다른 국가들을 위협하기도 하고 보호를 보증하기도 했으며, 새롭게 해군력을 강화하고 나타나는 국가들을 상대로는 유리한 협상을 이끌어내거나 타격을 입힘으로써 해군 자산에서 최대한의 이익을 이끌어냈다. 또한 그러면서도 제국 전체의 병참선을 유지하고 강화해왔다.

상황이 그렇다 보니 육지에서 벌어지는 전쟁에서는 대등한 무력을 가진 상대를 어떻게 격파할 것인가 하는 문제가 대부분 나라들의 주된 관심사였지만 영국으로서는 이 문제를 굳이 고려하고 따질 필요가 없었다. 19세기의 대부분 기간 동안에 해군력으로 영국에 필적할 국가는 없었기 때문이다. 프랑스가 한때는 영국에 도전하기도 했지만, 영국 해군의 우위는 1805년의 트라팔가 해전(나폴레옹 전쟁 기간 동안에 일어났던 전투로, 넬슨이 이끄는 영국 함대가 프랑스와 스페인 연합 함대를 기습해서 단 한 척의 피해도 없이 대승을 거두었다—옮긴이)에서 다시 한 번 더 확인되었다. 그때 이후로 영국의 제해권이 심각하게 도전 받는 일은 한 번도 없었다. 영국은 이런 안정 상태를 유지하기 위해서는 자국의 해군력을 다른 나라 해군력의 두 배로 유지해야 한다는 결론을 내렸다. 그런데 19세기에서 20세기로 넘어가는 바로 그 시기, 증기 기관이 도입되고 독일의 산업이 빠르게 성장하는 환경 아래에서 영국의 해군력이 위협을 받게 되었다. 제1차 세계대전 이전에 영국은 누가 뭐래도 자신들이 최고의 해군력을 가졌다고 주장했지만 이런 주장이 정당성을 얻으려면 상당한 노력을 기울여야만 했다.

해군에 대해 처음으로 주목할 만한 글이 나온 시기는 19세기 후반이었다. 미국 뉴욕에서 태어난 앨프레드 세이어 머핸Alfred Thayer Mahan은 해군에 복무하면서 불행하고도 대수롭지 않은 경력을 보낸 뒤에 1886년에 우연히 미국 해군 대학Naval War College 학장으로 취임했다. 여기에서 그는 해군력이 역사에 끼친 영향을 주제로 한 일련의 강의를 했고 이 내용이 그의 가장 중요한 두 저서로 세상에 나왔다. 하나는 프랑스 혁명까지 다룬 책이었고, 또 하나는 1812년까지 다룬 책이었다. 그의 저작물은 지루하기 짝이 없었을 뿐만 아니라 그는 또 (특히 1896년에 해군 대학에서 퇴임해서 1914년에 사망할 때까지는) 지독한 다작이었다.[15] 그는 전략의 원리가 아니라 해군력과 경제력 사이의 관계에 초점을 맞추었다. 특히 영국이 강대국으로 성장한 것은 '육지에서 위대한 군사 작전을 시도한 덕분이 아니라 바다를 장악하고 바다를 통해서 유럽 이외의 세상을 지배한 덕분'이라고 정리했다.[16] 미국인으로서 그는 자기 조국이 영국의 사례를 따라야 한다고 촉구했다. 하지만 그의 이런 촉구는 영국에 도전장을 내밀기 위해서가 아니었다. 영국과 미국이 함께 바다를 무역의 통로로 활짝 열어둘 수 있도록 하기 위해서였다.

머핸의 저작은 영국에서 갈채를 받았다. 영국의 해군력은 성공을 거두었지만 프랑스의 해군력은 실패를 하고 말았던 사실에 초점을 맞춘 그의 중심 논지는 설득력을 가졌다. 야심을 가지고 한창 성장하던 국가들은 영국의 경험에 비추어볼 때 바다에 의존하는 국가들로서는 대규모 선박으로 구성된 대규모 해군을 갖출 필요가 있다는 이론을 받아들였다. 머핸의 역사적이고 지정학적인 판단들을 진지하게 고찰할 가치가 있다는 의견은 많이 나왔지만 해군력의 실제 배치에 대한 그의 견해는 아직 많이 개발되지 않은 상태였다.[17] 머핸은 지상 전쟁의 여러 원리들이 해상 전쟁에서도 동일하게 적용될 수 있다고 여러 차례 반복해서 주장했으며 이런 원리들을 밝히기 위해서 조미니에게로 눈을 돌렸다. 실제로 그는 조미니에게서 '군사적인 조합에서 우선적으로 고려해야 할 소수의, 극소수의 사항들'을 배웠다고 밝혔다. 머핸의 아버지 데니스Dennis는 조미니의 이론이 미국에서 긍정적으로 수용될 수 있도록 노력했던 사람이었다. 머핸이 조미니에게 푹 빠질 수 있었던 데는 이런 이유도 한몫을 했다.[18] 그러므로 머핸의 전략은 기본적으로 결정적인 전투를 강조한 것이었다. 적의 조직된 힘 즉 군대가 '주요 타격 대상'이어야 한다는 것이었다. 이런 발상은 '마치 양날의 검이 허울만 그럴듯한 이런저런 수많은 제안들의 핵심과 여러 관절들을 하나를 꿰는 것과도 같은 (……) 조미니의 단언'이었고, 전투 준비에 무력을 집중할 것(전략의 '기초')을 요구했다. 해군 장교들은 이런 원리들을 따름으로써 육군 장교들이 가지고 있던 성숙한 전략 수준을 따라잡았다.[19] 그러나 머핸은 불행하게도 '해상 전쟁술의 발전은 상대적으로 더뎠고 지금은 지상 전쟁술에 비해서 덜 발전했다'고 보았다.

"물질적·기계적 분야의 발전을 두고 벌이는 경주 속에서 동일 집단으로서의 해군 장교들은 자신들의 독특하고도 주된 관심사인 전쟁 수행의 체계적인 연구에 대한 관심을 놓쳐버렸다."[20]

하지만 머핸은 기본적으로 역사가였다. 그는 해군 전략에 대한 여러 가지 발상들을 한 권의 책으로 묶어내면서 그 책이 자기가 썼던 여러 책들 가운데서 최악의 책이 되고 말았다고 고백했다.[21]

머핸이 비록 해군력에 대한 해석을 새롭게 하면서 미국과 영국의 해군 관계자들로부터 어마어마한 찬사를 받긴 했지만 그의 이론이 후대에 미친 영향은 크지 않았다. 역사는 시간을 초월하는 여러 원리 안에 있다고 믿었던 사람들과 마찬가지로 그는 증기 기관이 대표하는 여러 신기술들에서 비롯되는 해군력의 거대한 변화를 자신의 기본적인 이론 틀 안으로 포함시키지 못했다. 그리고 한 가지 유형의 군사력이 지닌 강점을 증진시키고자 했던 사람들이 그랬듯 그는 그 유형이 다른 유형의 하부 개념으로 비치지 않을까 지나치게 신경을 썼다. 그래서 해군이 육군의 한 단위로 전락하는 것을 막기 위해서 해군을 해변 경계에 활용하는 방안도 기각했다. 해군의 역할을 제해권을 놓고 다른 나라의 해군과 경쟁하는 데에만 국한했던 것이다. 또 그는 결정적인 전투에 초점을 맞추었던 사람들이 그랬듯이 보다 제한적인 형태의 교전에는 거의 관심을 기울이지 않았고, 결정적인 전투가 끝난 뒤에 민간 상선을 파괴하는 행위는 경멸을 받아 마땅하다고 했다. 전쟁에 이기고 나면 저절로 자기 소유가 될 적의 경제력을 굳이 파괴할 이유가 없다는 게 그의 논리였다.

독일에서도 머핸의 논리와 매우 비슷한 논리가 개발되고 있었다. 그 주인공은 알프레트 폰 티르피츠Alfred von Tirpitz 제독이었다. 19세기 후반에 그는 최근 통일된 독일 해군의 면모를 이류 수준에서 영국 해군을 위협할 수 있는 일류 수준으로 바꾸어놓을 책임을 짊어졌다. 그의 전망은 야심찼지만 상상력은 부족했다. 머핸이 가졌던 전망과 비슷했기 때문이다. 한 가지 다른 점이 있다면 머핸이 조미니에게서 영감을 얻었던 것과 다르게 그는 클라우제비츠에게서 영감을 얻었다. 그는 미래에 벌어질 해전을 준비하면서 해전 역시 육지에서 진행되는 전쟁과 매우 비슷할 것이라고 예상하고 제해권을 장악하기 위한 '함대 대 함대'의 전투를 생각했다. 그는 지상 전투를 토대로 해서 해상 전투 모델을 만들었다. 심지어 '해상에서 벌어지는 육군의 전투'라는 표현을 썼는데, 해군의 '기본적인 과제'는 '정렬된 대규모 전투'에서 승리를 차지하기 위한 '전략적인 공세'를 수행하는 것이라고 주장했다. 해안을 향한 함포 공격이나 해안 봉쇄 등과 같은 그 밖의 다른 가능성들은 '적 함대가 여전히 존재하며 전투 태세를 갖추고 있는 한' 불가능하다고 보았다. 그래서 그는 이 모든 해상 전투들이 적에게 상당한 어려움을 줄 수 있음에도 불구하고 회피하고자 했다.[22]

머핸과 티르피츠가 해전의 목적과 방법에 관련해서 매우 비슷한 여러 개념들을 동원해서 자기 나라를 신흥 해군 강국으로 육성하려고 애를 쓰고 있었지만, 같은 시기 영국에서는 이렇다 할 해군 전략가가 없었다. 제1차 세계대전 뒤에 윈스턴 처칠Winston Churchill도 다음과 같이 지적했다.

"영국 해군Royal Navy이 해군 관련 저작물에 중요하게 기여한 것은 아무 것도 없다. (……) 영국 해군의 사상과 연구는 판에 박은 듯 일률적이다. (……) 우리는 모든 분야에 탁월하면서도 과감하고 헌신적인 전문가들을 확보하고 있었다. 그러나 갈등이 시작된 바로 그 시점에 우리에게는 전쟁을 지휘하는 선장보다 배를 지휘하는 선장이 더 많았다."

해상 전력에 대한 표준적인 작업은 미국의 한 해군 장성이 해왔다. 그런데 영국에서는 한 민간인이 이 분야에서 최상의 작업을 해냈다.[23] 그는 줄리안 코베트Julian Corbett였다. 정확한 분석과 정연한 글을 구사하는 코베트는 당시 지배적이던 방안에 대해서 가장 본질적인 비판을 제기했다. 그는 국지전의 가능성을 주장하고 육상에서 어떤 결정적인 전투에 전력을 집중하는 방식을 예로 들어 이것이 왜 해전에서는 적절하지 않은지 반문했다. 법률을 전공했으며 소설을 쓰기도 했던 코베트는 실제 해군 경험이 부족했다. 이 경험 부족은 결정적인 전투 및 해상에서의 공세에 대한 그의 회의주의적인 시각 그리고 영국 해군사의 위대한 신화들(예를 들어 1805년의 트라팔가 해전)에 의문을 제기하는 태도와 함께 그에게 자주 걸림돌이 되곤 했다.

하지만 이 모든 것에도 불구하고 그에게는 참모 대학 강사로서 해군 교육을 담당하는 중심적인 역할이 주어졌다. 또한 영국 해군 본부의 내부자로서 정책 입안에도 참여했다. 그것도 제1차 세계대전 기간 동안에 말이다. 당시 그에게는 해전의 공식적인 역사를 감독하는 책임이 주어졌는데, 그는 개혁적인 진영에 서서 영국 해군의 태도와 문화를 현대화하려고 노력했다. 그 바람에 해군 집단 내 보수적인 진영으로부터 집중 공격을 받기도 했다. 비록 전쟁 기간 동안 자문 활동을 활발하게 했지만 그의 이론들이 실제로 해군 정책과 전략에 얼마나 많은 영향을 미쳤는지는 이론가들 사이에서 줄곧 의문시되고 있다.[24] 한 고위 인사는 코베트가 '정치적·군사적 전략에 대한 영어로 된 최고의 책 중 하나'를 집필했으며, 이 책에서 모든 유형의 교훈을 찾을 수 있는데 '그 가운데는 가늠할 수 없을 정도로 가치 있는 것들도 많다'고 말했지만 아무도 시간을 내서 그 책을 읽지는 않았다.

"역사는 교사나 안락의자에 편안하게 앉은 전략가들을 위한 게 확실하다. 정치가와 전투원들은 그저 깜깜한 어둠 속에서 길을 더듬으며 앞으로 나아간다."[25]

코베트는 자기가 비판하고자 했던 사람들의 견해를 조화롭게 수용하고자 했고 그 바람에 그의 저술은 때로 불필요하게 복잡했다. 어떤 점에서 보자면 머핸은 자신에게 호의적인 사람들을 대상으로 글을 쓰는 논객이었던 데 비해서 코베트는 머핸보다 까다로운 자리에서 미심쩍은 눈길을 상대로 글을 썼다. 머핸이 조미니를 응용하려고 노력했다면 코베트는 클라우제비츠로 시작했다. 그러나 코베트는 티르피츠보다 훨씬 더 섬세했다.[26] 델브뤼크와 마찬가지로 코베트는 절대 전쟁(쌍방이 모든 수단을 동원하여 적이 완전히 섬멸될 때까지 벌이는 전쟁—옮긴이)에서의 결정적인 전투와 같은 가능성을 허용했던 클라우제비츠의 《전쟁론》에서 그런 측면들을 가려 뽑았다. 제한된 자원으로 많은 것을 성취했다고 입증된 영국 해군 전략의 지혜는 사실상 제한된 목적을 놓고 치러졌던 일련의 제한적인 교전의 결과라는 것이었다. 이 지혜는 '해군 및 육군의 행동'을 결합해서 어떤 개별 군사 단위의 '내재적인 역량을 훌쩍 뛰어넘는 기동성과 무게감을 그 개별 단위에 제공했다.'[27] 해상에서 벌어지는 국지전의 잠재성은 유럽 대륙에서 벌어지는 절대 전쟁의 잠재성에 비유되었다. 대륙에서는 빽빽하게 인접해 있는 민족주의적인 국가들끼리 서로가 서로를 괴롭혔다. 만일 전쟁이 발발하면 사람들은 보편적으로 한껏 흥분하는 경향이 있으며 따라서 만일 전투가 잘못될 경우에는 추가 자원을 전쟁에 투입할 수도 있었다. 전투 현장이 국경에서 멀수록 정치적인 부담은 줄어들며 대신 통신과 병참의 문제는 더 커진다. 바로 이것 때문에 전쟁의 목적에는 한계와 제한이 따르게 되었다. 적의 무장 병력을 파괴하는 것은 목적을 달성하기 위한 수단이었지 그 자체로 목적이 아니었다. 그러므로 목적을 다른 방식으로 달성할 수 있다면, 즉 전투를 하지 않고도 달성할 수 있다면 그게 훨씬 나은 방식이었다.

전략을 둘러싼 핵심 문제는 전투에서 이기는 방법이 무엇이냐가 아니라 적국의 정부와 사회에 압력을 행사하는 방법이 무엇이냐를 따지는 것이다. 이런 맥락에서 보자면 적의 함대를 찾아내는 것만큼이나 해상 봉쇄나 적국의 민간 상선을 공격하는 행위인 이른바 '통상 파괴전'도 중요해진다. 주요한 (혹은 넓은 범위의) 전략은 전쟁의 목적을 논의 대상으로 삼아서 국제 관계 및 경제와 관련된 여러 변수들을 신중하게 살피며, 실제 전쟁 행위를 위한 전략을 그런 변수들에 복속시킨다. 전쟁의 승패가 순전히 해군에 의해서 갈릴 가능성은 해상 봉쇄와 같은 장기간에 걸친 작전을 제외하고는 매우 낮으므로 해군을 육군과 나누어서 생각해서는 안 된다.

"사람은 바다에 살지 않고 육지에 살기 때문에 전쟁의 두 당사국 사이의 쟁점들은 지극히 드문 경우를 제외하고는 언제나, 육군이 적국의 영토와 인민에 대해서 취할 수 있는 어떤 행동 및 거기에 대한 공포 혹은 해군 함대가 적국의 육군에게 가할 수도 있는 위해 및 그에 대한 공포에 의해서 결정되었다."

육군 전력과 해군 전력 사이의 관계는 해상 전략에서 다룰 문제였고, 바로 이 전략 아래에서 함대의 특수한 과제들이 도출되었다. 그리고 이것은 순전히 해군 전략의 영역에 포함된다.

육상에서 성공을 거두기 위한 열쇠는 영토에 대한 통제력이었다. 한편 해상에서 그 열쇠는 병참선에 대한 통제력이었다. 바다에서는 점령이라는 개념이 성립하지 않기 때문에 이런 차이가 빚어진다. 공세적인 작전과 수세적인 작전은 하나로 수렴되는 경향이 있다. 그렇기 때문에 제해권을 상실한다 하더라도 (다시 말해서, 통행이 가로막힌다 하더라도) 여기에 대해서 상대국이 반드시 추가로 어떤 이득을 얻는다고 할 수는 없다.

"해상 통제권은 일반적으로 분쟁의 대상이다. 해군 전략이 가장 관심을 가지는 것이 바로 이 분쟁 상태이다."

코베트는 적 함대를 발견해서 파괴하고 제해권을 장악하는 것이 왜 바람직한지 잘 알았다. 이것은 나폴레옹이 추구했던 결정적인 전투에 해당되기 때문이다. 그러나 그는 그게 불가능하다는 사실도 잘 알았다. 이와 관련해서 트라팔가 해전을 예로 들어 다음과 같이 지적했다.

"트라팔가 해전은 결정적인 전투의 사례로 중요하게 꼽힌다. 그러나 모든 위대한 승리들 가운데서 어느 모로 보나 이 전투만큼이나 승리의 결과가 즉각적으로 나오지 않은 전투는 없었다. (……) 이 전투로 마침내 영국은 바다를 지배하게 되었지만 나폴레옹은 대륙에서 여전히 건재했다."

공세를 '물신 숭배 차원으로' 높이 떠받듦으로써 수세의 가치는 땅에 떨어졌다. 그러나 해상에서 수세는 보다 강력한 수단이었다. 전투를 손쉽게 피할 수 있었기 때문이다. 자신의 전력이 상대적으로 약하다는 사실을 아는 함대가 자기보다 강한 함대를 피해서 달아날 동기는 널려 있을 정도로 많았다. 머핸과 달리 코베트는 전력이 자기보다 강한 적의 함대를 피한다거나, 전력이 자기보다 약한 적의 함대를 이런저런 속임수로 유인해서 위험에 빠트린다거나 혹은 전함의 진형을 다양하게 조합한다거나 하는 방식으로 분산의 이점을 최대한 살릴 수 있음을 깨달았다. 이런 점에서 '함대의 이상적인 집결 형태는 (……) 실제 전력을 숨기고 약한 척하는 것'이었다. 그리고 최악의 함대 집결 형태는 통제력을 행사할 수 있는 해상 영역을 제한해서 다른 영역을 이용하고자 할 때 위험을 감수해야 하는 상황을 초래하는 것이었다. 그러므로 '바라마지 않는 어떤 결론이 실현되도록 전력과 노력을 보다 많이 집중할수록 함대는 적으로부터 산발적인 공격에 더 많이 노출된다'는 결론이 나온다.[28]

　　제1차 세계대전은 머핸의 견해보다 코베트의 견해에 훨씬 많은 지지를 보냈다. 1915년에 있었던 유틀란트 해전(유틀란트 반도에 면한 북해에서 일어난 영국과 독일의 해전. 제1차 세계대전 중 최대의 해전이었으며, 영국과 독일이 모두 승리를 주장했지만 영국이 수적으로 우세했음에도 선박과 인명 손실을 크게 입었다—옮긴이)의 승패로 전황이 크게 달라지지 않았다. 코베트의 눈으로 보자면 전혀 필요가 없는 전투였다. 왜냐하면 영국 해군은 선박과 인명 손실을 크게 입었음에도 불구하고 독일을 장기간에 걸쳐서 압박할 해상 봉쇄 작전을 여전히 유지할 수 있었기 때문이다. 한편 영국 상선을 노리는 독일의 잠수함 작전은 영국이 미처 대비를 하지 않았을 때는 효과가 있었지만 군함이 상선을 호위하고 나서자 힘을 쓰지 못했다.

† 지정학

설령 머핸이 한 마디도 하지 않았다 하더라도 다른 열강들도 영국을 좇아서 해군의 규모를 크게 키웠을 가능성이 높다. 아무튼 머핸이 이런 노력들에 정당성과 신뢰성을 부여했음은 분명하다. 열강들은 군사력 행사를 통해서 경제력을 보호하고 강화한다는, 본질적으로 중상주의적인 전망에 의존했다. 이런 상황에서 머핸은 바다를 항로 즉 해상 주도권을 보장받을 수 있는 통상 경로로 바라보는 관점을 제시함으로써 해상 열광자들을 사로잡는 개념을 제시했다. 그의 논리를 시어도어 루스벨트Theodore Roosevelt 미국 대통령이 열렬하게 옹호했는데, 사실 루스벨트 본인도 예전에는 해군 역사가였으며 또한 1907년 이후에는 미국 함대를 강화하는데 앞장섰다(그의 재임 기간은 1901~1909년이었다—옮긴이).

어쩌면 영국이 해상 전력의 우위를 누리던 자기 시대가 저물었음을 인식했기 때문일 수도 있는데, 머핸의 이론에 중요한 정당성을 부여한 영국인은 코베트뿐만이 아니었다. 그런데 지리학자이자 모험가이며 동시에 정치인이던 핼퍼드 맥킨더Halford Mackinder가 전혀 다른 관점을 내놓았다. 머핸은 미국으로서는 진실로 중요한 문제라고 본인이 믿었던 것, 즉 육상 전력을 중심으로 할 것인가 아니면 해상 전력을 중심으로 할 것인가 하는 문제를 깊이 파고들었다. 그런 까닭으로 해서 연안을 희생하면서까지 영토의 깊은 곳 오지를 개발하는 데 사로잡혀 있던 미국의 분위기를 개탄했다. 맥킨더는 기존의 이분법을 받아들이지 않았고, 1904년에 왕립 지리학회에 발표한 한 에세이에서 육상 전력으로 육지 깊은 곳을 개발해서 세력을 키우고 또 이렇게 획득한 힘을 해군을 창설하는 데 투입할 수 있다고 주장했다.[29] 하지만 해상 전력을 중심으로 가지고 있는 국가로서는 이런 선택의 여지가 부족했다. 특히 영국과 같은 작은 섬의 경우에는 확실히 그랬다. 맥킨더는 새로운 형태의 수송 특히 철도 수송 덕분에 말을 주된 운송 수단으로 삼았던 과거에는 활용할 수 없었던 오지의 자원들을 활용할 수 있게 되었다는 사실에 주목하면서, 광대한 유라시아 대륙을 바라보며 장차 독일이나 영국이 (혹은 이 두 나라가 결합해서) 그 땅을 통제할 수 있을 것이고, 그 덕분에 해상 전력이 행사할 수 있는 것과는 비교가 되지 않을 정도로 어마어마한 경제력을 휘두를 것이라고 전망했다. 그리고 1905년에는 '대륙의 절반은 궁극적으로 인구 면에서나 건축 면에서 섬을 능가할 것이다'라고 썼다.[30] 이 관점을 토대로 그는 영국이 점차 취약해질 것이라고 보았으며, 제국을 좀 더 긴밀하게 통합함으로써 이런 취약성에 대처할 수 있다고 진단했다.

그의 이론은 제1차 세계대전이 발발한 직후에 출간된 책에서 보다 원숙하게 표현되었다. 이 책에서 그는 유라시아 대륙의 중심부에 '핵심지대'heartland라는 이름을 붙였다. 이곳은 '현대적인 조건 아래에서 해상 전력의 접근이 거부되는 지역'이었다.[31] 그는 세상을 어떤 핵심적인 '세계 섬'World-Island과 나머지 지역으로 나누었다. '세계 섬'은 잠재적으로 자족적인 지역으로 유라시아와 아프리카를 아울렀으며 나머지 지역은 아메리카, 오스트레일리아, 일본, 영국 제도 그리고 오세아니아였다. 상대적으로 규모가 작은 이 섬들이 제대로 작동하려면 해상 통행을 필요로 했다. 맥킨더는 1918년에 독일이 제1차 세계대전에서 패배했음에도 불구하고 '해상 전력에 대항하는 육상 전력의 전략적 기회들이 점점 늘어났고' 여기에서 비롯되는 기본적인 위험은 여전히 존재한다고 보았다. 이런 인식 아래에서 그는 '독일과 슬라브 민족'을 분리시켜야 한다고 조언했다. 그의 분석에서 세 개의 격언이 나왔다.

"동유럽을 지배하는 자가 핵심 지대를 통제한다. 핵심 지대를 지배하는 자가 세계 섬을 호령한다. 그리고 세계 섬을 지배하는 자가 세계를 호령한다."[32]

또한 맥킨더는 거리의 중요성은 궁극적으로 비행기의 능력에 영향을 받을 것이라고 했다(그는 거리 자체도 철도 및 자동화된 수송 장치에 의해서 변형될 것이라고 보았다). 그런데 놀라운 사실은, 그 중요한 논문이 나오기 불과 넉 주 전에 라이트 형제가 역사적인 최초의 비행에 성공했음에도 불구하고, 맥킨더는 항공 전력에 대해서는 거의 관심을 기울이지 않았다는 것이다.

맥킨더의 주장에는 머핸의 주장과 일치하는 부분이 많다. 우선 그는 팽창의 본성을 가지고 있는 열강들이 치열하게 경쟁한다는 관점에서 국제 관계를 바라보았다. 맥킨더가 도입한 것은 육지와 바다를 동일한 전체 세계의 한 부분으로 그리고 (정치적이고 기술적인 변화가 판단의 적절성에 영향을 미침에도 불구하고) 연속성의 원천으로 이해하는 방식을 보여주는 지정학적 차원의 사고방식이었다. 그는 힘의 균형은 '대적하는 국가들의 상대적인 수적 우위나 열위, 용감함, 장비 그리고 국민의 조직화'에 의존한다는 사실을 인정했으며[33] 결코 지리적 숙명론자가 아니었다. 그가 제시한 것은 국가와 이 국가를 둘러싼 환경의 지속적인 속성 사이에서 이루어지는 상호작용과 관련해서 높은 차원의 전략적 담론을 뿌리 내리는 하나의 방법이었다.

맥킨더는 '지정학'geopolitics이라는 용어를 단 한 차례도 사용하지 않았다. 이 용어를 쓴 사람은 스웨덴의 정치학자 루돌프 첼렌Rudolf Kjellen이었는데, 그는 정치적 지리학에 최초로 초점을 맞춘 지리학자인 독일의 프리드리히 라첼Friedrich Ratzel의 제자였다. 첼렌의 저작은 독일어로 번역되어

카를 하우스호퍼Karl Haushofer의 주목을 받았다. 전직 장군이었던 하우스호퍼는 독일 지정학 학교를 세웠다.[34] 그는 비록 나치 당원은 아니었지만 경제적 독립(즉 아우타르키[한 나라가 자국 영토 내의 생산물만으로 국민의 생활 필수 물자를 자급할 수 있는 상태―옮긴이])을 행사하기에 충분한 공간을 차지하고 있던 뚜렷하게 구분되는 인종 집단들이라는 세계관을 드러냈다. 이른바 '레벤스브라움'lebensraum의 논리, 즉 정치적 · 경제적 발전을 위해서 생활 공간을 확대하고자 하는 필요성은 나치의 이데올로기가 되었다. 나치와의 이런 연관성 때문에 지정학은 의혹과 불신의 대상이 되었다.[35] 맥킨더의 보다 미묘한 접근법은 개별 국가들이 가지는 보다 편협한 관심에 대한 맥락을 제공했을 뿐만 아니라 궁극적으로 세계 지배로 나아가려는 적대적인 권력이 밟아나가게 될 하나의 경로가 있지 않을까 하는 두려움을 강화했다(영국에는 이런 경로를 밟아갈 선택권이 없었다. 지정학적인 이유 때문이다). 그리고 이 발상은 다가오는 세기에 전개되는 거대한 여러 투쟁에 영향을 미쳤다. 또 이것은 국가가 자신이 위험한 순간에는 자신을 돌보느라 정신이 없어서 무시하고 마는 국제 정치학의 어떤 구조에서 비롯되는, 시간을 초월하는 영원한 명령 및 거기에 따른 의무가 많이 존재한다는 견해를 촉구했다. 그리고 이것들은 민족과 영토에 대한 보다 보수적인 관념을 촉구하며 이념과 가치를 내팽개쳤다. 이념과 가치야말로 싸울 가치가 있는 것이 무엇인지, 누구와 동맹을 맺을지, 또 이 동맹을 강화하는 게 좋을지 결정해야 할 때 가장 중요한 요인들이었음에도 불구하고 말이다.

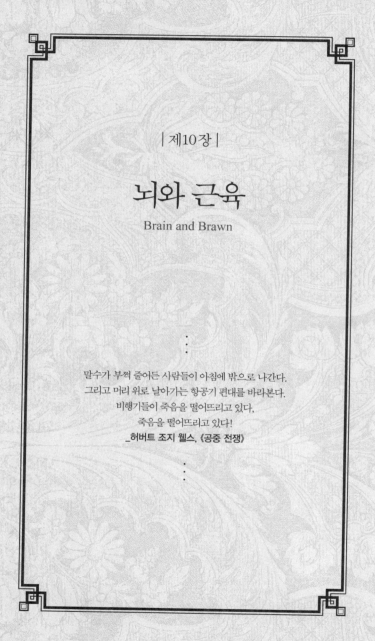

| 제10장 |

뇌와 근육

Brain and Brawn

∶

말수가 부쩍 줄어든 사람들이 아침에 밖으로 나간다.
그리고 머리 위로 날아가는 항공기 편대를 바라본다.
비행기들이 죽음을 떨어뜨리고 있다,
죽음을 떨어뜨리고 있다!
_허버트 조지 웰스, 《공중 전쟁》

∶

1914년 8월에 있었던 독일 공세만큼 군사 작전의 한계를 생생하게 보여주는 사건은 별로 없다. 독일 육군 참모총장은 자기들이 통제할 수 있는 것은 통제했다. 그러나 그들의 계획은 (특히 자기 병참선이 길게 확장될 때) 프랑스가 이 계획을 무산시키기 위해서 무엇을 어떻게 하고 나설 것인가 하는 점에 대해서는 충분히 생각해두지 않았었다. 결국 애초에 계획했던 일정을 맞추기는 불가능하다는 게 판명되었다. 특히 벨기에가 예상 밖으로 완강하게 저항하고 나섰기 때문이었다. 독일군은 초조해진 나머지 적국의 민간인을 강제 노역에 동원한다거나 이들에게 식량을 공급하지 않는다거나 혹은 부녀자를 겁탈한다거나 하는 방식으로 잔인하게 굴었다(이런 양상은 전쟁 내내 계속되었다).[1] 그리고 몇 주가 지난 뒤에 독일은 공세를 중단했다. 프랑스를 무릎 꿇려서 전쟁에서 일단 배제시키는 데 실패했고, 이제 러시아와 영국을 상대로 싸워야 하는 상황이었지만 (독일이 벨기에를 침공함으로써 벨기에와 동맹을 맺고 있던 영국이 자동적으로 전

쟁에 개입했다) 이런 상황이 전쟁의 목적이나 전략적인 원칙들을 새로 설정해야 하는 근본적인 재검토로 이어지지는 않았다. 결정적인 승리를 향한 탐색은 여전히 계속되었다. 독일의 이런 낙관적인 태도는 드높은 사기와 겁먹은 모습을 노출시키지 않겠다는 의지 그리고 전황의 흐름을 일거에 바꾸어놓을 수 있는 몇 가지 새로운 무기에 대한 믿음을 토대로 한 것이었다. 새로운 무기를 동원한 전술 가운데 첫 번째로 꼽을 수 있는 것은 독가스전이었고, 그 다음이 민간 선박으로서는 도저히 대처하기 어려운 이른바 '무제한 잠수함 작전'이었다. 그런데 민간 선박의 공격에 따른 충분히 예상할 수 있었던 결과가 빚어졌다. 미국이 전쟁에 뛰어든 것이다. 그리고 독일이 선택한 마지막 도박은 1918년 3월의 대공세였다. 이 작전으로 독일군은 한껏 넓은 지역으로 포진했고 또 그만큼 위험에 많이 노출되었다.

한스 델브뤼크는 공세가 처음 시작될 때 박수를 치면서 승리를 예상했다. 그러나 공세가 교착 상태에 빠지자 재빠르게 생각을 고쳤다. 적을 섬멸할 수 없다면 소모시켜야 했다. 이 와중에 델브뤼크는 전체 교전국들이 그때까지 입은 경제적인 충격을 계산하려고 했다. 그리고 러시아와의 전쟁에 집중하기 위해서 프랑스 및 영국과 협상을 해야 한다고 주장했다. 하지만 그는 정치적으로나 군사적으로 어정쩡한 위치에 있었기에 그의 발언은 무시되었고, 그는 절망했다. 델브뤼크는 1917년에 독일은 '어떤 의미에서 보자면 온 세상을 다 적으로 돌리고 있다'고 썼다. 그러면서 다음과 같이 덧붙였다.

"독일 전제주의에 대한 공포는 우리가 계산에 넣어야 할 가장 가중치 높은 고려사항이다. 이것은 적의 전력에 영향을 주는 가장 강력한 요인들 가운데 하나이다."[2]

거대한 교착 상태가 지속되었다. 엄청난 비용이 들어가는 포격과 엄청난 희생을 요구하는 보병의 돌격을 계속 유지해서 적을 소모시키는 것 말고는 달리 이 교착 상태를 돌파할 방법이 없었다. 이런 상황에서 독일은 보다 대담한 전략을 들고 나왔다. 각각의 전략에서 기본적인 의도는 새로운 기술 무기의 잠재력을 실현하는 것이었다. 그 무기는 전차와 비행기였다. 지상의 전차와 하늘의 비행기가 적의 의지를 꺾어놓을 것이라고 독일은 기대했다. 탱크와 비행기라는 이 새로운 무기는 물리적으로뿐만 아니라 심리적으로도 적에게 막강한 타격을 가할 것이라고 믿었다. 즉 이 전략의 목적은 적을 집단 신경 쇠약 상태로 몰아넣겠다는 것이었다. 그런데 이것은 적군을 섬멸해야만 결정적인 승리를 얻을 수 있다는 기본적인 가정에 정면으로 위배되는 것이었다. 하지만 어떤 계획도 아직은 현실적이지 않았다. 기술은 초보적인 수준에 머물러 있었고 생산 능력은 수요에 미치지 못했으며 전술도 개발되지 않은 상태였다. 그럼에도 불구하고 전차와 비행기 두 경우 모두 초기의 계획들은 미래의 전략을 놓고 벌어질 전후戰後의 격렬한 논쟁의 초석을 놓았다.

✝ 항공 전력

독일은 일찌감치 원거리 폭격의 가치를 알아차렸다. 그들은 또 이 폭격이 적에게 물리적인 피해를 주는 것보다 전쟁을 계속하겠다는 적의 의지를 꺾어놓는 데 더 큰 의미가 있음을 파악했다. 1915년에 체펠린 비행선이 비행기가 다다를 수 없는 높은 고도에서 공습을 감행했다. 하지만 결과는 미미했다. 그러나 런던에서는 독일 비행선이 런던까지 날아와서 폭격을 하고 다시 돌아갔다는 사실에 굴욕감을 느꼈고 또 그만큼 영국의 국민 및 군인의 사기에 악영향을 미쳤다. 그런데 영국이 체펠린 비행선에 대처하는 방법을 개발하자 독일은 비행기에 집중했고 또 성과를 만들어냈다. 1917년 여름, 사기가 떨어질 대로 떨어져 있던 런던을 겨냥한 최초의 공습으로 162명이 사망하고 432명이 부상했다. 그때까지만 하더라도 영국은 항공 전력을 프랑스의 육군을 지원하는 데만 집중했었다. 그 임무가 우선순위에서 앞섰던 것이다. 하지만 런던이 공습을 당하자 영국 정부는 복수를 다짐하는 한편 시민을 보호하겠다고 약속했다. 당시에 영국 육군 항공대Royal Flying Corps의 주된 관심은 프랑스의 참호 너머 독일군의 보급선에 있었다. 휴 트렌차드Hugh Trenchard 영국군 사령관은 아직은 독립적인 부대로서 부족한 자원일 수밖에 없는 비행기를 활용해서 어떻게 하면 특정한 타격 대상에 충분한 횟수로 그리고 연속적으로 집중 공격해서 결정적인 타격을 입힐 수 있을지를 개발하려고 노력했다. 비록 트렌차드는 보다 넓은 범위의 폭격이라면 궁극적으로 베를린을 타격 대상으로 삼아야 한다고 판단했지만, 영국의 본토 공격에 대한 초기 대응은 독일의 전 영토를 대상으로 한 무차별 폭격으로 전개되었다.

트렌차드의 계획은 독일의 런던 공습 직후에 영국에 도착한 미국 비행사들에게 강력한 영향력을 행사해서 미국을 전쟁에 끌어들이는 것이었다. 이 비행사들 가운데 하나였던 냅 고렐Nap Gorrell은 미국의 비행기 생산에 필요한 여러 가지를 조정하고 정리하는 임무를 맡고 있었는데, 그가 항공 작전 계획을 개발하기 시작했다. 고렐은 트렌차드의 생각에 동조해서 '적을 공격할 새로운 정책'이 필요하다고 주장했다. 이것을 그는 후방에서 전선으로 이어지는 독일의 보급선을 파괴하기 위한 '전략적 폭격'이라고 설명했다. 독일이 전쟁을 지속하기 위해서 특별히 중시하던 산업단지들 가운데 몇 개 지점을 파괴해야 한다는 것이었다. 고렐은 또한 이런 공격을 감행하면 군수 산업에 종사하는 민간인들의 사기가 떨어지고 나아가 일하러 나가길 꺼릴 것이라고 예측했다. 더 나아가 이 민간인들은 공중 폭격을 참아내지 못하고 어떻게든 전쟁을 중단하라고 독일 정부를 압박할 것이라고 보았다. 이런 목적을 달성하기 위해서 그는 수천 대의 대규모 폭격기 부대가 번갈아가면서 체계적으로 밤이고 낮이고 주요 타격 지점을 공격하는 모습을 상상했다. 하지만 이 계획은 실현되지 않았다. 전선에서 고전하는 육군을 보호하고 지원해야 하는 과제가 워낙 급박했기 때문에 그런 계획은 도무지 현실성이 없었다. 게다가 또 당시의 생산 능력을 감안할 때 포부가 너무 크기도 했다.[3]

고렐의 계획에는 분명 중요한 발상이 담겨 있었다. 이 발상은 전쟁이 끝난 뒤에 전략적인 항공 전력을 부르짖게 될 핵심 인물들의 견해를 바탕으로 한 것이었다. 이 핵심 인물에는 트렌차드뿐만 아니라 미국의 윌리엄 미첼William Mitchell 장군과 이탈리아의 군인이자 이론가이던 지울리오 두에Giulio Douhet도 포함되어 있었다. 미첼은 독립적인 항공 부대가 창설되어야 한다고 주장하다가 군법 회의에 회부되기도 한 인물이었으며, 두에는 이탈리아 육군이 자기가 제시하는 항공 전력에 대한 미래 지향적인 견해를 받아들이도록 애쓰던 인물이었다. 그런데 이 두 사람이 연결된 것은 두 사람 모두의 친구이자 이탈리아의 비행기 설계자이던 지아니 카프로니Gianni Caproni를 통해서였다. 미첼이 자기 상관들과의 관계에서 말썽을 일으킨 것은 그가 혁신적인 발상을 가지고 있었기 때문이라기보다는 공군을 제도적으로 독립시켜야 한다는 주장을 집요하게 했기 때문이다 (미첼은 1924년에 일본의 진주만 공격을 예언하면서, 여기에 준비하려면 공군을 창설하고 육성해야 한다는 보고서를 냈는데, 이 일로 해군성과 전쟁성을 공격한

죄로 군법 회의에 회부되었다―옮긴이). 그는 미국이 가지고 있는 산업 분야의 역량을 배경으로 삼아서, 항공 전력의 '전술적'인 임무들이 문제가 아니라 '전략적'인 과제들이 문제라고 보았다. 두에는 1911년 리비아에서 비행기의 활용에 대해서 이탈리아군에 보고서를 썼다. 비행기를 전투에 활용하는 주제를 다룬 것으로는 최초의 보고서였던 이 문건을 그는 1921년에 《제공권》Command in the Air이라는 기념비적인 책으로 발간했다.[4] 그가 제시했던 방안들은 그로서는 결코 독특한 게 아니었다. 하지만 그는 항공 전력의 전략적인 논리를 명쾌하게 그리고 더할 나위 없이 체계적으로 (특히 1927년에 발간된 재판에서는 더없이 거칠고 강경하게) 제시했다.[5] 이 논리는 사실상 머핸이 제시했던 논리의 연장선상에 있었고, 사실을 따지자면 머핸 이전에 조미니가 제시했던 논리의 연장선에 있는 것이었다. 머핸은 결정적인 해상 전투의 승리가 제해권을 가져다줄 것이라고 했는데, 두에는 이 논리를 하늘에 응용해서 결정적인 항공 전투의 승리가 제공권을 가져다줄 것이라고 했다.

　　이스라엘의 군사 이론가 아자르 가트Azar Gat가 입증했듯이, 지상전이든 공중전이든 간에 전쟁의 새로운 엔진을 추구하는 열망이 생기면 합리주의적이며 기계류를 중심으로 해서 구축되는 기술주의적인 초능률적인 사회, 정치 이론과 미술에서의 미래주의 등에 녹아 있는 엘리트주의와 연결되는 사회, 그리고 자연스럽게 파시즘으로 반영되는 그런 사회가 형성될 가능성에 현대적으로 매료되게 마련이었다.[6] 하지만 이런 주장이 유효하다고 해서 이런 무기들을 둘러싼 새로운 전략적 이론들을 개발한 사람들이 가트가 말했던 그 모든 모습들을 하나로 묶어서 통째로 채용했음을 뜻하지는 않는다. 많은 사람들이 그렇게 하지 않았다. 그들은 그다지 멀지 않은 미래를 상상하고 있었지만 그 미래는 아직은 생산 능력을 홀쩍 넘어서는 실현 불가능한 것이었다. 결국 그들의 이론은 기술에 대한 낙관주의에 인류애에 대한 비관주의가 두루뭉술하게 결합된 어떤 것이었다.

편차가 있긴 하지만 전후의 항공 전력 옹호자들의 주장은 다섯 가지로 요약될 수 있다. 가장 중요한 첫 번째 신념은 적절하게 배치된 항공 전력은 승리로 이어지는 독립적인 별개의 경로를 제공한다는 것이었다. 그러니 항공 전력은 독자적인 명령 체계에 따라서 움직여야지 육군이나 해군의 필요성에 종속돼서는 안 되었다. 이런 신념은 '전략적인 비행'이라는 개념으로 드러났는데, 이것은 원거리 폭격 임무를 '전술적'이며 보조적인 응용에 그치지 않고 그보다 우위에 놓아야 한다는 발상이었다. 항공 전력은 독자적으로 전쟁의 목적을 달성할 수 있다는 것이었다.

둘째, 지상전에서는 공세가 아닌 수세가 유효한 방안일 것이라고 했다. 육상 전투에서 적을 파괴하려면 (고전적인 사례에 비추어보자면 승리를 결정짓는 경로였지만) 너무 많은 피와 돈이 필요하다는 말이었다. 그런데 다행스럽게도 이제는 비행기가 전선의 상공을 통과해서 곧바로 적의 심장부에 도달할 수 있으므로 굳이 지상의 육군과 싸움을 벌일 필요가 없어졌다는 주장이다. 트렌차드는 이것을 다음과 같은 말로 표현했다.

"공군이 적에게 패배를 안기기 위해서는 지상의 무장 병력을 굳이 먼저 파괴할 필요가 없다. 항공 전력은 이런 중간 단계 없이 곧바로 승리를 결정지을 수 있다."[7]

셋째, 수상전과 달리 하늘에서 이루어지는 공세는 수세보다 더 강력하다고 했다. 두에는 이런 점을 비행기는 '훨씬 뛰어난 공격 무기'라는 말로 표현했다. 이런 발상은 나중에 더 사실적으로 표현되는데, 1932년에 영국 수상 스탠리 볼드윈Stanley Baldwin은 '하늘에서 전개되는 폭격으로부터 보호해줄 전력은 지상 어디에도 없다'고 '지상에 있는 사람들'에게 경고했다. 그리고 나서 한참 지난 뒤인 1937년에는 영국 공군의 전투기 부대 사령관이던 휴 다우딩Hugh Dowding이 런던이 폭격당하면 엄청난 공포가 도시를 뒤덮어서 '하룻밤 사이에' 항복을 해야 할 수도 있다고 말했다.[8]

넷째, 언제든 결정적인 힘을 발휘할 수 있는 잠재력을 지닌 이 효과들은 인명과 재산을 파괴할 때보다 정부의 정상적인 전쟁 수행 능력을 파괴할 때 더 강력하게 발휘될 것이라고 했다. 이런 파괴를 당할 때 적의 정부는 국민의 압박을 이기지 못하고 협상을 제안할 것이라는 뜻이었다. 트렌차드는 1928년에 '전쟁 발발 초기에 적의 모든 전쟁 관련 물자 생산 설비를 마비시키고 모든 병참선과 통신선을 차단하기' 위해서는 공중 작전의 목적을 어떻게 설정해야 할지 썼다. 스스로를 보호하려고 필사적으로 나서는 군대를 공격하는 것보다 적의 '필수적인 거점들'을 공격할 때 더 많은 것을 얻어낼 수 있다고도 했다.[9] 이런 점에서 인간을 중심에 놓고 말하면, 한 국가의 전쟁 수행 엔진을 유지하지 못하게 하는 공격은 바로 핵심적인 인프라스트럭처를 대상으로 하는 타격이라고 했다. 인간 중심의 관점에서 벗어나서 말하면 정부는 일반 시민의 사기 저하와 동기 부여 실종 그리고 심지어 패닉 등으로 인해서 전쟁을 포기해야 한다는 강력한 압박을 피할 수 없다고 했다.

다섯째, 먼저 공격을 하는 쪽이 유리하다고 했다. 두에는 '자기는 비행할 능력을 가지고 있으면서 적은 비행하지 못하도록 막을 때 비로소 (……) 제공권을 확보할 수 있다'고 말했다. 이것은 적의 공군 기지와 비행기 생산 공장을 공격적으로 폭격할 때 달성할 수 있는 목적이었다. 말하자면 '둥지에서 부화할 날을 기다리는 알을 깨는 것'이었다. 이것은 적의 공군이 채 준비를 하기도 전에 될 수 있으면 일찍 (혹은 심지어 훨씬 이

전에 미리) 선제공격을 하는 전술이었다. 공식적인 선전 포고를 할 시간이 없을 수도 있다고 했다. 앞서 지상 전투의 경우에서 살펴보았듯이 이런 종류의 위험을 감수하는 주된 이유는 초기의 몇 차례 강타만으로도 결정적인 승리를 이끌어낼 수 있다고 기대했기 때문이다.

이 모든 주장들과 연결된 현실적인 쟁점들이 있었다. 원거리 폭격기는 무기뿐만 아니라 연료도 실어야 하고, 또 보다 빠르고 기민하게 움직이는 전투기에 취약하다. 만일 이런 폭격기들이 대낮에 기동한다면 금방 눈에 띄어서 타격 대상이 될 터였다. 그러므로 안전을 위해서는 깜깜한 밤에 기동하는 게 유리하다. 그러나 밤에는 목표물을 정확하게 조준할 수 없다. 게다가 또 보복을 당할 위험도 있었다. 두에는 전쟁은 적 사회에 될 수 있으면 많은 피해를 안겨주기 위한 경쟁으로 시작할 것이며, 여기에서 승자는 상대를 먼저 굴복시키는 쪽이 될 것이라고 보았다. 이것은 매우 무서운 예측이었다. 특히 양쪽이 가한 공격이 모두 결정적이지 못했을 경우에는 더욱 그랬다. 이런 상호 파괴의 논리는 상호 억제를 유도한다. 양쪽 다 보복 공격으로 국민이 피해를 입을까봐 감히 선제공격을 하지 못할 것이기 때문이다. 심지어 1917년에 연합군 측이 원거리 폭격을 놓고 갑론을박하는 과정에서도 프랑스는 독일이 자국 영토가 폭격을 당하는 즉시 보복을 시작할 것을 두려워한 나머지 목소리를 낮추었다. 최초의 공격이 적의 경제를 물리적으로 무너뜨리지 않는 한 (사실상 이런 일은 거의 불가능하다) 전쟁 초기에 승기를 잡는 것은 민간인의 사기를 결정적으로 떨어뜨리는 작전이라는 것을 믿을 수밖에 없었다.

두에는 적의 공격에 적절하게 대응하도록 훈련받은 군인과 다르게 민간인은 무력하게 두 손을 들고 말 것이라고 보았다.

사회 구조가 완벽하게 붕괴되는 일은 한 나라가 무자비한 공중 폭격을 당할 때만 일어날 수 있다. (……) 생존 본능에 휩싸인 사람들이 그 끔찍한 공포와 고통을 더는 견디지 못하고 들고 일어나서 자기 정부에게 제발 전쟁을 끝내라고 요구할 때 비로소 그 순간은 다가올 것이다.[10]

두에는 가장 대규모적인 초기 공세에서 벗어나는 작전에는 모두 고개를 저었다. 항공 방어나 예비 병력을 따로 유지하는 따위에 전력을 투자할 이유가 전혀 없었다. 게다가 육군이나 해군을 지원하는 보조적인 과제를 준비하고 수행할 여력은 더더구나 없었다. 이렇게 해야 공격 목표의 설정을 한층 정확하게 할 수 있다고 보았다. 하지만 그는 타격 대상의 우선순위를 설정하는 데는 놀라울 정도로 모호한 태도를 보였다. '어떤 경우에도 변하지 않는 원칙'은 있을 수 없다고 했는데, 많은 것들이 '물질적이고 도덕적이고 심리적인' 다양한 환경에 의존할 것이기 때문이라고 했다.[11]

두에뿐만 아니라 다른 지지자들도 자신들의 주장을 입증할 증거가 많지는 않았다. 기껏해야 독일의 폭격에 대해서 영국과 프랑스가 보인 최초 반응을 놓고 벌인 몇 가지 추정뿐이었다. 그런데 이것이 하층 계급이 전반적으로 가지고 있는 온화함, 영국과 독일의 노동자들 제각각이 가지고 있는 쾌활함 그리고 공황 상태에 빠진 낯선 사람들의 존재가 미치는 영향 따위를 연구하는 흥미로운 사회 이론으로 이어졌다. 전쟁이 발발하기 이전에는 사람들이 특히 프랑스의 사상가 귀스타브 르 봉Gustave Le Bon에 고무되어 집단 심리학에 대한 관심이 무척 컸다. 르 봉은 학술적 연구를 다루는 과학이라고 하기에는 모호한 유사 과학적 기반을 제공했는데 당시에 사람들은 이것을 매우 진지하게 받아들였다. 대중이 정치적인 삶으로 뛰어드는 것을 두려워했던 사람들 그리고 대중의 정서를 조작할 수 있다는 가능성에 흥분한 사람들이 특히 그랬다. 여기에 대해서는 제22장에서 보다 자세하게 다룰 텐데, 우선 개인은 군중 속에서 자신의 고유한 개성을 잃어버리며 이런 총체성이 많은 것을 시사한다는 르봉의 주장을 일단 소개한다. 하지만 본질적으로 비이성적인 군중이 적의 공격을 받고는 정부에 항복을 요구해야만 하는 특별한 이유나 근거는 하나도 없었다. 르 봉의 저작을 잘 알고 있던 영국의 저술가 허버트 조지 웰스H. G. Wells는 1908년에 《공중 전쟁》War in the Air을 썼다. 그가 설정한 가정에서 군중은 (소설에서 이 군중은 뉴욕 시민들이었다) 패닉 상태에 빠져들기는커녕 극단적으로 호전적이 되었다. 소설에서 정부 당국은 항복을 하고 싶었지만 사람들이 거세게 분노하며 반대했다. 머리는 '정복당해 어리벙벙한 상태'였지만 몸은 머리의 지배에서 '해방'되었다.

> 뉴욕은 머리 없는 괴물이 되었다. 이제 더는 도시 전체의 항복은 불가능했다. 도처에서 반란이 일어났다. 항복을 해야 한다고 외쳤던 당국자들과 관료들이 공직을 벗어던지고 군중 속으로 들어갔다. 사람들이 저마다 무기를 들고 깃발을 흔드는 흥분의 도가니였다, 그날 오후는.

그 결과 독일은 어쩔 수 없이 뉴욕을 향한 위협을 수정해야만 했다. 그리고 뉴욕은 이러지도 못 하고 저러지도 못 하는 좌초 상태에 놓였다. 그 이유는 '뉴욕은 점령할 수 없을 정도로 너무 강력했으며, 파괴를 피하려면 항복을 해야 하는데 항복을 할 수 없을 정도로 중구난방으로 규율

이 없고 또 자부심이 강하기 때문'이었다.[12]

　　어떤 정부가 전쟁을 포기하고 항복할 수밖에 없게 되는 실질적인 메커니즘에 대해서 두에와 그의 동료들은 아무런 설명도 하지 않고 그냥 내버려두었다. 이 점에서 이 접근법을 주장한 사람들은 심리적인 차원과 민주주의적인 차원에서 이중으로 오류에 시달렸다. 그리고 그들은 이 오류로 인해서 엘리트 집단은 늘 신경질적인 대중의 의견에 반응할 수밖에 없다고 생각했다. 제2차 세계대전이 입증했듯이 어떤 개체군이든 간에 체념적인 금욕주의 말고는 다른 어떤 선택권도 없이, 적을 향해 분노하면서도 새로운 조건에 적응하며 숙명주의에 빠질 수 있다. 만일 사람들이 진정으로 전쟁을 멈추길 원한다면 효율적인 정치적 저항을 할 필요가 있다. 이렇게 하지 않는다면 사람들은 폭압적인 정권 아래에서 침묵의 고통을 강요당할 가능성이 높다. 전쟁 정책 및 전쟁의 실행을 이해하고 지지하는 것과 관련된 보다 구체적인 행동들뿐만 아니라 사회적 결속력과 정치적 구조와 같은 기본적인 요인들도 결정적인 변수들로 기능했다. 정부를 갈아치우거나 기존의 정부를 바꾸려면 정치적인 수단과 대안적인 정책이 동시에 필요했다.

　　이런 쟁점들은 국가 간에 갈등이 발생했을 때 물리적으로 적의 사회를 점령해서 애초의 목적을 달성하지는 않겠다는 접근법의 속성을 설명해준다. 물리적인 점령을 지양하는 이런 접근법을 가지고 성공하려면, 적의 취약점과 잠재적인 급소들을 알려주는 믿을 만한 표시자들을 제공하는 사회경제적 및 정치적 제도를 적의 사회에 구축해야 한다. 그런데 만일 이 제도가 치명적인 조항을 담은 협상이 아니라 결정적인 어떤 행동에 기여하고자 하는 것이라면 이때의 가정은 만일 (산업 생산에서든 정치적 통제에서든 혹은 대중의 사기에서든 간에) 적의 사회에 타격을 가할 올바른 지점들을 발견할 경우, 그것이 총체적인 사회 제도를 붕괴시키는 것으로 이어질 수 있음을 전제로 한다. 이 가설은 그 뒤로도 계속 영향력을 행사했다. 그러나 이 가설의 기초는 기껏해야 관념적인 공론에 지나지 않았다.

† 장갑전

영국군 장교이던 존 프레더릭 찰스 풀러John Frederick Charles 'Boney' Fuller(일명 '보니')는 위의 가설에 대한 이론적인 토대를 제공했다. 풀러가 전차 부대에 입대한 것은 1916년이었는데, 이 시점이 혁명적인 전개의 출발점이었음을 그는 머지 않아서 깨달았다. 당시에 장갑 차량은 충격적인 효과를 발휘했지만 너무 부담스럽고 믿을 수가 없어서 공세의 토대로 삼을 수 없었다. 1918년 한 해 동안에 풀러는 전쟁에서 이길 수 있는 공세를 위한 계획을 고안했다. 이른바 '계획 1919'였다. 이 계획은 다음해에 대량으로 제작될 신형 전차를 바탕으로 한 것이었다. 고렐과 고렐이 제안했던 항공 작전처럼 풀러는 전차의 위력을 믿었고 이 위력으로 자신의 야망이 실현될 것임을 낙관했다. 그의 방안은 고렐의 경우와 마찬가지로 미래 전쟁에서 수행될 수 있는 역할 안에서만 중요성을 띠었다.

비록 풀러는 전차를 개발하는 과정에서 아무런 역할도 하지 않았고 또 전차가 공세에서 중심적인 역할을 할 것임을 맨 먼저 생각하지도 않았지만 새로 창설된 전차 부대의 강령을 작성하는 데는 탁월했다. 전차가 보병을 지원하는 것보다 훨씬 많은 것을 할 수 있다고 확신했던 그는 보다 빠른 속도의 그리고 보다 많은 수의 전차가 보다 넓은 범위에 배치

될 때 어떤 강점을 누릴 수 있는지 묘사했다. 머지 않아서 기계 장치가 중심이 되는 전투가 전투원의 근육을 중심으로 하는 전투를 대체할 것이라고 그는 믿었다. 이제 사람이나 말이 크고 작은 무기를 옮기면서 전투를 치르는 시대는 저물고 있었다. 증기 기관이 해상 전투를 혁명적으로 바꾸어놓았듯이 가솔린 엔진이 육상 전투를 마찬가지로 바꾸어놓을 참이었다. 그는 최초의 발걸음은 시험적으로 독일군의 전선을 기습하는 정도밖에 되지 않을 것임을 알고 있었다. 그러나 천 대의 전차로 구성된 미래의 부대는 적의 방어선을 뚫고 곧장 적의 지휘 체계를 무너뜨리며 적의 심장을 향할 것이라고 상상했다. 1918년 봄 독일의 춘계 공세 기간 동안에 연합군은 퇴각했고, 그 시기에 풀러는 자기 생각을 한층 세련되게 다듬었다. 그는 그 퇴각이 최고사령부가 마비되었기 때문이라고 보았다.

"사람의 신체가 가지고 있는 잠재적인 힘은 조직화에 있다. 이 조직을 파괴할 수 있다면 우리는 목적을 달성하게 될 것이다."

풀러는 마비전brain warfare의 주창자가 되었다. 마비전은 적의 정신 과정을 혼란스럽게 하고 저항 의지를 꺾어놓는 것을 목적으로 한다. 이는 적군의 궁극적인 지휘 체계인 최고사령부를 노리는 것으로, 굳이 전투 부대를 공격할 필요가 없다. 그가 세운 계획 속에서는 독일군 본부가 핵심적인 공격 목표였다. 요컨대 적 병사의 몸에 수많은 상처를 내어 죽게 하기보다는 단 한 발의 총알로 이 병사의 머리를 명중시키자는 것이었다. 문자 그대로 머리가 없는 적의 부대는 혼란에 빠져서 우왕좌왕할 테니까 말이다. 풀러는 만년에 '계획 1919'가 '전쟁에서 승리할 수 있는 유일하게 만족스러운 방식이며 엄청난 드라마'를 갖춘 승리를 약속했다고 회상했다.

군대를 사람의 신체에 비유하면 사령부는 뇌가 되고 통신선은 신경계가 되며 각급 전투 부대는 근육이 된다. 그리고 전체 체계는 지속적인 보급을 필요로 한다. 그러나 그것은 어디까지나 비유일 뿐이다. 브라이언 홀든 리드Brian Holden Reid는 군대는 각각의 단위가 독립적으로 움직일 수 있으므로 사람과 같은 유기체에 비유할 수 없다고 지적했다.

"뇌, 용기, 전투력 등은 따로 구획되어 나눠지지 않는다. 그리고 어떤 위기 상황에서는 상급 지휘 계통으로부터 받은 지침을 전달할 하급 장교가 단번에 그것을 패대기칠 수도 있다."

1918년의 독일군 붕괴가 그랬다. 독일군의 붕괴는 사단 본부들이 전차 부대에 유린당하면서 더욱 빠르게 진행되었다. 그러나 이 과정이 길고 힘들게 이어지는 바람에 양측의 사기가 떨어질 대로 떨어져 있어 언제든 무너질 수 있던 전쟁의 마지막 순간이었다. 이런 모습 때문에 충격은 언제나 패닉이라는 형태로 나타난다는 견해가 힘을 얻었고, 적을 마모 상태로 이끄는 다른 요인들을 경시하는 경향이 나타났다. 여기에서 우리는 다시 초기 항공 전력 이론가들과의 유사성을 살필 수 있는데, 이들과 풀러 사이에는 공통점이 있었다. 풀러는 1923년에 어떤 공중 공격에 대해서 이렇게 썼다. 이 공격은 런던을 '거대한 광란의 아수라장'으로 만들었고, 그래서 '공포의 눈사태가 웨스트민스터에 있는 영국 정부를 휩쓸었다.'[13] 풀러는 또한 르 봉의 저술을 꼼꼼하게 읽었다. 르 봉의 혁신은 군중 심리라는 개념을 이용해서 민간인뿐만 아니라 군대도 압박의 심리 아래 왜곡될 수 있음을 살폈다는 데 있다.

그런데 풀러의 군사 이론들과 관련해서 특이한 점이 있다. 그 이론들이 상당한 기간에 걸쳐서 형성되었으며 폭 또한 넓지만, 어쩐지 특이한 그의 독서 내용을 바탕으로 하고 또 이런 생각들을 발전시켰다는 사실이다. 그는 신비주의에 빠져 있었으며 모더니즘을 열렬히 찬양했고 민주주의를 경멸했다. 그래서 결국에는 파시즘으로 기울기도 했다. 그는 전통적인 종교에 반발했는데, 이런 이유로 해서 자연스럽게 전통적인 군사 사상에도 즉각 반발했다고 본인 스스로도 평가했다. 또한 풀러는 르봉 외에도 사회적 다원주의(다윈의 생물학적 생존 경쟁에 따른 진화 이론을 경제, 사회, 정치 등 모든 분야로 확대시킨 철학—옮긴이)와 철학적 실용주의의 영향도 받았다. 하지만 그는 전쟁학에 대한 자기의 접근법은 철저하게 과학적이라고 주장했다. 그러나 그의 실제 방법론은 이런 주장과 다르게 시간이나 장소를 초월해서 되풀이되는 특정한 패턴(양상)들을 확인했다는 본인의 믿음을 반영한 것이었다. 그는 답답하고 아마추어적이고 멍청하다고 보았던 영국 고급 간부들의 분석법에 비해서 자신의 분석법이 훨씬 낫다고 확신했다. 제1차 세계대전 때 여실히 입증되었던 그들의 무능함 때문에 자신의 통찰이 제대로 인정받지 못한다고 분통을 터트렸다. 하지만 그의 방법론은 프랑스에서 자기가 목격했던 대규모 살육을 피할 수 있는 전투 형식을 찾고자 하는 낭만적인 충동 및 장엄한 여러 계획들을 기반으로 했다. 이 흠결 많고 매력 없고 거만하고 권위주의적인 인물, 군사 분야를 넘어서서 때로는 기발하다 못해서 도저히 이해할 수 없는 이론을 천방지축으로 내던지는 이 인물이, 흥미롭긴 하지만 제한적일 수밖에 없는 도구로 폭넓게 인식되던 것을 새로운 유형의 전투 기반으로 바꾸어놓는 독창적인 장갑전 발상을 떠올렸다. 적의 물리적 전력을 제거하는 게 아니라 적의 '뇌'를 혼란스럽게 만들 가능성에 초점을 맞춘 최초의 이론가들 가운데 한 사람이 된 것이다.[14]

전쟁이 끝난 뒤에 풀러는 화력에 초점을 맞추었던 군대 즉 '배는 항아리 같고 뇌는 완두콩 같다'고 본인이 묘사했던 것의 운명을 되짚어보면서, 물리적 파괴보다는 심리적 혼란에 초점을 맞추어서 결정적일 수 있는 전투에서 전차와 비행기를 사용할 방안을 연구하기 시작했다. 당시에 많은 기술주의적 낙관주의자들이 그랬듯이 그는 자기 방안이 안고 있는 병참의 문제를 대수롭지 않게 여기는 한편, 자기 방안은 산업 사회의 막대한 자원을 필요로 하지 않으며 제1차 세계대전 때처럼 거대한 군대를 필요로 하지 않는다는 점을 지나치게 높게 평가했다.[15] 그의 이론은 인간 자체를 중요하지 않게 바라보았다. 그가 낸 첫 번째 주요 저서인《전쟁의 개혁》The Reformation of War은 엘리트주의적 관점에서 사람을 주인(슈퍼맨)과 노예(슈퍼 원숭이)로 거칠게 구분하면서, 후자를 정신적으로 장애가 있으며 천성적으로 겁이 많고 여성적인 (당시에 여성적이라는 말의 뜻은 감정적이고 신경질적이라는 뜻이었다) 성향을 띤다고 했다. 그 다음에 출간한 또 하나의 주요 이론서인《전쟁학의 기초》The Foundations of the Science of War에서 그는 군중의 성격에 보다 강하게 집착했다.[16] 그는 군대와 사회를 강력한 리더십으로 좌우될 수 있는 하나의 유기체로 보았는데, 이 관점에서 군중은 중심적인 개념이었다. 군중은 애초에 이질적으로 출발했든 혹은 동질적으로 출발했든 간에, '영혼'soul의 통제를 받는 단일한 어떤 '마음'mind으로 수렴하는 경향이 있다고 했다(그 영혼은 본능의 지배를 받는다고 했다). 군중 집단이 이성적인 각각의 개인이 모인 집합체로서가 아니라 비이성적인 한 명의 개인처럼 행동한다는 것은 르 봉이 제시했던 이야기였다. 그런데 풀러가 말한 군중은 조금 달랐다.

"군중은 지시를 하는 사람의 의지에 따라서 모든 것이 좌우되는 자동 인형이다. 이 자동 인형은 지성이 부족하기 때문에 그가 하는 행동에는 언제나 균형 감각이 결여되어 있다. 또 군중은 자신에게 주어진 제안의 성격에 따라 개인의 경우와는 비교할 수 없을 정도로 극단적인 감정 편차를 드러낸다."

풀러는 군중을 병리학적으로 보았는데, 남의 말에 쉽게 속고 충동적이며 성마르고 또 감정의 지배를 받는 것으로 여겼다. 이런 군중을 제어하기 위해서 '천재'는 '시류를 좇지 않아야 하며 (……) 자기가 원하는 방향으로 시류가 흐르도록' 물길을 돌려놓아야 한다. 나폴레옹이 표현했듯이 사기라는 정신적인 전력이 물리적인 전력에 비해서 3 대 1의 비율로 더 중요하다면, 천재는 평범한 사람에 비해서 10 대 1의 비율로 더 중요하다고 했다. 그러면서 평범한 사람은 전체의 커다란 기계 장치 속에서 기능하는 하나의 부품으로 바라봐야 한다고 했다. 풀러는 이런 사람을 위해서 '너무도 단순한 형태라서 아무런 생각을 하지 않고서도 그리고 자기가 무엇을 하려고 하는지 전혀 알지 못하고서도 뇌가 생각해낸 것들을 손으로 처리할 수 있도록 보장해주는 (……) 정확한 체계'를 마련하는 것이 필요하다고 역설했다.[17] 이 점과 관련해서는 아마 풀러가 미국의 경영자 프레더릭 테일러Frederick Taylor의 영향을 받았던 것 같다. 테일러의 과학 경영 제도에 대해서는 나중에 제32장에서 살펴볼 것이다.

풀러는 '군사적 군중'을 묘사하면서 '하나의 생각에 집중하는 각 개인의 생각들이 모여서 형성된 정신의 지배를 받는 다수의 사람들'이라는 르 봉의 개념을 언급했다. 이 '하나의 생각'이라는 것이 승리하겠다는 의지가 되면 좋겠지만 기습 공격이나 재난을 당할 경우 금방 와해되며, 이어서 자기 보존의 충동이 군중을 엄습한다고 했다. 그런데 군대 역시 하나의 조직된 군중 집단으로서 훈련과 공동의 목적을 통해 단단하게 결속하며 하나의 방향으로 나아가는데, 이 군대도 강한 '마음'과 '정신'을 가질 경우에는 살아남지만 갑자기 커다란 손실을 입는 일이 일어나면 군대라는 집단의 군중 사기는 떨어지고 그 뒤를 공포가 뒤덮는다.

전투가 화염 속으로 치달을 때 창의적인 이성은 견고하게 유지되거나 아니면 사라진다. 즉 상상력은 우연성의 주사위를 요란하게 던져대고, 사람은 지시에 복종하거나 아니면 사냥감을 좇는 동물처럼 본능에 따라서 행동한다. 자기 희생의 태도가 사람들을 몰아세우거나 아니면 자기 보존의 충동이 사람들을 뒷걸음치게 만든다. 이성이 판단을 하거나, 아무런 판단을 내릴 수 없을 경우 의무감이 의지를 밀어붙여서 목적에 한 걸음 더 가깝게 다가가게 만든다. 싸움은 반드시 밀어닥치는 다수의 사람들에 의해서 진행되는 것이 아니라 죽음으로 걸러진 빈 공간들에 의해서 진행된다.[18]

전투에서 충격을 받거나 리더십을 상실한 부대는 규율과 즉각적으로 대응해서 돌격할 수 있는 역량(즉, 즉응력)을 잃어버린다고 했다. 민간인의 삶에서는 진정한 의미가 있는 싸움은 없다고 했다. 감정적이고 충동적인 군중은 패닉 상태에 빠질 수밖에 없다는 것이다.

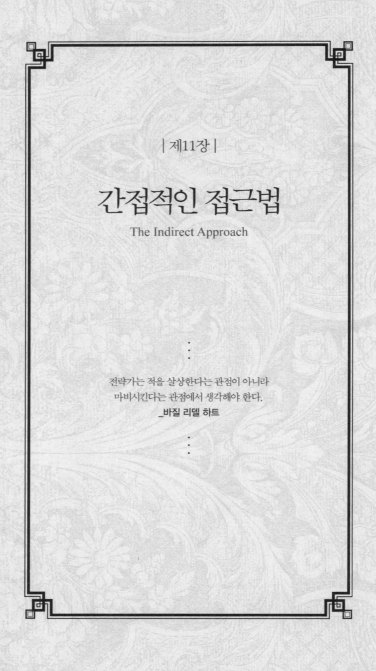

제11장

간접적인 접근법

The Indirect Approach

:

전략가는 적을 살상한다는 관점이 아니라
마비시킨다는 관점에서 생각해야 한다.
_바질 리델 하트

:

영국의 군사 이론가 바질 리델 하트Basil Liddell Hart 역시 제1차
세계대전 경험을 통해서 자기만의 군사 이론 틀을 만들고
(그는 솜므 강 전투에서 독가스 공격을 받고 부상당했다)[1] 미래의
전쟁에서는 자기가 목격했던 어리석은 살육은 일어나지 않
을 것이라는 확신을 가졌다. 풀러가 리델 하트에 비해서 더
독창적이고 강력한 사상가였지만, 그렇다고 해서 사람들이
늘 가장 쉽게 접근할 수 있는 사람은 아니었다. 풀러의 친
구였던 리델 하트는 활기차고도 똑 부러지는 성격이었다.
그리고 비록 제2차 세계대전이 준비되는 기간 동안에 변변
한 호출을 받지 못하긴 했지만, 전쟁이 끝난 뒤로 그의 명
성은 점점 높아졌다. 이것은 그가 새롭게 형성되던 민간인
전략가들 및 군사 이론가들을 (이들은 리델 하트처럼 계속 프
리랜서 활동을 하기보다는 대학교라는 공간에서 비교적 안정적으
로 연구에 전념했다) 무조건적으로 지원했던 덕분이기도 했
다. 게다가 열핵 폭탄thermonuclear weapon이 총력전의 개념에
새로운 의미를 부여하게 됨에 따라서 국지전에 대한 리델

하트의 발상은 점점 더 많은 사람들로부터 관심을 받았다. 리델 하트는 또한 자기 선전을 무지막지하게 하던 사람이었다. 심지어 제2차 세계대전의 비극은 독일 장군들이 장갑전과 관련된 자기 생각을 받아들여서 전격 작전을 수행한 데 비해서 영국의 장군들은 이런 자기 생각을 무시했기 때문이라고 공공연하게 주장하기도 했다. 그는 1970년에 사망했는데, 그가 사망한 뒤에 그가 했던 자기 자랑은 반박의 대상이 되었다.[2] 그러나 '간접적인 접근법'indirect approach이라는 그의 핵심 발상은 군사 분야뿐만 아니라 기업계로부터도 지속적으로 많은 지지를 받았다.

애초에 리델 하트의 저작은 모두가 다 남에게서 빌리거나 남을 모방한 것이었다. 그는 풀러의 발상과 자기의 발상이 비슷하면서도 독창적인 다른 길을 나란히 가고 있다고 주장하려고 애쓰기 전에는 풀러의 《전쟁의 개혁》이 '세기의 저서'라고 단언했었다. 그는 1920년에 《계간 군대》 The Army Quarterly에 토머스 에드워드 로렌스Thomas Edward Lawrence가 자기 생각을 밝힌 내용도 읽었었다(그 원고를 집필할 당시에 로렌스는 영국 식민성 장관 고문이었고, 그는 나중에 아랍의 독립운동을 지원한다. 영화 《아라비아의 로렌스》 Lawrence of Arabia의 모델이기도 하다―옮긴이). 그리고 비록 문서로 증명하기는 쉽지 않지만 줄리안 코베트의 저작을 참고했던 것 같기도 하다. 그런데 리델 하트는 단 한 번도 자기 주장이나 이론을 무단으로 가져다 썼다는 항의를 받은 적이 없다. 로렌스는 아무런 언급도 남기지 않았고, 로렌스의 견해가 그의 좋은 친구였던 리델 하트의 견해와 비슷했다는 점 때문에 사람들은 리델 하트에 대해 호의적인 인상을 가졌다.[3] 코베트는 1922년에 사망했다. 풀러의 아내는 다른 사람이 남편의 저작을 표절한다는 사실에 분개했지만 정작 풀러는 거기에 신경을 쓰지 않았다. 리델 하트는 풀러와 마찬가지로, 뇌가 신체를 통제하며 뇌를 마비시키는 것이 가장 중요하다는 비유를 들어서 적의 통신선과 지휘 사령부를 공격할 필요성을 역설했다. '성공 가능성이 가장 높고 경제적인 전략 형태'로서의 '간접적인 접근법'이라는 그의 호소는 무자비한 폭력보다는 영리함이 유리하다고 믿던 사람들의 마음을 사로잡았다. 게다가 그는 풀러와 달리 간접적인 접근법을 직접적인 접근법과 비교함으로써 (이 직접적인 접근법을 그는 클라우제비츠가 남긴 끔찍한 유산이라고 공격했다) 자기 이론의 독창성을 주장했다.

리델 하트는 전면적인 공격을 통한 적군의 파괴 및 결정적인 전투에 모든 것을 복속시켜야 한다는 주장이 잘못되었다면서 클라우제비츠 혹은 적어도 그를 추종하는 사람들을 비난했다. 그는 제1차 세계대전 당시 서부 전선의 무모한 대규모 공세와 끔찍한 피의 강물과 관련된 모든 것을 혐오했다. 그리고 그 모든 책임이 '군사 사상의 사악한 천재' 클라우제비츠에게 있다고 보았다. 클라우제비츠는 피에 굶주린 나머지 전쟁을 오로지 전제주의적인 관점에서만 바라보며 전투만을 미친 듯이 추구하고 또 적절한 전략보다는 압도적인 수적 우위를 통해서만 승리를 얻어내려 했다며 온갖 조롱과 풍자를 섞어서 그를 비판했다. 그래서 리델 하트는는 초기 저서들 가운데 하나에서 '나폴레옹의 유령'에 대해서 격렬한 어조로 비판하기도 했다.[4] 그는 전략에 어긋나거나 혹은 전략이 아예 없는 기계적인 접근법을 개탄했다. 클라우제비츠에 대한 리델 하트의 평가는 한 마디로 다음과 같았다.

"그가 전파한 복음은 그의 전략이 머리에 쓰고 있던 월계관을 박탈했다."

나중에 리델 하트는 클라우제비츠의 전쟁관과 자기의 전쟁관은 그다지 큰 차이가 없다고 인정했다. 둘 다 전쟁은 정치의 연장선이며 잔인한 폭력뿐만 아니라 심리의 영향을 받는다고 했다.[5] 그는 클라우제비츠의《전쟁론》이 철학적으로 너무 복잡하고 또 너무 많은 내용을 담고 있음을 지적했다. 그래서 이 책은 보다 유리한 시점을 기다리기보다는 맨 처음 기회가 왔을 때 즉 전쟁 초기에 무조건 결판을 내야 한다고 촉구하는 것처럼 읽힐 수 있다고 했다. 리델 하트는 만년에 접어들었을 때 이런 점을 지적했다. 새뮤얼 그리피스Samuel Griffith가《손자병법》을 대중적으로 번역한 책의 서문을 쓰면서, 리델 하트는 클라우제비츠의 신봉자들이 단순한 구호들만 뽑아내서 이것들을 조잡하게 응용했다는 의견을 분명히 밝혔다. 이 글에서 리델 하트는 손자의 '현실주의와 중용'은 '논리적인 이상주의 및 절대성을 강조하는 클라우제비츠의 경향'과 뚜렷하게 대비되는데, 이런 경향이 클라우제비츠의 추종자들도 하여금 '모든 것을 초월해서 오로지 총력전의 이론과 실천'을 개발하는 데 진력하도록 만들었다고 썼다. 그런데 흥미롭게도 리델 하트는 자기가 1927년에 중국에 있으면서 처음으로《손자병법》을 접했던 일을 적었다.

"그 책을 읽는 순간 많은 부분이 내 생각과 일치한다는 사실을 깨달았다. 특히 적이 예상하지 못하게 행동할 것과 간접적인 접근법을 추구할 것을 강조한다는 점에서 그랬다. 보다 근본적인 군사 사상 심지어 전술의 불멸성을 새삼 느낄 수 있었다."[6]

어떤 전기 작가의 지적에 따르면, 실제로 리델 하트가《손자병법》을 읽은 것은 1940년대 초이므로 그가 1920년대에 자신의 방법론을 개발할 때 손자로부터 직접적인 영향을 받은 것은 아무 것도 없다.[7] 그렇다면 1927년에《손자병법》을 접했다는 그의 설명은 매우 흥미로워진다. 왜냐하면 그때부터 그는 2년에 걸쳐서 자신의 '간접적인 접근법'을 개발했고 또 이 내용이 많은 부분에서《손자병법》과 너무도 비슷하기 때문이다.

그러나 리델 하트는 자신의 이론의 핵심을 담은 《역사 속의 결정적인 전쟁들》The Decisive Wars of History의 수정판을 지속적으로 내면서 단 한 번도 《손자병법》을 언급하지 않았다. 그러나 《전략, 간접적인 접근법》Strategy: The Indirect Approach의 책 앞부분에는 《손자병법》에서 딴 광범위한 인용이 수록되었다. 당시 가장 널리 읽히던 라이오넬 자일스Lionel Giles 번역의 《손자병법》에는 다음 구절이 들어 있다.

"모든 전투에서 직접적인 방법들은 전투를 시작할 때 사용될 수 있다. 그러나 간접적인 방법들은 승리를 확보하기 위해서 필요할 수 있다."

그러나 나중에 나타난 번역본들은 직설적인 것과 교활한 것, 일상적인 것과 예외적인 것, 혹은 정통적인 것과 비정통적인 것 등의 용어로 둘을 대비시켰다.

리델 하트는 이상적인 전략 형식을 실제 현실에서 흔히 나타나는 것보다는 응당 그래야 하는 어떤 것으로 규정함으로써 손자의 규정을 따랐다. 그는 클라우제비츠의 정의를 너무 좁게 그리고 너무 전투에 초점을 맞춰서 즉 마치 이것이 전략적인 목적을 달성하기 위한 유일한 수단인 것처럼 판단했다. 대신에 리델 하트는 클라우제비츠의 전략을 '정책의 목적을 충족하기 위해서 군사적인 수단을 분배하고 채용하는 기술'이라고 정의했다. 정책의 목적은 군사적 차원의 의무가 아니라는 뜻이었다. 정책의 목적은, 정책의 모든 수단들을 서로 하나씩 비교해서 평가하며 단지 전쟁뿐만 아니라 전쟁 이후의 평화까지도 내다보는 대전략grand strategy의 차원에서 제시된 하위 개념이었다. 그리고 이 스펙트럼의 다른 끝에서는 '군사적 수단의 응용이 실제 전투 즉 직접적인 행동을 위한 배치 및 이 행동에 대한 통제로 녹아드는' 전술이 작동했다.

총력전의 시대에 리델 하트는 총력전으로 치닫지 못하게 해줄 한계를 찾고 있었다. 핵무기가 발명된 뒤로는 더욱 급박해진 탐색이었다. 그는 제한적인 수단을 확실하게 보장하는 수단으로서의 제한적인 목적을 지지했다. 비록 제한적인 목적과 제한적인 수단이라는 이 둘 사이의 비례 관계에 대한 충동이 어떤 중요한 오류(즉 군사적인 수단은 저항의 힘이라는 측면보다는 정치적인 목적에 초점이 맞춰져야 한다는 오류)를 담고 있긴 하지만 말이다. 아주 작은 이해관계에서도 매우 큰 전쟁이 촉발될 수 있다. 이 점에 대해서 리델 하트는, 만약 어떤 전쟁에 소요될 예상 비용이 예상 이익에 비해서 터무니없이 크다면 전쟁의 가치 즉 군이 전쟁을 치러야 할 이유를 다시 살펴봐야 한다고 대답하곤 했다. 그는 전략의 기술은 어떤 고정된 목적을 달성하기 위한 수단을 찾는 것뿐만 아니라 현실적이고 바람직한 목적을 설정하는 것까지도 포함한다고 보았다. 그의 방법론은 실제 결과와 나란히 놓고 대비해서 판단할 수 있는 이상적인 것을 규정하기 위한 것이었다. 그러므로 전쟁의 목적은 '인명과 경제력 손실을 최소한으로 하면서 적의 저항 의지를 잠재우는 것'이었다. 전투가 시작되면 여러 원리들을 적용하는 것은 당연하겠지만 어쨌거나 손실을 피한다는 것은 대규모 전투를 피한다는 뜻이었다. 이런 맥락에서 보면 '완벽한 전략은 심각한 전투를 하지 않고서도 어떤 결론을 이끌어내는 것'이라는 리델 하트와 손자의 연결점이 분명하게 드러난다.

직접적인 접근법이 아군의 공세에 대비하고 있는 적이 분명하게 알 수 있는 경로로 공격을 감행하는 데 비해서 간접적인 접근법은 '저항의 가능성을 줄이는' 데 초점을 맞추면서 물리적인 영역에서보다 심리적인 영역에서 결정적인 충격을 가하고자 한다. 이렇게 하려면 적의 의지에 영향을 미치는 여러 요인들을 계산해야 한다. 그러므로 적을 물리적으로 공격하는 데는 기동이 핵심 요소이지만 적의 심리를 흔들어놓는 데는 적의 허점을 찌르는 것이 핵심 요소이다.

"혼란이 바로 이 전략의 목적이다. 이런 혼란의 결과는 전투에서 적이 쉽게 붕괴하거나 분열하는 것으로 나타난다. 붕괴라는 뜻은 그래도 어느 정도의 싸움은 수행한다는 뜻이지만, 전투가 일단 이런 모습을 드러내면 그 전투는 통상적인 전투 수준에 미치지 못한다."

지금은 비록 풀러와 리델 하트가 지적인 쌍둥이로 흔히 비춰지지만, 두 사람의 의견이 일치하지 않았던 지점은 반드시 짚고 넘어가야 한다. 풀러는 확실히 적의 심리적 혼란을 추구했다. 그러나 그는 바람직한 효과를 거둘 수 있는 것이라면 직접적인 경로를 취한다 하더라도 전혀 문제가 되지 않는다고 보았다. 간접적인 접근법은 '대개 필요악이며' 또 간접적인 접근법과 직접적인 접근법 가운데 어느 쪽을 선택할 것인지 결정하는 것은 일반적으로 '무기의 전략'이었다. 리델 하트가 독단적으로 고집스런 태도를 취했다면 풀러는 실용적인 태도를 취했다. 리델 하트는 전투를 피하고자 했다. 그러나 풀러에게 전투는 승리로 나아가는 가장 가능성 높은 방안이었다.[8]

물리적인 영역에서 보자면 전투를 회피하기 위해서는 갑작스러운 '전선 변화'라는 수단을 통해서 적의 작전 계획을 혼란에 빠트려야 한다. 적이 부대의 전력을 여러 개로 쪼개도록 하거나 적의 보급선을 위험에 빠트리거나 적의 퇴각로를 위협하거나 혹은 이런 것들 가운데 몇 가지를 결합함으로써 적을 혼란에 빠트릴 수 있다. 한편 심리적인 영역에서 보자면, 이런 물리적인 효과가 적 사령관의 마음에 강한 인상을 심어줌으로써 '함정에 빠지고 말았다는 느낌'이 들도록 하는 게 관건이다. 정면 공격을 감행해서는 적 사령관의 균형 감각에 타격을 가할 수 없다. 기껏해야 또 하나의 긴장을 추가할 뿐이다. 그러니 아무리 그 작전이 성공한다 하더라도 적은 '예비 병력, 보급품, 전열 재정비' 등을 확보하는 안정적인 상태로 안전하게 퇴각할 것이다. 그러므로 문제는 '최소 저항선'line of least resistance(심리학 용어로 바꾸면 '최소 예상선'line of least expectation)을 찾아내는 것이라고 했다. 또한 리델 하트는 많은 수의 다양한 선택권을 유지하는 것도 중요하다고 지적했다. 다양한 가능성을 가지고 있음으로 해서 적으로 하여금 계속 추측하게 만들고 진퇴양난의 상태로 몰아넣을 수 있으며, 아군이 선택한 경로를 적이 꿰뚫고 있을 때 적절하게 유연성을 발휘할 수 있다는 것이었다. 이런 맥락에서 리델 하트는 다음과 같이 기술했다.

"계획이라는 것은 나무와도 같아서 반드시 무성한 가지들을 가지고 있어야 한다. 적어도 열매를 맺으려면 그래야 한다. 단 하나의 목적만 가지고 있는 계획은 실패할 가능성이 높다."[9]

리델 하트는 전체 군사 역사를 정밀하게 관찰함으로써 이론을 수립했다고 주장했다. 하지만 불행하게도 그가 취한 접근법은 본인이 믿고 싶었던 것처럼 '과학적'이라기보다는 직관적이고 절충적이었다. 치밀함, 허점을 찌르는 기습 혹은 군사적 승리에서의 혁신 요소들은 언제나 있었으며 간접성(2차성)은 '전략적이거나 전술적이거나 심리적이거나 때로는 심지어 "무의식적"일 수도' 있었다. 본드가 지적하듯이 리델 하트는 순환 논법에 사로잡혀 있었다. 리델 하트가 내린 정의에 따르면 '결정적인 승리'는 '간접적인 접근법'으로 획득하는 것이었다.[10] 손자의 경우와 마찬가지로 리델 하트의 매력은 무자비한 폭력보다는 미묘한 정보가 더 많은 가치를 가지고 있다고 보았다는 데 있다. 그러나 이 경우, 전쟁 당사자 양측이 모두 다 간접적인 접근법, 즉 조정과 관련된 여러 가지 실용적인 문제들 그리고 우연성과 마찰이 가져다주는 충격에 집중해서 전쟁을 풀어나가려고 할 경우에는 어떻게 할 것인가 하는 문제가 제기되었다. 비록 리델 하트는 나중에 기동 작전의 선구자로 추앙받게 되지만, 그는 상대를 지속적으로 마모시키는 방식을 좋아했기에 논의는 자주 소모전으로 이어졌다.

이상적인 간접적 전략은 적이 전투를 시작하기도 전에 이미 패배를 피할 수 없다고 결론 내리도록 주변 조건을 조정하는 것이다. 이 전략은 적이 보다 타협적으로 나올 수밖에 없도록 하는 관계를 창출하도록 자기 전력을 기민하게 운용해야만 성공할 수 있다. 이 논리는 억지$_{deterrence}$(억제 抑制 혹은 억지 抑止로 번역되는데, 이 책에서는 억지로 번역한다—옮긴이)라는 개념을 암시한다. 만일 전투의 결과가 이러저러할 것이라고 이미 알려져 있다면, 애초에 아예 도발을 하지 말라고 하거나 혹은 반대로 선제공격으로 적을 철저하게 제압하는 게 최상의 조언이 될 수 있다. 리델 하트는 이런 명확성이 떨어지며 또 직접적인 수단으로든 간접적인 수단으로든 예측하거나 통제하기가 한층 어려운 상황들에 초점을 맞추고 있었다. 만일 전투를 피해야 한다면 지상전의 역할을 제한하고 해상 전력이나 항공 전력을 보다 많이 투입해야 한다고 했다. 해상 봉쇄나 공중 폭격은 적의 병참 체계나 사기 그리고 적국이 지탱하는 사회경제적 구조에 타격을 가함으로써 적의 전력을 훼손시킬 수 있다. 그러므로 리델 하트가 비록 나중으로 가면서 이 둘에 대한 열정이 조금씩 줄어들긴 했지만, 해상 봉쇄와 공중 폭격이라는 두 가지 방식을 모두 지지했던 것은 놀라운 일이 아니다. 그런데 문제는 영토를 점령하지 않는 한 적은 계속해서 저항할 수 있다는 점이었다.

비록 리델 하트가 공중 폭격에 노출되는 평범한 사람들이 '정신이 나가서 약탈과 습격 행위를 할 수' 있음을 경고할 때 군중 심리라는 개념에 상당히 비중을 두긴 했지만, 그가 전략적인 항공 전력을 지지했던 기간은 매우 짧았다.[11] 지상에서의 간접적인 접근법을 놓고 보자면 그의 분석은 (풀러의 이론을 따라서) 기계화가 가져다줄 수 있는 충격에 초점을 맞춘 것이었다. 여기에서도 그는 잘 조직된 방어력의 잠재력이 공세적인 기동력보다 크다고 (제2차 세계대전이 발발하기 직전에) 결론 내렸다. 그는 이것이 현재의 상황을 무너뜨릴 수 있는 공격자의 힘을 축소시킬 것이라고 기대했다. 그러다 보니 간접적인 접근법을 열렬하게 지지했음에도 불구하고 이 접근법을 실행할 때 발생하는 실질적인 제약에 끊임없이 봉착했다. 특히 전력이나 전술 정보가 대등한 상대를 대적할 때는 (우월한 상대를 대적할 때는 더 말할 것도 없이!) 특히 더 그랬다. 간접적인 접근법은 전략적으로 이상적인 어떤 모델을 대표한다. 그러나 이것은 매우 특수한 환경 아래에서만 실현될 수 있는 것이었다. 어떤 국가 및 그 국가가 가지고 있는 군대는 극단적으로 강력한 회복력을 가질 수 있다. 그러므로 장기간에 걸쳐서 지속적으로 확고한 태도로 압력을 행사할 수 있는 위치에 도달하려면 바다에서든 땅에서든 혹은 하늘에서든 간에 효과적인 군사적 우위가 필요하다. 그런데 이렇게 하려면 적군과의 매우 직접적이고 결정적인 접촉이 우선적으로 필요할 수 있다. 결국 이런 문제 때문에 리델 하트는 전쟁으로 도움을 받을 수 있는 유용한 목적이라는 것은 거의 없다고 결론 내렸다.

✝ 처칠의 전략

동맹국을 전투 현장으로 이끌어내는 작전은 커다란 전투에서
승리를 거두는 것만큼이나 유용하다. 아무리 중요한 전략적 정당성

을 주장할 수 있는 작전이라고 하더라도 잠재적인 위험을 안고 있는
중립국을 회유하거나 윽박지르는 일에 비하면 가치가 낮다.

_윈스턴 처칠, 《세계의 위기》

뒤에서 전격 작전의 감추어진 실체를 따로 살펴보겠지만, 독일군은
장갑전에 능통했던 덕분에 제2차 세계대전 초기 단계에서 여러 차례 대
승을 거두었고, 그 결과 사실상 유럽 대륙을 장악했다. 그러나 끝내 최종
승리를 거두지 못했고 결국 독일은 패전국이 되었다. 군사적인 용맹성
이 이 승패를 갈랐지만, 이것 못지않게 동맹의 논리 또한 승패를 가르는
중요한 요소였다. 독일군의 육상 전력은 전쟁 기간 동안 시종일관 우세
했다. 하지만 결국에는 미국과 소련 그리고 영국이 합세한 전력을 당해
내지 못했다. 그러나 이 '빅3'Big 3 가운데 오로지 영국만이 실질적으로 전
쟁을 치르던 1940년 봄만 하더라도 전쟁의 승패가 그렇게 갈릴 것이라
는 예상은 할 수 없었다. 적어도 객관적으로 진행되던 전황으로는 그랬
다. 위태롭기 짝이 없는 상황이었다. 1940년 5월 10일에 독일군이 공세
를 시작했고, 독일군은 불과 열흘 만에 벨기에와 네덜란드를 관통해 프
랑스 해안까지 다다랐다. 얼마 뒤 프랑스는 쓰러지고 영국만 남았다. 영
향력이 엄청나게 줄어들긴 하겠지만 그래도 독립적인 주권을 유지하게
해줄 협상의 가능성조차도 희박한, 그야말로 가망이 없어 보이는 상황이
었지만 영국은 항전을 포기하지 않았다.

리처드 베츠Richard Betts는 이것을 사례로 삼아 전략의 역할을 탐구하
고 있다. 싸움을 계속하기로 한 영국 정부의 결정은 20세기의 가장 '획기
적인' 결정 가운데 하나로 꼽힌다. 그러나 당시에 이 결정은 전략적으로
거의 아무런 의미도 없는 것으로 보였다.[12] 베츠는 이 결정이 의미를 가

질 수 있으려면 독일이 영국 해협을 건널 수 없고 영국 본토 항공전Battle of Britain 및 대서양 전투Battle of the Atlantic(제2차 세계대전 중 대서양의 제해권을 놓고 영국과 독일이 벌인 전투—옮긴이)에서 독일이 모두 질 것임을, 그리고 가장 중요하게는 1941년 말에 소련과 미국이 참전해서 영국과 함께 독일과 싸우게 될 것임을 처칠이 미리 알았을 뿐만 아니라 확신하고 있어야만 했다고 주장했다.

그러나 이것은 전략과 관련된 결정을 바라보는 잘못된 관점이다. 영국의 역사학자 이언 커쇼Ian Kershaw는 제2차 세계대전 기간 동안에 열강들 사이에서 이루어진 의사결정을 분석한 연구에서 보다 나은 접근법을 보여주었다. 그는 궁극적인 목적을 어떤 방식을 통해서 가장 잘 달성했느냐 하는 관점이 아니라 여러 가지 가능하던 선택권들이 어떤 방식으로 규정되었으며 어떤 고려 사항들이 해당 선택에 영향을 미쳤을까 하는 관점에서 전략에 관한 의문을 제기했다. 그는 정치 지도자들이 미래에 서고자 하는 곳이 아니라 그들이 현실적으로 서 있는 곳에서 출발했다.[13]

독일군이 프랑스로 진격하고 영국과 가까운 이 동맹국이 비틀거리던 시점에 윈스턴 처칠은 영국의 수상이 되었다. 그가 수상으로 재임한 초기에는 과연 프랑스가 버텨낼 수 있을 것인지, 만일 프랑스가 결국 무너지고 만다면 어떤 일이 벌어질 것인지 예상하는 논의들이 분분했다. 그리고 아직은 처칠이 전쟁 지도자로서의 명성을 떨치기 이전이었다. 그는 과거에 했던 잘못된 판단으로 여전히 미심쩍은 눈길을 받고 있었다(처칠은 1차 세계대전 당시 해군부 장관을 맡고 있었다. 그는 오스만 투르크를 견제하기 위해서 트리폴리에 병력을 투입했는데, 이 작전이 실패로 돌아갔고 여기에 대한 책임을 지고 장관직에서 물러났다—옮긴이). 그리고 외교부 장관 에드워드 핼리팩스Edward Halifax는 독일이 영국의 독립을 보장해주겠다면 히틀러와 평화 협상을 체결해서 불필요한 고통을 초래하지 말아야 한다는 주장을 하고 있었으므로, 처칠은 이런 주장에 대해서 어떤 식으로든 입장을 정리해야 했다. 아직 전쟁에 참가하지 않고 있던 이탈리아를 중재자로 내세울 수도 있을 것 같았다. 하지만 처칠은 이 방향은 옳지 않다고 판단했고, 이런 내용으로 사람들을 설득했다.

그들이 당면한 문제는 전쟁에서 이기기 위한 수단을 찾는 것이 아니라 패배와 굴욕적인 협상 조건을 피할 길을 찾는 것이었다. 어떤 상황에서건 협상을 거부하는 문제가 아니라, 주변 상황이 극도로 좋지 않은 시점에서 협상을 시도할 경우 얻을 수 있는 것이 과연 있기나 할 것인가 하는 문제였다. 협상을 통해서 얻을 수 있는 결과를 부정적으로 바라보는 시각이 우세했는데, 이것은 처칠의 호전성이 작용했기 때문이 아니라 협상을 주장하는 쪽의 주장이 그다지 설득력을 발휘하지 못했기 때문이었다. 결국 협상의 가능성은 베니토 무솔리니Benito Mussolini의 태도에 따라서 달라지게 되었다. 그가 독일의 편을 드는 쪽으로 정치적인 입지를 점점 강화하고 게다가 히틀러에게 그다지 영향을 미치지 못하게 됨에 따라서 그가 협상의 중재자로 나설 가능성은 점점 더 줄어들고 있었다. 분석을 해본 결과 가능한 평화 협상 조건은 영국으로서는 도저히 받아들일 수 없을 것 같았다. 매우 힘든 내각 논의 과정에서 처칠은 자기의 주장이 합리적으로 보이도록 하려고 영국이 영향력을 행사하는 여러 지역들에 대해서 일정한 양보를 하는 것도 고려하고 있으며 또 '난국을 타개하기 위해서' 상당한 식민지들을 양도하는 것도 고려하고 있다고 밝혔다. 그러나 군주제의 정부 형태를 바꾸는 문제나 강제적인 무장 해제 등을 포함해서 영국의 헌법적 독립성의 핵심과 관련된 문제들에 대한 요구는 도저히 받아들일 수 없다고 했다.[14] 가능한 협상 조건들은 군사적인 패배 뒤에 필연적으로 뒤따를 조건들보다는 나을 것 같았지만, 실제로는 그렇지도 않을 것임이 자명했다. 오히려 훨씬 더 굴욕적인 종속을 당할 수도 있었다. 그러나 꼭 그렇지만도 않을 가능성이 전혀 없지는 않았다. 만일 독일이, 아직 여력이 남아 있는 적은 무조건 완전히 섬멸하겠다는 확고한 입장을 가지고 있었다면 영국으로서는 어떤 거래든 간에 협상 테이블에 나서는 게 나을 수도 있었다. 게다가 협상을 준비하는 행위 자체가 다른 나라, 특히 독일의 눈에는 허약함의 증거로 비칠 수 있었고 국내적으로는 사기를 떨어뜨리는 원인이 될 수 있었다. 그래도 아직은 영국이 져서 무릎을 꿇은 게 아니고 무장력이라면 얼마든지 재건해서 독일의 침공에 맞서서 싸울 수 있을 것 같았다. 이런 논의들이 한창 진행되고 있었는데, 이른바 '던커크의 기적'이 일어났다. 개전 초기에 영국군 수십만 명이 도버 해협을 사이에 두고 영국이 건너다 보이는 프랑스 항구 던커크까지 독일군에게 밀렸고, 이들의 운명은 풍전등화였다. 영국에서는 기껏해야 수천 명만 살아서 돌아올 수 있을 것이라고 기대했다. 그런데 영국군이 도버 해협을 건널 때 독일군 지역에서 큰 폭풍과 폭우가 일어 비행기는 말할 것도 없고 전차 하나 움직일 수 없었다. 그러나 영국 쪽 도버 해협의 물결은 어찌나 고요하고 잔잔했던지 영국군 35만 명이 무사히 탈출했다. 이 사건은 전쟁을 계속해야 한다는 주장에 심리적인 정당성을 부여했다.

전쟁이 어떤 식으로 전개되어 어떤 결과가 나올지 처칠로서는 당연히 알 길이 없었다. 군사 전문가인 엘리엇 코헨Eliot Cohen에 따르면 처칠은 승리의 청사진으로서의 전략을 전혀 생각하지 않았다. 그는 전쟁이 펼쳐질 과정을 예측할 수 없으며 승리를 향한 단계들 역시 실제로 가보지 않는 한 절대로 확인할 수 없음을 잘 알았다. 그는 전쟁에서 이기기 위한

'절대 바뀌지 않는 계산'이란 건 있을 수 없다고 믿었다. 그에게 전략은 예술이지 과학이 아니었다. 그야말로 회화에 가까운 예술이었다.

"시작과 끝 그리고 전체와 각각의 부분을 동시적인 인상으로서 제시하는, 모든 것을 아우르는 관점이 그의 마음속에 일관되게 새겨져 있었던 게 분명하다."

처칠은 적지 않은 핵심적인 주제들을 늘 염두에 두고 있었고 또 전체적인 맥락을 파악하고 있었다. 그는 새롭게 전개되는 사항들을 고려하는 사고 틀을 가지고 있었으며 새롭게 나타나는 기회들을 활용할 줄 알았다. 그의 이 사고 틀은 '허용 한계를 좁히기 위해' 구축된 어떤 기계 즉 '정확한 설계'가 아니며 또한 '서로 아무런 연관이 없는 무작위적인 판단들의 뒤죽박죽'도 아니었다고 코헨은 지적했다.[15]

처칠이 순수하게 군사적으로 접근했던 방법론이 충동적이었을 수도 있지만 그는 이미 연합 전쟁에 대한 개념을 가지고 있었다. 다른 동맹국들을 자기 주변에 세우는 연합 작전은 그동안 영국이 구사해왔던 전략에서 늘 중심적인 개념이었다. 영국은 전쟁을 위해 인력과 물자 분야에 상당한 투입을 해왔는데, 이제 특수한 필요성에 부합할 수 있도록 해야 했다. 유럽의 대결 상황이 민감한 단계로 접어들던 그 시점에 미국은 전쟁에 개입해서 국면을 바꾸어놓을 잠재력을 충분히 가지고 있었다. 처칠은 수상에 취임한 직후에 이미 전쟁을 만족할 만한 결과로 유도하기 위한 유일한 길이 '미국을 끌어들이는 것'임을 파악했고, 이것이 그 이후 그가 채택한 전략의 핵심이었다. 그의 전임자인 아서 네빌 체임벌린Arthur Neville Chamberlain은 미국의 프랭클린 루스벨트Franklin Roosevelt 대통령과 친밀한 관계를 조성하려는 노력을 전혀 하지 않았다. 이에 비해서 처칠은, 비록 영국의 상황이 그렇게 위태로워지고 또 유럽에서 벌어지는 전쟁에 휩쓸리지 않겠다는 미국의 여론이 바뀌지 않는 한 미국에서 얻어낼 것이 거의 없을 것이라 예상되었음에도 불구하고, 루스벨트와 친밀하고도 정기적인 관계를 발전시켰다. 루스벨트에게 보낸 처칠의 첫 번째 편지는 영국의 패배가 미국의 안보에 미칠 결과를 경고하는 내용을 담고 있었다. 만일 영국이 독일의 공세를 견뎌낸다면 미국의 여론이 바뀔지도 모른다고 했다. 처칠은 심지어 설령 독일군이 영국에 직접 침공한다 하더라도 그럴 것이라고 믿는 것 같았다.[16]

당시에 히틀러의 선택은 보다 쉽고 편해 보였다. 히틀러는 독일군이 거둔 파죽의 승리 덕분에 의문의 여지가 없는 권위를 가진 군사 천재라는 명성을 얻었다. 하지만 그는 프랑스를 무릎 꿇린 다음에는 영국을 침공하는 어려운 일이 남아 있음을 잘 알았다. 해협을 건너서 영국 본토를 침공하는 작전은 복잡하기도 하려니와 위험했다. 물론 본토 침공 외에도 영국을 전쟁 당사국에서 제외시키는 다른 선택권들도 몇 가지 있었다. 첫째는 영국을 지중해 밖으로 몰아내는 것이었다. 이렇게 함으로써 이 지역에서 영국이 가지고 있던 특권과 영향력을 제한하고 석유 자원에 대한 영국의 접근을 방해할 수 있었다. 이 방법이 원하는 결과를 가져다줄 수도 있었고 아닐 수도 있었지만, 어쨌거나 히틀러는 유럽 지역의 자기 파트너들(무솔리니의 이탈리아, 프랑코의 스페인 그리고 비시 괴뢰 정부의 프랑스)을 경계했다. 이들의 태도와 입장은 제각기 달랐으며, 히틀러로서는 이들 가운데 그 누구도 백 퍼센트 신뢰할 수 있는 동반자가 아니었다. 예를 들어서 무솔리니는 독일이 거둔 승리를 이용해서 미적거리던 이탈리아를 전쟁의 소용돌이 속으로 몰아넣은 뒤에 그리스를 저돌적으로 침공함으로써 자기가 히틀러에 종속되지 않은 존재임을 과시했다. 하지만 이런 선택 때문에 그의 기반은 약화되었고 히틀러는 분노했다. 독일군이 그리스 및 북아프리카에서 열세로 고전하던 이탈리아를 도와야 했기 때문이다. 그 바람에 소련 침공이라는 가장 중요한 과제에 집중해야 할 독일군 전력의 자원과 주의력은 분산되고 말았다.

히틀러는 소련과의 전쟁을 피할 수 없다고 생각했을 뿐만 아니라 이 전쟁이 자기 야망의 정점이 될 것이며 또 이 전쟁을 통해서 독일이 유럽 전역을 지배하며 유대인과 공산주의라는 이란성 쌍둥이를 (사실 그의 눈으로 보자면 이 둘은 매우 가까운 관계였다) 한꺼번에 처리할 수 있을 것이라고 생각했다. 만일 어쨌거나 러시아와 전쟁을 치러야 한다면, 이오시프 스탈린Iosif Stalin이 1930년대 군인과 당원을 대상으로 대규모 숙청을 단행한 직후 러시아가 아직 어수선하고 허약할 때를 노려야 했다.[17] 그렇게 해서 러시아를 빠르게 무릎 꿇려야 했다. 이것이 히틀러가 생각했던 목표였고, 그래야 영국을 고립시킬 수 있었다. 그러나 히틀러 역시 전쟁이 어떤 식으로 전개될 것인가 하는 점에 대해서는 나름대로의 견해를 가지고 있었다. 히틀러는 영국이 소련의 참전이라는 오로지 한 가지 기대만으로 힘겹게 버티고 있다고 생각했던 것이다. 물론 만일 러시아를 빠른 시일 안에 무릎 꿇리지 못할 경우에는 동과 서 양쪽에서 동시에 전선을 유지해야 하는 끔찍한 상황에 직면해야 했다. 그것은 자원 운용에 절대적으로 불리한 조건이었고, 따라서 전략을 생각하는 사람이라면 당연히 피하고자 할 상황이었다. 히틀러로서는 전쟁을 계속 이어나가고 식량과 석유를 확보하기 위해서라도 소련을 정복할 필요가 있었다. 만약 소련에게 항복을 받아내지 못할 때 영국은 반전의 기회가 생겼다고 판단하며 협상을 하더라도 자기에게 유리한 조건을 내세울 게 분명했다. 히틀러가 소련이 결코 항복하지 않을 것임을 알았다면 그가 선택할 수 있는 유일한 길은 영국과 제한적인 평화 협정(즉 애초에 생각했던 군사적인 위업이나 정치적인 야심에 훨씬 미치지 못하는 협정)을 체결하는 것이었다.

히틀러가 러시아와의 전쟁을 빠르게 끝내야만 했던 이유는 또 있었다. 미국이 언젠가는 참전할 것 같았는데, 히틀러는 그 시점이 아무리 빨라야 1942년일 것이라고 생각했다. 상황이 이러니만큼 러시아라는 위험을 빨리 제거할수록 광범위한 반독 연합이 형성될 가능성은 그만큼 줄어들 터였다. 이런 점에서 소련의 지도자 스탈린은 독일에 도움이 됐다. 그는 히틀러의 이런 계획에 대해 경고하는 사람들의 말에 귀 기울이려 하지 않았던 것이다. 그는 히틀러가 자기가 예상하는 각본대로 움직일 것이라고 생각했다. 그랬기에 스탈린은 처칠의 경고를 쉽게 묵살했다. 처칠은 유럽의 두 강대국인 독일과 소련이 싸우게 해서 영국에 가해지는 압박을 덜고자 했던 것이다.

스탈린은 1812년의 차르 알렉산드르와 다르게 군대를 국경에 배치했다. 심각한 실수였다. 하지만 독일군으로서는 그보다 더 반가운 일이 없었다. 일시에 공격을 감행할 경우 소련군이 적절하게 대응을 하기도 전에 소련군을 조각조각으로 떼어놓을 수 있기 때문이었다. 결국 소련은 재앙과 같은 결과를 맞았고, 이 충격에서 좀처럼 헤어나지 못했다. 그러나 악명 높은 러시아의 겨울과 언제 어디로 진격해야 할 것인지를 두고 저지른 독일군 측의 몇 차례 결정적인 실수 덕분에 러시아는 개전 초기에 받은 타격에서 회복할 기회를 얻었다. 일단 패배를 면하고 나자, 산업은 느리지만 꾸준하게 되살아났다. 그리고 소련의 광대한 영토는 독일군 침공자들에게는 감당할 수 없을 정도로 넓었다. 독일군 사령관들이 눈부신 활약을 했지만 이것은 패배의 시기를 늦출 수 있을 뿐 흠 많은 전략에서 비롯된 엄청난 한계 앞에서는 아무 소용이 없었다.

독일군이 소련에 가한 최초의 타격은 선제적인 기습 공격이었지만

(일본이 진주만 공격으로 미국에 타격을 입힌 것도 마찬가지였다), 그 공격이 결정타는 아니었다. 최초의 공격에서 거두었던 성공이 장기적인 차원의 승리를 보장하지는 않았다. 1940년 봄에 독일이 거둔 놀라운 승리의 연속 그리고 그해 가을부터 영국 여러 도시들을 대상으로 시작된 공중 폭격은 풀러나 리델 하트 그리고 항공 전력을 강조했던 그 밖의 다른 이론가들이 상상했던 가능성에 근접했다. 하지만 그것은 결정타가 아니었다. 단지 전쟁을 하나의 단계에서 다음 단계로 전환시켰을 뿐이었다. 그리고 그 다음 단계는 한층 더 고약하고 오래 걸렸다. 전차를 앞세운 전투들은 대규모로 그리고 소모적으로 진행되었고, 1943년의 쿠르스크 전투에서 절정을 이루었다(독일군과 소련군 양측이 동원한 전차는 무려 1만 대였고, 이 가운데서 무려 8,000대가 파괴되었다―옮긴이). 사람들은 공중 폭격의 끔찍한 고통과 공포를 견뎌냈다. 공중 폭격은 일본의 히로시마와 나가사키에 원자폭탄이 투하되는 것으로 절정을 이루었는데, 이것은 전쟁의 끔찍한 피날레였다. 뒤에서 1970년대와 1980년대의 미국의 군사 사상을 다룰 텐데, 여기에서는 미국이 독일의 작전술을 높이 평가한다는 사실을 밝힐 것이며 또 이것만으로는 전쟁에서 이길 수 없음을 살펴볼 것이다.

제2차 세계대전에서 승패를 가른 가장 중요한 문제는 동맹의 문제였다. 동맹을 어떻게 형성하고 어떻게 유지하며 또 상대방의 동맹을 어떻게 파괴할 것인가 하는 문제였다. 이 동맹은 각각의 전투에 의미를 부여했다. 독일을 중심으로 한 추축국 동맹 Axis-Powers(2차 대전 당시 연합국과 싸웠던 나라들이 형성했던 국제 동맹으로 독일, 이탈리아, 일본이 중심이었다―옮긴이)은 허약했다. 이탈리아가 거둔 군사적인 성취는 미미했고, 스페인은 중립을 유지했으며, 일본은 자기 전쟁을 치르느라 따로 여력이 없었기에 러시아와 갈등을 일으키는 상황을 피했다. 영국이 가장 큰 위기를 맞았을 때는 프랑스가 독일에 무너졌을 때였지만, 이 위기에 희망의 불빛이 비친 것은 독일이 소련을 공격하고 나설 때였다. 처칠은 미국에 희망을 걸었다. 하지만 미국은 영국의 대의에 동조는 했지만 전쟁에 나서야 한다는 분위기가 사회 전반에 조성된 상태는 아니었다. 그리고 제2차 세계대전의 첫 포성이 울린 지 18개월이 지난 뒤에야 미국은 전쟁의 소용돌이 속으로 뛰어들었다. 처칠은 뛸 듯이 기뻐했다.

"우리는 마침내 해냈다! (⋯⋯) 전쟁이 얼마나 오래 계속 이어질지 혹은 어떤 식으로 끝이 날지 아무도 몰랐다. 나 역시도 마찬가지였다. (⋯⋯) 우리는 지워지지 않을 것이다. 우리 역사에 마침표가 찍히지는 않을 것이다."[18]

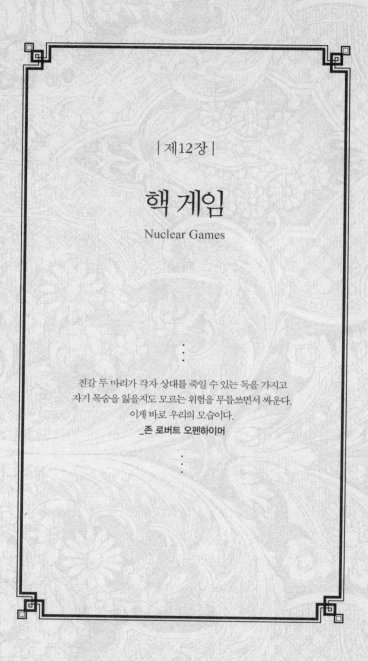

제12장

핵 게임

Nuclear Games

:

전갈 두 마리가 각자 상대를 죽일 수 있는 독을 가지고
자기 목숨을 잃을지도 모르는 위험을 무릅쓰면서 싸운다.
이게 바로 우리의 모습이다.
_존 로버트 오펜하이머

:

전쟁은 일반적으로 정의와 평화의 새로운 시대를 요구하는
것으로 결론이 난다. 제2차 세계대전도 예외가 아니었다.
그러나 불행하게도 미국과 소련 사이에서 점점 긴장이 고
조되고 이 둘을 중심으로 한 진영이 이념적으로 대치함에
따라서 미래를 낙관할 근거는 거의 찾아볼 수 없게 되었다.
영국과 미국을 한편으로 하고 러시아를 다른 한편으로 하
는 대립 속에서, 독일의 점령을 벗어난 영토들의 운명을 놓
고 시작된 반목이 점점 날카로워지면서 제3차 세계대전이
금방이라도 터질 것처럼 위기감이 고조되었다. 그리고 '냉
전'cold-war이 시작되었다. 냉전이라는 용어는 1947년에 월
터 리프먼Walter Lippmann이 책 제목으로 사용하면서부터 널리
쓰이기 시작했다.[1] 리프먼은 1930년대 말에 히틀러가 프랑
스를 상대로 구사했던 신경전war of nerves을 프랑스 사람들이
'la guerre froide'(차가운 전쟁)라고 불렀다는 사실을 기억
하고 이 용어를 다시 썼다.[2] 그러니까 냉전은 링 위의 권투
선수 두 명이 본격적인 난타전을 펼치기 전에 링을 빙빙 돌

면서 서로를 탐색하는 것처럼 두 국가가 적대적으로 탐색하는 과정이고 또 그런 상태였다. 냉전에는 낙관주의가 들어설 여지가 없었다. 아니나 다를까, 그 뒤 수십 년 동안 두 진영 사이에는 반목이 이어졌다. 비록 '열전'hot war으로 비화되지는 않았지만 말이다.[3]

그런데 사실 냉전이라는 용어는 영국의 소설가 조지 오웰George Orwell 이 리프먼보다 먼저 사용했다. 오웰은 1945년 10월에 원자 폭탄이 국제 문제에 미치는 영향을 분석하면서 처음으로 이 용어를 썼다. 그는 '몇 초만에 수백만 명의 목숨을 앗아갈 수 있는 무기를 가진 두세 개의 괴물 같은 초강대국이 세계를 자기들 중심으로 분할할 것'이라고 전망했다. 하지만 그런 전쟁이 가능이야 하겠지만 그 초강대국들이 '서로를 향해서는 그 폭탄을 결코 사용하지 않겠다는 전술적인 합의'를 함에 따라서 그런 치명적인 비극은 일어나지 않을 것이라고 내다보았다. 이런 위협은 오로지 보복 능력을 가지고 있지 않은 국가들을 상대로만 이루어질 것이라고 했다. 그래서 이 새로운 형태의 무시무시한 무기로 국가들 사이에 불편한 교착 상태가 형성될 뿐만 아니라 피착취 계층의 봉기를 효과적으로 억제할 수 있게 될 것이라고 했다. 어떤 대규모 전쟁이 끝나더라도 그건 끝이 아니었다. '끔찍할 정도로 견고한 (……) 노예 제국들 사이에 (……) 평화 아닌 평화'만 있을 뿐이라고 했다.[4] 원자 폭탄이 피착취 계층에게서 '반란을 일으킬 모든 무기'를 앗아갈 것이라는 오웰의 발상은 국가 권력이 자국민을 상대로 대량 살상 도구들을 주저하지 않고 사용하는 최근의 사례와 증거를 놓고 보자면 당시에 크게 관심을 끌지 못했던 것 같다.

이 새로운 무기들이 어떤 전략적 목적들에 복무할 것인가 하는 질문을 맨 먼저 진지하게 제시한 사람은 버나드 브로디Bernard Brodie였다. 그는 해상 전략을 전공한 역사학자였다. 그는 원자 폭탄 이야기를 듣고 자기

아내에게 이렇게 말했다.

"지금까지 내가 썼던 게 모두 다 구닥다리가 되어버렸어."[5]

그랬다. 전략 이론의 모든 체계가 구닥다리가 되었다.

"원자 폭탄에 관한 모든 것은 그런 게 존재하고 또 그것의 파괴력이 상상할 수 없을 정도로 어마어마하다는 두 가지 사실, 이 쌍둥이와도 같은 사실 앞에서 모두 힘을 잃고 무릎을 꿇는다. 지금까지는 모든 전략이 전쟁에서 이기겠다는 목적을 가지고 있었다. 그런 전략을 연구하고 개발해왔다. 하지만 지금부터는 전략의 주요 목적은 전쟁을 피하는 것이 되어야 한다. 이것 말고는 전략의 유용한 목적이 있을 수 없다."[6]

즉 브로디는 처음부터 그 '절대적인 무기'가 가지고 있는 억제력을 인식했던 것이다. 이제 국제 정치권에서는 만일 어떤 국가가 이 무기를 다른 국가에게 사용했다가는 동일한 무기로 보복을 당할 수 있기 때문에 서로 조심하며 이 무기를 사용하지 않도록 극도로 경계하게 될 것이라는 말이었다.

† 새로운 전략가들

브로디는 민간인이 주도적으로 참여하는 전략 부문의 가능성에 주목했다. 그는 이미 군사적인 차원에 대해서는 그다지 중요하게 생각하지 않았고, 또 그런 생각을 굳이 숨기려고도 하지 않았다. 그래서 전쟁에 관한 연구가 다른 분야에 비해서 뒤처졌다는 사실을 무척 안타깝게 생각했다. 예를 들어 1949년에 썼던 한 논문에서 다음과 같이 지적했다.

"군인이 수행해야 할 목적이 책을 만들어내는 게 아님은 분명하다.

그러나 생각이 점점 불어나면서 풍부해지게 만드는 어떤 실질적인 효소가 활자화되는 걸 완벽하게 피하기란 어렵다는 것을 알아야 한다."

그는 군사 훈련이 명상을 가로막고 반反지성적이며 오로지 실용적인 문제와 명령에만 과도하게 초점을 맞춘다고 주장했다. 전략을 논의한다는 것은 언제나 변하지 않을 것이라는 원리들을 조미니가 맨 처음 설정했던 지침들과 나란히 놓고 뒤적거리는 것이라고 했다. 그러므로 이런 것은 기껏해야 '상식을 발휘하기 위한, 미리 지시된 어떤 명령'에 지나지 않는다는 말이었다.

브로디는 군사적인 문제들이 점점 더 복잡해지고 무기의 잠재적인 파괴력이 점점 더 커짐에 따라서 전략이라는 문제를 보다 더 신중하게 다루어야 할 필요가 있다고 주장했다. 그러면서 전략을 대하는 방식에 대해서 경제학을 사례로 들었다. 경제학자들이 국가의 부富를 극대화하기 위해서 국가의 전체 자원을 활용하려고 노력하는 것과 마찬가지로, 전략가도 국가가 전쟁 상황에서 총 효율을 극대화할 수 있도록 전체 자원을 활용할 방안을 모색해야 한다고 했다. 즉 모든 군사적인 문제가 가용한 여러 가지 '수단의 경제'economy of means에 관한 것이므로, '고전적인 경제 이론의 상당 부분을 군사 전략의 여러 문제들에 직접 적용할 수 있다.' 특히 '경제학 같은 학문'은 '진정하게 분석적인 방법론'으로 나아갈 길을 제시할 수 있다는 뜻이었다.[7] 전략적인 문제의 해결은 최고 지도자의 개성이나 직관이 아니라 지성과 분석을 바탕으로 해야 한다는 발상은 인간이 내리는 모든 결정을 합리성과 과학적 응용에 따른 명령에 복속시키는 시대적인 추세와 맞아떨어졌다. 게다가 핵 시대에는 단 한 번의 잘못된 판단이 엄청난 재앙을 부를 수도 있다는 심각성이 과거사에서 유례가 없던 것이니만큼 그런 발상이 힘을 얻는 것은 당연했다.

서로 상관이 없는 듯 보이는 대량의 자료를 해석하는 수단으로서의 과학적 방법론은 이미 제2차 세계대전 당시에 영국에서 입증되었다. 처음에 이 방법론은 방공 레이더의 최적 위치 선정에서 위력을 발휘했다. 영국의 핵심 관련자들 가운데 한 사람이 지적했듯이 그 과정에서 채택한 방법론은 비록 경제학자들이 직접 관여하진 않았지만 물리학보다는 경제학에 더 가까운 것이었다.[8] 2차 대전 동안에 오퍼레이션 리서치operations research,OR(수학적 분석 방법을 이용해서 효과적 실행 방법을 분석하고 연구하는 것—옮긴이)가 새로운 분야로 각광받으면서, 독일의 잠수함 공격에 대비해 가장 안전한 상선 호위 경로와 방법을 도출한다든가 최적의 방공 레이더 위치를 선정한다든가 하는 작업을 통해서 이 방법론은 실질적인 작전 지원에 중대한 기여를 했다.[9] 미국에서는 수학자와 물리학자가 보다 큰 기여를 했다. 특히 최초의 원자 폭탄 개발로 이어진 이른바 '맨해튼 프로젝트'Manhattan Project에 참가한 사람들이 그런 역할을 했다.

전후에 이런 방법론들을 실질적인 문제들, 특히 군사 분야의 문제들에 적용했던 중심적인 기관은 '싱크탱크'의 최초 모델인 랜드 연구소RAND Corporation였다. 이 연구소는 처음에는 공군의 허가와 지원을 받아 오퍼레이션 리서치를 수행하는 기관으로 발족했지만 곧 방위 문제 및 발달된 여러 분석 도구들을 이용해서 공공 정책의 다른 여러 측면들을 다루는 비영리 독립 기관이 되었다. 랜드 연구소는 처음에 자연과학자들과 하드웨어를 다룰 엔지니어들을 모아서 활동을 시작했다. 샤론 가마리 타브리지Sharon Ghamari-Tabrizi는 랜드 연구소가 전통적인 형태의 군사 경험과 '아무런 상관이 없는' 탐색적이고 실험적인 냉전의 아방가르드(전위)를 표방했다고 묘사한다.[10] 그리고 얼마 지나지 않아서 랜드 연구소는 경제학자들과 그 밖의 다른 사회과학자들도 영입했다. 컴퓨터가 꾸준하게 발전함에 따라서 보다 실용적이고 복잡한 문제들에 대한 수학적인 접근도 한결 쉬워졌다. 심지어 경제학조차도 그동안은 숫자보다 언어에 더 의존했지만, 이제 계량적인 분석이 더 위력을 발휘했고 신뢰성도 높아졌다. 랜드 연구소는 (특히 설립 초기에) 군사 분야뿐만 아니라 전체 사회과학 분야를 통틀어서 기존의 여러 사고 패턴(양상)을 바꾸는 데 필설로 다할 수 없을 정도로 중요한 역할을 했다. 연구소는 당시 최고 수준의 컴퓨터를 비롯해서 온갖 자원과 도구를 확보하고 있었고 그것은 연구소의 혁신 원동력이었다. 그리고 연구소는 자신감과 의무감으로 이 혁신을 수행했다.

랜드 연구소가 탐구한 새로운 우주는 관찰의 대상일 뿐만 아니라 모방의 대상이기도 했다. 경제학자 필립 미로스키Philip Mirowski는 여기에 '사이보그 과학'Cyborg sciences이라는 이름을 붙였는데 그것은 인간과 기계 사이의 새로운 상호작용을 반영하는 것이었다. 또 서로가 서로를 닮아가기 시작하는 모델을 제시하면서 자연과 사회 사이의 구분, 나아가 실제 '현실'과 복제물 사이의 구분을 붕괴시켰다. 예를 들어 맨해튼 프로젝트에서 자료의 불확실성을 다루는 데 채택되었던 몬테카를로 시뮬레이션Monte Carlo simulation(불확실한 상황 하에서의 의사결정을 목적으로 하는 확률적 방식의 모의 실험―옮긴이) 기법은 복잡계(작은 사건처럼 보이는 수많은 변수가 유기적·복합적으로 작용하여 큰 영향력을 갖게 되는 체계―옮긴이)의 논리를 탐구함으로써 불확실성을 관통하는 어떤 질서 즉 혼돈 속에 존재하는 질서를 찾아내기 위한 실제 접근 가능한 실험의 범위를 대폭 확장시켰다.[11] 랜드 연구소의 분석가들은 이 새로운 기법들이 전통적인 사고 패턴을 보완하는 것이라기보다는 완전히 대체하는 것이라고 보았다.

각각의 요소들이 끊임없이 상호작용하는 동역학 체계dynamic systems를 탐구할 수 있게 됨에 따라서 어떤 원인에 따른 어떤 결과라는 단순한 형태의 인과관계 모델은 이제 설 자리가 없게 되었다. 체계를 다루는 모델들은 다소 질서정연하고 안정적인 모습으로 이미 전쟁 이전에 유행하기 시작했는데, 이제는 이 모델들이 전혀 새로운 의미를 띠었다. 심지어 자연과학계와 사회과학계를 통틀어서 정밀한 계산력이 요구되지 않는 분야에서조차도 연구자들은 접근 가능한 좁은 현실 부문에 대한 직접 관찰에만 의존하지 않고 (다른 방식으로는 도저히 접근할 수 없는) 훨씬 광범위한 곳에 대한 탐구 모델을 한층 더 선호했고 이런 추세는 점점 더 확대되었다. 체계와 관계들의 여러 유형이 인간의 정신 자체만으로는 도저히 관리할 수 없는 전혀 새로운 방식으로 분석되기 시작한 것이다.

오퍼레이션 리서치의 1세대 교과서 가운데 하나가 지적하듯이 이런 유형의 작업은 '새로운 주제를 바라보는, 개인적인 감정이 배제된 호기심', '입증되지 않은 주장들'에 대한 거부 그리고 '설령 거친 추정의 기반에 불과한 것이라 하더라도 어떤 계량적인 기반을 바탕으로 한 의사결정'을 중시하는 데서 출발했다. 이 접근법은 애초에 국가 방위의 여러 문제들에 초점이 맞추어져서 시작되긴 했지만 그것이 지대한 영향을 미친 분야는 따로 있었다. 군사 분야 특히 핵무기 분야에서는 실천적이고 또 어떤 결과에 따라서 필연적으로 대응하는 의사결정을 내려야 했으므로 연구와 분석은 설령 아무리 개념적으로 혁신적일 때조차도 실체적인 증거가 확실해야 했다.

핵전쟁의 가능성에 직면했다고 치자. 핵전쟁이라는 것은 전례도 없고 실험도 할 수 없다. 그야말로 상상을 초월하는 어떤 것이다. 그러므로 이 경우에 가능한 것은 오로지 시뮬레이션밖에 없다. '장군은 지금까지 핵전쟁을 몇 차례나 경험했습니까?'와 같은 질문이 성립하지 않는 영역들, 전적으로 독특하게 보이는 어떤 영역들에서는 훈련으로 가다듬어진 예리한 지성이 경험보다 훨씬 중요한 요소로 작용한다. 1961년에 장차 국제적인 정치학자가 될, 회의주의적이긴 해도 혜안을 가진 오스트레일리아 청년 헤들리 불Hedley Bull이 전략적 사고의 상태를 연구하면서, 전략적 사고 가운데 얼마나 많은 부분이 '전략적인 사람'이 가질 수 있는 '이성적인 행동'을 띠는지 살펴보았다. 그리고 다음과 같은 사실을 확인했다.

"알고 보니 그런 사람은 비상한 지적 예리함을 갖춘 대학교 교수임이 드러났다."[12]

그는 전략적인 사람의 사회적 지위가 높아지는 이유는 핵무기에 있다고 주장했다. 전략은 이제 더는 정책을 관철하는 수단으로서 전쟁을 어떻게 치를까 하는 문제에만 국한되지 않고 전쟁 위협 방법을 이해하는 문제로도 확대되어야 한다는 것이었다. 실제로 일어났던 폭력에 대한 연구뿐만 아니라, 이제는 거기에 더해서 위험을 억제하고 조종하는 데 대한 논의도 해야 한다는 것이다. 불은 민간인 전문가들이 왕성한 출판물로 군사 분야를 압도했으며 또 핵 억지 및 군비 제한을 다루는 까다로운 문제들에 관해서 중요한 자문을 할 수 있는 존재가 되었다고 지적했다. 존 케네디John F. Kennedy가 대통령이 되자 민간인 전략가들은 '권력의 성채 안으로 대거 들어가서 주요 정책 쟁점들에 대해 기존의 군사 고문단을 압도하는 모습을 보였다.' 군인이나 민간인 할 것 없이 핵전쟁을 치러본 경험은 없었으므로, 전략적인 사고의 많은 부분은 '추상적이고 추론적인 특성'을 띨 수밖에 없었고, 따라서 그것은 오히려 민간인에게 유리했다. 민간인들은 자기가 하는 일에서 '세련된 정교함과 높은 기술성'을 과시했다.[13]

이 새로운 접근법의 핵심 인물들은 주로 랜드 연구소 출신이었다. 그들은 국방부에서 로버트 맥나마라Robert McNamara 장관의 지휘를 받았는데,

맥나마라는 이전에 포드 자동차에서 계량적 분석의 개척자적인 역할을 했었다. 그는 이 분야의 연구에 필요한 예산 및 프로그램을 확보하기 위해서 군부와 싸웠다. 이 분야에서 그가 지휘했던 직원들은 시스템 분석 연구소Office of Systems Analysis에 모였던 젊은 분석가들이었다. 이들은 명석하고 겁 없고 자신감에 넘쳤으며 군 장교들의 어쭙잖은 방해 시도를 우습게 여겼다. 국방부에서 맥나마라의 오른팔 역할을 하던 사람은 찰스 히치Charles Hitch로 랜드 연구소에 있다가 호출되었던 인물인데, 그는 1960년에 동료 한 사람과 공동으로 저술했던 논문에서 다음과 같이 지적했다.

"본질적으로 우리는 모든 군사 문제를 어떤 측면에서는 자원의 효율적인 분배 및 사용이라는 관점의 경제적인 문제로 바라본다."[14]

이후 맥나마라는 자료를 요구했고 대안적인 프로그램의 비용 편익 분석을 하기 위한 최적의 방법으로 계량적인 분석을 주장했다. 군부가 뭐라고 하거나 말거나 그는 기존에 선호되던 여러 프로그램을 취소했으며 또 당연하게 받아들여지던 기존의 확신에 의문을 제기했다.

이후 맥나마라의 방법들이 전쟁을 치르는 데 적절하지 않다는 게 밝혀졌다. 베트남 전쟁처럼 정치적으로 복잡하기 짝이 없는 전쟁의 경우에는 특히 더 그랬다. 그리고 이런 실패로 인해서 그의 명성은 훼손되었다. 그러나 국방부의 첫 번째 재임 기간 동안에 맥나마라는 케네디 내각과 그 뒤의 린든 존슨Lyndon Johnson의 내각 가운데서 가장 재능이 많고 유능한 인물로 꼽혔다. 군부의 내로라하는 인물들도 맥나마라 앞에서는 허둥대기 일쑤였으며 심지어 군사 작전과 관련된 안건을 논의할 때조차도 아마추어처럼 보일 정도였다. 맥나마라는 '다리 달린 IBM'이라고 불렸다. 증거 및 분석 방법 분야에 통달했던 그는 합리적인 전략적 인물의 전형이었다.[15] 맥나마라를 둘러싼 신화와 그가 직면했던 저항 덕분에 그의 방법론이 가져다준 성과는 한껏 과장되었다. 군부는 아이젠하워 대통령의 예산 처리 과정을 지배하지 못했으며, 민간인 역시 알려진 것만큼 케네디 대통령을 통제하지 못했다. 그럼에도 불구하고 고위 관료들은 실제 전투 경험이 부족하면서도 군사 분야의 업무를 놓고 거드름을 피운 민간인들을 놀라운 눈으로 바라보았다. 랜드 연구소에서 일했었고 또 자기들이 군부 인사들에 비해서 지적으로 우월하다는 사실을 단 한 번도 의심하지 않았던 민간인들의 오만함은 이제 복수의 화살이 되어 본인들에게 되돌아갔다. 그들이 누렸던 예산이나 여러 프로그램이 위험해진 것이다. 전직 공군 참모장이었던 어떤 인물이 늘어놓았던 장광설은, 이 장광설이 표적으로 삼았던 맥나마라의 직원 두 사람이 함께 쓴 책에 유쾌하게 인용되었다. 화이트 장군은 '파이프 담배를 피워대며 나무에 가득 앉아 있는 올빼미들'과 같은 부류에 대해서 불평을 늘어놓으면서 다음과 같은 의심을 감추지 않았다.

"자신만만하다 못해서 때로는 거만하기까지 한 이 젊은 교수들, 수학자들 그리고 그 밖의 이론가들은 세상을 충분히 경험했는지 혹은 우리가 직면하고 있는 여러 부류의 적들에 용감하게 맞설 수 있도록 제대로 동기 부여가 되어 있는지 매우 의심스럽다."[16]

헤들리 불은 비판력이 부족하다, 도덕 관념이 없다, 사이비 과학자다 등의 온갖 비난으로부터 이 새로운 전략가들을 막아주는 한편, 이들이 가지고 있던 자만심을 지적했다. 그 전략가들 가운데 많은 사람들은 예전에는 '군사와 관련된 일들이 과학적 연구가 전혀 없는 상태로 진행되었으며, 이류의 정신과 이론을 가진 사람들만 아주 이따금씩 나름대로 노력을 한다고 했을 뿐'이라고 생각했다. 불은 또 '구닥다리 방법들을 몰아내고 최첨단 방법들로 대체함으로써' 전략을 하나의 과학으로 전환시키려는 열망이 그 민간인들 사이에 퍼져 있음도 강조했다. 민간 전략가들은 만일 일부 사람들이 기대했던 대로 이 새로운 방법들이 경제학에 조금 더 가깝게 다가갈 수 있다면 '우리가 하는 선택을 보다 합리적으로 만들고 또 주변 환경에 휘둘리지 않고 거꾸로 이것을 통제하는 지배력을 강화하는 데' 도움이 될 것이라고 믿었다. 브로디 역시 목표와 관련된 이들의 야망이 지나치게 부풀려진 게 아닐까 하고 의심했다. 비록 화이트 장군의 발언이 편견에 사로잡힌 편협한 군부의 전형적인 모습을 보여주긴 했지만 브로디는 새로운 분석가들과 이들이 채용한 방법들이 좋기도 하고 나쁘기도 하다는 사실을 깨달았다. 그들은 신무기의 확보와 같은 문제들에 대해서는 국방부의 의사결정을 개선했다.

그러나 경제학을 전략에 적용함으로써 얻을 수 있는 결과물의 한계는 여전히 남아 있었다. 경제학자들은 정치적인 데 둔감하거나 혹은 그런 것을 아예 용납하지 않으려는 경향을 보였다. 게다가 그들이 외교나 군사 분야의 역사 혹은 현실 정치에 취약하다는 사실보다 더 염려스러운 점은 '이것이 전략적인 통찰에서 얼마나 중요한 결격 사유인지' 잘 알지 못한다는 사실이었다. 경제학자들이 채용한 우수한 이론들은 '기법적으로는 원시적이며 지성적으로는 가치가 없다'는 식의 다른 사회과학들에 대한 경멸로 이어졌던 것이다.[17]

† 게임 이론

새로운 전략이 당연한 방법론으로 받아들인 것이 게임 이론이었다. 제13장에서 자세하게 설명하겠지만 이것이 핵 전략에 미친 실제적인 영향은 미미했다. 그럼에도 불구하고 게임 이론은 추상적이고 형식적인 전략적 쟁점들을 다루는 사고방식을 대표했다. 그리고 이것이 사회과학 전체에 미친 영향은 궁극적으로 볼 때 상당했다. 게임 이론은 제2차 세계대전 동안에 유럽 이민자 출신의 연구자 두 사람이 프린스턴 대학교에서 공동으로 수행했던 작업의 결과였다. 헝가리 출신의 존 폰 노이만John von Neumann 은 어릴 때 이미 기억력과 계산력으로 사람들을 놀라게 했고, 또 수학 천재로 일컬어졌다. 그는 1920년대에 포커를 관찰하면서 게임 이론의 기본적인 원리를 개발했다. 그리고 오스트리아 빈 출신인 경제학자인 오스카 모르겐슈테른Oskar Morgenstern이 프린스턴 대학교에서 노이만을 만나 그의 발상에 내포된 보다 넓은 의미를 간파하고 거기에 이론적인 틀을 마련하는 작업을 함께 했다. 그리고 마침내 두 사람이 공동으로 집필한 역작《게임 이론과 경제적 행동》The Theory of Games and Economic Behavior이 1944년에 발간되었다.

그런데 왜 체스가 아니고 포커였을까? 체스가 언제나 전략가들의 게임이라고 여겨지지 않았던가? 이 질문에 대한 노이만의 대답을 제이컵 브로노프스키Jacob Bronowski는 다음과 같이 기록했다.

"아니죠, 그게 아닙니다. 체스는 게임이 아닙니다. 체스는 잘 정의된 계산의 한 형식입니다. 체스를 둘 때 언제나 최상의 수를 다 생각해내지는 못하겠지만, 이론적으로 보자면 분명히 거기에는 올바른 수가 있습니다. 하지만 실제 현실에서 벌어지는 게임은 그렇지 않습니다. 체스와는 전혀 다릅니다. 실제 인생 역시 체스와는 다릅니다. 실제 인생에서는 허풍이 난무하고, 정해진 속임수의 전술도 대부분 따로 있는 게 아니며, 내가 하려고 하는 어떤 것에 대해서 상대방이 무슨 생각을 할 것인지 끊임없이 스스로에게 물어봐야 합니다. 바로 이런 게 내가 게임 이론에서 다루는 내용입니다."[18]

체스에서 양측은 정확하게 동일하고 완벽한 정보를 가지고서 마주한다. 다만 상대가 어떤 식으로 나올지 모를 뿐이다. 그런데 포커에서는 우연성이 중요한 변수로 작동한다. 그러나 포커는 순수한 의미에서의 우연성 게임이라고 할 수 없다. 다른 게임자들이 어떤 식으로 나올지 평가를 할 때 확률을 적용할 수 있기 때문이다. 어느 정도의 불확실성은 언제나 존재하므로 다른 게임자들이 강한 척하거나 약한 척을 한다고 판단하는 데 따라 동일한 수라 하더라도 다른 방식으로 대응할 수 있다. 그래서 포커에서는 상대방보다 깊이 생각하고 상대방의 의표를 찌를 수 있다. 그러므로 게임 이론은 본질적으로 불확실한 여러 상황에서 전개되는 정보 전략에 관한 것이라고 할 수 있다.

노이만은 포커에서 모든 게임자들이 자기 패의 좋고 나쁨에 대해서 불확실성을 조장한다는 사실을 발견했다. 블러핑(허세)은 필수적이고 자기 플레이의 예측 불가능성을 높일수록 유리하다. 그는 어떤 합리적인 게임자가 다른 게임자를 상대로 해서 거두는 최적의 결과를 '미니맥스minimax 해법', 즉 추정되는 최대한의 손실을 최소한으로 하는 기법의 결과라고 규정했다. 그는 1928년에 이 해법을 증명했는데, 이로써 게임 이론은 수학적 신뢰성을 얻었고 덕분에 게임 이론은 게임이 어떻게 전개될 것인지 알려주는 데서 게임을 어떤 식으로 풀어나가야 할지 제안하는 것으로 위상이 바뀌었다. 게임 이론은 비합리적인 상황에서 게임을 어떻게 합리적으로 풀어나갈지 보여줌으로써 공격과 수비 양 측면에서 모두 블러핑을 하는 것이 논리적일 수밖에 없음을 입증했다. 또한 이따금씩 던지는 무작위적인 수가 상대방으로 하여금 어떻게 자신의 플레이 패턴을 간파하기 어렵게 만드는지, 다시 말해서 상대방이 맞닥뜨려야 하는 불확실성의 정도를 어떻게 높이는지 입증했다.[19]

노이만과 모르겐슈테른이 공동으로 집필한 책은 '20세기에 가장 영향력이 있지만 동시에 가장 적게 읽힌 책'으로 일컬어졌다. 무려 642쪽이나 되는 이 두꺼운 수학책은 처음 5년 동안 채 4,000권도 팔리지 않았다.[20] 광범위한 영역에서 찬반의 리뷰가 작성되고 일부 열광적인 옹호자들이 앞장서서 찬양의 박수를 보냈지만 경제학 강단에서는 시큰둥한 반응만 보였다. 이런 상황에서 이 책이 처음 뿌리를 내린 곳은 오퍼레이션 리서치OR 집단이었고, 전후의 한 연구 조사에서 이 책은 수학의 한 특수 분야를 개척한 것으로 소개되었다. 이처럼 노이만은 오퍼레이션 리서치 분야에서 특히 큰 영향력을 행사했던 것 같다. 정부의 최고 과학 자문위원단의 한 사람으로서 그는 1959년에 암으로 사망하기 전까지, 선형계획법linear programming(자원을 용도에 맞게 효율적으로 배분하는 기본적 문제를 해결하는 데 사용되는 계량적 기법—옮긴이)과 컴퓨터 사용 그리고 과학적 입력의 품질 제고 등을 포함해서 모든 수단들을 권장했다. 그는 랜드 연구소를 그런 새로운 기법들을 화려하게 선보일 수 있는 시연 무대로 보았다.[21]

노이만과 모르겐슈테른에게 대중적인 명성을 안겨주는 책도 나타났다. 존 맥도널드John McDonald의 《포커, 기업 그리고 전쟁에서의 전략》Strategy in Poker, Business and War이었다. 1949년에 맥도널드는 《포춘》Fortune Magazine에 기고할 글을 준비하던 중에 우연히 노이만과 모르겐슈테른을 만났다. 그 뒤에 맥도널드는 같은 잡지에 게임 이론을 다루는 한 편의 글을 더 썼고, 나중에 이 두 글을 책으로 묶어서 냈다. 그런데 맥도널드의 책은 성공을 거두지 못했다. 아마도 게임 이론을 전향적으로 다루지 않고 통속적으로만 다루었기 때문인 것 같다. 그러나 맥도널드는 두 사람과 집중적으로 그리고 광범위하게 대화를 나누었으며 두 사람이 기대하는 결과에 대한 분명한 답을 주었다. 맥도널드는 게임 이론의 수학적 증명이 일반 독자로서는 금방 이해하기 어렵겠지만 그 이론에 깔려 있는 개념들은 쉽게 파악될 것이라 보장한다고 말했다. 게임 이론은 군사 전략에서뿐만 아니라 전략 일반에서 새로운 깨달음의 지평을 열었다. 갈등이나 불완전한 정보 혹은 상대방을 속이고 싶은 동기가 존재하는 모든 인간관계에 적용될 수 있었기 때문이다. 이 이론은 '형식적이고 중립적이며 비非이념적이기 때문에 (……) 이쪽저쪽 할 것 없이 누구에게나 유익했다.' 가치관이나 윤리관을 평가하는 데는 도움이 되지 않을 테지만, '누가 무엇을 그리고 그것을 어떻게 얻을 수 있을지 알아내는 데 도움을 줄' 수 있었다.

　게임 이론에 의한 전략적 사고에서의 발상의 변화가 가져오는 가장 중요한 결과는 전략적으로 행동한다는 것은 바로 (자기가 전혀 통제력을 행사할 수 없는) 다른 사람들이 하게 될 행동을 예측할 수 있게 한다는 사실이다. 전략 게임에 참가한 게임자들은 협력을 하지 않는다. 그러나 이들이 하는 행동은 상호 의존적이다. 서로가 서로를 구속하는 이런 환경에서 합리적인 전략은 이득을 극대화하려고 시도하는 것이 아니라 최적의 결과를 받아들이려고 시도하는 것이다. 이런 점에서 맥도널드는 '미니맥스' 개념은 '오늘날 식자층에서 가장 많이 회자되는 새로운 발명들 가운데 하나'라고 보았다. 그는 특히 연합의 중요성에 방점을 찍어 이 개념을 적용시켜보고는 굉장히 많은 가능성을 발견했다. 그는 '전쟁은 우연성이며, 미니맥스는 전쟁의 현대적인 철학임에 분명하다'고 결론 내렸다. 그러나 자신도 역시 게임 이론을 '마술이 아닌 상상력'을 동반한 이론이라고 묘사했다.

"이 이론은 진기한 비틀기로 무장한 어떤 논리적인 행동을 포함하는데, 이 행동은 수학적인 계산의 경계선으로까지 나아간다."[22]

게임 이론에 대한 개척자적인 작업 뒤에는 어떤 가정 하나가 놓여 있었다. 그것은 랜드 연구소의 열렬한 지지를 받는 것으로, 바로 전략에도 과학적 기반이 있을 수 있다는 믿음이었다. 이전에도 전략의 여러 문제를 과학적 기반 위에 올려놓으려 한 사람들이 있었지만 그것들은 모두 실패했다. 아마도 마땅한 분석 도구를 확보하지 못했기 때문이었던 듯하다. 군사 전략 전문가들은 수학을 잘 알지 못했고, 또 수학에서는 적절한 개념들 및 계산 능력이 부족했다. 그런데 이제 컴퓨터의 계산력이 개선되고 게임 이론의 여러 개념들 덕분에 군사 전략 분야에서 진정한 돌파가 가능하게 되었다. 게임 이론은 무척 흥미로웠다. 무엇보다도 두 사람 이상이 서로 대립하는 이해관계 속에서 의사결정을 한다는 사실에서 비롯되는 문제들을 직접적으로 다루며 수학적인 해법을 제시하기 때문이었다. 얼마 지나지 않아 게임 이론은 독자적인 분야를 형성하며 저작물과 관련 총회가 줄을 이어 나타났다.

1954년에 사회학자 제시 버나드Jessie Bernard가 게임 이론을 보다 연성의 여러 사회과학 분야에 적용하려는 시도를 했다. 그녀는 또한 이 이론에 본질적으로 내재된 초도덕성을 염려하면서 '현대적으로 매끈한 마키아벨리즘의 수학적 버전'이라는 표현을 썼다.

"이것은 인간의 성정을 그다지 높게 평가하지 않는다. (……) 사람들에게서 관대하고 우아하며 이상적인 것은 전혀 기대하지 않는다. 사람들이 허세를 부리고, 속이고, 숨기고, 위장하고, 자기가 가진 장점은 최대한 활용하려 하면서 다른 사람들이 가진 약점을 최대한 이용하려 한다고 바라본다."

　비록 버나드는 게임 이론이 합리적인 의사 결정에 초점을 맞춘다는 사실을 인정하긴 했지만, 그것을 전략을 창출하기 위한 수단이 아니라 검증을 위한 수학적 수단으로 파악하고 또 제시했다. 이런 점에서 그녀는 게임 이론을 잘못 이해했다. 그녀는 전략의 제시에는 제각기 다른 여러 특성들이 필요하다고 설정했으므로, 이런 오해는 당연한 논리적 귀결이었다. 전략을 바라보는 그녀의 시선은 다음과 같았다.

　"상상력, 통찰력, 직관, 역지사지 능력, (좋은 것이건 나쁜 것이건 간에) 인간적인 동기 부여의 원천에 대한 이해, 이 모든 것들이 정책이나 전략을 생각하는 데 반드시 필요하다."[23]

　이런 이유로 해서 '사회과학의 영역에서 가장 어려운 작업은 게임 이론이 나타난 무렵에 아마도 모두 해결된 듯하다.' 버나드는 비록 게임 이론이 가진 한계를 알아보았다는 점에서는 당대를 훌쩍 뛰어넘는 통찰을 했지만 게임 이론을 이해하는 데서는 핵심적인 요지를 놓쳤다. 게임 이론은 합리성을 가정하고 있다. 그러나 이 가정은 게임자들이 게임에 임할 때 가지고 있는 선호 및 가치관이라는 기반 위에 놓이는 합리성을 전제로 한 것이다.

✝ 죄수의 딜레마

게임의 결과에 따른 가치는 대가(이득)이다. 게임의 목적은 이 대가를 최대화하는 것이다. 이 점에서 게임자들은 자신들이 모두 동일한 목적을 가지고 있음을 안다. 카드 게임에서 게임자들은 자신의 선택이 게임의 규칙에 의해서 결정될 것임을 인정한다. 게임 적용을 보다 확장하면 각각의 게임자가 실행하는 선택은 서로 합의하고 동의한 규칙들에서뿐만 아니라 게임자들 본인이 인식하는 상황에 의해서도 달라질 수 있다. 실제 삶에서처럼 게임자들이 할 수 있는 선택이 한층 까다로워지는 상황을 찾아내면서 이 이론은 점점 더 발전했다. 게임 이론이 발전하려면 노이만과 모르겐슈테른이 설정했던 두 조건 즉 '제로섬 게임' 즉 어떤 사람이 따면 다른 사람이 그만큼 잃어야 한다는 조건과 게임자가 두 사람이라는 조건의 한계를 넘어설 필요가 있었다. 상대적으로 쉬운 문제를 해결한 수학자가 통상적으로 취하는 다음 선택은 보다 복잡한 문제로 나아가는 것이다. 게임 이론에서 보다 복잡한 문제는 바로 다른 사람과 연합해서 동맹을 결성하는 경우이다.

핵심적인 돌파구는 비非제로섬 게임 조건을 설정하는 데 있었다. 예컨대 게임자가 게임을 어떻게 풀어나가느냐에 따라서 둘 다 잃거나 혹은 둘 다 따는 경우가 가능하도록 설정하는 것이었다. 죄수의 딜레마 게임을 실제로 창안한 사람은 랜드 연구소의 두 분석가 메릴 플러드Merrill Flood와 멜빈 드레셔Melvin Dresher였다. 그러나 가장 유명한 설정은 1950년 앨버트 터커Albert Tucker가 스탠퍼드 대학교에서 강의하면서 고안한 것이었다. 이 설정에는 죄수 두 사람이 등장한다. 이들은 조사관의 심문을 받는데, 두 사람은 서로 의논할 수 없고, 두 사람이 각각 받을 징역형 선고량은 이들이 자백을 하는지 여부와 두 사람의 자백이 일치하는지 여부에 달려 있다. 즉 두 사람이 모두 침묵하면 상대적으로 작은 죄만 유죄 판결을 받아서 1년 징역형을 선고받고, 두 사람이 모두 자백하면 비록 중죄이지만 정상이 참작되어 5년 징역형을 선고받는다. 만일 한 사람만 자백하고 한 사람은 침묵을 지킬 경우 자백을 한 사람은 3개월 징역형을 선고받고 침묵을 지킨 사람은 10년 징역형을 선고받는다. 이런 조건 아래에서 두 사람의 죄수는 자백을 할 것인지 침묵을 지킬 것인지 선택해야 한다. 두 사람은 어떤 선택을 할까?

도표 12-1

	B		
		침묵	자백
A	침묵	1년 a1b1 1년	3개월 a1b2 10년
	자백	10년 a2b1 3개월	5년 a2b2 5년

* 모서리 부분의 숫자는 A와 B 각각의 예상 선고량이다.

이 행렬 자체는 전략적 결과를 제시하는 혁명적인 방식이었고, 그 뒤로 이 행렬은 정형 분석formal analysis의 고정적인 한 요소가 되었다. 이 행렬은 죄수의 딜레마에 대한 예측을 입증했다. 두 사람 다 자백을 선택했던 것이다. A는 B와 의논할 수 없는 상황에서 만일 자기가 침묵을 지키면 B의 선택에 따라서 10년형을 선고받을 위험을 감수해야 한다. 그리고 만일 자백을 할 경우 최대 5년형을 선고받을 위험을 감수해야 함을 알았다. 더 나아가 만일 B가 두 사람 모두에게 이익이 되는 길을 찾아서 침묵을 지킬 경우 A는 B를 배신하고 자백을 해서 형량을 3개월로 줄일 수도 있다. 하지만 게임 이론에서는 B도 A와 동일한 추론을 할 것으로 예측했다. 이것이 바로 가능한 최악의 결과 가운데서 최선을 보장하는 미니맥스 전략이었다. 이 게임의 핵심적인 특징은 두 게임자가 대립하도록 설정되어 있다는 점이다. 만일 이 두 사람이 소통을 할 수 있어서 무슨 대답을 할 것인지 의논하고 합의해서 어떤 전략을 선택하기로 약속할 경우, 두 사람은 그렇지 않은 상황에 비해서 더 큰 고통을 당한다. 죄수의 딜레마는 게임자들이 상대방과 '협력'할 수도 있고 '배신'할 수도 있는 여러 상황을 관찰하는 데 강력한 도구가 되었다.

　게임 이론은 1960년대 초에 대대적으로 인기를 끌었다. 이 이론이 (비록 실제 영향력은 미미했지만) 핵 전략을 그대로 담은 것으로 비쳤기 때문이다. 이 이론이 가치 있게 비친 것은, 이 이론의 핵심적인 갈등이 미국과 소련이라는 비슷한 힘을 가진 두 강대국을 중심으로 맞선 두 진영 사이의 갈등과 근본적으로 동일했기 때문이다. 이 갈등은 핵전쟁이 일어나면 양 진영 모두 재앙을 맞이한다는 점에서 제로섬의 조건은 분명 아니었다. 두 진영은 평화를 공동의 목표로 설정했다. 그러나 이 평화는 어디까지나 자기 진영의 이익을 최대한 밀어붙이면서 보장받을 수 있는 평화였다. 그런데 두 진영 사이의 이 갈등이 해소될 전망은 전혀 없었다. 제각기 다른 세계관을 가지고 있었기 때문이다. 이처럼 서로를 향한 내재적인 적대감 그리고 결정적인 대결로 치닫는 것에 대한 공포라는 두 가지 상반된 측면에서 모두 두 진영 사이의 관계에는 어느 정도의 안정성이 존재했다.

　게임 이론은 각국의 정부가 맞닥뜨린 난처한 문제들을 선명하게 부각시키는 데 도움이 되었다. 남은 과제는 게임 이론을 이용해서 정책 딜레마를 처리할 전략을 마련하는 것이었다. 몇몇 분석가들은 핵전쟁이라는 무시무시한 우발적 사건 속에서 체계적인 사고를 하기 위한 수단으로 형식적인 방법론을 채용했다. 만일 전략 논의가 추상적이고 개인적 감정이 섞이지 않는 것으로 유지되기만 한다면 어떤 선택이 담고 있는 끔찍한 내용을 극복하기는 한결 용이하다. 그러나 분석가들이 실제 현실에서 펼쳐지는 정책에 기여하려면 게임 이론 자체를 넘어서서 판단하고 움직여야 한다. 그러나 전쟁이 그토록 위험할 때조차도 재앙을 부르지 않고 중요한 이해관계를 관철할 수 있는 방법이 무엇일지 찾아야 할 때, 혹은 핵전쟁으로 비화될 걱정 없이 재래식 무기의 사용에 국한해서 전쟁을 치르는 것이 여전히 가능할 때, 게임 이론은 한계에 다다르고 만다.

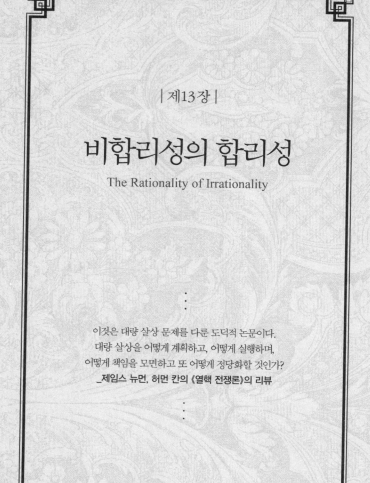

| 제13장 |

비합리성의 합리성
The Rationality of Irrationality

⋮

이것은 대량 살상 문제를 다룬 도덕적 논문이다.
대량 살상을 어떻게 계획하고, 어떻게 실행하며,
어떻게 책임을 모면하고 또 어떻게 정당화할 것인가?
_제임스 뉴먼, 허먼 칸의 《열핵 전쟁론》의 리뷰

⋮

버나드 브로디는 원자 폭탄에 '절대 무기'absolute weapon라는
이름을 붙였다. 하지만 최초의 원자 폭탄은 결코 절대적이
지 않았다. 원자 폭탄이라고 해도 다른 무기들과 양적인 차
이만 있을 뿐이었다(예컨대 히로시마에 투하된 원자 폭탄은 B29
폭격기 200대에 실을 수 있는 재래식 폭탄으로 환산할 수 있다).
게다가 적어도 초기에는 원자 폭탄이 희소했다. 원자 폭탄
의 핵심적인 발전 요소는 파괴력이 아니라 효율성이었다.
그런데 1950년대 초에 이런 상황은 서로 관련된 두 가지
일의 발생으로 완전히 바뀌었다. 하나는 소련이 1949년 8
월에 원자 폭탄 실험에 성공함으로써 미국의 원자 폭탄 독
점을 깬 일이다. 이렇게 해서 두 개의 국가가 핵 게임을 치
를 수 있게 되자 게임의 규칙이 바뀔 수밖에 없었다. 핵 공
격을 일방적으로 할 수 있던 상황은 끝이 나고 이제는 어느
쪽이 먼저 핵 공격을 시작하든 간에 똑같은 핵 공격으로 보
복받을 수 있게 되었다는 말이다.

　두 번째 일은 소련의 핵무기 보유 직후에 곧바로 일어

났다. 미국이 핵무기의 효율성을 한층 더 높이고자 노력한 끝에 수소 폭탄(열핵 폭탄)을 개발한 것이다(핵폭탄은 핵분열의 원리를 토대로 하지만, 수소 폭탄은 핵융합의 원리를 토대로 한다). 이렇게 해서 폭탄의 파괴력 한도는 무한대로 확장되었다. 1950년에 미국 정부는 수소 폭탄을 도입함으로써 미국과 미국의 동맹국은 소련과 소련의 위성국이 확보하고 있는 재래식 전력의 규모를 따라잡을 시간을 벌었다고 생각했다. 그런데 드와이트 아이젠하워_{Dwight D. Eisenhower}는 1953년 1월에 대통령에 취임한 뒤에 이 문제를 다른 시각으로 보았다. 그는 미국이 가지고 있는 핵 우위의 강점을 적어도 그 우위가 유지되는 한 최대한 활용하고 싶었으며 동시에 재래식 무기의 재군비_{再軍備}에 들어가는 예산 부담을 줄이고자 했다. 그 무렵 핵무기의 저장량은 점점 늘어나고 있었다. 이런 상황에서 나온 전략은 적의 핵 선제공격에 대한 보복으로써 보다 강력한 핵무기로 공격하여 더 많은 피해를 안겨주겠다는 전략인 이른바 '대량 보복 전략'이었다. 이 전략은 국무부 장관 존 포스터 덜레스_{John Foster Dulles}가 1954년 1월에 했던 한 연설에서 비롯되었는데, 이 연설에서 덜레스는 미래에 미국은 어떤 도발이든 간에 '우리가 선택한 장소에서 우리가 선택한 수단으로' 응징하겠다고 천명했던 것이다.[1]

이 발언은 소련이나 중국이 세계 어디에서든 간에 설령 재래식 무기로 공격을 하더라도 여기에 대응해서 미국은 핵무기를 사용할 수도 있다는 위협으로 해석되었다. 하지만 대량 보복 전략은 핵 공격 위협에 과도하게 의존한다는 점에서 전 세계적으로 비판받았다. 게다가 당시 소련의 핵 전력도 빠르게 성장하고 있었으므로 미국이 했던 이런 위협의 신빙성도 점점 떨어졌다. 만일 세계의 어떤 지역에서 국지전이 일어나고 여기에 대응해서 미국이 재래식 무기를 동원하지 않겠다고 한다면, 그 선택은 '자살이냐, 아니면 항복이냐' 둘 가운데 하나를 선택한다는 뜻이었다. 핵 위협을 할 수 있는 상대에게 핵 위협을 한다는 이 설정은 지적 창의성이 봇물처럼 터져나오는 계기가 되었다. 그래서 나중에 이 시기는 전략 연구의 '황금기'로 묘사된다.[2] 그런데 그 중심에는 억지력이라는 핵심 개념이 자리를 잡고 있었다. 그것은 핵 시대의 특수한 여러 요구들을 극복하기 위해서 설계된 다양한 방법론들과 관련해서 탐구해야 할 개념이었다.

† 억지력

어느 한쪽이 구체적이고 현실적인 힘을 보유하고 있을 때 상대가 이 힘을 두려워해서 도발하지 못한다는 발상은 새로운 것이 아니었다. '억지력'deterrence이라는 단어는 '겁을 줘서 쫓아낸다' 혹은 '겁을 먹고 달아난다'는 뜻의 라틴어 'deterre'에서 파생되었다(앞서 설명했듯 이 단어는 '억제'抑制로도 번역된다—옮긴이). 그런데 이 단어의 당대적인 의미는 상대방에게 잠재적인 고통을 위협으로 제시함으로써 상대방이 조심스럽게 행동하도록 유도한다는 것이었다. 어떤 도발적인 행동을 할 경우 상대가 어떤 식으로 대응할 것인지 예측함으로써 굳이 따로 위협을 받지 않는다 하더라도 그 행동을 포기하는 일이 있을 수 있다. 하지만 하나의 전략으로서 억지력에는 정교하고도 목적 의식적인 위협이 내포되어 있었고, 이런 발상은 제2차 세계대전 이전에 이미 전략적인 공중 폭격을 논의하던 과정에서 나왔다. 최초의 항공 전력 이론가들은 공중 폭격을 감행할 경우 일반 시민이 패닉 상태에 빠질 것이라고 보았고, 이런 가정은 강력한 영향력으로 정책 결정자들을 사로잡았다. 군중의 공포는 지속적인 공격에 따라 나타나게 될 무정부 상태에 대한 심사숙고로 이어졌다. 하지만 결국 이 방법은 실행되지 않았다. 영국으로서는 전쟁 이전에 원거리 공격을 감행할 능력이 부족하기도 했지만, 우선 독일의 보복 공격에 맞서서 적절하게 수비할 역량이 부족하다고 판단했기 때문이다. 그리고 보복성 공격을 감행할 수 있다는 위협만으로도 독일군을 얌전하게 묶어둘 수 있다고 믿었다. 결국 영국은 방어 전략에 의존해야 했고, 이 방법은 레이더 덕분에 예상치 않았던 성공을 거두었다. 독일이 영국을 폭격하고 연합군은 여기에 대한 보복으로 독일에 보다 강력한 폭격을 가했지만, 결과는 민간인이 감당해야 했던 끔찍한 공포만 있었을 뿐이고 정치적인 효과는 미미했다. 생산 시설 및 연료 공급 기지를 파괴함으로써 전쟁을 수행할 능력을 훼손한다는 게 이 전략의 주된 효과였던 것이다. 전쟁이 끝난 뒤에 이루어진 여러 조사를 보면 전략적 폭격의 충격은 전쟁 이전에 나왔던 주장과 크게 다르지 않았음이 드러난다. 하지만 이런 사실은 실제 현실에서 전혀 문제되지 않았다. 원자 폭탄이 새로운 차원의 공포를 등장시켰기 때문이다. 역사학자 리처드 오버리 Richard Overy 는 이런 양상을 다음과 같이 표현했다.

"항공 전력과 관련해서 볼 때 이론이 기술을 앞섰던 셈이다. 그런데 1945년 이후에 이론과 기술은 참신한 조합으로 다시 만났다."[3]

핵무기의 등장은 까다로운 문제를 제기했다. '육군이나 해군을 저지할 전술적인 역할을 전혀 하지 않으면서 모든 도시들을 파괴할 수 있는 능력으로 수행할 수 있는 역할에는 어떤 것이 있을까?' 억지력이 이 문제에 답을 제시했다. 핵무기를 전쟁 수행의 차원에서 활용한다고 답한다면 (비록 아이젠하워 정부가 이 대답을 탐구하긴 했지만) 비난받을 게 분명하지만 억지력 차원에서 활용한다고 답한다면 미래에는 전쟁이 일어나지 않도록 보장한다는 의미가 되므로 충분히 환영받을 만했다. 그 대답은 무모하지 않았으며 또한 건전하고도 강건했다. 미래에 공격이 없지는 않을 것이라고 예견하며 기습 공격이 감행되지 않도록 경계하지만 모든 공격이 어디까지나 대응적인 차원에서 이루어질 것임을 전제로 했다. 그런데 문제는 억지력이 허풍임이 너무도 명백한 어떤 허풍을 바탕으로 할 경우 이 억지력이 과연 효과가 있을 것인가 하는 점이었다. 억지력에 대한 신뢰성은 위기가 발생할 때 '끝장까지 갈 수 있는' 준비를 할 채비를 갖춰두고 있어야 한다고 했던 덜레스의 또 다른 발언이 강조하듯이, 어떤 무모함이라도 즉각 실행할 수 있을 것 같은 태세에서 비롯되는 것이었다. 그래서 핵무기가 사용될 수 있다는 가능성은 무시무시한 인상을 남겼다. 실제로 그런 일이 일어날 경우 너무도 거대한 재앙이 될 것이기 때문이었다.

이렇게 해서 무력의 주요 효용은 직접 사용되는 데 있는 게 아니라 사용될 때를 대비해서 준비하는 데 있다는 견해가 강화되었다. 서방의 군사 능력은 최고 수준으로는 절대로 사용되어서는 안 되었다. 비록 억지력 차원에서 그럴 가능성은 언제나 존재해야 했지만 말이다. 수십 년이 지나도 냉전이 여전히 열전으로 전환되지 않은 것을 보면 억지력이 작동하는 것은 분명하다. 위기의 순간도 여러 차례 있었지만 언제나 서로가 기꺼이 조심하고 경계했다. 정치인들은 이런 노력이 실패하면 어떤 결과가 올지, 그리고 압도적인 무력으로 적을 완전히 분쇄하는 데 필요한 준비를 한다는 것이 얼마나 위험한 일인지 잘 알았기에 전쟁을 피할 수 있었다. 총력전의 공포는 핵무기를 직접적으로 포함하는 무력 행사뿐만 아니라 모든 종류의 무력 행사에 영향을 미쳤다. 아무리 조심스러운 것이라 하더라도 최초의 군사적인 행보가 궁극적으로 어디까지 이어질지 확신하기란 불가능했고, 따라서 그만큼 조심하고 경계해야 했다.

전쟁을 하더라도 끝장을 볼 때까지 최종 결과를 향해 치닫는 일은 불가능하게 되었고, 이런 변화는 미국과 소련을 중심으로 한 양 진영 사이의 모든 관계에 영향을 미쳤다. 그래서 '잠재적인 것이 드러난 것을 지배하고, 불투명한 것이 직접적인 것을 지배하며, 제한적인 것이 총체적인 것을 지배하는 양상'이 전개되었다.[4] 어차피 핵 시대를 벗어날 길이 없으므로 핵 억지력이 그나마 최선의 선택이었다. 억지력이 어떻게 마술을 부리는지 정확하게 설명하기란 어렵다. 그리고 역사가들이, 재앙이 코앞까지 닥쳤던 순간이라고 말하는 시점이 여러 차례 있었다. 하지만 그래도 어쨌거나 제3차 세계대전은 일어나지 않았다. 초강대국들이 그런 전쟁의 가능성에 바짝 긴장하고 경계했다는 사실이 그런 전쟁이 일어나지 않았다는 것과 관련이 있음은 분명하다.

억지력이 중요하다는 사실은 그 개념을 탐구하고 그에 담긴 정책적 함의를 살피는 데 상당한 노력이 들어갔다는 뜻도 된다. 아무 일도 일어나지 않았다면 억지력이 성공적으로 작동했다는 것이다. 그런데 이 경우 인과관계를 밝힐 때 어려움이 생긴다. 아무 일도 일어나지 않은 것은 의도 자체가 아예 존재하지 않았을 수도 있고 혹은 어떤 의도가 있긴 했지만 도중에 소멸되었을 수도 있기 때문이다. 의도된 어떤 행동에 대한 억지력으로는 다양한 요소들이 있을 수 있는데, 이 가운데 어떤 요소들은 방해자와 아무 관련이 없고 또 어떤 요소들은 방해자가 반드시 의도하지는 않았던 다른 방식으로 관련이 있을 수도 있다. 억지력 효과는 예상 비용이 예상 이득을 초과한다는 사실을 억지 대상에게 얼마나 잘 설득하는가에 달려 있다는 식의 가장 직설적인 정의에 따를 경우, 예상 이득을 예상 비용 수준으로 낮춤으로써 억지력을 획득할 수 있다. 공격 혹은 침공을 중단시키는 믿을 만한 능력을 사용해서 발생 가능한 이득을 미리 차단하는 것은 '거부에 의한 억지'deterrence by denial이고, 예상 비용을 부과하는 것은 '처벌에 의한 억지'deterrence by punishment라고 부른다.[5] 거부에 의한 억지는 잠재적인 공격자가 아무리 노력을 하더라도 결코 목표를 달성하지 못할 것이라는 위협을 통해 작동하는 억지이므로 본질적으로 효과적인 방어의 또 다른 표현이다. 즉 잠재적인 공격자가 미리 이런 점을 인식할 경우에는 침공을 포기할 설득력 있는 근거를 마련해준다. 처벌에 의한 억지는 공격자가 감당할 수 없는 피해를 보복으로 되돌려주겠다는 위협을 통해 작동하는 억지인데, 이 보복의 가장 잔인한 처벌은 핵무기를 동원한 처벌이다.

미국의 억지력이 소련의 진출을 막는 봉쇄 정책에 집착할 때 크고 작은 도발들이 (미국을 향한 직접적인 것뿐만 아니라 미국의 동맹국들 그리고 심지어 적의 적들을 향한 간접적인 것까지) 억지되었다. 난해한 억지 이론을 대중적으로 쉽게 풀어서 설명하는 데 기여한 미국의 전략 이론가 허먼 칸 Herman Kahn은 억지의 유형을 세 가지로 분류했다. 첫 번째 유형은 초강대국이 핵무기 공격을 서로 주고받는 이른바 '핵 교환'nuclear exchange을 포함하는 것이다. 두 번째 유형은 동맹국까지 포함해서 재래식 혹은 전술적 핵 공격을 제한하는 것이다. 세 번째 유형은 그 밖의 대부분의 과제들을 처리하는 것이다.[6] 각각의 단계에서 정치적인 의지 차원에서 요구되는 것들을 충족하기란 점점 더 어려워졌다. 특히 양측이 일단 핵무기를 확보하고 난 다음부터는 특히 더 그랬다. 핵 공격을 억지하기 위해서 보복으로 핵 공격을 하겠다는 위협을 하는 것과 핵을 동원하지 않은 어떤 공격을 저지하기 위해서 핵 공격으로 위협하는 것은 전혀 다른 문제였다. 미국이 다른 강대국에 의해서 핵무기 이외의 다른 수단으로 직접적인 공격을 받을 가능성은 언제나 거의 없었다. 그러므로 재래식 무기로 공격받을 국가는 거의 대부분 미국의 동맹국이었다. 바로 여기에서 '억지 확장' extended deterrence('확장된 억지력'을 뜻한다 — 옮긴이)의 개념이 나온다. 소련의 핵 능력이 발전했기 때문에 미국의 억지력 수단들은 그만큼 효력을 잃었고, 결국 억지의 수단과 방식이 바뀌는 변화가 일어났다. 한쪽이 더 많은 피해를 입는 불균형적인 보복에서 양쪽이 동일한 규모의 피해를 입는 균형적인 보복으로, 상대가 공격을 하지 못하도록 구체적인 제한을 설정하는 것에서 공격을 할 경우 계산과 예상을 초월하는 결과가 빚어질 수 있다는 경고를 하는 것으로, 압도적인 무력의 노골적이고 무제한적인 위협에서 상호 파괴의 공통적인 위험으로 등의 변화가 그런 예이다.

✝ 토머스 셸링

억지력과 핵 전략을 둘러싼 온갖 어려운 문제들을 그 누구보다도 깊이 탐구한 사람은 미국의 경제학자 토머스 셸링Thomas Schelling이다. 그는 1950년대에 랜드 연구소 안팎에 있던 사람들 가운데 한 명이었는데 그 가운데는 버나드 브로디, 앨버트 월스테터Albert Wohlstetter 그리고 허먼 칸도 있었다. 이들은 출신이나 전공이 제각기 달랐음에도 불구하고 핵무기에 대한 생각의 틀을 형성하는 데 기여했다. 이들은 모두 핵무기가 끔찍한 결과를 초래할 수 있음을 인정하면서도 핵무기가 가지고 있는 전략적인 가능성을 설명하려고 애썼다. 당시에는 이들 가운데서 혈기 왕성하고 도발적이던 칸이 가장 유명했다. 그는 스탠리 큐브릭Stanley Kubrik 감독의 영화 《닥터 스트레인지러브》Dr. Strangelove(1964년 작품으로, 모든 이데올로기의 허구성을 비판하면서 기계에 의한 인류의 파괴를 그린 우울한 SF 영화——옮긴이)의 모델이기도 했다. 칸의 저서 《열핵 전쟁론》On Thermonuclear War은 클라우제비츠의 《전쟁론》과 매우 비슷했다. 적어도 제목에서만큼은 그랬다. 하지만 칸의 전기를 쓴 작가는 그가 과연 《전쟁론》을 한 번이라도 뒤적여봤을지 의문이라고 했다.

"칸은 그 어떤 전략 이론가에 대해서든 조금도 관심을 가진 적이 없다."[7]

그리고 윌스테터도 그의 글을 '방송 설비를 통해서 구술된 것'이라고 묘사했다.[8]

칸은 핵 전략에 관한 한 '거대한 덩치와 어딘지 모르게 괴짜의 풍모를 풍기는 모습'을 한 '최초의 유명 인사'였다. 그의 이런 이미지는 인류가 장차 맞이할 궁극적인 전쟁은 '미치광이 천재들'의 상상력이 빚어내는 결과가 될 것이라는 온갖 믿음들을 만들어냈다. 그리고 핵전쟁이 드러낼 법한 특성에 관한 많은 통계는 '고약한 불운과 나쁜 관리를 제지할 것' 등과 같은 한없이 가벼우면서도 전혀 위안이 되지 않는 발언들 따위에만 한정되었다. 이것뿐만이 아니었다. 핵전쟁에 대한 정책적인 선택이라고는, 핵전쟁에 따른 인명 손실을 백만 명 단위로 측정하는 여러 대안들 가운데서 하나를 골라야 할 지경이었다.[9] 칸의 동료 핵 전략가들은 칸이 가지고 있던 낙관주의에 대해서만큼이나 그가 보여줬던 쇼맨십과 그가 자기들을 얕잡아본 것에 대해서도 강력하게 비난했다. 민방위의 열렬한 옹호자였던 칸은 핵전쟁을 포함해서 모든 형태의 갈등과 충돌은 얼마든지 통제될 수 있다고 확신했다.

칸에 비해서 셸링은 보다 알맹이를 갖춘 이론가였다. 셸링은 핵과 관련된 여러 쟁점들을 조명하는 다양한 접근법을 개발하는 한편, 보다 폭넓은 여러 전략적 질문들에 대해서도 적절하게 대처할 방안을 가지고 있었다. 1960년대 중반에 그는 자기가 핵과 관련된 여러 문제에 대해서는 하고 싶은 말을 충분히 했다고 생각했다. 그 뒤로 그는 범죄에서부터 흡연에 이르는 다양한 분야로 시선을 돌렸다. 하지만 그럼에도 불구하고 문제에 접근하는 본질적인 방법은 여전히 애초의 접근법 그대로 유지했다. 이런 업적에 대한 평가로 셸링은 2005년 노벨 경제학상을 받았다. 선정 이유는 '게임 이론적 분석을 통해서 갈등과 협력에 대한 이해를 높였다'는 것이었다.[10] 그러나 셸링과 게임 이론의 관계는 모호하다. 그는 자신을 게임 이론가라고 소개하지 않았으며, 다만 게임 이론을 이따금씩 활용하기도 하는 사회과학자라고 소개했다. 사실 그는 게임 이론을 접하기 이전에 이미 자기를 유명하게 해줄 발상을 고안해낸 바 있다. 게임 이론은 그 발상을 표현하는 도구였을 뿐이다. 그는 비유를 통해서 추론하기를 지독할 정도로 좋아했다. 그의 명성은 간결하고 명징한 문체를 가진 탁월한 해설가로서의 재능 덕분인데, 이런 특성은 핵 전략이라는 이 특수한 분야에서는 잘 알려져 있지 않았다.[11]

셸링은 자신이 전략 분야에서 오랫동안 추구해온 '과학'을 성취했다고 주장하지 않았으며 또한 형식 논리가 원칙적으로 어떤 수학적 해법에 다다를 수 있다고도 주장하지 않았다. 시간이 흐를수록 오퍼레이션 리서치 분야에서 점점 많은 사람들이 고급 수학과 추상 모델들 때문에 잠재적인 사용자들이 자신들의 작업을 쉽게 이해하거나 접근하지 못한다는 생각을 하게 되었는데, 셸링도 같은 의견이었다.[12] 그래서 전략은 '수학의 한 분야'라거나 혹은 그렇게 설정되어야 한다는 발상에 그는 늘 반대했다.[13] 이런 맥락에서 자기는 '게임 이론을 연구한 데서보다 고대 그리스의 역사를 읽고 기업의 판매술을 관찰한 데서' 더 많은 것을 배웠다고 털어놓기도 했다. 게임 이론이 성취한 가장 위대한 업적은 보상 행렬이라고 했다. 적어도 셸링이 보기에는 그랬다. 하나의 행렬 안에 '겨우 두 사람이 두 가지 선택을 하는 단순한 상황'을 담아내기에는 매우 유용한 도구였다.[14]

게임 이론에 대해서 모호한 모습과 태도를 보인 것은 비단 셸링뿐만이 아니다. 1950년대에 랜드 연구소에서 일했던 다른 핵 전략가들도 게임 이론의 규칙보다는 게임 이론의 '정신'spirit에 대해서 더 많이 이야기하는 경향을 보였다. 브로디는 1949년에 썼던 어떤 글의 각주에서 게임 이론을 '수학적 체계화'의 원천이라고 언급하면서 '여러 가지 이유로 해서' 자기는 저자들이 가지고 있는 확신 즉 '자기들의 이론은 군사 전략의 여러 문제들에 직접적이고도 적절하게 적용될 수 있다는 확신'에 동의하지 않는다고 덧붙였다.[15] 그러나 이랬던 브로디도 나중에는 게임 이론이 거의 쓸모없지는 않다며 한 발자국 뒤로 물러나면서 '전쟁에서 우리는 우리의 움직임에 대응하는 상대 혹은 우리가 끊임없이 대응해야 하는 상대를 놓고 싸워야 한다는 사실을 끊임없이 상기시키는 존재'의 중요성을 인정했다.[16] 핵 전략을 다루는 책들 가운데서는 게임 이론을 언급하는 책이 거의 없다. 이런 양상은 심지어 게임 이론의 창시자 가운데 한 사람인 모르겐슈테른의 책에서도 찾아볼 수 있다.[17] 미국의 역사학자이자 정책 분석가인 브루스 브릭스Bruce-Briggs는 핵 전략과 게임 이론 사이의 밀접한 연관은 칸의 《열핵 전쟁론》이 수용된 결과라고 보았다. 비록 칸은 이 책에서 게임 이론이나 수학 그 어느 것도 사용하지 않았지만, 그는 게임 이론을 휘두르는 군국주의자, 기술이 발휘할 능력은 찬양하면서도 도덕적인 감수성을 전혀 가지고 있지 않은 인간의 가장 극단적인 사례로 지목받았다. 셸링 역시 이 범주에 포함되었다.[18] 대중의 이런 시선에 대해서 당시 셸링은 다음과 같이 생각했다.

"나는 게임 이론이 라틴어 문법이나 지구물리학보다 핵 전략에 더 많이 관여되어 있다고 보지 않는다. 그러나 게임 이론은 기묘한 이름 때문에 어딘지 모르게 불가사의하고 건방지게 비칠 수는 있을 것이다."[19]

셸링은 군사 분야에 대해서 따로 공부한 적이 없었다. 줄곧 경제학을 공부해온 그는 전후에 유럽의 부흥을 목표로 한 마셜 플랜Marshall Plan과 관련된 일을 했다. 이 경험을 통해서 그는 모든 유형의 협상에 관심을 가지게 되었다. 특히 명료할 수도 있고 모호할 수도 있는 타협을 거치면서 합의된 해법을 지지하는 근거들을 찾아나가는 과정에 관심을 가졌다. 그래서 직접적인 의사소통 없이도 공통의 해법에 도달할 가능성을 입증하는 논문을 발표하기도 했다.[20] 그 뒤에 그는 로버트 던컨 루스Robert Duncan Luce와 하워드 라이파Howard Raiffa의 《게임과 의사 결정》Games and Decisions을 읽고는 게임 이론의 가능성을 보았다.[21] 그는 '국가나 민족 혹은 어떤 조직이 협상 과정에서 위협이나 약속에 대처하는 방식'에 관심을 가지면서 1956년에 랜드 연구소와 접촉하게 되었고, 1958년부터 다음해까지는 이 연구소에서 매우 생산적인 한 해를 보내기도 했다.[22] 랜드 연구소에는 다양한 분야에서 핵 시대의 본질을 이해하고자 노력하던 사람들이 있었다. 셸링은 서서히 틀을 갖추어가던 자기 이론을 이런 핵심적인 인물들 속에서 검증할 수 있었다. 그는 케네디 행정부로부터 자리를 제안받기도 했지만 독립적인 연구자의 길을 선택했다. 하지만 자문위원 자격으로 정부에 자문을 하기는 했다.

셸링이 랜드 연구소의 동료들과 함께 개발했던 발상과 개념 가운데 많은 것들이 낯설지 않은 용어로, 또한 전략이라는 분야의 전문적인 용어로 자리 잡았다. 그러나 이 발상들 및 개념들이 얼마나 기묘하고 과격했던지는 지적할 필요가 있다. 비판자들은 그런 방법론이 끔찍한 가능성을 냉정한 용어들로 이야기하는 한편 일반 시민들로서는 도저히 인정할 수 없는 대응들을 놓고 이해득실을 따진다면서 비판했는데, 이런 비판은 어느 정도 일리가 있었다. 그들이 제시한 모델들은 냉전의 갈등을 초월하는 어떤 길을 제시하지 않았으며 이념적이고 지정학적인 쟁점들을 수용하지도 못했다. 이런 것들은 매우 중요한 한계점들이었지만, 갈등에 대한 독특한 사고방식 즉 협력을 수용할 수도 있는 갈등이라는 발상을 개발한 것은 분명 성과였다.

셸링은 우연성이나 기술로 승패가 좌우되는 게임과는 구별되는, 전략을 둘러싼 게임이 가지는 특수한 성격에서 출발했다.

"각 게임자가 할 수 있는 최상의 선택이 성공할지 여부는 그 게임자가 상대방에게 어떤 행동을 기대하는가에 달려 있다. 그런데 상대방의 행동 역시 그의 상대방, 즉 그 게임자에게 어떤 행동을 기대하느냐에 따라서 달라진다."

전략은 상호 의존성에 관한 문제 즉 '자기 자신의 행동이 다른 사람의 행동에 미치는 영향'에 관한 문제라는 것이었다. 그런데 이것은 갈등과 협력이 섞여 있는 모든 유형의 인간관계를 아우를 수 있다. 모든 협력 관계는 어느 정도는 불확실하다. 이와 똑같은 이치로 모든 적대 관계 역시 고정불변한 것은 아니다. 갈등과 협력의 조합이야말로 게임 이론의 핵심이다. 갈등과 협력 가운데 어느 것 하나라도 빠지면 게임 이론은 성립하지 않는다. 그래서 셸링은 다음과 같이 강조했다.

"이 이론은 서로에게 재앙이 될 일을 회피할 때 서로에게 모두 이득이 되는 어떤 영역이 존재하지 않을 경우에는 쓸모가 없어진다. 그리고 공동의 목표를 파악하고 거기에 도달하는 데 아무런 갈등도 없고 아무런 문제가 없는 또 다른 극단의 경우에도 이 이론은 쓸모가 없어진다."[23]

이런 점을 토대로 해서 무력의 역할을 다시 생각해볼 수 있다. 전통적으로 보자면 여러 나라들이 자기가 원하는 것을 손에 넣으려고 할 때 무력을 사용했다.

"어떤 나라든 간에 강제력을 동원해서 쫓아내고, 침공하고, 점령하고, 사로잡고, 말살하고, 무장을 해제하고, 감금하고, 접근을 막고 그리고 공격할 생각을 아예 하지도 못하게 만든다. 충분한 무력을 갖추기만 하면 얼마든지 이렇게 할 수 있다. 그런데 여기에서 '충분한'이라는 조건은 상대편이 무력을 얼마나 많이 가지고 있느냐에 따라서 달라진다."[24]

셸링은 잔인한 무력이 아닌 다른 대안을 마련하는 과정에서 놀라운 주장을 하나 했다(사실 그는 이것 말고도 놀라운 주장을 여러 가지 했는데, 이 주장은 그 가운데 하나였다). '무력은 적을 군사적으로 허약하게 만드는 것 외에도 적에게 명백한 고통을 안길 수 있다'는 주장이었다. 국제법을 포함해서 기존의 일반적인 견해로는 불필요한 고통은 회피하는 게 중요하다고 강조했지만 이런 견해와 정반대로 셸링은 상대에게 상처를 입힐 수 있는 능력 그 자체가 '군사력이 가지고 있는 가장 인상적인 속성들 가운데 하나'라고 했다. 군사력의 가치는 실제로 군사적인 행동을 하는 데서 발휘되는 게 아니고 (이럴 경우는 오히려 전략의 총체적인 실패라고 할 수 있다) 상대방이 이것을 회피하고자 하는 데서 발휘된다는 것이었다. 폭력이 실제 행사될 수도 있으며 또한 동시에 회피할 수도 있는 한, 이 폭력은 강압의 가치를 가진다고 했다.

"상대를 해칠 수 있는 힘은 결국 협상의 무기이다. 이 무기를 활용하는 것이 외교이다. 사악한 외교이긴 하지만 어쨌거나 외교이다."

이런 발상 아래에서 전략은 정복과 저항이라는 차원에서 억지, 위압,

공갈, 협박 등의 차원으로 넘어갔다.

강압은 그러므로 그 이론의 핵심이었다. 강압이 작동하면 굳이 실제 핵전쟁 같은 것은 필요치 않다. 예를 들면 경제 제재처럼 징벌의 수준이 낮은 여러 형태에서도 이와 동일한 원리가 작동할 수 있다. 이것은 또한 남의 영토를 점령하거나 외국군의 국경 침범을 저지하는 것 가운데 어느 하나라고 단정할 수는 없지만 공격과 방어라는 전통적인 구분에서도 적용이 가능하다. 강압은 상대방의 행동을 통제하기보다는 위협을 통해서 영향력을 행사할 수 있다는 점이 요지이다. 이때 방어는 적으로 하여금 공격을 감행하지 못하도록 설득하는 억지_{deterrence}이고, 공격은 철수 혹은 동의를 포함하는 강요_{compellence}이다. 억지는 상대로 하여금 행동을 하지 않도록 하고, 강요는 행동(혹은 바람직하지 않은 행동의 중지)하도록 한다. 억지는 현상 유지에 관한 것으로 시한 설정이 없고, 강요는 새로운 어떤 상황을 촉구하는 것이므로 시한성의 급박함을 띨 수 있다. 억지는 상대적으로 쉽다. 어떤 행동이 일어나지 않도록 하기만 하면 되기 때문이다. 그런데 이 경우에 상대방은 자기가 무릎을 꿇고 순종한다는 사실을 부정할 수도 있다. 하지만 이런 순종은 강요의 경우에 '강압에 의한 복종'으로 보다 분명하고 확실하게 드러난다. '적의 강요가 아닌 다른 어떤 이유로 해서 그런 선택을 한다는 식으로 합리화할 여지'가 거의 없기 때문이다. 이 경우에 강요자와 피강요자는 합병을 할 수도 있다. 그런데 처음에 시도했던 억지적인 위협이 실패로 돌아가고 상대방이 적대적으로 행동할 경우 그 다음 동원할 위협은 강요밖에 없다. 양측이 서로에게 상처를 입힐 수 있지만 동시에 그 어느 쪽도 강제적으로 목적을 달성할 수 없으며 또한 이득의 균형이 계속 바뀌는 갈등이라면 주어진 시점에 어느 쪽이 우위에 있는가에 따라서 억지하거나 강요하는 데 필요한 사항들은

바뀔 수 있다.[25]

핵 위협은 특수한 성격을 띠고 있었다. 핵 위협을 실제로 행사한다면 엄청나게 끔찍한 일이 벌어질 것이기 때문이었다. 그러나 핵무기를 독점하고 있는 국가라면 다른 국가들을 위협해서 전략적인 이득을 확보하는 일이 그다지 어렵지 않다고 느낄 수도 있었다. 그런데 동일한 수준의 끔찍한 공격이 보복으로 이루어질 수 있을 때는 이야기가 달라진다. 보복 공격의 가능성 때문에 위협이 허풍으로밖에 인식되지 않을 때는 그 위협으로 어떻게 이득을 볼 수 있을까? 셸링은 기존의 발상을 완전히 뒤집으며 이 어려운 수수께끼에 접근했다. 기존의 관점에서 볼 때 전략의 목적은 갈등이 전개되는 과정에서 최대한의 통제력을 행사하는 것이었다. 그런데 셸링은 전혀 다른 질문을 던졌다. '통제력의 상실을 받아들인다면 전략적인 이득이 발생하지 않을까?' 강압적인 위협은 상대방이 취할 수 있는 선택에 영향력을 행사함으로써 작동한다. 그런데 자기가 취할 수 있는 선택의 가짓수를 줄임으로써 상대방의 선택 과정을 보다 곤란하고 어렵게 만들 수 있다(예를 들어 배수진을 칠 경우, '내'가 선택한 가짓수는 결사항전 단 하나밖에 없고, 이 경우에 상대는 죽기를 각오한 '나'의 기백에 기가 꺾여 싸움을 포기할 수 있다—옮긴이). 명백하게 비합리적인 어떤 것에 신뢰성을 불어넣기 위해서라면 본질적으로 비합리적인 상황을 만들어내지 못할 이유가 없다는 것이다.

이것은 상대방으로 하여금 싸움을 계속 할 것인지 아니면 뒤로 물러날 것인지 선택하도록 함으로써 의사 결정의 부담을 상대방에게 떠넘기는 것이었다. 즉 '오로지 적이 뒤로 물러서는 것만이 상황을 안정시킬 수 있음을 적에게 알리는 것이며, 그렇게 하지 않는다 하더라도 이것은 우리의 의지를 명백하게 과시하는 행동이 된다'는 것이다.[26] 이런 경우는 역사적으로도 전례가 있다. 그리스군은 자신들이 도망칠 수 있는 다리를 불태워 없앰으로써 죽음을 각오하고 싸우겠다는 의지를 페르시아군에 보여주었고, 스페인의 정복자 코르테스ₒCortez는 아즈텍과 싸울 때 타고 왔던 배를 불태웠다. 도망칠 수 있는 다른 선택권들을 없애버림으로써 군인들은 싸워서 이기는 것만이 유일한 살길이었고, 이런 자신감의 표현에 상대방은 기가 꺾였을 것이다.

핵전쟁이라는 극단적인 상황에서도 마찬가지다. 순종의 행동을 보임으로써 물러서지 않을 경우 위협의 행동이 돌이킬 수 없이 자동적으로 실행되도록 설정함으로써, 전쟁이냐 평화냐 하는 질문에 대한 선택을 전적으로 상대방에게 넘긴다. 이것이 바로 정해진 어떤 선을 넘을 경우 재앙은 돌이킬 수 없이 진행된다는 의미로 칸이 말했던 '인류 종말의 무기' doomsday machine였다. 하지만 모든 선택권을 다 제거할 수는 없으므로, 셸링은 이 문제를 점진적인 위험progressive risk 차원에서 제기했다. 설령 위협을 하는 측이 다시 생각해서 마음을 고쳐먹는다 하더라도 그 위협은 여전히 실행에 옮겨질 수 있음을 상대방은 알 것이다. 이 경우에 '위험 감수의 경쟁'이 진행될 수 있는데 이것은 전쟁을 '인내의 경쟁, 눈치 싸움, 고집 싸움, 고통을 참는 경쟁'으로 바꾸어놓는다. 그렇다면 이것은 결코 인류에게 종말을 안겨주는 무기라고 할 수는 없다. 그러나 위협을 받은 측은, 위협을 하는 측이 언제나 합리적일 수는 없음을 알기 때문에 그 위협이 전적으로 허풍만은 아님을 알 것이다. 셸링은 이것을 '일정 부분을 우연에 내맡기는 위협'이라고 불렀다. 이런 위협의 속성은 '어떤 사람이 그 위협을 실제로 실행할 수도 있고 실행하지 않을 수도 있지만, 최종적인 결정이 언제나 위협을 하는 사람의 통제력 아래에 있지는 않다'는 점이었다.[27] 클라우제비츠가 말했던 '마찰'이라는 개념(계획과 현실이 부딪힌다는 의미―옮긴이)을 이야기할 때와 마찬가지로 셸링은 '불확실성이 도처에 존재한다'는 발상이 이런 유형의 위협에 영향력을 부여한다고 강조했다.

> 폭력, 특히 전쟁에서의 폭력은 혼란에 휩싸인 불확실한 행동이
> 다. 그것은 원활하지 못한 의사소통과 정보 체계, 검증받지 않은 사
> 람과 장비에 의존하는 불완전한 정부에서 실수투성이의 인간이 내
> 리는 판단에 의존하는 고도로 예측할 수 없는 행동이다. 더 나아가
> 폭력은 인간이 감정에 치우쳐 성급하게 벌이는 행동이다. 이 행동은
> 자기 증식의 논리를 통해서 명분으로 무장하고 한껏 단호하게 진행
> 될 수 있다.[28]

클라우제비츠가 마찰을, 전략을 훼손하는 것으로 파악한 데 비해서 셸링은 마찰이라는 이 불확실성을 창의적으로 활용하는 방안을 발견한 셈이다. 어떤 위기가 제한적인 갈등이 된 뒤 총체적인 전쟁으로 나아감에 따라서 불확실성은 점점 더 커지며, '점차' 통제 범위를 넘어선다.[29] 교묘한 전술은 이런 사실 앞에 움츠러들지 않고 오히려 이 사실을 활용하려 들 것이다. '문제의 상황이 통제력의 범위를 넘어서도록' 내버려두는 것은 때로 충분히 가치가 있다. 왜냐하면 상대방은 그런 상황을 참을 수 없어 할 것이기 때문이다. 그 행동을 하겠다는 구체적인 위협이 아니라 (이 위협은 인간의 합리성을 전제로 할 때 신뢰성이 없다) 어떤 끔찍한 일이 일어날 수도 있는 상황 때문에 (이 상황은 인간의 비합리성을 전제로 할 때 신뢰성이 있다) 억지력이 발동된다.

비합리성의 잠재적인 합리성은 이른바 '치킨 게임'을 통해서 입증되었다. 비행 청소년 두 명이 각각 자동차를 몰아 서로를 향해서 달려간다.

서로 마주보고 달려서 먼저 핸들을 꺾는 쪽이 지는 게임이다. 빌과 벤 두 청소년은 자기가 배짱이 두둑하다는 것을 입증하려고 한다. 만일 둘 다 핸들을 꺾으면 아무도 이득을 얻지 못한다. 만일 둘 다 핸들을 꺾지 않으면 둘 다 모든 것을 잃는다. 만일 빌이 핸들을 꺾고 벤이 핸들을 꺾지 않는다면, 빌은 굴욕을 맛보고 벤은 명성을 얻는다. 이런 상황을 행렬로 표시하면 다음과 같다.

도표 13-1

		빌	
		1. 핸들을 꺾는다	2. 핸들을 꺾지 않는다
벤	1. 핸들을 꺾는다	0 a1b1 0	+20 a1b2 -20
	2. 핸들을 꺾지 않는다	-20 a2b1 +20	-100 a2b2 -100

* 모서리 부분의 숫자는 각각의 결과에 대한 가치를 나타낸 것이다.

미니맥스 전략은 둘 다 핸들을 꺾는 것으로 최악의 결과 가운데서는 최선이다. 이것은 냉전 시대에 미국과 소련 양 진영이 보여주었던 자연적인 경계를 나타내는 것이기도 하다. 그러나 타이밍에 따라서 전혀 다른 결과를 나타낼 수도 있다. 빌이 핸들을 꺾으려고 하는 순간 벤이 먼저 핸들을 꺾을 수도 있다. 빌이 게임에서 이겼지만, 이는 빌이 더 용감해서가 아니라 판단을 조금 늦추었기 때문이다. 빌은 조마조마함을 조금 더

참았다. 어쩌면 그는 벤이 배짱이 없다는 걸 알았기에 자기보다 먼저 핸들을 꺾으리라고 확신했을 수 있다. 그런데 빌이 이렇게 생각한다는 걸 벤이 알고서 이번에는 자기가 배짱이 두둑하다는 걸 보여주겠다고 결심한다면 어떻게 될까? 그는 자기가 거의 미치광이 수준이라는 사실을 벤이 알아주길 바란다. 여러 가지 책략으로 이런 인상을 강화할 수 있다. 으스대면서 걷거나, 주먹으로 가슴을 탕탕 치거나, 아니면 술에 취한 척할 수도 있다. 바로 이 순간에 비합리성이 합리성이 된다. 만일 벤이 자기가 이성을 던져버렸다는 사실로 빌을 설득할 수 있으면 벤은 이 게임에서 이길 수 있다.

이 논법을 가지고 기본적인 문제를 조명해볼 수 있다. 설령 둘 가운데 한쪽이 자기는 결코 핸들을 꺾지 않을 것이라는 인상을 상대방에게 확실히 심어줬다고 하더라도, 이 사람은 손으로 핸들을 꽉 잡은 채 발로는 금방이라도 브레이크 페달을 밟을 채비를 하고 있을 것이다. 두 사람 사이에서 작동하는 심리적인 기제는, 대립하는 두 국가의 정부 즉 자기 국민에게 자기가 무엇을 하려는지 설득할 필요가 있는 두 정부 사이에서도 그대로 작동할 수 있다. 설령 통제력 상실을 암시하기 위해 설계된 책략들을 국민들이 너그럽게 이해하고 받아들인다 하더라도, 그런 위험한 곡예는 위기 관리의 통상적인 모습이 될 수 없다. 이 게임이 개인 사이에서 일어나는 것이든 국가 사이에서 일어나는 것이든 간에 비합리성을 지속적으로 (다시 말해서 반복해서 계속) 가장하기는 어렵다. 기만적인 전략과 마찬가지로 의도된 비합리성은 반복되기 어렵다. 한 차례의 의도된 비합리성은 다음 게임에서는 상대방의 인식과 판단에 영향을 미치기 때문이다. 실제로 상대방이 과잉해서 반응할 경우 (예를 들어 한 게임에서 상대방이 지나치게 많은 비용을 지불했다면) 그 다음 게임에서는 오히려 역효과가 발생할 수도 있다. 게임을 많이 치르면 치를수록 위험은 그만큼 더 높아진다. 전략적 교전의 중요성은 그 교전 자체뿐만 아니라 장기적으로 두 당사자 사이의 관계에 미치는 영향에도 존재한다. 특정한 게임에서 채택된 전략의 결과는 다음에 이어질 순차적인 게임들의 승패에 영향을 미친다. 셸링은 게임 이론에서는 게임자들이 동시에 의사 결정을 내리는 것을 전제로 하지만 게임자들이 내리는 각각의 의사 결정은 흔히 순차적으로 일어나며 따라서 게임의 구조도 매번 달라진다는 사실을 잘 알고 있었다.[30]

셸링의 이론에서는 상호 학습 과정이 중요하다. 셸링은 '사람은 흔히 상대방이 자기와 똑같은 것을 하려고 한다는 사실을 대립하는 두 사람이 모두 다 알 경우, 자기가 의도하는 것이나 다른 사람에게서 기대하는 것을 상대방과 의논할 수 있다'는 사실을 고려해서 게임 이론을 새로 규정해야만 했다. 수학을 사용해서 평형점을 찾을 수 있다고 주장하는 이론가들과 달리 셸링은 그 점들은 그 자체로 명백하게 존재한다고 주장했다. 이런 일이 가능하려면 '두 사람이 대화를 나눌 수 있도록 해주는 어떤 공통의 언어'가 필요하다. 서로 대립하는 양측 사이에서 진행되는 이런 종류의 의사소통에는 문구상의 대단한 미묘함이나 정교함이 아예 용납되지 않는다. 특히 그 언어가 공식적인 협상이나 선언이라는 매개를 통해서 발현되지 않을 때는 더욱 그렇다. 명시적일 수도 있지만, 말뿐만 아니라 행동을 통해서 창조되고 강화된 상호 이해 속에서 전통과 선례를 따라서 양측이 문화적으로 공유하는 어떤 상징이나 가치를 기반으로 해서 얼마든지 암묵적일 수 있다.

"그 언어는 논리보다는 상상력에 의존할 것이다. 하지만 이 언어는 비유, 선례, 우연적인 조정, 균형, 미적인 혹은 기하학적인 배치, 궤변적인 추론, 그리고 대립하는 각각의 진영이 누구인지 또 이들이 서로에 대해서 알고자 하는 것이 무엇인지에 따라서 얼마든지 달라질 수 있다."[31]

어떤 관심의 초점들은 단순하고 쉽게 이해할 수 있고 또 눈에 확 띄어야 한다고도 했다. 셸링은 저서 《무기와 영향력》Arms and Influence에서 서로 대립하는 상황이라서 적과 직접 소통할 수 없는 상태에서, 적에게 스스로를 암시할 수 있는 여러 사례를 제시했다.

> 국경선과 강들, 해안선, 전선 그 자체, 심지어 위도선, 하늘과 땅의 구분, 핵 융합과 화학적 연소 사이의 구분, 전투 지원과 경제적 지원 사이의 구분, 전투원과 비전투원의 구분, 국적의 구분까지 이 모든 것이 다 언어가 될 수 있다.[32]

그리고 적절한 소통이 가능하게 되고 양측이 직접 어떤 발언을 하거나 혹은 노골적으로 협상을 할 수 있을 때 "순수한 협력의 게임은 이제 더는 흥미롭지 않을 뿐 아니라 더는 '게임'이기를 포기한다"고 셸링은 주장했다.[33]

그러나 간접적인 의사소통이나 행동의 규범과 관례 혹은 자연적으로 방기되었던 초점 등의 모든 가능성에도 불구하고, 직접적인 소통에 비해서 이런 것들이 어떻게 보다 더 신뢰성이 있는지는 알기 어렵다고 했다. 냉전 때 이념으로 갈라져 있던 두 진영 사이에서 그랬듯이 직접적인 의사소통이 드문 환경에서 직접적인 수단을 사용해서 공통적인 관심의 초점을 찾아낼 가능성을 모색한 셸링의 통찰은 매우 의미 있는 일이었다. 하지만 이것을 지나치게 신뢰할 수는 없다. 양측이 모두 이런 초점들을 필요로 한다고 해서 그것이 반드시 발견된다는 뜻은 아니기 때문이다. 게다가 양측이 너무도 다른 가치관 아래에 놓여 있으므로, 한쪽이 중요하게 여기는 것이 다른 쪽에는 전혀 중요하지 않을 수 있기 때문이다. 어떤 합의된 초점을 찾았음을 입증하는 직접적인 의사소통이 없으면 자기가 중요하게 여기는 점을 상대방도 똑같이 중요하게 여긴다고 생각할 수 있다. 혹은 특정한 초점에 대해서는 절대로 합의가 이루어질 수 없다는 오해가 언제든 일어날 수 있다. 헤들리 불은 이런 상황을 《무기와 영향력》의 리뷰에서 이렇게 묘사했다. 초강대국들은 '한 번의 고갯짓이나 한 번의 눈 깜박임과 같은 것으로 (……) 서로 메시지를 주고받으며 서로에 대한 이해를 높이고' 있을 것이다.[34]

† 선제공격과 보복 공격

셸링은 협상과 강압의 차원에서 핵 전략을 생각할 수 있다고 주장했을 뿐만 아니라, 이 문제를 다른 방식으로 생각한다는 것은 현명하지 못하다는 주장도 함께 했다. 이 주장은 적어도 핵 시대에는 결정적인 승리라는 개념이 아무런 의미가 없다고 주장함으로써 결정적인 승리라는 발상을 정면으로 반박한 것이었다. 그것은 결정적인 핵 승리가 어떤 것인지 구체적인 개념이 아예 없다는 뜻은 아니었다. 승리를 확실하게 결정지으려면 상대방에게 결정타를 먹여서 보복할 여력을 아예 박탈해야 하는 것은 맞다. 하지만 이것은 냉전 시기에 어느 쪽에서도 가능한 일이 아니었다. 이런 사정은 양측 사이에서 군비 경쟁이 이루어졌던 이유 가운데 하나로 작동했고, 또 위험 계산을 관리하는 기제로 작동하기도 했다. '선제공격 능력'은 기습 공격으로 적을 무장 해제시킬 능력을 말한다. 냉전 시기의 선제공격은 지금까지 사람들이 생각했던 그 어떤 군사 작전과도 차원이 다른 공격이 될 터였다. 단 한 번도 사용하지 않았던 공격 무기를 사용해서 전혀 다른 표적들을 대상으로 완전히 다른 시나리오 아래에서, 그리고 혹시 일어날 수도 있는 보복 공격을 포착할 수 있는, 역시 단 한 번도 사용하지 않았던 방어 무기를 사용하는 최초이자 유일한 시도가 될 터였다. 과연 그런 능력을 갖추었을지 여부는 공격 무기 및 방어 무기의 개발 역량에 대한 평가에 달려 있었다.

1950년대 중반에 랜드 연구소에서 진행한 어떤 연구에서 월스테터가 이끈 팀이 미국 전략공군사령부sac의 공군 기지가 적의 기습 공격에 취약하다는 사실을 입증했다. 기습 공격에 대한 보복 공격이 불가능할 것이라고 했고, 따라서 미국과 미국의 우방국들은 소련의 공갈 협박에 노출되어 있다고 지적했다.[35] 이 연구 결과는 쉽게 타격 대상이 될 수 있는 정치 및 경제의 중심지들에 대한 '같은 값으로 되갚아주는 보복 공격' counter-value strike에서만 핵무기가 사용될 수 있을 것이라는 기존의 일반적인 견해를 정면으로 반박한 셈이었다. 적의 군사적인 목표물을 대상으로 하는 '선제 핵 공격 무기'counter-force는 잠재적이고 전략적인 결정타가 될 수 있었다. 적이 보유한 모든 보복 능력을 파괴할 것이기 때문이다. 그러나 만일 공격을 받은 나라가 선제공격을 흡수한 다음 반격할 전력을 충분히 갖추고 있다면, 보복 공격이 반드시 전개될 터였다. 월스테터는 자기 팀이 '오퍼레이션 리서치의 전통과 선험적 시스템 분석'에 집중해서 수행한 연구가 셸링이 추론했던 내용을 훨씬 뛰어넘어서 '전략적 무력의 취약성'을 발견했다고 믿었다.[36]

양측이 모두 선제공격 능력을 가지고 있다고 설정해보자. 브로디는 1954년에 발표한 논문에서 대안적인 가능성 하나를 제시했다. 이 논문에서 그는 '어느 쪽이든 모두 상대방에게 기습 공격을 가할 수 있는' 세상에서는 '호전적인' 편이 되는 게 낫다고 했다.

"미국에서는 총잡이들이 미국식으로 결투를 할 때 총을 먼저 뽑는 쪽이 유리하다."

그러나 양측 어느 쪽도 선제공격으로 상대방을 완전히 압도할 수 있는 능력을 가지고 있지 않을 경우에 호전적인 태도는 자살 행위를 부르며 오로지 신중함만이 살길을 보장해준다.[37] 기술 발전의 수준에 따라서 정치적인 긴장이 고조되고 이 긴장을 계기로 위험한 사태가 이어질 수 있을 때 선제공격의 강력한 압박이 있을 수 있다. 혹은 핵 공격을 감행해서 얻을 수 있는 변변한 이득이 존재하지 않음으로 해서 상당한 수준의 안정성이 이어질 수 있다. 그러므로 안정성은 상대방의 태도와 행동에 대한 기대에 좌우된다. 셸링은 통찰력 있는 한 분석 사례를 통해 '양측이 모두 사로잡히는 선제공격의 두려움'에 대해 썼다. 양측이 대립하는 상황에서 굳이 한쪽이 다른 쪽을 먼저 공격할 '본질적인' 근거가 전혀 없다 하더라도 이 두려움 때문에 겉으로 보기에 견고하던 억지의 안정적인 체계가 갑자기 붕괴될 수 있음을 보여주었던 것이다.

"양측은 모두 은밀하게 선제공격을 가하고 싶은 충동을 느낀다. 하지만 이 충동은 그 자체로만 따진다면 너무도 미약해서 실제적인 공격 감행으로는 이어지지 않는다. 하지만 상대방에 대한 기대의 상호작용을 거치면서 이 충동은 점점 커진다. '우리가 생각하는 것을 저쪽이 안다는 것을 우리가 안다는 것을 또한 저쪽에서 알고…… 저쪽은 자기가 우리가 공격할 것을 우리가 안다고 생각하겠지. 그래, 우리가 공격할 거라고 생각할 거야. 그렇다면 저쪽이 공격하겠지, 그렇다면 우리가 반드시……'와 같은 과정을 거쳐서 선제공격에 나서기 위한 동기는 점점 더 커진다."

그런 생각을 하게 될 기회를 줄이려면 핵 체계를 분명하고도 명시적으로 보복 공격에 맞춰야 한다. 그런데 실질적으로 이런 조치는 상대방 진영의 핵무기가 아니라 대도시들을 타격 대상으로 설정한다. 그런데 이 논리는 한층 더 불편했고 또 역설적이었다. 핵전쟁으로 발생할 수 있는 대량의 인명 살상은 어떻게든 최소화해야 했기 때문이다. 전쟁을 먼저 시작하는 것이 나을 수도 있다는 생각을 해서는 안 되었기 때문이다. 이 역설에 대해서 셸링은 다음과 같이 설명했다.

"상대 진영의 공격 무기는 전혀 손상시키지 않고 오로지 사람만을 살상할 수 있는 무기는 방어 효과가 매우 높다. 이럴 경우 이 무기를 가지고 있는 측으로서는 선제공격을 감행할 아무런 동기가 없다."

위험한 것은 '적의 미사일과 폭격기를 찾아내는 무기이다. 그것들은 선제공격의 이점을 누릴 수 있고, 따라서 결과적으로 선제공격을 하고 싶게 만든다.'[38] 목적은 미국과 소련 사이의 핵 관계를 안정시키는 것이었다. 셸링은 이런 목적 하에서는 미사일을 장착하고 다니는 잠수함이 보복 공격용으로는 바람직한 무기라고 지적했다. 찾아내거나 파괴하기가 매우 어려운 반면에 (셸링이 글을 쓰던 당시 기준으로) 잠수함에서 발사한 미사일이 적의 전력에 정확한 타격을 주는 것 또한 어려웠기 때문이다. 셸링은 이런 이유 때문에 미국은 잠수함에 관한 한 독점을 원하지 말아야 한다고 주장했다. 왜냐하면 만일 미국인이 '선제공격의 의도도 없고 또 그런 공격을 감행할 정치적인 능력도 없다면, 적이 이런 사실을 확실히 알아두는 것이 도움이 될 테기 때문'이었다.

만일 이런 추론이 군부의 눈에 매우 이상하게 비쳤다면 그것은 논쟁의 다른 편에 서 있던 사람들 즉 근본적인 군비 축소(군축) 운동가들에게도 마찬가지였다. 어느 한쪽이 무기를 많이 가질수록 다른 쪽에서 무기를 줄일 일은 더 어려울 수밖에 없기 때문이다. 핵 관계를 안정화하기 위한 어떤 합의가 나온다면 관리해야 할 무기의 양은 적은 편보다는 많은 편이 합의를 유지하기가 더 쉬울 터였다. 왜냐하면 출발 시점에 시작하는 무기의 수량이 높다면 따로 미사일을 숨겨두기가 한층 어려울 것이기 때문이다.[39] 군부에서나 군비 축소를 주장하는 측 모두 자기들의 활동이 서로를 강화하는 것임을 전혀 확신하지 못했다. '군축'arms control이라는 용어는 1950년대에 처음 나타났다. 그것은 새로운 군사 전략 아래에서 불가피한 의무로 새로이 자리 잡은 상호 이해의 여러 가지 형식들을 찾아내는 과정에서 나온 신조어이다.[40] 이 용어는 군대가 다음 사실을 명심해야 한다는 뜻이기도 했다.

군대는 적의 전력에 대항하면서도, 동시에 다음과 같은 사항에 대해서는 명시적이든 명시적이지 않든 간에 적과 협력해야 한다. 피차 퇴각이 용납되지 않는 위험에 맞닥뜨리지 않을 것, 잘못된 경보를 내리거나 상대의 의도를 오해하지 않을 것 그리고 잠재적인 적에 대한 제한과 구속은 (억지 차원에서 이루어지는 저항의 위협 혹은 용인할 수 없는 도전에 대한 가차 없는 보복과 함께) 우리 스스로에 대한 제한, 구속과 나란히 진행될 것임을 서로 확신할 것.[41]

셸링은 직접적인 의사소통 없이 건설적인 합의를 이끌어내는 방법에 대해 늘 관심이 있었다. 그에 따르면 "군축에는 (협상을 통한 협정이든 혹은 비공식적인 상호 이해의 화답이든 간에) 설득에 따른 것이거나 혹은 상대편의 양보에 대한 화답 차원이거나 '자발적인 감축'이 포함"될 수 있었다.[42]

어쨌든 간에 기술의 발전으로 보복 공격은 한층 용이해졌다. 핵 공격을 효과적으로 방어하기란 불가능하다는 사실이 입증되었다. 1960년대 중반이 되면서 핵전쟁의 공포 때문에 어느 쪽이든 먼저 선제공격을 감행하도록 등을 떠밀 수 있는 기술적 군비 경쟁이 누그러졌다. 어느 쪽이든 상대편을 현대적인 산업 국가 이전의 상태로 돌려놓을 수 있었기 때문이었다. 국방부 장관이던 로버트 맥나마라는 초강대국인 미국과 소련이 서로 상대를 파괴할 수 있는 능력(구체적으로 말하자면 전체 인구의 25퍼센트와 전체 산업 시설의 50퍼센트의 파괴라는 '절대로 받아들일 수 없는 규모의 피해'를 서로에게 입힐 수 있는 능력)을 가지고 있음을 확신하는 한에는 양국 사이의 관계는 안정적으로 유지될 것이라고 주장했다. 그런데 이 정도 규모의 피해 수준은 현대 사회의 피해 수용 능력에 대한 판단을 반영한 것이라기보다는 앞으로 있을 격돌의 결과로 빚어질 새로운 피해에 따른 이득이 한계수익 체감 법칙의 지배를 받게 될 것임을 (윈스턴 처칠의 말을 빌려서 생생하게 표현하자면 '네가 하고자 하는 모든 것은 돌멩이를 던져 다시 자기에게 튕겨나오게 하는 것'임을) 강조한다는 사실은 분명히 지적해둘 필요가 있다.

만일 심각한 전쟁이 시작된다면 전쟁의 동기가 바뀔 것이다. 서로 핵무기를 주고받는 핵 교환이 갑자기 시작되지는 않을지라도, 어떤 일이 일어날 잠재적인 가능성에 초점을 맞춤으로써 갈등의 형태를 조절할 수는 있을 것이다. 양측이 피차 상대의 도시를 파괴하지 않는다면 설령 전쟁이 한창 진행되는 중이라고 하더라도 새로운 협상이 이루어질 가능성은 있다. 그러나 도시가 파괴되고 나면 이야기는 달라진다. 이제 추가로 더 잃을 게 아무 것도 없는 상태가 된다. 도시를 목표로 한 공격은 상대국의 인질을 자기 나라에 붙잡아두는 '인질 교환'이라는 고대의 제도를 현대적으로 거대하게 확대한' 양상으로 전개될 것이다. 나는 그리고 적은 과연 이 인질을 죽일 것인가, 아니면 살려둘 것인가? 자신의 소중한 것을 상대방에게 인질로 맡겨서 위험에 노출된 상태로 두는 것은 상대편에게서 선한 행동을 이끌어내기 위한 한 가지 방법이었다.[43] 셸링은 클라우제비츠와 마찬가지로 이런 제한과 구속이 거칠고 성난 열정에 의해 어떻게 훼손될 수 있는지 잘 알았다.

갈등이 격화되고 보다 위험하게 발전하는 과정은 '상호 상승'escalation (단계적 확대)이라는 용어로 묘사된다. 이 단어는 (사실 셸링은 이 단어를 좋아하지 않았다) 국지전이 총력전으로 비화할 때의 비극적인 과정을 모호하게 묘사하게 되었다. 이것은 일단 발을 올려놓으면 아무리 애초의 결정을 후회한다 하더라도 뒤로 내려갈 수 없는, 돌이킬 수 없이 마지막 지점을 향해서 계속 올라가는 에스컬레이터를 비유한 단어이다. 애초에 '폭발'explosion, '분화'eruption, '격발'trigger 등과 함께 사용되었던 이 단어는 국지적인 핵전쟁이라는 발상에 의문을 제기했다. 예를 들어서 미국의 외무부 장관이던 헨리 키신저Henry Kissinger는 1960년에 이 단어를 '전혀 느끼지 못하는 사이에 국지전이 총력전으로 비화하도록 무력을 조금씩 늘려나가는 것'이라고 정의했다.[44] 셸링은, 전쟁과 관련된 돌발적인 사건이나 행동에 대한 통제력이 상실됨에 따라서 기회가 그만큼 더 줄어들긴 하겠지만, 상호 상승이라는 과정을 협상을 이끌어내기 위한 기회로 활용할 수 있음을 알았다. 공격자로 하여금 공격을 멈추고 점령한 영토를 반환하며 애초의 출발점으로 되돌아가게 하려면 충분히 가공할 만하며 심각한 위협이 가해져야 한다. 그러나 이전에 제시했던 위협은 공격자에게 충분한 위협으로 받아들여지지 않을 게 분명하다. 그러니 국지전의 기능은 전쟁이 국지전에 머물지 않으며 '총력전을 염두에 두고 있음'을 암시하는 동시에 상호 상승의 위험을 '어느 정도 적절한 한계 안에' 가둬두려고 애쓰고 있음을 암시하는 차원에서 인지되는 것이어야 한다고 본 것이다.[45] 그는 최초의 핵 교환이 가지는 역할은 '오로지 그리고 주로 야전에서의 균형을 다시 맞추는 것'이 아니라 기본적으로 '전쟁을 수행하기에는 전쟁이 너무 고통스러우며 또 위험한 것'임을 분명히 하고자 한 것이라고 보았다.[46]

셸링의 이런 생각들은 차근차근 쌓여 마침내 초강대국이 대결할 경우 양쪽 다 파멸을 피하지 못한다는 쪽으로 갔다. 셸링이 줄곧 탐구했던 기회들은 실현되지 않았다. 핵무기를 단 한 번이라도 사용할 경우 그 결과는 너무도 끔찍할 것이므로 위기를 조장하는 행동은 언제나 신중하고 조심스럽게 처리되었다. 돌이켜보면 셸링이 설정했던 개념 틀의 많은 부분은 사람들의 정신을 맑게 해주는 일종의 훈련이었다고 볼 수도 있다. 그가 제시한 개념들은 단 한 번도 투기적인 가설로 넘어가지 않고 여러 가지 가능성을 탐색했으며, 적어도 기존의 전략적 사고가 적절하지 않음을 확실하게 입증했다. 1950년대에 제3차 세계대전이 무한하게 연기될 것이라고 확신한 사람은 거의 없었다. 하지만 3차 대전은 지금까지도 일어나지 않았다. 그러므로 억지력이라는 논리를 우회하기보다 이 논리를 받아들이는 것이 이치에 맞는 선택이었다. 또한 이 논리를 탐구하기 위한 노력은 그만큼 중요했다.

✝ 실존적 억지

사람들은 두 개의 초강대국 사이에서 핵무기를 사용하지 않는 대규모 전쟁이 벌어질 가능성도 상상했을 것이다. 어디까지나 가능성으로 말이다. 미국의 전략가들을 괴롭혔던 핵심적인 문제는 억지 확장extended deterrence 문제, 즉 핵무기를 가지고 있지 않은 동맹국들을 돕는 데 핵무기를 동원 하는 문제였다. 전쟁이 교착 상태에 빠졌을 때 동맹국을 위해서 핵전쟁 을 고려하는 것은 누가 봐도 무모한 선택이었다. 그러나 소련이 주도한 바르샤바 협정(1955년에 사회주의 진영 국가들이 폴란드의 바르샤바에서 체결 한 공동 방위 조약—옮긴이)에 따른 사회주의 진영이 마음먹고 공격을 할 때 이 공격을 물리칠 재래식 전력을 유럽의 자유주의 진영 국가들이 충 분히 갖추고 있지 않다는 게 문제였다. 유럽이 무너지지 않으려면 미국 이 핵전쟁도 불사할 가능성이 반드시 필요했다. 미국이 유럽을 포기할 수 없다는 이런 기본적인 정치적 태도를 보이지 않을 생각이었다면, 셸 링이 말했던 '무언가를 우연에 내맡기는 방식의 위협'(즉 미국으로서도 통 제할 수 없는 방식으로 핵전쟁이 일어날 수도 있으니까 미리 알아서 조심하라는 식의 위협)을 놓고 이런저런 걱정을 하거나 고민을 할 필요가 없었다. 이 런 발상은 이른바 '전술 핵무기'라는 개념으로 가장 잘 표현된다. 전술 핵 무기의 군사적 가치는 제대로 설명된 적이 없지만 만일 유럽에서 전쟁이 일어날 경우 이 전술 핵무기가 사용될 수 있으며, 따라서 합리적인 고려 와 선택의 범위를 넘어서서 곧바로 핵전쟁이 일어날 수 있다는 논리였다.

1960년대 초에 미국에서는 새로운 견해 하나가 형성되었다. 그 문 제를 쉽게 처리할 최상의 방법은 재래식 무기를 늘림으로써 핵 위협에 대한 의존을 줄이는 것, 즉 (공격 혹은 침공을 중단시키는 믿을 만한 능력을 사 용함으로써 발생 가능한 적의 이득을 미리 차단하는) 거부에 의한 억지deterrence by denial를 생성하는 것이라는 견해였다. 그런데 재래식 전력을 높이려 면 비용이 많이 든다. 그리고 핵 의존도를 줄이려는 미국의 노력이 미국이 유럽을 중요하지 않게 여긴다는 것으로 잘못 받아들여질지도 모른다는 점도 문제였다. 이런 상황 뒤에는 미국의 여러 연구소에서 나오는 공식적인 전략 분석이 있었다. 그리고 두 개의 적대적인 이념 진영으로 나뉘어 있긴 하지만 어느 정도 안정성을 유지하고 있는 유럽의 정치 역학에 어떤 분열이 존재한다는 사실이 놓여 있었다. 유럽 사람들은 유럽이 전쟁 직전의 상황을 맞고 있다고 보지 않았다. 이들은 핵 위협이 비록 그다지 큰 위협이 되지 않을 수도 있지만, 비합리적인 이유와 상황 속에서 또 한 차례의 전쟁이 유럽에서 일어날 경우 핵무기가 사용될 수도 있다는 가능성 때문에 억지력이 여전히 작동할 수 있다고 이해했다. 유럽의 정치 지도자들이 관리 가능한 현재의 상태를 계속 유지하고자 하는 것과 관련해서 핵무기 사용의 가능성이 굳이 매우 클 필요는 없었다. 이런 근거에서 억지의 관건은 미국의 (핵무기를 포함한) 전력과 유럽의 안보가 확실하게 연결되어 있음을 보여주는 것이었다. 이 연결성을 훼손하는 것이야말로 억지력을 위협하는 것이었다.

바로 그 지점에서 두 개의 전략적인 틀이 충돌했다. 하나는 위에서 아래로 향하는 개념이었다. 그것은 고전적이며 대전략 차원의 관점으로 전쟁에 휩쓸리는 모든 국가가 다 함께 재앙을 맞는 게 뻔할 때는 전쟁의 위험을 무릅쓰지 않는다는 것이다. 다른 하나는 아래에서 위로 향하는 개념으로, 이 개념 아래에서는 갈등이 발생할 때 유리한 점이 어디에 있는지 따지고 정치인들은 과연 그 싸움을 해서 무엇을 얼마나 얻을 수 있을지 손익 계산을 해야 한다. 그런데 이렇게 따져본 결과 소련의 재래식 전력을 당할 수 없다는 계산이 나왔다. 핵 위협의 영향력은 줄어들고 모스크바는 유럽의 이런 취약성을 최대한 활용하려 들 것이라는 계산이 나왔다.

이 문제는 새로 선출된 미국의 케네디 대통령이 베를린 문제라는 심각한 과제에 직면했던 1961년에 처음 구체적으로 제기되었다(미국의 케네디와 소련의 흐루시초프는 1961년 6월 4일, 오스트리아 빈에서 열린 미소정상회담에서 베를린 문제 등 주요 관심사를 논의했다. 이른바 '빈 정상회담'이었다─옮긴이). 구 독일의 수도 베를린은 동독 진영에 속해 있었다. 그러나 전후의 협상에 의해서 베를린은 사회주의 진영의 동베를린과 자유주의 진영의 서베를린으로 나누어졌다. 서베를린은 동독 사람들이 사회주의 진영을 탈출하는 주요 경로로 이용되었고, 동독 정권과 소련 지도부는 이런 상황을 더 이상 방관할 수 없었다. 그래서 소련이 서베를린을 동독 영토로 집어삼킬 것이라는 위협이 있었다. 그런데 서베를린을 재래식 전력으로는 도저히 방어할 수 없었으므로 소련의 이런 움직임을 저지하려면 핵무기의 위험을 무릅쓸 수밖에 없었다. 결국 공산주의자들은 도발을 억제하고 베를린에 동서로 가로지르는 장벽을 설치해서 동독 사람들을 장벽 안에 가두는 것으로 만족했다.

1961년 여름의 이 위기 때, 셸링이 제한적인 핵 갈등에 대한 생각을 정리해서 작성한 보고서 한 장이 케네디에게 전달되었다. 결정적인 승리를 얻기 위해서 쓸데없는 제안이나 요청을 하기보다는 적이 느낄 수 있는 위협의 수준을 최대한 높이는 게 중요하다고 강조하는 내용이었다.

"우리는 전술적인 표적을 파괴하기 위한 전쟁이 아니라 신경전, 시위전 그리고 협상전 준비를 해야 합니다."

이 보고서가 케네디에게 '깊은 인상'을 심어주었을 것임은 말할 것도 없다. 셸링은 케네디의 국가안보보좌관 맥조지 번디McGeorge Bundy와 얘기를 나누었다. 두 사람은 군부가 '재래식 전쟁과 한꺼번에 모든 것을 쓸어버리는 전쟁 사이의 무시무시한 변화'를 아울러서 생각하는 능력이 없다는 점을 함께 우려했다.[47] 하지만 당시에 셸링이 케네디 정부의 정책에 주로 기여한 내용은 '위기 게임'을 마련하는 데 도움을 주는 것이었다. '위기 게임'이란 정책 입안자들이 맞닥뜨릴 수 있는 혼란스럽고 골치 아픈 조건들과 베를린 문제를 놓고 해결해야 할 여러 가지 의문점들을 최대한 비슷하게 시뮬레이션하는 것이었다. 셸링은 베를린 위기가 어떻게 전개될지 탐구했다. 이 게임은 침착한 시나리오라는 강점을 가지고 있었는데, 이 시나리오에서는 상대 진영의 핵심적인 여러 견해들과 차원들이 이미 알려져 있었다. 참가자들에게 '군사 위기의 협상적 측면'을 제시할 목적으로 설계된 이 시뮬레이션 게임은 1961년 9월에 워싱턴에서 여러 차례 실시되었다. 그리고 이 게임에 참가했던 (군부 인사와 민간인 신분이던) 고위 정책 입안자들은 우발적인 다양한 사건들에 대해서 자기의 대응 방안을 내놓았다. 이렇게 해서 나온 결론은 여러 사건들에서 비롯되는 압박감을 강조하는 것이었다. 그것은 이후 공무원들의 생각 및 셸링의 이론화 작업에 영향을 미쳤다. 돌발적인 사건이 발생했을 경우에 효율적인 의사소통은 예상보다 훨씬 더 어려웠다. 적은 오로지 상대방의 행동만 바라볼 뿐 이 행동 뒤에 감추어져 있는 의도를 보지 못했다. 또 시간 부족 때문에 외교적인 성과는 사람들의 기대에 부응하지 못했다.

그러나 게임에서는 핵전쟁은 말할 것도 없고 대규모의 재래식 전쟁을 일으키는 것 역시 매우 어려웠다. 셸링의 협력자였던 앨런 퍼거슨Alan Ferguson은 '전쟁을 시작할 능력이 우리에게 없다는 것은 (……) 가장 놀라운 단 하나의 결과였다'고 말했다.[48] 그 게임은 또 베를린과 관련된 문제를 환하게 드러냈다.

"양측 가운데 그 어느 쪽도 시작하고 싶지 않은 그 행동을 먼저 해야 하는 쪽은 억지의 대상이 되는 국가(혹은 진영)이다. 언제든 위험에 노출될 수 있는 위태로운 상황에서 좋은 전략이란 공공연한 어떤 행위를 내가 선택할 것인지 말 것인지 하는 결정을 상대방에게 떠넘기는 것을 포함한다."[49]

이렇게 해서 그 게임은 베를린 위기가 악화될 경우에 핵 사용이 북대서양조약기구NATO가 구사할 수 있는 현실적인 선택권 가운데 하나가 될 수 있을 것이라는 발상에 거의 도움을 주지 않았다. 그러나 재래식 전쟁과 핵전쟁 사이에는 큰 차이가 있다는 견해를 한층 강화하는 역할은 확실하게 했다. 이 게임의 결과를 케네디에게 보고하던 한 보좌관은 '소련과 날마다 정치적인 투쟁을 하는 과정에서 전술적인 목적을 위해 군사력을 유연하고도 효과적으로 사용하는 것'이 얼마나 어려운지 강조했다.[50]

다음해에 소련이 쿠바에 미사일 기지를 건설하고 있음이 밝혀지면서 케네디는 한층 더 큰 위기에 봉착했다. 미국 쪽의 거물급 인사들이 나누었던 대화 가운데 많은 부분이 기록으로 남아 있는데, 이들이 군사적인 대응을 어떻게 할 것인지 함께 논의했기 때문이다(케네디 대통령은 핵심 관련자들과 했던 회의 내용을 당사자들 모르게 따로 녹음했다—옮긴이). 대통령은 모스크바를 상대로 어떤 행동을 취할 때 이 행동이 미칠 수 있는 영향이 무엇일지 파악하는 데 많은 시간을 보냈다. 또한 니키타 흐루시초프Nikita Khrushchev는 어떤 선택을 할지 입장을 바꿔놓고 생각하기도 했다. 그 과정에서 케네디는 흐루시초프 소련 서기장 역시 자기와 동일한 곤경에 빠져 있을 것이라고 가정했다. 그 역시 미국 대통령이 맞닥뜨린 것과 동일한 자극에 대응해야 하고 강경 노선을 채택한 데 따른 동일한 압박에 시달려야 한다. 그리고 공공연하게 천명했던 것을 지키지 못하고 뒷걸음질 치기가 쉽지 않다. 케네디는 미국이 미사일로 쿠바를 공격할 경우, 곧바로 소련이 미국의 미사일 기지가 있던 터키를 공격할지 모른다고 염려했다. 그리고 쿠바를 봉쇄할 경우 서베를린의 장벽 문제가 다시 재점화될 터였다.

케네디는 대안을 마련하기 위해서 핵심 관료들을 중심으로 백악관 국가안전보장회의 비상대책위원회ExComm(이하 '엑스콤')를 만들었다. 여기에서 나온 한 가지 선택 방안은 쿠바의 미사일 기지 건설 현장을 공격하는 것이었다. 그러려면 미사일 기지를 둘러싼 위험이 환부를 도려내는 외과 수술로 간단하게 제거될 수 있는 것인지 아니면 여러 차례의 심각한 공습 혹은 더 나아가 침공 작전을 통해서만 제거될 수 있는 것인지를 먼저 고려해야 했다. 또 다른 방안은 보다 점진적인 접근법으로, 군사 장비를 실은 배가 쿠바에 접근하지 못하도록 해상을 봉쇄하는 것이었다. 엑스콤의 결정은 부분적으로는 실현 가능한 현실성에 의존했다. 즉 과연 미 공군이 문제의 그 기지를 발견해서 파괴시킬 수 있을지, 미 공군이 공격에 나설 때 맞닥뜨리게 될 쿠바의 방공 수준이 어느 정도일지 그리고 미사일 기지의 일부가 이미 실전으로 운영되고 있을지 등이 판단의 변수였다. 공군이 아무런 경고도 없이 쿠바를 기습적으로 공습하는 방안에 대해서는 엑스콤 위원들 가운데 많은 수가 불편함을 느꼈다. 어쨌거나 미국 역시 1941년 12월 7일에 일본의 기습을 받았던 피해자였기 때문이다. 대통령 연설문 작성자이던 테드 소렌슨Ted Sorenson은 대통령이 쿠바를 봉쇄하기로 했다는 연설문 원고를 작성하는 데는 전혀 어려움을 느끼지 못하겠지만, 기습적인 공습을 발표하는 연설문 원고를 작성하기는 매우 어렵겠다고 강조했다. 그런데 봉쇄 방안의 이점은 또 있었다. 설령 이 작전이 실패로 돌아간다 하더라도 즉각적인 결과를 내기 위한 보다 강력한 행동을 배제하지는 않는다는 점이었다. 요컨대 여러 가지 선택들을 동원할 수 있고 적으로 하여금 추정하도록 만들 수 있다는 것이었다.

그러나 봉쇄가 과연 가능할지 여부를 두고 우려가 없었던 것은 아니었다. 케네디 대통령의 동생이자 법무부 장관이던 로버트 케네디_{Robert Kennedy}는 소련의 배가 어떻게 대응하는지 보려고 기다리던 자기 형에 대해서 당시를 회고한 《13일》_{Thirteen Days}에서 다음과 같이 썼다.

나는 이 몇 분 동안의 시간이 대통령에게는 엄청난 근심의 시간이었을 것이라고 생각한다. 세계가 대학살의 소용돌이 속으로 빨려 들어가기 직전의 순간이 아닐까? 우리가 잘못 판단한 것은 아닐까? 실수를 하는 것 아닐까? 이렇게 하기 전에 다른 조치를 먼저 취했어야 하는 것 아닐까? 혹은 어떤 조치를 하지 말았어야 하는 것은 아닐까? 대통령은 한 손을 들어 얼굴로 가져가더니 입을 막았다. 그리고 또 주먹을 쥐었다 폈다 했다. 얼굴은 일그러져 있었고, 눈은 괴로워하고 있었다. 눈동자의 색깔은 거의 회색이었다.

그리고 이틀 뒤에 소련의 흐루시초프가 직접 쓴 개인적이고 열정적인 장문의 편지가 케네디 앞으로 날아들었다.

사람들이 지혜를 보이지 않는다면, 최종적으로 그들은 마치 눈먼 두더지처럼 서로 부딪힐 것이오. 그리고 서로가 서로를 끝장내려는 싸움이 시작되겠지요. (……) 매듭이 묶인 줄이 있습니다. 우리와 당신네는 이 줄의 양쪽 끝을 잡고 당겨서는 안 됩니다. 이렇게 양쪽이 세게 잡아당기면 당길수록 매듭은 점점 더 단단해져서 그만큼 풀기 어려워질 테니까 말이오. 그러다 보면 어느 순간엔가 매듭을 묶은 사람조차 도저히 그 매듭을 풀 수 없게 되는 시점이 오겠지요. 그

때 가서 매듭을 풀려면 어쩔 수 없이 칼로 잘라야 합니다. 이것이 무엇을 뜻하는지는 굳이 설명하지 않아도 잘 아시겠지요. 당신은 우리나라가 얼마나 무서운 파괴의 힘을 가지고 있는지 완벽하게 잘 알 테니까 말입니다.[51]

1962년 10월 27일 일요일, 모스크바에서 유화적이기도 하고 강경하기도 한 이중적인 의미의 메시지가 도착하고 쿠바 상공에서 미군 정찰 비행기가 피격되면서 긴장은 최고조에 이르렀다. 예정된 반응은 쿠바에 있는 지대공 미사일 기지에 보복 공격을 퍼붓는 것이었다. 이 공격을 유예할 수 있다 하더라도 어떤 시점에서는 정찰을 다시 시작할 필요가 있었고, 이것은 미국의 비행기를 위험하게 만드는 것이며 또한 적으로부터의 대응을 필연적으로 부르는 것이었다. 이 시점에서 로버트 맥나마라가 방안 하나를 내놓았다. 만일 정찰기가 격추되면 미국은 대응을 해야 할 것이라고 했다. 미국 비행기가 어떤 형태로든 손실을 입을 테니까 그때 가서 '우리가 쿠바에 살짝 공격을 해주자'는 것이었다. 이것은 오래 지속할 수 있는 싸움이 아니라고 했다. '그러니 쿠바를 신속하게 공격할 준비를 해야 한다'고 말했다. 이는 공습을 포함한 '총공격'의 서막이 될 것이라고 했다.

"그 이후로 전투기는 날마다 출격을 하겠지요. 나는 개인적으로 이것이 거의 확실하게 침공으로 이어질 것이라고 믿습니다. 확실하다고는 말할 수 없지만, 거의 확실하게 침공으로 이어질 것입니다."

그 다음 단계는 흐루시초프의 팃포탯tit-for-tat(받은 만큼 꼭 그대로 돌려준다는 전략 용어—옮긴이) 보복이 이어질 터였다. '만일 우리가 이렇게 하면 소련은 보복 차원에서 터키에 있는 우리의 미사일 기지를 공격할 것'

이고, 이렇게 되면 필연적인 수순으로 '만일 소련이 터키의 미사일 기지를 공격하면 우리는 반드시 거기에 대응을 해야 합니다. 소련이 터키에 있는 주피터 미사일을 공격하면 우리는 그것을 그냥 좌시할 수 없습니다. 나토가 군사적인 대응을 하도록 해야 하는 상황이 전개될 것입니다.'

소련이 터키에 있는 주피터 미사일을 공격한 데 대해서 나토가 할 수 있는 최소한의 군사적 대응은 터키에 있는 나토 병력이 재래식 무기를 가지고 대응하는 것입니다. 즉 터키와 미국의 공군이 흑해에 있는 소련의 전함 혹은 해군 기지를 공격하는 겁니다. 내가 보기에는 이것이 절대적으로 최소한의 공격입니다만, 감히 말하자면 소련으로 하여금 터키를 공격하게 하고 또 여기에 대해서 나토에 대응하도록 하는 것이 지랄맞을 정도로 위험하다는 겁니다.[52]

맥나마라는 비록 자기 정부가 자기로서는 현명하지 않다고 명백하게 생각하는 선택들을 할 것이고 바로 다음날 핵전쟁에 돌입할 것이라고 생각했지만, 이 문제를 충분히 심각하게 인식했다. 그러나 실제로 케네디와 흐루시초프는 모두 그런 재앙을 생각할 채비는 되어 있지 않았고, 최종 순간에서 뒤로 물러날 수 있는 어떤 길을 찾았다. 소련이 쿠바에서 미사일을 철수하는 대신에 미국은 쿠바를 침공하지 않겠다는 약속을 하는 것이었다. 이 위기 동안에 양측이 서로를 얼마나 잘못 이해하는지를 보여주는 사례들이 많이 노출되었다. 그러나 가장 본질적인 쟁점 즉 핵전쟁의 비극을 피해야 한다는 결심에 관해서는 의견이 같았다.

비록 미사일 위기의 결과는 핵전쟁에 대한 공포를 양측이 동일하게 가지고 있었다는 사실에 의해서 도출되었지만, 한 가지 분명한 결론은 명쾌한 머리와 강한 의지만 있다면 그런 위기들은 얼마든지 극복할 수 있다는 점이었다. 특히 미사일 위기에서 경험한 성공적인 결과는 상호 상승이라는 개념의 현실적인 가능성을 반박했다. 상호 상승 과정을 거쳐서 핵전쟁에 이른다는 이 개념은 전략이라기보다는 피해야 할 대상이었다. 미사일 위기 이후에 상호 상승이라는 비유는 점진적인 행보들이 가지고 있는 잠재성을 인식하지 못했다는, 특히 심각한 교전이 벌어지기 전인 갈등의 초기 단계와 관련해서 그랬다는 평가를 받았다. 이것을 두고 앨버트 월스테터와 로베르타 월스테터 부부는 공동 저술 논문에서 다음과 같이 지적했다.

"올라가는 에스컬레이터뿐만 아니라 내려가는 에스컬레이터도 있다. 그리고 에스컬레이터와 에스컬레이터 사이에는 움직이지 않는 층계참이 있다. 이 층계참에서 사람들은 에스컬레이터를 타고 계속 올라갈 것인지 아니면 내려갈 것인지 혹은 그 자리에 그냥 머물 것인지 결정할 수 있다. 자동성 혹은 비가역성이 정확하게 어디에서 작동하는지는 불확실하지만 결정적인 문제이다. 그리고 바로 이것이 의사 결정자가 층계참에 내려서서 잠시 숨을 돌리면서 다음 행보를 어떻게 할지 고민하고자 하는 이유이다." [53]

허먼 칸은 한 차례의 핵무기 교환만 있다 하더라도 상대편을 압박해서 아마겟돈(선과 악이 싸울 최후의 전쟁터―옮긴이)을 피할 방법을 이끌어낼 수 있음을 입증하려고 했다. 그는 상호 상승을 처단해야 할 대상인 용dragon으로 보았다. 그것은 인간의 행동과 무관하게 진행되는 현상이 아니라 적절하지 못한 지적 및 물리적 준비의 소산이라는 것이었다. 그는 상호 상승이 정교하게 교환된 어떤 행동일 수 있다는 발상을 내놓았다. '자신은 조금 더 상승하길 바라지만 상대방은 한 걸음이라도 더 나아가서는 안 된다고 생각하는 사람들'을 언급할 때, 그의 발상은 구체성을 띠었다.[54] 상호 상승은 절망적일 정도로 제멋대로 돌아가는 과정에서 얼마든지 제어하고 조종할 수 있는 과정으로 전환되었다. 칸은 1965년에 발간한 저서 《상호 상승에 대해서》On Escalation에서 '상호 상승의 사다리' 개념을 도입했다. 그는 상호 상승을 44단계로 세분하고 그 도중에 열여섯 개의 층계참을 설정했다. 이 책의 놀라운 장점은 누구라도 열다섯 번째 계단에서 처음 핵무기를 사용한 뒤로는 거의 서른 개에 가까운 핵무기 사용의 분명한 방법을 파악할 수 있다는 점이다.[55] 칸은 자기가 프로이트적인 함축에서 자유롭다고 천명했다. 급진적인 이탈리아 작곡가 루이지 노노 Luigi Nono는 칸의 사다리를 주제로 노래를 작곡해서 베트남민족해방전선에 바쳤는데, 이 노래는 (1) '위기 선언'에서부터 (44) '고통 혹은 어리석은 전쟁'까지 '상승'했다.[56]

케네디와 존슨 두 대통령의 국가안보보좌관을 지냈던 번디 역시 이런 분석에 대해서 강력하게 반응했다. 그는 군비 경쟁은 실제 국제 정치 행동이라는 측면에서 거의 의미가 없었다고 결론 내렸다. 양 진영이 수소 폭탄을 손에 넣은 뒤로는 교착 상태가 이어지고 있다는 것이었다. '자기가 한 행동에 대해서는 보복이 틀림없이 뒤따를 것이라는 예측'은 '미국에서든 소련에서든 간에 정치적으로 멀쩡한 정신을 가진 정부라면 고의로 핵전쟁을 선택할 가능성은 사실상 전혀 없다'는 것을 뜻하기 때문이었다. 번디는 "정치 지도자들이 핵무기에 대해서 진정으로 생각하는 것과 전략 시뮬레이션 전쟁에서 복잡한 계산을 통해서 나온 상대적으로 '유리'하다고 여겨지는 것 사이에는 거대한 간극이 있다"고 썼다. 여러 연구소에서는 수천만 명의 목숨을 '받아들일 수 있는' 피해의 수준으로 볼 수 있다. 즉 '멀쩡한 사람이라고 하더라도 대도시 수십 개의 파괴는 얼마든지 선택할 수 있다'는 말이다. 그래서 번디는 다음과 같이 썼다.

"실제 정치 지도자들이 사는 실제 세상에서 (……) 어떤 국가의 어떤 도시에 수소 폭탄 하나를 떨어뜨리겠다는 의사 결정은 거대한 재앙을 부를 것임은 얼마든지 미리 알 수 있다. 열 개 도시에 수소 폭탄 열 개는 역사에 유례가 없는 재앙이 될 것이고, 백 개 도시에 수소 폭탄 백 개는 상상조차 할 수 없을 것이다."[57]

번디는 은밀한 곳에서 진행된 은밀한 전략 논의들이 현실성을 잃어버렸다고 믿었다. 그러다가 그는 결국 1983년에 양측이 모두 '가장 강력한 선제공격'을 받고 나서도 수소 폭탄을 동원한 보복 공격에 나설 수 있을 것이므로, '무슨 일이 일어날지 모르는 불확실성'에 의존하는 '실존적인'existential 억지 형태가 사실상 존재한다고 주장했다.[58] 이 실존적 억지는 특정한 무기 프로그램이나 그런 프로그램의 실행을 위한 준비 혹은 그것을 실행하겠다는 선언 등이 전략적으로 별 효과가 없음을 입증했다. 거대한 전쟁이 어마어마한 재앙의 위험을 끌어올리는 상황에서는 위험을 무릅쓰지 않는 것이 최상의 선택이다. 이런 발상은 상당한 설득력을 얻었다. 직관적으로 볼 때 그것이 가장 그럴듯하기 때문이기도 했지만 핵 정책과 관련된 모든 복잡한 문제들을 단번에 풀어준다는 이유도 있었기 때문이다. 이런 발상에 의하면 적어도 핵 관련 문제들이 부주의함과 어리석음의 세계로 너무 멀리 나아가지 않는 한 그것들이 사실상 엉뚱하게 잘못 짚은 것임이 드러난다. 정책 입안 집단 내부에서도 핵무기의 현재 규모와 구성이 어느 정도인지 알아내기란 여전히 매우 어렵다. 그저 추정만 할 수 있을 뿐이다. 이런 사실은 새로운 무기 체계를 놓고 벌어진 워싱턴의 수많은 논의들을 통해서도 입증되었다. 하지만 그럼에도 불구하고 이런 논의들은 결국 실제 현실과 분리된 채 뻔하게 그렇고 그런 수준에 도달했다. 전략 논의에서 나온 온갖 시나리오들에서는 신뢰성을 찾아볼 수 없게 되었다. 핵 억지가 미국에서 효과적으로 작동한 것은 핵 억지 논리가 현재 상태를 뒤흔들어놓을 심각한 위험이 있다고 경고했기 때문이다. 이 위기 의식은 핵 공격에 대한 대응의 합리성에 따른 게 아니었다. 그것은 전쟁의 열정이 한번 엎질러지고 난 다음에는 핵 대응의 비합리성에는 도저히 의존할 수 없는 것 아닌가 하는 의문에서 비롯되었다.

제14장

게릴라전

Guerrilla Warfare

:

군대의 힘은 눈에 보이는 어떤 것,
시간과 공간 속에서 형식적이며 구속되는 것,
그러나 누가 그 힘의 한계를 추적할 수 있을까.
어떤 용감한 사람이 그것에 밝은 빛을 비출 수 있을까.
아니면 숨길까, 자기 마음대로……
자유를 위한 투쟁을 위해서 복수의 불꽃을 태움으로써?
그 어떤 발걸음도 추적할 수 없고 그 어떤 눈도 따를 수 없으니,
그 어떤 운명의 장소로는……
그 힘, 그 정신, 강한 바람과 같이 날개에 올라탔든,
아니면 바람처럼 잠을 자든,
그 끔찍한 동굴 속에서
_윌리엄 워즈워스, 1811년

:

핵무기가 군사 전략을 기존의 방식과 다른 방향으로 몰아갔다면, 게릴라전도 역시 전혀 다른 방향으로 군사 전략을 이끌고 갔다. 핵무기가 존재할 경우의 문제는 극단적으로 강력한 힘이 사회를 위협한다는 것이었다. 그런데 게릴라전은 분노한 사회가 그 사회를 불법적으로 점령한 군대에 대응하는 방식이었다. 비록 게릴라전은 나중에 혁명적인 정치 운동과 연결되지만, 기본적인 장점은 상대적으로 약한 측이 강한 측과 싸워서 생존하는 데 도움이 되는 방법이라는 점이다.

게릴라전은 완전히 새로운 전쟁 형태가 아니었다. 가깝게는 미국의 독립 전쟁에서도 채택 된 적이 있다. 게릴라전은 19세기가 시작될 무렵에 이미 스페인 사람들이 프랑스 점령군에 맞서서 벌였던 '작은 전쟁'little war에서 구사한 매복과 끈질긴 괴롭힘이라는 전술을 통해서 명성을 얻었다 (스페인어로 '게릴라'는 '작은 전쟁'이라는 뜻이다—옮긴이). 앞에서 인용한 워즈워스의 시도 이 전쟁을 소재로 한 것이다.

그러므로 게릴라전은 자기 영토에서 싸우는 수비 전략이며, 대중의 지지 및 익숙한 지역 사정이라는 강점을 기반으로 한다. 적이 지쳐서 나가떨어지거나 무언가 다른 일이 일어나길 기대하면서 시간을 버는 일종의 소모 전략이다. 이런 전쟁은 그 자체만으로는 성공할 가능성이 없다. 비정규군은 보다 전통적인 방식의 전투로 정규군과 맞서기도 하지만 적과의 거리가 떨어져 있을 때 가장 효과적으로 싸운다. 나폴레옹은 스페인에서 고전을 면치 못했는데, 영국 육군과 맞닥뜨렸기 때문이다. 또 비슷한 사례를 러시아 농민에게서 찾아볼 수 있다. 러시아 농민은 1812년에 그렇잖아도 지쳐 있던 프랑스 군대를 더욱 참담하게 만들었다. 프랑스의 프러시아 점령을 경험했으며 스페인 폭동과 프랑스군이 러시아에서 당했던 혹독한 시련을 지켜볼 수 있었던 클라우제비츠는 강의를 하고 저술을 하던 초기에 바로 이 게릴라전을 소재로 선택했다. 《전쟁론》에서 그는 게릴라전을 방어의 한 형태라고 보았다. 《전쟁론》의 원고를 거의 다 써가던 1820년대까지만 하더라도 게릴라전은 그리 통상적이지 않은 전략이었다.

게릴라전은 점령군에게 골칫거리를 안겨줄 수 있다. 그러나 이것은 다른 방법이 없을 때 구사하는 '절망적인 마지막 수단'이다. 점령군에 맞서는 봉기는 '모호하고 파악하기 어려울' 필요가 있다. 이 봉기를 일으킨 주체나 규모 혹은 그 밖의 여러 가지가 명확할 경우에는 금방 격파될 것이기 때문이다. 게릴라전은 비록 전략적으로는 방어 전략이지만 적의 허점을 끊임없이 노려야 하므로 전술적으로는 공세적이어야만 했다. 또 게릴라전은 지형적으로 쉽게 접근할 수 없는 지형에서 가장 효과적이다. 클라우제비츠는 정규군이 없는 상황에서는 비정규군이 그다지 큰 가치가 있다고 보지 않았다.[1] 조미니도 비슷하게 생각했다. 그는 시민군이 점

령군에게 제기할 수 있는 위협, 즉 일반 시민이 쉽게 흥분해서 떨쳐일어
날 수 있을 때 시민군이 점령군의 점령 전쟁을 얼마나 어렵게 만들 수 있
는지 잘 알았다. 그러나 바로 이런 점 때문에 게릴라전에 대해서 뒤로 한
걸음 물러나는 태도를 보였다. 조미니는 종교적이거나 민족적이거나 이
념적인 차이를 통탄스럽게 여겼다. 그는 이런 차이로 인해서 전체 국민
이 들떠 일어나는 전쟁은 '암살을 조직하고 (……) 사람들을 끔찍할 정도
로 악의 넘치고 잔인하게 만든다'고 보았다. 또한 그는 자신이 '수도사들
과 여자들과 아이들이 스페인 전역에서 고립된 침략군 병사들을 살해하
던 끔찍한 시대'보다는 '프랑스의 근위병과 영국의 근위병이 서로를 초청
해서 정정당당한 싸움을 벌이던 시대를 더 좋게 여기는 편견'에 사로잡
혀 있음을 인정했다.[2]

　1830년대에 이탈리아의 주세페 마치니Giuseppe Mazzini가 게릴라전이 봉
기에 기여할 수 있음을 보여주었다. 결국 실패로 돌아가고 말았던 청년
이탈리아당Young Italy(이탈리아를 외세의 지배에서 해방시켜 단일 공화국으로 통
합하는 목적을 교육과 봉기로써 수행하려던 민족주의 단체—옮긴이) 운동에서
붉은 셔츠를 입은 주세페 가리발디Giuseppe Garibaldi는 재능이 넘치는 게릴라
전 사령관으로 떠올랐다. 이런 사례에도 불구하고 혁명적인 무장 조직의
주요 유형들은 점령군을 기습하는 대중의 갑작스러운 봉기 방식으로 나
타났다. 그러나 이런 봉기가 장기적인 작전 속에서는 결국 점차 소멸될
수밖에 없다는 생각은 일반적인 얻지 못했다. 예를 들어 프리드리히 엥
겔스Friedrich Engels는 카를 마르크스Karl Marx를 위해서 초안을 잡았던 어떤 글
(《스페인 혁명》Revolutionary Spain)에서 스페인에서 일어났던 게릴라 활동은 스페
인 군대의 패배를 뜻하는 것이라고 보았다. 엥겔스는 이들을 군대라기보
다는 '증오와 복수심 그리고 약탈 심리'로 촉발된 폭도에 가까운 존재로

바라보았다.[3] 그는 전통적인 군대 편제를 기본적인 것으로 생각하는 경향을 보였으며 (심지어 혁명을 도모할 때조차도 그랬다) 혁명이 일어난 뒤에 사회주의 공화국을 세우려면 적절한 형태의 군대가 필요할 것이라고 보았다. 혁명을 이루어내려면 계급 의식으로 무장한 프롤레타리아로 구성된 철저한 규율의 전투 부대가 필요하다는 이 발상은 그 뒤로도 계속 사회주의 사상가들에게 영향을 미쳤다. 그래서 게릴라전은 무정부주의자나 범죄자들 혹은 폭력에 탐닉하는 주정뱅이와 같은 쓰레기들의 영역에 속하는 것쯤으로만 생각했다. 그러나 블라디미르 레닌Vladimir Lenin은 이런 견해에 어느 정도 동의하면서도 게릴라전을 완전히 배제하지는 않았다. 하지만 레닌 역시 게릴라전을 보조적인 투쟁 방식으로만 바라보았으며 게릴라전을 혁명 지도부의 통제 아래 두고서 활용하려면 일정한 규율이 필요하다고 생각했다. 레닌은 대중 운동이 특정한 단계에 도달하면 혁명의 내전이 일어나고 '대규모 교전'이 진행될 텐데, 이 교전들 사이에서 나타날 '상당히 긴 휴지기' 동안 게릴라전이 어떤 역할을 충분히 할 수 있을 것이라고 생각했다.[4]

러시아에서 1917년에 봉기가 일어난 뒤에 볼셰비키들은 혁명이 내전 상태에 돌입했음을 파악했다. 군사위원이던 레온 트로츠키Leon Trotsky는 게릴라전이 전투에 유용하지만 지도부에 복속되어야 하는 전투 형태임을 깨달았다. 급박하게 게릴라전이 요구되었고 적절한 조직과 방향이 필요했으며 아마추어적이거나 모험적인 경향은 철저히 배제해야 했다. 게릴라전으로 적을 '전복'시킬 수는 없지만 끊임없이 괴롭힐 수는 있었다. 트로츠키는 전력이 강한 쪽에서는 대규모의 병력을 중앙에 집중시켜 적을 섬멸할 수 있지만 전력이 약한 쪽에서는 제각기 독립적으로 움직이는 가볍고 기동력 있는 전투 단위들을 활용해서 상대적으로 우월한 전력을 가진 적을 혼란에 빠트릴 수 있을 것이라고 주장했다. 이런 주장은 델 브뤼크의 섬멸과 소모의 구별을 따른 것이었다. 트로츠키는 확실히 섬멸 쪽을 선호했다.

"소비에트 권력은 지금까지 늘 (약한 쪽이 아니라) 강한 쪽이었으며, 지금도 여전히 그렇다. (……) 소비에트 권력이 해야 할 일은 적을 분쇄한 다음 자유로워진 손으로 사회주의를 건설하는 것이다."

이 논리에 따르면 게릴라전을 시도해야 하는 쪽은 혁명 진영이 아니라 적이었다. 이것은 프롤레타리아가 이제는 지배 계급이 되었고 아직도 차르를 옹호하는 쪽은 반란군이라는 인식을 반영한 것이었다. 트로츠키는 자신의 전략이 지나치게 답답하고 형식적이며 또한 기동성이 부족하다는 사실을 인정하지 않았다.[5] 붉은 군대Red Army(적군, 1918년 1월에 노동자와 농민 지원자를 바탕으로 만들어졌으며, 내전 시기에 의용군을 중심으로 재편성되었다가 1946년 소비에트 육군으로 개칭되었다—옮긴이)는 '자원자, 모반자, 무지렁이, 경험이 일천한 게릴라' 등으로 시작해서 이들을 '걸맞은 품위를 갖추었으며, 훈련이 잘 되어 있고, 규율이 잘 잡힌 연대 및 사단'으로 편제시켰다. 그럼에도 불구하고 내전이 점점 격화되자 트로츠키는 기동성이 있는 게릴라 부대를 만들어서 적의 후방에서 적을 괴롭힘으로써 '붉은 군대의 대규모 병력'을 보완할 방법을 모색했다.[6] 이처럼 혁명 주체들조차도 게릴라전을 하급의 전략 즉 승리의 원천이라기보다는 편의주의적인 방어의 한 방편으로 바라보았다.

✝ 아라비아의 로렌스

19세기 동안에 유럽의 여러 제국들이 세계로 팽창하면서 전 세계에서 툭하면 봉기와 반란이 일어났다. 이런 움직임은 정규군 부대가 출동해야 하는 수준으로까지 치달았다. 영국군은 봉기나 반란을 진압하는 과제를 제국 경찰의 임무로 설정했다. 1896년에 발간된 칼웰C. E. Calwell의 《작은 전쟁들》Small Wars에서는 이와 관련된 고전적인 논의가 이루어졌다. 이 책은 '본국에서 멀리 떨어진 여러 식민지에서 일어나는 반란을 진압한다는 것은 성과도 잘 드러나지 않으며 아무리 해도 하나마나한 것 같은 지루하기 짝이 없는 전쟁을 치르는 것'이라고 규정했다.[7] 그런데 게릴라전을 어떻게 제압할 것인가가 아니라 어떻게 펼쳐야 할 것인가에 관한 중요 원리를 개발한 인물은 전직 고고학자였던 토머스 에드워드 로렌스Thomas Edward Lawrence였다. 그는 제1차 세계대전 때 영국 육군의 정보장교로 복무하면서 오토만의 지배에 반대하며 독립을 꿈꾸던 아랍의 반란군을 선동하는 방안을 찾아내며 명성을 얻었다(당시 아랍은 터키의 식민지였고, 터키는 독일과의 동맹을 선택했다—옮긴이). 로렌스는 놀라운 이야깃거리의 주인공이었을 뿐만 아니라 감동적인 문학적 재능도 가지고 있었다. 그가 동원하던 생생한 비유들과 금언들을 보면 그가 어떻게 아랍 사람들에게 그렇게 강력한 영향력을 행사할 수 있었는지 알 수 있을 정도이다. 그의 회고록 《지혜의 일곱 기둥》The seven Pillars of Wisdom은 지금도 여전히 고전으로 남아 있다. 게릴라전에 대한 그의 기본적인 철학은 1920년 10월에 반란의 간략한 역사와 함께 처음 발표되었다.[8] 전쟁이 끝난 뒤에 그는 자신에 대해서 스스로 만들었던 헛된 신화와 싸웠고 자신이 아랍 사람들에게 했던 독립의 약속을 존중하기 위해서 싸웠다(로렌스는 아랍의 일은 아랍에게 맡기고 간섭하지 말자고 주장했으나, 전후의 밀담 끝에 영국과 프랑스는 아랍을 자신들의 이익에 따라서 분할했고, 로렌스는 자기가 아랍인들에게 거짓된 희망을 불어넣은 걸 후회하며 조지 5세에게 받은 훈장을 반납했다―옮긴이).

터키에 저항하는 작전은 1916년에 처음 시작되었다. 메디나와 다마스쿠스를 잇는 주요한 공급로이던 철도를 오가는 기차를 타격 대상으로 한 작전이었다. 터키는 이 철도 노선에서 정기적으로 발생하는 습격에 무척 화가 났다. 터키로서는 이 철도를 아랍의 게릴라로부터 온전하게 보호하는 일이 불가능해 보였고 결국 이 투쟁은 아랍의 전면적인 봉기로 이어졌다. 터키에게는 이 봉기가 심각한 골칫거리였다. 로렌스는 1917년 초의 한 시점을 회고록에서 묘사했는데 당시는 그가 비정규군의 한계와 씨름하고 있던 때였다. 비정규군으로는 무장 군대라면 당연히 해야 하는, 즉 '적의 부대를 찾아내 전투를 통해서 적의 중심을 파괴하는 것'을 할 수 없었다. 게다가 요충지를 효과적으로 공격할 수도 없었을 뿐만 아니라 또 어떤 지점을 효과적으로 방어할 수도 없었다. 이런 사실을 깨달은 그는 자기들이 가지고 있는 강점은 '넓이가 아니라 깊이'에 있으며 공격의 위협만으로 터키군을 수세적으로 묶어둘 수 있다는 결론을 내렸다.

그러다가 로렌스는 몸져누웠고, 그 기간 동안 건강이 회복된 다음에 어떤 작전을 펼칠 것인지 연구했다. 그는 군사 이론에 관한 저술을 '상당히 많이 읽었고' 특히 클라우제비츠의 저술에 깊은 감명을 받았다. 그러나 '한 차례의 전투 과정'에서 적의 부대를 파괴하는 것과 관련이 있는 이른바 '절대 전쟁'absolute war(쌍방이 모든 수단을 동원하여 적이 완전히 섬멸될 때까지 벌이는 전쟁―옮긴이)이라는 발상에 혐오감을 느꼈다. 그건 마치 피로써 승리를 사는 느낌이었고, 아랍 사람들도 그걸 원하지는 않을 것이라고 생각했다. 그들은 자기들의 자유('살아 있는 사람만이 맛볼 수 있는 즐거움')를 위해서 싸웠다.

　군대는, 비유하자면 '전체적으로 보자면 움직일 수 없지만 땅에 단단하게 뿌리를 박고 긴 줄기를 통해서 머리까지 영양을 공급받는' 식물이었다. 그러나 아랍의 비정규군은 '뚜렷한 형체도 없고 타격을 입힐 수도 없으며 앞뒤도 없는, 그야말로 공기와 같은 것'이었다. 로렌스는 터키가 '아랍 민중의 원한'을 꺾기에는 병력이 부족하다고 보았다. 특히 반란군을 정규군처럼 대응하려 하면 특히 더 그렇다고 생각했다. 터키는 '반란군을 상대로 전쟁을 벌이는 것은 나이프를 들고 스프를 먹는 것처럼 성가시고 또 쉽게 끝나지 않을 것'임을 깨닫지 못할 것이었다. 터키의 보급선을 공격하면 터키군은 물자 부족으로 고통을 받을 것이므로 로렌스는 근접전이 아니라 멀리서 빙빙 돌다가 치고 빠지는 식의 전투 방식이 가능할 것이라고 생각했다. 공격 기회가 있을 때만 적에게 모습을 드러냄으로써, 적이 '완벽한' 정보를 바탕으로 공격할 기회 자체를 차단하는 전투 방식이었다. 여기에는 심리적인 측면의 효과가 발생했다. 로렌스는 당시 상식이던 '군중심리'에 대해서 이야기했으며, '사기 진작의 문제 즉 이리저리 흔들리는 사람들의 여론을 특정한 하나의 목적에 고정되도록 조정하는 것'이 필요하다는 이야기도 했다. 아랍 사람은 자기 부하들의 마음에 명령을 내릴 뿐만 아니라 (가능하면 가장 멀리 있는 적에게까지 목소리가 닿도록 노력해서) 적의 마음에도 명령을 내려야 했으며, '방관하는 중립국들'뿐만 아니라 아랍을 지지하는 국가와 아랍의 적대 국가에도 명령을 내려야 했다.

　이런 목적을 달성하기 위해서 로렌스는 규모가 작으면서도 고도로 기동성이 높고 훌륭하게 무장된 부대를 만들었다. 이 부대로 터키군의 병력을 분산시킬 터였다. 아랍 사람들은 방어해야 할 게 아무 것도 없었고 사막에 대해서는 누구보다도 많이 알았다. 이들이 구사한 전술은 '공격하고 달아나며, 추적하지 않고, 정확하게 노려서 타격한다'였다. 한 곳을 공격해서 성공을 거둔 다음에는 그곳을 버리고 다른 곳을 치러 가는 식이었다. 승리는 '속도와 은폐 그리고 명중도'에 달려 있었다. 로렌스는 '비정규전은 돌격전이 아니라 정보전'이라고 보았다. 이런 전술로 터키군을 '무기력'하게 만들었다. 그러나 이 비정규전이 오토만 제국을 꺾는 데 주된 과업이 아님을 그도 인정했다. 결국 최종적인 승리는 에드먼드 앨런비Edmund Allenby 장군이 지휘하는 영국군의 보다 전통적인 공세에 의해서 이루어졌다. 이 점에서 로렌스가 이끈 작전은 비록 보조적인 역할을 충분히 수행하긴 했지만 어디까지나 '지엽말단의 일'일 뿐이었다. 그는 비록 이런 사실을 인정하긴 했지만, 앨런비 장군의 공세로 말미암아 게릴라전만으로도 최종적인 승리를 얻을 수 있을지 확인해볼 기회가 사라진 점은 못내 아쉬워했다. '비정규전 혹은 반란군에 의한 전쟁이 하나의 정확한 과학이 될 수 있음을 입증하는 것은 (……) 짜릿한 경험'이 될 수 있었던 것이다.

로렌스는 게릴라전이라는 비정규전이 발휘할 수 있는 강점을 다음과 같이 지적했다. 우선 기지가 절대로 적에게 공격받지 않는다. 로렌스의 경우 게릴라군의 기지는 영국 해군이 보호하고 있던 홍해의 여러 항구들이었다. 또 외국의 군대는 게릴라군이 작전을 펼치는 지역을 관리할 수 없다. 마지막으로 주민이 게릴라군에게 우호적이다('인구의 2퍼센트만 적극적이고 나머지 98퍼센트가 수동적으로 동조적인 곳이면 반란군이 형성될 수 있다'). 이런 내용을 로렌스는 다음과 같이 정리했다.

50개 단어 미만으로 설명하면 기동성, 안전성(공격 표적을 적에게 말하지 않는다는 점에서), 시간 그리고 강령(모든 사람을 우리 편으로 바꾸어놓을 어떤 생각)이 주어진다면 승리는 반란군에게 돌아올 것이다. 왜냐하면 대수적_algebraic 요인들이 결국은 결정적인 역할을 할 것이고, 이런 것들을 거스를 때 아무리 수단이 완벽하고 사기가 높다 하더라도 헛일이 되고 말 것이기 때문이다.

리델 하트가 로렌스에 매혹된 것은 결코 놀라운 일이 아니었다. 리델 하트야말로 간접적인 접근법의 전형적인 옹호자였기 때문이 이 두 사람은 전쟁이 끝난 뒤에 서신을 주고받았으며, 리델 하트는 로렌스의 통찰을 빌려다 썼다. 그리고 《브리태니커 백과사전》_Encyclopaedia Britannica의 편집자로 있던 리델 하트가 이 백과사전 1929년 판에 로렌스의 군사 사상을 요약해서 실은 뒤부터 두 사람은 친구가 되었다. 로렌스가 전투에서 거둔 성과는 간접적인 접근법을 생생하게 예시하기 위한 교훈적인 목적으로 충실하게 기능했다. 리델 하트는 사상가이자 행동가이며 또한 정식 군사 교육을 받지 않았으면서도 그토록 엄청난 영향력을 행사한 지휘관 로렌스로부터 깊은 감명을 받았다. 결국 리델 하트는 로렌스의 전기를 썼고, 이 전기에서 그는 로렌스를 한껏 찬양했다.[9] 그런데 리델 하트는 아랍 사람들이 피를 흘리지 않는 승리를 추구한다는 로렌스의 관찰 내용에 흥미를 가졌다. 이런 사실을 알지 못했다면 아마도 그는 혁명적인 목적을 달성하기 위한 비정규전에 대해서는 거의 관심을 가지지 않았을 것이다. 혁명에는 통상적으로 엄청나게 잔인한 폭력이 뒤따른다는 이유로 해서 혁명을 부정하는 입장이었기 때문이다. 리델 하트를 사로잡은 것은 로렌스가 비정규전을 통해서 가능함을 입증했던 바로 그 경로를 정규전이 따라갈 수 있지 않을까 하는 것이었다.[10]

† 마오쩌둥과 보응우옌잡

게릴라전이 전쟁에서 승리를 거둘 수 있는 또 하나의 경로임이 마오쩌둥_{毛澤東}의 전략을 통해서 자명해졌다. 마오는 중국 공산당을 이끌고 국민당과 싸워 1949년에 마침내 승리를 거두었다. 그런데 마오는 게릴라전이 수세_{守勢}에서는 충분히 수용할 수 있는 전략이지만 독립적으로 전쟁의 승리를 가져다줄 수 있는 길이라고 보지 않았다. 그는 생존이 급박한 경우에는 언제나 게릴라전에 의존했다. 게릴라 전술에 대한 그의 저술은 특별한 권위를 가지고 있다. 그러나 그가 선호했던 전쟁 방식은 기동성 있는 정규전이었다. 게릴라전에 대한 마오의 믿음은 그의 군대가 1937년부터 1945년까지 약 20년 동안이나 국민당 군대 및 일본이라는 보다 강한 적과 맞서야 했다는 사실뿐만 아니라 마오가 혁명의 주력을 도시의 프롤레타리아가 아니라 시골의 농민이라고 보고 본거지를 시골에 두었던 사실 때문에 특히 강조된 측면이 있다.

비록 시골 출신이긴 했지만 마오는 1920년대에 공산당 활동가로서 맨 처음 활동할 때는 노동자 투쟁에 초점을 맞췄다. 이것은 당의 도시 위원회에서 그에게 요구한 것이었는데, 중국처럼 광대하고 인구가 많은 농업 국가에서 노동자 계급이 어떻게 혁명의 주력군이 될 수 있을지 마오는 도무지 동의할 수 없었다. 후난성에서 농민 봉기를 목격한 뒤인 1927년에 그는 농민을 적절하게 일으켜 세우기만 하면 '거대한 폭풍처럼 혹은 거대한 허리케인처럼 강력하면서도 신속한 군대가 되어 그 어떤 힘도 감히 이 군대를 막을 수 없을 것'이고, 이 거대한 혁명의 물결이 '모든 제국주의자, 군벌, 부패한 관료, 지역의 토호 그리고 사악한 지주를 무덤으로 쓸어갈 것'이라고 판단했다. 그해에 국민당과 공산당 사이에 위태롭게 형성되어 있던 국공합작이 와해되었다. 그리고 그 뒤에 이어진 대결 국면에서 마오의 군대는 패배했고, 마오는 어쩔 수 없이 도망을 가야만 했다. 그때 그는 중국에서 살아남으려면 오로지 중국의 광대한 시골을 배경으로 게릴라전을 펼치는 것만이 유일한 길이라고 신속하게 결론을 내렸다.[11]

1930년, 국민당이 장악하고 있던 여러 도시에서 당 지도부가 비참하게 와해된 뒤에 마오는 시골을 새롭게 규정했다. 도시를 공격하기 위한 기지로서뿐만 아니라 혁명을 이루어내는 현장으로 말이다. 그리고 1931년에 장시성에서 중국공산당 정부를 세웠다. 그러나 1934년에 국민당의 공세에 밀려 이른바 대장정에 나섰다. 마오와 그의 군대가 무사히 포위망을 뚫고 살아남았다는 점에서 대장정은 성공했다고 말할 수 있다. 그러나 마오의 군대는 엄청난 희생을 치렀다. 마오의 홍군紅軍은 한 해에 약 1만 킬로미터나 행군했다. 그리고 마침내 1935년 10월에 산시성에서 안전한 곳을 확보했다. 그 무렵 마오의 군대는 훨씬 많이 줄어서 겨우 1만 명밖에 남지 않았다. 존 핼리데이Jon Halliday와 장융張戎, Jung Chang의 공동 논문에 따르면, 국민당이 사실상 포위망을 뚫고 달아나도록 방조했으며(스탈린이 국민당 지도자 장제스蔣介石의 아들을 인질로 잡고 있었기 때문이다) 이런 점에서 보자면 마오는 불필요하게 긴 경로를 택한 셈이었다.[12] 기존의 지도부가 불신임을 받고 마오가 시골에서 군사 지휘관으로서 명성이 높아짐에 따라 결국 마오가 공산당 최고 지도자가 되었다.

1937년 7월에 일본이 중국을 침공했다. 마오는 국민당에 일본의 침공에 공동으로 대응하자는 제안을 했다. 비록 1936년 12월에 이미 그런 제안이 있었지만 실천은 더뎠다. 물론 이 국공합작은 마오에게 더 유리했다. 시간을 벌 수 있었기 때문이다. 국민당은 수세에 몰렸고 당 지도부와 장교들은 국토의 많은 부분을 내주고 밀렸다. 하지만 일본은 점령지를 효과적으로 통치할 기관을 마련하지 못했고, 이런 정치적인 공백을 활용할 기회가 공산주의자들에게 주어졌다. 마침내 9월에 제2차 국공합작이 성립되었다. 공산주의자들은 반일 통일전선의 대표로 나섰고 사회경제적 개혁의 발판을 마련했다. 농민들에게는 지방의 권력 구조를 바꿀 수 있는 기회가 주어졌다. 한편 마오는 일본군과의 교전이 가까워짐에 따라 극단적일 정도로 조심스럽게 행동했다. 그는 모든 초점을 생존에 맞추었다. 특히 1941년에 미국이 전쟁에 참가한 뒤부터는 더욱 그랬다. 심지어 전쟁이 끝나고 중국에서 내전(국공내전)이 다시 시작되었을 때도 마오는 국민당과의 평화 협상을 기대하면서 여전히 신중에 신중을 기했다.[13] 1947년이 되어서야 비로소 그는 비록 국민당이 명목상으로는 국토의 많은 부분을 차지하고 있긴 해도 뿌리가 깊지 않아서 공산당의 공격에 쉽게 허물어질 것이라는 판단을 했다. 그리고 1949년에 마침내 중국에는 마오를 수반으로 하는 중화인민공화국이 수립되었다.

마오의 사상은 10년 전에 이미 형태를 갖추었다. 그의 사상이 막 형태를 갖출 무렵에는 아직 중구난방이었다. 당시 그는 당의 지도자가 아니었기 때문에 그의 사상은 (나중에 제시되는 강령적인 표현들에 비해서) 한층 실용적이고 현실적인 차원에서 형성되었다. 대장정 및 일본군의 중국 침공 직후이던 1937년에 진행된 일련의 강연에서 인민 전쟁 이론에 대한 그의 가장 권위 있는 제안이 이루어졌다. 이때의 강연 내용이 게릴라전에 대한 마오 이론의 토대가 되었다.[14] 이 이론은 농민이 혁명의 주력군이 될 수 있다는 그의 신념을 반영한 것이었다. 마오는 자연스럽게 계급 의식을 획득하게 된다는 도시의 프롤레타리아와 함께 하지 않았으므로, 정치 교육과 동원을 인민 전쟁의 핵심에 두었다. 이렇게 하려면 대중들이 투쟁의 정치학, 투쟁의 대의와 목표 그리고 투쟁에서 승리한 뒤에 진행해야 할 여러 가지 사업들을 이해하게 만들어야 했다. 그러므로 대중이 혁명적인 힘을 가질 수 있도록 '대중 속에서의 선전'을 수행하면서 게릴라전으로 번 시간을 생산적으로 사용해야만 했다. 정치는 언제나 지휘를 해야만 하는 대상이기 때문이었다.

마오는 경제력이나 군사력 등과 같은 물질적인 요인들을 그다지 중요하게 여기지 않았다. 이런 측면에서는 확실히 열세였기 때문이다. 하지만 인력과 사기를 중요하게 여겼다.

"결정적인 역할을 하는 것은 사람이지 사물이 아니다."[15]

마오가 그때까지 10년 넘게 무장 투쟁을 해야 했던 사실을 전제로 하면 '권력은 총구에서 나온다'는 저 유명한 금언을 그가 강조했다는 점은 전혀 놀라운 일이 아니다. 그것은 자기 인생의 틀을 결정지었던 길고 힘들고 위험했던 무장 투쟁의 온갖 우여곡절을 반영하는 말이기도 했다. 마오는 클라우제비츠와 로렌스의 저술을 읽었다.[16] 존 샤이John Shy는 마오가 어떤 점에서 보자면 조미니와 가깝다고 평가했다. '비슷한 금언을 강조하고 자주 반복을 하며 또 훈계를 한다는 점에서 (······) 그리고 분석과 처방을 동시에 제시한다는 점에서 (······) 누군가를 끊임없이 가르치려는 경향을 가지고 있다는 점에서' 그렇다고 했다.[17] 자기보다 우월한 전력을 가진 적과의 전투를 피하면서 적을 지치게 만드는 방식에 대한 그의 통찰('적이 다가오면 우리는 물러난다. 적이 진을 치면 우리는 공격한다. 적이 지치면 우리는 공격한다. 적이 퇴각하면 우리는 뒤쫓는다')과 정보의 중요성 및 상황에 대한 보다 정확한 파악('적을 알고 너 자신을 알면 백 번을 싸워도 위태로울 일이 없다')을 보면 손자의 영향을 받은 것도 분명하다.[18]

마오의 군사 전략에서 게릴라전이 필연적으로 크게 보일 수밖에 없지만, 사실 마오는 게릴라전의 한계를 잘 알고 있었다. 그는 전쟁의 기본적인 원리를 '스스로를 보존하고 적을 섬멸하는 것'이라고 묘사했다. 여기에서 게릴라전은 비록 오랜 세월 동안 그가 했던 투쟁이긴 했지만, 기본 원리의 앞부분인 '스스로를 보존하는 것'에만 해당된다. 그는 게릴라전의 방어적인 성격 즉 지역민의 협조를 받을 수 있다는 점과 지역의 여러 가지 사정을 잘 안다는 점에 의존했다. 그는 인민을 혁명의 편으로 동원하는 방식은, 동원된 인민이 '적이 익사하고 말 광대한 바다'이기도 하지만 자기 군대가 물고기처럼 편안하게 돌아다닐 수 있는 바다가 되도록 해야 한다고 말했다.[19] 마오는 게릴라군과 지역 주민 사이의 유대가 중요하다고 보았고, 이것을 세 가지 규칙과 여덟 가지 주의할 사항을 들어서 강조했다.

세 가지 규칙은 '모든 행동은 오로지 명령에 따라서만 이루어질 것'과 '주민의 물건을 훔치지 않을 것' 그리고 '이기적이지 않아야 하며 부당하지 않아야 할 것'이었고, 여덟 가지 주의사항은 '집에서 나설 때는 문을 꼭 닫을 것', '잠자리에서 일어나서는 침구를 갤 것', '언제나 언행에 예의를 갖출 것', '거래를 할 때는 정당한 대가를 치를 것', '빌린 게 있다면 반드시 갚을 것', '고장 낸 게 있으면 반드시 고쳐놓을 것', '여자가 보는 앞에서 목욕을 하지 말 것', 마지막으로 '정당한 권한이 없이는 체포한 사람의 지갑을 뒤지지 말 것'이었다.[20]

로렌스가 지휘했던 전투원들은 적이 취약 지점에 있을 경우에는 원정을 가서 적을 먼저 공격했다. 그러나 마오의 부대원들은 언제나 경계를 하면서 기지에서 너무 먼 곳까지 나가지 않았다. 그의 전략은 적을 자기 힘이 미치는 범위 안으로 끌어들이는 것이었다. 그런 다음에야 비로소 전술적 공격을 감행했다. 하지만 이때도 전략적 공세의 가능성에 제한을 두었다. 마오는 일본과의 전쟁이 장기전으로 전개될 것이라고 전망했다. 그리고 세 가지 단계를 기반으로 하는 최적 전략을 찾아냈다. 첫번째 단계는 방어 단계였다. 그런 다음에는 두 번째 단계로 교착 단계에 들어설 것이고, 마지막으로 공산주의자들이 자신감뿐만 아니라 충분한 능력을 가지고서 공세 단계에 들어설 것이라고 보았다. 비록 당시에 중국은 혼자 힘으로 일본을 대적해야 했지만, 시간이 지나고 나면 외부 요인들이 작용하면서 일본군의 우세는 조금씩 침식되기 시작할 것이라고 전망했다. 그는 게릴라전이나 진지전 모두 나름대로 수행할 역할이 있다고 보았다. 그러나 최상의 결과가 나오려면 기동전이 필요했다. 오로지 기동전만이 적을 (물리적으로 파괴한다는 의미가 아니라 무력화시킨다는 차원에서) 섬멸할 수 있었다. 마오는 적을 상대로 해서 교착 상태에 빠질 수도 있는 전쟁을 벌이고 있었다. 그러나 이 적은 결코 타협할 대상이 아니었다. 그러므로 세 번째 단계에서는 정규군이 필요했다. 정규군을 조직하기 전까지는 게릴라군이 필수적이었지만 정규군이 조직되고 나면 게릴라군은 보조적인 역할만 할 터였다.

마오의 중국 혁명이 성공한 뒤에 그 누구보다도 마오를 열렬하게 추종한 사람은 바로 베트남의 보응우옌잡武元甲, Vo Nguyen Giap 장군이었다. 그는 교사였지만 베트남을 식민지로 지배했던 프랑스에 맞서 싸웠고, 그 다음에는 미국의 지원을 받는 남베트남의 반공 정권에 맞서 싸웠다. 1940년 중국에서 마오의 이론과 실천을 몸소 체험하며 공부한 뒤에 귀국해서 일본군과 싸웠고, 또 나중에는 프랑스군과 맞서서 싸웠다. 그는 로렌스의 《지혜의 일곱 기둥》을 '절대로 손에서 놓을 수 없는 (……) 전투 교본'이라 말했다고 전해진다. 보응우옌잡은 방어—교착—공세라는 마오의 3단계 이론을 받아들였지만 마오의 이론을 조금 변형했다. 마오는 이 세 단계를 순차적인 단계로 보았지만 그는 주어진 환경에 따라서 이 세 단계의 순서가 바뀔 수도 있고 또 중복될 수도 있다고 보았다. 베트남은 중국에 비해서 상대적으로 작은 나라였고, 따라서 전략에서의 유연성이 보다 많이 필요하다고 판단했던 것이다. 실제로 보응우옌잡은 예를 들어서 지역적인 공간을 마련하기 위해서는 세 번째 단계 이전에도 정규군 활용이 필요하다고 보았고 또 그렇게 준비를 했다.

보응우옌잡이 정리한 게릴라전 개념은 20세기 중반 아시아에서 있었던 공산주의 투쟁에서 최고의 교범이 되었다. 경제적으로 뒤처진 국가의 폭넓은 대중이 게릴라전을 통해서 '잘 훈련된 공격 부대'로 성장했다. 적의 강고한 힘을 상대로 게릴라군은 '끝없는 영웅적 투쟁'을 전개했다. 전선은 고정되어 있지 않았고 '적이 발견되는 곳'은 어디나 모두 전선이었다. '공격과 퇴각에서 주도성, 유연성, 신속성, 기습적인 공격성'에 취약점을 노출하는 적이 있는 곳이면 거기가 곧 전선이었고, 곧바로 지역적인 차원에서 병력을 집중해서 공격했다. 아군이 '조금씩 작은 승리를 쌓아감에 따라서' 적은 피로해지고 소진될 것이라고 보았다. 하지만 '설령 퇴각이라는 대가를 치른다 하더라도' 패배는 철저하게 피하는 게 그가 말하는 게릴라전 개념의 핵심이었다.[21]

엥겔스에서 보응우옌잡까지 공산주의 주류의 흐름 속에서 게릴라전을 그 자체로 하나의 온전한 전략으로 바라본 적은 한 번도 없었다. 진정한 군사력을 마련할 때까지 시간을 버는 보조적인 수단일 뿐이었다. 어쨌거나 싸움을 계속 하고 있어야 언젠가 기회가 온다. 하지만 이것만으로는 해결되지 않는다. 만일 국가 권력을 잡는 것이 목적이라면, 이 국가 권력을 지탱하는 적의 정규군을 꺾어야만 했다.

✝ 대 게릴라 활동

공산주의자들의 모반과 폭동을 제어하기 위한 미국의 노력을 묘사한 책이 1950년대에 두 권 출간되었다. 첫 번째는 소설가 그레이엄 그린Graham Greene의 《조용한 미국인》The Quiet American이었다. 저자는 1950년대 초에 베트남에서 경험했던 일을 바탕으로 소설을 썼는데, 주인공은 성실하지만 고지식한 이상주의자인 미국인 올든 파일이다. 그는 베트남이 필요로 하는 것이 무엇인지 이론적으로는 알지만 실제로는 전혀 이해하지 못한다. 그는 '자기 나름대로는 거짓이 없고 성실한' 인물이지만 '자기가 남에게 가할 수 있는 고통을 생각조차 할 수 없는 것과 마찬가지로 자기에게 가해지는 고통이나 위험을 상상조차 할 수 없는' 인물이었다. 또 한 권의 책은 역시 소설인 《추악한 미국인》The Ugly American이었다. 저자는 교수이던 유진 버딕Eugene Burdick과 군 장교이던 윌리엄 레더러William Lederer였다. 애초에 이 두 사람은 동남아시아에서 공산주의와 맞서는 미국인들이 저지르는 잘못된 일들을 고발하는 논픽션을 써야겠다는 생각을 각자 했다가, 논픽션보다는 허구인 소설을 통해서 이런 문제를 제기하는 게 훨씬 더 유리할 것이라는 판단을 함께 했고 이 판단은 옳았다. 이 소설은 단순히 미국의 영웅주의를 이야기하는 데 그치지 않는다. 소설 속에서 에드윈 힐렌데일 대령은 남베트남과 필리핀에서 일련의 군사 작전이 성공적으로 끝나도록 도움을 주었다. 그런데 이 책의 메시지는 그들 사회에서 일어나는 사건들에 영향력을 행사하고자 하는 미국인이라면 마땅히 그들과 함께 살면서 그들의 언어와 문화를 알아야 한다는 것이다. 저자들은 이런 메시지를 소설 속의 인물인 힐렌데일의 입을 통해서 다음과 같이 말한다.

모든 사람 그리고 모든 국가는 자기 심장에 채워진 자물쇠를 열 열쇠를 가지고 있다. 만일 당신이 그 열쇠를 사용하기만 한다면 어떤 사람, 어떤 국가든 간에 당신이 원하는 대로 얼마든지 유도하고 조종할 수 있다.[22]

사람들은 이 두 소설에 나오는 주요 등장인물의 모델이 에드워드 랜스데일Edward Lansdale 준장이라고 생각했다. 《조용한 미국인》의 저자 그린은 그렇지 않다고 끝까지 부인했지만 힐렌데일이 랜스데일을 모델로 한 캐릭터임은 분명했다. 랜스데일은 1961년에 대對 게릴라 활동에 필요한 사항들을 잘 알고 있는 몇 되지 않은 미국인 가운데 한 명으로 케네디 대통령에게 소개된 뒤 대통령 자문위원이 되었다. 랜스데일은 대중의 지원이 없으면 '투쟁을 지원할 정치적인 기반도 없다'는 사실을 잘 알았다. 혁명적인 움직임이 힘을 얻으려면 사람들에게 민감한 군사 작전을 통한 물리적인 보호뿐만 아니라 사회적인 행동과 정치적인 개혁을 통해서 자기들의 삶이 개선될 수 있다는 확신을 심어주어야 했다. 이렇게 하려면 국민과 소통이 잘되고 부패하지 않은 정부와 절제된 행동을 하는 무장 부대 그리고 사람들이 신봉할 수 있는 대의가 필요했다.

존 케네디는 상원의원 때 《추악한 미국인》이 좋은 책이라고 적극적으로 이야기했는데(《추악한 미국인》은 1958년에 출간되었고, 상원의원이던 케네디는 1961년 1월에 대통령에 취임했다―옮긴이) 절망적인 상황에 놓인 사람들에게 미국적인 자유주의 이상도 소련의 공산주의 이상만큼이나 매력적일 수 있으며 또 이것으로써 그 사람들을 사로잡을 수 있다는 이 책의 메시지에 공감했다. 케네디가 대통령이 되어서 맨 처음 한 행동 가운데 하나가 미국의 군부에게 대 게릴라 활동을 보다 상세하게 파악해달라

고 주문한 것이었다.[23]

케네디는 자기 주변에 있는 모든 사람들에게 마오와 쿠바 혁명의 이론가이던 체 게바라Che Guevara의 저술을 읽으라고 권했으며, 특수 부대 및 이 부대의 훈련과 장비에 대해서 개인적으로 관심을 가졌다. 이른바 '지하 전쟁'subterranean war으로 일컬어지는 활동과 공조할 조직들이 남베트남과의 협력 아래에서 창설되었다(베트남이 프랑스로부터 독립을 쟁취한 뒤 1954년에 북위 17도선을 기준으로 북쪽에는 공산주의의 북베트남 정권이 들어섰고 남쪽에는 자유주의 친미 남베트남 정권이 들어섰다. 그 뒤 베트남에 미국이 본격적으로 개입하면서 북베트남 대[미국 포함] 남베트남의 전쟁이 일어났고, 북베트남의 게릴라 무장조직인 베트콩이 남베트남 지역에서 활동했다—옮긴이). 그런데 해결해야 할 과제는 (예컨대 개발, 허약한 정부 기관들 그리고 일반인을 보호하는 안전의 원천이 아니라 압제의 도구로 전락한 군대 등과 관련된) 현상 진단 차원의 문제에 관심을 모으는 것이 아니었다. 오히려 이런 문제를 해결하기 위한 방안을 도출하는 데 초점이 맞추어졌다. 한편 마오주의 강령에 대한 연구가 상당히 진전되었다. 그것은 미국의 정책이 복고적으로 바뀌었음을 의미하는 것이었다. 미국은 북베트남의 공산주의자들이 2단계에서 3단계로, 즉 공산주의 선전 및 전술에 초점을 맞추는 쪽으로 전환하고 있는지를 알아내려고 노력중이었다.

로버트 톰슨Robert Thompson이 묘사한 것처럼 미국은 영국이 말레이 반도에서 거둔 성공에 주목했다.[24] 당시 템플러Templer 장군은 말레이 반도에서 일어난 공산주의 폭동을 성공적으로 진압했다. 템플러는 공산주의 폭동을 대하는 원칙으로 '총을 쏘는 전투는 전체의 25퍼센트 이내로, 그리고 나머지 75퍼센트는 이 나라의 국민을 우리 편으로 돌려놓을 것'으로 설정했다. 이 해법은 '정글 속으로 보다 많은 군대를 투입하는 것'이 아니라 (템플러의 유명한 표현을 빌리자면) '사람들의 가슴과 정신을 파고드는 것'이었다. 그는 대민 활동의 중요성을 이해했으며 아울러 반드시 이기고야 말겠다는 결심을 드러내는 것 역시 필요하다는 것을 알았다. 이렇게 하려면 가차 없이 잔인해져야 했다.[25] 결국 템플러는 성공을 거두었다. 하지만 이 성공에는 여러 가지 유리한 조건도 작용했다. 말레이 반도에서 공산주의자들은 주로 소수 집단인 중국인 개체군과 연계되어 있었는데, 이들의 보급로는 빈약했고 경제적인 상황도 영국에 유리했다.

프랑스가 베트남과 알제리에서 겪었던 실패의 경험은 데이비드 갈룰라David Galula의 저술에 나타난다. 갈룰라는 공산주의자들의 전술에 맞서는 방법을 보다 분명하게 제시한 프랑스의 전쟁 연구가이자 '무장 폭동' insurgency이라는 개념을 대중화시킨 인물이다. 갈룰라는 또 대중의 충성심이 가지는 중요성도 강조했다. 대 게릴라 활동이 성공하려면 사람들에게 이 활동에 협조하더라도 게릴라군으로부터 보복당하지 않는다는 확신을 심어줘야 한다는 것이었다. 승리를 거두려면 한 지역씩 차례대로 평정해 나가야 하고, 새롭게 평정한 지역은 다음 지역을 평정하기 위한 기지가 되어야 한다고 했다.[26] 갈룰라가 알제리에서 실제로 경험했던 내용은 여러 가지가 중첩된 것이었다. 그는 지역 주민을 긍정적으로 대하려고 노력했지만 다른 많은 동료 장교들은 이런 모습을 보이지 않았다. 선전과 관련해서 그는 프랑스가 '적에 비해서 절대적으로, 또 무한할 정도로 더 어리석다'고 판단했다. 그는 다른 대 게릴라 활동 전문가들과 마찬가지로 자기 이론이 지역의 정치 구조에도 맞지 않고 또 군대의 문화와도 맞지 않음을 깨달았다.[27] 프랑스 장교들은 정치적인 강렬함이나 무자비함이라는 면에서 공산주의자들에게 충분히 맞설 수 있는 대 게릴라 활동 강령을 개발하기 위해서 노력을 기울였다. 그러나 결국 그들은 본국은 자기들이 기울이는 노력에 비해 충분한 지원을 하지 않는다는 사실과 심지어 본국에서는 베트남에서의 쿠데타를 시도조차 하지 않는다는 사실을 알게 되었다. 그들은 본국의 이런 미흡한 조치에 대해서 분노를 느끼기 시작했다.[28]

　　반공 남베트남 정부에 보다 많은 정당성을 부여하고 남베트남 군대를 민주주의와 발전을 위한 대행자로 변환시킬 필요가 있다는 인식은 현실과 매우 동떨어진 이론적인 목적을 반영한 것이었다. 어떤 전투든 간에 그것은 해당국의 부대가 직접 수행해야 한다는 식으로 이해한 이런 발상은 그렇다면 이 부대가 전혀 힘을 쓰지 못할 때는 과연 어떻게 해야 할 것인가 하는 문제를 드러냈다. 무장 폭동이 국제 공산주의라는 허울만 썼을 뿐이고 순전히 지역 차원의 조건이나 상황을 반영해서 일어난 것이라는 사실과 이 무장 폭동이 외부의 공산주의자들에 의해서 이루어지고 있다는 사실은 전혀 별개의 것이었다. 대 게릴라 활동 이론으로는 이 활동에서 군사 행동의 역할은 대중의 사회적 조건을 개선하기 위한 여러 프로그램을 도입하는 데 필요한 충분한 안정성을 제공함으로써 대중의 '가슴과 정신'을 사로잡아서 대중이 게릴라의 협조 요청을 거부하게 하고 이들이 게릴라의 일원이 되지 못하도록 하는 것이었다. 하지만 군부는 이런 논리를 거부하면서 적의 무장 부대를 섬멸해서 더는 군사 작전을 수행하지 못하도록 만들 때 비로소 승리를 거둘 수 있다고 주장했다. 이런 논리는 적이 숨어 있을 것으로 추정되는 지역을 설령 해당 지역에 있던 게릴라들이 이미 다른 곳으로 이동했을 가능성이 높으며 또 이 지역에 대한 포격·폭격이 민간인 학살로 이어지고 대중의 정서가 적대적으로 바뀐다고 하더라도 전혀 상관하지 않고, 지상 및 공중의 병력을 동원해서 포격·폭격하는 방식의 이른바 '수색과 섬멸'search and destroy 정책으로 기울었다.

내부적으로 진행된 논의에 관여했던 사람들 가운데 한 명은 나중에 민족해방전쟁(식민지 지배 및 그 밖의 억압을 받는 민족 혹은 무장 투쟁으로 해방과 독립 달성을 꾀하는 전쟁—옮긴이) 차원의 논리를 따르는 위협의 형태를 놓고 설정했던 '어딘지 모르게 극단적으로 단순한' 여러 가정들을 후회하면서 안타까운 마음을 토로했다. 이런 사고방식 아래에서는 '국내적인 혼란의 내부 기원 및 근원적인 이유'라는 통찰은 실종되고 만다. 이런 사실은 무장 폭동이 '사회에 깊이 새겨져 있는 분노 피라미드의 정점이 아니라 그 자체로 독립적인 하나의 군사력일 뿐'인 것으로 파악하고 또 여기에 대처한다는 뜻이었다.[29] 또 다른 공직자는 적을 혁명군revolutionaries이나 반란군rebels이 아니라 '무장 폭도'insurgents로 규정하는 것에도 문제를 제기했다. 왜냐하면 그런 규정은 적이 대중을 사로잡고 대중을 좌지우지할 수 있다는 가능성 자체를 부인하기 때문이다. 적이 대개는 지역민이고 대중에게 인기가 높으며 또 이들이 받았던 피해는 압제와 관련이 있다는 사실을 인정하기는 쉽지 않았다.[30] '불만에 관한 최악의 원인들'을 개선하고 '가장 악명 높은 불공정 사례들을' 바로잡으려면 해당 지역의 정부가 긍정적인 행동을 (몇몇 경우에는 근본적인 개혁을) 해야 한다는 점이 가장 기본적인 문제였다. 그러나 제안된 여러 조치들은 정부의 지위 기반을 갉아먹을 수도 있다는 위협이 제기되었다. 그 조치들은 국가의 사회 구조 및 국내 경제를 완전히 바꾸는 것까지 포함하고 있었기 때문이다.[31] 애초의 대 게릴라 활동 강령은 지역 군대가 미국의 자원과 자문관들의 도움을 받아서 주요한 일을 맡아서 처리하는 것으로 되어 있었다는 사실도 중요하다. 미군 병력을 대규모로 사용하는 것은 피해야 했기 때문이다.[32] 1960년대에는 이런 사례가 많았다. 이 점에서 남베트남은 예외였다. 그러나 그것은 대 게릴라 활동의 이론 및 실천과 관련된 나중의 모든 생각들을 모호하게 만드는 예외였다.

1965년 초만 하더라도 무장 폭동의 국내적(남베트남 내부적) 원천들을 처리하기는 매우 어려웠던 게 분명하다. 대신 미국의 관심은 북쪽에서 내려오는 보급선을 처리하는 쪽으로 바뀌었다. 남베트남에서 일어나는 갈등은 남베트남 내부의 권력 갈등이 아니라 북베트남 및 그 이상의 공산주의 지도부와 벌이는 싸움이라는 인식이 확고하게 굳어졌다. 그런데 그 무렵에는 협상 및 위압의 외교 정책과 관련된 토머스 셸링의 여러 개념들이 특히 영향력 있었다. 이런 개념들은 심지어 셸링이 들었던 예(즉 유럽 한가운데 있는 중요한 어떤 영토를 놓고 초강대국이 벌이는 대결이며 곧바로 핵전쟁으로 비화될 수도 있는 전쟁)와 매우 동떨어진 상황인 베트남 문제를 놓고 벌어졌던 토론에서도 찾아볼 수 있다.[33] 정부 인사들 가운데서 1960년대에 셸링에게 가장 많은 영향을 받은 사람은 존 맥노튼John McNaughton이었다. 그는 하버드 대학교 출신의 법률학자인데 1967년 7월에 비행기 사고로 사망했다. 그는 1940년대에 셸링과 함께 마샬플랜에 관여했으며, 두 사람은 그 뒤 좋은 친구로 남았다. 예를 들어서 맥노튼이 군축을 말할 때면 그는 '기습 공격을 서로 무서워하는 (⋯⋯) 비非제로섬 게임'이라는 발상에 관심을 기울였다.[34] 맥노튼은 쿠바 미사일 위기는 셸링의 게임이 가지고 있는 현실성을 생생하게 입증한다는 발언도 했던 것으로 전해진다.[35] 맥노튼은 미국의 베트남 정책 개발 분야에서 핵심적인 인물이었으며, 국방부 장관 로버트 맥나마라와 국가안보보좌관이던 맥조지 번디와 긴밀하게 협조하며 자기에게 주어진 일을 했다. 그가 남긴 메모들 가운데 하나를 두고 그의 동료 한 사람은, 정밀하기 짝이 없는 미국 연구소가 가지고 있던 통제에 대한 초합리적인 믿음과 현실 정책을 결합함으로써 논리적 귀류법의 정수를 보여주었다고 평가했다.[36] 맥노튼이 지휘하던 실무 모임에서 제출한 1964년 2월의 보고서[37]에는 '완전히 파괴하려는 것은 아니고 그저 상처를 줄 목적으로' 설정된 행동을 통해서 하노이의 의사결정에 영향력을 행사할 수 있다는 제안이 있는데 이것은 철저하게 셸링적인 발상이었다.[38] '필요할 경우에 단호하고도 광범위한 병력 배치의 지원 아래에서 가능한 모든 수단을 통해서 무력을 이행하겠다는 의사결정은 그런 무기를 실질적으로 사용하게 될 가능성을 회피할 수 있는 최상의 기회를 제공한다'는 건의 사항 역시 셸링적이다. '우리가 그저 허풍을 치는 게 아닌 한 1파운드의 위협은 1온스의 행동과 값어치가 같다'(1파운드는 16온스—옮긴이)가 기본적인 원리였다.[39]

맥노튼의 집단이 마음에 담고 있던 주요한 위협 수단은 미 공군이었다. 당시에 미국 정부는 여전히 지상군의 도입을 회피하려고 했다. 그러나 이렇게 해서는 직접적인 군사적 가치가 있는 성과를 많이 거둘 수 없었다. 보급선은 파괴하기 어려우며 민간인이 살상될 수도 있는 무차별 공중 공격은 있을 수 없는 행위로 간주되었기 때문이다. 그래서 맥노튼은 정치적인 목적을 가진 위압적인 공중 공격 방식을 떠올렸다. 군사적 압박의 강도를 점점 높이면서 외교적인 소통을 꾀하는 이 방식을 그는 '점진적인 압박과 대화'progressive squeeze andtalk라고 불렀다. 설령 미국이 나중에 가서는 결국 포기한다 하더라도, 미국으로서는 어디까지나 '약속을 지킬 의도가 있으며 동시에 강하게 나가서 피를 부르는 모험을 감행해서 적에게 심각한 타격을 입힐 준비가 되어 있음'을 보여준다는 게 중요했다.[40] 이처럼 맥노튼은 상대방과의 소통 통로를 완전히 차단하지 않으면서도, 설령 진짜로 어떤 단호한 행동을 실천에 옮기지는 않더라도 얼마든지 그렇게 할 수 있다는 강한 의지를 상대방에게 보일 수 있는 경로를 찾고 있었던 것이다.

1965년 벽두에 맥노튼은 어떻게 하면 북베트남을 이 가망성이 없는 환경 속으로 밀어넣을 수 있을지를 놓고 셸링과 의논을 했다. 프레드 카플란Fred Kaplan의 설명에 따르면 이 두 사람은 '미국이 북베트남에게 무엇을 그만두라고 말할 수 있을 것인가? 그들이 복종할 수밖에 없고, 그들이 복종할 것임을 우리가 조만간에 알 수 있고, 또 폭격이 중단된 뒤에도 그들이 다시 예전처럼 할 수 없도록 하는 그것이 과연 무엇일까?' 하는 문제를 놓고 고심했지만 만족할 만한 성과는 얻지 못했다고 한다. 카플란은 이렇게 될 수밖에 없었던 이유에 대해서 다음과 같이 만족스럽게 논평했다.

"토머스 셸링은 무력을 동반한 신호를 보내는 것에 대해서 그리고 상대에게 상처를 가함으로써 상대로 하여금 어떤 행동을 하게 만들며 또 강압적인 전술들을 통해서 의사소통의 창구를 열어두게 하는 것에 대해서 글을 쓸 때 너무도 확신에 차 있긴 했지만 (때로는 말로만 그렇긴 했지만) 실제 현실의 '국지전'에 직면해서는 어디에서 어떻게 시작해야 할지 전혀 알지 못했다."[41]

사실 셸링은 북베트남에 대한 공중 폭격이 그다지 가치가 있지는 않을 것이라고 생각했다. 그는 폭격에 동반되는 외교적인 노력이 부실함을 지적했으며, 보다 분명한 성격을 가진 하노이와의 개인적인 소통 창구들이 있었다면 좋았을 것이라고 했다.[42] 셸링의 추론은 무언가를 암시하며 또 도발적이긴 하지만 그 자체로 전략이 될 수는 없었다. 왜냐하면 그렇게 하려면 그의 이론적 구조로는 처리할 수 없을 정도로 복잡한 것들이 도입되어야 하기 때문이다.

새로운 민간인 전략가들은 베트남 관련 미국 정책의 초기 단계에서 어느 정도 영향력을 행사했다. 그러나 이 정책에서 압도적인 영향력을 행사한 것은 군부였다. 몇 가지 점에서 민간인 전략가들이나 군부 모두 출발점은 동일했다. 정치적인 맥락과는 구분되는 기법 및 전술에 초점을 맞춘다는 게 바로 그 출발점이었다. 대 게릴라 활동과 관련된 이론은 핵 전략과 마찬가지로 (마치 대 게릴라 활동이 특별한 유형의 전쟁이라도 되는 것처럼) 특별한 군사적 전문성이 요구되는 문제로 발전했다. 앞서 살펴보았듯이 마오와 보응우옌잡은 게릴라전을 그저 자기들이 열세에 있을 때 시간을 버는 전술적인 수단으로밖에 보지 않았다. 그들은 자기들이 '게릴라 전쟁'만으로 이길 수 있을 것이라고 생각하지 않았다. 게릴라전에서 성공을 거둔다는 것은 정규군끼리의 대결이라는 다음 단계로 넘어가기 위해서 징검다리를 놓는 것일 뿐이었다. 두 사람은 자기들이 치른 전쟁에서 진정으로 가치가 있고 다른 전쟁과 뚜렷하게 구분되는 것은 정치 교육과 선전에 기울인 자신들의 관심과 노력이라고 생각했다.

미국의 민간인 전략가들이 미처 대비를 하지 못했으며 또한 이들이 상대적으로 거의 존재감을 발휘하지 못한 전쟁이기도 한 베트남 전쟁은 전략적 연구의 '황금기'에 마침표를 찍었다. 상호 파괴에 대한 인식이 공유되고 상대적으로 평온한 시기가 도래함에 따라서 냉전의 긴박함은 사라졌다. 그리고 이런 맥락 속에서 베트남 전쟁은 '학계를 제대로 망가뜨렸다.'[43] 전략 이론가인 (그리고 장차 레이건 행정부의 안보보좌관으로 지내게 될) 콜린 그레이Colin Gray는 민간인 '아이디어맨들'을 비판했다. 그들은 자신들의 이론이 '행동의 세상'으로 쉽게 전화轉化될 수 있을 것이라고 너무 자만했다는 것이다. 이제 예언가들은 지적인 자산을 가지고 녹봉을 받아 살아가는 '국왕의 신하'가 되었다고 했다. 그레이는 또 이들은 한편으로는 문제 지향의 관리들의 요구에 충성하고 동시에 다른 한편으로는 학자적인 차원의 '중립적인 정책'에 충성했는데, 이런 '이중적인 충성이 (……) 현실에 맞지 않는 정책적 조언 및 변변찮은 이론으로 이어지는 경향을 보였다'고 지적했다.[44] 브로디는 이런 비판에 대응하고 나섰다. 그는 민간인이 정책에 참가한 것은 잘한 일이라고 했다. 그러면서 새로 형성된 핵 세상을 이해해야 하는 짐을 기꺼이 받아들였던 소수의 민간인 전략가들을 보호하고 나섰다. 그러나 브로디 역시 언제까지고 그런 태도를 견지하지는 않았다. 그는 1966년에 엔지니어들과 경제학자들이 '정치적 감각이 놀랍도록 부족하다는 사실' 그리고 외교 및 군사 역사에 무지하다는 사실을 한탄하면서 랜드 연구소를 떠났다. 그리고 그 뒤에는 베트남 전쟁이 그런 전반적인 경향의 결과임을 기꺼이 인정했다.[45]

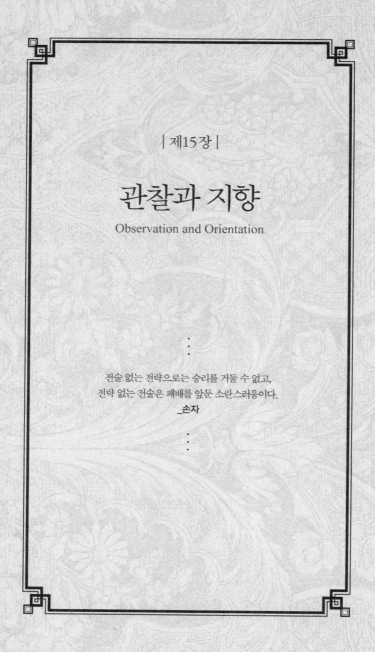

| 제15장 |

관찰과 지향
Observation and Orientation

⋮

전술 없는 전략으로는 승리를 거둘 수 없고,
전략 없는 전술은 패배를 앞둔 소란스러움이다.
_손자

⋮

핵 전략에 대해서는 할 말이 거의 없고 베트남 전쟁은 뼈아
픈 실패의 경험이 되고 말았기에 미국의 민간인 전략가들
은 현장에서 물러났다. 연구소들은 보다 긴박한 정책 관련
쟁점들과 보다 기술적인 문제들에 집중하기 시작했다. 정
규전과 관련된 고전적인 여러 질문들은 군사 전문가들로서
는 당연히 가장 중요시해야 할 문제였음에도 불구하고 민
간인 전략가들은 여기에 대해서는 별로 말을 하지 않았다.
이 분야는 1950년대와 1960년대의 저술들이 상대적으로
덜 언급했던 영역이었다. 핵무기와 게릴라전과 같은 비전
통적인 영역에 관심이 지나치게 쏠려 있었기 때문이다.

그런데 예외가 한 사람 있었다. 바로 프랑스의 퇴역 장
성 앙드레 보프르Andre Beaufre였다. 미국에서는 전략을 일련
의 기술적이고 실용적인 쟁점들로 전환시키는 게 대세였지
만, 보프르의 접근법은 보다 넓고 철학적이었다. 이런 사실
은 '두 개의 대립하는 의지가 무력을 사용해서 분쟁을 해결
하려는 변증법의 예술'이라는 전략에 대한 그의 정의에도

반영되어 있었다.[1] 이 정의에 따르면 전략은 정책보다 높은 차원에 놓인다. 단지 무력의 충돌뿐만 아니라 가능한 모든 권력 요소들까지 전략과 관련된 고려의 대상으로 설정된다. 이 경우에 전략은 국가가 수행하는 가장 높은 차원의 기능이 된다. 전략은 각기 다른 여러 형태의 힘들과 이들을 조합한 것 사이에서 효과를 극대화할 수 있는 방안을 선택하는 것을 과제로 삼는다. 성공은 물리적인 힘이 아닌 다른 수단들로써 쟁취할 수 있다. 타격 목표는 싸움을 시작하겠다는 혹은 이미 진행되고 있는 싸움을 계속 해나가겠다는 적의 의지이다. 그러므로 보프르의 전략에서는 심리적인 효과가 결정적이다.

이 변증법은 핵과 관습과 냉전이라는 서로 연결되어 있는 세 부분으로 구성되어 있다. 리델 하트의 친구였던 보프르는 간접적인 접근법의 가능성을 알아차렸다. 하지만 이 접근법에 보다 넓은 의미를 부여해서 어떤 효과를 발생시키기 위해서 군부보다는 현장에서 이루어지는 행동들을 살폈다. 그랬기에 그는 재래식 전쟁을 승리라는 전통적인 관점으로 바라보았을 뿐만 아니라, 핵 억지 시대에는 전통적인 방식의 이런 전쟁이 예전에 비해서 덜 흥미로운 것으로 변했다고 추정했다. 이에 비해서 냉전은 그를 흥미롭게 사로잡았다. 새로우면서도, 어쨌거나 겉으로 보기에는 영구불변의 현상처럼 비쳤기 때문이다. 냉전은 양 진영 사이의 갈등을 경제적인 영역과 문화적인 영역을 포함해서, 양 진영이 격돌할 가능성이 있는 모든 영역으로 몰아넣고 있었다. 이런 점에서 여러 식민지 사회에서 불만을 고조시키는 것이나 인류애적인 호소를 하는 것도 동일한 전략의 일환으로 볼 수 있었다. 전혀 다른 원인에서 비롯된 사건들을 바로 이런 특별한 '대립하는 의지들 사이의 변증법'으로 설명하는 도식화 속에는 위험이 도사리고 있었다.

미국 독자들은 데카르트와 헤겔의 영향을 받은 보프르의 철학적 접근법을 따르기가 무척 힘들었다. 실용주의적 관점을 가지고 있었으며 또 전략을 '특정한 유형들의 여러 경쟁적인 시도 속에서 성공을 추구하는 것'으로 바라보았던 브로디는 보프르가 말하는 의미에 대해서 뭐라고 확실한 얘기를 할 수 없다고 말했다. 브로디는 또한 보프르가 군사 역사를 중요하지 않게 여기며 기술적 자료들은 정신만 산란하게 만들 뿐이라면서 배척하는 것도 받아들이기 어려웠다. 보프르의 그런 태도는 '기술적인 측면 및 그 밖의 다른 측면에서 나타난 변화를 인식하는 것은 전략가들에게는 무엇보다 우선적으로 고려해야 할 사항이라는 일반적인 동의'에 어긋나는 것이었기 때문이다.[2]

보프르에 대한 브로디의 이런 반응은 제임스 와일리James Wylie의 전략 분야에 대한 기여가 주목 받지 못한 이유를 설명하는 데 도움이 된다. 와일리는 미 해군 제독이었고, 1960년대에 당대의 전략에 대해서 짧지만 명료한 지침을 담은 책을 펴냈다. 그런데 그의 접근법은 보프르의 접근법에 비유되었다.[3] 그의 저서 《군사 전략》Military Strategy을 열렬하게 따르는 신봉자들이 있었지만 책의 파급력은 미미했다.[4] 와일리는 제2차 세계대전의 경험에 대한 성찰의 일환으로 1950년대부터 자기가 가지고 있는 군사 사상을 정리하기 시작했다. 이때 그는 동료 해군 제독 헨리 에클레스Henry Eccles와 함께 작업했는데, 에클레스의 생각도 와일리의 생각과 비슷했다. 두 사람은 힘power에 대한 여러 질문을 분석의 핵심으로 삼았다. 그리고 '통제력'을 행사하는 능력이라는 측면에서 힘이 의미하는 게 무엇일지 고민했다. 당시 미국 해군에는 19세기 미국 육군사관학교의 수석 교사이자 군사 이론가, 특히 해양 전략가이던 데니스 머핸Dennis Mahan의 전통이 살아 있었다. 그런 해군의 장성이던 와일리와 에클레스는 통제력이야말로 전략의 목적이라고 믿었다.

에클레스는 통제력이라는 쟁점은 순수하게 군사적인 차원을 넘어서며 또 국내적이기도 하고 국제적이기도 한 차원의 문제임을 알아냈다. 국내 차원의 힘의 원천에는 정치인들과 대중이 포함될 뿐만 아니라 병참 및 산업 기지까지도 포함된다. 그런데 국외 차원의 원천인 상대국들 및 동맹국들과 중립국들은 국내 차원의 원천에 비해서 통제하기가 한층 더 힘들다.[5] 이런 환경에서 절대적인 통제력을 행사한다는 것은 있을 수 없는 일이고, 통제력을 행사한다는 것은 어디까지나 정도의 문제일 수밖에 없다. 와일리는 전략을 수단과 방법에 관한 문제로 이해했다. 즉 '성과를 달성하기 위해서 목적에 어떤 조치들을 결합시키는 것'이 전략이라고 생각한 것이다. 또 전쟁도 특정한 활동 패턴(양상)들이 서로 경쟁한다는 차원에서 파악했다. 이 전쟁에서 어느 한쪽이 적에게 어떤 패턴을 강요함으로써 이득을 취할 수 있다고 생각했다. 이 과정에서는 굳이 실제 전투가 일어나지 않아도 된다. 강압적인 무력의 행사만으로도 이 과정은 얼마든지 진행될 수 있으며, 이런 강압이 적을 점진적으로 옭아맬 수 있다고 보았다.

에클레스와도 구별되는 와일리의 독창성은 전략을 두 개의 유형으로 나눈 데 있었다. 이 발상은 독일 출신의 미국인 역사가 허버트 로진스키 Herbert Rosinski가 1951년에 '직접적인'directive 전략과 '점증적인'cumulative 전략을 구분한 데서 태동되었다. 로진스키는 분명 제1차 세계대전 당시 독일의 군사 역사가 한스 델브뤼크Hans Delbrück를 알고 있었을 것이며, 아마도 섬멸전과 소모전이라는 그의 개념을 현대적으로 재해석하려고 했을 것이다. 와일리는 1952년에 쓴 글에서 자신의 생각을 처음으로 발표했다. 이 글에서 그는 '그 발상은 당시에 아무런 반향도 일으키지 않은 채 착륙

했다. 그리고 그때 이후로 지금까지 줄곧 그냥 갑판에 세워져 있었다'고 탄식했다.[6] 그래서 와일리는 자기 책에서 이것을 다시 되살리려고 했다. 그는 전략을 공세적인 경향이 있는 선형적인 순차적 전략과 점증적 전략으로 구분했다. 순차적 전략에서는 나중에 이어지는 단계가 앞선 단계에 의존하는 방식으로 여러 단계들이 순차적으로 진행되는데, 이 모든 단계가 총합적으로 전쟁의 결과를 규정한다고 했다. 이 전략은 적에게 어떤 강요를 함으로써 원하고 있던 만족스러운 결론으로 몰아갈 수 있는 가능성을 제공한다. 그러나 이렇게 하려면 갈등이 어떤 식으로 전개될지 내다보는 능력 및 그 예측을 바탕으로 해서 계획을 세울 능력이 필요하다. 그런데 와일리는 이 전략의 위험성을 잘 알고 있었다. 그것은 바로 그 순차적인 과정에서 만약 단 한 걸음이라도 방향을 잘못 잡으면 그 뒤로는 잘못된 선택의 경로를 어쩔 수 없이 계속 따라갈 수밖에 없으며, 결국 애초에 설정했던 결과보다 덜 만족스러운 결과를 맞을 수밖에 없다는 것이었다. 이에 비해서 점증적 전략은 상대적으로 보다 방어적이었다. '인지하기 어려운 작은 조각들을 하나씩 쌓아올리다 보면 그때가 언제일지 알 수 없지만 어쨌거나 나중의 어느 순간에 가서는 그렇게 쌓인 행동들의 거대한 덩어리가 충분히 결정적인 힘을 발휘하게 된다'는 게 그의 설명이었다. 이 과정에서 하나하나의 작은 조각들을 서로 연관이 있는 것으로 설정해서는 안 된다. 어떤 것이 부정적인 결과를 낳을 때 이것의 파급력이 다른 곳에까지 미치지 않도록 하기 위해서이다. 이 전략은 순차적 전략에 대항하면서 적이 행사하려는 통제력을 뿌리칠 수 있지만, 신속하고 결정적인 결과를 내놓지는 못한다는 것이 한계였다. 그런데 와일리는 이 두 개의 전략이 서로 배타적이라고 생각하지 않았다. 그는 점증적 전략이 대담한 어떤 계획이 잘못되지 않도록 해주는 유용한 방어책을 제공

한다고 보았다.[7]

　비록 이 구분이 미국에서의 전략 논의에서 지배적인 영향력을 행사하던 다른 구분들에 비해서 그 내용이 한층 더 풍성했음에도 불구하고, 실제 현실에서는 그렇게 활용되지 않았다. 하지만 와일리가 당시에 제한적인 영향력밖에 행사하지 못한 점을 설명하기란 그다지 어렵지 않다. 그 개념들은 추상적이었으며, 특히 1960년대에 팽배해 있던 선입관을 전혀 고려하지 않았다. 1970년대에 들어서고 나서야 비로소 정규전에 대한 진지한 논의가 다시 시작되었고 그제야 고전적인 질문들이 재평가되었다. 정규전은 여전히 가장 큰 군비 지출 및 군사적 노력을 차지하고 있었고, 새로운 기술들은 기존에 구축된 교의에 막 도전하기 시작했다.

　다시 새롭게 제기된 관심의 출발점은 현대적인 전쟁의 가장 기본적이며 상징적인 사건들 가운데 하나였다. 전투기의 공중전은 추적과 사냥에 발전된 현대적 기술을 결합시켰다. 한국 전쟁의 참전 경험까지 있는 미국 전투기 조종사 존 보이드John Boyd는 이 문제에 관한 명확한 매뉴얼을 작성했다. 보이드는 이 작업을 하면서 통찰 하나를 떠올렸는데, 이 통찰을 장차 상당한 영향력을 발휘하게 될 이론적인 정석으로 발전시켰다. 그는 미 공군이 속도라는 관념에 지나치게 사로잡혀 있다는 전제에서 출발했다. 사실 이런 모습은 베트남 전쟁 때 공중전의 초기 단계에서 뚜렷하게 나타났다. 겉으로 보기에는 소련의 미그기MiGs가 분명히 낡은 기종이었음에도 불구하고 공중전에서 미군 전투기보다 우세했다. 조작성과 기동성에서 앞섰기 때문이다. 보이드는 소련의 전투기를 집중적으로 분석한 끝에 핵심 관건은 속도가 아니라 민첩성이라는 결론을 내렸다. 공중전을 벌일 때는 보다 더 민감하게 반응하는 전투기가 상대편 전투기의 꼬리에 따라붙어서 치명적인 공격을 가할 수 있기 때문이었다.

✝ 우다 고리

보이드는 이 모든 것을 '우다 고리'OODA loop라는 것으로 요약했다. 우다 OODA는 관찰Observation(외부 환경 신호의 감지), 방향 설정Orientation(외부 환경 신호의 해석), 결정Decision(여러 가지 방안 가운데서 최선의 방안 선택), 행동Action(선택된 방안의 실행)을 뜻한다. 이 일련의 과정은 외부 환경과 관련해서 수집된 자료를 관찰하는 것에서 시작해서 방향 설정 단계에서 분석이 이루어지고 어떤 결정이 내려지고 이 결정을 행동으로 옮기는 것으로 구성된다. 이 과정은 깊이 파고들수록 점점 더 복잡해진다. 특히 보이드가 방향 설정 과정에 담겨 있는, 이후 단계에 미치는 중요성의 진가를 높이 평가함에 따라서 더욱 그랬다. 이 과정이 '고리'loop인 것은 행동이 외부 환경을 바꾸고 이렇게 바뀐 환경이 다시 그 과정을 반복하도록 하기 때문이다. 이상적으로 보자면, 방향 설정과 그에 따른 행동의 점진적인 개선은 현실에 보다 더 가까이 다가갈 수 있게 해준다. 전투기 조종사에게 이것은 이 고리 가운데서 적 전투기 조종사보다 더 빠르게 행동으로 나아가는 것이 얼마나 중요한지 확실하게 일깨워준다. 보이드는 주도권을 유지하거나 혹은 상대방에게서 주도권을 빼앗아와야 하는 모든 상황에서 이 우다 고리를 적용할 수 있다고 생각했다. 여기에서의 목적은 언제나 상대방이 예상하는 것보다 빠르게 혹은 전혀 예상하지 못했던 방식으로 상황을 전개시켜서 본질을 파악할 수 없도록 혼란스럽게 함으로써 상대방을 그 어떤 결정도 내리지 못하는 마비 상태로 몰아넣는 것이었다.

이렇게 해서 보이드의 이론을 설명하고 응용하기 위한 책들이 쏟아져나왔다. 보이드는 자기 이론을 정리한 완결판 교본을 쓰지 않았다. 그의 기본적인 발상은 '승패의 담론'A Discourse on Winning and Losing이라는 제목이

붙은 수백 장의 슬라이드에 담겨 있다.[8] 이 슬라이드들은 20년이 넘는 기간 동안 미 국방부의 주요 인사들 대부분을 포함해서 수많은 사람들에게 기본적인 브리핑 자료로 제공되었다. 비용 편익 분석과 폭넓은 전략적 전망을 결합할 것을 주장했던 보이드의 헌신과 노력을 열정적으로 추종하는 한편, 분석력도 모자라고 전망도 불투명한 관료들이나 허울만 그럴듯한 명망가들을 경멸했던 사람들이 이 슬라이드의 확산에 앞장섰기 때문에 이 슬라이드가 가져다준 충격은 더 강조되었다. 게다가 적어도 처음 접할 때 우다 고리는 매력적으로 단순하다. 뿐만 아니라 보이드의 이론이 가지고 있는 알면 알수록 복잡한 특성까지도 고스란히 담고 있다. 보이드는 공군에서 퇴역한 뒤에 독학으로 폭넓게 공부하면서, 엔지니어였던 기본적인 배경에서 벗어나 수학 이론을 탐구하고 사회과학의 여러 분야로도 파고들었다.

　이런 독서력을 바탕으로 해서 보이드는 주도권 유지가 어렵다는 사실과 관련된 자기 견해를 한층 강화했다. 예컨대 적은 내가 예측한 것보다 빠르게 움직일 수 있고, 관찰은 명확함보다는 불확실함이라는 결과로 이어질 가능성이 더 크기 때문이었다. 그는 탁월한 한 논문에서, 불완전성 정리를 밝힌 오스트리아 태생의 천재 수학자 쿠르트 괴델Kurt Gödel과 노벨 물리학상을 받은 물리학자 베르너 하이젠베르크Werner Heisenberg의 저작에 의지해서, 관찰 내용을 선입견에 맞추려고 시도할 때 방향 설정이 잘못될 위험이 한층 커진다는 사실을 입증했다.[9] 그런 다음에는 고립계는 엔트로피의 상승으로 이어진다는 열역학 제2법칙을 이용해서 이것이 또한 내부적인 혼란과 무질서로 이어진다는 사실을 입증하려고 했다. 보이드는 뉴턴 물리학이 개발한 것들과 일치하는 어떤 '법칙들'을 탐색하는 대신에 이제 고립계는 평형 상태로 나아가려는 경향이 있다는 개념에 도전하고 혼돈을 지향하는 새로운 형태의 이론을 이해할 필요가 있음을 입증하려고 했다. 이렇게 해서 그가 내린 기본적인 결론은 '적이 내가 하는 행동과 일치하는 패턴들 혹은 세상에 존재하는 현실적인 실체의 다른 측면들을 가려낼 가능성을 부인할' 필요가 있다는 것이었다.[10]

인간이라는 존재는 시시각각으로 변하는 현실에 대응하고 이 현실을 극복해야 하므로 고정된 관념에 끊임없이 문제를 제기해야 한다. 이렇게 해서 마련된 새로운 관념도 시간이 지나면 다시 고착되므로 역시 해체되고 바뀌어야 한다. 보이드의 저술이 오랜 세월이 지난 뒤에도 여전히 중요하게 여겨지는 이유는 적의 의사결정을 혼란스럽게 만들고 불확실성과 혼돈을 조장하는 데 초점을 맞추고 있다는 사실에 있다. 그가 끼친 영향력으로 해서, 지휘 및 통제와 관련된 기존의 관념들은 정보의 수집과 해석 그리고 소통이라는 차원의 문제를 아우르기 위해서 새롭게 수정되었다. 보이드는 1997년에 사망했는데, 그가 사망할 무렵에는 정보통신 분야의 기술 혁명이 이미 착실하게 진행되고 있었다. 그는 이 기술의 군사적 적용의 초석을 놓은 개척자였다.

보이드는 당대의 과학 논문을 폭넓게 읽었고 또 단순한 명제들을 사용해서 복잡한 현상을 설명하는 (당시 한창 개발 중이던) 이론들도 충분히 알고 있었다. 그는 이런 것들에서 자기가 흥미를 느끼던 갈등 유형을 묘사할 통찰 및 언어를 뽑아냈다. 노버트 위너Norbert Wiener의 사이버네틱스(인공두뇌학)에서부터 머리 겔만Murray Gell-Mann의 복잡성 이론complexity theory에 이르는 다양한 영역에서, 고립계 내의 몇몇 부분들 사이에 일어나는 상호작용, 시시각각으로 바뀌는 환경에 대한 적응 그리고 불확실하게 보이긴 해도 설명이 가능한 결과 등에 대한 핵심적인 주제들을 뽑아냈던 것이다. 그러나 이런 이론들에서 나온 실용적인 전략에 대한 결론은 애초의 간결함을 제대로 보여주지 못했다. 또한 주요 결과를 놓고 보더라도 이미 잘 이해하고 있던 문제들을 설명할 보다 인상적인 언어를 개발하는 게 목적이 아니었을까 하는 의심까지 들 정도였다. 예를 들면 그렇게 해서 나왔던 주제들 가운데 많은 것들은 셸링의 저작에 이미 나와 있었다. 복잡성 이론이 가장 중요하게 기여한 부분은 개별적인 행위자(구성 요소)들을 복잡계의 한 부분으로 인식하는 것이 중요하며, 따라서 이런 것들을 언제나 환경과의 연관성 속에서 평가해야 한다는 점이었다. 이 과정에서 개별적인 행위자들이 환경에 적응함에 따라서 환경은 개별적인 행위자들에 적응한다. 그런데 그렇게 적응시키지 못한다는 데서 여러 가지 문제들이 비롯되었다.

'혼돈 이론'chaos theory은 원인과 결과가 알려져 있어서 전략 계산이 신뢰성을 가진다는 세상(고립계)들이 어떻게 해서 겉으로 볼 때 무작위적인 효과들이 난무하는 무질서한 세상으로 변환될 수 있는지 설명했다. 이런 설명은 지극히 작은 원인이 전혀 예상하지 못했던 지극히 큰 결과를 빚어낼 수 있다는 사실 그리고 초기의 조건들이 나중에 결과를 결정한다는 사실을 강조했다. 비록 결과로 나타나는 동적 상호작용은 그런 것들을 예측하는 게 불가능함을 암시하긴 하지만 말이다. 어떤 효과가 발생하면 거기에는 언제나 원인이 있게 마련이다. 과정이 모호하긴 하지만 말이다. 한 가지 기본적인 결론은, 단기적인 차원의 실수들은 장기적인 차원에서 역전시키기 어렵다는 것이었다.[11]

이것이 관료 조직과 (판에 박힌) 습관적 계획routine planning을 지탱하는 기둥인 합리성의 가설을 위협한다. 안정성과 규칙성을 추구하는 사람들은 정반대의 속성을 극복해야 한다. 만일 효과가 불확실하다면, 특히 보다 복잡한 설정 및 보다 장기적인 갈등 아래에서 그렇다면, 전략 책임자는 과연 어떻게 여러 행동들의 결과를 꿰뚫어볼 수 있을까? 바로 이 지점에서, 예상하지 않았던 결과와 기대의 자기 실현적 속성self-fulfilling expectation이라는 사회학적 '법칙들'과 나란히 피드백 회로feedback loop와 비선형성non-linearity이라는 사이버네틱스(인공두뇌학) 개념들이 나타났다. 인풋(원인)과 아웃풋(결과, 효과) 사이에 비례 관계가 형성되어 각각의 해당 좌표들이 1차 방정식에서처럼 평면 좌표에서 어떤 직선을 따라서 형성된다면 선형이지만, 비선형의 경우에는 인풋과 아웃풋의 관계가 너무 복잡하거나 결과가 효과와 일치하지 않기 때문에 이런 비례 관계가 형성되지 않는다.[12]

여기서 도출되는 첫 번째 결론은 모든 전략은 실패할 수밖에 없다는 것이다. 그리고 두 번째 결론은 전략 과정은 오로지 초기 단계에서만 관리가 가능하며, 따라서 초기에 전략적 강점을 확보하는 데 초점을 맞추는 게 바람직하다는 것이다. 갈등이 초기에 해소된다면 가장 이상적이다. 그러나 갈등이 초기의 여러 단계를 지나가고 나면 상황은 도저히 통제할 수 없는 상태로 치닫는다. 이런 가설을 지지하는 역사적인 사례들은 상당히 많다. 예를 들면 슐리펜 계획이 그랬다.

✝ 소모전과 기동전

보이드의 저술로 인해 불확실성을 얼마나 조장하고 또 적을 얼마나 혼란스럽게 하는가의 차원에서 전략을 재평가하게 되었다. 불확실성과 혼란을 야기할 수 있는 방법은 다음과 같다. 적의 전투 의지(즉, 사기)를 망가뜨릴 것('사기적 전쟁'moral warfare), 속임수나 통신 수단 공격으로 현실을 왜곡시킬 것('정신적 전쟁'_mental warfare_), 아군의 강점을 활용해서 적이 생존하지 못하도록 전쟁 수행 능력을 공격할 것('물리적 전쟁'_physical warfare_)이다.[13] 최초의 전략 분석에서 도출된 처방은 주로 나폴레옹 이후의 고전 및 찰스 풀러와 리델 하트_Basil Liddell Hart_에게서 나온 것들이었다.

　보이드는 소위 1940년의 프랑스 전투를 핵심 사례로 들었는데, 이 전투에서 보이드는 '전격전 대 마지노선 심리'라는 발상을 떠올렸다. 독일군이 최적의 우다 고리_OODA loop_를 고안함에 따라서 프랑스군의 의사결정은 마비되고 말았다.[14] 독일군이 승리를 거둔 핵심적인 관건은 일선의 전술 지휘관들이 권한을 위임받을 준비를 완벽하게 갖추고 있었다는 점이었다. 전술 지휘관들은 자기들만의 방식으로 과제를 이해할 수 있었다. 이는 '이제 우리는 무엇을 해야 하는가?' 하는 점에 대해서 모든 지휘관들이 동일하게 이해하고 있어야만 가능한 일이었다. 보이드는 전쟁의 양상을 두 가지로 구분했다. 하나는 물리적 영역에 초점을 맞춰서 화력을 파괴의 수단으로 사용하려는 소모전이었고, 다른 하나는 정신적 영역에 초점을 맞추어서 모호함과 기동성 그리고 속임수를 사용해서 '놀라움과 충격'을 발생시키려는 기동전이었다. 전격전은 또한 사기 차원에서도 효과를 발휘할 수 있는데, 보이드는 전격전이 위협 및 불확실성과 관련이 있다고 보았다.

　이 사례는 보이드가 무작위로 선택한 것이 아니었다. 이 사례는 당시 미 육군 정책의 미래를 놓고 진행되던 주요한 논의에서도 다루어졌다. 1970년대에 미국은 베트남 전쟁으로 입은 상처 때문에 군대는 여전히 힘겨운 상황이었고 모든 군 병력을 자원제로 바꾸려던 참이었다. 장군들은 나토의 중부 전선을 최우선으로 확실하고 튼튼하게 유지한다면 육군을 재건할 수 있으리라 믿었다. 그러면 대규모 전쟁을 준비하면서 지역적인 차원의 소소한 전쟁에서는 발을 빼고 느긋하게 있을 수 있었다. 게다가 1960년대 이후로 미국의 정책 입안자들은 줄곧 핵 억지력에 대한 의존도를 줄여야 한다고 주장해온 터였다. 의존도를 줄이지 않는다면 핵 위협은 점점 더 커져갈 것이기 때문이었다. 이런 점에서 베트남 전쟁 후반부와 1973년의 제4차 아랍-이스라엘 전쟁(10월 전쟁 또는 라마단 전쟁)은 지상전과 관련된 전반적인 사항을 재검토해볼 수 있는 계기가 되었다. 종전의 재래식 무기로도 놀랍도록 정확하게 공격할 수 있는 기술이 개발되었기 때문이다. 이와 때를 같이 해서 유럽에서의 도전도 예전에 비해 점점 더 강력해지고 있다는 우려가 있었다. 바르샤바 조약군은 여전히 나토군에 비해서 수적 우위를 누리고 있었을 뿐만 아니라 미국이 베트남 전쟁에 사로잡혀 있을 동안에 강령을 개편하고 전투력을 한층 강화한 상태였기 때문이다.

국방부 장관 맥나마라의 관리주의, 즉 관리를 통해서 상대의 도발을 억지할 수 있다는 믿음 및 방침에 대한 분노는 여전히 깊었다. 당시의 비판적인 저술 가운데 많은 것들이 이런 분노를 반영하고 있었다. 전사의 품성을 존중하며 창의성을 권장해야 할 때 형식주의적 관행과 위험 회피주의 문화를 답답할 정도로 우겨넣은 장본인이 바로 맥나마라라는 인식이 퍼져 있었다. 이것은 관료주의와 과학적 합리주의에 반대하는 일종의 낭만적 한탄이었다. 비록 복잡성을 둘러싼 과학적 사고의 전반적인 추세 속에서 등 떠밀려 물러나야 할 사람들은 다름 아닌 합리주의자들이라는 견해가 점점 더 힘을 얻고 있긴 했지만 말이다. 이런 변화는 또한 자신들만의 독점적인 문화를 누리던 군부의 엘리트 집단에게도 위협이 되었다. 실제 현실에서 유리된 책상물림들이었던 그들은 여러 군사 전략적 방안을 등한시했는데, 이들은 자기들이 행정 및 경영 분야에서는 누구보다도 낫다고 하는 자부심이 있었다.

베트남 전쟁 이후 군부가 기존의 방침을 재평가한 최초의 성과는 1976년에 발간된 《야전교범 100-5》Field Manual 100-5: Operations와 함께 나왔다.[15] 이 교범은 현대 무기의 치명적인 특성에 초점을 맞춰서, 지상 및 공중에서 동원되는 모든 형태의 화력을 상호 지원이 가능하도록 집중해서 공세에 나선 적 부대를 격파한다는 이른바 '능동적 방어'active defense 태세를 갖추기 위한 것이었다. 이것은 전통적인 접근법으로, 최첨단 장비와 전문적인 훈련을 바탕으로 한 것이었다. 적이 공세에 나설 때 이 적을 맞아서 전선을 유지할 수 있으며, 나아가 역습을 견뎌내지 못할 정도로 적에게 심각한 타격을 입힐 수 있는 전력을 갖추자는 것이었다.

그러나 얼마 지나지 않아서 이 교범은 통렬한 비판을 받았다. 이 교범과 관련된 쟁점은 나토의 중부 전선을 어떻게 바라보아야 할 것인가 하는 어려운 과제를 다루는 문제이기도 했고 또한 동시에 전체 군대 체계를 개혁하는 문제이기도 했다. 이와 관련된 문제를 처음으로 제기한 곳은 군부의 내부가 아니었다. 주로 민간인 국방 전문가들이었다. 물론 민간인이라고는 해도 대개는 군 경력이 있고 보이드의 영향을 받은 사람들이었다. 이 통렬한 공격의 선두에 선 사람은 윌리엄 린드William Lind였다. 그는 비록 민주당 상원의원의 보좌관 신분이었지만 매우 보수적인 성향의 소유자였다. 독일의 전투 방식에 매우 깊이 빠져 있던 린드는 마지노 선과 전격전이라는 비유를 동원해서 전쟁의 형태를 소모전과 전격전으로 나누었던 보이드의 이분법을 힘차게 빼들었다. 적군의 살상이나 장비 파괴를 목적으로 설정하는 소모전과 다르게 전격전을 기반으로 하는 기동 작전은 '적이 예상하지 못하고 또 기피하는 작전 상황이나 전략적 상황을 만들어냄으로써 적의 의지와 사기를 꺾는 것'을 '기본 목적'으로 삼

았다.[16]

그리고 5년이 채 안 돼서 개혁가들이 논쟁에서 이겼고, 1982년에 지상 전력과 항공 전력이 효과적인 합동작전을 벌이는 공지전투 空地戰鬪, Air-Land Battle(재래전에서 핵, 화학, 전자전 등의 가용 전투력을 최대로 통합해서 적 선두와 후방을 동시에 타격함으로써 조기에 주도권을 장악하려는 공세적 기동전—옮긴이) 개념이 채택되었고 육군의 야전교범인 《야전교범 100-5》도 개정판으로 다시 나왔다. 이것은 애초부터 유럽에서뿐만 아니라 어떤 전쟁에서도 적용할 수 있는 폭넓은 원칙을 목표로 해서 시작된 개념이었다. 전체 전투 현장을 사방팔방에서 바라보아야 한다고 했고, 작전에 성공하기 위한 결정적인 속성은 '주도권, 깊이, 기민함 그리고 다양한 전력의 손발이 척척 맞는 동조 synchronization'에 있다고 했다.[17] 《야전교범 100-5》의 경우에 기동 작전은 작은 부대가 큰 부대를 격파하기 위해서 기습, 심리적 충격, 유리한 위치 선점 그리고 관성적인 운동량(즉, 여세) 등을 전투의 역동적인 요소로 적극적으로 활용하는 것이라고 했다. 즉 기동 작전은 '유리한 지점을 확보하기 위해서 화력의 지원을 받는 이동을 통해서 군대를 배치하는 것'이었다. 여기에서 '유리한 지점'이란 이곳을 차지하고 나면 이어서 곧바로 적을 파괴할 수 있거나 혹은 그런 위협을 할 수 있는 장소를 말한다. 즉 이때의 목적은 빠르게 이동해서 적의 방어선을 탐사하고 돌파해서 적의 후방 깊은 곳에서 전투를 수행하는 것이다.[18] 이것은 기본적으로 공세적이며, 적의 우다 고리 안으로 파고들어야 한다는 보이드의 주장과 동일한 맥락에 있는 것이었다.

적과 벌이는 모든 교전의 내재적인 목적은 행동의 상호 의존성(동조)을 확보하는 것이다. 적이 이런 상호 의존성을 확보하지 못하도록 하기 위해서는, 적보다 빠르게 의사결정을 내리고 또 행동함으로써 적군의 조직성을 무너뜨리고 적군이 균형을 잃고 비틀거리도록 만들어야 한다.[19]

그리고 1986년에 이르러서는 무장 반정부군에 대처하기 위해 마련된《야전교범 90-8 대對 게릴라 작전》Field Manual 90-8 Counterguerrilla Operations에서 '공지 전투의 기본 개념은 대 게릴라 작전에도 적용될 수 있다'고 천명했다.[20] 그리고 1989년에는 미 해병대가 '기동에 의한 전쟁'을 바탕으로 함을 천명하는《해병대 교범-1》FMFM-1을 펴냈다. 이 작전은 '적의 사기를 꺾고 물리적인 결합을 분쇄해서 적의 저항을 무기력하게 만듦으로써 (……) 물리적으로 우세한 적'을 꺾을 수 있는 수단을 제공한다는 것을 근거로 했다.[21]

† 작전술

(Operational Art, 전략 목표를 달성하는 데 유리한 상황을 조성하는 방향으로 일련의 작전을 계획하고 실시하며, 전술적 수단들을 결합 또는 연계시키는 활동, 혹은 실질적인 부대 운용 기술을 말한다 — 옮긴이)

'기동전'이 '소모전'을 빠르게 대체했다. 이 모든 변화는 냉전의 맥락 속에서 진행되었다. 냉전 상황에서는 서로가 서로에 대해 많은 것을 알고 있고 또 두 진영 모두 튼튼한 전력을 갖추고 있었다. 그러므로 해결해야 할 과제는 상대방이 도발하지 못하도록 서로 억지력을 행사하는 것이었고, 또 적이 동서독을 가르는 경계선을 넘어서 침공할 때는 이 공격을 저지하는 것이었다. 그러므로 초점은 유럽의 한가운데에서 대규모 군대가 충돌하는 고전적인 상황에 맞춰졌다. 따라서 이런 상황에 대한 분석과 판단은 정보화 시대에 맞게 업데이트된 고전적인 군사 전략 저술에 의존할 수 있었다.

루마니아 태생의 박식가로 어떤 논쟁이든 빈틈없는 통찰력으로 바라보았던 미국의 군사학자 에드워드 루트와크_{Edward Luttwak}는 미국의 군사 정책을 둘러싼 다양한 비판들을 일련의 책과 논문들을 통해서 종합했다. 그는 미국 국방부가 비대한 명령 체계와 전략적인 사고를 내팽개치면서까지 무기 확보에 집착하는 경향이 있다고 비판했다.[22] 그는, 군사 전략에는 민간인의 일상적인 생활에서보다 훨씬 더 많은 다양한 생각들이 필요하다고 주장했다. 대립하는 두 군대 사이에서 상호작용이 일어난다는 것은, 전쟁은 '역설적인 논리가 스며든 특이한 영역이며, 여기에서는 일반인들의 삶의 기반인 평범한 선형 논리가 통하지 않는다'는 뜻이라고 했다. 전쟁 상황에서는 일반인의 평범한 논리는 '여지없이 깨지고, 심지어 그것과 정반대의 논리가 작동하기도 한다'고 했다. 그 결과, 일반적인 상식을 거스르는 행동은 보상을 받는 반면에 직설적이고 논리 정연한 행동은 낭패를 당하는, 즉 '치명적인 손상까지는 아니라 하더라도 통념과는 완전히 다른 역설적인 결과가 빚어진다'는 것이었다.[23] 그러므로 군사 분야를 지배하고 있던 대규모 민간인들을 관리하는 방법만 알고 있던 사람들은 전략을 파악할 수 없었다. 전략을 파악한다는 것과 합리적인 관리 기법을 안다는 것은 전혀 다른 차원의 사고를 필요로 했기 때문이다. 그들은 표준화된 해법을 찾으려 했지만, 사실 그런 해법들이 적을 얼마나 편하게 만들어주는지 알지 못했다. 루트와크는 심지어 국가 지도자들이 설령 이런 역설적인 사고방식을 가졌다 하더라도 유권자와 자기 주변의 정치적 동료를 의식해서 실제로 이것을 주장할 수 없다는 사실도 지적했다. '시간과 공간에 맞는 상식적 차원의 발상'에서 조금이라도 벗어나면 '권위를 상실하게 될' 위험을 감수해야만 하기 때문이다.[24] 로버트 맥나마라가 국방부에 도입한 선형 계획법에 흠이 있을 수밖에 없는 이유는, 이 방법은 전혀 상식적이지 않은 모든 것이 일어날 수 있음을 전제로 하지 않으며 따라서 전혀 엉뚱한 결과를 내놓을 가능성이 매우 높다는 데 있었다. 그래서 루트와크는 혼란을 주장하고 (혹은 적어도 억지로 시도된 통일성을 반대하고) 나서면서 '겉으로 봐서 모순적으로 보이는 정책들만이 역설적인 논리의 자멸 효과를 피할 수 있다'고 했던 것이다. 루트와크는 이 논리를 지나치게 과장해서 전쟁은 전혀 다른 맥락의 전혀 다른 인식을 요구한다고 했다. 즉 평화로운 시기에 선택하는 경로와 전혀 다른 경로를 선택하는 것이 전쟁 시기에는 완벽하게 이치에 맞다는 것이었다.[25]

루트와크는 '작전 수준'operational level의 중요성에 관심을 집중했다(이 용어는 본인이 만든 것이었다). 그런데 이 개념은 그동안 줄곧 무시되어왔고, 이것과 나란히 유럽 전쟁의 고전적인 전통들도 무시되어왔다. 조미니와 리델 하트 그리고 존 보이드는 이 수준을 고등 전술grand tactic을 위한 어떤 것으로 언급했었다. 조미니는 이것들을 '어떤 부대가 야전에서 펼치는 기동 그리고 부대가 공격을 하기 위해서 펼치는 또 다른 진형'이라고 묘사했다. 루트와크는 작전 수준이 지휘에서 결정적인 영역이라고 믿었으며, 바로 이런 이유로 해서 당대 미국의 군사 사상思想에는 이런 개념이 없다고 탄식했다. '전격전이나 방어전과 같은 전쟁 계획들이 깊이 있게 진화하거나 발전하는' 영역도 바로 거기에 있다고 보았다. 그런데 미국은 '전쟁의 소모적인 방식'에 너무 의존한 나머지 이런 사실을 무시했

다는 것이다.[26]

  정치적인 고려가 일절 배제된 상태에서 지휘관이 적과 부닥치는 일
련의 복잡한 접촉 혹은 교전 속에서 광범위한 지역에 걸쳐서 대규모 병
력을 운용하는 솜씨를 뽐낼 수 있는 작전 수준이라는 개념은 19세기의
독일 장군 헬무트 폰 몰트케의 유산이다. 게다가 또 이 개념은 소련의 군
사 사상에서 확고한 지위를 획득하면서 더욱 두드러진 특성을 부여받았
다. 소련이 출발할 때부터 소련의 군사 지도부는 전술과 전략의 중간 단
계로서의 작전 수준에 대한 이론적 논의에 깊이 관여하면서, 결정적인
섬멸전이냐 아니면 방어에 치중한 소모전이냐 하는 선택에 직면할 때 어
느 것을 선택할 것인지 연구했었다. 소련의 육군 원수 미하일 투하체프
스키Mikhail Tukhachevsky는 제2차 세계대전에 대비하면서 자동차와 항공기의
발전이 가져다준 충격을 놓고 곰곰이 생각한 끝에, 섬멸전에서 종심 작
전deep operation(아군의 전투력을 보존하면서 적 전투력 및 전투 의지를 약화시키
기 위해 적의 중추부를 타격하는 작전—옮긴이)을 수행할 수 있는 대규모 기
계화 부대가 앞으로 위력을 발휘할 것이라고 확고하게 믿었다. 그런데
투하체프스키의 논리에 반박하던 사람들은 전략적으로 형편없었을 뿐
만 아니라 이론적으로도 형편없었다. 그런데 이론적으로 형편없는 것이
훨씬 더 위험했다. 이 이론 부족 때문에 스탈린의 숙청이 일어났고 그 바
람에 많은 사람들의 운명이 바뀌었다. 하지만 투하체프스키 역시 숙청을
피하지는 못했다. 전쟁이 끝난 뒤에 소련군은 수소폭탄이 가져다줄 충격
에만 관심을 두었고 그 바람에 재래식 전력은 축소되었다. 그러나 1960
년대 후반에 재래식 전력은 다시 증가되었다. 승리의 가능성은 전쟁 초
기, 즉 미국군이 대서양을 건너서 유럽에 도착하기 전에 판가름 난다는
견해가 반영되어서, 사전의 기동을 최소화하면서도 기습 효과를 최대한

발휘하고 또 지상군과 공군의 결합을 최대한으로 활용해서 나토 회원국들의 영토 깊숙한 곳에서 기동 작전을 펼칠 수 있는 역량이 중요하다는 주장이 힘을 얻었다. 바르샤바군의 군사 교리에 반영되어 있는 이 전통은 미국이 이끄는 나토 회원국들 역시 소련과 마찬가지로 생각할 수밖에 없게 만든 또 하나의 이유였다.[27]

루트와크는 화력을 바탕으로 한 소모전과 이동성을 바탕으로 한 기동전은 거의 양극단으로 비교될 정도로 완전히 다른 방식이라는 견해를 지지했다. 소모전은 어떤 곤경에 대한 유감스러운 반응이라기보다는 특정한 심리 상태를 반영하는 의도적인 선택이다. 루트와크가 보기에 소모전에는 '화력에 대한 과도한 의존' 경향이 있었다. 이 유형은 '예측성 측면이나 기능적 단순성 측면에서 매우 매력적'이라고 루크와크도 인정했다. 일련의 표적들을 체계적으로 공격하는 데 모든 군사력을 동원할 수 있다. 그런데 잘못된 오해가 개입될 경우에 전쟁은 '미시경제학에 비견될 수 있는 논리의 지배를 받을 것'이라고 했다. 즉 '모든 차원에서 진행되는 전쟁 관련 행동들은 (……) 수익을 극대화하려는 민간 기업의 경영 행위와 유사하게 될 것'이라는 지적이었다. 그러면 결국 자원을 많이 가지고 있는 쪽이 설령 아무리 판에 박힌 (따라서 누구나 예상할 수 있는) 전술을 구사한다 하더라도 이길 것이고, 인풋이 많으면 아웃풋이 많다는 단순한 논리가 전쟁을 지배할 것이라고 했다. 전쟁을 벌이는 양측의 전쟁 자원은 단순히 1 대 1의 비율로 소모되고, 어느 한쪽이 동맹군을 끌어들인다면 변화되는 수적 우위에 따라서 승패도 역시 갈리고 말 것 아니냐는 것이었다. 루트와크는 이런 무디고 뻔하며 관료적인 선형성에 반대해서 상상력과 작전술의 역설을 촉구했다. 소모 과학에 반대하면서 기동 기술을 추구했던 것이다.[28] 힘의 상호 관계를 바탕으로 한 기동전에서는 적의 약한 부분을 공격하기 위해서 적의 강한 부분을 피해야 한다. 루트와크는 이것이 자원이 부족한 쪽에서 늘 택할 수밖에 없는 접근법이라고 주장했다.

이런 주장을 하면서 보이드와 루트와크 등은 근대의 군사 고전들로 되돌아가자고 촉구했다. 그러나 인지 과정에 대해서 그들이 가지고 있던 고도화된 민감성에서 비롯된 포스트모던한 약간의 왜곡이 그에 동반되었다. 군사 전략과 관련된 중요한 문제들에 대해서 그 고전들은 사람들이 예상하던 것보다 보통 덜 명료했으며, 따라서 최종 결과는 대개 이전 시대의 혼란스러운 것들을 새로운 청중에 맞게 업데이트한 것으로 나타날 수밖에 없었다. 일단 출발점은 당연히 클라우제비츠였다. 그러나 잘 알려져 있듯이 그의 《전쟁론》은 완성된 원고가 아니었다. 그는 자기 생각을 수정하면서 이 책을 개정하던 중에 죽음을 맞았기 때문이다. 그 바람에 이 책을 출발점으로 삼았던 모든 사람들은 이 책이 담고 있는 모호함에 크든 작든 영향을 받았다. 그래서 델브뤼크나 리델 하트와 같은 핵심적인 인물들이 클라우제비츠가 했다고 본인들이 믿었던 말들을 놓고 보이는 반응들에서 당연히 왜곡이 나타날 수밖에 없었다. 복잡한 표현과 번역 역시 혼란을 가중시켰는데, 그러다 보니 고전으로 돌아가자는 시도 속에서는 예를 들어서 클라우제비츠의 표현이 실제로 어떤 뜻이었는지를 두고서 격렬한 논쟁이 벌어지곤 했다. 마치 고전 저작물에 담긴 사상 및 발상들을 당대의 문제에 적용할 때 나타나는 개념상의 혼란을 정리하는 데 이런 논쟁이 도움이 되기라도 하는 것처럼 말이다. 이런 논쟁에 가속도가 붙어서 활발한 논의가 이어지는 동안에 마이클 하워드Michael Howard 와 피터 파렛Peter Paret이 공동으로 번역한 클라우제비츠의 중요한 영어 번역본이 출간되었고 델브뤼크 저술의 영어 번역본도 처음으로 나왔다.[29]

이 모든 것 뒤에는 커다란 쟁점 하나가 놓여 있었다. 승리로 나아가는 경로로서 대규모 전투를 대체할 대안이 있는가 하는 것이었다. 승리 그 자체의 의미(그리고 가능성)에 대한 보다 심원하고 어려운 문제가 놓여 있었던 것이다. 국지전은 18세기에 두드러진 전쟁 형태였고, 이런 사례들은 19세기부터 있었다. 만일 어떤 전쟁이 한 국가가 다른 국가에 복속되는 일 없이 끝나려면 당연히 협상이 있어야 했다. 그리고 협상이 완료된 협정은 당연히 두 국가 사이의 적대성이 종식되는 순간의 힘의 균형과 관련이 있다. 클라우제비츠는 이 가능성을 알았지만 이것이 의미하는 내용을 온전할 정도로 충분히 탐구하지는 않았다. 그가 주로 초점을 맞춘 것은 전투 부대로서의 적군을 섬멸해서 적 국가를 무기력하게 만드는 데 전투를 활용하는 방법이었다.

이것은 섬멸 전략strategy of annihilation이라고 알려졌다. 섬멸 전략이라는 용어는 몰트케가 사용했고 나중에 델브뤼크는 이것을 소모 전략strategy of exhaustion과 비교했다. 델브뤼크는 '소모'를 적이 아직 섬멸된 상태가 아님에도 불구하고 싸우기를 포기하도록 적을 설득하는 것으로 보았다. 소모는 더는 전쟁을 수행할 수 없는 수준으로까지 전투 역량이 고갈된 상태를 의미한다. 이것은 생존 자체는 쟁점이 아니고 양측의 대립이 제한적이며 얼마든지 타협으로 문제를 해결할 수 있을 때 발생할 가능성이 가장 높다. 그런데 방법과 관련해서 혼란이 제기되었다. 일련의 결정적이지 않은 전투들을 통한다 하더라도 얼마든지 적을 소모 상태로 만들 수 있기 때문이었다. 델브뤼크도 전투를 통해서 목적을 달성할지 전투가 아닌 기동을 통해서 목적을 달성할지 사령관이 시시각각으로 판단해야 한다는 사실을 담아내기 위해서 '양극 전략'bipolar strategy이라는 용어를 사용했다.

섬멸 전략과 소모 전략 가운데서 하나를 선택하는 일이 단순히 선호 차원에서 이루어질 수는 없다. 이 선택은 물리적인 상황을 반영해야만 한다. 만일 전투를 피할 수 없다면, 전투를 우세하게 치르기에 충분할 뿐만 아니라 결정적인 전투를 끝낸 이후에도 계속 진격해서 적의 영토를 점령하기에 충분한 전력을 가지고 있어야 한다. 기동전을 통해서 초기 이점을 누릴 수는 있겠지만, 만일 적이 초기 손실을 곧바로 예비 전력으로 보완한다면 초기 이점만으로는 충분하지 않다. 궁극적인 군사적 우위를 확신하지 않는다면 섬멸을 목적으로 한 전면적인 공격은 현명하지 않다. 만일 장기전에 대비해서 전력을 아껴야 한다면 정말 유리한 환경이 아닌 한 이미 잘 알려진 전투 방식은 피하는 것이 상책이다. 이런 이유로 해서 직접적인 전투를 회피하기 위한 방식으로서 소모전과 기동전 사이의 어떤 연관성이 개발되었다.[30]

기동이라는 발상을 떠올리고 이것을 중요한 전투와 보다 첨예하게 대립시킴으로써 새로운 단계로 개발한 사람은 리델 하트였다. 적을 보다 더 혼란스럽게 만들기 위해서 정면 공격은 제1차 세계대전 이후로 소모전과 결합해서 운영되었다. 비록 델브뤼크가 이해했던 소모전 방식은 아니었지만 말이다. 이런 규모와 강도의 전투는 클라우제비츠가 생각했던 것과는 전혀 달랐다. 그가 실제로 작동하는 전략적 원리들을 얼마나 많이 인식했는지와는 상관없이 말이다. 리델 하트는 사상자를 많이 냄으로써 적을 압박하는 방식이 아니라 기습적인 공격으로 적을 혼란스럽게 만듦으로써도 적에게 패배를 안길 수 있음을 인정했다. 그런데 적 부대 하나의 허를 찌르는 데 유효한 어떤 것이 적국 전체에도 효과를 발휘할 수 있을지는 분명하지 않았다. 심지어 어떤 국가는 전투에서 심각한 패배를 당했다 하더라도 시간을 벌어서 예비 병력을 모을 수도 있고 또 시민들이 나서서 저항을 할 수도 있다. 그러므로 야전에서 정면 공격 외의 수단으로도 적을 꺾을 수 있을 것인가 하는 문제가 하나 있었고, 또 다른 문제로 군사적인 승리를 어떻게 정치적인 이득으로 변환시킬 수 있을 것인가 하는 문제가 있었다.

그래서 우리는 클라우제비츠로 다시 돌아가게 된다. 왜냐하면 이 두 문제는 (지금까지 이어져오지만 가장 불만족스러운 개념인) 클라우제비츠의 무게 중심center of gravity이라는 개념에 포괄되면서도 여전히 해소되지 않은 난제였기 때문이다. 클라우제비츠는 섬멸 전략에서 벗어나기 위해 이 문제들에 주목했지만 끝내 해법을 찾지 못했다. 서구의 군사 제도가 무게 중심 개념을 채택했지만 이 채택 방식은 그 개념에 내재되어 있던 여러 문제들을 한층 악화시키기만 했다. 무게 중심 개념은 워낙 익숙해지다 보니 나중에는 'COG'라는 두문자어頭文字語로 통용되었다. 클라우제비츠는 적 부대에 초점을 맞춰서 무게 중심 개념을 이해했지만, 무게 중심이 적 전력의 원천으로 파악됨에 따라서 그것은 동맹이 될 수도 있었고 국가적인 차원의 의지가 될 수도 있었다.

1980년대 말이 되면 이 다양한 흐름들이 하나로 합쳐져서 서구 군사 제도에서 확고한 교리 형태로 고착화되었다. 전쟁의 작전 수준에 군사적인 초점을 맞추는 것이 당연한 것으로 자리 잡은 것이다. 무력은 적의 무게 중심을 노리도록 설정되었다. 그리고 적의 무게 중심은 군사적인 무력을 적용했을 때 적이 항복할 가능성이 가장 높은 지점(혹은 일련의 지점들)이었다. 이 새로운 발상은 가장 중요한 무게 중심은 바로 적의 뇌로 이어지는 지점들이라는 믿음을 촉진하면서, 적이 가지고 있는 물리적인 힘을 노리는 게 아니라 충격과 무질서로써 정신적 혼란 및 거기에 뒤따르는 마비 현상을 노렸다.

이 두 형태의 전쟁을 구분하는 것은 한층 예리해졌다. 기동전을 주장하는 사람들은 소모전을 주장하는 사람들이 '적을 교전을 통해 체계적으로 파괴해야 할 대상'으로 바라보며, 따라서 '효율성에 초점을 두고 질서 정연한 차원을 넘어서 과학적인 차원으로 전쟁에 임한다'고 생각했다. 소모전에서는 모든 것이 화력 배치의 효율성에 의존했으며, 각개 활동보다는 중앙의 통제가 장려되었다. 전진과 후퇴도 양적인 차원에서 규정되었으며, 전투 평가는 아군과 적군의 '사상자 수' 및 차지한 (혹은 빼앗긴) 영토의 면적을 기준으로 해서 이루어졌다. 적에게 견딜 수 없는 소모적 손실을 끼친다는 것은 거꾸로 그런 손실을 각오한다는 뜻이기도 했다. 승리는 '군사적 역량보다는 순수하게 전투원의 수와 장비의 우월성에 따라서 좌우'되었다. 이에 비해서 정보에 의존하는 기동전을 주장하는 사람들은 소모전의 그런 발상으로는 상상력과 솜씨가 부족해서 사상자가 생긴다면서 다음과 같이 주장했다.

기동전을 주장하는 사람은 문제를 교묘하게 회피하며, 문제에 정면으로 맞서기보다는 먼저 유리한 지점을 확보한 다음 거기에서 공격한다. 이 사람의 목적은 적이 가지고 있는 약점을 찾아내고 선택해서 거기에 전력을 집중하는 것이다. 기동전은 속성상 속도와 기습에 의존하는데, 이 둘 가운데 하나라도 빠질 경우에는 적이 가진 약점에 힘을 집중할 수 없다. (……) 목적은 적을 물리적으로 파괴하는 것이라기보다는 적의 응집력, 조직, 명령 그리고 심리적 균형을 분쇄하는 것이다.[31]

이렇게 하려면 보다 나은 기술과 판단이 필요하다. 그런데 어떤 식으로든 이런 전략을 구사하는 것을 누가 마다하겠는가?

그러나 이 접근법의 핵심적인 요소들은 모두 불확실하고 미심쩍었다. 전략의 여러 수준 level (차원)들이 뚜렷하게 구별되어야 한다는 발상은 기존의 위계 체계에 뿌리를 박고 있었다. 그리고 각 수준별 목적들은 위에서부터 아래로 내려가야 한다는 게 기본적인 원리였다. 구체적으로 말하자면 다음과 같았다. 대전략의 수준에서 갈등을 예상하고, 동맹을 형성하며, 경제를 조율하고, 국민을 자극하며, 각 자원을 할당하고 군대의 역할을 규정한다. 전략의 수준에서는 정치적인 목적을 군사적인 목적으로 변환한다. 즉 우선순위와 구체적인 목적들을 합의하고, 그에 따라서 인력과 장비를 할당한다는 말이다. 그 다음 대전술 혹은 작전 수준에서는 보다 유리한 조건들 아래에서 특정한 작전의 목적을 달성하기 위해 가장 적절한 전투 형태를 결정하기 위한 판단을 내린다. 그리고 전술 수준에서는 각 군사 단위가 자기가 놓인 특수한 환경 아래에서 작전의 목적을 달성하기 위해서 단호하게 밀어붙인다.

이 네 개의 수준들은 당시 관행에서의 분명한 구분만큼이나 강대국들 사이의 정규전에 초점을 맞춘 위계적인 명령 구조를 철저하게 반영한 것이었다. 그런데 놀라운 것은 이런 이론이나 개념이 일반적으로 그런 위계적인 명령 구조들을 위협한다고 여겼다는 점이다. 당시에 체계 이론 systems theory (사회과학을 자연과학에 근접하여 객관성이 높은 과학으로 하기 위해서는 생물학의 개념을 빌려 '사회'나 '정치 체계'를 사람의 신체와 마찬가지로 시스템으로서 분석해야 한다고 주장했다. 1950년대와 1960년대에 유행했다―옮긴이)과 정보 흐름 information flow 의 개념이 유행한 점을 고려할 때 말이다. 비슷한 생각의 영향권 속에서 경영 분야의 관행도 위계를 중시하는 쪽으로 이동하고 있었다. 그런데 명령 구조에서 연결 고리가 너무 많으면 반응도가 둔감해질 수 있다. 즉 가장 낮은 수준에서 무슨 일이 진행되고 있는가 하는 정보가 연결 고리들을 통해서 위로 전달되는 과정이 느려지고 왜곡될 가능성이 높은데, 이런 상황에서 새로운 명령이 언제나 연결 고리들을 통해서 순차적으로 아래로 전달된다면 선제적 · 기습적 특성이 약화될 수 있다는 것이었다.

이 가정은 단기적이고 즉각적인 중요성만 가지는 전술적 쟁점을 논의하는 데 지속적으로 반영되었다(한편 전략적 쟁점은 장기적이고 치명적이며 거대한 것, 즉 국가의 운명을 좌우할 수 있는 문제들이다). 그러나 국지전에서는 단 한 차례의 전투가 결정적일 수 있으며, 따라서 지역 차원의 전술적 변수들이 대전략의 문제가 되고 또 최고 수준의 정치적 통제를 직접 받는다. 1990년대에 지역 차원의 변수들이 보다 중요해지면서 미국인은 이른바 '전략적 상병'戰略的 上兵, strategic corporal에 대해서 이야기하기 시작했다. 계급은 낮지만 중요한 임무를 수행해야 하는 이 전략적 상병은 '극단적인 스트레스 상황에서도 논리 정연한 추론 과정을 거쳐서 독립적으로, 장차 언론과 여론의 혹독한 심사를 받게 될 의사결정을 내릴 수 있는' 사람이다. 이 전략적 상병은 자신의 행동이 '긴급한 전술적 상황뿐만 아니라 작전 수준 및 전략 수준에도 영향을 미칠 수 있음을, (……) 따라서 보다 큰 규모의 작전 결과에도 영향을 미칠 수 있음을' 깨달아야 한다고 했다.[32]

전략과 전술의 각 수준에는 운영적 차원operational dimension이 작동했다('운영'과 '작전' 모두 영어로는 'operation'이다―옮긴이). 그런데 영국의 역사학자 마이클 하워드가 전략에는 운영적 차원 외에 세 가지 다른 차원이 있음을 확인했다. 그것은 병참적 차원과 사회적 차원 그리고 기술적 차원이었다. 하워드는 이 세 가지 차원의 노력과 고립된 채로 전략이나 전술이 구사되는 작전 운영은 위험하다고 경고했다. 병참적 차원이 있어야 물리적으로 운영이 가능하고, 사회적 차원이 있어야 특정한 맥락 속에서 전략이 진행될 수 있고, 또 기술적 차원이 전제되어야 효과적인 운영이 가능하다는 게 그가 든 이유였다.[33] 병력 배치와 관련된 모든 결정적인 판단들이 내려지는 작전 수준에 초점을 맞춘다는 것은 그런 결정들을 민간인과 군부의 전문가들 사이의 접촉면에서 빼내서 군부의 전문가들만 한다는 뜻이었다. 이런 선택은 개념적으로 보다 더 중요한 전략 차원의 선택이었다. 실제로 어떤 구체적인 작전 수준으로 초점을 제한할 경우에는 실제 전투를 민간인 아마추어들이 이래라 저래라 간섭할 수 없도록 전문적인 군사적 시야 안에 두는 효과가 발생했다. 이런 점에서 볼 때, 이런 발상은 베트남 전쟁에서의 실패를 놓고 군부가 내놓은 설명 가운데 하나, 즉 민간인들이 '세부적인 사항들까지 통제하고 나섰다는 점'에 대한 반성을 반영한 셈이다.

두 번째 무리로 묶을 수 있는 문제들은 무게 중심이라는 발상과 관련해서 발생했다. 무게 중심 개념이 채용될 당시에 무게 중심이라고 막연하게만 말을 했지 지휘관이 구체적으로 무엇을 찾아야 할 것인가 그리고 이런 탐색 과정에서 어떤 방법론을 채택해야 할 것인가 하는 문제에 대해서 거의 아무런 합의도 이루어지지 않았었다. 하지만 만일 아군 전력의 최대치를 집결시켜 공격할 '결정적 지점'decisive point이라는 조미니의 개념만 채택되었더라도 한결 쉬웠을 것이다. 이렇게만 했어도 적절하지 않은 비유의 부담을 많이 덜었을 것이다.[34]

예를 들어 대규모 병력을 운용할 수 있는 육군은 '힘 대 힘의 맞대결'이 아니라 '적의 강력한 힘을 피할 수 있는 일련의 결정적인 지점들에 아군의 전투력을 집중하는' 간접적인 접근법을 중시해야 한다는 견해를 취했다.[35] 육군에 비해서 상대적으로 적은 역량을 가진 해병대는 적의 힘이 강한 곳이 아니라 결정적인 취약 지점을 찾아서 공격하는 게 최상이라는 견해를 취했다. 해병대는 심지어 무게 중심을 이야기하는 데서조차도 어떤 위험이 도사리고 있다고 보았다. 왜냐하면 클라우제비츠의 접근법은 결정적인 힘의 경연에 '모든 것을 얻기 위해서 모든 것을 거는' 방식이었기 때문이다.[36] 결정적인 취약 지점을 파악하는 일은 무게 중심을 파악하는 일에 비해서 결코 더 쉽지 않았다. 결정적인 기회를 찾아내기까지는 '가능한 모든 취약점'을 활용하라는 게 권장 사항이었다. 해병대 전쟁대학의 조 스트레인지Joe Strange는 어딘가 모르게 무작위적인 이 과정을 보고 결정적인 역량과 요구사항들에 초점을 맞추었다. 그는 결정적인 취약점을 활용하는 것에서 시작하는 어떤 과정 즉 적의 무게 중심을 손상시키는 점증적인 효과를 발휘하는 과정을 도출했다.[37]

그리고 미 공군의 전략 사상가이자 몇년 뒤 걸프전의 전쟁 계획관으로 활동할 존 와든John Warden은 공군이 활용할 새로운 버전을 내놓았다. 와든은 클라우제비츠의 기본적인 주장을 받아들여서 이것을 공군에 접목시키고자 했다. 그는 적의 무게 중심은 '적이 가장 취약한 지점이며 또한 여기에 공격을 감행했을 때 결정적인 공격이 될 가능성이 가장 높은 지점'이라고 판단했다. 어떤 공격이 결정적인지 혹은 아닌지 판가름할 증거는 아군의 공격을 받은 뒤에 적의 지도부가 확신을 가지고서 '아군이 기대한 행동을 하느냐' 혹은 그렇지 않느냐로 알 수 있다. 와든은 어떤 적이든 간에 그들은 서로 연관된 여러 부분들이 수많은 연결점을 통해서 하나로 묶여 있는 어떤 체계라고 보았다. 그리고 그 연결점들 가운데 몇몇이 결정적으로 중요하다고 생각했다. 적의 무게 중심은 전략적 통일체를 구성하는 리더십, 유기적인 본질, 인프라스트럭처, 인력 그리고 야전 전투력이라는 다섯 개의 부분(혹은 고리) 각각에서 찾을 수 있다고 했다. 그가 제시한 논지의 요지는 적을 압도하고 마비시키기 위해서 반복 공격이나 연속 공격이 아니라 병진竝進 공격을 통해서 그 다섯 개 요소들에 동시적으로 타격을 가할 수 있는 역량을 공군이 유일하게 갖추고 있다는 것이었다. 그러므로 효과는 결정적일 것이라고 와든은 주장했다.[38] 무게 중심은 물리적인 여러 구조들 위에 세워지는데 여기에 타격을 입을 때 적은 '게임 오버' 상황을 받아들일 수밖에 없을 것이라는 가설이었다. 그래서 와든은 타격 대상에 대한 정밀한 분석 아래 소모전과 관련이 있는 화력을 어떻게 배치할 때 기동전을 주장하는 사람들이 추구하는 적의 방향감 상실 및 혼란을 불러일으킬 수 있을지 입증하려고 노력했다.

사정이 이렇다 보니 무게 중심과 관련된 각각의 개념들이 뜻하는 내용에 대한 전반적인 동의는 전혀 없었다. 20년 동안 다양한 형식이 제시된 뒤에야 비로소 '무게 중심과 관련된 이론을 개발하고 채택하는 데 대한 강령적 지침이 부족하다 보니 계획 입안자들의 시간이 낭비되었고, 또 이렇다 할 성과도 나오지 않았다'는 평가가 나왔다. 계획을 세울 때마다 '무엇이 적의 무게 중심인지 혹은 무게 중심이 아닌지 갑론을박하는데 (며칠씩은 아니라 하더라도) 적어도 몇 시간씩 걸리곤 했다.'[39] 그러나 이 평가는 보다 나은 방법론이 있다면 과업은 얼마든지 제어할 수 있으며 또 거기에 따른 결과도 가치가 있을 것이라는 믿음 속에서 나온 것이었다. 하지만 진짜 문제는 무게 중심 개념이 아무런 의미가 없는 영역으로까지 확장되었다는 데 있었다.

무게 중심은 단 하나의 표적이 될 수도 있었고 여러 개의 표적이 될 수도 있었다. 무게 중심은 적이 가지고 있는 힘 혹은 어떤 결정적인 취약점으로 구성되어 있으므로, 찾아내려면 얼마든지 찾아낼 수 있었다. 무게 중심은 물리적인 영역에서뿐만 아니라 심리적인 영역과 정치적인 영역에서도 찾을 수 있었다. 만일 모든 게 원활하게 진행되어 적의 무게 중심을 공격했다면 그에 따른 결과는 결정적일 것이며, 혹은 적어도 (다른 의미 있는 행동들과 결합할 경우에) 잠재적으로 결정적인 효과를 발휘할 것이다. 이렇게 해서 무게 중심은 애초의 비유에서 완전히 벗어나버렸다. 그러나 무게 중심이라는 이 전문 용어는 적절한 공격만 이루어진다면 바라던 정치적인 효과를 발휘해줄 매우 특수한 일련의 작전상의 목표들이 있을 수 있다는 기대감을 부추겼다. 무게 중심 개념은 승리의 관건은 적의 군사 체계를 패퇴시키는 데 있다고 했던 클라우제비츠의 애초 발상을 반영한 것이기는 했다. 그러나 만일 적의 정치적 회복력의 원천이 우리가 생각하는 그 무게 중심이 아니라 다른 곳에 있다면 엉뚱한 지점에 대한 공격은 실망스러운 결과를 낳을 것이 뻔했다. 만일 무게 중심이 물리적인 어떤 지점이거나 혹은 일련의 역량들의 조합이 아니라 정치적 이데올로기나 혹은 군사 동맹이라면 구체적으로 어떤 지점을 공격 목표로 삼아야 할지를 결정하기는 한층 더 어려워진다.

세 번째로 들 수 있는 문제는 군사 분야의 역사를 살펴볼 때 소모전과 기동전의 이분법적 사고는 거의 지지를 받지 못했다는 사실이다. 다시 말하면 기동전은 이따금씩 취할 수 있는 선택의 문제가 아니라 강령 차원에서 모든 것에 녹아들어야 하는 것이라는 말이다. 역사학자인 카터 멀케이전Carter Malkasian은 '기동전을 옹호하는 사람들이 소모전을 성공적으로 수행했거나 이 개념을 개발한 그 어떤 사령관이나 이론가의 사례나 이론을 인용하지 않았다'면서 불평했다.[40] 비록 소모전은 피아彼我가 무차별 화력을 주고받으면서 엄청난 수의 인명과 무기가 파괴되는 것으로 보이긴 하지만, 멀케이전은 소모전에도 '전술적인 퇴각, 제한적인 지상 공격, 정면 공격, 순찰, 주도면밀한 방어, 초토화 전술, 게릴라전, 공중 폭격, 포격, 기습' 등이 포함될 수 있음을 입증했다. 성공적인 소모전의 사례는 많았다. 그 가운데서도 1812년에 러시아가 나폴레옹에 맞서서 벌였던 소모전은 '최고로 장엄한' 전투로 꼽을 수 있다고 했다.[41] 소모전의 핵심적인 특징은 장기간에 걸쳐서 적을 조금씩 소모시킨다는 점이다. 전쟁은 단 한 차례의 결정적인 전투로 끝날 수도 있지만, 양측이 모두 전쟁을 더는 수행할 수 없다고 판단할 때는 협상으로 매듭지어지기도 한다. 이것은 소모전이 적절한 수준의 목적을 가진 강압적인 전략에 잘 맞는다는 뜻이었다. 그런데 위험한 사실은 소모전이 인내심의 경연으로 전화될 수 있다는 점이고, 또 적이 언제쯤 완전하게 소모되어 항복을 할지 미리 알기 어렵다는 점이다.

휴 스트라찬Hew Strachan은 작전 수준이 안고 있는 위험성을 '정치가 존재하지 않는 구역'이라면서 통렬하게 경고했다. 그는 작전 수준이 "거의 추상적이며 처음 그 의미를 이야기했던 사람들만 알아들을 수 있는, 점점 더 '어떤 주의 즉 기동전주의manoeuverism'로 치닫는 이기적인 단어"라고 비판했다.[42] 스트라찬은 제1차 세계대전 때의 독일 장군 에리히 루덴도르프Erich Ludendorff가 작전 수준에 몰두했던 사례를 추적했다. 전쟁이 일어나기 전에 독일군은 섬멸전을 성공적으로 끝내고 나면 원하는 것은 무엇이든 정치적으로 얻어낼 수 있다는 가정을 전제로 해서, 민간인은 철저하게 고려 대상에서 제외하고 정치적인 결과에 대해서는 관심을 두지 않은 채 오로지 군사적인 영역의 문제들에만 엄격하게 한정해서 초점을 맞추었다. 루덴도르프는 1918년에 독일이 패전한 책임을 야전에서 자기가 저지른 실수 탓으로 돌리지 않고 민간인이 '자기 등을 찌른' 탓으로 돌렸다. 그는 국가의 모든 자원을 승리를 위해 동원해야 한다는 이른바 총력전의 옹호자가 되었다. 전쟁이 정치에 복무하는 게 아니라 정치가 전쟁에 복무해야 한다고 주장했다. 그러므로 그의 전략관은 몰트케의 연장선상에 있었으며, 제1차 세계대전에서 자신이 채택했던 것처럼 모든 것을 작전에 초점을 맞추는 작전 중심의 전략이었다. 그러므로 당연히, 그는 이런 전략관 때문에 독일이 패전했다는 사실을 받아들이지 않았다. 양차 세계대전 사이의 독일에서 창의적인 전략적 사고가 부족했던 것도 바로 이런 견해 때문이었다. 1940년에 서유럽에서 전격전이 처음으로 성공을 거두었다. 그러나 이것은 전쟁 이전에 널리 퍼져 있던 가르침을 반영한 것이 아니라 슐리펜 계획에서 처음 꼴을 갖추었던 낡은 교의를 반영한 것이었다. 제2차 세계대전 초기에 전격전은 즉흥성 그리고 프랑스 최고사령부가 저지른 몇 가지 실책, 즉 독일의 위협이 탄력을 받기 전에 처리할 수 있는 전략적인 예비군 및 전술적인 공군을 갖추지도 않았던 실책이 한데 어우러진 덕분에 성공을 거둘 수 있었다.

1940년의 이런 연이은 성공으로 히틀러는 전격전이야말로 승리를 보장하는 길이라고 확신했고, 나중에 소련을 공격할 때도 전격전을 기본적인 방법으로 설정했다. 게다가 첫 단계에서 소련이 실수를 저지름에 따라서 독일이 쉽게 승리할 것처럼 보였다. 그러나 독일의 공세는 곧 주춤거렸고, 독일은 이 작전에 필요했던 경제적인 여러 조건들을 제대로 처리하지 못했다. 전격전을 지지하는 사람들은 전격전을 하나의 '주의'로 떠받들면서 소련에서 했던 경험(즉 소련에서 맛본 실패뿐만 아니라 정복의 목적, 실수, 인종적 지배까지 모두)을 충분히 곱씹어야 했음에도 불구하고 그렇게 하지 않았다.[43] 결국 1차 대전의 실패 경험이 2차 대전에서도 그대로 반복해서 나타났다. 독일군은 기동전을 승리로 이끌어내려고 노력했음에도 불구하고 그 다음에는 소모적인 전쟁을 하고 있었던 것이다. 그러므로 2차 대전의 역사성을 거의 고려하지 않았던 독일의 이 전격전 모델은 흠이 많았다.

게다가 1980년대 초반에도 나토의 중부전선에서 기동전의 가능성은 실제보다 높게 평가되었다. 전혀 예상치 못하게 빠르게 적의 허를 찌르는 기동이라는 표현과 개념은 비록 매력적이긴 했어도 알맹이가 없이 모호했다. 이것을 대규모이며 또 여러 측면에서 성가신 현대적인 군대에 적용할 때는 구체적인 모습을 떠올리기조차 어려웠다. 이것은 본질적으로 낭만적이고 회고적인 전략관을 반영했으며, 정치와 경제 영역에서 비롯되는 통상적인 제한에도 구애받지 않았고, 성공적인 실행 능력에 대한 과도한 낙관뿐만 아니라 소련의 군사적 방침 및 소련이 기동전에 취약하다는 예단으로도 한층 고무되었다.[44] 이렇게 갈채와 기대를 받은 기동 전략은 종종 비현실적이었다. 도시는 불규칙하게 개발·확장되어 있었고 도로망과 철도망은 복잡하며 또 정보 수집 및 지휘 통제가 쉽지 않다는 유럽이라는 조건에서는 위험성이 매우 높은 선택권이었다. 이렇게 결점이 많은 기동전을 펼쳤다가는 재앙을 맞을 수 있고, 또 거기에 따라서 후위는 적의 공격에 속수무책으로 노출될 수 있었다. 게다가 새로운 공격적인 방침은 유럽에 있는 미국의 동맹국들 특히 독일연방공화국을 불안하게 만들 수 있었다. 독일은 자기 영토를 전쟁의 소용돌이 속으로 몰아넣을 수도 있다고 여겨지는 공격 전략 혹은 방어 전략에 무척 민감했기 때문이다. 지정학적인 맥락을 고려하지 않으면 오로지 작전술만을 생각하게 되고 결국 그에 따라서 여러 문제들이 발생한다는 사실이 입증되었다. 가상의 전쟁에 대비하는 교묘한 군사적 행보들을 개발하는 것보다 동맹을 결성하는 것이 더 중요할 수도 있는 보다 폭넓은 어떤 전략을 놓치고 만다는 말이다.

루트와크는 비록 기동전적인 접근법을 옹호했지만 조심해야 할 이론적인 여러 근거를 제시했다. 그는 리델 하트로부터 간접적인 접근법 즉 최소 예상선line of least expectation(적이 아군의 공격이 이루어질 것이라고 예상하는 기대치가 가장 낮은 곳—옮긴이)을 따를 필요성을 받아들였다. 누가 봐도 뻔한 가장 명백한 경로 즉 가장 직접적인 경로에 대해서는 적이 가장 잘 대비할 것이므로 공격자 입장에서 가장 복잡하고 불편한 경로는 적의 예상과 대비를 피하기에 가장 좋은 길이다. 그런데 불행하게도, 일단 간접적인 접근법을 선호한다는 사실이 드러나고 나면 적은 전혀 예상하지 않았던 부분에도 경계와 대비를 강화한다. 이것은 다시 한 번 더 적의 예상을 뛰어넘는 한층 더 어렵고 복잡한 경로를 찾아야만 한다는 뜻이 된다. 이중 속임수를 구사해야 한다는 말이다. 어느 길을 선택할 것인가의 기준은 기습성에 있다. 기습성이 아니라면 굳이 복잡하고 어려운 길을 위해 노력할 이유가 없고 심지어 그런 노력은 위험하기까지 하다. 기습은 '심지어 싸움이 계속되고 있을 때조차도 비록 짧은 순간이고 또 부분적이긴 하지만 전략의 전체적인 곤경 상태에 숨통이 트이게 할 수 있다.'[45] 기습의 이점은 비록 일시적이긴 하지만 적이 제대로 대응을 하지 못하게 만들어서 약점을 노출하도록 만든다는 데 있다. 적의 의사결정 주기를 붕괴시킨다는 뜻이다.

　　기습의 이런 논리가 적 진영의 전면적인 혼란으로 이어지지 않는 데는 실행상의 몇 가지 이유가 있다. 병력의 은밀한 이동은 제한을 받을 수밖에 없기 때문에 최소한의 연료와 최소한의 보급품만 가지고 가야 한다. 무기와 탄약을 넉넉하게 가져갈 수 없다. 그리고 최초의 교전에서 엄청난 성공을 거두지 않는다면 계속해서 전투를 수행할 역량은 바닥나고 만다. 게다가 기습에서는 보안과 속임수가 생명이다. 아무리 정교한 계획을 세웠다 하더라도 기습 경로가 적에게 노출되거나 매복에 걸리면 아무 소용이 없다. 간접적인 전략에는 이른바 '스스로를 약화시키는 조치들'이 포함되게 마련이고 그래서 늘 비용과 위험이 따른다. 또 여기에는 '마찰'이 추가될 수 있다고 클라우제비츠는 예리하게 지적했다. 기본 계획을 원활하게 수행하는 데 방해가 되는 마찰은 언제든 일어날 수 있다. 예를 들면 자동차가 뜻하지 않게 고장이 난다거나, 명령을 잘못 알아듣는다거나, 보급품을 엉뚱한 곳으로 보낸다거나, 이상 기후가 이어진다거나, 멀쩡하던 길이었는데 갑자기 통행할 수 없게 되었다거나…… 직접적인 경로는 모두 철저하게 대비되어 있다는 인식을 심어줘서 적으로 하여금 간접적인 전략을 채택하게 만든 다음에 보급선을 파괴하는 것도 전략의 한가지 목적이 될 수 있다.

　루트와크는 한 걸음 더 나아간 역설도 지적했다. 그것은 클라우제비츠에게서 뽑아낸 역로로, 애초에 세웠던 전략이 크게 성공하면 할수록 군대가 본국 혹은 기지에서 보다 멀리 이동하게 됨에 따라서 마찰의 위험은 더욱 커진다는 것이었다. 적이 퇴각을 거듭하며 신선한 예비 병력과 보급품을 찾아서 기지에 점점 더 가깝게 다가가고, 아군은 낯선 영토로 점점 깊숙이 들어가면 아군의 보급선은 점점 가늘어진다. 승리에 도취한 군대는 무리를 하게 마련이고 자기들이 운이 좋다고 믿으며 그 운에 과도하게 의지하려 든다. 그래서 이 공격자는 작전 한계점(전투력의 저하와 물자 부족 등으로 더 이상 작전을 지속하기 어려운 상태 및 그 시기를 말하며, 공격 한계점과 방어 한계점이 있다—옮긴이)을 넘어설 수도 있다. 하지만 그 순간 기습의 이점은 약점으로 바뀐다. 기습을 받아 우왕좌왕하는 적은 전열을 가다듬을 능력조차 없으며, 따라서 공격자는 이점을 최대한 활용하려 드는 게 당연하다. 그런데 이때 결정적이지 않은 전투가 안고 있는 문제점이 드러난다. 적은 전면적인 항복을 하지 않는 한 어떻게든 전열을 정비해서 다시 싸움에 나서려고 한다. 국가가 점령당했을 때는 심지어 폭동을 일으키려고 할 수도 있다. 그러므로 전략의 궁극적인 평가 기준은 기습 작전의 성공 여부가 아니다. 기습이 성공하느냐 실패하느냐는 전술적인 차원의 문제일 뿐이다. 전략의 궁극적인 평가 기준은 바라던 정치적 결과를 얻었느냐에 있다. 그러므로 명심해야 할 것은, 어떤 형식적인 결과에 매달리는 것은 적이 재정비를 해서 반격에 나설 기회를 주는 행위라는 사실이다.

마지막으로, 이 모든 것 뒤에 원인과 결과의 어떤 가정이 놓여 있음을 알아야 한다. '모호함, 속임수, 기묘함, 기동성, 실제로 이루어진 폭력 혹은 폭력의 위협' 등이 버무려진 다양한 조합들은 적을 혼란에 빠트리기에 충분한 놀라움과 충격을 발생시킨다는 가정이다. 이와 관련해서 보이드는 정신적 갈등(즉, 사기 저하)의 본질을 놓고 다음과 같이 주장했다.

> 정신적 갈등의 본질은 위협(자신의 복지와 생존이 위험해진다는 인상)과 불확실성(통상적이지 않고 앞뒤가 맞지 않으며 또 낯설고 무질서한 모습으로 비치는 사건들이 빚어내는 인상 혹은 분위기) 그리고 불신(유기적인 집단의 구성원들 사이에서 혹은 유기적인 집단들 사이에서 인간적인 유대감을 약화시키는 의심의 분위기)을 창조하고 활용하며 확대한다.

그리고 보이드는 이런 것들이 분명 작동하게 될 것이라는 증거로는 '많은 비협조적인 무게 중심들을 생성하게 될 표면적인 공포, 불안, 그리고 소외감'을 들 수 있다고 했다.[46]

사기와 응집력에 따라서 결과가 달라질 수 있고 또 혼란에 빠진 사령관은 자기 부대가 무기력하게 무너지는 것을 손 놓고 바라볼 수도 있을 것이다. 하지만 그렇다고 이것을 지나치게 과장되고 경직되게 받아들일 필요는 없다. 지휘 본부가 총체적인 신경 쇠약으로 뒤집어지고, 견고하게 조직되었던 부대가 오합지졸 집합체로 바뀌며, 규율 있는 똑똑한 개인들이 갑자기 멍청이가 되어 어둠 속에서 우왕좌왕하고, 이런 모습이 전쟁의 전체적인 양상을 규정한다고 말할 수는 없다. 보이드는 '용기, 자신감, 기지'가 방금 언급한 부정적인 면들을 대체할 '정신적인 힘'이 될 수 있다고 보았다. 만일 적이 이런 정신적인 힘을 발휘했다면 적의 사기를 꺾어서 정신적인 갈등을 최고조로 높이려고 계획했던 상상 속의 물리적인 효과는 실패한 셈이다. 개인과 집단은 이런 기습에 대해서 제각기 다르게 대응한다. 사건에 내포된 뜻을 즉각적으로 파악하고 신속하게 대응하는 개인이나 집단이 있다. 비록 이런 대응이 최선은 아니라고 하더라도, 전열을 재정비하고 새로운 상황을 타개하기에는 충분하다.

어떤 충격적인 군사 행동에 충격을 받아서 정신적 혼란 상태에 빠지고 말았던 사령관의 유명한 사례가 있다. 1941년 6월의 스탈린이었다. 그는 독일군이 공세를 시작해서 파죽지세로 밀고 들어오자, 사전에 그런 기습을 경고 받았음에도 불구하고 그야말로 패닉 상태에 빠져들었다. 그리고 며칠 동안 그 어떤 말도 하지 못했다. 이유는 그가 상황을 제대로 파악하지 못했기 때문이다. 스탈린이 상황을 파악하는 동안에 일선의 지휘관들은 각자 자기 나름대로 최선을 다했다. 퇴각하는 지휘관도 있었고 용감하게 맞서 싸우다 전사하는 지휘관도 있었다. 스탈린은 나중에야 정신을 차리고 일어나서 국민에게 감동적인 메시지를 전하며 전쟁을 지휘했다. 러시아의 영토가 워낙 넓고 인구가 워낙 많다 보니까 독일로서는 신속한 승리가 관건이었다. 하지만 히틀러는 낙관했다. 슬라브족의 정신력을 워낙 얕보던 터라서 독일군이 강하게 밀어붙이면 금방 두 손을 번쩍 들 것이라고 믿었던 것이다. 그러나 러시아의 정신적 붕괴 수준은 히틀러가 기대한 만큼은 아니었다. 결국 히틀러의 독일군은 저항에 부딪혔고 뒤로 밀렸다. 소련군의 리더십이 되살아남에 따라서 기습에 따른 충격 효과는 효력을 잃었다.

정신이 육체를 지배하므로 정신을 파괴하는 것이 육체를 제거하는 것보다 낫다는 주장과, 물리적인 타격이 육체를 망가뜨릴 수 있는 것과 마찬가지로 심리적인 타격이 정신을 망가뜨릴 수 있다는 주장은 전혀 별개의 것이다. 인지 영역의 중요성을 깨닫는 것과 인지 영역은 쉽게 조작될 수 있다고 생각하는 것 역시 전혀 별개의 것이다. 인간의 정신은 아무리 극단적인 스트레스를 받는 상황이라고 하더라도 부정, 저항, 회복 그리고 적응이라는 놀라운 능력을 발휘한다.

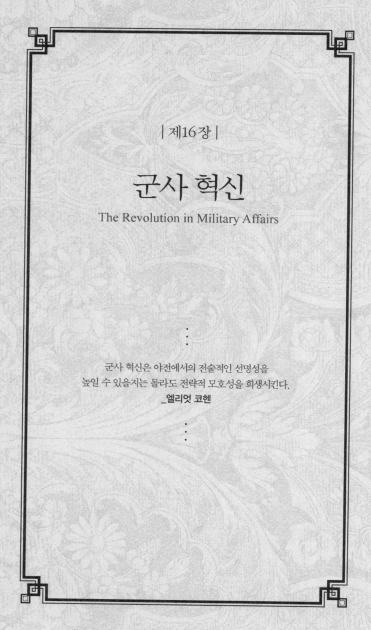

| 제16장 |

군사 혁신
The Revolution in Military Affairs

:

군사 혁신은 야전에서의 전술적인 선명성을
높일 수 있을지는 몰라도 전략적 모호성을 희생시킨다.
_엘리엇 코헨

:

전쟁에 대한 이런 '작전적(운영적)' 접근법은 애초에 이 접근
법이 설정했던 환경에서 실제로 검증된 적이 한 번도 없었
다. 1980년대 말에 소련 공산주의가 붕괴하고 바르샤바 협
정은 소멸되었다. 덕분에 유럽 한가운데서 또 하나의 거대
한 전쟁이 일어날지도 모른다는 가능성도 사라졌다. 그리
고 얼마 뒤에 미국의 군부는 전혀 다른 일련의 문제들에 봉
착했다. 환경이 완전히 바뀜에 따라서 기존의 작전적 접근
법에 대한 전면적인 재검토가 필요해진 것이다. 하지만 군
부는 기존의 입장을 한층 더 공고하게 했고 이제 그 접근법
은 군사 혁신으로까지 일컬어졌다.

　이제 미국은 극단적으로 거대하고 유능한 적을 고민
할 필요가 없어졌다. 미국인이 새로운 과학 기술에 투입했
던 노력 덕분에 미국에 대항할 수 있는 잠재적인 모든 적들
도 인정할 수밖에 없는 질적인 격차가 형성되었기 때문이
다. 그리고 작전적인 측면을 강조한 덕분에 굳이 적들을 직
접 상대하지 않아도 되는, 보다 나은 정보통신 기술을 활용

할 수 있게 되었다. 또 거의 같은 시점에 새로운 차원의 군사 역량이 시범적으로 증명되었다. 1990년 8월에 이라크가 이웃 국가 쿠웨이트를 점령했고, 그 다음해 초에 미국이 주도한 다국적군이 쿠웨이트를 해방시켰다. 이전까지는 센서, 지능형 첨단 무기 그리고 통합적인 시스템 등은 아직 검증을 받지 못한 채 그저 가설로만 존재했었다. 이런 가설들을 회의적으로 바라보던 사람들은 (루트와크도 이런 사람들에 포함되었다) 관념적으로는 가장 똑똑한 시스템이라고 여겨지는 것들이 이라크와 벌이는 실제 전쟁에서는 그 자체의 복잡성 및 군사적 무능함의 전통적인 여러 형태들 때문에 제대로 힘을 쓰지 못할 것이라고 경고했다.[1] 그러나 이른바 '사막의 폭풍' 작전에서 그 똑똑한 장비들은 멋지게 작동했다. 수천 킬로미터 밖에서 발사된 순항 미사일이 바그다드 시내를 지난 다음, 목표 건물의 현관을 통과해서 들어간 뒤 폭발했을 정도였다.

너무도 일방적으로 싱겁게 끝나고 말았던 이 전쟁은 현대적인 군사 체계의 가능성을 가장 화려한 장밋빛으로 보여주었다. 이라크인들은 자신들의 대규모 군대를 자랑스럽게 여겼지만 이 군대의 많은 부분은 무기나 훈련이 형편없는 수준이었다. 훨씬 나은 화력과 장비를 갖추고 게다가 전문적인 훈련까지 받은 군대를 상대하기에는 역부족이었다. 이들은 적에게 자기의 군세를 자랑스럽게 펼쳐보였지만, 그것은 오히려 상대에게 좋은 기회를 주는 꼴이 되고 말았다. 미국이 주도하는 연합군은, 제공권을 잃어버리고 화력 등 모든 면에서도 열세인 적을 상대로 해서, 서구식 군사적 관행의 본질적인 여러 원리를 따르는 전투 계획을 펼쳤다. 시험적으로 시도해본 정면 공격에 이라크군은 허망할 정도로 쉽게 무너졌다(이라크군은 42개 사단 중 41개 사단이 무력화되고 약 20만 명의 사망자를 냈지만 다국적 군의 사망자는 채 400명도 되지 않았다—옮긴이). 그러나 노먼 슈워츠코프_{Norman Schwarzkopf} 장군은 이라크군이 퇴각할 때 이들을 따라잡는 복잡한 포위 기동전을 전개했지만 충분히 만족스러울 정도로 신속하게 이라크군을 끊어내지는 못했다. 그런데 이런 상태에서 미국은 휴전을 선언했다. 섬멸전을 피하겠다는 계산이었다. 이 선택은 전쟁을 국지적인 차원으로 붙들어두고자 하는 의도가 반영된 것이었다. 즉 이라크의 전 영토를 점령하려고 하지 않고 애초에 선언한 적이 있는 쿠웨이트 해방이라는 목적으로까지는 나아가지 않겠다는 의사 표시였던 것이다. 이런 방침은 외교적으로나 군사적으로는 의미가 있었다. 그러나 결과를 놓고 보자면 결정적인 승리를 옹호하는 측의 주장이 힘을 얻는 계기가 되었다. 사담 후세인은 살아남았고, 전쟁의 결과는 아무리 좋게 봐도 불완전한 것이었기 때문이다.[2]

이 작전이 군사 혁신이라고 할 수 있을 정도로 미래의 어떤 패턴을 설정할 수 있다는 발상은 랜드 연구소의 어마어마한 베테랑이던 앤드류 마셜_{Andrew Marshall}이 이끌던 국방부의 총괄평가국_{Office of Net Assessment, ONA}까지 거슬러 올라간다. 마셜은 거기 몸담고 있던 마지막 몇 년 동안에, 전통적인 군대에 완전히 새로운 차원의 효율성을 도입할지도 모르는 '군사적 기술 혁명'에 관한 논의가 소련에서 진행되고 있음을 알고 있었다. 그는 이 새로운 체계가 단지 양적인 개선 차원이 아니라 전쟁의 성격을 질적으로 완전히 바꾸어놓을 수 있다고 확신했다. 그리고 1991년 걸프전이 끝난 뒤에 자기 휘하의 분석가들 가운데 한 명인 앤드류 크레피네비치_{Andrew F. Krepinevich} 중령에게 정확도를 자랑하는 무기와 새로운 정보통신 기술을 결합할 때 어떤 효과가 발생할지 살펴보라고 지시했다. 당시 크레피네비치는 이제는 더 이상 중요하지 않게 되어버린 나토군과 바르샤바군 사이의 군사적 균형이라는 주제를 연구하고 있었다.[3]

1993년 여름 무렵 마샬은 전쟁 영역에서 일어날 수 있는 두 가지의 변화를 놓고 곰곰이 생각하고 있었다. 하나는 장거리에서 발사되는 정확한 타격 무기가 '지배적인 작전적 접근법'으로 자리를 잡을 가능성이었고, 또 다른 하나는 '정보전이라 일컬어질 것'의 등장 가능성이었다.[4] 이 시점에 그는 기술적인 변화뿐만 아니라 작전적인 변화와 조직적인 변화를 강조하기 위해서 '군사 혁신'Revolution in Military Affairs, RMA이라는 용어를 권장하기 시작했다.[5] 크레피네비치는 1994년에 군사 혁신에 대해서 다음과 같이 묘사했다.

> 수많은 군사 체계에 새로운 기술들을 응용하는 작업이 혁신적인 작전 개념들 및 조직 차원의 적용과 결합해서 (……) 잠재적인 전투 및 군대의 효율성 측면에서 어마어마한 규모의 발전이 일어나게 함으로써 (……) 국가 간 갈등의 성격과 행동이 본질적으로 바뀔 때 군사 혁신은 일어난다.[6]

비록 군사 혁신의 기원이 강령적인 차원이긴 하지만, 이 혁신을 추진하는 동력은 기술적인 과정으로 비쳤다. 즉 정보를 수집하고 처리하고 또 이것을 군대에 응용하는 주체들과 소통하는 여러 체계들 사이에 있을 수 있는 상호작용의 결과로 인식되었던 것이다. 이른바 '복합 체계'system of systems라는 것이 이 상호작용을 매끄럽고 지속적으로 만들어줄 것이라는 발상이었다.[7] 이 개념은 특히 해상 영역에서 유효했다. 바다에서는 하늘에서와 마찬가지로 전투원이 거의 동원되지 않는 전투 공간을 생각할 수 있다. 심지어 제2차 세계대전만 돌아보더라도 공중전과 해상전에서는 체계 분석이 가능한 특정한 패턴들이 있었는데, 이런 사실은 기술 혁신이 전쟁에 어떤 충격을 주었는지 얼마든지 파악할 수 있음을 뜻하는 것이었다.

그런데 이와 대조적으로 지상전은 늘 복잡하고 유동적이었으며, 보다 넓은 범위의 영향력에 좌우되었다. 군사 혁신은 지상전의 형태를 바꾸자는 것이었다. 원거리에 있는 타격 대상을 정확하게 타격하는 능력이 존재한다는 것은 시간이나 공간이 심각한 구속 요소로 기능할 가능성이 그만큼 줄어든다는 뜻이었다. 예컨대 야전 현장이 아니라 멀리 바깥에 있으면서 전투에 개입할 수 있다는 뜻이었다. 군대는 공격 무기 없이 방어 무기만 가지고 이동해도 됨에 따라서 언제 혹은 어디로든 민첩하게 기동할 수 있게 되었다. 그리고 야전에서 필요한 게 있으면 외부에 요청만 하면 되었다. 화력을 따로 떼어놓고 기동할 수 있게 되자 대규모의 복잡하고 성가신 조직 편제도 필요 없게 되었으며, 따라서 사상자의 수도 한층 줄일 수 있었다.[8] 적의 지휘 사령부에서 여전히 온갖 자원들을 동원하며 계획을 세우려고 할 때, 시간과 공간의 구애를 더는 심각하게 받지 않는 무기들로 치명적인 타격을 가해서 적의 시도를 손쉽게 무산시킬 수 있다. 또 굳이 적의 군대를 일일이 따라다니지 않고서도 보다 빠르게 이동하고 보다 능숙하게 행동하라는 존 보이드의 지침을 따라 이렇게 더 이상의 저항은 아무런 의미가 없다고 적의 사령부가 판단할 지점으로까지 적을 밀어붙임으로써 적을 완벽하게 제거할 수도 있다. '전쟁의 안개' fog of war 즉 전쟁의 불확실성 문제 혹은 마찰이라는 문제가 해결되었다.[9] 적어도 전쟁은 전투원들이 빽빽하게 달라붙어서 소란스럽게 치르는 어떤 것에서 탈피해서 최소한의 군대로 적의 군사 시설을 무력화하는, 정확한 판단력을 가지고 차분하게 치르는 어떤 것으로 바뀔 수 있다는 점만은 분명했다. 이제는 예전처럼 엄청난 자원을 투입하지 않아도 되었고 수많은 자산이 파괴되지 않아도 되었다. 또 특정한 정치적 목적을 달성하는 데 절대적으로 필요한 양 이상의 아까운 피가 뿌려지지 않아도 되었다.

이 모든 것이 앞으로는 상대적으로 문명화된 전쟁, 핵전쟁의 파괴력이나 베트남 전쟁과 같은 유형의 어딘지 분명하지 않으며 전복적인 특성을 가지고 있지 않은 전쟁이 가능할 것이라는 전망으로 이어졌다. 앞으로의 전쟁은 전문가들로 구성된 부대가 수행하는 전문적인 전쟁이 될 것이라는 전망이 나왔다. 앤드류 바세비치Andrew Bacevich는 이것을 '걸프전이 앞으로도 계속해서 반복될 것'이라고 표현했다.[10] 이런 전망의 핵심적인 교의는 1996년 미국국방대학교의 한 출판물에서 확인할 수 있는데 이 책에는 '충격과 공포'shock and awe라는 발상이 들어 있었다. 이 발상의 기본적인 메시지는 될 수 있으면 빠르게 그리고 적이 미처 대응을 하기도 전에 적을 물리적으로 또 정신적으로 압도하는 데 모든 노력을 집중해야 한다는 것이었다. '충격과 공포'는 현재 진행되고 있는 상황을 적이 올바르게 인식하지 못하도록 해서 적을 마비시키는 것을 의미한다. 이 효과의 궁극적인 사례는 히로시마와 나가사키에 투하되었던 원자 폭탄을 들수 있다. 책의 공동 저자들은 비록 정보의 왜곡과 잘못된 정보 그리고 속임수 등의 수단에 더 많은 관심을 가지긴 했지만 원폭 투하를 논리적인 차원의 가능성에서 배제하지 않았다.[11]

이런 발상의 영향은 1997년에 미국 합동참모본부가 미래의 군사 전략을 정리한 문서(《합동 비전 2010》Joint Vision 2010)에서도 분명하게 드러난다. 이 문서는 전쟁을 치르는 상황에서의 정보 우위를 '끊임없는 정보의 흐름을 수집하고 처리하며 유포하는 능력이자 또한 동시에 적이 이렇게 하지 못하도록 방해하는 것'이라고 정의했다.[12] '탁월한 센서, 빠르고 강력

한 네트워크, 디스플레이 기술 그리고 정교한 모델링과 시뮬레이션 능력'
을 수단으로 할 때 정보 우위를 달성할 수 있다. 이럴 때 군대는 '가공되
지 않은 정보를 많이 가지고 있을 때보다 야전 상황을 훨씬 더 잘 이해할
수 있을 것'이다. 이럴 경우 수적 열세나 기술적 혹은 위치적 열세도 상
쇄할 수 있으며, 또한 명령 체계도 더 빨리 돌아가게 할 수 있다. 군대는
'사령관의 의도를 보다 잘 관철할 수 있도록 밑에서부터 위로, 즉 자가동
기화self-synchronized 방식으로' 조직될 수 있으며, 더 나아가 '적의 행동 경로
는 신속하게 차단될 것이며, 또 적은 밀접하게 연결된 사건들이 주는 충
격에 휩싸일 것'이다. 적으로서는 (이제는 유명해져서 누구나 다 알게 된) 우
다 고리OODA loop의 개념을 따를 시간조차 없을 것이다. 아서 세브로스키
Arthur Cebrowski와 존 가르스트카John Garstka는 공동으로 작성한 논문에서, 기
업에서 정보기술을 활용할 때 효율성이 높아지는 것과 마찬가지로 '네트
워크 중심의 전쟁'이라는 새로운 형태가 전투를 보다 효율적으로 만들어
줄 것이라고 주장했다.[13] 전쟁이 플랫폼 중심에서 네트워크 중심으로 옮
겨가는 현상을 놓고 벌어지는 논의에서 국방부는 방금 언급한 가르스트
카의 공식을 대체로 따랐으며, 물리적 영역과 정보 차원의 영역에 이어
서 인지 차원의 영역도 있음을 인식했다.

군인 및 군인을 지지하는 민간인의 마음이라는 영역이 있다.
바로 이 인지 차원의 영역에서 많은 전투와 전쟁의 승패가 갈린다.
무형의 리더십, 사기, 단위 부대 내의 응집력, 훈련과 경험의 수준,
상황 인식 그리고 전쟁에 대한 사회의 여론 등이 모두 이 영역에 속
하는 요소들이다. 최고사령관의 의도, 기본적인 철학, 전술, 술책,
절차 등이 관련된 영역이 바로 이 인지 차원의 영역이다.[14]

미국에게는 이런 형태의 전쟁이 적합했다. 미국이 가지고 있는 강점과 잘 맞았기 때문이다. 이런 전쟁은 예컨대 노동 집약적이기보다는 자본 집약적이었다. 또한 적을 압도하는 미국의 선호를 반영하는 것이었다. 적군과 아군을 통틀어서 과도한 사상자의 발생을 피하는 방식이었고, 마지막으로는 거의 아무런 노력을 들이지 않고서도 우월함의 어떤 압박감을 전달할 수 있었기 때문이다. 이런 생각들은 설득력이 꽤 높았고 또 완전히 잘못된 것도 아니었다. 정보통신 기술이 군사적 역량에서 상당한 차이를 만들어내는 것은 당연했다. 비록 군사 혁신이라는 의제는 미국의 우세가 기술의 정교함뿐만 아니라 동원할 수 있는 화력 특히 공중에서 전개되는 화력의 총량에 상당 부분 의존한다는 점을 그다지 높게 평가하지 않긴 했지만 말이다. 미국을 상대로 하는 일반적인 형태의 재래전이 점점 더 어리석은 선택으로 비치기 시작하면서 (특히 1991년의 걸프전에서 미국이 보였던 막강한 화력 시연이 있은 뒤로는 더욱 그랬다) 서로가 파괴될 수 있다는 인식으로 해서 핵전쟁이 진지한 정책적 선택권에서 배제되었던 것과 마찬가지 이유로, 미국의 우세에 도전하는 잠재적인 위협의 한 가지 형태는 제거되었다.

그럼에도 불구하고 군사 혁신이라는 제안은, 미국인이 만일 전쟁을 한다면 기꺼이 선택할 것 같은 전쟁 유형에 대한 정치적인 선호에 의해서 제기되었다. 군사 혁신은 베트남 전쟁에서처럼 사상자가 많이 발생하는 것을 줄이고자 하는 바람 그리고 전쟁에서 차별성과 비례성을 강조하는 서구의 윤리적 전통 사이에 존재하는 어떤 적절한 중간 지점이 되었다. 군사 혁신은 고성능 무기가 수적 우세가 가지는 상대적 중요성을 축소하는 한편 극단적으로 유능한 부대의 상대적인 중요성을 보다 높이 평가하게 됨에 따라서, 전문적인 재래식 부대라는 개념을 설정했다. 사상자의 수를 줄이며 부수적인 피해를 줄이겠다는 것은 무고한 민간인의 목숨이나 재산이 아니라 군사적 자산만을 공격 목표로 노리겠다는 뜻이었다. 아울러 대량 살상 무기에 의존하지 않겠다는 뜻이기도 했다. 군사 영역과 민간 영역을 철저하게 구분하고, 조직적인 폭력과 시민의 일상적인 삶을 구분하며, 전투원과 비전투원을 확실히 가려서 대응하겠다는 뜻이었다. 살육이 아니라 혼란과 방향 감각 상실이라는 방식을 통해서 (적은 우다 고리에서 결코 벗어날 수 없을 것이므로) 적에게 패배를 안기겠다는 뜻이었다. 만일 이 추세를 충분히 멀리 미래로 밀고 나갈 수 있다면, 미래의 어떤 시점에선가는 눈물 없는 전쟁, 즉 먼 거리에서 서로를 향해서 정확성을 자랑하는 무기를 주고받기 때문에 위험에 노출되는 사람이 거의 없는 전쟁도 가능할 것이라는 상상도 할 수 있다. 이때의 목적은 전쟁에서 '전투'로 인식될 수 있는 것의 역할을 최소한으로 줄이는 것이 된다. 가장 이상적인 전투 행위는 적에게 인지 혼란cognitive confusion을 안겨주는 것을 목적으로 하는 일방적이고 고도로 집중적인 교전이 될 것이다. 이렇게 볼 때 군사 혁신은 진정한 혁신을 대변하는 것이 아니라 과거에 있었던 '국가의 운명을 좌우하는 결정적인 군사적 승리'라는 이상적인 원형原型으로 돌아가는 것이었다. 과거와 다른 점이 있다면 역사상 유례가 없을 정도로 강력한 군사력을 가지고 있는 국가로서는 이것이 전혀 힘들지 않다는 사실이다.

미래의 전쟁에 대한 이런 견해에는 비현실적인 점이 있었다. 이 견해는 공포, 절망, 복수심, 분노 따위의 감정은 배제한 채 정치적 실체를 전제로 한 것이었다. 예컨대 이 견해는 현재 쟁점이 되고 있는 이해관계에 대해서 어느 정도의 힘을 실어야 할지 냉정하고도 정확하게 이해할 것과 적대국 및 적대국의 국민을 인류애적인 차원에서 바라볼 것을 전제로 한 것이다. 이것은 갈등과 폭력의 원천에 대해서 초연할 수 있는 태도를 전제로 하는 견해, 즉 모든 것을 걸고 전쟁에 임하는 당사자가 아니라 이 전쟁을 초연하게 바라볼 수 있는 제3자가 가질 법한 태도를 전제로 하는 견해였다. 전쟁의 물질적 속성 그리고 전쟁이 필연적으로 치달을 수밖에 없는 폭력과 파괴를 무시하는 견해였다. 만일 이 견해를 받아들인 국가들이 손쉬운 승리가 확실하게 보장되는 전쟁만 하려고 나선다면, 이런 전쟁들은 전체 가운데서 극히 일부분일 터이므로 이 견해를 군사에서의 혁신이라고 할 수는 없다. 1991년의 걸프전이 그 견해를 입증하는 듯 보였지만, 사실 이 경우는 실제 군사력 균형에 대해서 사담 후세인이 무지했기 때문이고, 미군을 중심으로 한 다국적군은 이런 무지함의 도움을 받았기 때문에 그런 결과가 나올 수 있었다. 이런 점에서 보자면 그 입증 과정은 동시에 반박 과정이기도 했다. 일류 수준의 화력 아래에서는 이류 수준의 재래식 공격이 얼마나 허망하게 힘을 쓰지 못하는지 이미 입증이 됐으므로 미래의 적들은 미국과 전쟁을 하려 들 때 한층 신중하게 계산을 할 것이다. 1991년의 걸프전 이후로는 과연 누가 이런 전쟁을 하려 들지 분명하지 않았다. 미국의 군사 문건은 미국과 대등한 군사력을 가진 '경쟁자들'을 언급했지만 과연 어떤 국가가 이 대열에 낄 수 있을지는 불분명했다. 게다가 이런 전쟁을 염두에 둘 경우에 교전 당사국은 미국과 대등한 군사력을 가지고 있어야 할 뿐만 아니라 미국과 동일한 도덕적 및 정치적 역량을 가지고 있어야 했다. 하지만 이 모델은 미국이 가지고 있는 힘에 맞춘 것이며, 바로 이런 이유로 해서 미국의 적들은 이 모델을 따르지 않을 것이 분명했다. 그들은 미국 국민 사이에 불균형 의식을 불어넣으려고 노력할 것이고 또한 미국이 맺고 있는 다국적 동맹을 흔들어서 혼란시키려 들 게 분명했다.

공격 무기의 정확성으로 인해 타격에 따른 피해를 제한할 수도 있지만 극대화할 수도 있게 되었다. 고도의 정확성 덕분에 핵 발전소나 병원 혹은 아파트 단지의 파괴를 피할 수 있게 되었지만, 또 이런 시설들을 직접적으로 겨냥할 수도 있게 되었다는 말이다. 미국이 추구하는 가장 미국적인 모델인 경우에조차도 군사 부문 용도와 민간 부문 용도로 동시에 사용되는 시설 같은 경우가 문제될 수 있었다. 예를 들면 에너지 관련 시설이나 운송 관련 시설이 그렇다. 이런 시설들을 군사적인 차원에서 공격할 때 일반 시민의 삶을 황폐하게 만드는 결과가 빚어질 수밖에 없다. 다른 분야에서도 점점 발전하는 정보통신 기술들은 민간 영역과 군사 영역 사이의 구분을 점점 더 모호하게 만들고 있다. 고도의 성능을 자랑하는 정찰, 정보, 통신 그리고 내비게이션 설비 및 장치들은 소비자 제품들에서도 폭넓게 사용되고 있다. 아주 적은 예산으로도 얼마든지 이런 설비와 장치를 활용할 수 있게 되었다. 그리고 마지막으로 핵무기와 장거리 미사일은 (이런 무기의 현실화 역시 1997년 미국 합동참모본부가 작성한 미래의 군사 전략 문서에서 '군사 혁신'으로 묘사되었다) 파괴의 수단을 확장시켰으며 잠재적인 응용 범위도 확장시켰다. 이 효과를 완화하려는 여러 시도들(예를 들면 미사일 방어 체계를 개선한다든가 하는)은 기대하던 성과를 전혀 거두지 못했다. 수십만 명을 단 한 발의 핵 섬광으로 살상할 수 있는 능력은 여전히 사라지지 않았다.

† 비대칭전

어떤 국가가 절망적인 상태에 놓여 있고 재래식 전쟁에서 패배를 눈앞에 두고 있다면, 이 국가는 적국의 병력이나 군사 시설이 아닌 민간인 공격이 유일하게 남은 선택권이라고 생각할 수 있다. 20세기 전쟁의 역사가 군사력을 군사적인 효과 차원에만 묶어둘 수 있다고 믿었던 사람들에게 그토록 큰 실망감을 안겨줬던 이유도 바로 여기에 있다. 약자가 강자를 상대로 해서 취할 수 있는 일련의 방책들이 있다. 전투에 이기는 데 집중하기보다는 적에게 고통을 안겨주는 데 집중하는 것, 적의 병력이나 군사 시설뿐만 아니라 정치적인 기반을 타격 대상으로 설정함으로써 시간을 끌면서 전쟁을 계속 이어가는 것, 휴전 협정 과정에서 약자의 몫인 극단적인 고통을 받아들이려 하지 않고 한사코 버티는 것 등이 그런 것들이다. 요컨대 군사적 강자는 결정적인 승리를 거둘 전투를 벌이고자 하지만, 약자는 전면적인 전투를 피하면서 될 수 있으면 민간 부문을 전쟁에 끌어들이려고 한다는 말이다.

미국의 재래식 전쟁 역량과 대적할 능력이 없는 국가들이 (사실상 거의 대부분의 국가들이 그렇다) 미국을 상대로 해서 취할 수 있는 전략들을 한 마디로 말하자면, 이른바 '비대칭전'asymmetric war이라고 일컬어지는 전쟁 방식이다. 이 개념은 대략 1970년대부터 베트남 전쟁의 경험을 반영해서 처음 나타났는데,[15] 1990년대 중반에 새로운 의미를 띠면서 부활해서는 교전 당사국 사이에 전력상의 차이가 존재하는 모든 전쟁을 아우르는 용어가 되었다. 어떤 갈등에서든 간에 교전 당사국의 군대는 다양한 차이를 보인다. 군대의 구조나 철학적 방침뿐만 아니라 지리적으로 혹은 동맹 차원에서도 모두 다르다. 이런 차이점들을 파악하는 것은 언제나 당연히 전략의 한 부분이다. 바로 거기에서 강점과 약점이 비롯되기 때문이다. 심지어 처음 전쟁을 시작할 때 양측의 군사력이 대칭적으로 균형을 이루는 경우라 하더라도, 양측은 승리를 확보하기 위한 결정적인 우위의 수단으로 결정적인 균형점 및 이것을 무너뜨릴 계기를 찾으려 한다. 서로가 상대방을 인정할 수밖에 없는 핵전쟁 영역에서 이 균형이 작동하는 유일한 이유는, 이 균형이 일정 정도의 안정성을 이미 확보했기 때문이다. 하지만 재래전 영역에서는 서로 균형을 갖춘 군대는 상호 소모로 나아갈 수 있는 잠재적인 계기가 된다.

수많은 개념들이 대개 그렇듯이 균형이라는 개념 역시 서로 모순되고 또 한없이 확장되는 의미 규정으로 점철되었다. 1999년 미국의 한 합참 문건(《합동 전략 리뷰》Joint Strategy Review)은 균형적 접근을 '미국이 기대하는 작전술 방법론과 확연하게 다른 여러 방법론들을 사용해서 미국의 약점을 파고듦으로써 미국의 전력을 교묘하게 회피하거나 훼손하려는 시도'라고 정의했다. 또 이런 접근법들은 '전쟁의 모든 수준과 (즉 전략적 수준과 작전적 수준 그리고 지상 전술적 수준에서) 군사 작전의 모든 스펙트럼에 걸쳐서' 적용될 수 있다고도 했다. 이 정의에 따르면 균형적 접근법은 미국을 상대로 해서 싸우는 데 필요한 모든 훌륭한 전략과 동의어가 되고, 이 접근법만의 특수한 의미는 사라져버린다.[16] 비대칭전이 정말 흥미로운 것은 양측이 서로 전혀 다른 유형의 전투를 하고자 하는 데 있다. 특히 미국을 예로 들자면 미국은 정규전을 하려는 데 비해서 미국의 적은 대량 살상 무기를 사용하려 한다거나 혹은 비정규전 형태를 채택한다든가 한다.

그런데 미국이 가장 큰 위험을 감당해야 하는 경우는 대량 살상 무기를 가진 적을 상대하는 때였다. 미국으로서 가장 유리한 시나리오는 적을 정규전으로 이끌어내는 것이었다. 베트남 전쟁 이후로 미국 군부는 비정규전에 잘 대비하는 것보다 비정규전으로 인해서 벗어날 수 없는 늪에 빠질 가능성이 보이는 전쟁은 아예 가까이 하지 않는 게 최상의 방책이라는 방침을 가지고 있었다. 베트남 전쟁과 관련된 가장 탁월한 설명으로 인해 이런 성향은 더욱 강화되었다. 미국 육군대학원Army War College에서 강의하던 해리 서머스Harry G Summers는 베트남 전쟁에 대해 이렇게 설명했다. 그는 미국의 초점이 대對 게릴라 활동에 맞춰지면서 전쟁의 본질적이고 전통적인 성격에서 어떻게 일탈하게 되었는지를 클라우제비츠를 인용해서 논했고, 또 북베트남이 1975년에 남베트남에게 최종적인 승리를 거두는 과정을 되짚어보면서 논지를 펼쳤다. 승리의 가능성은 언제나 북베트남의 전략에 내재되어 있었다. 하지만 그것이 남베트남에서 진행된 게릴라전이 부적절했음을 의미하는 것은 아니었다. 1960년대 대 게릴라 활동에 긴밀하게 관여했던 한 평자에 의하면 문제는 미 육군이 게릴라전과 관련된 요구에 충분한 관심을 기울이지 않았다는 점이지 적의 '주력 부대'를 무시했다는 점이 아니었다.[17]

미국은 베트남 전쟁과 동일한 유형의 전쟁을 지속적으로 꺼렸다. 그래서 미국 군대가 초점을 맞추고 있던 '대규모 전투 작전'이라는 관점과 무력 시위, 평화를 강제하기 위한 작전 그리고 우선순위가 훨씬 뒤떨어지는 대對 테러 활동 및 대 게릴라 활동 등을 아우르는 '전쟁 이외의 작전'이라는 관점을 뚜렷하게 구분했다.[18] 미국이 비정규전에 신중한 태도를 취했다는 사실은 비정규전을 수용하기 위한 교의와 훈련 등을 개발하기를 꺼렸다는 뜻이다. 대규모 재래전에 대비해서 최적화된 군대라 하더라도 다른 전쟁 즉 절대적으로 필요하긴 해도 절박성의 정도로 치자면 덜 절박한 전쟁은 수행할 수 없다는 뜻은 아니다. 그러나 1990년대에 일상적인 현상으로 자리를 잡게 되는 상대적으로 규모가 작은 우발적인 테러 사건들은 사실상 군대를 동원하기에는 적절하지 않은 부차적인 것으로 기각되었다. 이런 것들에 잘못 엮이면 국가의 가장 중요한 관심사들과는 상관도 없는 국지적인 정치적 활동만 수행하면서, 결국 발을 빼고 싶은 상황에서도 발을 빼지 못한 채 십자포화十字砲火에 노출될 수 있다는 판단 때문이었다.[19]

2001년 9월 11일, 미국은 매우 특이하고도 전혀 예상하지 못했던 공격을 받았는데 이 공격은 비대칭전 발상의 극한을 보여주었다. 세계에서 가장 가난한 지역 가운데 하나로 꼽히는 지역을 근거지로 한 소규모 이슬람 근본주의 집단이 준비한 저예산 계획은 미국의 경제와 군사 그리고 정치 분야의 힘을 상징하는 건물들을 직접적인 타격 대상으로 삼았다. 두 대의 민간 항공기가 뉴욕에 있는 세계무역센터 건물을 가미가제 식으로 들이받았고, 또 다른 한 대의 항공기가 워싱턴에 있는 국방부 건물과 충돌했다. 그리고 네 번째 항공기는 백악관이나 국회의사당을 공격하려 했지만 승객들이 저항한 바람에 결국 목적을 이루지 못하고 추락했다. 테러 공격을 주도한 집단을 알아내는 데까지는 그다지 많은 시간이 걸리지 않았다. 아프가니스탄에 기지를 둔 과격 이슬람 테러 조직 알 카에다가 테러를 주도했고, 이 단체는 탈레반 정부 내의 이념적 소울메이트들의 보호를 받고 있었다.

미국 정부는 '테러와의 전쟁'을 선포하고, 이어서 곧바로 탈레반 정부를 무너뜨리고 알 카에다를 분쇄할 군사 작전을 실시했다. 알 카에다는 자기 나름의 방식으로 도발했고, 미국 역시 자기 나름의 방식으로 대응했다. 탈레반은 유사 정규전을 통해서 무너졌다. 왜냐하면 미국은 아프간 반군 즉 북부 동맹을 끌어들일 수 있었기 때문이다. 아프간 반군은 보병을 제공했고 미국은 이들에게 탄약과 공군 그리고 이따금씩 적 내부의 정보를 캐내기 위한 목적으로 뇌물을 제공했다. 탈레반 정권을 무너뜨린 뒤에 조지 부시George W. Bush 대통령은 이 작전이 '혁신적인 교의(방침)와 최첨단 무기가 비전통적인 갈등을 지배할 수 있음'을 보여주었다고 결론 내렸다. 이는 정보화 시대에 걸맞는 전쟁의 승리였다. 전쟁 지휘부는 '전체 전투 현장의 모습을 실시간으로 지켜보며 (……) 타격 대상의 정보가 센서를 통해 사격자에게 거의 동시에 전달되도록 할 수 있었다.' 미국 특수부대 대원들이 말 위에 올라탄 채로 공중 공격을 요청하는 낭만적인 사진과 동영상도 나왔다. 이런 맥락에서 부시는 2001년 말에 다음과 같이 말했다.

"이 전쟁은 최고 수준의 전문가라는 사람들이 패널로 나오는 토론회나 연구소의 심포지엄보다도 우리 군대의 미래가 어떤 모습일지 훨씬 더 많은 것을 훨씬 더 생생하게 가르쳐주었다."[20]

부시는 이런 접근법이 아프가니스탄뿐만 아니라 다른 곳에도 적용될 수 있다고 보았던 것이다. 그리고 부시의 이런 인식을 반영한 다음 단계가 펼쳐졌다. 미국이 이슬람의 급진주의 운동에 대처할 계획을 세우는 대신 이라크의 사담 후세인 정권을 무너뜨리는 군사 작전에 돌입한 것이다. 후세인 정권은 대량 살상 무기를 가지고 있다는 의심을 받았으며, 따라서 미국에 한층 더 끔찍한 테러 공격을 퍼붓고 싶어 하는 여러 테러 집단들의 잠재적인 원천이었기 때문이다. 그리고 미국은 다시 한 번 더 재래전 전력의 압도적인 우위를 입증하면서 신속하게 후세인 정권을 무너뜨렸다.

아프간과 이라크에서 진행된 군사 작전은 명백하게 결정적인 전투에서 승리를 거둔 것이며, 적대적인 정권은 군대가 궤멸된 뒤에 곧바로 무너졌다. 하지만 이 두 경우 중 어느 쪽도 문제를 완전하게 해결하지는 못했다. 국방부 장관 도널드 럼스펠드 Donald Rumsfeld는 어떻게 하면 지금까지 신중하다고 여겨졌던 규모보다 훨씬 적은 병력으로 전쟁을 치르고 또 이길 수 있을까 하는 문제를 놓고 줄곧 고민해왔다. 그리고 그 관점과 방법이 마련되었다. 비록 저항력이 변변찮은 적을 상대로 했던 것이긴 했지만 말이다.[21] 그러나 미국군이 반란군과 싸우기 시작하면서 수적인 열세를 고집한다는 게 경솔한 것임이 곧 드러났다. 그리고 낡은 체제에서 새로운 체제로의 이전은, 미국이 이라크를 침공하면서 내세웠던 정치적인 주장 즉 이라크가 불법적으로 대량 살상 무기를 개발하고 있다는 주장이 사실이 아님이 밝혀짐에 따라서 한층 복잡해졌다. 그래서 이라크를 도와서 민주주의 국가로 나아갈 수 있도록 한다는 새로운 근거가 필요했다. 하지만 이것은 더 어려운 일이었다. 미군이 주도하는 다국적군 부대의 병력이 부족한 바람에 이라크 내에서 점점 더 악화되는 치안 상황을 감당할 수 없을 지경이었기 때문이다. 또 구 정권에서 후세인의 기반이던 이라크 내의 소수 인종 수니파가 강력하게 저항을 하고 나섰다. 이들은 미국의 이라크 점령으로 이라크인이 모욕을 당했다고 생각하며 기득권을 잃을까봐 두려워한 사람들의 지지를 받았다. 해체된 군대의 병사들과 실업 상태의 청년들이 반란군의 대열에 가담하면서 반란군의 수는 빠르게 늘어났다. 반란군에는 '구 정권의 요소들' 및 무크타다 알 사드르 Muqtada al-Sadr 가 이끄는 알 카에다 조직이 포함되었다. 알 사드르는 시아파 내에서 이슬람 근본주의를 추구하는 급진 세력의 지도자로, 이라크에서 미군을 쫓아내기 위해서 친미 성향의 시아파를 상대로 한 내전 도발에 열을 올리던 인물이었다. 비록 시아파는 구 정권의 붕괴로 혜택을 본 집단이지만 시아파 내부에서도 급진적인 정파는 미국에 총구를 겨누었다. 미군은 그다지 큰 힘을 들이지 않고 전투에서 늘 승리를 거두었지만 이 승리가 새로운 민주주의 정부의 수립이라는 정치적인 결실로 매끄럽게 이어지지는 않았다. 그리고 이 과정은 정규전에서 미국이 아무리 강력한 군사력을 행사한다 하더라도 그것과 상관없이 비정규전에서는 형편없이 당하고 만다는 사실을 입증했다.

　　미국의 권위가 끊임없이 도전을 받고 미군이 매복 공격과 도로 매설 폭탄으로 속절없이 희생되면서, 보다 강력한 군사력의 위용을 보여야 한다는 압력과 파병의 규모를 줄여야 한다는 압력이 동시에 제기되었다. 다국적군도 예상보다 오랜 주둔에 지쳐갔고 정치적으로도 신뢰성을 점점 잃어가고 있었다. 열악한 치안 상태는 경제적 복구 및 사회적 복구가 제대로 진행되지 못하도록 발목을 잡았고, 그 결과 치안이 더욱 불안해지는 악순환이 이어졌다. 미군은 30년이 넘도록 대 게릴라 활동을 무시했었기 때문에 도무지 갈피를 잡지 못한 채 힘겨운 싸움을 해야만 했다. 미군은 마을과 도시를 하나씩 훑으면서 반란군을 색출하고 쫓아내면서 무력을 시위했지만, 깨끗하게 소탕한 지역에 충분히 많은 병력을 주둔시킬 여력이 없었기 때문에 미군이 철수하고 나면 그 지역은 다시 또 예전 상태로 돌아갔다. 이것은 지역 주민들이 미군에 협조할 동기가 전혀 없다는 뜻이었다. 지역 차원의 민병대를 조직하려는 시도를 했지만, 여기에도 반란군이 침투했고 미군은 손을 쓸 수 없었다. 미군은 발사를 자제하는 훈련, 도발로 이어지는 상황을 피하는 훈련 그리고 경계심을 드러내는 지역 주민에게 우호적으로 다가가는 훈련을 받은 적이 없었다. 미군으로서는 반란군 병사와 무고한 민간인을 구분하기가 너무 힘이 들었고, 그러다 보니 곧 모든 사람을 반란군으로 의심했다. 마음을 정하지 못한 사람을 자기편으로 끌어들이기보다는 의심스러운 사람을 위협하는 쪽으로 나아갔다. 그러니 지역 주민들과 미군 사이의 소원함이 한층 깊어졌고 이런 감정은 금방이라도 적대감으로 바뀔 수 있었다. 2003년부터 2005년까지 수행된 이라크 내에서의 작전을 분석한 논문에 의하면 대부분의 작전이 '반란 활동에 대응하는 것, 즉 반란군을 색출하는 것'이었다고 한다. '주민들의 환경을 개선하는 것을 주 목적으로 삼은 작전'은 거의 없었다는 것이다.[22] '차단선을 친 다음 거기서부터 모두 쓸어버린다' cordon and sweep는 전략은 영토 점령을 유지하면서 적을 살상해야 하는 부담을 안겨준다. 그러나 이런 접근법이 창출한 군사적인 효과가 무엇이 되었든 간에 어쨌거나 정치적인 효과는 매우 해롭고 사나운 것이었다.

이런 당혹스러운 상황에 처한 미군은 대 게릴라 활동에 대해서 다시 생각할 수밖에 없었다. 비정규전 형태가 적절하지 않다고 부정하기 위해서 설정되었던 제도적인 장애물에 좌절을 느낀 장교들이 이런 움직임을 주도했다. 미국 캔자스의 육군 교육시설 포트 리븐워스Fort Leavenworth에 있는 제병협동본부Combined Arms Center에서 발행하는 기관지인《밀리터리 리뷰》Military Review에도 이런 주제는 2004년 전까지는 거의 실리지 않다가 언제부터인가 이런 주제를 다루는 기사가 한 호에 평균 다섯 개씩 실리기 시작했다.[23] 아라비아의 로렌스에서부터 데이비드 갈룰라에 이르는 게릴라전의 고전들을 다시 들추기 시작한 것이다. 예전에 대 게릴라 활동을 해본 경험이 있는 장교들이 (예를 들면 존 나글John Nagl이 이런 장교에 속한다) 이라크에서 벌이는 작전에 도움이 될 만한 조언을 하고 나서기 시작했다.[24] 미군에 파견되어 있던 오스트레일리아 장교 데이비드 킬쿨렌David Kilcullen은 식민지에서 막 독립한 상태에서 발생하는 반란 활동을 전문으로 다루는 최초의 이론가들 가운데 한 사람이었다. 그는 국경을 초월해서 세계적인 차원의 반란 방식을 만들어내기 위해 알 카에다를 비롯한 유사한 단체들의 노력을 집대성함으로써, 시간을 초월해서 유용한 교훈들을 정리했다. 킬쿨렌은 평범한 사람이 극단주의 이데올로기를 추종한다기보다는 외국군의 내정 간섭에 분노하다가 '우연히 게릴라가 된 사람들'의 사례를 살피면서, 과연 그 분노가 어느 정도일 때 그렇게 변하는지 탐구했다. 알 카에다가 세계적인 차원의 반란 단체로 성장하는 걸 막기 위해서는 이것을 관리 가능한 조각들로 나누어야만 했다. 이 단체가 정보 환경 속에서 번성하는 것을 막기 위해서는 대 게릴라 활동은 정보 환경이 물리적 환경만큼이나 중요하다는 사실을 먼저 인식할 필요가 있었다.[25]

새로운 대 게릴라 활동의 지도자는 데이비드 퍼트레이어스David Petraeus 장군이었다. 그는 미국이 전혀 준비가 되어 있지 않았던 전쟁에 휩싸임에 따라 제기된 여러 문제들을 지적하면서, 이것이 단순히 군사적인 기법상의 문제가 아니라고 목소리를 높이며 이 문제의 정치적인 차원을 강조했다.

"대 게릴라 활동 전략에는 반드시 반란군에 대한 지원 활동을 줄이며 반란군이 퍼트리는 이데올로기가 가진 매력을 훼손하는 데 도움이 될 정치적인 환경을 조성하기 위한 노력이 무엇보다도 우선적으로 포함되어야 한다."[26]

2007년 초는 미국이 내란 상태의 이라크를 포기하기 직전이었다. 부시 대통령은 마지막 시도를 해보기로 결정을 내렸다. 그리고 퍼트레이어스 장군에게 장차 '서지'surge(격동)라고 일컬어질 작전, 즉 이라크에 3만 명의 미군을 증파하는 작전을 맡겼다. 비록 이 작전은 새로운 전략에 걸맞지 않게 수적 우세를 지나치게 강조하는 것이긴 했지만 말이다.[27] 그리고 2007년 내내 개선의 기미가 뚜렷하게 보였는데, 이런 상황은 이라크를 자유민주주의 국가로 바꾸겠다고 했던 초기의 야심찬 목적을 충족하는 데까지 나아가지는 못했다 하더라도 내전을 상당한 수준으로 누그러뜨렸다는 점에서 중요한 전환점으로 비쳤다.

그런데 이 개선은 추가 병력을 투입하고 또 이들이 정보 활동을 수행한 결과라고만 보기는 어려웠다. 물론 그것도 주효했다. 그러나 그것은 이라크인이 내전의 논리에 등을 돌린 결과, 특히 알 카에다의 야만적인 행동에 수니파 가운데 많은 사람들이 강력하게 반발한 결과였다. 시아파 거주지에 대한 공격의 횟수가 줄어듦에 따라서 수니파에 대한 보복 차원의 공격 역시 줄어들었다. 미국의 군사력을 사용해서 이런 추세를 강화하려면 이라크 정부의 보위 책임을 (그들이 자기에게 닥친 어려움을 극복할 수 있든 없든 상관하지 않고) 될 수 있으면 이라크인에게 넘겨준다는 단순한 차원을 넘어서, 이라크 정치에 보다 미묘한 방식으로 접근할 필요가 있었다. 이것은 미국이 이라크 정치의 기질에 맞서지 않고 거기에 맞춰서 협력해야 한다는 뜻이었다.

† 제4세대 전쟁

2000년대의 경험은 다시는 반복될 것 같지 않은 어떤 경향 혹은 일련의 비정상적인 환경을 과연 어느 정도로 대변할까? 전자의 견해를 가진 사람들에게는 국제적인 테러를 쉽게 조정할 수 있음으로 해서 어느 정도의 신뢰성을 가진 이론적인 틀이 있었다. 그것은 '제4세대 전쟁'fourth-generation warfare이라는 폭넓은 의미의 표제 아래 나왔다. 이 틀은 군사 혁신RMA과 마찬가지로 우다 고리OODA loop와 기동전에 뿌리를 두고 있지만, 정규전이라는 개념에서 탈피해 전혀 다른 방향으로 나아갔다.[28] 이 용어는 보이드의 추종자이자 열정적인 개혁가였던 윌리엄 린드가 이끌던 한 무리의 연구자들이 공동으로 집필한 논문에서 처음 등장했다.[29] 이 구조에 따르

면 앞선 세 개의 세대는 서로가 서로에게 반응을 하면서 전개되었다(제
1세대 전쟁은 인력, 제2세대 전쟁은 화력, 제3세대 전쟁은 기동력에 각각 중점을
두었다―옮긴이). 그런데 네 번째의 새로운 세대는 정신 영역과 인지 영역
에서 시작되었다. 이 영역에서는 설령 물리적으로 강력한 군대라고 하더
라도 충격, 방향성 상실, 자신감 및 응집력 상실 등의 희생자가 될 수 있
다. 이 원리는 사회 전체에 적용되었다. 4세대에서 공격은 (공동의 규범과
가치관, 경제적 차원의 관리, 제도적인 구조 등을 포함한) 사회적 응집력의 원
천을 직접적으로 노린다. 아울러 이것은 인위적인 작전 수준에서 뒤집어
진 대전략 형태로의 변화였으며, 경쟁 이데올로기와 삶의 방식 그리고
실제로 많은 전투를 포함하지 않는 갈등 형태에 대한 의문을 제기했다.

　　강력한 열강들끼리 격돌해서 대규모의 변동을 초래하는 전쟁은 과
거에나 있었을 뿐이며 새로운 전쟁은 허약한 국가들 주변에서만 일어날
것이라는 발상은 여전히 살아남았다. 국제 거래가 점점 증가하면서 내
전의 고통을 겪는 국가들도 이 거래와 어떤 식으로든 연관을 맺게 되었
다.[30] 그런데 서구 열강들은 이 분쟁에 자유롭게 개입해도 되는 것으로
인식되었으며 (이런 것들은 흔히 '선택의 전쟁'war of choice으로 일컬어졌다) 또 이
열강들의 개입은 전쟁의 고통을 덜어주기 위한 것이라는 인도주의적인
차원으로 인식되었다. 비록 이런 내전에서는 경제 인프라 구축이나 건국
이라는 군사 외적인 차원의 쟁점들이 제기되었지만, 이런 쟁점들은 4세
대 이론과는 그저 느슨하게만 맞아떨어졌을 뿐이며, 4세대 이론가들의
강인한 정신을 산만하게 만들었다.

　　비록 군사 혁신은 동일한 뿌리를 가지고 있었음에도 불구하고 정규
전이라는 단일한 형태만을 가리킬 수 있었는데, 이 정규전은 미국에 가
장 유리한 것이라서 다른 국가가 미국을 상대로 정규전을 벌일 가능성은

거의 없었다. 이에 비해서 제4세대 전쟁은 정규전 이외의 거의 모든 전쟁을 다 가리켰는데, 제4세대 전쟁 이론이 다양한 것도 바로 이 때문이다. 이 가운데 하나로 린드와 가장 많이 연관된 이론은 제한 없는 이민정책 및 다문화주의의 결과로 나타난 미국의 국가적 정체성 침식에 초점을 맞춘 것이었다. 린드는 이것이 사회적 경향을 반영한 것이라기보다는 '문화적 마르크스주의자들'이 의도적으로 조장한 음모의 결과라고 주장했다. 문화적인 피해는 보다 폭넓거나 널리 확산되어 있는 사회적 경향, 경제적 불가피성의 산물이 아니다. 그것은 오히려 적들과 국내에 있는 순진한 사람들 혹은 잘못 생각하는 사람들이 조장한 것으로서 정교하면서도 적대적인 여러 조치의 산물로 나타났다고 했다. 또 하나 보다 영향력이 강력한 이론은 토머스 하메스Thomas X Hammes 해병대 대령이 제시한 것으로, 비정규전 특히 2000년대 미국을 그토록 깊은 슬픔으로 몰아넣었던 테러와 반란 형태의 비정규전에 초점을 맞춘 것이었다.[31]

　　제4세대 전쟁을 다룬 저작들에는 다섯 가지의 핵심 주제가 있다. 첫째, 이 이론은 전쟁의 승패가 갈리는 핵심적인 영역으로 정신 영역 및 인지 영역에 초점을 맞추었던 보이드의 이론을 따른다. 둘째, 최첨단 무기를 동원한 단기적인 전쟁에 초점을 맞춘 국방부의 견해가 잘못된 것이라고 확신한다. 셋째, 세계화 및 네트워크화에 대한 지향은 전쟁과 평화, 전투원과 민간인, 질서와 혼란 등을 가르는 기존의 경계선을 모호하게 만든다. 즉 전쟁은 시간이나 공간에 구애받지 않게 되었다는 것이다. 달라진 환경은 '인간 활동의 스펙트럼'을 확장했으며 전쟁은 '정치적으로 그리고 (기술적으로가 아니라) 사회적으로 네트워크화되었고 또 지속성 측면에서도 한층 확장되었다. 넷째, 적들은 찾아내기도 어렵고 속박하기도 어렵다. 이와 관련해서 보이드의 또 다른 동료였던 척 스피니Chuck Spinney

는 제4세대 전쟁의 전사戰士를 다음과 같이 묘사했다.

> 제4세대 전쟁의 전사치고 재래식 공격에 취약한 타격 대상은 거의 없다. 그리고 이들은 일반적으로 대의를 위해서 기꺼이 싸우고 죽으려 하는 경향이 훨씬 더 강하다. 이들은 제복을 입는 경우가 거의 없으므로 민간인과 구분하기 어렵다. 또 이들은 전통이나 인습에 얽매이지 않으며 목적을 달성하기 위해서 새롭고 혁신적인 수단을 적극적으로 찾아나선다.[32]

다섯째, 이런 갈등(혹은 전쟁)은 도덕 영역과 인지 영역에서 전개되므로 어떤 군사적인 행동도 소통의 한 형태로 인식해야 한다. 린드는 처음이 이론을 정식화하면서 '심리적인 작전이 미디어 혹은 정보 개입 방식을 통해서 지배적인 작전적·전략적 무기가 될 수 있다'고 주장했다.[33]

그런데 이 이론은 일관성과 통일성 있는 하나의 이론으로서는 곧 소멸되고 말았다. 하나의 이론으로 담을 수 없을 정도로 여러 가지 모순된 주장들이 나왔다는 것도 문제였지만, 작동하지도 않는 어떤 역사적인 틀에 의존했기 때문이다. 앞선 세 개의 세대에서 있었던 사례들을 놓고 볼 때 전쟁이 오로지 정규전만을 통해서 전개된 적은 단 한 번도 없었다. 게다가 아라비아의 로렌스나 마오쩌둥과 같은 비정규전의 대가들조차도 오로지 정규군만이 국가 권력을 장악할 수 있음을 인정했다. 테러에서 반란에 이르는 여러 가지 형태의 비정규전에 의존하는 수많은 집단들이 있을 수 있다는 사실은, 현대 세계의 새로운 기술 및 사회경제적 구조가 주는 충격에 대한 독특한 통찰이라기보다는 자기들이 가지고 있는 약점에 대한 일차적인 대응이었다. 그리고 반갑지 않은 발전들이 어떤 단일한 지도적 대의를 가지고 있다고 설정하는 경향도 존재했다.

비슷한 맥락에서 랠프 피터스_Ralph Peters_는 서구의 군대들은 '전사들'과 맞설 준비를 해야 한다고 주장했다. 피터스는 이들을 '시민적 질서에는 전혀 관심이 없고 습관적으로 폭력을 휘두르며 충성의 대상을 수시로 바꾸는 변덕스러운 야만인'이라고 화려하게 묘사했다. 그는 이들의 전쟁 접근 방식을 게릴라전 연구자들이 낯설게 여기지 않을 모습으로 묘사했다. 우선 이들은 자기들이 압도적인 우위에 있을 때에만 싸움을 하려 한다고 했다.

"이들은 저격하고 매복하고 현혹시키고 배신하면서 자기들과 맞닥뜨린 (불리한 환경 때문에 자유롭지 못한) 군인들이 지역 주민이나 동맹자들과 등을 지도록 유도하는 한편, 잠자코 웅크리고 앉아서 자기들을 노리는 조직된 군대보다 더 오래 살아남기 위해서 이 군대가 지나가기만을 기다린다."[34]

이것은 문제를 과대포장한 진술이다. 전투 그 자체를 즐기는 사람도 당연히 있겠지만 대부분의 전사들은 자기들이 추구하는 대의나 생활방식을 위해 싸운다. 전혀 과장하지 않고 말하자면 게릴라 부대와 민병대가 거둔 전공戰功은 대단한 것에서부터 하찮은 것까지 천차만별이었다.

† 정보 작전

비대칭전 논의에서 핵심은 이른바 '정보 작전'information operations이라는 전혀 도움되지 않는 이름으로 알려진 것에 초점이 맞추어졌다. 이 용어가 도움이 되지 않는 것은 서로 연관이 있긴 하지만 뚜렷하게 구분이 되는 활동들, 즉 어떤 것들은 정보의 흐름과 관련이 있고 또 어떤 것들은 정보의 내용과 관련이 있는 일련의 활동들을 통틀어서 지칭하기 때문이다. 정보 작전의 잠재적인 범위는 미군의 공식적인 문건에 규정되어 있다. 이 문건은 '미국 및 미국의 동맹국들이 정보 우위'를 달성하고 유지할 수 있도록 하는 것을 정보 작전의 목적으로 설정한다. 이렇게 하려면 '적의 인간 및 자동 의사결정 장치에 영향을 미치거나 혼란을 야기하거나 스스로 망가지도록 하거나 혹은 이것이 가지고 있는 권능을 빼앗으면서 동시에 우리 자신의 그런 역량은 보호할 수 있는 능력'이 필요하다. 인간과 자동 의사결정 장치의 결합은 심리 작전과 속임수에서뿐만 아니라 전자전과 컴퓨터 네트워크 분야에 반영되었다.[35] 그런데 이 모든 것은 두 가지의 뚜렷한 경향을 반영했다. 하나는 상대의 인식 내용을 바꾸어놓는 것과 관련된 전통적인 관심사이고, 다른 하나는 디지털화된 정보가 가져다주는 충격이다.

정보가 희소 상품일 때 그것은 식량이나 연료와 같은 필수품으로 인식될 수 있다. 고품질의 정보를 습득하고 또 보호할 때 경쟁 상대국보다 한 발 앞설 수 있다. 여기에는 지적 재산, 민감한 금융 정보 그리고 정부 기관 및 민간 기업의 계획과 역량 등이 포함된다. 전문적인 정보 기관의 존재 이유도 바로 여기에 있다. 클라우제비츠는 정보의 중요성을 높이 평가하지 않았지만, 적국이 숨기고자 하는 정보를 캐내는 수단과 기술이 개선됨에 따라서 정보는 점점 더 중요해졌다. 처음에 정보 수집은 첩자에 의존했고, 그 다음에는 암호 해독 능력에 의존했다. 전신 통신이 사용될 때 적이 주고받는 통신을 중간에 가로채면 무슨 내용을 주고받는지 알 수 있을 뿐만 아니라 적의 현재 위치도 알 수 있다. 제2차 세계대전 때 연합군은 독일군의 암호 체계를 풀어낸 덕분에 여러 전투에서 중요한 성공을 거두었다. 그리고 그 뒤에는 항공 사진을 촬영하는 기술이 개발되었고, 나중에는 우주에서 특정 지역을 감시하고 촬영하는 기술까지 개발되었다. 그래서 적이 우리의 군사 체계나 배치 및 작전 계획의 세부적인 사항들을 알아내지 못하게 할 방법은 점점 더 어려워졌다.

보다 많은 정보가 디지털화하고 (그래서 정보를 생산하고 전송하고 수집하고 보관하는 일은 한층 단순해졌다) 통신도 실시간으로 이루어짐에 따라서, 정보와 관련된 과제는 이제 희소성의 문제가 아니라 풍족함의 문제가 되었다. 합법적으로든 불법적으로든 간에 접근할 수 있는 정보의 양이 엄청나게 많아졌다. 외부자는 해킹 수법을 동원해서 비밀번호와 방화벽을 뚫고서 민감한 정보를 습득하거나 남의 아이디를 훔치고 혹은 자금을 횡령한다. 그리고 또 하나의 과제는 바이러스, 웜, 트로이 목마, 논리폭탄 등으로 알려져 있는 유해한 디지털 침투를 통한 정보 훼손 및 왜곡 시도로부터 정보의 통일성을 지키고 유지하는 것이다. 그런데 이런 해킹이 악의적이고 명백한 의도가 있는 경우도 물론 있긴 하지만, 멀리 떨어져 있는 서버로부터 특정한 목적도 없이 이루어지는 경우도 많다. 이런 행동의 대부분은 불법이고 범죄 행위이다. 그런데 국가의 지원을 받는 해커들이 다른 나라의 정부나 기업이 가지고 있는 기밀 사항을 대량으로 내려받는다거나 정부 기관의 전산 체계를 공격해서 멈추게 하거나 무기 개발 프로그램을 망가뜨리는 바이러스를 침투시키거나 군사 장비의 소프트웨어를 손상시켜서 실제 야전에서 그 장비가 제대로 작동하지 못하도록 한 (혹은 그런 시도를 한) 사례도 많았다. 그렇다면 소프트웨어 부대의 해킹 전사들이 전자 수단을 무기로 운송, 은행, 공공 의료 등과 같은 현대 사회의 지원 체계를 망가뜨릴 수도 있지 않을까?

이런 공격이 불편함과 짜증을 유발할 것임은 분명하다. 그리고 때로는 단순한 짜증이 아니라 엄청난 혼란을 일으킬 수도 있다. 군대가 작전을 펼치는 도중에 갑자기 방공 체계가 작동하지 않을 수도 있고, 발사한 미사일이 엉뚱한 곳으로 날아갈 수도 있으며, 작전 지역의 지휘소에서 정전이 일어날 수도 있고, 최고사령부의 모든 모니터가 깜깜하게 먹통이 되어버릴 수도 있다. '전쟁 상황의 모호한 안개'에 대처할 생각으로 빠른 정보 흐름을 위해서 이런 체계를 갖추었다고 할 때, 이 체계가 갑자기 고장 나서 멈추어 설 때 사람들이 받을 충격이 얼마나 클지는 충분히 상상할 수 있다. 적이 방해를 하지 않는다 하더라도 전쟁의 안개 그 자체만으로도 정보는 충분할 정도로 과잉 상태다. 걸러내고 평가하고 요약해야 할 정보가 너무 많다. 과거의 경우처럼 정보가 부족해서 쩔쩔 매던 시대가 아니다. 확실히 새로운 정보 환경은, 정부가 통제하고자 하는 내용 및 정부가 영향력을 행사하고자 하는 새로운 여론과 관련해서 정부에 여러 가지 새로운 문제를 안겼다. 평범한 사람들이라고 하더라도 휴대폰으로 사진과 뉴스를 다중으로 확산할 수 있는데, 흔히 부정확하며 또 축약되어 있는 이런 정보들이 다양한 사회 관계망 서비스를 통해서 확산되는 상황에서, 정부는 현재 무슨 일이 진행되고 있는지 그리고 그 일과 관련해서 어떤 반응들이 형성되고 있는지 포착하려고 애를 쓴다.[36]

바로 이것이 1993년에 존 아퀼라John Arquilla와 데이비드 론펠트David Ronfeldt가 '사이버 전쟁이 다가온다!'고 경고했던 그 위험에 해당될까?[37] 당시에 두 사람은 미래의 전쟁은 지식을 중심으로 해서 전개될 것이라고 주장했다. 이들은 '사이버 전쟁'cyberwar과 '네트워크 전쟁'netwar을 구분했는데, 전자는 군사 체계에 한정했으며 (그러나 나중에는 이 개념의 의미망이 보다 넓게 확장된다), 후자는 사회적 차원으로 접근했다(랜드 연구소 소속의 이 두 사람은 1993년에 사이버 전쟁 개념을 처음으로 제시하면서 군사적 영역에 초점을 맞췄으며, 1996년에는 네트워크 전쟁에 관한 연구를 하면서 테러·범죄·과격 사회 운동 등에 초점을 맞춘다—옮긴이). 그런데 새로운 형태의 전쟁이 제시될 때마다 늘 쟁점은 같았다. 과연 이 새로운 형태의 전쟁이 그 자체만으로 결정적인 전쟁이 될 수 있을까? 이 문제를 스티븐 메츠_{Steven Metz}(미국의 국가안보연구가—옮긴이)의 표현을 빌려서 다시 정리하면 다음과 같이 된다.

"정치적으로 유용한 어떤 방법이 (……) 야전에서 적의 부대를 먼저 궤멸시키지 않은 상태에서도 (……) 적의 국가적 혹은 상업적 인프라스트럭처에 위해를 가할 수 있을까?"[38]

전쟁에서 마침표를 찍을 어떤 결정적인 사이버 전쟁이 있을 수도 있다는 가설에는 사이버 전쟁의 공격이 압도적인 위력을 발휘하며 이 효과가 걷잡을 수 없이 멀리까지, 지속적으로 미친다는 가정이 동반된다. 기업이나 심지어 국방부와 같은 보안이 철저한 곳의 서버가 자주 해킹당하는 엄연한 현실 속에서 사이버 전쟁의 위협은 신뢰성을 획득했다. 네트워크상의 약한 고리를 노리려고 끊임없이 탐색하는 적의 정교한 시도로부터 중요한 정보를 보호하고 관리하는 일은 그 어느 때보다도 중요한 과제가 되었다. 그러나 효과적인 공격이 이루어지려면 적의 디지털 체계로 침입할 진입점(어떤 프로그램이나 서브루틴의 시작 주소—옮긴이)뿐만 아니라 이 체계의 정확한 구성에 대한 상당한 수준의 정보가 필요하다. 사이버 전쟁은 공격의 익명성과 기습성 측면에서 매력적이다. 그러나 실제로 이 공격을 감행하려면 적의 철저한 경계망을 뚫고 성공할 가능성, 적에게 입힐 수 있는 실질적인 피해의 규모, 적이 훼손된 체계를 복구하는 데 걸리는 시간, 적이 (자기가 당한 것처럼 사이버 전쟁으로뿐만 아니라 다른 여러 가지 방식으로) 보복해올 가능성 등을 모두 고려해야 한다. 사실 적이 실제로 이런 공격에 당했다면 디지털적 반격이 아니라 물리적 반격을 할 가능성이 높다. 아닌 게 아니라 토머스 리드_{Thomas Rid}(미국의 전쟁학자—옮긴이)는 이 문제에 대한 논의가 점점 더 과장되고 있다고 경고하며 나섰다. 사이버 공격의 대부분은 의도나 효과 측면에서 비폭력적이며, 일반적으로 볼 때 사이버 공격 대신에 이루어졌을 공격에 비해서 덜 폭력적이다. 이 공격들은 공장 파괴 활동, 첩보 활동, 정부 전복 활동과 같은 고전적인 활동들의 가장 최근 버전인 셈이다. 그래서 리드는 '사이버 전쟁은 낭비된 하나의 비유'이며 새로운 과학기술들이 제기한 실질적인 문제들을 제대로 다루지 못했다고 결론 내렸다.[39]

아퀼라와 론펠트는 '네트워크 전쟁'을 다음과 같이 묘사했다.

"네트워크 전쟁은 전통적인 개념의 군사전에는 미치지 못하지만 사회적인 차원에서 새롭게 제기되는 갈등(그리고 범죄)의 한 방식이다. 이 전쟁에서는 정보화 시대에 맞게 조정된 네트워크 형태의 조직 및 관련된 강령(방침)들, 전략들, 기술들이 사용된다."

네트워크 전쟁을 수행하는 주체들은 대규모의 단일 위계 조직과는 다르다. 대규모 위계 조직은 경찰 활동과 군사적인 작전을 병행해서 수행하며 극단주의자들이 흔히 따라서 모방하는 대상이 된다. 그러나 네트워크 전쟁은 '여기 저기 분산되어 있는 조직들, 소규모 조직들 그리고 인터넷 상에서 (흔히 중앙의 지시를 받지도 않은 채 독자적으로) 자기가 수행할 작전을 소통하고 조정하며 실행하는 개인들로 구성되어 있는 경우가 많다.'[40] 테러리스트나 반란군 혹은 비폭력 급진주의 단체들은 전면전이나 위계적인 명령 체계에 의존할 필요가 없다. 오히려 스마트폰이나 웹으로 묶인 인터넷 네트워크 속에서 다양한 방법으로, 다양한 방향에서, 소그룹 차원에서 얼마든지 무리를 이루어 번성할 수 있다. 실제로 점점 더 많은 집단이 핵티비즘hactivism(해커hacker와 적극적 행동주의activism의 합성어로, 해킹을 통해 국가나 기관에 압력을 행사하는 행위―옮긴이)을 표방하면서, 경제나 사회적 응집력을 타격 대상으로 삼기보다는 정치적 혹은 문화적 타격을 추구한다. 설령 보다 많은 적들이 공격을 준비한다고 하더라도, 이 공격의 결과는 '대량 파괴'가 아니라, 테러나 붕괴보다 더 뚜렷한 불편함과 방향 감각 상실을 동반한 '대량 혼란'이 될 가능성이 높다.[41]

실제로 2011년에 있었던 '아랍의 봄' 초기에 해당 국가들의 정부는 페이스북이나 트위터와 같은 소셜 네트워크를 통해 빠른 속도로 전개·발전하는 여론에 신속하게 대처할 수 없었다. 이런 전술들은 정보화 시대 이전부터 이미 잘 구축되어 있던 여러 원리를 따른 것이다. 급진적인 단체들은 특히 초기 단계에서 흔히 개인들 사이의 느슨한 네트워크를 기반으로 했다. 이들은 정부 당국의 관심을 끌지 않으려고 구성원들끼리 그리고 리더와 될 수 있으면 적게 접촉하면서 반독립적인 세포로 활동했다. 그게 더 안전하다고 생각한 것이다. 인터넷을 비롯한 여러 디지털 소통 방식들 덕분에 급진 단체의 구성원들이 서로 접촉하기가 한결 쉬워진 것은 분명하다. 그러나 통화나 전자 방식의 메시지를 추적당해서 보안이 깨지는 경우가 많았기에 급진 단체의 구성원들은 상당히 전문적인 내용을 지나치게 공개적으로 많이 소통하기를 꺼릴 수밖에 없었다. 게다가 급진적인 네트워크들은 사회적인 응집성 혹은 보다 선명한 작전 목적에 대한 집착성을 전제로 한다. 그래야 뿔뿔이 흩어져 있는 개인들을 단체가 내세운 대의 아래 하나로 묶을 수 있기 때문이다. 그리고 이들이 조직의 규모를 키우려면 휴대전화 차원의 형식을 넘어설 필요가 있다. 그러려면 적에게 상당한 타격을 가하기에 충분한 역량을 동원하고 또 직접 지휘할 수 있는 지도부가 필요하다. 권위를 가지고 의사결정을 내리는 지도부 없이는 적을 성가시게 하는 데서 적을 제어할 수 있는 수준으로까지 나아가기 어렵다. 2011년부터 2013년까지 아랍을 강타했던 반란의 바람이 입증했듯이, 심각한 반대에 부닥친 정권은 자기가 확보한 사회적 네트워크로 대응하지 않고 결국에 가서는 물리적인 힘으로 대응한다. 최종적으로는 무장 반란의 가능성과 정권을 지키려는 군사력이 모든 것을 결정한다는 말이다.

초기에 정보 흐름의 초점은 표준적인 군사 작전을 유지하고, 보다 빠른 의사결정을 지원하며, 보다 정확한 물리적 효과를 보장하는 데 맞춰졌다. 2000년대의 비정규전은 곧 보다 전통적인 정보전 형태에 초점을 맞추었고, 미국은 원시적인 수준으로밖에 보이지 않는 적들에게 밀렸다. 적들이 어떻게 나올지, 어떤 식으로 공격을 해올지 거의 파악하지 못했던 것이다. 적들은 비록 물리력 측면에서는 부족했지만 감수성이 예민한 사람들의 마음을 돌려놓을 방법은 잘 아는 것 같았다. 물리적 환경의 우세는 정보 환경의 이점으로 전환되지 않는 한 아무 소용이 없었다. 그리고 정보 환경은 적들이 선택한 전투 현장이었으므로 미국으로서는 적을 섬멸할 결정적인 교전을 벌인다는 차원이 아니라 장기간에 걸쳐서 적의 인식을 바꾼다는 차원에서의 승리를 개념화하고 거기에 필요한 것들을 준비해야 했다.[42] 이 문제는 자료의 흐름과 관련된 문제라기보다는 사람들의 사고방식과 관련된 문제였다.

이런 성찰을 바탕으로 해서 이라크와 아프가니스탄에서 있었던 대게릴라 활동은 이성적으로 이해할 수 없는 것을 포스트모더니즘적으로 받아들이는 것으로 이어졌다. 해당 지역의 주민들은 그 지역의 개인들과 폭넓은 사회적 그룹들이 특정한 세계관에 사로잡히도록 만들었던 일련의 사고 패턴을 가지고 있었는데, 이 패턴을 중요하게 여기는 것으로도 대 게릴라 활동은 이어졌다. 예컨대 로버트 스케일스 Robert Scales 소장은 이 슬람군이 서구의 재래전 방식으로 싸울 때는 패배하고 비전통적인 방식으로 싸울 때는 엄청난 승리를 거두었던 사실을 설명하면서 '문화 중심전' culture-centric warfare 이라는 개념을 사용했다.[43] 그는 '교활한 계책과 속임수 그리고 죽음을 불사하는 의지와 인내심으로 무장한 테러를 내세우는' 적과 맞서면서 '정확성과 속도를 조금 더 높이고 대역폭을 조금 더 넓히는 데'는 지나치게 많은 노력을 기울이면서도 '인지와 문화 의식을 바탕으로 한 병행 전환 parallel transformation 을 창출하는 데'는 거의 노력을 기울이지 않았다고 주장했다.

"전쟁에 이기려면 동맹을 창출하고 비군사적인 이점을 최대한 활용하며 적의 의도를 파악하고 신뢰를 구축하며 여론을 바꾸고 인지 내용을 관리할 필요가 있다. 이 모든 일에는 다시 해당 지역의 사람들을 이해하고 그 사람들의 문화와 동기 부여 내용을 이해하고 파악하는 비상한 능력이 필요하다."

그러면서 스케일스는, 미국이 싸우는 상대는 '입소문과 은밀한 메신저'로 소통을 하며 '네트워크 혹은 효율성 제고를 위한 정교한 기술적 통합을 필요로 하지 않는' 단순한 무기를 가지고서 싸우는 '흩어져 있는 적들'이라고 했다.

문화적 요인들에 대한 인식이 중요하다는 사실은 국방부가 인류학자인 몽고메리 맥페이트 Montgomery McFate 를 고용해서 군사 작전과 이라크 사회 사이의 상호작용을 연구해달라고 의뢰한 사실로도 확인할 수 있다. 그리고 그녀가 꼽은 미군의 실수 가운데는 이라크 사회의 권력 구조에서 부족적인 충성심이 얼마나 큰 역할을 하는지 제대로 알지 못했던 점, 공식적인 발표 외에도 커피숍에서 이야기되는 이런저런 소문들이 중요하다는 사실을 알지 못했던 점, 손짓과 같은 작은 행동들이 얼마나 큰 의미를 지니는지 알지 못했던 점 등이 있었다.[44] 다른 사람의 세계관에 영향력을 행사하는 능력이 중요하다는 인식이 예전에 비해서 점점 더 강조된다는 사실은, 군사 작전을 무차별적이고 거칠게 수행할 때 정치적으로 무엇인가를 잃어버릴 수도 있다는 경고와 '심장과 정신'이라는 표현이 전보다 더 많이 사용된다는 점에서도 확인할 수 있다. 이 표현은 치안군이 (병력 충원, 정보, 식량, 무기와 탄약, 예배당 등의 측면에서) 반란군을 잠재적인 지원 원천인 주민들에게서 떼어놓는다는 보다 폭넓은 전략의 일환으로서, 자기들이 진정으로 주민들 편임을 선행과 공감을 통해서 그들에게 설득할 필요가 있을 때마다 사용하던 문구였다. 대 게릴라 활동은 마키아벨리로까지 거슬러 올라간다. 마키아벨리는 군주라면 백성에게 사랑받는 것보다 백성에게 존경받는 것이 더 나으며, 물리적인 힘으로 상대방을 위협하고 머리를 숙이게 할 수도 있지만 양보로써 더 많은 것을 얻어낼 수도 있다고 했다.

문제는 오히려 '심장과 정신'이라는 개념에 대한 지나치게 쉬운 접근방식이었다. 또 다른 맥락에서 보자면 '심장'과 '정신'은 서로 대치되는 표현이다. 심장은 강력한 감정을 뜻하고 정신은 냉정한 계산을 뜻한다. 심장은 가치와 상징에 호소하며 정신은 지성에 호소한다. 이것은 이미 영국의 헨리 클린턴Henry Clinton 제독이 1776년에 미국이 독립을 선언하고 나설 때 비슷한 문제에 직면해서 했던 표현이다. 당시 클린턴은 영국은 '미국의 심장을 취하고 미국의 정신을 가라앉혀야 한다'고 주장했다.[45] 실제로 반란과 테러에 대처하는 방법을 논의하는 과정에서 무자비한 폭력에 반대한 사람들은 마치 해당 지역 주민들에게 봉사와 선행을 베풀면 그들의 지지를 얻을 수 있을 것처럼, 정신을 억압하기보다는 심장을 얻는 것을 강조하는 경향을 보였다.

　여기에는 세 가지 어려운 점이 있다. 첫째, 앞서 얘기한 것처럼 지역민의 정치적 충성심은 지역의 권력 구조에 의존하는 경향이 있기 때문에 이 구조에 어떤 영향을 미칠까 하는 관점에서 모든 조치를 판단하고 실행해야 한다. 둘째, 도로를 복구하고 학교를 세우는 행위가 주민의 복지에 이바지함은 의심할 나위가 없지만, 치안이 허술해서 외국 군대와 지역 주민이 서로 가깝게 소통하면서 상호 신뢰를 쌓을 수 없을 때는 아무리 이런 노력을 기울여도 효과는 그다지 뚜렷하게 나타나지 않는다. 이런 것들은 상황이 악화되는 걸 막는 데는 도움이 되겠지만, 한 번 나빠진 상황을 되돌리는 데는 도움이 되지 않는다. 정신을 지향하는 쪽으로 무게 중심을 더 실은 접근법이라면, 계속 이어지고 있는 정치적·군사적 갈등에서 결국 누가 이길 것인지 그리고 다양한 정당들이 내놓은 장기적 전망들이 각각 어떤지를 놓고 주민들이 하는 질문에 성실하게 답변함으로써 신뢰를 쌓을 수 있다. 반란군은 지역 주민들로부터 누가 신뢰를 받을 것인지, 무엇이 진짜고 무엇이 가짜인지, 누가 진정으로 그들 편이며 또 누가 진정으로 그들의 적인지 등에 관한 온갖 의심의 씨앗을 주민들 사이에 뿌릴 수 있다. 반란군 측과 이들을 진압하려는 측이 각자 주민들의 지원을 받으려고 정신적인 줄다리기를 할 때, 이들은 친절하다는 인상뿐만 아니라 무력적으로도 강력하다는 인상을 심어주려고 선물을 내놓을 뿐만 아니라 자기가 승리할 것임을 입증하고 싶어서 안달할 수 있다. 전략의 인지 차원에서 보자면 이것은 좋은 일을 했을 때 생성될 수 있는 좋은 감정의 효과만큼 중요하다. 반란군과 진압군 양측 모두 지역 주민 및 지역 지도자와의 실질적인 경험과 이 경험이 해석되는 정신적 구조물(사고의 틀)에 의존하려 들 것이다. 그리고 세 번째 문제는, 이 전략은 민족성이 다른 사람들은 서로 문화도 다르다는 식의 단순한 인식을 넘어서는 한층 더 미묘한 인식을 필요로 한다는 점이다. 그러나 다른 문화권에 속한 사람들의 세계관이나 자기민족중심주의를 놓고, 다른 사람의 인식을 보다 넓은 시각으로 너그럽게 받아들이는 게 당연하다는 논리를 반대하고 나서기도 어렵다. 문화는 명쾌하게 정의하기 어려운 용어이다. 문화라는 개념에서 때로 개인은 소멸되며, 이런 맥락에서 개인의 행동은 개인의 개별적인 의지나 판단과 전혀 별개의 것으로 드러난다. 문화라는 용어는 또 냉철한 이해관계로는 설명할 수 없는 거의 모든 것을 아우를 수도 있다. 다른 민족의 전략과 관련된 문화를 정의하려는 노력들은 흔히 놀라울 정도로 통일성 있는 결과를 내놓곤 했다. 게다가 그 어떤 논리적 반박을 허용하지 않으면서, 또 거의 언제나 고정불변의 완결체로 말이다. 적어도 학계에서는 이 접근법이 정보를 해석하고 사건을 추적하는 데 도움을 주긴 하지만 정기적으로 수정되고 발전하는 과정을 거쳐야만 하는, 이미 수용된 어떤 생각들을 언급하는 관행을 넘어서지는 못했다. 여기에 대해서는 이 책의 마지막에 해당되는 제5부의 38장에서 '대본'scripts이라는 개념을 놓고 논의를 풀어나갈 때 다룰 생각이다.[46] 문화에 대한 과장된 견해는 역설적인 의미에서 중요하다. 왜냐하면 이질적인 태도와 비협조적인 행동은 고대인의 삶의 방식을 반영하는 것인데, 이 태도와 행동이 현대적인 여러 물질과 정신에 전혀 훼손되지 않은 채 지금까지 남아 있어서 어떤 조건과 환경에서든 의연하게 나타난다는 식의 가설로 이어질 수 있기 때문이다.

개인이 문화 속으로 사회화되어서 여러 가지 규범과 믿음, 행동 양상 그리고 말로 하지 않아도 당연한 것으로 받아들여지는 (그러나 외부자로서는 전혀 이해할 수 없는) 상호 이해의 형태를 공유하게 된다는 주장의 반대편에는 이런 가능성이 존재한다. 즉 동일한 문화권 안에 있는 공동체들이 외부의 영향력과 도전에 노출된 역동적인 상황에서 문화는 조정 과정을 거치면서 문화권 내에 속한 사람들을 하나로 묶는 데는 효력이 떨어질 수 있다는 것이다. 그래서 패트릭 포터Patrick Porter는 재건된 이슬람 교도들, 전사戰士들 그리고 문화적 차이로 인해서 발생한 반란군들을 관찰 대상으로 한 책에서, 서로 부닥쳐서 갈등을 빚는 사람들은 '주체적으로 행동하는 것이 아니라 초개인적인 역사적 힘에 의해서 행동을 강요받는 것 같다. 즉 문화로부터 명령을 받아서 행동하는 것 같다. 혹은 전쟁의 양태들이 조상 대대로 물려받은 습관에 의해서 고정된 어떤 것으로 드러난다'고 묘사했다. 사람들은 자기 문화 안에서 새로운 유형의 무기와 갈등 형식을 배우고 수용할 수 있었다는 것이다. 증오가 대를 이어 이어지고 문화적 상징이 쉽게 환기됨으로써 고정관념들이 권장되었고, 사람들이 서구적인 어떤 이미지 속에서 자기를 개조하고자 하는 시도를 할 때 배척받는 것과 마찬가지 이유로 외래적인 것은 해로운 것으로 지탄받으며 배척되었다. 어떤 사람들이 하는 문제적인 행동을 그 사람들이 놓여 있는 삶의 방식에 따른 결과라고 해석하는 것은 겸손한 해석일 뿐만 아니라, 외부에서 개입한 세력 때문에 곤란한 처지에 놓여 있는 (그리고 행동을 통해서 얼마든지 적대적인 반응을 촉진할 가능성이 있는) 사람들을 자유롭게 해방시켜주는 것이기도 하며, 또한 장기간에 걸쳐서 전쟁을 벌이고 있는 양측이 서로 상호작용을 해서 사상과 무기와 전술을 서로에게서 취할 가능성을 낮게 평가하는 해석이다.[47] 다국적군 장교들은 설득력 있는 이야기들을 확보해야만 했다. 사악한 적의 선전과 공세를 뿌리치는 동시에 자기들이 돕고자 하는 지역 주민들이 올바른 선택을 해서 자기들 곁에 남도록 할 방법을 생각해내야만 했기 때문이다. 킬쿨렌은 경험을 체계화하고 사건들을 이해할 사고의 틀이 될 수 있는 (단순하고 일관성이 있으며 쉽게 표현될 수 있는) '단일한 내러티브'single narrative에 의존하는 반란자들이 가지는 '해로운 영향력'에 대해 관찰했다. 그는 '반란자들을 배제하는 기존의 내러티브' 즉 사람들이 자연스럽게 받아들일 수 있는 이야기들을 이용하는 것이 최상의 방책임을 알았다.[48] 그러나 구성이 복잡한 다국적군으로서는 다양한 잠재적인 청중들을 모두 만족시킬 내러티브를 꾸며내는 일이 결코 쉽지 않았다. 한 영국군 장교는 행동을 설명해주는 데 도움이 될 뿐만 아니라 '계급과 직능을 떠나서 팀 전체를, 예를 들어 외교사절단장, 육군 중대장, 지원 나온 특수 분야의 전문가, 본국에 있는 정치인 등을' 하나로 단단하게 묶어주는 내러티브의 가치를 발견했다. 이 장교는 이것이 이야기 속에서 다양하게 변주될 수 있음을 깨달았다. 그리고 이 변주는 일관성만 유지한다면 군이 문제가 될 필요가 없었다. 그러나 자유민주주의 차원에서는 일관된 여러 이야기들을 만들어내기가, 다시 말하면 지역 차원의 전선에 대한 필요성이 멀리 떨어진 본국 수도 차원의 전선에 대한 필요성과 대립한다고 보기가 어려웠다.[49]

미국 해병대가 만들어낸 이야기 모음집은 미국이 '온 사회를 관통하는 방대한 상업적 정보 인프라스트럭처를 국가 안보 목적으로 신속하게 적용'하는 데 서툴렀음을 입증한다.[50] 잔인무도한 공격성을 가지고 있으며 뻔뻔하기 짝이 없는 메시지를 퍼트리는 것으로밖에 보이지 않는 알카에다로 인해서 미국이 그토록 궁지에 몰린다는 게 너무도 당혹스러웠다. 하지만 내러티브 전쟁에서 미국이 수세에 몰려서, 자신의 독자적인 메시지를 선전하지 못하고 적의 메시지에 대응하느라 쩔쩔매는 모습은 엄연한 현실이었다. 관념적으로는 매력적이기 짝이 없는 이야기들을 만들어내려는 시도가 진행되었지만 실제로 이게 청중에게 어떻게 받아들여질지는 아무도 확신하지 못했다. 서구의 메시지 전달자들이 새로운 청중에게 다가가기 위해서 헤쳐나가야 할 문제들은 여러 가지였다. 온갖 소문들, 공식적인 정보원으로부터 나온 보고를 믿지 못하는 경향, 자신들의 삶과 철학의 방향을 왜 외국인으로부터 들어야 하나 하는 현지 주민들의 거부감 그리고 수많은 다른 이야기 원천들과의 경쟁 등이 있었다. 사람들은 자기가 신뢰하지 않거나 적절하지 않다고 생각하는 것은 걸러내거나, 핵심적인 메시지의 특이한 단편들과 이 메시지가 변용된 것들을 취한 다음에 자기가 가지고 있는 편견 및 사고의 틀에 맞춰서 해석했다.

가장 심각한 문제는, 여러 부대가 부주의하게 행동함으로써 혹은 부주의한 정치인들이 부주의한 방식으로 정책을 발표함으로써 생성된 잘못된 인상을 총괄적으로 제어할 주체가 없다는 사실이었다. 정보 작전이라는 이름 아래 일하는 전문가 집단이 있을 수 있었지만, 이 집단에 속한 사람들조차도 자기 관심을 끄는 것에서만 신호를 포착하려 들었다. 대중 소통 방식과 현대적인 홍보 산업을 만들어낸 가장 대표적인 국가가 미국일 수 있고, 따라서 미국이 그만큼 많은 노하우를 가지고 있겠지만 정보 작전과 관련된 일은 통상적인 마케팅 기법과 완전히 달랐다. 선거나 마케팅 경험이 있어서 이라크와 아프가니스탄에서 메시지를 전파하는 일과 관련된 조언을 부탁받은 사람들은 지속적인 효과가 전혀 없는 프로젝트들만 내놓곤 했다. 게다가 이 사람들은 자기들이 만든 결과물이 국내 청중들에게서 평가를 받을 것임을 알고 있었고, 따라서 이들에게 초점을 맞추어서 의뢰물을 제작했다. 그러니 당연히 핵심을 놓칠 수밖에 없었다. 그뿐만이 아니었다. 그것들이 정책 입안자들의 눈을 가렸을 수도 있었다. 그렇잖아도 정책 입안자들은 자기가 한 선전의 가치와 효과를 온전하게 믿어버리는 함정에 자주 빠지곤 하는데 말이다. 제프 마이클스Jeff

Michaels는 '담론의 함정'discourse trap이라는 발상을 내놓았다. 작전을 묘사하기 위해서 정치적으로 평온하며 공인된 언어를 동원할 경우에는 정책 입안자들이 의미 있는 발전을 놓쳐버린다는 것이다. 예를 들어서 이라크에서 발생한 초기의 여러 테러 공격들이 정권의 전직 구성원들을 제외한 그 누구에 의해서도 저질러졌을 수 있다는 가능성을 거부함으로써, 수니파의 온건주의자들을 따로 분리하고 시아파의 근본주의자들을 억눌렀어야 함에도 불구하고 그렇게 하지 못했다.[51]

사람들에게 기존의 시각을 버리고 다른 시각으로 세상을 바라보라고 설득하기란 쉽지 않다. 그러려면 우선 그 사람들의 배경과 기질 그리고 관심사에 대한 분명한 통찰이 필요하다. 게다가 완전히 낯선 문화권에 속한 사람들을, 그것도 외부자들로서는 거의 인지하기 어려운 차이점들을 가지고 있으며 극단적인 여론에 휩싸여 있는 사람들을 상대로 이런 설득을 하기란 더욱더 힘든 일이다. 군사 작전을 수행할 때 이 작전의 효과가 갈등에 휩싸여 있는 사람들이 자기들이 어느 경로로 가게 될지 그리고 자기들이 하는 선택에 따라서 어떤 것들을 잃거나 얻을 수 있을지 이해하는 방식에 영향을 미칠 수 있음을 숙지한다는 것은 중요한 선결 과제였다. 여기에 따라서 공감과 동맹이 형성·강화될 수도 있고 깨질 수도 있다. 이런 점을 이해한다면 전체 인구 가운데서 많은 부분을 차지하는 집단이 떨어져나가게 만드는 터무니없는 실수를 피할 수 있다. 그러나 설득이 지역 주민의 믿음에 얼마만큼 영향을 미칠 수 있을지를 정확하게 밝히기는 어려우므로, 지휘관들은 설득 대신 화력이 보장하는 확실한 결과를 신뢰했다.[52] 만일 강력한 외국인을 상대로 해서 의견 조정을 이끌어낼 수 있는 정치의식을 현지 주민들 사이에 새로 만들어내는 것이 과제라고 할 때, 군사적인 방식으로 이 과제를 수행하는 데는 한계가 있을 수밖에 없다. 온전하게 믿어주는 것까지는 당연히 바랄 수 없으며, 심지어 대상자들에게 우호적인 이미지도 직접 주입할 수는 없다. 그건 결코 정확한 무기가 될 수 없다. 굳이 위안을 삼을 게 있다면, 알 카에다의 성공 역시 과장되었다는 사실이다. 현대의 통신 매체 덕분에 극적이고 감동적인 이미지들이 거의 실시간으로 전송될 수 있으며, 바쿠닌(러시아 혁명기의 무정부주의자—옮긴이)의 후예들에게는 '행동을 통한 선전'propaganda of the deed(극적인 행동으로 대중을 선동하는 것—옮긴이)의 기회는 널려 있다.[53] 그러나 성공적이었던 공식적인 '정보 작전'에 방해가 되었던 바로 그 요소들(즉 무차별 폭력, 일상적인 관심사와 동떨어진 주장들, 계속 반복됨에 따라 점점 더 따분해지는 메시지들 등)이 전투병에게도 동일하게 방해 요소로 기능할 수 있다.[54] 벤 월킨슨Ben Wilkinson이 이슬람 근본주의 단체들을 연구하면서 파악했듯이, 진짜 문제는 단순 명료한 메시지가 부족했다는 점이 아니라, 자기 자신뿐만 아니라 자기들이 도와주려는 사람들을 궁극적으로 설득하려면 반드시 구비해야 하는 인과관계가 이치에 맞지 않아서 도무지 받아들일 수 없을 정도였다는 점이다. 그 결과 '나쁜 유추, 잘못된 가정, 잘못된 번역 그리고 오류'에 사로잡혀서 예측과 동떨어지게 일어나는 일들을 포용할 수 있는 여유를 거의 가지지 못한 채, 인간의 힘으로 할 수 있는 역할을 과대평가하는 일이 빚어졌다. 그래서 결국 애초의 목적과는 동떨어진 곳으로 나아가고 말았던 것이다. 이 모든 것이 이른바 '내러티브 망상'narrative delusion이라는 나쁜 경우로 이어졌다.[55] 급진적인 전략가들은 자기가 바라는 것과 자기가 가진 수단 사이의 간극이 워낙 크기 때문에 내러티브 망상에 빠질 위험에 쉽게 노출됐다. 하지만 사실 가진 것에 비해서 훨씬 많은 것을 바라는 것은 모든 전략가들이 빠지기 쉬운 경향이었다.

제17장

근거 없는 믿음,
전략의 대가

The Myth of the Master Strategist

:

(……) 1793년에 모든 상상력을
무력하게 만들어버리는 한 군대가 나타났다.
3,000만 명이나 되는 사람들이 모두 자기를 시민이라고 여겼고,
갑자기 전쟁은 이 사람들이 벌이는 사업으로 바뀌었다.
(……) 동원 가능한 자원과 노력은 예전의 한계를 훌쩍 뛰어넘었다.
이제 전쟁을 수행하는 데 필요한 힘을 가로막는 건 아무 것도 없었다.
_클라우제비츠, 《전쟁론》

:

나폴레옹이 고취했으며 클라우제비츠가 가장 암시적인 형
태로 발전시켰던, 전쟁과 전략에 대한 사고 틀은 쉽게 다른
것으로 대체되지 않았다. 클라우제비츠의 통찰이 워낙 빈
틈없었고 또 그의 정식화가 워낙 매력적이었던 까닭에, 전
쟁을 효과적으로 연구하기 위한 다른 방법들을 생각하기
어려웠다. 과거에 있었던 전쟁들과 클라우제비츠가 상상
할 수 없었던 발전들에 대한 보다 많은 지식에 관심을 집중
한 사람들은 핵심적인 요점을 놓쳐버렸다. 클라우제비츠의
분석 틀이 시대를 관통해서 여전히 가지고 있던 힘은 정치,
폭력 그리고 기회 사이의 역동적인 상호작용에 있었다. 군
사 전략을 주제로 연구 및 저술 활동을 한 사람들이 변함없
이 이 위대한 대가에 충성을 다했던 이유도 바로 여기에 있
었다. 그들 가운데 한 사람이었던 콜린 그레이 Colin Gray 는 현
대의 전략적 사고가 클라우제비츠의 《전쟁론》에 비하면 왜
그렇게 초라한지 궁금했다. 어떤 위대한 이론을 고취할 나
폴레옹과 같은 전쟁 지도자는 없었다. 그레이는 또한 군사

이론을 놓고 예를 들 수 있을 장군들이나 실천에 익숙한 민간인 이론가들이 부족하다는 점을 지적했다. 현대 전쟁의 특징이라고 할 수 있는 복잡성이 외로운 이론가 그레이에게 어려운 과제를 안겼고, 반면에 국가 전략에 관심을 가진 사람들은 당장 급한 정책적 쟁점들에 너무 매몰되어 있었다.

그레이가 생각한 전략가戰略家, strategist 개념은 고상했다. 어디에 노력을 기울여야 가장 큰 성과를 거둘지 파악하기 위해서 현재 작동중인 수많은 변수들 및 복합적인 상호 의존성을 고려해서 체계를 하나의 온전한 전체로 바라볼 수 있는 사람이라고 보았던 것이다. 그는 《현대의 전략》Modern Strategy에서 전략 차원에서 고려해야 할 요소가 열일곱 개가 있다고 정리했다. 사람, 사회, 문화, 정치, 윤리, 경제와 병참, 조직, 행정, 정보와 첩보, 전략 이론과 기본 방침, 기술, 작전, 명령, 지리, 마찰이나 우연 혹은 불확실성, 적 그리고 시간이 바로 그 요소들이다. 적절한 전략을 마련하려면 이 요소들을 총체적으로, 즉 각 요소를 개별적으로도 살펴야 하며 또 다른 요소들과의 관계 속에서도 살펴야 한다고 했다.[1]

이런 견해를 미국 육군대학원Army War College에서 강의하던 해리 야거Harry Yarger가 채택했는데, 그는 그레이에서 한 걸음 더 나아갔다.

"전략적 사고는 철저함과 총체적 사고에 관한 것이다. 각각의 부분과 이것들 사이의 관계를, 즉 각각의 부분이 서로에게 미치는 효과를 과거와 현재 그리고 예상할 수 있는 미래에서 살핌으로써 각각의 부분이 어떻게 상호작용을 해서 전체를 구성하는지 파악하고자 한다. (……) 이 총체적인 관점이 가능하려면 (……) 해당 전략적 환경 아래에서 다른 어떤 일이 일어날지를 아우를 뿐만 아니라, 전략가 자신의 수준을 상회하거나 하회하거나 혹은 바로 그 수준의 노력에 끼칠 잠재적인 1차 효과, 2차 효과 그리고 3차 효과까지도 아우르는 포괄적인 지식이 필요하다."

　　그저 단편적인 모습들만 포착해서는 소용이 없다고 했다. '전략가는 장기적인 이득을 추구해야 하므로 편의적이고 단기적인 해법은 버려야 한다'는 게 야거의 생각이었다. 그러므로 그가 전략가에게 기대한 것은 많았다. 예를 들면 이런 것들이다. 현재에 집중하면서도 과거를 잘 알고 있을 것, 미래에 일어날 수 있는 여러 가지 가능성에 민감할 것, 편견의 위험을 잘 알고 있을 것, 모호함을 경계할 것, 혼란을 잘 알아차릴 것, 대안적인 행동에 따른 결과를 통해서 생각할 준비를 갖출 것 그리고 전략을 직접 실행할 사람들을 위해서 이 모든 것을 충분히 정확하고도 분명하게 표현할 수 있을 것.[2] 이것은 바로 완벽을 요구하는 것이었다. 그런데 어떤 한 개인이 수집하고 수용하며 또 능숙하게 다룰 수 있는 지식의 양에는 한계가 있다. 불확실하고 복잡하고 혼란스럽기 짝이 없는 어떤 체계 속에서 생각해낼 수 있는 잠재적인 일련의 사건들의 가짓수도 한계가 있을 수밖에 없다.

　　그레이 역시 자기도 처음에는 너무 원대한 생각을 품었다면서 전략가에게 지나치게 많은 것을 기대할 수 없다고 결론 내렸다. 그러면서 야거가 '불가능한 일을 권고하며 심지어 요구하기까지 한다'고 지적했다.[3] 이런 변수들을 놓고 시작하는 첫 출발조차도 상당한 수준의 기술적·개념적 이해가 요구된다고도 했다. 하지만 그럼에도 불구하고 그레이는 여전히 전략가를, '대단히 힘든' 직무 과제를 가지고 있으며 '큰 그림'을 볼 줄 알고 전쟁과 관련된 모든 측면의 모든 것에 익숙한 매우 특별한 존재로 바라보았다. 그는 프레드 이클레Fred Ikle가 확인했던 사실을 인용해서, 국가 전략 차원에서 도움이 될 일을 하려면 '팔방미인의 박식한 지성'이 필요하다고 했다.[4] 야거도 이와 비슷한 견해를 내놓았는데, 그는 전략을

'강력한 지성, 평생 지속되는 학구열, 헌신적인 직업 정신 그리고 지치지 않는 자아 등이 관련되는 영역'이라고 묘사했다.[5]

　　그런데 과연 이런 특별한 능력을 지난 전략의 대가가 존재할 수 있을 까? 있다면 이 사람은 매우 소중한 자산일 테고, 따라서 이 사람에 대한 수요는 폭주할 것이다. 그리고 이 사람은 미래를 날카롭게 내다보는 일, 결론을 받아들이고 따라야 할 사람들에게 자기 나름의 결론을 어떤 명료 한 형태로 전달하는 일 사이에서 망설일 것이다. 이런 체계적이고 전향 적인 생각이 수많은 위험들과 가능성들을 낳을 것이므로, 이런 일을 하 는 사람은 초점을 좀 더 예리하게 가다듬어야 한다. 첫 번째 행보를 시작 할 중요한 계획을 실행에 옮기려는 정부로서는 모든 것을 아우르는 이런 관점을 당연히 환영할 터였다. 그러나 알 수 없는 이유로 미처 예측하지 못했던 갑작스러운 일들이 일어날 때 이런 관점은 그야말로 사치일 수도 있다. 그러면 전략은 상대적으로 보다 더 즉흥적으로 되고, 이런 환경에 서라면 전략의 대가는 어딘지 준비가 덜 되어 있다는 느낌을 줄 수 있다.

　　전략의 대가에게 필요한 총체적인 관점 역시 문제가 될 수 있다. 겉 으로 보기에 명백하게 분리되어 있는 활동 영역들이 서로 연관을 가짐으 로 해서 빚어지는 기대하지 않았던 결과들인 이른바 '시스템 효과'systems effects에 관심을 기울여야 할 이유는 많이 있다. 예상하지 않았던 효과가 발생할 가능성이 있기 때문에 대담한 움직임을 감행할 때는 늘 조심해야 하며, 이런 움직임을 실행한 뒤에는 거기에 따른 결과를 면밀하게 살펴 보아야 한다. 보다 넓은 환경 안에 존재하는 상관성의 여러 변이들과 이 상관성의 범위를 탐구하는 일은 영향의 간접적인 형태들을 생성하거나 적의 약한 고리를 타격 대상으로 노리거나 혹은 놀라운 동맹을 강화함으 로써, 창의적인 가능성을 확인하는 데 도움이 될 수 있다.[6] 그러나 여기에는 전체 체계(시스템)에 대한 총체적인 관점이 요구되지 않는다. 전체를 여러 개의 구역으로 나누는 경계선들이 있어야 한다. 원칙적으로 모든 것은 다른 모든 것과 연결되어 있다. 그러나 실제로는 국지적인 차원의 어떤 행동에 따른 효과는 금방 소멸된다. 게다가 총체적인 관점이라는 것은 그 자체로 완벽한 어떤 체계를 바라볼 때 (실천적인 전략가의 관점은 필연적으로 보다 근시안적일 수밖에 없는 것과 다르게) 논리적으로 필연적인 것들에 초점을 맞추지 않고 대신 서로 연관이 있어 보일 것 같지 않은 (즉 서로 멀리 떨어져 있는) 속성들에 초점을 맞추어서 바라볼 수 있는 능력을 수반하는 것이다. 그런데 시간이 흐르면 그 초점은 바뀔 수 있다. 즉 모든 것을 미리 예측하려고 시도하는 것은 무용하다. 장기적인 목표로 나아갈 일련의 단계들을 확실하고 자신 있게 또 분명하게 설정할 수 있다는 주장이 비현실적임을 인식해야 한다.

사회 그리고 이 사회와 연결되어 있는 군사 체계를 하나의 복잡계로 바라볼 수 있다는 발상은 (사실 이런 발상은 적의 무게 중심을 찾으려는 필사적인 노력으로도 드러난다) 적 체계의 급소를 정확하게 타격하기만 하면 그 충격이 모든 부분에 전달될 것이므로 적은 금방 무너지고 말 것이라는 관점과 견해를 부추긴다. 하지만 실제로 이렇게 되기는 쉽지 않다. 그 충격 효과가 어떤 치명적인 중심에서 반드시 실현되지는 않기 때문이다. 어떤 사회든 외부의 충격에 적응한다. 하나의 체계로서 사회는 보다 실용적인 여러 하부 체계로 나뉠 수 있으며, 각각의 하부 체계들 사이에 울타리를 세워서 상호 의존성을 줄일 수 있다. 또 지속성의 대안적인 형태들을 찾아낼 수도 있다. 이런 식으로 피드백은 지속적으로 그리고 복잡하게 진행된다.

클라우제비츠는 전쟁을 하나의 역동적인 체계로 제시했다. 그러나 전쟁은 또한 놀라우리만치 자기 충족적인 체계이기도 하다. 그는 전쟁에 관한 이론가였지 국제 정치에 관한 이론가가 아니었다.[7] 그는 전쟁의 정치적인 근원을 되돌아보긴 했지만 그것이 그의 출발점은 아니었다. 국가 정책(이것은 나중에 '대전략'grand strategy이라고 일컬어진다) 차원에서 어떤 방법을 통할 때 목적을 가장 잘 달성할 수 있을까 하는 질문들에 답을 찾아야 했다. 이 답에서는 군대가 제외될 수도 있었고 혹은 군대에 아주 작은 역할만 부여할 수도 있었다. 어떤 군사 작전의 성공 여부를 판단하고 또 승리를 선언하는 것은 군사적인 차원이 아니라 오로지 정치적인 차원이기 때문이다. 전쟁이라는 현상에 대한 클라우제비츠의 분석이 가지는 특성과 영속성은, 그 전쟁들이 나타나게 된 맥락 즉 프랑스 혁명에서 비롯된 거대한 소용돌이를 고려 대상에 넣지 않았다. 결정적인 승리에 초점을 맞추었던 그의 이론을 정치적인 맥락에서의 여러 변화들이라는 측면에서 재평가해야 했다. 심지어 클라우제비츠가 국지전을 재평가하기 시작했음을 지적할 때조차도, 결정적인 전투라는 개념은 여전히 군사 전문가들을 장악하고서 막강한 영향력을 행사했다. 그 개념이 가지는 매력은 너무도 분명했다. 그것은 바로 그 개념이 군대라는 조직에 특별한 역할과 의무를 제시한다는 점이었다. 국가의 운명이 군대에 손에 달려 있다는 점은 전쟁에 소요될 자원이 추가로 필요할 때마다 혹은 전쟁에 정치적인 지원이 필요할 때마다 강조되고 부각되었다. 만일 분쟁이 결정적인 전투 없이 조정될 수 있다면 군 최고사령부의 여러 인물들이 국가에서 차지하는 비중과 중요성은 사라지고 말 것이다. 그러나 화력이 점점 더 강력해지고 보다 더 많은 지역과 사람들이 전쟁의 소용돌이 속으로 휘말리게 됨에 따라서 전투는 점점 더 골치 아픈 문제로 인식되기 시작했다. 이런 상황에서 결정적인 전투라는 조건의 가능성을 계속 유지하려면 결정적인 새로운 요소를 찾아야만 했다. 제1차 세계대전 이전에는 사기가 충만한 용감한 국민적 정신이라는 동기 유발 효과 속에서 이것이 포착되었다. 그리고 나중에는 적의 화력이 발휘하는 황폐화의 효과를 극복할 필요성에 따라서 기습과 기동의 가능성에 초점이 맞추어졌다. 그리고 이런 관심은 20세기 후반의 수십 년이라는 기간 동안에 미국에서 되살아났다. 비록 정규전 형태의 군사 작전 결과를 작전상의 어떤 탁월한 명석함보다는 군사력 균형을 통해서 더 많이 예측할 수 있긴 했지만 말이다.

그런데 누가 봐도 승리가 명백하게 예견된다 하더라도 정규전이 게릴라전으로 바뀔 때는 그 승리의 가치가 훼손되고 만다. 사실 이런 점은 이미 오래 전부터 알려져 있었다. 클라우제비츠도 스페인 사람들이 나폴레옹을 상대로 펼쳤던 게릴라전이 효과를 발휘했다고 강조했었다. 점령군은 정기적으로 정복지 주민의 저항을 받았고 그때마다 곤경에 처하곤 했다. 이 현상은 식민주의 반대 운동 속에서 뚜렷하게 드러났다. 정규전이 교착 상태에 빠져들었다고 판단할 때 정부는 해상 봉쇄든 공중 폭격이든 간에 적국의 민간인을 위협함으로써 막다른 골목에서 빠져나갈 수 있었다. 이처럼 국민의 사기도 군대의 사기 못지않게 중요해졌다. 그러므로 핵 억지라는 거시적 차원뿐만 아니라 대 게릴라 활동이라는 미시적 차원에서 볼 때, 핵심적인 효과의 표적은 적국의 군대가 아니라 적국의 정치적 구조와 사회적 구조였다.

민간인의 영역이 매우 중요하다는 사실이 확인되고 나자, 사람들 특히 민간인의 인지가 어떤 방식으로 영향을 받는가 하는 문제를 비롯한 인지 관련 문제들이 전면에 등장했다. 억지력이 행사될 수 있으려면 공격적인 행동을 생각하고 있을 사람들에게 영향력을 행사해서 그 행동이 왜 나쁜 선택인지 일깨워주어야 했다. 비정규전에 대해서는, 비정규전은 필연적으로 실패할 수밖에 없으며 성공하더라도 주어지는 보상이 거의 없다는 사실을 입증함으로써 게릴라군을 지원할 가능성이 있는 민간인과 게릴라군 부대를 따로 떼어놓아야 했다. 그런데 여기에 대해서는 전문적인 지식이 거의 없었다. 핵전쟁 위험을 인식하는 데는 미묘한 메시지가 필요하지 않지만, 원하지 않는 전쟁에 어쩔 수 없이 휘말린 사람들이 전쟁에 대해서 가질 견해를 유리하게 조성하기 위한 시도들은 단 한 차례의 극적인 사건이나 지역적 차원의 관심사에 대한 이해 부족 등으로 쉽게 훼손될 수 있다. 핵전쟁의 경우에서처럼 메시지가 매우 강력하지 않은 한, 과거를 돌아보면서 다른 사람들의 행동을 설명하는 것이 '정보 작전'을 통해서 미래를 바라보며 그 행동에 영향을 미치는 것보다는 쉽다. 21세기 초에 있었던 여러 대 게릴라 작전에는 내러티브에 대한 예리한 평가가 반영되어 있었지만 해결책의 원천에 접근한다기보다는 문제들을 조명하는 쪽으로 치우쳤다. 과거를 돌이켜보면서 어떤 공동체 내에 널리 퍼져 있던 견해들이 바뀌기 시작하는 과정들을 간파할 수 있었지만 이것은 미래를 계획하는 전략의 토대를 제공하는 것과는 전혀 다른 차원의 문제였다.

민간인 영역과 군사 영역 사이에서 벌어지는 복잡한 상호작용의 실질적인 어려움들은 보다 높은 차원의 명령 구조들과 관련해서 이 두 영역이 정치적으로 분리됨에 따라서 한층 악화되었다. 몰트케가 확인했던 전통적인 군사관으로는 정치 지도자가 일단 전쟁의 목적을 설정하고 나면 그 다음부터는 모든 것이 군부의 책임이었고 민간인은 뒤로 물러나 있어야 했다. 군이 (특히 현대의 발전한 통신 매체가 끊임없이 유혹하고 방해하는 상황에서) 겁먹은 민간인을 다룰 필요 없이 단호하고 꾀바른 적을 이기기만 하면 됐다. 국가의 수반과 전선에 있는 대부분의 하급 지휘관들이 즉각적으로 연결되는 통로가 마련되어 있을 경우, 적지 않은 비전문가들 때문에 전체 명령 체계에 대한 신중한 여러 판단들이 방해를 받고 나아가 압도될 것이다. 어떤 경우든 간에 정치적인 방향이 아마추어적인 시도들과 결합해서 갑자기 바뀌면 전문가들로서는 짜증이 날 수밖에 없다.

바로 이것이 전투에 초점을 맞추는 데서 비롯된 맹점이었으며, 이 견해는 작전술이야말로 군사 지도자들에게 남은 최고의 과제라는 믿음으로 표현되었다.[8] 실제 병력 배치 및 무장 부대 운영을 모두 군사적인 차원의 의무로 설정하는 민간인과 군부 사이의 이 관계 모델은 전적으로 부적절했다. 이 두 영역은 끊임없이 대화를 나눌 필요가 있었다. 군사적인 차원의 실행 여부를 고려하지 않고서는 정치적인 목적을 논의할 수 없다. 또 거꾸로 외교적인 활동 역시 군사적인 차원의 선택과 위험에 따라서 범위와 내용이 규정될 수밖에 없다. 외교적인 차원의 양보를 하는 문제, 제3의 다른 주체에게서 여러 자원이나 토대를 찾는 문제, 동맹을 체결하는 문제 등에 대한 판단은 모두 군사적인 차원의 평가에 달려 있다. 그런데 이렇게 내려진 평가들은 다시 적이 형성할 동맹의 형태 그리고 적이 장기전을 수행하면서 버틸 역량 등과 관련해서 세우는 가정들로 이어진다. 군사 전략이 정치 전략과 분리되어 따로 존재한다는 발상은 단지 잘못된 것만이 아니라 위험하기까지 하다.

민간인들은 군사 전략과 관련된 작전상의 여러 쟁점들을 무시할 수 없었다. 민간인들은 전쟁이 전개되는 과정이 애초에 전쟁을 일으켰던 목적과 일치하는지 살펴볼 필요가 있었고 또 다가오는 전쟁 이후에 뒤따를 평화를 미리 내다볼 필요가 있었다. 대중과 (잠재적인 동맹자들이든 혹은 공식적인 동맹자들이든 간에) 동맹자들이 자기 편에 서도록 할 필요도 있었다.

이렇게 하려면 사회가 용인할 수 있는 부담, 사회가 다른 주체들에게 합법적으로 행사할 수 있는 손해 그리고 국가를 이런 한계들에 근접하도록 하거나 혹은 거기에서 멀어지도록 이끌 방법 등을 고려할 필요가 있었다. 작전과 관련해서 보자면 대부분의 군사 조직은 그 조직들이 이전에 있었던 전쟁에서 각자 습득했다고 생각하는 교훈이 과연 무엇일까 하는 문제와 전혀 상관없이 어떤 수준까지는 개선되어야 한다. 그리고 이 과정에서 육군 장군들과 해군 제독들은 흔히 적에게 패배를 안겨줄 가장 좋은 방법이 무엇인지 논의할 때 서로가 흔쾌하게 동의하는 결론을 이끌어내지 못하는 게 일반적인 모습이다. 군사적 견해는 여러 개일 수 없고 단하나여야 한다는 것은 일반적인 규칙이 아니라 그야말로 예외적인 사항인데, 이런 의견 차이들은 본질적으로 정치적일 수밖에 없는 평가들에서 비롯된다. 환경이 변화하고 오래된 계획의 내용이 겹치거나 넘침에 따라서, 군부는 필연적으로 정치적 지침을 정기적으로 필요로 하기 때문이다.

전략을 과학 수준으로 발전시키려는 시도는 군사 분야의 특성인 예측 불가능성 때문에 좌절되었고, 또 정치에서의 한층 더 높은 수준의 예측 불가능성에 의해서 가로막혔다. 전쟁에서는 노련한 군사 전문가들만이 파악할 수 있는 어떤 공식, 즉 기동전으로 나갈 것인가 아니면 소모전으로 나갈 것인가 혹은 기습으로 적의 허를 찌를 것인가 아니면 오로지 화력을 집중해서 퍼부어댈 것인가 하는 선택만으로는 승리를 거머쥘 수 없다. 군사 행동은 환경에 맞게 설계해야 한다. 그리고 성공하는 지휘관은 작전을 결정할 때 유연성을 발휘한다. 전쟁에서 성공과 실패를 설명할 때 작전술을 제대로 평가하지 않으면 잘못된 설명이 되고 만다. 그러나 일반적으로 성공하는 전략의 열쇠는 적이 동맹을 결성하지 못하도록 하고 자기의 동맹은 강화할 줄 아는 정치적 기술이다.

　군사 전략이라는 특별한 개념의 기원은 어떤 대상을 통제하고자 하는 충동에 있다. 이와 비슷한 충동은 (뒤에 이어지는 제3부와 제4부에서도 살펴보겠지만) 정치 전략(혹은 혁명 전략)과 경영 전략 둘 모두의 기원에 영향을 미쳤다. 이 충동 때문에 전략이라는 개념이 적군을 완벽하게 섬멸함으로써 전투가 벌어지는 현장을 통제하는 것을 의미하게 되었다. 이 개념은 작전 영역을 군사상의 특권 영역으로 유지하겠다는 결심에서도 분명하게 드러났다. 백 퍼센트 온전하게 통제한다는 것은 언제나 환상이었는데 (그런 생각은 기껏해야 성공에 들뜬 일시적인 흥분이었다) 새로운 상황이 또 다른 과제들을 들이밀 때 이 환상은 곧바로 사라진다. 소모전에 빠져 있는 국가를 건져내려면 어려운 협상을 거쳐야 하는데, 심지어 아무리 인상적인 승리를 거두었다고 하더라도 평화를 어떻게 지속적으로 보장할 것인가 하는 문제와 패전국을 어떻게 처리할 것인가 하는 질문에 대답을 해야 한다. 그러므로 전략의 대가ᵐᵃˢᵗᵉʳ 혹은 그런 사람이 있을 수 있다는 발상 자체가 헛된 믿음, 헛된 신화다. 한편으로 이 신화는 복잡하고 역동적인 상황들의 전체적인 맥락을 파악할 수 있는 전지全知의 박식함 혹은 멀고 먼 목표들로 향하는 믿을 만하고 지속 가능한 경로를 만들어낼 수 있는 능력을 전제 조건으로 요구한다. 그리고 또 다른 한편으로는 전략 수립에 실질적이고도 즉각적인 요구사항들을 고려하지 않는 실수를 낳는다. 즉 서로 공통점이라곤 전혀 찾아볼 수 없는 배우들을 한자리에 불러다 놓고서, 현재의 정세에서 떠오르는 가장 시급한 문제들을 처리하는 방법에 대해서 동의하게 하고 보다 나은 정세가 이어질 수 있도록 강제할 어떤 수단을 도출하자는 것이나 마찬가지이다.

　전투 과정을 통제하고자 하는 시도는 병참 문제, 대중 군대 그리고 정치적 격변이라는 세 가지 변수가 점점 더 강력해지던 시기에 나왔다. 앞에서 이미 살펴봤듯이 여기에서 두 개의 핵심적인 원리가 도출되었는데, 이 원리들은 매우 견고하고 또 회복력이 왕성했다. 심지어 한계가 명백하게 드러났으며 이 원리들이 수행되어야 할 공간으로서의 환경이 한층 더 어렵고 까다롭게 바뀌었을 때조차도 그랬다. 첫째 원리는 난공불락의 논리였는데, 완벽한 통제는 적의 군대를 완전히 제거할 때만 비로소 가능하다는 것이었다. 둘째 원리는 그렇게 하려면 작전 영역을 군부만의 특권적인 영역으로 유지할 필요가 있다는 것이었다. 이 원리는 군사 전략을 둘러싼 여러 논쟁에 예리하긴 하지만 편협하기 짝이 없는 초점을 제공했다. 이 경우에 정치적인 차원은 따로 떨어진 어떤 것, 즉 목표의 원천과 궁극적인 평화 조건, 그러나 작전 행동에는 적절하지 않은 어떤 것으로 비쳤다.

섬멸전의 군사적 목표에는 정복이라는 정치적인 목표도 뒤따랐다. 비록 정복이 언제나 가능한 것은 아니었지만 말이다. 그런데 어떤 갈등(전쟁)의 구조를 보다 폭넓게 살펴보면 현재의 상황에 일정한 수준의 정치적 통제를 가할 수 있는 조건은 적 군대의 역량에만 달려 있는 것이 아니다. 그것은 정복에 반대하는 적국의 일반 시민이 드러내는 단호한 저항의 수준과 적국의 시민, 금융 및 생필품의 원천들, 경쟁 동맹의 힘과 응집성에 대항해서 취할 수 있는 조치의 종류에 따라서도 좌우되었음을 알 수 있다. 클라우제비츠는 이런 요소(변수)들의 잠재적인 중요성을 인정했다. 그래서 '무게 중심'이라는 개념을 들어서 표적을 정하고 급소를 정조준하는 군사 행동을 통해 이런 요소들을 집중적으로 처리할 수 있다고 주장했다. 하지만 실제로는 그렇지 않았다. 이 요소들은 양보와 협상, 시장에의 접근성 그리고 선전 등의 여러 쟁점들을 제기함으로써 그 나름대로의 방식을 통해서 가장 잘 처리되었다. 그러므로 위대한 전략가들은 (정치적 및 군사적) 갈등의 가장 두드러진 특징이 무엇인지, 이 특징들이 어떻게 영향을 받는지 파악할 수 있는 능력이 탁월하다는 특징이 있다. 이들의 재능은 자기들의 통찰과 이 통찰이 의미하는 내용으로 다른 사람들을 행동으로 설득할 수 있는 능력에 있었다(링컨과 처칠이 그랬다). 이들은 흔히 행운이나 상대방의 실수 덕분에 위대하게 비칠 수도 있다. 그러나 때로 그 행운이 다하고 난 뒤에는 오류와 실패의 나락으로 떨어지기도 한다(예를 들면 페리클레스가 그랬다.)(본문 103쪽 참조— 옮긴이).

그러므로 그레이와 야거가 묘사한 것처럼 전략의 대가들이라는 발상은 잘못된 믿음, 거짓된 신화이다. 순전히 군사 영역만 놓고 보자면 이두 사람의 견해가 공정하지 못할 수 있다. 그러나 정치 영역을 놓고 보면 전략의 대가들은 불가능한 전지(全知)의 박식함을 가지고 있어야 한다. 행운 혹은 어리석은 적의 실수에 의존하지 않아도 되는, 먼 목적을 향해 나아가는 믿을 수 있고 지속 가능한 경로를 세울 수 있어야 할 뿐만 아니라 복잡하고 역동적인 여러 상황들의 총체적인 모습을 모두 파악할 수 있어야 한다는 말이다. 전략의 대가가 될 수 있는 유일한 부류는 정치인이다. 왜냐하면 그들은 장군들, 기술적 전문성을 가진 장관들, 가까운 동맹국들과 잠재적인 지원자들이 내놓는 요구들뿐만 아니라 서로 공통점이 전혀 없는 사람들과 외교관들이 내놓는, 때로 서로 모순되기도 한 당면한 여러 요구들을 해결해야 하는 사람들이기 때문이다. 그런데 가장 단순한 상황에 놓여 있는 가장 뛰어난 전략가라 하더라도 관련된 모든 요소들 혹은 변수들과 이들 각각의 상관 관계를 모두 이해할 수는 없는 노릇이다. 그러므로 이들이 현재의 정세에서 제기되는 가장 절박한 문제들로는 어떤 것들이 있는지 판단하고, 보다 나은 상태로 나아가기 위한 수단을

마련하며, 상황이 예상하지 않았던 방향으로 흘러갈 때 즉흥적으로 대안
을 마련하기 위해서는 자신의 판단이 그르지 않다고 믿고 거기에 따르는
것 외에 다른 방법이 없다.

| 주석 |

서문

1. Matthew Parris, "What if the Turkeys Don't Vote for Christmas?" *The Times*, May 12, 2012.

2. '목적을 달성하기 위해서 여러 가지 수단을 채용하는 방법들에 관한 것'이라는 전략의 개념은 상대적으로 최근에 정리된 것이다. 비록 이런 요소들 사이의 역동적인 상호 관계를 언제나 그런 식으로 포착하지는 않지만 군사 부문에서는 이런 개념이 잘 정립되어 있다. Arthur F. Lykke, Jr., "Toward an Understanding of Military Strategy", *Military Strategy: Theory and Application*(Carlisle, PA: U.S. Army War College, 1989), 3-8.

3. 전도서 9장 11절.

4. 이 내용은 구글의 엔그람 프로그램으로 검색할 수 있다. http://books.google.com/ngrams/.

5. Raymond Aron, "The Evolution of Modern Strategic Thought", Alastair Buchan 편, *Problems of Modern Strategy*(London: Chatto & Windus, 1970), 25.

6. George Orwell, "Perfide Albion"(다음에 대한 논평, Liddell Hart's *British Way of Warfare), New Statesman and Nation*, November 21, 1942, 342-343.

| 제1장 | 기원 1 – 진화

1. Frans B. M. de Waal, "A Century of Getting to Know the Chimpanzee," *Nature* 437, September 1, 2005, 56-59.

2. De Waal, *Chimpanzee Politics*(Baltimore: Johns Hopkins Press, 1998). 초판 1982.

3. De Waal, "Putting the Altruism Back into Altruism: The Evolution of Empathy,"

Annual Review Psychology 59(2008): 279-300. 아울러 Dario Maestripieri, *Machiavellian Intelligence: How Rhesus Macaques and Humans Have Conquered the World*(Chicago: University of Chicago Press, 2007) 참조.

4. Richard Byrne and Nadia Corp, "Neocortex Size Predicts Deception Rate in Primates," *Proceedings of the Royal Society of London* 271, no. 1549(August 2004): 1693-1699.

5. Richard Byrne and A. Whiten 편, *Machiavellian Intelligence: Social Expertise and the Evolution of Intellect in Monkeys, Apes and Humans*(Oxford: Clarendon Press, 1988), *Machiavellian Intelligence II: Extensions and Evaluations*(Cambridge: Cambridge University Press, 1997). 이런 발상은 다음으로 거슬러 올라갈 수 있다. Nicholas Humphrey, "The Social Function of Intellect," P. P. G. Bateson and R. A. Hinde 편, *Growing Points in Ethology*, 303-317(Cambridge: Cambridge University Press, 1976).

6. Bert Höllbroder and Edward O. Wilson, *Journey to the Ants: A Story of Scientific Exploration*(Cambridge, MA: Harvard University Press, 1994), 59. 다음에서 재인용, Bradley Thayer, *Darwin and International Relations: On the Evolutionary Origins of War and Ethnic Conflict*(Lexington: University Press of Kentucky, 2004), 163.

7. Jane Goodall, *The Chimpanzees of Gombe: Patterns of Behavior*(Cambridge, MA: Harvard University Press, 1986).

8. Richard Wrangham, "Evolution of Coalitionary Killing," *Yearbook of Physical Anthropology* 42, 1999, 12, 14, 2, 3.

9. Goodall, *The Chimpanzees of Gombe*, 176, fn 101.

10. Robert Bigelow, *Dawn Warriors*(New York: Little Brown, 1969).

11. Lawerence H. Keeley, *War Before Civilization: The Myth of the Peaceful Savage*(New York: Oxford University Press, 1996), 48.

12. Azar Gat, *War in Human Civilization*(Oxford: Oxford University Press, 2006), 115-117.

13. 이런 사회들은 상대적으로 단순하며, 이런 사회들 안에서 이루어지는 (속임수를 포함한) 사회적인 행보들은 보다 복잡한 인간 사회의 경우에 비해서 한결 덜 벅차다는 사실을 염두에 둬야 한다. Kim Sterelny, "Social Intelligence, Human Intelligence and Niche Construction," *Philosophical Transactions of The Royal Society* 362, no. 1480 (2007): 719-730.

| 제2장 | 기원 2 – 성경

1. Steven Brams, *Biblical Games: Game Theory and the Hebrew Bible*(Cambridge, MA: The MIT Press, 2003).

2. 위와 동일, 12.

3. 창세기 2장 22~23절(모든 성경은 킹 제임스 성경 이용).

4. 창세기 2장 16~17절, 3장 16~17절.

5. Diana Lipton, *Longing for Egypt and Other Unexpected Biblical Tales*, Hebrew Bible Monographs 15(Sheffield: Sheffield Phoenix Press, 2008).

6. 출애굽기 9장 13~17절.

7. 출애굽기 7장 3~5절.

8. 출애굽기 10장 1~2절.

9. Chaim Herzog and Mordechai Gichon, *Battles of the Bible*, 개정판(London: Greenhill Books, 1997), 45.

10. 여호수아 9장 1~26절.

11. 사사기 6~8장.

12. 사무엘 상 17장.

13. Susan Niditch, *War in the Hebrew Bible: A Study in the Ethics of Violence*(New York: Oxford University Press, 1993), 110-111.

| 제3장 | 기원 3 – 그리스

1. Homer, *The Odyssey*, M. Hammond 역(London: Duckworth, 2000), Book 9. 19-20, Book 13. 297-9.

2. Virgil, *The Aeneid*(London: Penguin Classics, 2003).

3. Homer, *The Iliad*, Stephen Mitchell 역(London: Weidenfeld & Nicolson, 2011), Chapter IX. 310-311, Chapter IX. 346-352, Chapter XVIII. 243-314, Chapter XXII. 226-240.

4. Jenny Strauss Clay, *The Wrath of Athena: Gods and Men in the Odyssey*(New York: Rowman & Littlefield, 1983), 96.

5. '오티스'(Outis)는 'not anyone'(아무도 아닌 사람)이란 뜻의 'ou tis'를 하나로 합친 단어이다. 그리고 'ou'는 'me'와 바꾸어서 쓸 수 있는데, 'me'는 언어학적으로 'mētis'(메티스)에 해당된다.

6. *The Odyssey*, Book 9. 405-414.

7. http://en.wikisource.org/wiki/Philoctetes.txt.

8. W. B. Stanford, *The Ulysses Theme: A Study in the Adaptability of the Traditional Hero*(Oxford: Basil Blackwell, 1954), 24.

9. Jeffrey Barnouw, *Odysseus, Hero of Practical Intelligence: Deliberation and Signs in Homer's Odyssey*(New York: University Press of America, 2004), 2-3, 33.

10. Marcel Detienne and Jean-Pierre Vernant, *Cunning Intelligence in Greek Culture and Society*, Janet Lloyd가 프랑스어에서 영어로 번역(Sussex: The Harvester Press, 1978), 13-14, 44-45.

11. Barbara Tuchman, *The March of Folly: From Troy to Vietnam*(London: Michael Joseph, 1984), 46-49.

12. 'stratēgos'는 'stratos'의 복수형이다. 주둔한 부대는 멀리 퍼져나가고 이들을 'agein'(lead, 이끌어야) 했기 때문이다.

13. Thucydides, *The History of the Peloponnesian War*, Rex Warner 역(London: Penguin Classics, 1972), 5.26.

14. 오늘날의 현실주의 이론들이 투키디데스의 저술을 과연 어느 정도로까지 현실주의적인 이론으로 인정할 수 있을까 하는 점에 대한 비판적인 논의는 다음을 참조. Jonathan Monten, "Thucydides and Modern Realism," *International Studies Quarterly*(2006) 50, 3-25, David Welch, "Why International Relations Theorists Should Stop Reading Thucydides," *Review of International Studies* 29(2003), 301-319.

15. Thucydides, 1.75-76.

16. 위와 동일, 5.89.

17. 위와 동일, 1.23.5-6.

18. Arthur M. Eckstein, "Thucydides, the Outbreak of the Peloponnesian War, and the Foundation of International Systems Theory," *The International History Review* 25(December 4, 2003), 757-774.

19. Thucydides, I.139-45: 80-6.

20. Donald Kagan, *Thucydides: The Reinvention of History*(New York: Viking, 2009), 56-57.

21. Thucydides, 1.71.

22. 위와 동일, 1.39.

23. 위와 동일, 1.40.

24. Richard Ned Lebow, "Play It Again Pericles: Agents, Structures and the Pelo-ponnesian War," *European Journal of International Relations* 2(1996), 242.

25. Thucydides, 1.33.

26. Donald Kagan, *Pericles of Athens and the Birth of Democracy*(New York: Free Press, 1991).

27. Sam Leith, *You Talkin' To Me? Rhetoric from Aristotle to Obama*(London: Profile Books, 2011), 18.

28. Michael Gagarin and Paul Woodruff, "The Sophists," Patricia Curd and Daniel W. Graham 편, *The Oxford Handbook of Presocratic Philosophy*(Oxford: Oxford University Press, 2008), 365-382, W. K. C. Guthrie, *The Sophists* (Cambridge, UK: Cambridge University Press, 1971), G. B. Kerferd, *The Sophistic Movement*(Cambridge, UK: Cambridge University Press, 1981), Thomas J. Johnson, "The Idea of Power Politics: The Sophistic Foundations of Realism," *Security Studies* 5:2, 1995, 194-247.

29. Adam Milman Parry, *Logos and Ergon in Thucydides*(Salem: New Hampshire: The Ayer Company, 1981), 121-122, 182-183.

30. Thucydides, 3.43.

31. Gerald Mara, "Thucydides and Political Thought," *The Cambridge Companion to Ancient Greek Political Thought*, Stephen Salkever 편(Cambridge, UK: Cambridge University Press, 2009), 116-118. Thucydides, 3.35-50.

32. Thucydides, 3.82.

33. Michael Gagarin, "Did the Sophists Aim to Persuade?" *Rhetorica* 19(2001), 289.

34. Andrea Wilson Nightingale, *Genres in Dialogue: Plato and the Construct of Philosophy*(Cambridge: Cambridge University Press, 1995), 14. 아울러 Håkan Tell, *Plato's Counterfeit Sophists*(Harvard University: Center for Hellenic Studies, 2011), Nathan Crick, "The Sophistical Attitude and the Invention of Rhetoric," *Quarterly Journal of Speech* 96:1(2010), 25-45, Robert Wallace, "Plato's Sophists, Intellectual History after 450, and Sokrates," *The Cambridge Companion to the Age of Pericles*, Loren J. Samons II 편(Cambridge, UK: Cambridge University Press, 2007), 215-237 참조.

35. Karl Popper, *The Open Society and Its Enemies: The Spell of Plato*, vol. 1(London, 1945).

36. Book 3 of *The Republic*, 141b-c. Malcolm Schofield, "The Noble Lie," *The Cambridge Companion to Plato's Republic*, G. R. Ferrari 편(Cambridge, UK: Cambridge University Press, 2007), 138-164.

| 제4장 | 손자와 마키아벨리

1. 다음에서 재인용, Everett L. Wheeler, *Stratagem and the Vocabulary of Military Trickery. Mnemoseyne supplement 108*(New York: Brill, 1988), 24.

2. 위와 동일, 14-15.

3. http://penelope.uchicago.edu/Thayer/E/Roman/Texts/Frontinus/Strategemata/home.html.

4. Lisa Raphals, *Knowing Words: Wisdom and Cunning in the Classical Tradition of China and Greece*(Ithaca, NY: Cornell University Press, 1992), 20.

5. 라이오넬 자일스(Lionel Giles)가 1910년에 번역한 《손자병법》의 최초 영역본은 현재도 표준적인 번역본으로 남아 있다. 새뮤얼 그리피스(Samuel Griffiths)가 1963년에 번역한 번역본은 당시 아시아적인 전쟁 접근법과의 연관성을 이끌어냄으로써 《손자병법》의 대중화에 기여했다(New York: Oxford University Press, 1963). 1970년대에는 새로운 자료가 확보됨에 따라 보다 완벽한 번역판이 나왔다. 자일스의 번역본은 http://www.gutenberg.org/etext/132에서 찾아볼 수 있다. 《손자병법》의 보다 정확한 개정본 및 관련 논의에 대해서는 다음을 참조, http://www.sonshi.com.

6. Jan Willem Honig, *Introduction to Sun Tzu, The Art of War*, Frank Giles 번역 및 주석(New York: Barnes & Noble, 2012), xxi.

7. Francois Jullien, *Detour and Access: Strategies of Meaning in China and Greece*, Sophie Hawkes 역(New York: Zone Books, 2004), 35, 49-50.

8. Victor Davis Hanson, *The Western Way of War: Infantry Battle in Classical Greece*(New York: Alfred Knopf, 1989).

9. 제레미 블랙(Jeremy Black)은 존 린(John Lynn)의 동의를 받아서 그의 글을 다음과 같이 인용한다. "서구적인 전쟁 방식이 2,500년 동안 변하지 않고 지속되었다는 것은 사실을 이야기한다기보다 환상을 이야기하는 것이다. 그 어떤 이론으로도 서구의 전투 및 문화의 총체성을 하나로 아우를 수는 없다." J. A. Lynn, *Battle*(Boulder, CO: Westview Press, 2003), 25, 다음에서 인용, Jeremy Black, "Determinisms and Other Issues," *The Journal of Military History* 68, no. 1(October 2004): 217-232.

10. Beatrice Heuser, *The Evolution of Strategy*(Cambridge, UK: Cambridge University

Press, 2010), 89-90.

11. Michael D. Reeve 편, *Epitoma rei militaris*, Oxford Medieval Texts(Oxford: Oxford University Press, 2004). 이보다 앞선 번역은 다음에서 볼 수 있다. *Roots of Strategy: The Five Greatest Military Classics of All Time*(Harrisburg, PA: Stackpole Books, 1985).

12. Clifford J. Rogers, "The Vegetian 'Science of Warfare' in the Middle Ages," *Journal of Medieval Military History* 1(2003): 1-19, Stephen Morillo, "Battle Seeking: The Contexts and Limits of Vegetian Strategy," *Journal of Medieval Military History* 1(2003): 21-41, John Gillingham, "Up with Orthodoxy: In Defense of Vegetian Warfare," *Journal of Medieval Military History* 2(2004): 149-158.

13. Heuser, *Evolution of Srategy*, 90.

14. Anne Curry, "The Hundred Years War, 1337-1453," John Andreas Olsen and Colin Gray 편, *The Practice of Strategy: From Alexander the Great to the Present*(Oxford: Oxford University Press, 2011), 100.

15. Jan Willem Honig, "Reappraising Late Medieval Strategy: The Example of the 1415 Agincourt Campaign," *War in History* 19, no. 2(2012): 123-151.

16. James Q. Whitman, *The Verdict of Battle: The Law of Victory and the Making of Modern War*(Cambridge, MA: Harvard University Press, 2012).

17. William Shakespeare, *Henry VI*, Part 3, 3.2.

18. Victoria Kahn, *Machiavellian Rhetoric: From the Counterreformation to Milton*(Princeton, NJ: Princeton University Press, 1994), 40.

19. Niccolo Machiavelli, *Art of War*, Christopher Lynch 편(Chicago: University of Chicago Press, 2003), 97-98. 아울러 이 책에 수록된 Lynch의 에세이 및 Felix Gilbert, "Machiavelli: The Renaissance of the Art of War," Peter Paret 편, *Makers of Modern Strategy*(Princeton, NJ: Princeton University Press, 1986) 참조.

20. Niccolo Machiavelli, *The Prince*, George Bull 번역 및 서문(London: Penguin Books, 1961), 96.

21. 위와 동일, 99-101.

22. 위와 동일, 66.

| 제5장 | **사탄의 전략**

1. Dennis Danielson, "Milton's Arminianism and Paradise Lost," J. Martin Evans 편, *John Milton: Twentieth-Century Perspectives*(London: Routledge, 2002), 127.

2. John Milton, *Paradise Lost*, Gordon Tesket 편(New York: W. W. Norton & Company, 2005), III, 98-99.

3. 욥기 1장 7절.

4. John Carey, "Milton's Satan," Dennis Danielson 편, *The Cambridge Companion to Milton*(Cambridge, UK: Cambridge University Press, 1999), 160-174.

5. 요한계시록 12장 7~9절.

6. William Blake, *The Marriage of Heaven and Hell*(1790-1793).

7. Milton, *Paradise Lost*, I, 645-647.

8. Gary D. Hamilton, "Milton's Defensive God: A Reappraisal," *Studies in Philosophy* 69, no. 1(January 1972): 87-100.

9. Victoria Ann Kahn, *Machiavellian Rhetoric: From Counter Reformation to Milton* (Princeton, NJ: Princeton University Press, 1994), 209.

10. Milton, *Paradise Lost*, V, 787-788, 794-802.

11. Amy Boesky, "Milton's Heaven and the Model of the English Utopia," *Studies in English Literature, 1500-1900* 36, no. 1(Winter 1996): 91-110.

12. Milton, *Paradise Lost*, VI, 701-703, 741, 787, 813.

13. 위와 동일, I, 124, 258-259, 263, 159-160.

14. Antony Jay, *Management and Machiavelli*(London: Penguin Books, 1967), 27.

15. Milton, *Paradise Lost*, II, 60-62, 129-130, 190-191, 208-211, 239-244, 269-273, 284-286, 296-298, 345-348, 354-358, 379-380.

16. 위와 동일, IX, 375-378, 465-475, 1149-1152.

17. 위와 동일, XII, 537-551, 569-570.

18. Barbara Kiefer Lewalski, "Paradise Lost and Milton's Politics," Evans 편, *John Milton*, 150.

19. Barbara Riebling, "Milton on Machiavelli: Representations of the State in Paradise Lost," *Renaissance Quarterly* 49, no. 3(Autumn, 1996): 573-597.

20. Carey, "Milton's Satan," 165.

21. Hobbes, *Leviathan*, I. xiii.

22. Charles Edelman, *Shakespeare's Military Language: A Dictionary*(London: Athlone Press, 2000), 343.

23. *A Dictionary of the English Language: A Digital Edition of the 1755 Classic by Samuel Johnson*, Brandi Besalke 편, http://johnsonsdictionaryonline.com/.

| 제6장 | 전략이라는 새로운 학문

1. Martin van Creveld, *Command in War*(Harvard, MA: Harvard University Press, 1985), 18.

2. R. R. Palmer, "Frederick the Great, Guibert, Bulow: From Dynastic to National War," Peter Paret, Gordon A. Craig, and Felix Gilbert 편, *Makers of Modern Strategy: From Machiavelli to the Nuclear Age*(Princeton, NJ: Princeton University Press, 1986), 91.

3. Edward Luttwak, *Strategy*(Harvard: Harvard University Press, 1987), 239–240.

4. Beatrice Heuser, *The Strategy Makers: Thoughts on War and Society from Machiavelli to Clausewitz*(Santa Barbara, CA: Praeger, 2009), 1–2, Beatrice Heuser, *The Evolution of Strategy*(Cambridge, UK: Cambridge University Press, 2010), 4–5.

5. Azar Gat, *The Origins of Military Thought: From the Enlightenment to Clausewitz*(Oxford: Oxford University Press, 1989), Chapter 2. R. R. Palmer, "Frederick the Great, Guibert, Bulow: From Dynastic to National War," in Paret et al., *Makers of Modern Strategy* 참조.

6. Palmer, "Frederick the Great," 107.

7. Heuser, *The Strategy Makers*, 3; Hew Strachan, "The Lost Meaning of Strategy," *Survival* 47, no. 3(August 2005): 35, J–P. Charnay in Andre Corvisier 편, *A Dictionary of Military History and the Art of War*, 영어 판본은 John Childs 편(Oxford: Blackwell, 1994), 769.

8. 모든 정의는 옥스퍼드 영어사전에 따른 것이다.

9. "The History of the Late War in Germany"(1766) 다음에서 재인용, Michael Howard, *Studies in War & Peace*(London: Temple Smith, 1970), 21.

10. Peter Paret, *Clausewitz and the State: The Man, His Theories and His Times*(Princeton, NJ: Princeton University Press, 1983), 91.

11. Whitman, *The Verdict of Battle*, 155. "The Instruction of Fredrick the Great for His Generals, 1747," 다음에서 찾아볼 수 있다. *Roots of Strategy: The Five Greatest Military Classics of All Time*(Harrisburg, PA: Stackpole Books, 1985).

12. *Napoleon's Military Maxims*, William E. Cairnes 편 및 주해(New York: Dover Publications, 2004).

13. Major–General Petr Chuikevich, Dominic Lieven, *Russia Against Napoleon : The Battle for Europe 1807-1814*에서 인용(London: Allen Lane, 2009), 131.

14. Lieven, *Russia Against Napoleon*, 198.

15. Alexander Mikaberidze, *The Battle of Borodino: Napoleon Against Kutuzov*(London: Pen & Sword, 2007), 161, 162.

| 제7장 | **클라우제비츠**

1. Carl von Clausewitz, *The Campaign of 1812 in Russia*(London: Greenhill Books, 1992), 184.

2. Carl von Clausewitz, *On War*, Michael Howard and Peter Paret 편역(Princeton, NJ: Princeton University Press, 1976), Book IV, Chapter 12, p. 267.

3. Gat, *The Origins of Military Thought*(chap. 6, n. 5 참조).

4. John Shy, "Jomini," in Paret et al., *Makers of Modern Strategy*, 143-185(chap. 6, n. 2 참조).

5. Antoine Henri de Jomini, *The Art of War* (London: Greenhill Books, 1992).

6. "Jomini and the Classical Tradition in Military Thought," Howard, *Studies in War & Peace*(chap. 6, n. 9 참조), 31.

7. Jomini, *The Art of War*, 69.

8. Shy, "Jomini," 152, 157, 160, 146.

9. Gat, *The Origins of Military Thought*, 114, 122.

10. 이 둘 사이의 보다 유용한 토론에 대해서는 다음을 참조, Christopher Bassford, "Jomini and Clausewitz: Their Interaction," February 1993, http://www.clausewitz. com/readings/Bassford/Jomini/JOMINIX.htm.

11. Clausewitz, *On War*, 136.

12. Hew Strachan, "Strategy and Contingency," *International Affairs* 87, no. 6(2011): 1289.

13. Martin Kitchen, "The Political History of Clausewitz," *Journal of Strategic Studies* 11, vol. 1 (March 1988): 27-30.

14. B. H. Liddell Hart, *Strategy: The Indirect Approach*(London: Faber and Faber, 1968), Martin Van Creveld, *The Transformation of War*(New York: The Free Press, 1991), John Keegan, *A History of Warfare*(London: Hutchinson, 1993).

15. Jan Willem Honig, "Clausewitz's On War: Problems of Text and Translation," Hew Strachan and Andrews Herberg-Rothe 편, *Clausewitz in the Twenty-First Century*(Oxford: Oxford University Press, 2007), 57-73. 클라우제비츠의 전기는

Paret, *Clausewitz and the State*(chap. 6, n. 10), Michael Howard, *Clausewitz*(Oxford: Oxford University Press, 1983), Hew Strachan, *Clausewitz's On War: A Biography*(New York: Grove/Atlantic Press, 2008) 참조. 클라우제비츠와 역사의 상관 관계에 대해서는 Azar Gat, *A History of Military Thought*(chap. 6, n. 5) 참조. 클라우제비츠가 끼친 영향에 대해서는 Beatrice Heuser, *Reading Clausewitz*(London: Pimlico, 2002) 참조.

16. Christopher Bassford, "The Primacy of Policy and the 'Trinity' Clausewitz's Mature Thought," Hew Strachan and Andreas Herberg-Rothe 편, *Clausewitz in the Twenty-First Century*(Oxford: Oxford University Press, 2007), 74-90, Christopher Bassford, "The Strange Persistence of Trinitarian Warfare," Ralph Rotte and Christoph Schwarz 편, *War and Strategy*(New York: Nova Science, 2011), 45-54.

17. Clausewitz, *On War,* Book 1, Chapter 1, 89.

18. Antulio Echevarria, *Clausewitz and Contemporary War*(Oxford: Oxford University Press, 2007), 96.

19. *On War*, Book 1, Chapter 7, 119-120.

20. 위와 동일, Book 3, Chapter 7, 177.

21. 테렌스 홈스(Terence Holmes)는 클라우제비츠가 무질서한 것과 예측할 수 없는 것에만 사로잡혀 있다는 견해를 반박하기 위해서 계획에 대한 이 강조를 동원한다. 잠재적인 무질서와 예측불가능성이 전반적인 과제로 설정된다는 게 요지이다. 클라우제비츠가 조심스러운 전략을 주장한 이유도 바로 여기에 있다. 홈스는 계획이 빗나가는 여러 가지 이유들을 지적하고 (이 가운데서 가장 중요한 이유는 적의 움직임을 정확하게 예측하지 못하는 것이라고 했다) 또 애초의 계획이 제대로 먹히지 않을 때 새로운 계획을 세울 필요가 있음을 지적했다. 클라우제비츠가 모든 계획에 반대했다는 주장을 반박하기란 어려운 일이 아니다. 왜냐하면 당시의 대규모 군대에서 제기된 병참 및 지휘의 쟁점들은 계획을 필요로 했기 때문이다. 전략적인 과제에 대해 고민할 때 마찰 및 예측할 수 없는 적들 등의 문제들을 고려하긴 하지만, 그 문제들을 반드시 해결하지는 못하는 계획을 세우는 것으로 파악하는 것이 더 낫다. Terence Holmes, "Planning versus Chaos in Clausewitz's On War, " *The Journal of Strategic Studies* 30, no. 1(2007): 129-151.

22. *On War*, Book 2, Chapter 1, 128, Book 3, Chapter 1, 177.

23. 위와 동일, Book 1, Chapter 6, 117-118.

24. Paret, "Clausewitz," *Makers of Modern Strategy*, 203.

25. *On War*, Book 1, Chapter 7, 120.

26. 위와 동일, Book 5, Chapter 3, 282, Book 3, Chapter 8, 195, Chapter 10, 202-203; Book 7, Chapter 22, 566, 572.

27. 위와 동일, Book 6, Chapter 1, 357, Chapter 2, 360, Chapter 5, 370.

28. Clausewitz, *On War*, 596, 485. Antulio J. Echevarria II, "Clausewitz's Center of Gravity: It's Not What We Thought," *Naval War College Review* LVI, no. 1(Winter 2003): 108-123.

29. Clausewitz, *On War*, Book 8, Chapter 6, 603. Hugh Smith, "The Womb of War" 참조.

30. Clausewitz, *On War*, Book 8, Chapter 8, 617-637.

31. Strachan, *Clausewitz's On War*, 163.

32. "Clausewitz, unfinished note, presumably written in 1830," *On War*, 31. 하지만 이 추정 연도가 1827년이라는 게 현재로서는 정설이다. 아울러 Clifford J. Rogers, "Clausewitz, Genius, and the Rules," *The Journal of Military History* 66(October 2002): 1167-1176 참조.

33. Clausewitz, *On War*, Book 1, Chapter 1, 87.

34. 위와 동일, Book 1, Chapter 1, 81.

35. Strachan, *Clausewitz's On War*, 179.

36. Brian Bond, *The Pursuit of Victory: From Napoleon to Saddam Hussein*(Oxford: Oxford University Press, 1996), 47.

| 제8장 | 가짜 과학

1. Michael Howard, *War and the Liberal Conscience*(London: Maurice Temple Smith, 1978), 37-42.

2. 위의 책에서 재인용, 48-49.

3. Clausewitz, *On War*, Book 1, Chapter 2, 90. Thomas Waldman, *War, Clausewitz and the Trinity* 참조(London: Ashgate, 2012), Chapter 6.

4. Leo Tolstoy, *War and Peace*, Louise and Aylmer Maude 역(Oxford: Oxford University Press, 1983), 829.

5. Isaiah Berlin, *The Hedgehog and the Fox*(Chicago: Ivan Dee, 1978). 지금은 유명한 문구가 되어버린 '고슴도치와 여우'라는 이 제목은 그리스 시인 아르킬로쿠스(Archilocus)에게서 따온 인용인 '여우는 많은 것들을 알지만 고슴도치는 중요한 것

한 가지를 안다'에서 비롯된 것이다.

6. W. Gallie, *Philosophers of Peace and War: Kant, Clausewitz, Marx, Engels and Tolstoy* (Cambridge, UK: Cambridge University Press, 1978), 114.

7. Tolstoy, *War and Peace,* 1285.

8. 위와 동일, 688.

9. Lieven, *Russia Against Napoleon*, 527.

10. Berlin, *The Hedgehog and the Fox*, 20.

11. Gary Saul Morson, "War and Peace," Donna Tussing Orwin 편, *The Cambridge Companion to Tolstoy*(Cambridge, UK: Cambridge University Press, 2002), 65-79.

12. Michael D. Krause, "Moltke and the Origins of the Operational Level of War," Michael D. Krause and R. Cody Phillip 편, *Historical Perspectives of the Operational Art*(Center of Military History, United States Army, Washington, DC, 2005), 118, 130.

13. Gunther E. Rothenberg, "Moltke, Schlieffen, and the Doctrine of Strategic Envelopment," Paret 편, *Makers of Modern Strategy*, 298(chap. 6, n. 2 참조).

14. Helmuth von Moltke, "Doctrines of War," Lawrence Freedman 편, *War*(Oxford: Oxford University Press, 1994), 220-221 참조.

15. Echevarria, *Clausewitz and Contemporary War*, 142(chap. 7, n. 18 참조).

16. Hajo Holborn, "The Prusso-German School: Moltke and the Rise of the General Staff," Paret 편, *Makers of Modern Strategy*, 288.

17. Rothenberg, "Moltke, Schlieffen, and the Doctrine of Strategic Envelopment," 305.

18. John Stone, *Military Strategy: The Politics and Technique of War* (London: Continuum, 2011), 43-47.

19. Krause, "Moltke and the Origins of the Operational Level of War," 142.

20. Walter Goerlitz, *The German General Staff* (New York: Praeger, 1953), 92. 다음에서 재인용, Justin Kelly and Mike Brennan, *Alien: How Operational Art Devoured Strategy* (Carlisle, PA: US Army War College, 2009), 24.

| 제9장 | 섬멸이냐 소모냐

1. Gordon Craig, "Delbruck: The Military Historian," Paret 편, *Makers of Modern Strategy*, 326-353(chap. 6, n. 2 참조).

2. Azar Gat, *The Development of Military Thought: The Nineteenth Century*(Oxford:

Clarendon Press, 1992), 106-107.

3. 다음에서 인용, Mahan in Russell F. Weigley, "American Strategy from Its Beginnings through the First World War," Paret 편, *Makers of Modern Strategy*, 415.

4. Donald Stoker, *The Grand Design: Strategy and the U.S. Civil War*(New York: Oxford University Press, 2010), 78-79.

5. David Herbert Donald, *Lincoln*(New York: Simon and Schuster, 1995), 389, 499, Stoker, *The Grand Design*, 229-230.

6. Stoker, *The Grand Design*, 405.

7. Weigley, "American Strategy," 432-433.

8. Stoker, *The Grand Design*, 232.

9. Azar Gat, *The Development of Military Thought*, 144-145.

10. Ardant du Picq, "Battle Studies," Curtis Brown 편, *Roots of Strategy, Book 2*(Harrisburg, PA: Stackpole Books, 1987), 153, Robert A. Nye, *The Origins of Crowd Psychology: Gustave Le Bon and the Crisis of Mass Democracy in the Third Republic*(London: Sage, 1974).

11. Craig, "Delbrück: The Military Historian," 312.

12. 이 논의는 주로 잡지 《전쟁의 역사》(War in History)의 지면을 통해서 이루어졌다. 여기에서 테렌스 주버(Terence Zuber)는 '슐리펜 계획'이라는 것은 없었다는 주장을 가지고서 다른 역사가들에 맞서서 외롭지만 눈부신 승리를 이어가고 있다. Terence Zuber, "The Schlieffen Plan Reconsidered," *War in History VI* (1999): 262-305. 이 주장은 다음의 그의 책에서 총체적으로 전개된다. *Inventing the Schlieffen Plan*(Oxford: Oxford University Press, 2003). 몇몇 반응에 대해서는 다음을 참조. Terence Holmes, "The Reluctant March on Paris: A Reply to Terence Zuber's The Schlieffen Plan Reconsidered,'" *War in History VIII* (2001): 208-232. A. Mombauer, "Of War Plan and War Guilt: The Debate Surrounding the Schlieffen Plan," *Journal of Strategic Studies XXVIII* (2005): 857-858, R. T. Foley, "The Real Schlieffen Plan," *War in History XIII* (2006): 91-115, Gerhard P. Gros, "There Was a Schlieffen Plan: New Sources on the History of German Military Planning," *War in History XV* (2008): 389-431.

13. 다음에서 재인용, Foley, "The Real Schlieffen Plan," 109.

14. Hew Strachan, "Strategy and Contingency, " *International Affairs* 87, no. 6 (2011): 1290.

15. 그는 50세가 되기 전까지는 자기 저작을 발표할 생각을 진지하게 하지 않았다. 그러다가 50세가 지난 뒤부터 시작해서 스무 권 가까운 책과 수많은 논문을 발표했다. 그가 남긴 가장 중요한 저작들은 다음과 같다. *The Influence of Sea Power Upon History, 1660-1783*(Boston: Little, Brown, and Company, 1890), *The Influence of Sea Power Upon the French Revolution and Empire*, 1793. 1812 (Boston: Little, Brown, and Company, 1892).

16. Mahan, *The Influence of Sea Power Upon the French Revolution and Empire*, 400-402.

17. Jon Tetsuro Sumida, *Inventing Grand Strategy and Teaching Command: The Classic Works of Alfred Thayer Mahan Reconsidered*(Washington, DC: Woodrow Wilson Center Press, 1999).

18. Robert Seager, *Alfred Thayer Mahan: The Man and His Letters*(Annapolis: U. S. Naval Institute Press, 1977). 아울러 Dirk Boker, *Militarism in a Global Age: Naval Ambitions in Germany and the United States Before World War I*(Ithaca, NY: Cornell University Press, 2012), 103-104 참조.

19. Alfred Mahan, *Naval Strategy Compared and Contrasted with the Principles and Practice of Military Operations on Land: Lectures Delivered at U.S. Naval War College, Newport, R.I., Between the Years 1887 and 1911*(Boston: Little, Brown, and Company, 1911), 6-8.

20. Mahan, *The Influence of Sea Power Upon the French Revolution*, v-vi.

21. Seager, *Alfred Thayer Mahan*, 546. 이것은 위의 주석 19의 Alfred Mahan의 책 *Naval Strategy Compared and Contrasted*을 지칭하는 것이다.

22. Böker, *Militarism in a Global Age*, 104-107.

23. 다음에서 재인용, Liam Cleaver, "The Pen Behind the Fleet: The Influence of Sir Julian Stafford Corbett on British Naval Development, 1898-1918," *Comparative Strategy* 14(January 1995), 52-53. .

24. Barry M. Gough, "Maritime Strategy: The Legacies of Mahan and Corbett as Philosophers of Sea Power," *The RUSI Journal* 133, no. 4 (December 1988): 55-62.

25. Donald M. Schurman, *Julian S. Corbett, 1854-1922*(London: Royal Historical Society, 1981), 54. Eric Grove, "Introduction," Julian Corbett, *Some Principles of Maritime Strategy*(Annapolis: U.S. Naval Institute Press, 1988) 참조. 이 책의 초판 인쇄는 1911년이고 1988년본에는 주석이 달렸다. "The Green Pamphlet" of 1909.

아울러 Azar Gat, *The Development of Military Thought: The Nineteenth Century* 참조.

26. 코르벳과 클라우제비츠 사이의 관계에 대해서는 다음을 참조. Chapter 18 of Michael Handel, *Masters of War: Classical Strategic Thought*(London: Frank Cass, 2001).

27. Corbett, *Some Principles*, 62-63.

28. 위와 동일, 16, 91, 25, 152, 160.

29. H. J. Mackinder, "The Geographical P ivot of History," *The Geographical Journal* 23(1904): 421-444.

30. H. J. Mackinder, "Manpower as a Measure of National and Imperial Strength," *National and English Review* 45(1905): 136-143, 다음에서 재인용, Lucian Ashworth, "Realism and the Spirit of 1919: Halford Mackinder, Geopolitics and the Reality of the League of Nations," *European Journal of International Relations* 17, no. 2(June 2011): 279-301. 또한 Mackinder에 대해서는 B. W. Blouet, *Halford Mackinder: A Biography*(College Station: Texas A&M University Press, 1987) 참조.

31. H. J. Mackinder, *Democratic Ideals and Reality: A Study in the Politics of Reconstruction*(Suffolk: Penguin Books, 1919), 86, Geoffrey Sloan, "Sir Halford J. Mackinder: The Heartland Theory Then and Now," *Journal of Strategic Studies* 22, 2-3(1999): 15-38.

32. 위와 동일, 194.

33. Mackinder, "The Geographical Pivot," 437.

34. Ola Tunander, "Swedish-German Geopolitics for a New Century,Rudolf Kjellen's "The State as a Living Organism," *Review of International Studies* 27, 3(2001): 451-463.

35. 물리적 환경의 전략적인 함의를 고려해야 한다고 강조했던 접근법에 대한 불신은 나중에 후회 속에서 철회되었다. 특히 다음 책에서 이런 점을 확인할 수 있다. Colin Gray, *The Geopolitics of Super Power*(Lexington: University Press of Kentucky, 1988). 아울러 Colin Gray, "In Defence of the Heartland: Sir Halford Mackinder and His Critics a Hundred Years On," *Comparative Strategy* 23, no. 1(2004): 9-25 참조.

| 제10장 | 뇌와 근육

1. 이사벨 헐(Isabel Hull)은 이 행동이 식민지 전쟁 기간 동안에 형성되었던 부주의하고 둔감한 군사 문화의 결과라고 주장한다. Isabel V. Hull, *Absolute Destruction:*

Military Culture and the Practices of War in Imperial Germany(Ithaca, NY: Cornell University Press, 2005).

2. Craig, "Delbruck: The Military Historian," 348(chap. 9, n. 1 참조).

3. Mark Clodfelter, *Beneficial Bombing: The Progressive Foundations of American Air Power 1917-1945*(Lincoln: University of Nebraska Press, 2010) 참조.

4. 흥미롭게도 두에는 나중에 대규모 폭격의 열렬한 옹호자가 되지만, 초기에 그는 아무런 방어력도 갖추고 있지 않은 도시를 공격하는 행위를 생각하는 것조차 개탄스럽다고 했으며 이런 행위를 규제할 국제 규약을 제정해야 한다고 주장했다. Thomas Hippler, "Democracy and War in the Strategic Thought of Guilio Douhet," Hew Strachan and Sibylle Scheipers 편, *The Changing Character of War*(Oxford: Oxford University Press, 2011), 170 참조.

5. Giulio Douhet, *The Command of the Air*, Dino Ferrari 역(Washington, DC: Office of Air Force History, 1983). 1942년 재판. 이 책은 이탈리아의 전쟁 기간에 발간되었다. 비록 그 전쟁이 진행되는 동안에는 두에가 문제적인 인물로 평가받았지만, 이제 선견지명이 있는 인물로 존경을 받았으며, 짧은 기간 동안이기는 하지만 파시스트 정권 아래에서 항공 감독관이 되었다. 미첼의 주요 발언은 다음에서 확인할 수 있다. William Mitchell, *Winged Defense: The Development and Possibilities of Modern Air Power—Economic and Military*(New York: G. P. Putnam's Sons, 1925). 카프로니의 견해는 1917년에 "전쟁을 죽이자, 적의 심장을 겨누자"(Let Us Kill the War, Let Us Aim at the Heart of the Enemy)라는 제목으로 적국의 산업 시설 파괴를 주장하는 팸플릿을 썼던 저널리스트인 니노 살바네쉬(Nino Salvaneschi)가 포착했다. David MacIsaac, "Voices from the Central Blue: The Airpower Theorists," Peter Paret 편, *Makers of Modern Strategy*, 624-647(chap. 6, n. 2 참조).

6. Azar Gat, *Fascist and Liberal Visions of War: Fuller, Liddell Hart, Douhet, and Other Modernists*(Oxford: Clarendon Press, 1998).

7. Sir Charles Webster and Noble Frankland, *The Strategic Air Offensive Against Germany*, 4 vols.(London: Her Majesty's Stationery Office, 1961), Vol. 4, pp. 2, 74.

8. Sir Hugh Dowding, "Employment of the Fighter Command in Home Defence," *Naval War College Review* 45(Spring 1992): 36. Reprint of 1937 lecture to the RAF Staff College.

9. David S. Fadok, "John Boyd and John Warden: Airpower's Quest for Strategic Paralysis," Col. Phillip S. Meilinger 편, *Paths of Heaven*(Maxwell Air Force Base,

AL: Air University Press, 1997), 382.

10. Douhet, *Command of the Air*.

11. Phillip S. Meilinger, "Giulio Douhet and the Origins of Airpower Theory," Phillip S. Meilinger 편, *Paths of Heaven*, 27; Bernard Brodie, "The Heritage of Douhet," *Air University Quarterly Review* 6(Summer 1963): 120-126.

12. 웰스가 전개한 이야기 속에서는 미국인이 라이트 형제의 새로운 발명품을 온전하게 이용할 기회를 가지기 전에 독일이 비행선을 이용해서 미국을 선제공격한다.

13. Brian Holden Reid, *J. F. C. Fuller: Military Thinker*(London: Macmillan, 1987), 55, 51, 73.

14. 위와 동일; Anthony Trythell, *'Boney' Fuller: The Intellectual General*(London: Cassell, 1977); Gat, *Fascist and Liberal Visions of War*.

15. Gat, *Fascist and Liberal Visions of War*, 40-41.

16. J. F. C. Fuller, *The Foundations of the Science of War*(London: Hutchinson, 1925), 47.

17. 위와 동일, 35.

18. 위와 동일, 141.

| 제11장 | 간접적인 접근법

1. 솜므 강 전투가 하트에 미친 영향에 대해서는 다음을 참조, Hew Strachan, "'The Real War': Liddell Hart, Crutwell, and Falls," Brian Bond 편, *The First World War and British Military History*(Oxford: Clarendon Press, 1991).

2. John Mearsheimer, *Liddell Hart and the Weight of History*(London: Brassey's, 1988). 가트는 하트의 허영과 과장을 부정하지 않고서, 미어샤이머의 비평에 비판을 제기했다. Azar Gat, "Liddell Hart's Theory of Armoured Warfare: Revising the Revisionists," *Journal of Strategic Studies* 19 (1996): 1-30.

3. Gat, *Fascist and Liberal Visions of War*, 146-160(chap. 7, n. 5 참조).

4. Basil Liddell Hart, *The Ghost of Napoleon*(London: Faber and Faber, 1933), 125-126.

5. Christopher Bassford, *Clausewitz in English: The Reception of Clausewitz in Britain and America*, 1815-1945(New York: Oxford University Press, 1994), Chapter 15.

6. Griffiths, *Sun Tzu*, vii(chap. 4, n. 5 참조).

7. Alex Danchev, *Alchemist of War: The Life of Basil Liddell Hart*(London: Weidenfeld

& Nicolson, 1998).

8. Reid, *J. F. C. Fuller*, 159 (chap. 10, n. 13 참조).

9. Basil Liddell Hart, *Strategy: The Indirect Approach* (London: Faber and Faber, 1954), 335, 339, 341, 344.

10. Brian Bond, *Liddell Hart: A Study of his Military Thought*.(London: Cassell, 1977), 56.

11. Basil Liddell Hart, *Paris, or the Future of War* (London: Kegan Paul, 1925), 12. 리델 하트는 풀러와 마찬가지로 제1차 세계대전 때 독일이 감행했던 영국 공중 폭격에 큰 충격을 받았다. "우리의 방어력이 조직되기 이전에 목격했던 공중 폭격에 비춰볼 때, 우월한 항공 전력에 의한 집중적인 타격에서 비롯될 공포와 소동을 결코 과소평 가할 수 없을 것이다. 헐(Hull)과 같은 산업 및 항만 도시에서 한밤중에 첫 번째 경 고음이 울린 뒤에 비명을 지르며 사람들이 쏟아져 나와서 들판으로 달려가던 모습 을 목격한 사람이라면 과연 누가 그 장면을 잊어버릴 수 있을까? 여자와 아이 그리 고 품에 안긴 아기들은 숱한 밤을 축축한 겨울 들판에서 추위와 공포에 떨면서 보냈 다." Basil Liddell Hart, *Paris, or the Future of War* (New York: Dutton, 1925), 39.

12. Richard K. Betts, "Is Strategy an Illusion?" *International Security 25*, 2 (Autumn 2000): 11.

13. Ian Kershaw, *Fateful Choices: Ten Decisions That Changed the World: 1940-1941* (New York: Penguin Press, 2007), 47.

14. 전쟁이 끝난 뒤에 처칠이 썼던 전쟁 회고록에 의하면 싸워야 할지 말아야 할지를 놓고서 아무런 논의도 없었다고 한다. 저항은 '너무나도 당연한 것'으로 받아들여졌 고, '그런 비현실적인 탁상공론'을 놓고 논의를 하는 것은 시간 낭비일 뿐이었을 것 이라고 처칠은 썼다. Winston S. Churchill, *The Second World War, Their Finest Hour, vol. 2* (London: Penguin , 1949), 157. 레이놀즈(Reynolds)는 핼리팩스를 보호하기 위한 바람에서 비롯되었던 은폐 사실을 설명한다. 핼리팩스는 처칠의 그 책이 나왔 던 1948년에만 하더라도 여전히 보수당의 고위 간부들이 감싸고돌던 동료였으며, 나중에는 처칠의 과도한 호전성을 견제하는 역할을 떠맡았다. 그러나 기록으로 보 자면 처칠도 어느 시점에 가서는 독일과 협상할 필요가 있다고 판단했음이 드러난 다. 그는 전쟁의 다음 단계는 훨씬 더 심각하게 전환될 것이며, 영국의 독립을 보장 해주는 조건의 협상이면 받아들여야 한다는 사실을 알고 있었다. 하지만 그에게 주 어진 과제는 독일군의 침공을 될 수 있으면 어렵게 만드는 것이었다. 그리고 그의 생생한 언어와 강철 같은 태도("우리는 해변에서도 싸울 것이고(……) 우리는 결코

항복하지 않을 것이다")는 협상을 준비하는 측면에서도 그가 가지고 있던 핵심적인 무기였다. 1940년에 그는 영국은 필연적으로 승리할 것이라고 이야기했는데, 1948년에 거기에 대해서 다시 쓸 기회가 있을 때 그 부분을 수정할 생각을 전혀 하지 않았다. David Reynolds, *In Command of History: Churchill Fighting and Writing the Second World War*(New York: Random House, 2005), 172-173.

15. Eliot Cohen, "Churchill and Coalition Strategy," Paul Kennedy 편, *Grand Strategies in War and Peace*(New Haven, CT: Yale University Press, 1991), 66.

16. Max Hastings, *Finest Years: Churchill as Warlord 1940-45*(London: Harper-Collins, 2010), Chapter 1.

17. 당시 소련에서 숙청된 추정 인원 3만 5,000명은 장교의 50퍼센트, 전체 장군의 90퍼센트, 전체 영관급 장교의 80퍼센트에 해당됐다.

18. Winston Churchill, *The Second World War, The Grand Alliance*, vol. 3 (London: Penguin, 1949), 607-608.

| 제12장 | 핵 게임

1. Walter Lippmann, *The Cold War*(Boston: Little Brown, 1947).

2. Ronald Steel, *Walter Lippmann and the American Century*(London: Bodley Head, 1980), 445. 뒤에 이어지는 서신에서 또 다른 저널리스트 허버트 스워프(Herbert Swope)는 자기가 유명한 기업가인 버나드 바루크(Bernard Baruch)에게 했던 말이라고 주장했다. 그는 또한 1930년대 말에 미국이 유럽의 '무력 전쟁'(shooting war)에 휩쓸려 들어갈 것인지 어떨지 질문을 받은 적이 있는데, 그때 이 표현을 썼다고 했다. 그는 그 표현의 기묘함이 마음에 들었다고 했다. "그것은 마치 비슷한 말을 장황하게 하는 것이 아니라 한 마디로 딱 끝내주는 것 같았다." 그는 '열전'의 반대말이 '냉전'이라고 생각했고, 그때부터 그 표현을 쓰기 시작했다. William Safire, *Safire's New Political Dictionary*(New York: Oxford University Press, 2008), 134-135.

3. 리프먼의 분석은, 모스크바에서 미국 외교관 조지 케넌(George Kennan)이 'X'라는 익명으로 소련의 야망을 경고하면서 새로운 봉쇄 정책이 긴급하게 필요하다는 내용으로 썼던 《포린 어페어스》(*Foreign Affairs*)의 어떤 기사에 대한 반응으로 나온 것이었다.

4. George Orwell, "You and the Atomic Bomb," *Tribune*, October 19, 1945. Sonia Orwell and Ian Angus 편, *The Collected Essays; Journalism and Letters of George*

Orwell, vol. 4(New York: Harcourt Brace Jovanovich, 1968), 8-10에 다시 실림.

5. Barry Scott Zellen, *State of Doom : Bernard Brodie, the Bomb and the Birth of the Bipolar World*(New York: Continuum, 2012), 27.

6. Bernard Brodie 편, *The Absolute Weapon*(New York: Harcourt, 1946), 52.

7. Bernard Brodie, "Strategy as a Science, " *World Politics* 1, no. 4(July 1949): 476.

8. Patrick Blackett, *Studies of War, Nuclear and Conventional*(New York: Hill & Wang, 1962), 177.

9. Paul Kennedy, *Engineers of Victory: The Problem Solvers Who Turned the Tide in the Second World War*(London: Allen Lane, 2013).

10. Sharon Ghamari-Tabrizi, "Simulating the Unthinkable: Gaming Future War in the 1950s and 1960s," *Social Studies of Science* 30, no. 2(April 2000): 169, 170.

11. Philip Mirowski, *Machine Dreams: Economics Becomes Cyborg Science*(Cambridge: Cambridge University Press, 2002), 12-17.

12. Hedley Bull, *The Control of the Arms Race*(London: Weidenfeld & Nicolson, 1961), 48.

13. Hedley Bull, "Strategic Studies and Its Critics," *World Politics* 20, no. 4(July 1968): 593-605.

14. Charles Hitch and Roland N. McKean, *The Economics o f Defense in the Nuclear Age*(Cambridge, MA: Harvard University Press, 1960).

15. Deborah Shapley, *Promise and Power: The Life and Times of Robert McNamara*(Boston: Little, Brown & Co., 1993), 102-103.

16. Thomas D. White, "Strategy and the Defense Intellectuals," *The Saturday Evening Post*, May 4, 1963, Alain Enthoven and Wayne Smith, *How Much Is Enough?*(New York; London: Harper & Row, 1971), 78 재인용. 시스템 분석의 역할에 대한 비평에 대해서는 Stephen Rosen, "Systems Analysis and the Quest for Rational Defense," *The Public Interest 76*(Summer 1984): 121-159 참조.

17. Bernard Brodie, *War and Politics*(London: Cassell, 1974), 474-475.

18. 다음에서 재인용, William Poundstone, *Prisoner's Dilemma*(New York: Doubleday, 1992), 6.

19. Oskar Morgenstern, "The Collaboration between Oskar Morgenstern and John von Neumann," *Journal of Economic Literature* 14, no. 3(September 1976): 805-816. E. Roy Weintraub, *Toward a History of Game Theory*(London: Duke

University Press, 1992), R. Duncan Luce and Howard Raiffa, *Games and Decisions; Introduction and Critical Survey*(New York: John Wiley & Sons, 1957).

20. Poundstone, *Prisoner's Dilemma*, 8.

21. Philip Mirowski, "Mid-Century Cyborg Agonistes: Economics Meets Operations Research," *Social Studies of Science* 29(1999): 694.

22. John McDonald, *Strategy in Poker, Business & War*(New York: W. W. Norton, 1950), 14, 69, 126.

23. Jessie Bernard, "The Theory of Games of Strategy as a Modern Sociology of Conflict," *American Journal of Sociology* 59(1954): 411-424.

| 제13장 | 비합리성의 합리성

1. 이 내용은 다음에서 논의되고 있다. Lawrence Freedman, *The Evolution of Nuclear Strategy*, 제3판.(London: Palgrave, 2005).

2. Colin Gray, *Strategic Studies: A Critical Assessment*(New York: The Greenwood Press, 1982).

3. R. J. Overy, "Air Power and the Origins of Deterrence Theory Before 1939," *Journal of Strategic Studies* 15, no. 1(March 1992): 73-101. 아울러 George Quester, *Deterrence Before Hiroshima*(New York: Wiley, 1966) 참조.

4. Stanley Hoffmann, "The Acceptability of Military Force," Francois Duchene 편, *Force in Modern Societies: Its Place in International Politics*(London: International Institute for Strategic Studies, 1973), 6.

5. Glenn Snyder, *Deterrence and Defense: Toward a Theory of National Security*(Princeton, NJ: Princeton University Press, 1961).

6. Herman Kahn, *On Thermonuclear War*(Princeton, NJ: Princeton University Press, 1961), 126 ff. and 282 ff. 이 책의 제목은 애초에 열핵전쟁을 주제로 한 세 개의 강연(Three Lectures on Thermonuclear War)으로 잡혔었다.

7. Barry Bruce-Briggs, *Supergenius: The Megaworlds of Herman Kahn*(North American Policy Press, 2000), 97.

8. 위와 동일, 98. 브루스 브릭스(Bruce-Briggs)는 그 섬뜩한 문체를 지적하면서 다음과 같이 결론을 내렸다. "소박함이 신뢰성을 부여한다. 만일 저자가 거칠게 밀어붙이는 식의 문체를 구사했다면, 아마도 그는 알랑거리는 사기꾼으로 비쳤을 것이다."

9. Jonathan Stevenson, *Thinking Beyond the Unthinkable*(New York: Viking, 2008), 76.

10. http://www.nobelprize.org/nobel_prizes/economics/laureates/2005/#.

11. 셸링의 주요 저서로는 다음과 같은 것들이 있다. *The Strategy of Conflict*(Cambridge, MA: Harvard University Press, 1960), *Arms and Influence*(New York: Yale University Press, 1966), *Choice and Consequence*(Cambridge, MA: Harvard University Press, 1984), 그리고 Morton Halperin과의 공저, *Strategy and Arms Control*(New York: Twentieth Century Fund, 1961).

12. Robin Rider, "Operations Research and Game Theory," Roy Weintraub 편, *Toward a History of Game Theory*(chap. 12, n. 19 참조).

13. Schelling, *The Strategy of Conflict*, 10.

14. Jean-Paul Carvalho, "An Interview with Thomas Schelling," *Oxonomics* 2 (2007): 1-8.

15. Brodie, "Strategy as a Science," 479(chap. 12, n. 7 참조). 한 가지 가능한 이유로는 시카고 대학교의 경제학 교수이자 브로디의 멘토인 제이컵 바이너(Jacob Viner)가 가지고 있었던 회의주의를 들 수 있다. 핵무기의 의미를 주제로 1946년에 바이너가 썼던 에세이는 억지 이론의 토대 가운데 하나가 되었으며, 또한 브로디에게 영향을 미쳤던 게 분명하다.

16. Bernard Brodie, "The American Scientifi c Strategists," *The Defense Technical Information Center*(October 1964): 294.

17. Oskar Morgenstern, *The Question of National Defense*(New York: Random House, 1959).

18. Bruce-Briggs, *Supergenius*, 120-122; Irving Louis Horowitz, *The War Game: Studies of the New Civilian Militarists*(New York: Ballantine Books, 1963).

19. 다음에서 재인용, Bruce-Biggs, *Supergenius*, 120.

20. Schelling, *Journal of Conflict Resolution*, Kenneth Boulding에 의해 1957년에 편집 됐다.

21. Carvalho, "An Interview with Thomas Schelling."

22. Robert Ayson, *Thomas Schelling and the Nuclear Age: Strategy as a Social Science*(London: Frank Cass, 2004), Phil Williams, "Thomas Schelling," J. Baylis and J. Garnett 편, *Makers of Nuclear Strategy*(London: Pinter, 1991), 120-135, A. Dixit, "Thomas Schelling's Contributions to Game Theory," *Scandinavian Journal of Economics* 108, no. 2(2006): 213-229, Esther-Mirjam Sent, "Some Like It Cold: Thomas Schelling as a Cold Warrior," *Journal of Economic Methodology* 14, no.

4(2007): 455-471.

23. Schelling, *The Strategy of Conflict*, 15.

24. Schelling, *Arms and Influence*, 1.

25. 위와 동일, 2-3, 79-80, 82.

26. 위와 동일, 194.

27. Schelling, *Strategy of Conflict*, 188(원본에서 강조).

28. Schelling, *Arms and Influence*, 93.

29. Schelling, *Strategy of Conflict*, 193.

30. 다음 글은 셸링의 연구 중에서 많은 것들이 보다 형식적인 게임 이론에서의 발전을 전망한다고 주장한다. Dixit, "Thomas Schelling's Contributions to Game Theory,"

31. Schelling, *Strategy of Conflict*, 57, 77.

32. Schelling, *Arms and Influence*, 137.

33. Schelling, *Strategy of Conflict*, 100-101.

34. Cited by Robert Ayson, *Hedley Bull and the Accommodation of Power*(London: Palgrave, 2012).

35. 월스테터는 랜드 연구소에서 영향력이 높은 분석가로 손꼽혔다. Robert Zarate and Henry Sokolski 편, *Nuclear Heuristics: Selected Writings of Albert and Roberta Wohlstetter*(Carlisle, PA: Strategic Studies Institute, U. S. Army War College, 2009) 참조.

36. Wohlstetter letter to Michael Howard, 1968, Stevenson, *Thinking Beyond the Unthinkable*, 71 인용.

37. Bernard Brodie, *The Reporter*, November 18, 1954.

38. Schelling, *The Strategy of Conflict*, 233. '기습 공격과 군비 축소'를 다룬 이 에세이는 맨 처음 다음에 실렸다, Klaus Knorr 편, *NATO and American Security*(Princeton, NJ: Princeton University Press, 1959).

39. Schelling, *Strategy and Conflict*, 236.

40. Donald Brennan 편, *Arms Control, Disarmament and National Security*(New York: George Braziller, 1961), Hedley Bull, *The Control of the Arms Race*(London: Weidenfeld & Nicolson, 1961).

41. Schelling and Halperin, *Strategy and Arms Control*, 1-2.

42. 위와 동일, 5.

43. Schelling, *Strategy of Conflict*, 239-240.

44. Henry Kissinger, *The Necessity for Choice*(New York: Harper & Row, 1961). 이 특별한 에세이는 맨 처음 Daedalus 89, no. 4(1960)에 발표되었다. 내가(그리고 옥스퍼드 영어사전이) 찾아낼 수 있는 최초의 언급은 군축을 활발하게 주장했던 영국의 저술가 웨일랜드 영(Wayland Young)이 쓴 글인데, 영은 '전략가들이 상호 상승이라고 부르는 것의 위험, 즉 서로 보복 공격을 주고받으면서 이 공격에 사용되는 무기의 규모가 점점 커져서 마침내 마치 처음부터 열핵 무기를 주고받는 경우와 마찬가지로 문명이 완전히 파괴될 수도 있는 위험'이라고 언급했다.

45. Schelling, *Strategy of Conflict*.

46. Schelling, *Arms and Influence*, 182.

47. Schelling, "Nuclear Strategy in the Berlin Crisis," *Foreign Relations of the United States* XIV, 170-172, Marc Trachtenberg, *History and Strategy*(Princeton, NJ: Princeton University Press, 1991), 224.

48. 나는 이것을 다음의 내 저서에서 다루었다. *Kennedy's Wars*(New York: Oxford University Press, 2000).

49. Fred Kaplan, *Wizards of Armageddon*(Stanford: Stanford University Press, 1991), 302.

50. Kaysen to Kennedy, September 22, 1961, *Foreign Relations in the United States* XIV-VI, supplement, Document 182.

51. Robert Kennedy, *Thirteen Days: The Cuban Missile Crisis of October 1962*(London: Macmillan, 1969), 69-71, 80, 89, 182.

52. Ernest May and Philip Zelikow, *The Kennedy Tapes: Inside the White House During the Cuban Missile Crisis*(New York: W. W. Norton, 2002).

53. Albert and Roberta Wohlstetter, *Controlling the Risks in Cuba,* Adelphi Paper No. 17(London ISS, February 1965).

54. Kahn, *On Thermonuclear War*, 226, 139.

55. Herman Kahn, *On Escalation*(London: Pall Mall Press, 1965).

56. 다음에서 재인용, Fred Iklé, "When the Fighting Has to Stop: The Arguments About Escalation," *World Politics* 19, no. 4(July 1967): 693.

57. McGeorge Bundy, "To Cap the Volcano," *Foreign Affairs* 1(October 1969): 1-20. 아울러 McGeorge Bundy, *Danger and Survival: Choices About the Bomb in the First Fifty Years*(New York: Random House, 1988) 참조.

58. McGeorge Bundy, "The Bishops and the Bomb," *The New York Review*, June 16,

1983. For a discussion of "existentialist" literature, Lawrence Freedman, "I Exist; Therefore I Deter," *International Security* 13, no. 1 (Summer 1988): 177-195 참조.

| 제14장 | 게릴라전

1. Werner Hahlweg, "Clausewitz and Guerrilla Warfare," *Journal of Strategic Studies* 9, nos. 2-3(1986): 127-133; Sebastian Kaempf, "Lost Through Non-Translation: Bringing Clausewitz's Writings on New Wars' Back In," *Small Wars & Insurgencies* 22, no. 4(October 2011): 548-573.

2. Jomini, *The Art of War*, 34-35(chap. 7, n. 5 참조).

3. Karl Marx, "Revolutionary Spain," 1854, 다음 웹페이지에서 볼 수 있다. http://www.marxists.org/archive/marx/works/1854/revolutionary-spain/ch05.htm.

4. Vladimir Lenin, "Guerrilla Warfare," 이것은 처음 PROLETARY, No. 5, September 30, 1906, *Lenin Collected Works*(Moscow: Progress Publishers, 1965), Vol. II, 213-223에 발표되었다. 다음 웹페이지에서 볼 수 있다. http://www.marxists.org/archive/lenin/works/1906/gw/index.htm.

5. Leon Trotsky, "Guerrila-ism and the Regular Army," *The Military Writings of Leon Trotsky*, Vol. 2, 1919. 다음 웹페이지에서 볼 수 있다. http://www.marxists.org/archive/trotsky/1919/military/ch08.htm.

6. Leon Trotsky, "Do We Need Guerrillas?" *The Military Writings of Leon Trotsky*, Vol. 2, 1919, 다음 웹페이지에서 볼 수 있다. http://www.marxists.org/archive/trotsky/1919/military/ch95.htm.

7. C. E. Callwell, *Small Wars: Their Theory and Practice*, 1906 재쇄 3판(Lincoln: University of Nebraska Press, 1996).

8. T. E. Lawrence, "The Evolution of a Revolt," Malcolm Brown 편, *T. E. Lawrence in War & Peace: An Anthology of the Military Writings of Lawrence of Arabia*(London: Greenhill Books, 2005), 260-273. 이것은 처음 《아미 쿼터리》(*Army Quarterly*) 1920년 10월호에 발표되었고, 《지혜의 일곱 기둥》제35장의 토대가 되었다.

9. Basil Liddell Hart, *Colonel Lawrence: The Man Behind the Legend*(New York: Dodd, Mead & Co., 1934).

10. "T. E. Lawrence and Liddell Hart," Brian Holden Reid, *Studies in British Military Thought: Debates with Fuller & Liddell Hart*(Lincoln: University of Nebraska Press, 1998), 150-167.

11. Brantly Womack, "From Urban Radical to Rural Revolutionary: Mao from the 1920s to 1937," Timothy Cheek 편, *A Critical Introduction to Mao*(Cambridge, UK: Cambridge University Press, 2010), 61-86.

12. Jung Chang and Jon Halliday, *Mao: The Unknown Story*(New York: Alfred A. Knopf, 2005).

13. Andrew Bingham Kennedy, "Can the Weak Defeat the Strong? Mao's Evolving Approach to Asymmetric Warfare in Yan'an," *China Quarterly* 196 (December 2008): 884-899.

14. 핵심적인 문건들로는 다음이 있다. "Problems of Strategy in China's Revolutionary War"(December 1936), "Problems of Strategy in Guerrilla War Against Japan"(May 1938), "On Protracted War"(May 1938). 이 문건들은 모두 다음에 수록되어 있다. *Selected Works of Mao Tse-Tung*, Vol. II. "On Guerrilla War"는 Vol. VI에 있다. 이것들은 모두 다음 웹페이지에서 볼 수 있다. http://www.marxists.org/reference/archive/mao/selected-works/index.htm.

15. Mao Tse-Tung, "On Protracted War."

16. Beatrice Heuser, *Reading Clausewitz*(London: Pimlico, 2002), 138-139.

17. John Shy and Thomas W. Collier, "Revolutionary War," Paret 편, *Makers of Modern Strategy*, p. 844(chap. 6, n. 2 참조). 마오주의 전략에 대해서는 아울러 다음을 참조, Edward L. Katzenback, Jr., and Gene Z. Hanrahan, "The Revolutionary Strategy of Mao Tse-Tung," *Political Science* Quarterly 70, no. 3(September 1955): 321-340. "장기전에 대하여"(On Protracted War)에서 그는 델브뤼크에서 시작된 소모전과 섬멸전이라는 두 전략의 고전적인 구분을 했다. 그러나 마오는 아마도 이 개념을 레닌을 통해서 얻었던 것 같다(아래의 책 289 참조).

18. Mao Tse-Tung, "Problems of Strategy in Guerrilla War Against Japan."

19. Mao Tse-Tung, "On Protracted War."

20. Mao Tse-Tung, "On Guerrilla War."

21. "People's War, People's Army"(1961), Russell Stetler 편, *The Military Art of People's War: Selected Writings of General Vo Nguyen Giap*(New York: Monthly Review Press, 1970), 104-106.

22. Graham Greene, *The Quiet American*(London: Penguin, 1969), 61. 베트남 전쟁에서 미국이 순진했다는 점에 대한 그린의 비평이 가지는 중요성 및 이런 지적이 제기한 논쟁들은 다음에서 소개된다. Frederik Logevall, *Embers of War: The Fall of*

an Empire and the Making of America's Vietnam(New York: Random House, 2012). William J. Lederer and Eugene Burdick, *The Ugly American*(New York: Fawcett House, 1958), 233. 힐렌데일은 제목이 지칭하는 '추악한 미국인'이 아니었다. Cecil B. Currey, *Edward Lansdale: The Unquiet American*(Boston: Houghton Miffl in, 1988). Edward G. Lansdale, "Viet Nam: Do We Understand Revolution?" *Foreign Affairs*(October 1964), 75-86. 랜스데일의 평가에 대해서는 다음을 참조, Max Boot, *Invisible Armies: An Epic History of Guerrilla W arfare from Ancient Times to the Present*(New York: W. W. Norton & Co., 2012), 409-414.

23. 케네디 재임 기간 동안의 대(對) 게릴라 활동 관련 사상 및 이것의 발전에 대해 서는 다음을 참조, Douglas Blaufarb, *The Counter insurgency Era: US Doctrine and Performance*(New York: The Free Press, 1977), D. Michael Shafer, D*eadly Paradigms: The Failure of US Counterinsurgency Policy*(Princeton, NJ: Princeton University Press, 1988), and Larry Cable, *Conflict of Myths: The Development of American Counterinsurgency Doctrine and the Vietnam War*(New York: New York University Press, 1986). 제3세계 신생독립국들에서의 경우를 다룬 몇몇 논문을 제외하면, 케 네디 대통령이 임기를 시작하면서 대 게릴라 활동이라는 개념을 채택하기 이전에는 이 활동 전략의 요건에 대한 학술적인 작업은 거의 이루어지지 않았다. 케네디 정부 내에서의 이 분야의 초기 성과는 보통 월트 로스토우(Walt Rostow)와 로저 힐스먼 (Roger Hilsman)의 공으로 일컬어진다. 당시 대 게릴라 활동의 전체적인 방향에 대 해서는 다음을 참조, W. W. Rostow, "Guerrilla Warfare in Underdeveloped Areas," 1961년 6월 포트 브래그(Fort Bragg)의 미육군특수전학교(U.S. Army Special Warfare School)의 졸업생들에게 한 연설 참조. Reprinted in Marcus Raskin and Bernard Fall, *The Viet-Nam Reader*(New York: Vintage Books, 1965)에 다시 실림. 아울러 Roger Hilsman, *To Move a Nation: The Politics of Foreign Policy in the Administration of John F. Kennedy*(New York: Dell, 1967) 참조.

24. Robert Thompson, *Defeating Communist Insurgency: Experiences in Malaya and Vietnam*(London: Chatto & Windus, 1966).

25. Boot, *Invisible Armies*, 386-387.

26. David Galula, *Counterinsurgency Warfare: Theory and Practice*(Wesport, C: Praeger, 1964).

27. Gregor Mathias, *Galula in Algeria: Counterinsurgency Practice versus Theory*(Santa Barbara, C A: Praeger Security International, 2011).

28. M. L. R. Smith, "Guerrillas in the Mist: Reassessing Strategy and Low Intensity Warfare," *Review of International Studies* 29, no. 1 (2003): 19-37, Alistair Horne, *A Savage War of Peace: Algeria, 1954-1962* (London: Macmillan, 1977), 480-504.

29. Charles Maechling, Jr., "Insurgency and Counterinsurgency: The Role of Strategic Theory," *Parameters* 14, no. 3 (Autumn 1984): 34. Shafer, *Deadly Paradigms*, 113.

30. Paul Kattenburg, *The Vietnam Trauma in American Foreign Policy, 1945-75* (New Brunswick, NJ: Transaction Books, 1980), 111-112.

31. Blaufarb, *The Counterinsurgency Era*, 62-66.

32. Jeffery H. Michaels, "Managing Global Counterinsuregency: The Special Group (CI) 1962-1966," *Journal of Strategic Studies* 35, no. 1 (2012): 33-61.

33. 예를 들면 Alexander George et al., *The Limits of Coercive Diplomacy*, 제1판 (Boston: Little Brown, 1971) 참조. John Gaddis, *Strategies of Containment: A Critical Appraisal of PostWar American Security Policy* (New York: Oxford University Press, 1982), 243.

34. 특히 1962년 12월 19일 미시간 대학교에서 했던 연설을 참조. 이 연설은 다음에서 상세하게 다루어진다. William Kaufmann, *The McNamara Strategy* (New York: Harper & Row, 1964), 138-147.

35. 셸링은 '셸링의 게임은 이 쿠바 위기가 얼마나 비현실적인지 보여준다'라는 게 반응이었다고 보고했다. Ghamari-Tabrizi, 213 (chap. 12, n. 10 참조).

36. William Bundy, 다음에서 재인용, William Conrad Gibbons, *The U.S. Government and the Vietnam War* (Princeton, NJ: Princeton University Press, 1986), Vol. II, 349.

37. *The Pentagon Papers, Senator Gravel Edition: The Defense Department History of the U.S. Decision-Making on Vietnam,* Vol. 3 (Boston: Beacon Press, 1971), 212.

38. Gibbons, *The U.S. Government and the Vietnam War*: 1961-1964, 254.

39. 위와 동일, 256-259. Chapter 4 of Arms and Influence 참조.

40. Freedman, *Kennedy's Wars* (see chap. 13, n. 48) 참조.

41. Fred Kaplan, *The Wizards of Armageddon* (New York: Simon and Schuster, 1983), 332-336.

42. *Arms and Influence*, vii, 84, 85, 166, 171-172. 셸링의 이 분석을 전제로 한다면, 셸링이 '롤링선더 작전'(Rolling Thunder, 천둥 작전)의 일환으로 민간인 표적을 대상으로 한 공격만을 주장했을 것이라고 가정하는 일각의 비평(Pape "Coercive Air Power in the Vietnam War")은 셸링을 정당하게 평가하지 않는 것이다.

43. Richard Betts, "Should Strategic Studies Survive?" *World Politics 50*, no. 1 (October 1997): 16.

44. Colin Gray, "What RAND Hath W rought," *Foreign Policy* 4(Autumn 1971): 111-129; 아울러 Stephen Peter Rosen, "Vietnam and the American Theory of Limited War," *International Security* 7, no. 2(Autumn 1982): 83-113 참조.

45. Zellen, *State of Doom*, 196-197(chap. 12, n. 5 참조), Bernard Brodie, "Why Were We So(Strategically) Wrong?" *Foreign Policy* 4(Autumn 1971): 151-162.

| 제15장 | 관찰과 지향

1. 보프르의 핵심적인 두 저작인 *Introduction a la Strategie*(1963)와 *Dissuasion et Strategie*(1964)은 프랑스에서 출간되었다. 그리고 이 책은 모두 배리(R. H. Barry) 소장이 영어로 *Introduction to Strategy*와 *Dissuasion and Strategy*(Faber & Faber in London)로 번역했고, 이 인용은 서문에서 뽑은 것이다. 보프르는 다음에서도 논의된다. Beatrice Heuser, *The Evolution of Strategy*, 460-463. Chapter 6, n. 4. 참조.

2. Bernard Brodie, "General André Beaufre on Strategy," *Survival* 7(August 1965): 208-210. 보프르에게(최소한, 프랑스에서 보프르가 보였던 정책 관련 주장이 아니라 그의 사상에 관해서) 보다 동조적인 리뷰에 대해서는 Edward A. Kolodziej, " French Strategy Emergent: General Andre Beaufre: A Critique," *World Politics* 19, no. 3(April 1967): 417-442 참조. 그는 이른바 '장엄한 개념들'(majestic concepts) 이 방해가 된다는 브로디의 불만에 크게 동조하지는 않았지만, 그래도 보프르의 생각들이 너무 모호하게 표현되어서 설득력이 떨어진다는 사실은 인정했다.

3. 무게 중심이라는 개념을 자주 언급하는 점을 놓고 볼 때 그가 클라우제비츠와 리델하트의 영향을 받았다고 볼 수 있지만 여기에 대한 증거는 없다.

4. J. C. Wylie, *Military Strategy: A General Theory of Power Control*(Annapolis, MD: Naval Institute Press, 1989), 1967년 초판. 존 해텐도르프(John Hattendorf)가 쓴 서문은 그의 일대기를 담고 있다.

5. Henry Eccles, *Military Concepts and Philosophy*(New Brunswick, NJ: Rutgers University Press, 1965). 에클레스(Eccles)에 대해서는 Scott A. Boorman, "Fundamentals of Strategy: The Legacy of Henry Eccles," *Naval War College Review* 62, no. 2(Spring 2009): 91-115 참조.

6. Wylie, *Military Strategy*, 22.

7. 이 구분의 중요성에 대해서는 Lukas Milevski, "Revisiting J. C. Wylie's Dichotomy

of Strategy: The Effects of Sequential and Cumulative Patterns of Operations," *Journal of Strategic Studies* 35, no. 2(April 2012): 223-242 참조. 첫 출판 이후 20년이 지난 뒤에 와일리는 점증적 전략이 보다 더 중요하다고 믿었다. *Military Strategy*, 1989년판, 101.

8. 그의 전집은 다음 웹페이지에서 볼 수 있다. http://www.ausairpower.net/APABoyd-Papers.html. 보이드에 관한 핵심적인 책들로는 다음과 같은 것들이 있다. Frans P. B. Osinga, *Science, Strategy and War: The Strategic Theory of John Boyd*(London: Routledge, 2007), Grant Hammond, *The Mind of War, John Boyd and American Security*(Washington, DC: Smithsonian Institution Press, 2001), Robert Coram, *Boyd, The Fighter Pilot Who Changed the Art of War*(Boston: Little, Brown & Company, 2002).

9. John R. Boyd, "Destruction and Creation," September 3, 1976, 다음 웹페이지에서 볼 수 있다. http://goalsys.com/books/documents/DESTRUCTION_AND_CREATION. pdf.

10. John Boyd, *Organic Design for Command and Control*, May 1987, p.16, 다음 웹페이지에서 볼 수 있다. http://www.ausairpower.net/JRB/organic_design.pdf.

11. 이 이론은 부지런한 기상학자였던 에드워드 로렌츠(Edward Lorenz)에 의해 대중화되었는데, 로렌츠는 보다 정확한 기상 예측 방식을 연구하다가 '나비 효과' (butterfly effect)를 발견했다. 기상 예측 프로그램에서 초기 설정에 아주 미세한 변화를 주었는데 이 작은 변화가 엄청난 차이의 결과를 낳는다는 사실을 깨달은 것이다. 나비 효과라는 용어는 1972년에 로렌츠가 미국과학진흥협회(AAAS)에 제출한 논문의 제목이 '예측 가능성: 브라질에 있는 나비 한 마리의 날갯짓이 텍사스에 토네이도를 일으킬까?'였던 데서 비롯되었다. 혼돈 이론의 역사에 대해서는 James Gleick, *Chaos: Making a New Science*(London: Cardinal, 1987) 참조. 복잡계 이론에 대해서는 Murray Gell-Man, *The Quark and the Jaguar: Adventures in the Simple and the Complex*(London: Little, Brown & Co., 1994), Mitchell Waldrop, *Complexity: The Emerging Science at the Edge of Order and Chaos*(New York: Simon & Schuster, 1993) 참조. 과학 이론과 군사 사상 사이의 관계에 대해서는 Antoine Bousquet, *The Scientific Way of Warfare: Order and Chaos on the Battlefields of Modernity*(New York: Columbia University Press, 2009), Robert Pellegrini, *The Links Between Science, Philosophy, and Military Theory: Understanding the Past, Implications for the Future*(Maxwell Air Force Base, AL: Air University Press, August 1997), http://

www.au.af.mil/au/awc/awcgate/saas/pellegrp.pdf. 참조.

12. Alan Beyerchen, "Clausewitz, Nonlinearity, and the Unpredictability of War," *International Security*(Winter 1992/93), Barry D. Watts, *Clausewitzian Friction and Future War*, McNair Paper 52(Washington, DC: National Defense University, Institute for Strategic Studies, October 1996).

13. John Boyd, *Patterns of Conflict : A Discourse on Winning and Losing*, unpublished, August 1987, 44, 128, 다음 웹페이지에서 볼 수 있다. http://www.ausairpower.net/JRB/poc.pdf.

14. *Patterns of Conflict*, 79.

15. U.S. Department of Defense, *Field Manual* 100-5: Operations(Washington, DC: HQ Department of Army, 1976).

16. William S. Lind, "Some Doctrinal Questions for the United States Army," *Military Review* 58(March 1977).

17. U.S. Department of Defense, *Field Manual* 100-5: Operations(Washington, DC: Department of the Army, 1982), vol. 2-1, Huba Wass de Czege and L. D. Holder, "The New FM 100-5," *Military Review*(July 1982).

18. Wass de Czege and Holder, "The New FM 100-5."

19. 위와 동일

20. 다음에서 재인용, Larry Cable, "Reinventing the Round Wheel: Insurgency, Counter-Insurgency, and Peacekeeping Post Cold War," *Small Wars and Insurgencies* 4(Autumn 1993): 228-262.

21. U.S. Marine Corps, *FMFM-1: Warfighting*(Washington, DC: Department of the Navy, 1989), 37.

22. Edward Luttwak, *Pentagon and the Art of War*(New York: Simon & Schuster, 1985).

23. Edward Luttwak, *Strategy: The Logic of War and Peace*(Cambridge, MA: Harvard University Press, 1987), 5. 이것의 전체적인 느낌을 알고 싶으면 1987년 3월에 해리 크라이슬러(Harry Kreisler)가《역사와의 대화》(Conversations with History) 시리즈에서 에드워드 루트와크와 나누었던 대화 참조. 다음 웹페이지에서 볼 수 있다. http://globetrotter.berkeley.edu/conversations/Luttwak/luttwak-con0.html.

24. Luttwak, *Strategy*, 50.

25. Gregory Johnson, "Luttwak Takes a Bath," *Reason Papers* 20(1995): 121-124.

26. Jomini, *The Art of War*, 69(chap. 7, n. 5 참조). 작전술이라는 개념의 발전에 대

해서는 Bruce W. Menning, "Operational Art's Origins," *Military Review* 77, no. 5(September-October 1997): 32-47 참조.

27. Jacob W. Kipp, "The Origins of Soviet Operational Art, 1917-1936" and David M. Glantz, "Soviet Operational Art Since 1936, The Triumph of Maneuver War," Michael D. Krause and R. Cody Phillips 편, *Historical Perspectives of the Operational Art*(Washington, DC: United States Army Center of Military History, 2005), Condoleeza Rice, "The Making of Soviet Strategy," Peter Paret 편, *Makers of Modern Strategy*, 648-676, William E. Odom, "Soviet Military Doctrine," *Foreign Affairs*(Winter 1988 / 89): 114-134.

28. 아울러 Eliot Cohen, "Strategic Paralysis: Social Scientists Make Bad Generals," *The American Spectator*, November 1980 참조.

29. 클라우제비츠는 또한 1943년의 중요한 선집에 실린 고든 크레이그가 쓴 에세이에서도 중요한 자리를 차지했다. Gordon A. Craig, "Delbruck: The Military Historian," Paret 편, *Makers of Modern Strategy*. 델브뤼크의 책(*Geschichte der riegskunst im Rahmen der Politischen Geschichte*, 4 vols., 1900-1920)의 영역본은 1975년이 되어서야 나왔다. Hans Delbruck, trans. Walter J. Renfroe, Jr., *History of the Art of War Within the Framework of Political History*, 4 vols.(Westport, CT: Greenwood Press, 1975. 1985).

30. J. Boone Bartholomees, Jr., "The Issue of Attrition," Parameters(Spring 2010): 6-9.

31. U.S. Marine Corps, F*MFM-1: Warfighting, 28-29*. Craig A. Tucker, *False Prophets: The Myth of Maneuver Warfare and the Inadequacies of FMFM-1 Warfighting*(Fort Leavenworth, KS: School of Advanced Military Studies, U.S. Army Command and General Staff College, 1995), 11-12 참조.

32. Charles C. Krulak, "The Strategic Corporal: Leadership in the Three Block War," *Marines Magazine*, January 1999.

33. Michael Howard, "The Forgotten Dimensions of Strategy," *Foreign Affairs*(Summer 1979), reprinted in Michael Howard, *The Causes of Wars*(London: Temple Smith, 1983)에 다시 실림. Gregory D. Foster, "A Conceptual Foundation for a Theory of Strategy," *The Washington Quarterly*(Winter 1990): 43-59. David Jablonsky, *Why Is Strategy Difficult?*(Carlisle Barracks, PA: Strategic Studies Institute, U.S. Army War College, 1992).

34. Stuart Kinross, *Clausewitz and America: Strategic Thought and Practice from Vietnam*

to Iraq(London: Routledge, 2008), 124.

35. U.S. Department of Defense, *Field Manual(FM) 100-5: Operations*(Washington, DC: Headquarters Department of the Army, 1986), 179-180.

36. U.S. Marine Corps, *FMFM-1: Warfighting*, 85.

37. Joseph L. Strange, "Centers of Gravity & Critical Vulnerabilities: Building on the Clausewitzan Foundation so that We Can All Speak the Same Language," *Perspectives on Warfighting* 4, no. 2(1996): 3, J. Strange and R. Iron, "Understanding Centres of Gravity and Critical Vulnerabilities," research paper, 2001. 다음 웹페이지에서 볼 수 있다. http://www.au.af.mil/au/awc/awcgate/usmc/cog2.pdf.

38. John A. Warden III, *The Air Campaign: Planning for Combat*(Washington, DC: National Defense University Press, 1988), 9, 같은 책에서 "The Enemy as a System," *Airpower Journal* 9, no. 1(Spring 1995): 40-55; Howard D. Belote, "Paralyze or Pulverize? Liddell Hart, Clausewitz, and Their Influence on Air Power Theory," *Strategic Review* 27(Winter 1999): 40-45.

39. Jan L. Rueschhoff and Jonathan P. Dunne, "Centers of Gravity from the 'Inside Out,'" *Joint Forces Quarterly* 60(2011): 120-125. 아울러 Antulio J. Echevarria II, " Reining in' the Center of Gravity Concept," *Air & Space Power Journal*(Summer 2003): 87-96 참조.

40. Carter Malkasian, *A History of Modern Wars of Attrition*(Westport, CT: Praeger, 2002), 5-6.

41. 위와 동일, 17.

42. Hew Strachan, "The Lost Meaning of Strategy," *Survival* 47, no. 3(Autumn 2005): 47.

43. Rolf Hobson, "Blitzkrieg, the Revolution in Military Affairs and Defense Intellectuals," *The Journal of Strategic Studies 33*, no. 4(2010): 625-643.

44. John Mearsheimer, "Maneuver, Mobile Defense, and the NATO Central Front," *International Security* 6, no. 3(Winter 1981-1982): 104-122.

45. Luttwak, *Strategy*, 8.

46. Boyd, *Patterns of Conflict*, 122.

| 제16장 | 군사 혁신

1. Lawrence Freedman and Efraim Karsh, *The Gulf Conflict*(London: Faber, 1992) 참조.

2. 다음 책에 반영되어 있다. editors of U.S. News & World Report, *Triumph Without Victory: The Unreported History of the Persian Gulf War*(New York: Times Books, 1992).

3. Andrew F. Krepinevich, Jr., "The Military-Technical Revolution: A Preliminary Assessment," Center for Strategic and Budgetary Assessments, 2002, 1, 3. 참조. 이 판본의 서문에서 크레피네비치는 마샬이 했던 역할에 대해서 보다 상세한 내용을 전한다. 아울러 Stephen Peter Rosen, "The Impact of the Office of Net Assessment on the American Military in the Matter of the Revolution in Military Affairs," *The Journal of Strategic Studies* 33, no. 4(2010): 469-482 참조. Fred Kaplan, *The Insurgents: David Petraeus and the Plot to Change the American Way of War*(New York: Simon & Schuster, 2013), 47-51 참조.

4. Andrew W. Marshall, "Some Thoughts on Military Revolutions-Second Version," ONA memorandum for record, August 23, 1993, 3-4. 다음에서 재인용, Barry D. Watts, *The Maturing Revolution in Military Affairs*(Washington, DC: Center for Strategic and Budgetary Assessments, 2011).

5. A. W. Marshall, "Some Thoughts on Military Revolutions," ONA memorandum for record, July 27, 1993, 1.

6. Andrew F. Krepinevich, Jr., "Cavalry to Computer: The Pattern of Military Revolutions," *The National Interest* 37(Fall 1994): 30.

7. Admiral William Owens, "The Emerging System of Systems," *US Naval Institute Proceedings*, May 1995, 35-39.

8. 다양한 이론들의 분석에 대해서는 다음을 참조. Colin Gray, *Strategy for Chaos: Revolutions in Military Affairs and the Evidence of History*(London: Frank Cass, 2002). Lawrence Freedman, *The Revolution in Strategic Affairs*, Adelphi Paper 318(London: OUP for IISS, 1998).

9. Barry D. Watts, *Clausewitzian Friction and Future War*, McNair Paper 52 (Washington DC: NDU, 1996).

10. A. C. Bacevich, "Preserving the Well-Bred Horse," *The National Interest* 37 (Fall 1994): 48.

11. Harlan Ullman and James Wade, Jr., *Shock & Awe: Achieving Rapid Dominance* (Washington, DC: National Defense University, 1996).

12. U.S. Joint Chiefs of Staff, Joint Publication 3-13, *Joint Doctrine for Information*

Operations(Washington, DC: GPO, October 9, 1998), GL-7.

13. Arthur K. Cebrowski and John J. Garstka, "Network-Centric Warfare: Its Origin and Future," *US Naval Institute Proceedings*, January 1998.

14. Department of Defense, Report to Congress, *Network Centric Warfare*, July 27, 2001, iv.

15. Andrew Mack, "Why Big Countries Lose Small Wars: The Politics of Asymmetric Conflict," *World Politics* 26, no. 1(1975): 175-200.

16. Steven Metz and Douglas V. Johnson, *Asymmetry and U.S. Military Strategy: Definition, Background, and Strategic Concepts*(Carlisle, PA: Strategic Studies Institute, 2001).

17. Harry Summers, *On Strategy: A Critical Analysis of the Vietnam War*(Novato, CA: Presidio Press, 1982). Robert Komer의 리뷰, *Survival 27* (March/April 1985): 94-95. 아울러 Frank Leith Jones, *Blowtorch: Robert Komer, Vietnam and American Cold War Strategy*(Annapolis, MD: Naval Institute Press, 2013) 참조.

18. 이 구분은 다음 문건에서 개발되었다. Department of Defense, *Joint Pub 3-0, Doctrine for Joint Operations*(Washington, DC: Joint Chiefs of Staff, 1993) 참조. Jonathan Stevenson, *Thinking Beyond the Unthinkable*, 517(chap. 13, n. 9 참조).

19. Douglas Lovelace, Jr., *The Evolution of Military Affairs: Shaping the Future U.S. Armed Forces*(Carlisle, PA: Strategic Studies Institute, 1997), Jennifer M. Taw and Alan Vick, "From Sideshow to Center Stage: The Role of the Army and Air Force in Military Operations Other Than War," Zalmay M. Khalilzad and David A. Ochmanek 편, *Strategy and Defense Planning for the 21st Century*(Santa Monica, CA: RAND & U.S. Air Force, 1997), 208-209.

20. Remarks by the President at the Citadel, Charleston, South Carolina, December 11, 2001. 아울러 Donald Rumsfeld, "Transforming the Military," *Foreign Affairs*, May/June 2002, 20-32 참조.

21. Stephen Biddle, "Speed Kills? Reassessing the Role of Speed, Precision, and Situation Awareness in the Fall of Saddam," *Journal of Strategic Studies*, 30, no. 1(February 2007): 3-46.

22. Nigel Aylwin-Foster, "Changing the Army for Counterinsurgency Operations," *Military Review*, November/December 2005, 5.

23. 예를 들어서 주민과 적극적으로 접촉하고 지역의 군대를 미국군처럼 훈련시

키기보다는 반란군을 살해하는 데 초점을 맞춘 미군의 방침에 대한 칼레브 셉 (Kalev Sepp)의 비판은 다음에서 볼 수 있다, "Best Practices in Counterinsurgency," *Military Review*, May-June 2005, 8-12. 참조, Kaplan, *The Insurgents*, 104-107. 카 플란은 이 시기에 미군의 군사 사상이 바뀐 사실을 자세하게 설명한다.

24. John A. Nagl, *Counterinsurgency Lessons from Malaya and Vietnam: Learning to Eat Soup with a Knife*(Westport, CT: Praeger, 2002). '나이프로 스프 먹기'라는 이 책의 부제는 T. E. 로렌스의 아포리즘에서 착안한 것이다.

25. David Kilcullen, *The Accidental Guerrilla: Fighting Small Wars in the Midst of a Big One*(London: Hurst & Co., 2009).

26. David H. Petraeus, "Learning Counterinsurgency: Observations from Soldiering in Iraq," *Military Review*, January/February 2006, 2-12.

27. 서지 작전에 대해서는 다음을 참조, Bob Woodward, *The War Within: A Secret White House History*(New York: Simon & Schuster, 2008), Bing West, *The Strongest Tribe: War, Politics, and the Endgame in Iraq*(New York: Random House, 2008);Linda Robinson, *Tell Me How This Ends: General David Petraeus and the Search for a Way Out of Iraq*(New York: Public Affairs, 2008).

28. 루트와크와 보이드가 연결되는 부분에 대해서는 다음을 참조, Frans Osinga, "On Boyd, Bin Laden, and Fourth Generation Warfare as String Theory," John Andreas Olson 편, *On New Wars*(Oslo: Norwegian Institute for Defence Studies, 2007), 168-197. 다음 웹페이지에서 볼 수 있다. http://ifs.forsvaret.no/publikasjoner/oslo_files/OF_2007/Documents/OF_4_2007.pdf.

29. William S. Lind, Keith Nightengale, John F. Schmitt, Joseph W. Sutton, and Gary I. Wilson, "The Changing Face of War: Into the Fourth Generation," *Marine Corps Gazette*, October 1989, 22-26, William Lind, "Understanding Fourth Generation War," *Military Review*, September/ October 2004, 12-16. 이 논문은 린드가 자기 집에서 소집한 연구 모임에서 밝혀낸 사실들을 보고한다.

30. Keegan, *A History of Warfare and van Creveld, The Transformation of War*, Chapter 7, n. 14 참조, Rupert Smith, T*he Utility of Force: The Art of War in the Modern World*(London: Allen Lane, 2005), Mary Kaldor, *New & Old Wars, Organized Violence in a Global Era*(Cambridge: Polity Press, 1999).

31. "The Evolution of War: The Fourth Generation of Warfare," *Marine Corps Gazette*, September 1994. 아울러 Thomas X. Hammes, "War Evolves into the Fourth

Generation," *Contemporary Security Policy* 26, no. 2(August 2005): 212-218 참조. 이 발행호는 제4세대 전쟁이라는 발상과 관련된 수많은 비판들을 담고 있다. 이 가운데는 저자가 제시한 비판도 포함되었는데 이것은 다음 책으로 다시 발표되었다. Aaron Karp, Regina Karp, and Terry Terriff 편, *Global Insurgency and the Future of Armed Conflict : Debating Fourth-Generation Warfare*(London: Routledge, 2007). 해머스의 전략 사상을 온전하게 살피고자 한다면 그의 다음 저서를 참조, *The Sling and the Stone: On War in the 21st Century*(St. Paul, MN: Zenith Press, 2004), Tim Benbow, "Talking Bout Our Generation? Assessing the Concept of 'Fourth Generation Warfare'" *Comparative Strategy*, March 2008, 148-163 and Antulio J. Echevarria, *Fourth Generation Warfare and Other Myths*(Carlisle, PA: U.S. Army War College Strategic Studies Institute, 2005).

32. 다음에서 재인용, Jason Vest, "Fourth-Generation Warfare," *Atlantic Magazine*, December 2001.

33. William Lind et al., "The Changing Face of War," *The Marine Corps Gazette*, October 1989, 22-26, 다음 웹페이지에서 볼 수 있다. http://zinelibrary.info/files/TheChangingFaceofWar-onscreen.pdf.

34. Ralph Peters, "The New Warrior Class," *Parameters* 24, no. 2(Summer 1994): 20.

35. Joint Publication 3-13, *Information Operations*, March 13, 2006.

36. Nik Gowing, *'Skyful of Lies' and Black Swans: The New Tyranny of Shifting Information Power in Crises*(Oxford, UK: Reuters Institute for the Study of Journalism, 2009).

37. John Arquilla and David Ronfeldt, "Cyberwar is Coming!" *Comparative Strategy* 12, no. 2(Spring 1993): 141-165.

38. Steve Metz, *Armed Conflict in the 21st Century: The Information Revolution and Post-Modern Warfare*(April 2000): "미래의 전쟁은 총알과 폭탄 혹은 미사일보다는 컴퓨터 바이러스, 버그, 논리 폭탄, 트로이목마 등을 통해서 공격이 이루어질 수 있다."

39. Thomas Rid, *Cyberwar Will Not Take Place*(London: Hurst & Co., 2013). 데이비드 베츠는 다음에서 효과의 복잡성을 주장한다. "Cyberpower in Strategic Affairs: Neither Unthinkable nor Blessed," *The Journal of Strategic Studies* 35, no. 5(October 2012): 689-711.

40. John Arquilla and David Ronfeldt 편, *Networks and Netwars: The Future of Terror, Crime, and Militancy*(Santa Monica, CA: RAND, 2001). 전체 내용은 www.rand.

org/publications/MR/MR1382/.에서 볼 수 있으며, 이들 주장의 요약은 다음을 참조, David Ronfeldt and John Arquilla, "Networks, Netwars, and the Fight for the Future," *First Monday* 6, no. 10(October 2001), 다음 웹페이지에서 볼 수 있다. http://firstmonday.org/issues/issue6_10/ronfeldt/index.html.

41. Jerrold M. Post, Keven G. Ruby, and Eric D. Shaw, "From Car Bombs to Logic Bombs: The Growing Threat from Information Terrorism," *Terrorism and Political Violence* 12, no. 2(Summer 2000): 102-103.

42. Norman Emery, Jason Werchan, and Donald G. Mowles, "Fighting Terrorism and Insurgency: Shaping the Information Environment," *Military Review*, January/Febuary 2005, 32-38.

43. Robert H. Scales, Jr., "Culture-Centric Warfare," *The Naval Institute Proceedings*, October 2004.

44. Montgonery McFate, "The Military Utility of Understanding Adversary Culture," *Joint Forces Quarterly* 38(July 2005): 42-48.

45. Max Boot, *Invisible Armies*, 386(chap. 14, n. 22 참조).

46. 이 주제에 대한 학문적 논의의 유용한 안내자로는 다음이 있다. Alan Bloomfield, "Strategic Culture: Time to Move On," *Contemporary Security Policy* 33, no. 3 (December 2012): 437-461.

47. Patrick Porter, *Military Orientalism: Eastern War Through Western Eyes*(London: Hurst & Co., 2009), 193.

48. David Kilcullen, "Twenty-Eight Articles: Fundamentals of Company-Level Counterinsurgency," *Military Review*, May.June 2006, 105-107. 처음에 이 논의는 이메일로 시작되었지만, 나중에는 육군 전체로 확산되었다.

49. Emile Simpson, *War from the Ground Up: Twenty-First-Century Combat as Politics*(London: Hurst & Co., 2012), 233.

50. G. J. David and T. R. McKeldin III, *Ideas as Weapons: Influence and Perception in Modern Warfare*(Washington, DC: Potomac Books, 2009), 3. 특히 Timothy J. Doorey, "Waging an Effective Strategic Communications Campaign in the War on Terror," and Frank Hoffman, "Maneuvering Against the Mind" 참조.

51. Jeff Michaels, *The Discourse Trap and the US Military: From the War on Terror to the Surge*(London: Palgrave Macmillan, 2013). 아울러 Frank J. Barrett and Theodore R. Sarbin, "The Rhetoric of Terror: War' as Misplaced Metaphor," John Arquilla

and Douglas A. Borer 편, *Information Strategy and Warfare: A Guide to Theory and Practice*(New York: Routledge, 2007): 16-33 참조.

52. Hy S. Rothstein, "Strategy and Psychological Operations," Arquilla and Borer, 167.

53. Neville Bolt, *The Violent Image: Insurgent Propaganda and the New Revolutionaries*(New York: Columbia University Press, 2012).

54. 알 카에다의 지도자 아이만 알 자와히리(Ayman al-Zawahiri)는 2005년 7월에 다음과 같이 썼다. "우리는 전쟁의 한가운데에 있다. 그리고 전쟁의 절반 이상은 정보의 야전에서 진행된다. 우리는 모든 무슬림의 심장과 정신을 위한 정보전을 치르고 있다." 이 편지의 내용은 미국국가정보국의 다음 웹페이지에서 영어 버전으로 확인할 수 있다. http://www.dni.gov/press_releases/20051011_release.htm.

55. Benedict Wilkinson, *The Narrative Delusion: Strategic Scripts and Violent Islamism in Egypt, Saudi Arabia and Yemen*, 미출간된 박사 학위 논문, King's College London, 2013.

| 제17장 | 근거 없는 믿음, 전략의 대가

1. Colin S. Gray, *Modern Strategy*(Oxford: Oxford University Press, 1999), 23-43.

2. Harry Yarger, *Strategic Theory for the 21st Century: The Little Book on Big Strategy*(Carlisle, PA: U.S. Army War College, Strategic Studies Institute, 2006), 36, 66, 73-75.

3. Colin S. Gray, T*he Strategy Bridge: Theory for Practice*(Oxford: Oxford University Press, 2010), 23.

4. 위와 동일. 49, 52. 이것은 앨버트 월스테터(Albert Wohlstetter)를 참조한 것이었다.

5. Yarger, *Strategic Theory for the 21st Century*, 75.

6. Robert Jervis, *Systems Effects: Complexity in Political and Social Life*(Princeton, NJ: Princeton University Press, 1997).

7. Hugh Smith, "The Womb of War: Clausewitz and International Politics," *Review of International Studies* 16(1990): 39-58.

8. Eliot Cohen, *Supreme Command: Soldiers, Statesmen, and Leadership in Wartime*(New York: The Free Press, 2002).

ㄱ

가르스트카, 존Garstka, John • 455

가마리 타브리지, 샤론Ghamari-Tabrizi, Sharon •
317

가트, 아자르Gat, Azar • 50, 276

갈룰라, 데이비드Galula, David • 399, 467

갤리, 월터 브라이스Gallie, Walter Bryce • 225

게바라, 에르네스토 체Guevara, Ernesto Che •
298

겔만, 머리Gell-Mann, Murray • 417

계획 • 24, 27~28, 161~162,

고렐, 냅Gorrel, Napl • 274~275, 283

고르기아스Gorgias • 104

골리앗 • 53, 70~74

괴델, 쿠르트Gödel, Kurt • 416

구달, 제인Goodall, Jane • 46~48

군략 • 116~118, 160

군사 혁신 • 447, 451~453, 456~457,
459, 469~470

군축 • 360~361, 402

그랜트, 율리시스Grant, Ulysses • 248

그레이, 콜린Gray, Colin • 396, 405, 491~

493, 503

그린, 그레이엄Green, Graham • 396

기드온 • 69~70

기베르, 자크 앙투안 아폴리트Guibert, Jacques
Antoine Hippolyte • 173~174, 180

길버트, 윌리엄Gilbert, William • 167

ㄴ

나글, 존Nagl, John • 467

나폴레옹 3세 • 238

나폴레옹, 보나파르트Bonaparte, Napoleon • 9,
120, 123, 167, 169, 173, 177~189,
191~197, 203, 207~209, 213, 216,
219~220, 223~229, 233, 236,
238~239, 245~246, 248, 253,
255~257, 264, 288, 293, 380, 420,
440, 491, 497

네, 미셸Ney, Michel • 194

네스토르 • 129

네오프톨레모스 • 87~88

네트워크 전쟁 • 476~478

노노, 루이지Nono, Luigi • 375

노이만, 존 폰 Neumann, John von • 324~326, 330

ㄷ

다우딩, 휴 Dowding, Hugh • 278

다윈, 찰스 Darwin, Charles • 45

다윗 • 53, 70~72, 74

단테 • 83

덜레스, 존 포스터 John Foster Dulles • 336, 339

데이비스, 제퍼슨 피니스 Davis, Jefferson Finis • 249

데카르트 • 411

델브뤼크, 한스 Delbrück, Hans • 243~244, 262, 272, 383, 412, 429~431

두에, 지울리오 Douhet, Giulio • 275~280, 282

드 발, 프란스 de Waal, Frans • 40~42, 47

드레셔, 멜빈 Dresher, Melvin • 330

드티엔, 마르셀 Detienne, Marcel • 89, 118

디오도투스 Diodotus • 107

ㄹ

라오콘 • 82

라이트 형제 • 268

라이파, 하워드 Raiffa, Howard • 346

라첼, 프리드리히 Ratzel, Friedrich • 268

라팔스, 리자 Raphals, Lisa • 118

라합 • 67

랜드 연구소 RAND Corporation • 317~318, 320~322, 326, 328, 330, 342, 345~346, 358, 406, 451, 476

랜스데일, 에드워드 Lansdale, Edward • 397

랭엄, 리처드 Wrangham, Richard • 47~48

러니언, 데이먼 Runyon, Damon • 27

럼스펠드, 도널드 Rumsfeld, Donald • 464

레닌, 블라디미르 Lenin, Vladimir • 382

레더러, 윌리엄 Lederer, William • 396

레오 6세 • 173

로덴베르크, 군터 Rothenberg, Gunther • 233

로렌스, 토머스 에드워드 Lawrence, Thomas Edward • 292, 384~388, 392~394, 467, 472

로이드, 헨리 Lloyd, Henry • 177

로저스, 클리퍼드 Rogers, Clifford • 125

로진스키, 허버트 Rosinski, Herbert • 412

론펠트, 데이비드 Ronfeldt, David • 476, 478

루덴도르프, 에리히 Ludendorff, Erich • 440

루스, 로버트 던컨 Luce, Robert Duncan • 346

루스벨트, 시어도어 Roosevelt, Theodore • 266

루스벨트, 프랭클린 Roosevelt, Franklin • 305

루트와크, 에드워드 Luttwak, Edward • 172, 425~426, 428~429, 443~444, 447

르 봉, 귀스타브 Le Bon, Gustave • 280~281, 285~288

리, 로버트 Lee, Robert E. • 248

리델 하트, 바질 Liddell Hart, Basil • 26, 291~299, 309, 388, 410, 420, 426, 429, 431, 444

리드, 브라이언 홀든 Reid, Brian Holden • 285

리드, 토머스Rid, Thomas • 478

리번, 도미닉Lieven, Dominic • 229

리보, 리처드 네드Lebow, Richard Ned • 99

리블링Riebling • 158

리비우스Livius • 116

리스트, 프리드리히List, Friedrich • 220

리프먼, 월터Lippmann, Walter • 313

린드, 윌리엄Lind, William • 422, 469

립턴, 다이애너Diana Lipton • 57

링컨 • 245, 247~249, 503

■ㅁ

마르크스, 카를Marx, Karl • 381

마샬 플랜Marshall Plan • 346, 402

마샬, 앤드류Marshall, Andrew • 451

마오쩌둥 • 120, 389~394, 398, 405, 472

마우리스Maurice • 125

마이클스, 제프Michaels, Jeff • 487

마치니, 주세페Mazzini, Giuseppe • 381

마키아벨리 지능 • 44

마키아벨리, 니콜로Machiavelli, Niccolo • 33, 44, 78, 117, 129~137, 139, 145~146, 158, 194, 328, 482

막시무스, 발레리우스Maximus, Valerius • 116

막시무스, 퀸투스 파비우스Maximus, Quintus Fabius • 124

맘몬Mammon • 150, 152~153

맥나마라, 로버트McNamara, Robert • 320~322, 362, 372~373, 402, 421, 426

맥노튼, 존McNaughton, John • 402~404

맥도널드, 존McDonald, John • 326

맥클렐런, 조지McClellan, George • 246~247

맥킨더, 핼퍼드Mackinder, Halford • 266~269

맥페이트, 몽고메리McFate, Montgomery • 481

머핸, 데니스Mahan, Dennis • 245~246, 256, 258~262, 265~266, 268, 276, 411

머핸, 앨프레드 세이어Mahan, Alfred Thayer • 245~246, 256, 258~262, 265~266, 268, 276, 411

멀케이전, 카터Malkasian, Carter • 439

메즈루아, 폴제데옹 졸리 드Maizroy, Paul Gedeon Joly de • 174

메츠, 스티븐Metz, Steven • 477

메티스Mêtis • 79~80, 83~84, 86~87, 89~90, 115, 118

모르겐슈테른, 오스카Morgenstern, Oskar • 324, 326, 330, 345

모세 • 58~62, 64~65, 67~68, 75

모슨, 개리Morson, Gary • 231

몬테카를로 시뮬레이션Monte Carlo simulation • 318

몬테쿠콜리, 라이몬도Montecuccoli, Raimondo • 132

몰록Moloch • 150~153

몰트케, 헬무트 카를 베른하르트 폰Moltke, Helmuth Karl Bernhard von • 221, 232~241, 251~254, 427, 430, 441, 498

무게 중심 • 115, 209~211, 432, 436~

439, 445, 483, 495, 502

무솔리니, 베니토Mussolini, Benito · 303, 306

미니맥스minimax 전략 · 351

미니맥스 해법 · 325

미로스키, 필립Mirowski, Philip · 318

미첼, 윌리엄Mitchell, William · 275

밀, 존 스튜어트Mill, John Stuart · 219

밀턴, 존Milton, John · 32, 139~149, 155~160

ㅂ

바누, 제프리Barnouw, Jeffrey · 88~89

바르샤바 협정 · 365, 447

바세비치, 앤드류Bacevich, Andrew · 454

배스퍼드, 크리스토퍼Bassford, Christopher · 199

버나드, 제시Bernard, Jessie · 314, 328~329, 335, 342

버딕, 유진Burdick, Eugene · 396

번, 리처드Byrne, Richard · 43

번디, 맥조지Bundy, McGeorge · 367, 375~376, 402

벌린, 이사야Berlin, Isaiah · 224, 230, 305

베게티우스Vegetius · 124~125

베르길리우스Vergilius · 81, 83, 115

베르낭, 장 피에르Vernant, Jean-Pierre · 89, 118

베츠, 리처드Betts, Richard · 301

벨리알Belial · 150, 152

벨제부브Beelzebub · 150, 153~154

보이드, 존Boyd, John · 414~417, 419~420, 422~423, 426, 429, 445~446, 453, 469, 471

보응우옌잡武元甲, Giap, Vo Nguyen · 389, 394~395, 405

보프르, 앙드레Beaufre, Andre · 409

복잡성 이론complexity theory · 417~418

본드, 브라이언Bond, Brian · 216, 298

볼드윈, 스탠리Baldwin, Stanley · 277

부시, 조지Bush, George W. · 463~464, 468

불, 헤들리Bull, Hedley · 320, 322, 357

뷜로브, 하인리히 디트리히 폰Bulow, Heinrich Dietrich Von · 177, 197

브람스, 스티븐Brams, Steven · 55

브로디, 버나드Brodie, Bernard · 314~316, 323, 335, 342, 345, 358, 406, 411

브루스 브릭스Bruce-Briggs · 345

블레이크, 윌리엄Blake, William · 145

비대칭전 · 459~461, 463, 473

비스마르크, 오토 폰Bismarck, Otto von · 233~234, 238~239

빌헬름, 프리드리히Wilhelm, Friedrich · 239~240

ㅅ

사무엘 · 73

사울 · 67~69

사이버 전쟁 · 476~478

사이버네틱스 · 417, 419

사탄 · 130, 139, 143~151, 153~160

삭스, 모리스 드Saxe, Maurice de • 125, 132

샤를마뉴 대제 • 151

샤이, 존Shy, John • 195, 392

서머스, 해리Summers, Harry G. • 462

설리번, 아서Sullivan, Arthur • 167

섬멸 전략 • 243, 430~432

세브로스키, 아서Cebrowski, Arthur • 455

셔먼, 윌리엄Sherman, William • 248

셸링, 토머스Schelling, Thomas • 342~348,
350~352, 355~361, 363~365,
367~368, 402~404, 418

소 몰트케 • 252~254

소렌슨, 테드Sorenson, Ted • 370

소모 전략 • 243~244, 380, 430~431

소크라테스 • 108~110, 112

소포클레스 • 87~88

손자 • 26, 33, 65, 118~122, 125,
131~132, 182, 294~296, 298, 392

슈워츠코프, 노먼Schwarzkopf, Norman • 447

슐리펜 계획Schlieffen Plan • 252, 419, 441

슐리펜, 알프레트 폰Schlieffen, Alfred von •
251~252, 419, 441

스케일스, 로버트Scales, Robert • 481

스탈린, 이오시프Stalin, Iosif • 307~308,
390, 427, 446

스트라찬, 휴Strachan, Hew • 198, 211, 253,
440

스트라테고스stratēgos • 172~173

스트레인지, 조Strange, Joe • 437

스피니, 척Spinney, Chuck • 471

시논 • 81~83, 116, 129

시스템 효과 • 494

ㅇ

아가멤논 왕 • 83

아담 • 55~57, 140, 147, 154~156

아론, 레이먼드Aaron, Raymond • 32, 59,
61~62, 64

아르미니우스, 야코뷔스Arminius, Jacobus •
142

아르키다무스Archidamus • 98

아서 왕 • 151

아우구스티누스 • 141

아이젠하워, 드와이트Eisenhower, Dwight D. •
336

아퀼라, 존Arquilla, John • 476, 478

아킬레우스 • 27, 77~78, 83~85, 87

아테Atē • 91

아테나Athena • 80~82, 84~85

아폴로 • 82

알 사드르, 무크타다al-Sadr, Muqtada • 465

알렉산드르 • 184~185, 189, 308

앨런비, 에드먼드Allenby, Edmund • 387

야거, 해리Yarger, Harry • 492~493, 503

야곱 • 54, 58

양극 전략 • 430

언더독underdog • 26

에체바리아, 안툴리오Echevarria, Antulio • 200

에클레스, 헨리Eccles, Henry • 411~412

엥겔스, 프리드리히Engels, Friedrich • 381,

395

여호수아 · 67~69

오디세우스Odysseus · 26, 77~81, 83~
89, 115, 129

오버리, 리처드Overy, Richard · 338

오웰, 조지Orwell, George · 32, 314

오퍼레이션 리서치 · 317, 319, 326,
344, 358

와든, 존Warden, John · 437

와일리, 제임스Wylie, James · 411~414

요셉 · 54, 58

욥 · 143

우다 고리OODA loop · 415~416, 420,
423, 455, 457, 469

워즈워스, 윌리엄Wordsworth, William · 379

월스테터, 로베르타Wohlstetter, Roberta · 374

월스테터, 앨버트Wohlstetter, Albert 342~343,
358, 374

웰스, 허버트 조지Wells, H. G. · 281

위너, 노버트Wiener, Norbert · 417

음모plot · 161

이브 · 55~57, 140, 144, 154~157

이삭 · 54

이클레, 프레드Ikle, Fred · 493

ㅈ

자일스, 라이오넬Giles, Lionel · 295

작전 수준 · 426~427, 432, 434~436,
440, 470

작전 한계점 · 206, 444

장융張戎 · 390

장제스蔣介石 · 390

전략 지능 · 43, 46, 90

전략적 상병strategic corporal · 435

정보 작전 · 473~474, 487, 489, 498

제로섬 게임 · 330, 402

제우스 · 80, 84, 91

제임스 1세 · 148, 157, 161

조미니, 앙투안 앙리 드Jomini, Antoine Henri de ·
26, 132, 169~170, 189, 193~198,
216, 245~246, 254, 259~260, 262,
276, 316, 380~381, 392, 426, 436

존슨, 린든Johnson, Lyndon · 321

존슨, 새뮤얼Johnson, Samuel · 162

죄수의 딜레마 · 329~331

줄리앙, 프랑수아Jullien, Francois · 122~123

ㅊ

처칠, 윈스턴Churchill, Winston · 261, 300~
306, 308, 310, 362, 503

체임벌린, 아서 네빌Chamberlain, Arthur Neville ·
305

첼렌, 루돌프Kjellen, Rudolf · 268

치킨 게임 · 352

ㅋ

카르노, 라자르Carnot Lazar · 181

카산드라Cassandra · 82

카프로니, 지아니Caproni, Gianni · 275

카플란, 프레드Kaplan, Fred · 404

칸, 허먼Kahn, Herman • 24, 341~343, 345, 351, 374~375

칼웰Calwell • 384

커쇼, 이언Kershaw, Ian • 302

케네디, 로버트Kennedy, Robert • 371

케네디, 존Kennedy, John F. • 320, 397

케이건, 도널드Kagan, Donald • 97

코르테스Cortez • 351

코베트, 줄리안Corbett, Julian • 256, 261~ 262, 264~266, 292

코프, 나디아Corp, Nadia • 43

코헨, 엘리엇Cohen, Eliot • 304~305

콜라코브스키, 레세크Kolakowski, Leszek • 55

쿠투조프, 미하일Kutuzov, Mikhail • 186

큐브릭, 스탠리Kubrik, Stanley • 342

크레벨드, 마틴 반Creveld, Martin van • 167~ 168

크레피네비치, 앤드류Krepinevich, Andrew F. • 451~452

크롬웰, 올리버Cromwell, Oliver • 148

클라우제비츠, 카를 폰Clausewitz, Carl von • 26, 165~166, 185, 187~190, 193~208, 210~212, 216~219, 228~232, 235, 239, 241, 249, 256, 258, 289~291, 339, 347~348, 359, 376, 381, 388, 425~428, 433, 435, 440, 458, 470, 487, 491~493, 498

클레온Cleon • 107

클레이, 제니 스트라우스Clay, Jenny Strauss • 85

클린턴, 헨리Clinton, Henry • 482

키신저, 헨리Kissinger, Henry • 363

킬쿨렌, 데이비드Kilcullen, David • 467

E

타이슨, 마이크Tyson, Mike • 24~25

터커, 앨버트Tucker, Albert • 330

터크만, 바바라Tuchman, Babara • 91

테일러, 프레더릭Taylor, Frederick • 288

템플러Templer • 398~399

톨스토이, 레오Tolstoy, Leo • 32, 221~231, 254

톰슨, 로버트Thompson, Robert • 398

투키디데스Thukydides • 33, 79, 91~95, 97~99, 103, 105~108, 123, 131, 256

투하체프스키, 미하일Tukhachevsky, Mikhail • 427

트렌차드, 휴Trenchard, Hugh • 274

트로츠키, 레온Trotsky, Leon • 382~383

티르피츠, 알프레트 폰Tirpitz, Alfred von • 260~262

ㅍ

파라오 • 58~66, 74~75

파렛, 피터Paret, Peter • 199, 429

파리스 • 85, 104

파트로클로스 • 84~85

패리, 애덤Parry, Adam • 105

패리스, 매튜Parris, Matthew • 22

퍼거슨, 앨런Ferguson, Alan • 368

퍼트레이어스, 데이비드Petraeus, David • 468

페넬로페 • 89

페리클레스Pericles • 79, 95~99, 101~ 103, 105~107, 111, 503

포터, 패트릭Porter, Patrick • 485

폴리페무스 • 86~87

풀러, 존 프레더릭 찰스Fuller, John Frederick Charles • 283~288, 291~293, 297, 300, 309, 420

풀, 카를 루트비히 폰Pfuel, Karl Ludwig von • 224

프로타고라스 • 104~105

프로테우스 • 129

프론티누스 • 117, 160, 173

프리드리히 대왕 • 179, 194~195, 224, 244

플라톤Platon • 78, 104, 108~113

플러드, 메릴Flood, Merrill • 330

피크, 아르당 뒤Picq, Ardant du • 250

피터스, 랠프Peters, Ralph • 473

필록테테스 • 87~88

ㅎ

하데스 • 84

하메스, 토머스Hammes, Thomas X. • 471

하우스호퍼, 카를Haushofer, Karl • 269

하워드, 마이클Howard, Michael • 199, 429, 435

하이젠베르크, 베르너Heisenberg, Werner • 416

할렉, 헨리Halleck, Henry • 245~246

핸슨, 빅터 데이비드Hanson, Victor David • 123

핼리데이, 존Halliday, Jon • 390

핼리팩스, 에드워드Halifax, Edward • 302

헤겔 • 411

헤라클레스 • 87~88

헤이그, 더글러스Haig, Douglas • 250

헥토르 • 84~85

헬레네 • 85, 104

호니그, 얀 윌렘Jan Willem Honig • 126~127

호이저, 비어트리스Heuser, Beatrice • 123, 125, 173~174

혼돈 이론 • 418

화약음모사건Gunpowder Plot • 161

후세인, 사담Hussein, Saddam • 451, 458, 464

휘트먼, 제임스Whitman, James • 179

흐루시초프, 니키타Khrushchev, Nikita • 367, 369, 371~373

히치, 찰스Hitch, Charles • 321

히틀러 • 298~299, 302~304, 309, 437, 442~443